LINDAUERS LATEINISCHE QUELLEN

herausgegeben von Wendelin E. Seitz

Lokalhistorische Texte

Ingolstadt / Eichstätt / Neuburg

ausgewählt und kommentiert von

Maximilian Bechstädt / Peter Grau / Carl A. Schefers

J. Lindauer Verlag (Renate Schaefer) München

LINDAUERS LATEINISCHE QUELLEN
Lokalhistorische Texte

Seitz / Brumberger, **München / Tegernsee**	Best.-Nr. 903
Hohl, **Regensburg**	Best.-Nr. 904
Suchland, **Würzburg**	Best.-Nr. 905
Seitz, **Augsburg**	Best.-Nr. 906
Kapsner, **Passau**	Best.-Nr. 907
Fink, **Nürnberg**	Best.-Nr. 908
Bauer, **Bamberg**	Best.-Nr. 909
Novotny, **Kempten / Allgäu**	Best.-Nr. 910
Beckenbauer, **Landshut**	Best.-Nr. 914
Bechstädt / Grau / Schefers, **Ingolstadt / Eichstätt / Neuburg**	Best.-Nr. 920

Die Reihe wird fortgesetzt.

Zum lernmittelfreien Gebrauch an den Gymnasien Bayerns zugelassen.

1. Auflage 1 5 4 3 2 1 | 1993 92 91 90 89

Die letzte Zahl bedeutet das Jahr des Druckes.

Alle Drucke dieser Auflage sind, weil untereinander unverändert, nebeneinander benutzbar.

Anregungen erbeten an den J. Lindauer Verlag, Postfach 626, 8000 München 33

Umschlaggestaltung: Christel Aumann, München
Gesamtherstellung: Friedrich Pustet, Regensburg
Printed in Germany

ISBN 3-87488-920-3

Inhaltsverzeichnis

		Seite	
Vorwort		5	
1.	**Römerzeit**	7	
1.1	Zeittafel: Die Römer im Raum Neuburg–Ingolstadt–Eichstätt	7	
1.2	Die römische Herrschaft in literarischen Quellen	8	
1.3	Römische Inschriften	13	
2.	**Mittelalter**	22	
2.1	St. Willibald und die Anfänge des Bistums Eichstätt (Aus der Vita Willibaldi)	22	EI
2.2	Die villa Ingolstat	27	IN
2.3	Die älteste Eichstätter „Stadturkunde" (908)	29	EI
2.4	Der Stiftungsbrief von St. Walburg (1035)	32	EI
2.5	Der Papst aus Eichstätt: Bischof Gebhard I. (1042–1057) als Papst Victor II. (1055–1057)	35	EI
2.6	Belehnung Heinrichs von Kalendin mit dem Neuburger Moosamt	37	ND
3.	**Die baierische Landesuniversität Ingolstadt**	40	IN
3.1	Erste päpstliche Gründungsbulle – Siena 7. April 1459	42	IN
3.2	Herzogliche Werbung für die neue Universität – 2. 1. 1472	44	IN
3.3	Berühmte Professoren	46	IN
3.4	Kaiser Ferdinand II., der berühmteste Schüler der Universität	53	IN
4.	**Renaissance und Barock**	56	
4.1	Der Ingolstädter Buchdrucker Ulrich Hahn in Rom	56	IN
4.2	Die Familie Pirckheimer in Eichstätt	57	EI
4.3	Eine Ode auf Ottheinrich und Philipp, Neuburg und die Junge Pfalz, zugleich eine Erklärung des Neuburger Wappens	61	ND
4.4	Aus der Geschichte des Neuburger Gymnasiums um 1600	65	ND
4.5	Zeugnis des gymnasium academicum Ingolstadt (1796)	69	IN
4.6	René Descartes: Cogito, ergo sum	71	ND
4.7	Neuburg im 30jährigen Krieg	72	ND
4.8	Daniel Papebroch: Ein Rundgang durch Eichstätt im Jahre 1660	74	EI
5.	**Jesuiten**	79	
5.1	Petrus Canisius	79	IN
5.2	Das Jesuitendrama: Gretser und Bidermann	81	IN
5.3	Jakob Balde, der deutsche Horaz	89	ND

Seite

6. Epigrammatische Texte aus Renaissance und Barockzeit 92

6.1 Eichstätt 92
6.2 Ingolstadt 97
6.3 Neuburg 101

7. Aus dem 20. Jahrhundert 108

7.1 Erhebung der Ingolstädter Franziskanerkirche zur päpstlichen Basilika 108
7.2 Die Katholische Universität Eichstätt 110
7.3 Stete Mahnung – Inschrift am Neuburger Studienseminar 112

8. Anhang 113

8.1 Glossar 113
8.2 Sprachliche Eigentümlichkeiten 114
8.3 Schema einer mittelalterlichen Urkunde 115
8.4 Literaturverzeichnis 116
8.5 Abbildungsnachweise 118
8.6 Synchronoptische Zeittafel 119

Das Umschlagbild ist ein vom Staatsarchiv Ingolstadt erstellter Ausschnitt aus Philipp Apians „Bairischen Landtaflen", Ingolstadt 1618, Tf. 9 und 10 (Bavaria-Reprint des Süddeutschen Verlags München).

Vorwort

Dieses Heft vereinigt lokalhistorische Texte in lateinischer Sprache aus drei Städten mit ganz unterschiedlicher geschichtlicher Vergangenheit. In römischer Zeit hatte die Region an Donau und Altmühl eine wichtige gemeinsame Rolle im Hinterland des Limes gespielt. Im Verlauf der Jahrhunderte ging die Entwicklung dann auseinander. **Ingolstadt** war zeitweise herzoglich baierische Residenz und mehr als drei Jahrhunderte Sitz einer bedeutenden Universität, an der die Jesuiten dominierten. **Eichstätt** ist seit der Zeit des Bonifatius Bischofssitz, eine geistliche und Gelehrtenstadt bis in unsere Zeit mit ihrer jungen Katholischen Universität. **Neuburg** war schon römische Garnison, dann Herzogs- und Königshof; größere Bedeutung erlangte es als Residenz eines Fürstentums in der Reformations- und Barockzeit. In der Gegenwart gehören diese drei Städte einer politischen Region an und bilden eine kulturelle und wirtschaftliche Einheit.

Das Ziel der vorliegenden Auswahl, die durch örtliche Interessen und zeitliche Begrenzung im Unterrichtsalltag weitere Modifikationen erfahren wird, ist es, einen ‚Einblick in ausgewählte lateinische Texte von lokalhistorischer Bedeutung‘ (CULP L1, Klasse 10, 3.6.2, 1979) zu geben.

Die Texte, deren zeitlicher Rahmen sich vom 1. bis zum 20. Jahrhundert erstreckt, beweisen deutlich das Fortleben der lateinischen Sprache, sowohl als ‚lingua docta‘ wie auch als Kommunikationsmittel. Auf den hohen Standard der regionalen Literaturschöpfungen weisen das früheste Beispiel für Frauenliteratur im bayerischen Raum (Hugeburc) und die Dichtungen des Jesuitenordens (Gretser, Bidermann, Balde) hin.

Vertieft werden die Geschichtskenntnisse der unmittelbaren Umgebung des Schülers, indem dieser an Originaltexte direkt herangeführt wird. Die so erlebte Begegnung mit dokumentarischen Gegenständen schärft das Bewußtsein der Verantwortlichkeit für die Zeugnisse der Vergangenheit. Darüber hinaus kann das Prinzip ‚Jugend forscht‘ in diesem sprachlich-kulturellen Bereich noch manches interessante Betätigungsfeld finden.

Schüler und Lehrer stellen die Verschiedenheit und Vielfalt der Gattungen vor eine ungewohnte Aufgabe. Deshalb werden neben Einführungen und Übersetzungshilfen verschiedenartige Vorschläge zur ‚Vertiefung‘ angeboten. Sie geben eine unverbindliche Anregung für die Interpretation und Einordnung der Texte, aber auch für eine Nacharbeit zu Hause und für Referate.

Die Bearbeiter danken allen, die ihnen bei ihrer Arbeit an diesem Heft geholfen haben. Stellvertretend nennen wir Diözesan-Archivar Brun Appel, Staatsarchivdirektor Dr. R. Seitz, Akademiedirektor Dr. K. Lachenmayr, die Herren Chr. Dittmar, K. Kögler, den Herausgeber Wendelin E. Seitz und den Verlag Lindauer.

Maximilian Bechstädt, Dr. Peter Grau, Carl A. Schefers

Nachruf: Maximilian Bechstädt starb am 15. Januar 1989,
kurz vor der Drucklegung dieses Büchleins.
Es wird die Erinnerung an ihn wachhalten.

1. Römerzeit

1.1 Zeittafel: Die Römer im Raum Neuburg – Ingolstadt – Eichstätt

15 v. Chr. *Drusus* und *Tiberius* (Kaiser: 14–37), die Stiefsöhne des Kaisers *Augustus* (31 v.–14. n Chr.), unterwerfen die Kelten im Voralpenraum (vgl. 1.2.1). Zeitweise Stationierung röm. Soldaten in Augsburg–Oberhausen.

40/50 n. Unter den Kaisern *Caligula* (37–41) bzw. *Claudius* (41–54) Sicherung der Donaugrenze durch Militärposten und Kastelle (praesidia et castella; u. a. Neuburg und Oberstimm).
Errichtung der Provinz Raetia mit Augsburg (Augusta Vindelicum) als Sitz des Statthalters (procurator).

80 *Titus* (79–81) läßt das Kastell **Kösching** (Germanicum) als Brückenkopf nördlich der Donau errichten (vgl. 1.3.1; 1.3.9).

um 90 *Domitian* (81–96) legt einen ersten Limes (gerodeter Streifen und Holztürme) an, der Eining (Abusina) – Kösching – **Pfünz** (Vetoniana; Altmühlübergang! vgl. 1.3.2; 1.3.6; 1.3.8) – Weißenburg (Biriciana) verbindet (Fortsetzung bis Lorch/Württemberg).
Das Kastell **Nassenfels** wird bald wieder aufgegeben, der Ort (vicus Scuttarensium) wird das Zentrum zur Versorgung der naheliegenden Kastelle (vgl. 1.3.4; 1.3.5; 1.3.8).

um 100 Zusätzliche Kastelle, u. a. **Pförring** (Celeusum, vgl. 1.3.7) unter *Trajan* (98–117).

107 Im ‚Weißenburger Militärdiplom', einer bronzenen Entlassungsurkunde eines Provinzbewohners aus römischem Militärdienst, ist die militärische Besatzung der Provinz Rätien zu diesem Zeitpunkt aufgelistet. Sie umfaßt: vier Alen (ala: Reitereinheit mit 500 Mann; Kommandant: praefectus) und elf Kohorten (cohors: 500 Mann Infanterie).
Für die Orte in unserem Raum ergibt sich folgende Zuordnung: Kösching: ala I Augusta Thracum; Pförring: ala I Singularium civium Romanorum pia fidelis; Pfünz: cohors I Breucorum.

117–138 Vorverlegung und Ausbau des ‚Rätischen' Limes (Holzpfähle) erfolgt unter *Hadrian* (vgl. 1.2.2).

141 Die ursprünglich aus Holz und Erde errichteten Kastelle werden unter *Antoninus Pius* (138–161) durch Steinbauten ersetzt (vgl. 1.3.2).
Einsatz von Sonderhilfstruppen (numeri), z. B. in **Böhming** (1.3.3).

174	Die Markomanneneinfälle zur Zeit des Kaisers *Marc Aurel* (161–180) führen zu Zerstörungen in Rätien.
179	Stationierung einer Legion (legio III Italica; der Kommandant ist zugleich Provinzstatthalter und trägt den Titel ‚legatus Augusti pro praetore‘) in Regensburg.
181/183	Wiederaufbau der Kastelle in Pfünz und Böhming (vgl. 1.3.3) unter *Commodus* (180–192). Befestigung des Limes mit Bruchsteinmauer und Steintürmen.
um 200	Ausbau des römischen Straßennetzes, u. a. der Verbindungsstraße zwischen Augsburg und Regensburg (nach seiner Besatzung ‚Legio‘ genannt, vgl. 1.3.11) unter dem Kaiser *Septimius Severus* (193–211) und seinen Söhnen *Caracalla* (211–217) und *Geta* (211–212).
213/233/ 259	Einfälle der Alamannen führen zur Aufgabe der Gebiete nördlich der Donau. Unter *Probus* (276–282) Sicherung von Iller und Donau als Reichsgrenze, u. a. die Grenzkastelle **Neuburg** (Venaxamodurum) und **Manching** (Vallatum).
4. Jh.	Wiederholte Einfälle germanischer Stämme (v. a. Juthungen, vgl. 1.2.4) trotz Ausbau der Grenzbefestigung unter *Valentinian I.* (364–375) und Einsatz germanischer Truppen als Grenzwache.
401/402	Der Abzug rätischer Truppen, die Stilicho zu seinem Sieg über die Westgoten bei Pollentia benötigt, leitet das Ende der Römerherrschaft in Rätien ein.

1.2 Die römische Herrschaft in literarischen Quellen

Für eine Provinz vom untergeordneten Rang Rätiens sind naturgemäß nur in bescheidenem Umfang literarische Texte zu erwarten. Die folgenden vier Abschnitte geben Auskunft über Ereignisse zu Beginn und am Ende der Römerzeit sowie über die militärische Organisation. – Die Zeittafel 1.1 ist bei der Erklärung der Texte mitzubenutzen.

1.2.1 Die römische Eroberung Rätiens

Alpenvölker hatten verheerende Raubzüge nach Norditalien unternommen. Deshalb schickte im Jahre 15 v. Chr. Caesar Augustus seine Stiefsöhne Tiberius Claudius Nero (ab 14 n. Chr. Kaiser Tiberius) und Drusus Claudius Nero zur „Vorfeldsicherung“ über die Alpen. In den Jahren danach rückten die Römer ihren Herrschaftsbereich bis an bzw. über die Donau vor (vgl. die Inschriften!).

Velleius Paterculus, Offizier unter Tiberius, berichtet darüber in seiner Historia Romana, 29 n. Chr. geschrieben.

Reversum inde Neronem Caesar haud mediocris belli mole experiri statuit, adiutore operis dato fratre ipsius Druso Claudio, quem intra Caesaris penates enixa erat Livia. Quippe uterque e diversis partibus Raetos Vindelicosque adgressi, multis urbium et castellorum oppugnationibus nec non directa quoque acie feliciter functi gentes locis tutissimas, aditu difficillimas, numero frequentes, feritate truces maiore cum periculo quam damno Romani exercitus, plurimo cum earum sanguine perdomuerunt.

(Velleius Paterculus II,95,1ff.)

Übersetzungshilfen:

1) **inde**: aus dem Osten, wo Tiberius Armenien wieder in römische Gewalt gebracht hatte – **experiri** (m. Abl.): sich bewähren – 3) **eniti**: gebären – **quippe** bleibt unübersetzt – **e diversis partibus**: Drusus kam von Tirol her, Tiberius vom Bodensee. – 4) **castella**: keltische Oppida – **aciem dirigere**: eine Schlacht schlagen – 5) **feliciter**: Horaz preist in carm. IV,4 und IV,14 den Anteil des Drusus an diesem Feldzug. – **fungi** (m. Abl.): hinter sich bringen – **locis** (Abl.): „geographische Situation"; hier sind natürlich die Alpen gemeint – 6) **trux, trucis** Adj.: schrecklich

Zur Vertiefung:

1. Informieren Sie sich über Besiedlung, Orte und Kultur der Vindeliker im Donaugebiet, besonders über Manching (z. B. im Stadtmuseum Ingolstadt, Raum 1; bei Noelle, Hermann: Die Kelten und ihre Stadt Manching – Pfaffenhofen 1974)!
2. Lesen Sie (in Übersetzung) Horaz carmen IV,4 und IV,14 und einen Kommentar dazu! Beachten Sie, welche Bedeutung sowohl Horaz wie Velleius dem Feldzug beimessen!
3. Referieren Sie über die römische Besitznahme Vindelikiens (z. B. nach „Die Römer in Schwaben", siehe Literaturverzeichnis)!

Drusus und Tiberius überbringen Augustus Lorbeerzweige als Zeichen des Sieges über die Alpenvölker. Rückseite eines in Lugdunum geprägten Aureus des Augustus, nach 15 v. Chr. (London, Britisches Museum).

1.2.2 Der Hadrianische Limes

Eines der seltenen literarischen Zeugnisse für den Limes, der ja in mehreren Etappen errichtet wurde, ist das folgende aus der *Historia Augusta,* einer Sammlung von Biographien römischer Kaiser in Fortsetzung der Vitae Caesarum des Sueton.

Per ea tempora et alias frequenter in plurimis locis, in quibus barbari non fluminibus, sed limitibus dividuntur, stipitibus magnis in modum muralis saepis funditus iactis atque conexis barbaros separavit.

(Historia Augusta, Hadrianus 12)

Übersetzungshilfen:

1) **per ea tempora**: Kaiser Hadrian regierte 117–138. – **et alias**: auch anderswo – 2) **flumina**: der „nasse" Limes! – **limes, limitis** m.: Grenzlinie, Rain zwischen Äckern oder Weinbergen, Straße, im militärischen Gebrauch der Grenzweg, Pfad der Grenzpatrouille. Der Text zeigt den Bedeutungswandel zur „Grenzbefestigung" an. Diese Bedeutung hat das Wort Limes heute. – **stipes**: Pfahl – **saepes**: Zaun (saepire!) – **muralis** Adj. zu murus. Der rätische Limes wurde erst später mit einer wirklichen Mauer ausgebaut. – 3) **funditus** (Adv.): tief, in die Tiefe (fundere!)

Zur Vertiefung:

1. Orientieren Sie sich in einem Museum über Limesbauwerke und über das römische Straßenwesen!
2. Wo errichteten die Römer noch limites? (Vgl. z.B. Putzger, Historischer Weltatlas, Karte 26/27: Das römische Weltreich.)

Literatur:

Ulbert, Günter/Fischer, Thomas: Der Limes in Bayern. Von Dinkelsbühl bis Eining. – Stuttgart 1983.

1.2.3 Römerorte zwischen Augsburg und Regensburg

Nach der *Notitia Dignitatum* (occidens 35), einem Handbuch der militärischen Ränge und Standorte Ende des 4. Jh., unterstehen dem Dux Raetiae in unserer engeren Umgebung:

Tribunus cohortis tertiae Brittonum Abusina *(Eining)*
Praefectus alae secundae Valeriae Singularis Vallato *(Manching)*
Tribunus cohortis sextae Valeriae Raetorum Venaxamoduro *(Neuburg)*
Tribunus cohortis primae Herculeae Raetorum Parroduno *(Burgheim)*

„Valeria", „Herculea", „Singularis" sind Ehrentitel. „Raetorum" und „Brittonum" (aus der Bretagne) geben zu dieser Zeit nicht mehr unbedingt die Volkszugehörigkeit wieder. Die Nummer zeigt vielleicht den Rang des Ansehens sowohl der Truppe wie ihres Kommandanten an; so war es jedenfalls in der Legion der Fall gewesen. Für welchen genauen Zeitpunkt die Not. dign. im bayerischen Raum gilt, ist noch nicht ermittelt. – Venaxamodurum wird gelegentlich in der Gegend von Straubing lokalisiert; die Reihenfolge im Text spricht für Neuburg.

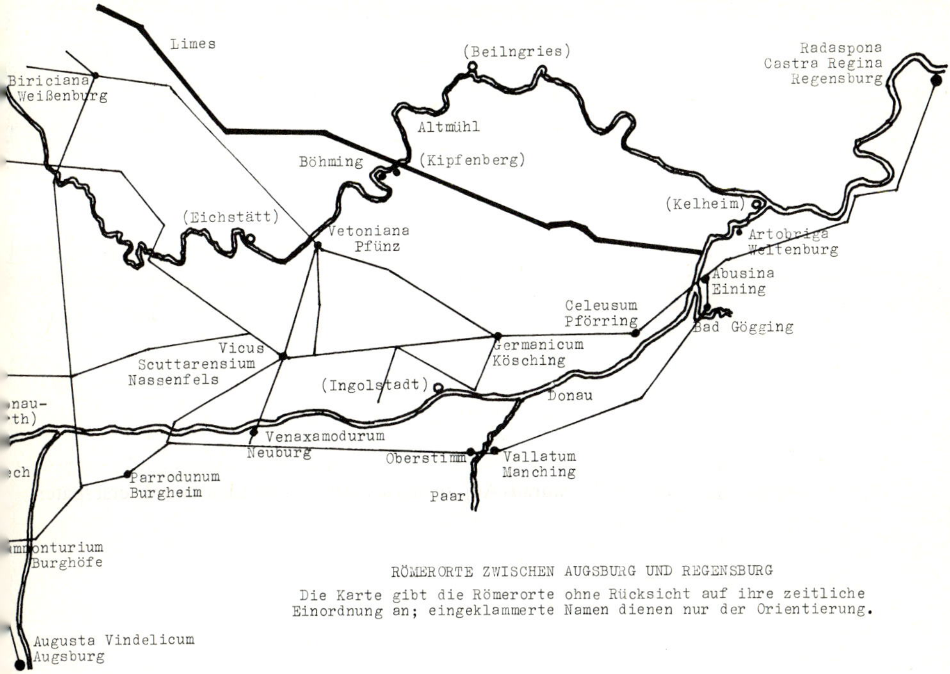

RÖMERORTE ZWISCHEN AUGSBURG UND REGENSBURG

Die Karte gibt die Römerorte ohne Rücksicht auf ihre zeitliche Einordnung an; eingeklammerte Namen dienen nur der Orientierung.

1.2.4 Germanen beiderseits der Donau im 4. Jahrhundert

Als 1968/69 das Descartes-Gymnasium in Neuburg erweitert werden sollte, wurde ein spätrömisches Gräberfeld (Nekropole) angeschnitten und vom Bayerischen Landesamt für Denkmalpflege sorgfältig ausgegraben. Der Friedhof lag an einem Zufahrtsweg zur Befestigung auf dem Stadtberg (castellum/burgus) und wurde von Osten nach Westen belegt.

Der Ausgräber unterscheidet drei Zonen:
Zone 1 etwa 330–357 (Juthungenangriff 357)
Zone 2 etwa 357–388 (Usurpation des Maximus 388)
Zone 3 etwa 388– um 400 (pannonisch-gotische Truppen)

Der folgende Abschnitt aus den „Res gestae" des spätrömischen Militärschriftstellers *Ammianus Marcellinus*, eines aus Syrien stammenden Offiziers (gest. um 400), beschreibt in wenigen Worten den Angriff der Juthungen im Jahr 357 (oder 358). Die Ausgrabungsbefunde von Neuburg südlich und von Bittenbrunn nördlich der Donau zeigen, daß sich damals auf beiden Seiten Germanen des gleichen Stammes gegenüberstanden; auf römischer Seite waren sie dediticii, Untertanen,

„die sich auf Gnade und Ungnade ergeben haben“ und zuverlässig genug erschienen, die Grenze zu verteidigen. Die Juthungen, ein suebischer Stamm, vermischten sich später mit den Alamannen.

Inter quae ita ambigua Iuthungi, Alamannorum pars Italicis conterminans tractibus, obliti pacis et foederum, quae adepti sunt obsecrando, Raetias turbulente vastabant adeo, ut etiam oppidorum temptarent obsidia praeter solitum. Ad quos repellendos cum valida manu missus Barbatio, in locum Silvani peditum promotus magister, ignavus, sed verbis effusior, alacritate militum vehementer erecta prostravit ácerrime multos ita, ut exigua portio, quae periculi metu se dedit in fugam, aegre dilapsa lares suos non sine lacrimis reviseret et lamentis. Huic pugnae Nevitta, postea consul, equestris praepositus turmae, et affuisse et fortiter fecisse firmatur.

(Ammianus Marcellinus XVII,6)

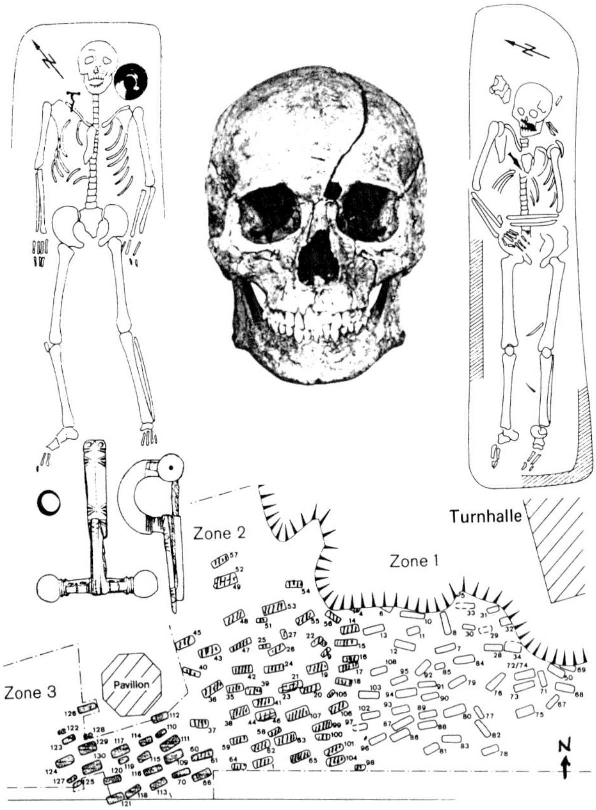

Lageskizze der Nekropole beim Neuburger Descartes-Gymnasium; Grabskizzen aus Zone 2: Mann mit Fibel (höherer Rang!); Mann mit Pfeilspitzen in Nacken und Brust; durch Schwerthieb gespaltener Schädel.

Übersetzungshilfen:

1) **inter quae ita ambigua**: Verhandlungen zwischen Kaiser Constantius (II.) und dem Perserkönig Sapor II. 357; **inter** (hier temporal): während — 2) **tractus, -us**: Landschaft, Gebiet — **obsecrando**: Die Juthungen hatten selbst um pax und foedus gebeten. — **Raetias**: Im 4. Jh. ist Raetien zweigeteilt: Raetia prima, Hauptstadt Curia (Chur); Raetia secunda, Hauptstadt Augusta Vindelic(or)um (Augsburg). — 3) **turbulente**: ungeregelt, ohne System; schlimm — 5) **magister promotus peditum**: militärischer Titel (mag.: Befehlshaber; prom. gibt einen höheren Rang an); Silvanus und Barbatio waren also Befehlshaber der Fußtruppen in einer oder mehreren Provinzen. **Silvanus**, Sohn eines Franken und gebildeter Christ, mag. ped. in Gallien, machte sich am 11. 8. 355 in Köln zum Kaiser (imperator), wurde aber 28 Tage später ermordet. **Barbatio**, comes domesticorum (Leibwächter), folgte ihm als mag. ped. nach. Er verleumdete Julian beim Kaiser Constantius und wurde wegen Hochverrats 359 hingerichtet; 360 Usurpation Julians — 6) **portio**: pars — 7) **di-labi**: entrinnen, entkommen — **lar, laris**: Schutz- oder Hausgottheit; Plural lares meton. Haus, hier Heimat — 8) **praepositus equestris turmae**: Chef einer turma, 10. Teil einer ala (Besatzung eines Limeskastells) — 9) **firmatur**: „es wird versichert" (mit N.c.I.)

Zur Vertiefung:

1. Beachten und beurteilen Sie die Charakterisierungen der Personen!
2. Orientieren Sie sich in verschiedenen Nachschlagewerken über die Juthungen und die Alamannen und das Verhältnis beider Völker zueinander!

Literatur:

Keller, Erwin: Das spätrömische Gräberfeld von Neuburg an der Donau. — Kallmünz 1979.

1.3 Römische Inschriften

„Lapidar" ist der Informationsgehalt römischer Stein(!)-Denkmäler: „wuchtig und kraftvoll" werden uns römische Götter, die überragende Stellung der Kaiser und auch der plötzliche Tod eines jungen Menschen vor Augen gestellt. Zugleich dominiert die Kürze: eine einfache Satzstruktur, eine Formelhaftigkeit, die sich in Abkürzungen – ihre Auflösung ist hier durch kleineres Buchstabenformat gekennzeichnet – verbirgt (jeder Buchstabe kostet Geld!). Als authentische, von der Überlieferung nicht entstellte Mosaiksteinchen, deren Zahl durch zufällige Funde auch heute noch anwächst (siehe Köschinger Meilenstein), entwerfen sie ein Bild der römischen Vergangenheit unseres Gebietes, das eine romzentrierte Literatur kaum beachtet hat: *Saxa loquuntur.*

Bauinschriften

Die vorgelegten Bauinschriften dokumentieren den Bau bzw. die Restaurierung von Römerkastellen. Sie nennen den regierenden Kaiser – wobei die Aufführung der komplexen Titulatur zugleich die Funktion einer Ehrung übernimmt –, den vor Ort zuständigen römischen Beamten (Provinzstatthalter, Truppenkommandant) und die ausführende Truppe.

1.3.1 Der „Grundstein“ der Römer im Gebiet zwischen Donau und Altmühl

Bauinschrift des Erdkastells Kösching (Germanicum) unter Kaiser Titus (79–81); im 2. Weltkrieg zerstört (Vollmer 257).

IMPERATORE TITO CAESARE DIVI VESPASIANI FILIO VESPASIANO
AVGVSTO
PONTIFICE MAXIMO TRIBVNICIA POTESTATE VIIII IMPERATORE XV
CONSVLE VIII PATRE PATRIAE CENSORE
ET CAESARE DIVI VESPASIANI FILIO DOMITIANO CONSVLE VII
COLLEGIORVM OMNIVM SACERDOTE
PROCVRATORE C. SATVRIO ... PRAEFECTO EQVITVM
ALA ... CASTELLVM MVNIVIT.

Übersetzungshilfen:

Beachten Sie die syntaktische Funktion der Z. 1–4 (Namen der beiden Kaiser und des Statthalters im Ablativ)! Der Kernsatz (Z 5) wurde sinngemäß ergänzt.
1) **imperator/Caesar/Augustus**: Bestandteile der Kaisertitulatur, die auf Octavian (= Augustus) zurückgehen — **divus**: Vergöttlichung eines verstorbenen Kaisers erfolgte auf Senatsbeschluß — **Vespasiano**: Cognomen — 2) **tribunicia potestas**: Bereits Augustus hatte die Vollmacht (nicht das Amt!) des Volkstribunen übernommen. Die (Jahres)Zählung beginnt bereits mit der Designation des jeweiligen Kaisers, bei Titus z. B. bereits 71. — **trib. pot. VIIII** (lies: nonum): entspricht dem Jahre 80 und verrät somit den Beginn der Expansionsphase nördlich der Donau — **imperator**: Als „siegreicher Feldherr“ zählt ausschließlich der Kaiser. — 3) **Caesar**: vgl. die Titulatur des jüngeren Bruders als Mitregent (mit dem Recht der Nachfolge) und die des Kaisers (Z 1) — 4) **procurator**: Titel des Provinzstatthalters — **praefectus equitum**: Kommandant einer ala (Reitereinheit von 500 Mann)

Zur Vertiefung:

Informieren Sie sich über die hier aufgeführten republikanischen (!) Titel bzw. Ämter: pontifex maximus, tribunus plebis, imperator, consul, pater patriae, censor! Welche politische Funktion kommt ihnen in der Kaiserzeit zu?

Literatur:

Meyer, Ernst: Römischer Staat und Staatsgedanke – Zürich 1964.

1.3.2 Besiegte als Besatzer

Widmung an Kaiser *Antoninus Pius* (138–161) aus Pfünz (Vetoniana); Eichstätt, Willibaldsburg (CIL III 11930).

Ähnliche Inschriften, die den Dank gegenüber dem Kaiser für den Ausbau der Kastelle (in Stein) zum Ausdruck bringen, fanden sich auch in Kösching und Pförring.

IMPeratori CAEsari TITO
AELio HADRiano
ANTONINO
AVGvsto PIO
COHors I BRevcorvm Civivm Romanorvm

Übersetzungshilfen:

1) **Titus** . . .: Das Adoptivsystem drückt sich in der Übernahme des Vorgängernamens (Aelius Hadrianus) aus – 5) **cohors**: Kohorte (Infanterieeinheit mit 500 Mann; Besatzung eines Kastells) – **Breuci**: Diese Kohorte, die Besatzung des Lagers Pfünz, bestand ursprünglich (!) aus Breukern, einem illyrischen Volksstamm von der Save (Jugoslawien). Sie waren bereits unter Augustus besiegt und nach einem Aufstand zwangsrekrutiert worden. Für besonderen Einsatz hatte diese Einheit später das römische Bürgerrecht als Ehrenauszeichnung erhalten.

Zur Vertiefung:

Informieren Sie sich über die Bedeutung der römischen Auxiliartruppen (Herkunft, Anteil am römischen Heer, Situation des einzelnen nach 25jähriger Dienstzeit)!

Literatur:

Junkelmann, Marcus: Die Legionen des Augustus – Mainz 1986

1.3.3 Wie die Römer einen Kastellbau organisierten

Bauinschrift vom Kastell Böhming unter Kaiser Commodus (180–192); Eichstätt, Willibaldsburg (CIL III 14370[2]).

Nach den Markomannenkriegen hatte Kaiser Marc Aurel zum ersten Mal in Rätien eine Eliteeinheit, die legio III Italica, stationiert. Unter seinem Sohn (Lucius Aurelius Antoninus) Commodus wurden Spezialeinheiten dieser Truppe auch zu Bauarbeiten in benachbarten Kastellen herangezogen.

IMPeratore CAESare LVCio AVRelio ANTONINo
AVGvsto COMMODO ARMENiaco PARTHico
GERMANico SARMatico TRIBvnicia POTestate VI COnsvle III
Patre Patriae
SPICIO CERIALE LEGato AVGvsti PRo PRaetore VEXillarii
LEGionis III ITALicae VALLVM FECErvnt Cvram Agente IVLio
IVLINO Centvrione LEGionis III ITALicae ITEM PORTAS CVM
TVRRIBvs IIII PERFECtas AB AELio FORTE Centvrione
LEGionis III ITALicae PRAEPosito COHortis I BRevcorvm
IMPeratore III BVR [ro COnSvlibvs]

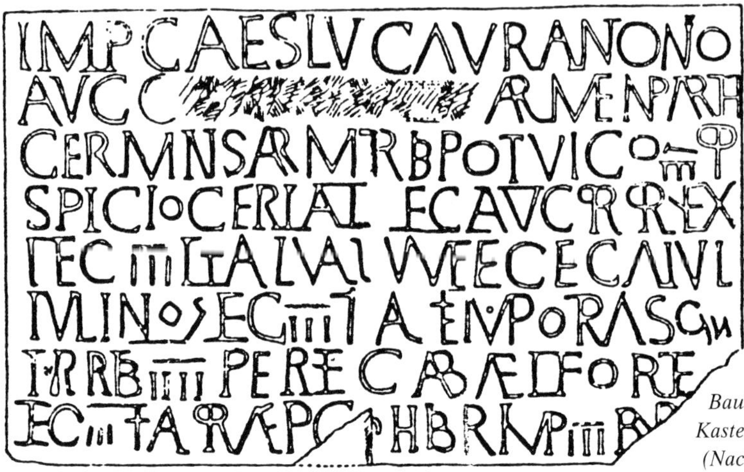

Bauinschrift des Kastells Böhming (Nachzeichnung)

Übersetzungshilfen:

1) Zur Titulatur vgl. 1.3.1 — 2) **Armeniacus**: Sieger über die Armenier (Titel vom Vater übernommen!) — 3) **Germanicus**: meint die Markomannen — **Sarmaticus**: Sarmaten, Reitervolk aus der Ukraine, Verbündete der Markomannen — 4) **Spicius Cerialis**: der Provinzstatthalter. Als Befehlshaber einer Legion hat sich sein Titel geändert (vgl. 1.3.1!). — **vexillarii**: Sonderkommando — 8) **praepositus**: Kommandant, vielleicht nur eines Arbeitskommandos der in Pfünz stationierten Kohorte (vgl. 1.3.2!) — **consulibus**: des Jahres 181

Zur Vertiefung:

Am Stein (vgl. Abb.) ist deutlich zu erkennen, daß in der 2. Zeile der Name Commodus getilgt, später aber mit Kalk und Mennige wieder nachgetragen worden war. Welche Bedeutung hat dieser Vorgang?

Weiheinschriften

Weiheinschriften finden sich auf Altären, Statuen und Weihegaben. Hauptbestandteile sind der Name der Gottheit (im Dativ, gelegentlich mit dem Zusatz: sacrum = geweiht) und der Name des Stifters. Die Vielfalt der Götternamen beweist die Verbreitung der römischen Religion und die Integration fremder Kulte.

1.3.4 Dank dem Genius loci

Inschrift unter dem Relief des Genius aus Nassenfels; Eichstätt, Willibaldsburg (Wagner, 68).

IN HONOREM DOMVS DIVINAE GENIO LOCI SIGNVM CLAVDIVS
VITIO LIBENS LAETVS MERITO FECIT DEDICAVIT APRO CONSVLE

Übersetzungshilfen:

1) **IN H D D**: Einleitungsformel, die die kaiserliche Familie betrifft — 2) **L L M**: Beteuerungsformel — **Aper**: Konsul 207

Zur Vertiefung:

Informieren Sie sich über die Entwicklung des Genius-Kultes!

Literatur:

(z. B.) dtv-Lexikon der Antike – Religion, Mythologie

1.3.5 Götter, auf die die Gemeinde setzt

Weiheinschrift der Bewohner von Nassenfels; Nassenfels, am Eingang zur Kirche (CIL III 5898).

MARTI ET VICTORIAE
VIKANI SCV[T]TARENSES CVRAM AGENTIBVS
CAIO IVLIO IMPETRATO ET TITO FLAVIO
GEMELLINO IMP ...

Übersetzungshilfen:

2) **vikani**: zu vicus (der Buchstabe K – aus dem Griechischen übernommen – findet sich häufig in Inschriften vor dem Buchstaben A: Kalendas, karus, kaput . .) — 4) **imp.**: impendio oder impensis (meint den Kostenaufwand)

Zur Vertiefung:

1. Wie heißt (heute) der Bach, der durch Nassenfels fließt? Was läßt sich über die Namensgebung der damaligen Siedlung erschließen?
2. Um wen könnte es sich bei den Genannten handeln?
3. Was drückt die Wahl gerade dieser beiden Gottheiten aus?

1.3.6 Götterimport aus dem Orient

Zwei Votivtäfelchen aus dem Tempel des Jupiter Dolichenus in Pfünz; Eichstätt, Willibaldsburg (a. CIL III 11926, verschollen; b. CIL III 11927).

IOVI OPTIMO MAXIMO
DOLOCENI
DEMITTIVS
SACERDOS
DONVM DEDIT

IOVI OPTIMO MAXIMO
DVLICENO
VBI FERRVM
[NASCIT]VR

Übersetzungshilfen:

a) 2) **DOLOCENI** = DOLICENO: lokaler Wettergott aus Doliche (= Dülük/Türkei); auf römischen Funden (Aalen; Url/Wien) als Kriegsgott (Panzer, Doppelaxt, Blitzbündel, auf einem Stier stehend) dargestellt
b) 2) **DVLICENO** = DOLICENO — 3) **ubi ferrum nascitur**: Beiname des Gottes, der sich auf die Eisenverarbeitung bei Doliche bezieht. – Auf den beiderseitigen „Schwalbenschwänzen" des Täfelchens fanden sich die Buchstaben T und F, vermutlich die Initialen des Stifters.

Zur Vertiefung:

Wie war der Kult dieser Gottheit in Pfünz organisiert? Informieren Sie sich über den Mithraskult, den am meisten verbreiteten Kult einer orientalischen Gottheit bei den römischen Soldaten! In Nassenfels wurde auch Jupiter Heliopolitanus (Stadtgott von Baalbek; Stein auf der Willibaldsburg) und der ägyptische Jupiter Ammon (vgl. Grabstein im Neuburger Schloßmuseum) verehrt.

Literatur:

dtv-Lexikon der Antike – Religion, Mythologie

1.3.7 Keltische Göttinnen

Weiheinschrift für die Lagergottheiten und Epona, aus Pförring; München, Prähist. Staatssammlung (CIL III 5910 = 11909).

CAMPESTribvs ET
EPONAE ALA I
SINGvlarivm Pia Fidelis Civivm Romanorvm QVI PRAEest
AELivs BASSIANVS
PRAEFectvs Votvm Solvit Libens Laetvs Merito

Übersetzungshilfen:

1) **campestres** (matronae): urspr. kelt. Muttergottheiten (die kelt. Namen sind unbekannt), Beschützerinnen des Kampffeldes (campus) — 2) **Epona**: (epus = equus) kelt. Schutzgöttin der Pferde (und Reiter) — 3) **SING P F C R**: Beinamen der Truppe (singulares: „Ausgewählte“, d. h., urspr. bildeten sie die Leibwache eines Legionskommandanten.) — **qui** = **cui**

Zur Vertiefung:

Erläutern Sie den Vorgang der ‚interpretatio Romana‘ (Gleichsetzung fremder Götter mit römischen) an Hand der aufgeführten Gottheiten!

Grabinschriften

Den größten Anteil an den Inschriften nehmen üblicherweise die Grabinschriften ein (etwa 75 %). Sie setzen sich aus folgenden Bestandteilen zusammen:

Einleitungsformel: Dis Manibus (sacrum): den Totengöttern (geweiht);
Name des Verstorbenen (möglich: Alter, Beruf, militär. Laufbahn);
Name des Stifters (u. U. Hinweis auf den Verwandtschaftsgrad).

1.3.8 Grabstein des Pfünzer Kommandanten für seine Frau

Grabstein der Valeria Honorata; Eichstätt, Willibaldsburg (Vollmer 250).

DIS MA
NIBVS
VALERIAE
HONORA
TAE Pvblivs CRE
PEREIvs VE
RECVNDIanvs PRAEFectvs
COHortis I BREVcorvm VXORI

1.3.9 Ein früher Tod

Grabstein des M. Varius Montaninus aus Kösching; Ingolstadt, Stadtmuseum (CIL III 5908).

Dis Manibvs
Marcvs VARIVS
MONTANI
NVS Vixit Annis XXII
VARia GEMI
NA MATeR
Ponendvm Cvravit

Übersetzungshilfen:

4 (rechte Spalte)) **annis**: auf Grabsteinen oft Ablativ, der einen Zeitraum angibt (statt: annos)
Diesen Grabstein hatte 1509 Aventinus, der Begründer der bayerischen Geschichtsschreibung, bereits beschrieben; später verschollen, wurde der Stein erst 1954 wiederentdeckt: als Türschwelle eines Bauernhauses.

Zur Vertiefung:

1. Wie kann es erklärt werden, daß sich der linke Grabstein nicht in Pfünz, sondern auf dem römischen Gräberfeld in Nassenfels fand? Vgl. dazu auch den Grabstein des Titus Flavius Paternus von der Ala I Flavia Singularium (Pförring; vgl. 1.3.7), der sich an der Außenwand der Kirche von Egweil/Nassenfels befindet.
2. Vergleichen und begründen Sie die unterschiedliche Syntax der beiden Grabinschriften!

1.3.10 Grab für eine familia

Grabstein für Tiberius Cassius Constantinus; Kopie in Neuburg, Schloßmuseum (CIL III 5890 = 11904)

Dis Manibvs
TIBerio CASSIO CONSTANTINO IVNIO
RI MISERRIMO QVI VIXIT ANNOS III Menses
IIII Dies XII FECIT TIBerivs CLavdivs CONSTANTINVS
PATER FILIO DVLCISSIMO A QVO SIBI FACI
ENDVM OPTAVERAT ET CASSIAE VERAE
MATRI EIVS ET CLAVDIS IANVARIO
VICTORI ET MARCELLINO LIBERTIS
FIDELISSIMIS VIVIS FECIT ITEM FIDELI Q
VONDAM ET GAIO ET MODESTO SVIS RARISSIMIS
PERPETVAE SECVRITATI

Übersetzungshilfen:

6) **Vera**: Eigenname (ebenso 9: Fidelis) — 7) **Claudis** = **Claudiis**: Freigelassene erhielten den Familiennamen ihres ehemaligen Herrn. – Bei römischen Bürgern sind die Namen Tiberius Claudius, T. Flavius, M. Aurelius sehr häufig. Dies weist darauf hin, daß sie (bzw. ihre Vorfahren) als Neubürger unter dem Kaiser dieses Namens das römische Bürgerrecht erhalten haben. Sie bescheiden sich deshalb auch mit der abgekürzten Wiedergabe des berühmten Namens. — 10) **rarus**: vortrefflich — 11) **securitas**: Ruhe

Zur Vertiefung:

1. Wieviele der neun genannten Personen sind zum Zeitpunkt der Grabsteinsetzung bereits tot? Wie wird die Unterscheidung zwischen Toten und Lebenden deutlich gemacht?
2. Welche Erkenntnisse hinsichtlich der römischen Namensgebung lassen sich gewinnen: für den römischen Bürger, seine Frau, ihren Sohn, für die Freigelassenen?

Meilensteine

Die Bedeutung der Straße von Augsburg (Sitz des Provinzstatthalters) nach Regensburg (ab 179 das einzige Legionslager der Provinz) wird durch die Ausbaumaßnahmen des Severischen Kaiserhauses und die zahlreichen Meilensteinfunde (zuletzt 1971 und 1984) unterstrichen. Als amtliche Dokumente sind die Meilensteine sehr formelhaft: Kaisername – volle Titulatur – Entfernungsangabe.

1.3.11 Der Köschinger Meilensteinfund von 1984

Kösching, Schulhaus. Kopie in Neuburg, Schloßmuseum. Publiziert von K.-H. Dietz in ‚Das archäologische Jahr in Bayern' 1985, 110 f.

IMPerator CAESAR
Lucius SEPTIMIVS SEVERVS PIVS
PERTINAX AVGustus ARABicus
ADIABenicus PARTHICVS MAXIMVS
PONTIFex MAXimus TRIBunicia POTestate VIIII
IMPerator XII COnSul II Pater Patriae PROCOnSul
ET IMPerator CAESAR MARCVS AVRELius
ANTONINVS PIVS AVGustus TRIBunicia
POTestate IIII PROCOnSul [ET Publius SEPTIMIVS
GETA NOBilissimus CAESAR]
VIAS ET PONTes RESTituerunt
AB AVGusta Milia Passuum LXII
A LEGione Milia Passuum XXIIII

Übersetzungshilfen:

1) Zur Titulatur: vgl. Hinweise zu den Bauinschriften (1.3.1 und 1.3.3) – 2) **L. Septimius Severus** (193–211): Begründer des sog. Soldatenkaisertums; seine Legitimation baut er auf fiktiver Verwandtschaft auf (Pius = Antoninus Pius; Pertinax: sein Vorgänger (193); ebenso bei seinem Sohn Caracalla, Mitregent ab 198, der sich Marcus Aurelius Antoninus Pius nennt). – 3) **Arabicus/Adiabenicus**: Bezieht sich auf Arabien bzw. das Fürstentum Adiabene, zwei Vasallenstaaten in N-Mesopotamien – 4) **Parthicus**: 199 Sieg im großen Partherkrieg, Mesopotamien wird röm. Provinz – 5) **trib. pot. VIIII**: 201 – 6) **proconsul**: Imperium eines Konsuls, das außerhalb Italiens gilt – 9) Die - von Dietz ergänzte - Lücke weist auf die „damnatio memoriae" Getas hin, der von seinem Bruder Caracalla 212 ermordet wurde. – 12) **AVG**: Augusta Vindelicum – 13) **LEG**: Legio = (Legionslager) Regensburg

Zur Vertiefung:

1. Weitaus wichtiger als die topographische ist die politische Funktion eines Meilensteines. Welche Formulierungen machen dies hier deutlich?
2. Vergleichen Sie mit dieser Inschrift den Meilenstein von Nähermittenhausen, der sich in Neuburg (Schloßmuseum) befindet! Wie konnten die dort nicht lesbaren Zeilen rekonstruiert werden? Wie unterscheidet sich die rekonstruierte Inschrift von der hier vorgelegten (Funktion des Dativs!)?

Literatur:

CIL = Corpus Inscriptionum Latinarum. – Berlin 1863 ff; hier Band III: Die Donauprovinzen und der Osten des Imperium Romanum. Hgg. von Th. Mommsen 1873.
Vollmer, F.: Inscriptiones Baiuariae Romanae. – München 1915.
Wagner, F.: Neue Inschriften aus Raetien. Bericht der Röm.-Germ.-Kommission 37–38 (1956–1957) 215 ff.

2. Mittelalter

In der Völkerwanderungszeit wird das Gebiet an der Donau Grenzgebiet zwischen Baiern, Alemannen und Franken. Das 8. Jh. ist gekennzeichnet durch die Ausdehnung der fränkischen Herrschaft nach Süden und Osten. Gleichzeitig erfolgt die kirchliche Organisation durch Bonifatius. Das Eingreifen Karl Martells und Pippins des Jüngeren bringt den südwestlichen Teil des baierischen Nordgaues in fränkische Abhängigkeit. Als Legat des Papstes und Vertreter der fränkischen Machthaber errichtet Bonifatius nach Verhandlungen mit dem baierischen Herzog Odilo das Bistum *Eichstätt*, das nicht der baierischen Metropole Salzburg, sondern dem (fränkischen!) Erzbistum Mainz unterstellt wird.

Damals wurde auch der baierische Teil des Bistums Augsburg, ein langer, schmaler Streifen zwischen Lech und Würm/Ilm, der vom Walchensee bis über die Donau bei *Neuburg* reichte, ein eigenes Bistum. Als Bischofssitz wird „Civitas Nova" genannt, 798 „Niwinburg". Bedeutendster Bischof ist der hl. Simpert, der unter Karl dem Großen die beiden Bistümer wieder vereinigte. Auf dem Neuburger Stadtberg lagen damals eine bischöfliche Pfalz (bei der heutigen Peterskirche) und eine herzogliche Pfalz (bei der Hofkirche und dem Schloß). Noch heute kennzeichnen die Türme der beiden Kirchen den Pfarrbereich und den Hofbereich.

In *Ingolstadt* bestand ein fränkischer (!) Gutshof, die villa Ingolstat.

EI

2.1 St. Willibald und die Anfänge des Bistums Eichstätt (Aus der Vita Willibaldi)

Der Angelsachse *Willibald* (um 700–787), im Königreich Wessex geboren, erfuhr im Kloster Waltham seine religiöse und wissenschaftliche Ausbildung. Als Zwanzigjähriger bricht er zu einer Pilgerreise nach Rom und ins Heilige Land auf. 729–739 lebt er in der benediktinischen Klosterfamilie von Monte Cassino, bis ihm Papst Gregor III. eine neue Aufgabe zuweist: Unterstützung seines Verwandten *Bonifatius* (672/673–754), des großen Organisators der fränkischen und baierischen Kirche (Text 1).

Die *Vita Willibaldi* unterscheidet sich von den anderen Heiligenviten in zwei Punkten ganz wesentlich: Die Abfassung erfolgte bereits zu Lebzeiten des Heiligen; die Quelle, der Berichterstatter ist Willibald persönlich: „wie wir es nach einem Diktat aus seinem Mund vernahmen" (Datum: 23. Juni 778). Somit entfällt alles Legendenhafte; die Reiseberichte – geschildert in der schlichten Diktion des Heiligen – dominieren weitgehend, wir können fast von einer Autobiographie sprechen, der einzigen, die uns von einem Bischof des 8. Jahrhunderts erhalten ist.

Singulär ist auch das Verfasserproblem. Mit *Hugeburc* (vgl. Text 2), der Nonne des Klosters Heidenheim (am Hahnenkamm), meldet sich in unserem Raum erstmals eine Frau zu Wort. Auch sie stammt aus England und war um 761 in das Kloster Heidenheim gekommen, das die Schwester Willibalds, die hl. Walburga (nach dem Tode ihres Bruders Wunibald) übernommen und zu einem Doppelkloster ausgebaut hatte. In ihrer literarischen Leistung zeigt sich das hohe Bildungsniveau angelsächsischer Frauenklöster des 8. Jahrhunderts.

Die Sprache der Vita ist – von Fehlern abgesehen – das Mittellatein. So erklären sich auch die teilweise erheblichen Abweichungen in Orthographie, Formenlehre, Syntax und Wortschatz. Der individuelle Stil Hugeburcs findet sich in der (hier nicht abgedruckten) Einleitung und Schlußwürdigung: Bildung umfangreicher Perioden, Synonymenhäufung, Alliteration und reiche Bildersprache („sic apis prudentissima“; „ut gallina“; „quemadmodum alumnus suos alere infantes“).

2.1.1 Willibald kommt nach Eichstätt

Et tunc venit ad ducem Otilonem, et ibi fuit 1 ebdomadam, et inde venit ad Suidgerum, et ibi erat cum illo 1 ebdomadam. Et inde pergerunt ad Linthard Suidger et Willibaldus ad sancto Bonefatio; et misit illos sanctus Bonefatius ad Eihstat, ut videret, quomodo sibi placeret. Illum regionem Eihstat Suidger tradebat sancto Bonefatio in redemptionem animae suae, et sanctus Bonefatius tradebat nostro episcopo Willibaldo illum regionem, quod adhuc erat totum vastatum, ita ut nulla domus ibi erat nisi illa aecclesia sanctae Mariae, que adhuc stat ibi, minora quam alia aecclesia, quam postea Willibaldus ibi construxerat. Cumque ibi manebant duos simul ad Eihstat aliquantulum temporis indutium Willibaldus atque Suidgarius, almamque ibidem habitationis locum explorando elegebant; et postea iterum pergebant ad sanctum Bonefatium ad Frigisingum, et ibi erat cum illo, usque dum omnes simul iterum veniebant ad Eihstat; et ibidem tunc illum Willibaldum consecravit sanctus Bonefatius in presbiteratum dignitatis gradum. Ipso die, qua episcopus noster Willibaldus consecratus est in presbiteratum, 11. Kal. Augusti fuit ad natale sancti Appollinaris et sancte Mariae Magdalene. Et postquam unius anni transiebat circulus, sanctus Bonefatius precepit illo, ut in Thyringeam ad se veniret. Statimque venerandus ille vir Dei Willibaldus secundum iussionem sancti viri in Thyringeam veniebat et in domo fratris sui sancti Wynnebaldi hospitalitatis mansionem habebat, qui illum iam prius 8 annorum spatio et nono dimidio, ab eo quod de Roma pergebat, non vidit. Et iam tunc videndo gaudebant et conventione gratulabantur ambos. Illud fuit autumnale annis tempus, quando Willibaldus veniebat in Thyringeam. Statimque, posteaquam illic veniebant, sanctus Bonefatius archiepiscopus atque Burchhardus et Wizo sacre episcopatus auctoritate illum ordinando consecraverunt. Ast ibidem tunc, cumque summa sacerdotalis infule ditatus erat honore, unam erat ebdomadam, et postea iterum ad predistinatam mansionis suae locum remeabat. Ille Willibaldus, quando in episcopatum consecratus est, habebat 40 annos et 1 annum, et tunc erat autumnale tempus; circa illam fere horam tribus ebdomadibus ante natale sancti Martini in episcopatum consecratus est in loco, que dicitur Sulzeprucge.

Et in loco, que dicitur Eihstat, monasterium construere incipiebat . . . et cum paucis adhuc ibidem operariis latam atque spatiosam divini segetis campum sacro superni verbis sato serendo usque ad messem perducebat.

(Mon. Germ. Scriptores, Bd. XV, S. 104 Z. 29 – S. 105 Z. 11; S. 105, Z. 20 und 24 ff)

Übersetzungshilfen:

1) **Otilo**: Herzog (dux) von Baiern 736–748 – (h)ebdomada,-ae: Woche — 2) **Suidgerus**: Graf des Nordgaues (und des Sualafeldes) – **Linthard**: Ort bei Mallersdorf (Niederbayern) — 3) **ad sancto Bonefatio**: ad mit Abl.! — 5) **redemptio**: Erlösung — 10) **indutium**: Frist, Zeitspanne — **almus**: fruchtbar — 12) **Frigisingum**: Freising (Bischofssitz seit 739) — 14) **presbiteratus gradus**: Priesteramt — 15) **ad natale**: am Fest (gemeint: der Todestag des Heiligen, an welchem er für den Himmel „geboren" wurde) — 19) **hopitalitatis mansio**: gastliche Bleibe, Aufenthalt — 20) **prius**: vor, (seit) mehr als — 22) **conventio**: vgl. convenire — **autumnale**: vgl. autumnus — 24) **Burchhardus**: Bischof von Würzburg — **Wizo**: Bischof von Buraburg (bei Fritzlar) — 25) **ordinando**: der Ordnung gemäß — **ast = at** — 26) **infula,-ae**: Bischofsmütze, Meßgewand – **ditare**: bereichern, ausstatten — 27) **pr(a)edistinatus**: vorher bestimmt – **remeare**: zurückkehren — 31) **Sulzeprucge**: Sülzenbrücken (bei Erfurt/Thüringen) — 33) **operarius**: (Mit)Arbeiter — **spatiosus**: vgl. spatium — 34) **supernus**: göttlich — **verbis = verbi** — **satus,-us** (hier: -i!): Aussaat — **messis, -is**: Ernte

Zur Vertiefung:

1. „vastatus" wird gelegentlich auch mit „vastus" (öde, leer) gleichgesetzt. Welche unterschiedliche Interpretation ergibt sich daraus für Eichstätts Frühgeschichte? Von welcher Seite kann ein Beitrag zur Klärung dieser Frage gebracht werden?
2. Informieren Sie sich über Standort und Geschichte der Marienkirche!
3. Die grammatikalischen Besonderheiten sind (meist) nicht individuelle Fehler der Verfasserin, sondern kennzeichnend für das Mittellatein. Versuchen Sie diese Abweichungen zu systematisieren!
4. Informieren Sie sich im Diözesanmuseum Eichstätt (Raum II) an Hand der Pläne und Rekonstruktionen über die ursprüngliche Klosteranlage des hl. Willibald!
5. Informieren Sie sich über die historische Situation Bayerns im 8. Jahrhundert und die Tätigkeit des hl. Bonifatius!

Literatur:

Rieder, Karl-Heinz: Die archäologische Untersuchung im Bereich der ehemaligen Stifts- und Pfarrkirche zu Unserer Lieben Frau in Eichstätt. Sammelblatt des Hist. Vereins Eichstätt 77/78 (1984/85) 7–29
Ausstellungskatalog Hl. Willibald. – Eichstätt 1987

2.1.2 Das Rätsel der Verfasserin der Willibald-Vita

Fast 1200 Jahre konnte die „Nonne von Heidenheim“ ihre Identität hinter folgender Geheimschrift verbergen. Dann entdeckte Bernhard Bischoff: „Der Schlüssel liegt in den auffällig oft wiederkehrenden Anfangssilben der Ordinalzahlen primus bis quintus“. Ersetzt man sie richtig und verbindet sie mit den dazwischenstehenden Konsonanten, so löst sich das Geheimnis!

Secdg. quar. quin. npri. sprix. quar. nter.
cpri. nquar. mter. nsecun. hquin. gsecd.
bquinrc. qarr. dinando hsecdc. scrter.
bsecd. bprim.

Übersetzungshilfen:

1) **secdg.**: = secundus = ‚e‘ (**2.** Vokal) + (Konsonant) ‚g‘ – quar(tus) = ‚o‘ (**4.** Vokal) – also: ‚ego‘ – 3) **qarr.**: = quartus = ‚o‘ + (Konsonant) ‚r‘ – (unverändert:) **‚dinando‘**; also: ‚ordinando‘ (ordinare: der Reihe nach aufzählen) = ‚der Reihe nach‘

Der „Sippenteppich“ (linker Teil, entstanden in Eichstätt um 1520; heute Schloß Harburg; der rechte Teil befindet sich im Bayerischen Nationalmuseum München):

Die hl. **Walburga** (S. WALPURGA abbatissa heidenhemensis) über ihren **Eltern** (WUNEHEIDIS – al(l)ias WUNA, reg(i)na mater, und S. RICHARDUS (beide Namen legendär!) rex Anglie, prius dux Suevie, pater) und zwischen ihren **Brüdern** S. WILIBALDUS episcopus eistettensis und (auf dem nicht abgebildeten rechten Teil) S. WUNEBALDUS abbas heidenhemensis. Nach links schließen sich an: OFFO rex Anglie, frater matris S. Richardi, S. WILIBRORDUS cognatus, episcopus traiectensis (= Utrecht) und S. BENEDICTUS (als geistiger Vater). (Auf dem rechten Teil auch S. BONIFACIUS avunculus archiepiscopus Maguntinensis (= Mainz) frater Wunneheidis und S. SOLA cognatus, abbas sulunhofen).

Die Überschrift lautet: „Die Sippe der Gott-Suchenden“: hec est generacio querencium deum, querencium (faciem Dei Iacob), Ps. 23,6.

Literatur:

Bauch, A.: Quellen zur Geschichte der Diözese Eichstätt. Band I: Biographien der Gründungszeit. – Regensburg ^{2}1984.

2.2 Die villa Ingolstat

2.2.1 Die erste urkundliche Erwähnung von Ingolstadt (806)

Erste urkundliche Erwähnungen können auf historischen Zufälligkeiten beruhen und sagen oft nichts über das wirkliche Alter eines Ortes aus. Sie geben nur einen Anhaltspunkt, von welchem Jahr an der Ort sicher bekannt war.

Der Name Ingolstadt taucht zuerst in einer Reichsteilungsurkunde Kaiser Karls des Großen auf. Der alternde Herrscher bestellte sein Haus und suchte durch gerechte Verteilung des Reiches unter seine Söhne, von denen ihn nur einer, Ludwig der Fromme, überlebte, späteren Streit zu vermeiden. Dabei schien es ihm notwendig, die in der Vita S. Willibaldi erwähnte Markgrafschaft des Nordgaus – das baierische Siedlungsgebiet nördlich der Donau – dem fränkischen Gebiet zuzuteilen und damit das Herzogtum Baiern, das erst 788 nach der Absetzung Herzog Tassilos III. seinem Reich ganz eingegliedert war, zu verkleinern.

Die Erwähnung einer früheren Übertragung der „villa Ingoldestat" an Tassilo läßt auf eine Existenz der Siedlung zumindest schon in der Mitte des 8. Jahrhunderts schließen.

Italiam vero, quae et Langobardia dicitur, et Baiovariam, sicut Tassilo tenuit, excepto duabus villis, quarum nomina sunt Ingoldestat et Lutrahof, quas nos quondam Tassiloni beneficavimus et pertinent ad pagum, qui dicitur Northgowe, et de Alemannia partem ... Pippino dilecto filio nostro.

(Mon. Germ. Historica – Legum sectio II – Capitularia Regum Francorum, Tomus primus, 45. Divisio Regnorum – 806 Februar 6. – S. 127, Abschn. 2)

Übersetzungshilfen:

Der Abschnitt nennt die Gebiete, die Karl seinem Sohn Pippin übertrug, der ihm aber bereits 810 im Tod vorausging. — 1) **Langobardia**: die Teile Italiens, die bis 774 das selbständige Langobardenreich gebildet hatten — 2) **villa**: Gutshof als Mittelpunkt einer meist lockeren Siedlung von Hofstellen, auf denen teils hörige, teils freie Bauern saßen — **Lutrahof**: Lauterhofen bei Neumarkt/Oberpfalz — 3) **beneficare = beneficio dare** — 4) **Northgowe**: Der baierische Nordgau umfaßte die heutige Oberpfalz und einen Teil Oberfrankens an der damals umkämpften Slavengrenze. — **Alemannia**: südliches Baden-Württemberg, Elsaß, Vorarlberg, östliche Schweiz

Zur Vertiefung:

1. Bestimmen Sie im Geschichtsatlas Pippins Erbe! Welche damals benützten Alpenpässe umfaßte es?
2. Welche Bedeutung haben fränkische Gutshöfe im Grenzgebiet des Herzogtums Baiern?

2.2.2 Der Umfang der Villa Ingolstat im Jahre 851

Im Jahre 851 schenkte König Ludwig der Deutsche, der Enkel Karls des Großen und Herrscher des Ostfränkischen Reichs, dem Abt *Gozwald* von Niederaltaich die villa Ingolstat zum Eigentum. Der Abt, der die Villa schon vorher als Lehen genutzt hatte, übertrug die Schenkung dem hl. Mauritius, dem Patron seines Klosters.

Im Zusammenhang mit dieser Schenkung steht die Übernahme des Patroziniums von Niederaltaich auf St. Moritz, die älteste Stadtkirche. Auch das aus dem Orient stammende Fabeltier, der feuerspeiende Panther, wurde von Niederaltaich in das heute noch bestehende Stadtwappen übernommen. Im bayerischen Staatswappen symbolisiert es heute die Regierungsbezirke Ober- und Niederbayern.

Die Urkunde ist nach den Grundsätzen der Diplomatik aufgebaut, vgl. Anhang 8.3. Hier ist die genaue Beschreibung der Siedlung in der Karolingerzeit ausgewählt.

Notum esse volumus cunctis fidelibus sancte Dei Ecclesie, qualiter petente atque sugerente Gozwaldo venerabili Abbate & fideli nostro complacuit nobis propter suum devotissimum erga nos obsequium quaedam res proprietatis nostre, quae sunt in villa, quae vocatur Ingolstat, et quas prefatus vir hactenus in beneficium habuit, et deinceps ad proprium prime largitionis munificentiam concedere, id sunt Ecclesie due cum omnibus decimis, curtis dominicata cum coeteris edificiis desuper positis, de terra arabili Iornales CXXX, de pratis, ubi possunt colligi de feno carrada XL, mancipia infra curtem inter pueros et foeminas numero XXII, mansi serviles ad eandem curtem aspicientes XXII, sinmansorum XII.

(Hübner, Merkwürdigkeiten der kurbaierischen Hauptstadt Ingolstadt, Bd. I, S. 23 ff.)

Übersetzungshilfen:

Sprecher ist der König, der von sich in der 1. Person Plural spricht — 1/2) der Abl.abs. umfaßt die Wörter von petente bis nostro — 2) **sugerente** von sug(g)erere: eingeben, beibringen — 3) **obsequium**: Gefolgschaft, geleisteter Vasallendienst — 5) **hactenus** (Adv.): bis jetzt — konstruieren Sie: munificentiam prime largitionis ad proprium concedere: Aus der zunächst gewährten Nutzung des Lehens wird Eigenbesitz. — 6) **Ecclesie due**: vermutlich ein Vorgängerbau von St. Moritz und die Kirche im Stadtteil Feldkirchen — **curtis dominicata**: Herrenhof, Gutshof — 7) **edificia desuper posita**: darauf errichtete Gebäude — **arabilis**: Adj. zu ara — **Iornalis, -is = iugerum**: Joch als Flächenmaß = die Fläche, die mit einem von zwei Rindern gezogenen Hakenpflug in einem Tag bearbeitet werden kann. (vgl. ein Joch Ochsen, z. B. Lukas 14,19) — 8) **fenum**: Heu — **carrada**: Heuwagen — **mancipium**: im Altertum Sklave, im christlichen Mittelalter Höriger, der persönlich frei, aber dinglich gebunden ist — **infra curtem**: „gutsuntertänig", für den Herrenhof arbeitend — 9) **inter** (hier): abgesehen von, d. h. es werden nur die

Familienväter der Hörigenfamilien gezählt — **mansus**: Hufe: ein Hof, der eine Familie ernähren kann — 10) **aspicere ad**: gehören zu — **sinmansus**: halbe Hufe (sin- = semi-): Hof eines Handwerkers oder Tagelöhners, der noch zusätzliche Arbeit für die Ernährung seiner Familie leisten muß

Zur Vertiefung:

1. Referieren Sie über die gesellschaftliche Gliederung der Karolingerzeit!
2. Stellen Sie die Entfernung zwischen Ingolstadt und Niederaltaich fest! Welche Konsequenzen ergeben sich daraus für den Transport der abzuliefernden Güter?
3. Suchen Sie auf einem Rundgang durch die Ingolstädter Innenstadt Gebäude, auf denen das Pantherwappen abgebildet ist!
4. Stellen Sie lateinische Ausdrücke aus den Lebensbereichen zusammen, mit denen sich Ihre bisherige Lateinlektüre nicht befaßte!

Literatur zu 2.2.1 und 2.2.2:

Spindler, Max: Handbuch der bayerischen Geschichte, Bd. I: § 23 Politische Geschichte Bayerns im Karolingerreich, S. 183 ff. § 29 Wirtschaft, Handel und Sozialentwicklung in karolingischer Zeit, S. 288.
Gebhardt: Handbuch der deutschen Geschichte, dtv-Ausgabe, Bd. 7, S. 42 ff.

2.3 Die älteste Eichstätter ‚Stadturkunde' (908)

Ludwig IV. („das Kind"), der 900 als Sechsjähriger zum König gewählt wurde und mit dessen Tod 911 die ostfränkischen Karolinger ausstarben, leitete mit den folgenden Privilegien für Eichstätt eine wichtige Entwicklung ein: Aus dem

Bischofskloster und der Ansiedlung von Kaufleuten und Handwerkern sollte eine Stadt entstehen, wobei freilich zunächst der defensive Charakter gegenüber den zahlreichen Ungarneinfällen dominierte. Die Persönlichkeit des Bischofs *Erchanbald* (882–912), der aus dem karolingischen Haus stammte, spielte dabei eine bedeutende Rolle.

In nomine sanctae et Indiuiduae Trinitatis.

Hludouicus diuina fauente clementia rex.

Nouerint omnes fideles nostri presentes scilicet et futuri, quia Erchanbaldus, uenerabilis eihstetensis ecclesiae episcopus per supplicationes fidelium nostrorum, Hathonis videlicet et Adelperonis amabilium episcoporum, comitum vero Chuonradi et Cotefredi petiit serenitatis nostre clementiam, vt ei liceret ad suum coenobium eihsteti dictum, ubi sanctus Vvillibaldus confessor Christi corporaliter quiescit, in pago Nordcovue, in comitatu Arnolfi, publice negotiationis mercatum constituere et monetam efficere, theloneumque sicut in ceteris mercationum locis mos est exigere, et in suo episcopatu aliquas munitiones contra paganorum incursus moliri.

Cuius petitioni libenter annuimus, et ita fieri decrevimus. Unde et hoc praeceptum conscribi iussimus, per quod ei regiae auctoritatis sceptro licentiam concedimus in antedicto loco iuxta suam petitionem ceterorum fidelium nostrorum mercatum et monetam habere urbemque construere. Et quidquid inde utilitatis uenire vel acquiri potuerit, in iure et dominio coenobii ipsius pro remedio animae nostrae perpetualiter consistat. Insuper etiam uolumus atque omnino iubemus, vt nulla persona audeat in illa propria marcha predicti monasterii et in locis Itensheim, Pussenesheim, Puttinveld, Mechinloh, Chittinveld, Rammesperch, parte illius foresti erga Sezzin et Affintal nominatis, sine consensu et uoluntate Erchanbaldi prescripti pontificis sucessorumque eius, in siluis maioribus vel minoribus porcos saginare ferasque siluaticas venare, arbores abscindere aut ullam iniuriam facere. Sed et haec utilitas atque potestas eihstatensis aecclesiae praesuli sibique subiectis in elemosinam nostram aeternaliter sit concessa.

Et vt hoc confirmationis nostrae praeceptum sit firmum stabileque permaneat, manu nostra illud firmauimus et sigillo nostro insigniri iussimus.

Signum domini Hludouici (M) piissimi regis. Ernustus cancellarius ad uicem Piligrimi archicapellani recognouit.

Data Non. Februarii anno Incarnationis Domini DCCCC. Indict. X. Regnante domino Hludovuico anno VIIII. Actum Francofurt feliciter. In dei nomine amen.

(Monumenta Boica, Bd. 31,1 S. 178, Nr. 90)

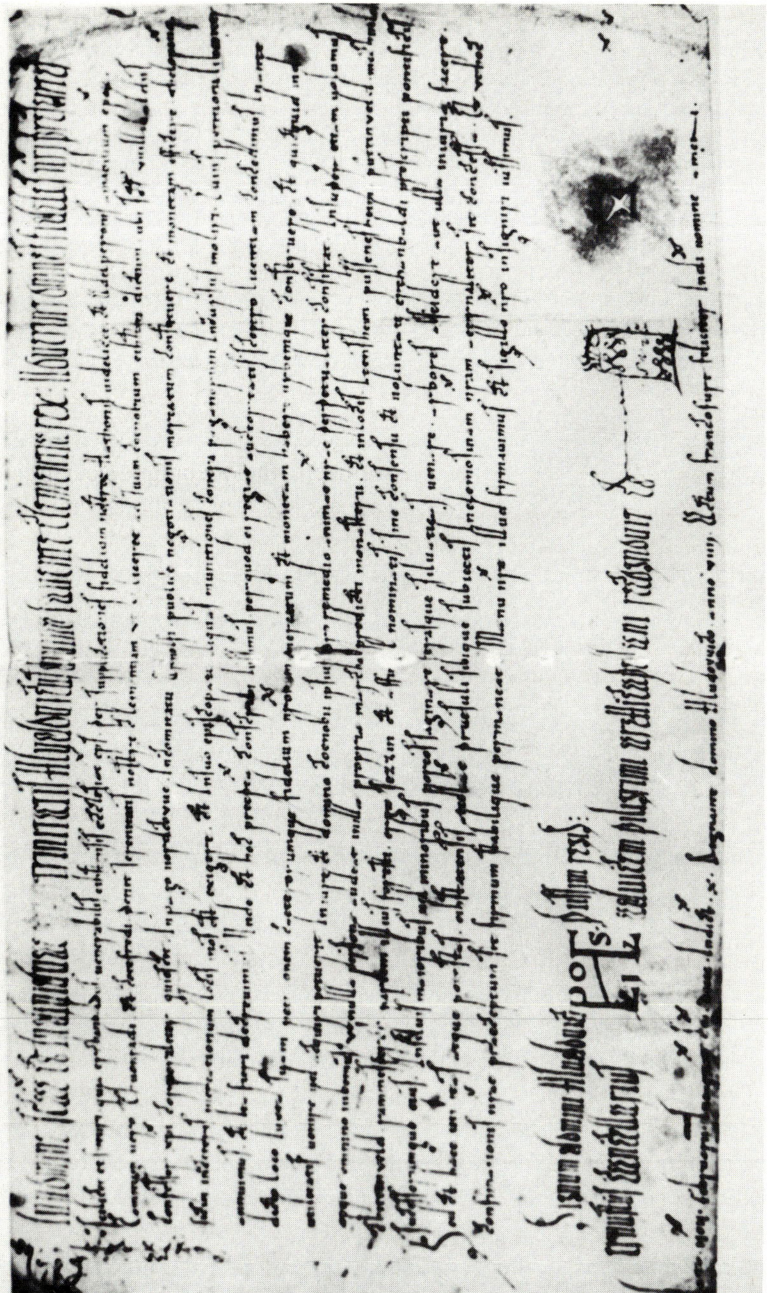

Eichstätter ‚Stadturkunde' (908)

Übersetzungshilfen:

2) **Hludouicus**: König Ludwig IV. — 3) **quia**: daß — 4) **supplicatio**: Subst. zu supplicare — 5) **Hatho**: Erzbischof von Mainz — **Adelpero**: Bischof von Augsburg — 6) **serenitas**: Hoheit (Titel) — 7) **coenobium**: Kloster — 8) **corporaliter**: mit seinen irdischen Überresten — **Nordcovua**: Nordgau — **Arnolfus**: Herzog von Baiern (907–937) — **publice** = **publicae** — **negotiatio**: Handel — 9) **moneta**: Münzstätte — **t(h)eloneum**: Zoll(recht) — 11) **pagani**: Ungläubige, (hier:) Ungarn — **incursus**: Angriff — 14) **iuxta**: gemäß — 18) **marcha**: Eigen‚mark', Gebiet — 19) **Orte**: Eitensheim, Buxheim, Pietenfeld, Möckenlohe, Kittenfeld, Romersberg — 20) **forestum**: Waldgebiet — **erga**: (hier:) örtlich! — **Sezzin**: Sessi (nicht mehr existierender Ort) — **Affintal**: Waldgebiet nö. v. Eichstätt — 22) **porcus**: Schwein — **saginare**: füttern — **venare** = venari — 24) **elemosina**: urspr. Almosen; hier: Seelenheil — 26) **confirmatio**: Subst. zu confirmare — 27) **insignire**: kennzeichnen, aufprägen — 28) **M** = **Monogramm** mit dem ‚Vollziehungsstrich' (signum) des Königs — **ad vicem**: an Stelle — 29) **(Pil(i)grim) archicapellanus**: Erzkaplan, Leiter der Hofgeistlichkeit — **recognoscere**: prüfen, bestätigen (im Text folgt das Rekognitionszeichen) — 30) **DCCCC**: Aus den zusätzlichen Datierungen ergibt sich das Jahr 908!

Zur Vertiefung:

1. Welche Privilegien werden genannt? Welche Bedeutung haben sie?
2. Welche Gründe veranlassen Ludwig, diese Privilegien zu gewähren?
3. Arbeiten Sie am vorliegenden Text die Bestandteile einer mittelalterlichen Urkunde heraus (vgl. das Schema im Anhang)!
4. Welchem Antrag (s. 1. Teil) entspricht die Formulierung „urbem construere"? Welche Interpretation ergibt sich hieraus für „urbs"?

2.4 Der Stiftungsbrief von St. Walburg (1035)

Die hl. *Walburga*, Schwester des Eichstätter Gründungsbischofs Willibald, hatte nach dem Tode ihres Bruders Wunibald (761) die Leitung des (Doppel-) Klosters Heidenheim (am Hahnenkamm) übernommen. Der folgende Vorgang entsprach damals einer Heiligsprechung: Etwa 100 Jahre nach ihrem Tod (779) ließ Bischof Otgar ihre Gebeine nach Eichstätt in die kleine Hl. Kreuzkirche (Vorläuferin von St. Walburg) überführen. Die Verarmung des Kanonissenstiftes am Grab der Heiligen und der Stifterwille eines Adeligen – im Mittelalter eine häufige Erscheinung (vgl. Suidger-Willibald) – führen zur Begründung der Benediktinerinnenabtei St. Walburg. Graf *Liutiger* (von Lechsgemünd?) wird dabei maßgeblich von Bischof *Heribert* (1022–1042) beeinflußt. Dessen Zielsetzung besteht in einer baulichen Erneuerung der Eichstätter Kirchen (Dom, Marienkirche, St. Walburg), einer intensivierten Verehrung des hl. Willibald und seiner Schwester sowie einer Entfaltung klösterlichen Lebens, getragen vom Reformgeist des lothringischen Klosters Gorze.

Der „Stiftungsbrief“, die „Geburtsurkunde“ des Klosters St. Walburg, entspricht in seiner inhaltlichen Form den Dokumenten seiner Zeit (vgl. z. B. Eichstätter „Stadturkunde“ 2.3, zur Vertiefung 3.!) Allerdings überschreitet die „Narratio“ das übliche Maß, wenn sie das Eingreifen Gottes schildert und dies mit einem Bibelzitat (deus mortificat: 1 Kg 2,6) ausgestaltet, und nähert sich dem Stil eines Gründungsberichtes in einer Klosterchronik. Somit liegt nicht eine Siegelurkunde (im streng formalen Sinn), sondern eine besiegelte Notiz (notitia: Bericht, Bekanntmachung) vor.

In nomine sancte et indiuidue trinitatis.

Cognoscant omnes fideles Christi, qualiter quidam nobili natus genere *Livtigervs* nomine, statim ab annis adolescentie celestia incipiens anhelare, Deum bonorum suorum heredem uoluit constituere, constructo sanctimonialium monasterio in aliquo suorum prediorum loco, qui sibi ad hoc ceteris aptior uideretur et sic ad Eihstatense episcopium tradere, ubi sanctus Vuillibaldus Christi confessor in corpore quiescit, ut episcopus qui hanc cathedram possideret ipsum monasterium regeret, scilicet abbatissam (ponendo) et cetera que episcopalis officii sunt procurando.

Hanc piam et felicem uoluntatem cum interuenientibus quibus occupationibus paulo tardius perduceret ad effectum, contigit illum languorem incidere, quia Deus sepe inmittit electis infirmitatem, ut camino tribulationis excocti quisquiliis peccatorum, sine quibus haut facile presens uita ducitur, reddantur purius. Ingrauescente igitur languore cum iam ad desperationem perueniret uite, inuitavit ad se *Heribertvm* venerabilem episcopum qui tunc Eihstatensi prefuit sedi, qui eum peractis his propter que inuitatus aduenerat, in ipsa infirmitate clericali presignauit tonsura, postea per sacros ordines usque ad diaconatus officium prouehens. Uerum Deus qui mortificat et uiuificat ipsum iam pene mortificatum pulso languore reparauit uite et sanitati restituit pristine.

Tunc ille hoc dono sibi diuinitus collato, gauisus Deo gratias agendo, uotum suum nulla amplius dilatione protrahens, cum consensu et uoluntate prenominati episcopi *Heriberti*, aliis reprobatis locis, elegit sibi ecclesiam sancte *Vvalbvrge* virginis, sitam in quodam monticulo prope muros Eihstatensis urbis, antiquitus ibi constructam sed in melius a supradicto pontifice H. instauratam, ad hoc inquam elegit ut sui desiderium promissi adimplens, monachicam constitueret vitam sanctimonialium congregatione in ibi collecta. Ad hunc locum tradidit cum manu *Gotebaldi* qui tunc aduocatus erat Eihstatensis quedam predia sua ita nominata Gemphingin, Altheim, Sulzdorf, Dietfurt, Rohilingin, Pabinheim, Tetinheim et duo curtilia Radisbone in mercato iacentia, ea lege ut nullus episcoporum eandem Eihstatensem cathedram possidentium potestatem habeat aliquid ex his prediis auferendi de eodem monasterio et in suum usurpandi usum, sed perpetualiter ad seruicium ancillarum Dei illic commorantium pertineant.

Huius traditionis testes sunt Francigenae: Odalscalch, Albuni, Dietpreht, Gozpreht, Luttiuuin, Hecil, Marolt, Chadalhoc; Bauuarici: Vuichart, Regil, Gerolt, Vuolfdrigil ... (es folgt eine Stiftung des Bischofs Heribert).

Acta est autem hec traditio in ecclesia sancte Vvalburge in Eihsteti anno ab incarnatione Domini M.XXX.V, indictione III, VIIII kalendas *Avgvsti*, imperante Chuonrado imperatore XI anno regni eius, XIIII^{mo} anno episcopatus H. episcopi. Tunc temporis consecrata est prima abbatissa eidem loco *Imma* neptis *Liutigeri* scilicet filia amite illius vite venerabilis domina et in omnibus actibus suis idonea, nutrita docente abbatissa *Ita* in monasterio sancte *Marie* et sancte *Erendrvdis* quod in *Salzburc* est. Verum idem episcopus H. hoc priuilegio idem monasterium condonauit ut ... (hier bricht die Urkunde ab)

(Klosterarchiv St. Walburg, Eichstätt)

Übersetzungshilfen:

Vgl. das „Schema einer mittelalterlichen Urkunde“ im Anhang!

3) **anhelare**: nach etwas lechzen, verlangen — 4) **sanctimonialis**: Nonne — 6) **episcopium**: Bistum — 9) **procurare = curare** — 10 ff. *Satzstruktur*:

Hanc ... cum ... perduceret ad effectum
contigit illum ... incidere
quia Deus ... inmittit ... infirmitatem
ut ... excocti ... reddantur
sine quibus ... ducitur.

— 11) **effectus,-us**: Durchführung — **contigit**: es ereignete sich — **languor** (= infirmitas): Krankheit — 12) **inmittere = mittere** — **caminus**: Feuer(stätte) — **tribulatio**: Not, Drangsal — **excoquere**: ausbrennen, reinigen (von) — 13) **quisquiliae, -arum**: Abfall, Auswurf — 17) **clericali tonsura presignare**: mit der Tonsur auszeichnen (Eintritt in den Klerikerstand) — **ordo**: Weihegrad, - stufe — **officium diaconatus**: Diakonat — 18) **provehere**: (be)fördern — **mortificare**: den Tod bringen, töten (vgl. vivificare) — 19) **sanitas**: Gesundheit — 21) **divinitus** (Adv.): durch göttl. Fügung — 22) **dilatio**: Aufschub — **protrahere**: vorantreiben — 23) **reprobare**: verwerfen — 24) **monticulus**: Verkleinerungsform zu mons — 25) **pontifex**: Bischof H(eribertus) — **instaurare = restituere** — 25) **adimplere = complere** — **monachicus**: klösterlich — 27) **congregatio**: Gemeinschaft — 29) *Orte*: Gempfing/Neuburg; Rehlingen; Pappenheim; Dettenheim/Weißenburg — 30) **Radisbona**: Regensburg — 33) **commorari = morari** — 35) **Francigena, -ae**: aus dem Stamm der Franken — 36) **Bauuaricus**: aus dem Stamm der Bayern — 40) **Chuonrad**: Kaiser Konrad II. (1024–1039) — 42) **neptis, -is**: Nichte — **amita**: Tante

Zur Vertiefung:

1. Gliedern Sie den vorliegenden Stiftungsbrief und vergleichen Sie seinen Aufbau hinsichtlich der einzelnen Bestandteile und ihrer Gewichtung mit dem einer mittelalterlichen Urkunde (vgl. Schema im Anhang)!
2. Der Stiftungsvorgang erfolgte (vgl. das Datum) im Jahre 1035. Weisen Sie an Textstellen nach, daß die Ausfertigung dieses Dokumentes erst später stattfand, nämlich 1042, als Bischof Gezman die neuerbaute Kirche St. Walburg weihte!
3. Ein Kloster unterstand dem Bischof (bischöfliches Eigenkloster; der Bischof ernennt die Äbtissin); es konnte aber durch Exemption (Herausnahme) selbständig werden (freie Wahl der Äbtissin). Erklären Sie in diesem Zusammenhang folgenden Befund: Das ursprünglich vorhandene „ponendo" (Z. 8, Beleg in einer Abschrift) wurde in der Originalurkunde zu einem späteren Zeitpunkt ausradiert, in einer weiteren (späteren) Abschrift durch „videlicet" ersetzt.

Literatur:

Buchholz-Johanek, I.: Die Gründung des Klosters St. Walburg 1035 nach ihren Quellen. In: Studien und Mitteilungen zur Geschichte des Benediktiner Ordens, Bd. 90 (1979) 45–80.

2.5 Der Papst aus Eichstätt

Bischof Gebhard I. (1042–1057) als Papst Victor II. (1055–1057)

Drei Jahrzehnte vor der Konfrontation von Canossa war das Kräfteverhältnis Papst – Kaiser geradezu umgekehrt. Kaiser Heinrich III. setzte 1046 auf der Synode von Sutri aus tief religiösem Verantwortungsgefühl drei gleichzeitig regierende Päpste ab und machte so dem unwürdigen Treiben in Rom ein Ende. Mit dem von ihm eingesetzten Papst Clemens II. (vorher als Suitger Bischof in Bamberg) beginnt die Reihe von vier Päpsten, die dem deutschen Episkopat entstammen. Es waren Bischöfe, die sich als Hirten ihrer Diözesen und auch in weltlichen Aufgaben, die ihnen der Kaiser übertragen hatte, bewährt hatten. Dazu zählte auch *Gebhard*, der offensichtlich den strengen Maßstäben des Kaisers voll entsprach, so daß er bereits mit etwa 24 Jahren als Bischof von Eichstätt und 11 Jahre später als Papst eingesetzt wurde. Sein kurzes Pontifikat ist von der beginnenden Kirchenreform (gegen Simonie und Priesterehe) geprägt; zu seinen engsten Mitarbeitern zählt Hildebrand (der spätere Papst Gregor VII.).

Victors Leichnam wurde bei der Überführung von Rom nach Eichstätt von den Bewohnern Ravennas entführt und im Grab des Ostgotenkönigs Theoderich (zu diesem Zeitpunkt als Kirche benutzt) beigesetzt. Der – heute leere – Sarkophag ist dort noch zu sehen, im Eichstätter Dom erinnert ein 1946 geschaffenes Denkmal im nördl. Querschiff an ihn.

Aus dem Werk „De episcopis Eichstetensibus" eines unbekannten Eichstätter Domherren (Anonymus Haserensis, 11. Jh.; Mon. Germ. Scriptores Bd. VII, S. 263–265):

c. 34: (nach dem Tode des Bischof Gezman, vgl. S. 35) Secutus est Gebehardus episcopus, qui utinam aut numquam presul fieret, aut factus tam cito subtractus non esset! Tolerabilius enim esset, tale bonum omnino nescisse quam cognitum tam cito amisisse ...

c. 35: (Nach seiner Ernennung durch Heinrich III.) Post hec sublimatus pontificali infula dominus noster Gebehardus, licet iunior esset aetate, nihil tamen puerile gessit in opere, sed ita de virtute in virtutem certatim ascendit, ut inter omnes regni principes paucis inferior, multis vero esset superior. Denique inter caeteras virtutes specialem hanc habuit, quod in exercendis tam divinis quam humanis iudiciis talis scientiae tantaeque velocitatis extitit, ut iam neminem mortalium hac in re superiorem habuerit. Paucis itaque annis interpositis, adoptatus a Caesare est in administrationem publici regiminis. In quo actu tam multiplici laude resplenduit, ut, quod rarissimum est, invidiam virtute superavit. Unde factum est, ut exulante ad Ungariam Chunone duce ipse ducatum Baioaricum ad tempus susciperet regendum.

c. 38: (Nach dem Tode des Papstes Leo IX.) Primates Romanorum Mogontiam veniunt, papam sibi ab imperatore deposcunt, et post longam deliberationem nullum nisi nostrum episcopum Gebehardum accipere voluerunt. Qui totis viribus renisus, quanto plus oblatam dignitatem recusavit, tanto Romanorum desiderium ad optinendum eum provocavit ...

Tandem Ratisponae collectis universis regni primatibus, omni tergiversatione deposita, cunctam controversiam brevi quidem sed notabili consummavit sententia. En, inquit ad Caesarem, sancto Petro totum me, hoc est corpore et anima, contrado; et licet tantae sanctitatis sede me indignissimum sciam, vestris tamen iussionibus obtempero, ea scilicet pactione, ut et vos sancto Petro reddatis, quae sui iuris sunt. Hac sponsione a benignissimo imperatore suscepta, Romam hilariter venit, singulari devotione susceptus est, in consecratione Victor appellatus est, tribus annis apostolicam sedem gloriosissime rexit, tantaeque inter ceteras virtutes liberalitatis extitit, ut Romani non solum viventi, verum etiam mortuo singularia laudum preconia attribuerent et memoria eius celebris habeatur.

Übersetzungshilfen:

2) **fieret = factus esset** – 5) **sublimatus pontificali infula**: mit dem Bischofsornat ausgezeichnet – 7) **puerilis, -e:** jugendlich, unreif – **certatim**: wetteifernd – 12) **adoptare**: auswählen – **regimen, -inis**: Herrschaft – **actus, -us**: Tätigkeit – 13) **multiplex**: vielfältig – **resplendere**:

widerstrahlen — 14) **exulare ad**: in .. als Verbannter leben — **Chuno dux**: Herzog Konrad von Bayern (1053 abgesetzt, flieht er zu seinem Schwager, König Andreas von Ungarn) — 16) **primas, -atis**: der Vornehmste — **Mogontia**: Mainz — 21) **Ratispona**: Regensburg — **tergiversatio**: Ausflucht — 22) **consummare**: zu einem Ende bringen — 27) **hilariter**: froh — **devotio**: Ehrerbietung — 28) **appellatus est**: medial zu übersetzen — 30) **pr(a)econium laudum**: öffentliche Lobrede

Zur Vertiefung:

1. Wie ist die Formulierung „tam cito subtractus“ (im Einleitungssatz) im Hinblick auf die 15 Jahre, die Gebhard Bischof von Eichstätt war, zu verstehen? (vgl. c. 35)
2. Vergleichen Sie die „notabilis sententia“ (c. 38) Viktors mit der Haltung Gregor VII. im Investiturstreit! (Lit.: Gebhardt, Bruno: Handbuch der Deutschen Geschichte. — Stuttgart, 1. Band)
3. Beachten Sie die kritische Stellungnahme, die der zeitgenössische Domherr zu der mit dem Tode Victors beginnenden Spannung zwischen Kaiser- und Papsttum abgibt: „Si diutius vivere licuisset, fortasse tale aliquod verbum incepisset, quod ambae aliquorum aures tinnirent“ (‚dröhnen‘)!

Literatur:

Weinfurtner, Stefan: Die Geschichte der Eichstätter Bischöfe des Anonymus Haserensis — Regensburg 1987.

2.6 Belehnung Heinrichs von Kallendin mit dem Neuburger Moosamt

Neuburg, seit Heinrich II. zugleich Reichs-, Herzogs- und Privatgut, wurde 1197 von *Heinrich VI.* seinem Marschall *Heinrich von Kallendin (von Pappenheim)* zu Lehen übertragen. Das „Pappenheimer Urbar“ von 1214 listete später den Besitz auf. Schon 1247 aber brachten die baierischen Herzöge dieses Territorium in ihren Besitz. – Wie in jeder mittelalterlichen Urkunde wird auch hier eine genau vorgeschriebene Form und Gliederung befolgt (vgl. Schema im Anhang!). Kaiserliche Urkunden sind besonders aufwendig. – Die Urkunde ist nur in einer Abschrift aus dem Jahre 1444 erhalten.

In nomine sancte et individue trinitatis. Heinricus sextus divina favente clemencia Romanorum imperator semper augustus et rex Sicilie. Imperialis excellencie nostre consuevit benignitas devota fidelium suorum obsequia clementer respicere eisque pro bene meritis multimoda munificencie sue impertiri beneficia. Quapropter notum facimus universis imperii nostri fidelibus presentibus et futuris, quod nos pre oculos habentes puram fidem et preclara servicia, que fidelis noster Heinricus marscalcus de Callendin ad exaltacionis nostre gloriam frequenter et fideliter exhibuit et specialiter apud Paternonem, ubi contra proditores nostros fideliter et strenue decertavit. In remuneracionem obsequiorum suorum de innata nobis clemencia concedimus et in rectum feodum et heredibus suis et presenti pagina in perpetuum confirmamus totum officium nostrum, quod Sibodo de Jagenhouen et Heinricus Dietenkerus a nobis tenuerunt, videlicet paludem et omnia bona, que pertinent ad paludem circa Nuwenburg apud Danubium, advocacias omnes et specialiter advocaciam super bona beati Udalrici apud Horowen et omnia bona, que nostre urbure fuerunt, cum omnibus hominibus et advocaciis et ad ea pertinentibus ... (In gleicher Weise erhält Heinrich von Kallendin Lehen im Riedenburger Bereich.) Statuimus igitur et imperiali sanciamus edicto, ut nulla omnino persona, humilis vel alta, secularis vel ecclesiastica, predictum fidelem nostrum Heinricum marescalcum et suos heredes in hac maiestatis nostre concessione gravare audeat vel aliquo modo perturbare. Quod si quis facere attentaverit, centum libras auri puri pro pena componat, dimidium camere nostre et reliquum passis iniuriam. Ad cuius rei certam in posterum evidenciam presentem paginam inde conscribi iussimus et maiestatis nostre sigillo communiri. Huius rei testes sunt ... (3 Erzbischöfe, 2 Bischöfe, 38 weltliche Herren „et alii quam plures“).

Signum domini Heinrici sexti Romanorum imperatoris invictissimi et regis Sicilie.

Ego Cunradus Hildeneshemensis episcopus imperialis aule cancellarius una cum domino Walthero Troiano episcopo et regni Sicilie cancellario recognovi.

Acta sunt hec anno dominice incarnacionis MCXCVII°. Indictione XV°. Regnante domino Heinrico sexto imperatore gloriosissimo et rege Sicilie potentissimo. Anno regni eius XXVIII°, imperii vero VII° et regni Sicilie III°. Datum in Sicilia, insula Livarie III° Nonas Augusti.

(Krafft, Wilhelm: Das Urbar der Reichsmarschälle von Pappenheim — München 1929 = Neudruck 1974, S. 81–83.)

Übersetzungshilfen:

1) **Heinrich VI.** 1190–97 — 2) **semper augustus**: „allezeit Mehrer des Reichs“ — 3) **excellencia**: „Exzellenz“ (Titel) — **devotus**: ergeben — 4) **munificencia**: Freigebigkeit — 6) **quod** statt A.c.I.! — 7) **mar(e)scalcus**: Marschall, ein Hofamt, zu dem ursprünglich die Sorge für die Pferde („Mähren“) gehörte — 8) **exaltacio**: Erhöhung, Lobpreis — 9) **Paterno** in Sizilien: Markward von Anweiler und Heinrich von Kallendin schlugen Febr. 1197 einen Aufstand sizilischer Barone nieder. — 10) **in remuneracionem**: zur Vergeltung, als Erkenntlichkeit für — 11) **rectum feodum**: regelrechtes Lehen — **pagina**: Blatt, Urkunde — **in perpetuum**: auf ewige Zeiten —

13) **officium**: der Amtsbezirk – **Jageshouen**: Joshofen bei Neuburg – 13) **Dietenkerus**: der Tittinger; Titting, abgegangenes Dorf bei Mörnsheim – **tenere** = **obtinere**: (zuvor, bisher) als Lehen besitzen – **videlicet**: nämlich – **palus**: das „Moos" = Donaumoos – 15) **bona beati Udalrici**: die Güter des hl. Ulrich = des Augsburger Bischofs bei Horwen, heute Ehekirchen. Vielleicht war der Stammsitz der Kallendine auf dem Lorenziberg bei Ehekirchen. – 16) **urbura**: das Urbar (Grund-, Grundsteuer- und Hypothekenbuch) – **advocaciis** und **pertinentibus** können als Substantiva oder als Attribute zu hominibus aufgefaßt werden – 21) **gravare**: Schwierigkeiten machen – 22) **attentare** = **temptare** (vgl. „Attentat"!) – **libra**: Pfund – **pro p(o)ena componere**: als Strafe, Buße zahlen – **camera**: Finanz-, Schatzkammer – 23) **in posterum**: für später – **evidencia**: Evidenz, Ersichtlichkeit – 25) **communiri**: fest machen, sicherstellen – 27) für die **Schlußformel** vgl. zu 2.3! – 29) **Hildeneshemensis**: von Hildesheim – **imperialis aulae cancellarius**: kaiserlicher Hofkanzler – 30) **Troianus**: von Troia in Apulien – 32) Beachte die fünffache **Datierung**! – 35) **insula Livarie** (Lokativ!): die Liparischen Inseln nördlich Siziliens. Der Ausstellungsort ist infolge eines Abschreibefehlers aus dem Jahre 1444 „insilva Livarie" umstritten.

Zur Vertiefung:

1. Erklären Sie aus der Geschichte Kaiser Heinrichs VI. die Angaben seiner Regierungsdaten!
2. Vergleichen Sie die Form dieser weltlichen Urkunde mit den anderen Urkunden in diesem Quellenheft!
3. „Centum librae auri puri pro pena": Vergleichen Sie diese Wertangabe mit den heutigen Währungen Pfund Sterling (britisch) und Lira (italienisch)!

3. Die baierische Landesuniversität Ingolstadt

Die baierische Landesuniversität, die von 1472 bis 1800 ihren Sitz in Ingolstadt hatte, erfreute sich, besonders in der Zeit vor dem 30jährigen Krieg, eines guten Rufes. An ihr wirkten zahlreiche Gelehrte, deren Erinnerung in der Benennung von Straßen, meist im Stadtteil südlich der Donau, fortlebt. In den letzten Jahrzehnten wurden auch drei Ingolstädter Gymnasien nach drei bekannten Professoren der Universität benannt: *Johannes Reuchlin, Peter Apian* und *Christoph Scheiner*. Außerdem trägt das Katharinen-Gymnasium seinen Namen in Erinnerung an die Schutzpatronin der Philosophie, also der septem artes liberales, die heilige Katharina von Alexandrien, deren Bild auch das Siegel der Katholischen Universität Eichstätt trägt.

Die hier aufgenommenen Urkunden sind zum größeren Teil dem vierbändigen lateinischen Werk „Annales Ingolstadiensis Academiae" entnommen, das *Johann Nepomuk Mederer* 1782 herausgab. Der Historiker Mederer war 1743 in Stöckelsberg in der Oberpfalz geboren, trat in den Jesuitenorden ein. 1768–1774 und 1780–1800 wirkte er als Professor für Geschichte an der Landesuniversität. Nach deren Verlegung nach Landshut blieb er weiterhin als hochangesehener Pfarrer von St. Moritz bis zu seinem Tode 1808 in Ingolstadt.

Wenn Mederers „Annales" an manchen Stellen auch nicht ganz frei von unkritischen Übertreibungen sind, so bieten sie doch eine große Fülle historisch und biographisch wertvoller Informationen über die Geschichte der baierischen Landesuniversität.

Das Universitätsgebäude, die „Hohe Schule", ursprünglich als Pfründnerhaus von Herzog Ludwig dem Gebarteten erbaut für die Armen, die mit Gebet und Psalmengesang seiner armen Seele beistehen sollten, diente im Lauf der Neuzeit verschiedenen Zwecken. Vor allem war es die zeitweilige Unterrichtsstätte verschiedener Schulen, dazwischen auch Sitz des Landratsamtes. Ab 1989 soll dort die Wirtschaftswissenschaftliche Fakultät der Katholischen Universität Eichstätt einziehen.

Der bemerkenswerteste Hochschulbau ist das von Gabrieli errichtete „Anatomische Theater", die alte Anatomie, einst Sitz der Naturwissenschaftlichen und Medizinischen Fakultät. Die renovierten Räume beherbergen heute das Deutsche Medizinhistorische Museum.

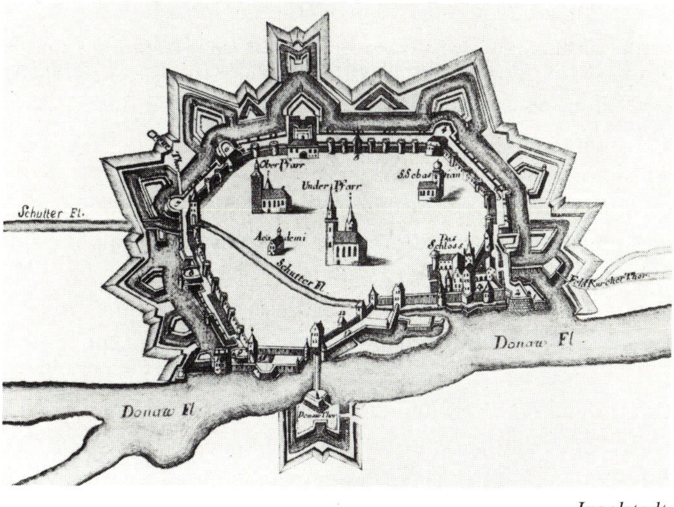

Ingolstadt im 18. Jh.

3.1 Erste päpstliche Gründungsbulle – Siena 7. April 1459

Dieses von Papst *Pius II.*, dem bekannten Humanisten *Enea Silvio Piccolomini*, erlassene Sendschreiben ist bemerkenswert wegen des Gedankenreichtums, mit dem der Schreiber Pflege und Hochschätzung der Wissenschaften würdigt. Die Gründung konnte wegen der kriegerischen Auseinandersetzung Herzog *Ludwigs des Reichen* von Baiern-Landshut mit Markgraf Albrecht Achilles von Brandenburg-Ansbach erst 1472 verwirklicht werden.

Pius Episcopus Servus Servorum Dei ad perpetuam rei memoriam.

Inter ceteras felicitates, quas mortalis homo in hac labili vita ex dono Dei nancisci potest, ea non in ultimis computari meretur, quae per assiduum studium adipisci valet scientie margaritam, que bene beateque vivendi viam prebet, ac peritum ab imperito longe facit excellere, & similem Deo reddit. Hec preterea illum ad mundi archana cognoscenda dillucide introducit, suffragatur indoctis, ac in infimo loco natos evehit in sublimes, & propterea Sedes Apostolica rerum spiritualium & etiam temporalium provida moderatrix, liberalitatis honeste circumspecta distributrix, & cuiusvis commendabilis exercitii perpetua & constans adiutrix, ut eo facilius homines ad tam excelsum humane condicionis fastigium acquirendum & acquisitum in alios refundendum inducantur, cum aliarum rerum distributio massam minuat, scientie vere communicatio, quanto in plures diffundatur, tanto semper augetur & crescit, illos hortatur, eis loca preparat, illos adjuvat & fovet, ac ea, que pro ipsorum commodo & utilitate, presertim dum hoc per catholicos Principes postulatur, libenter concedere consuevit.

Sane pro parte dilecti Filii nobilis viri Ludovici, Comitis Palatini Reni, Ducis Bavarie, nuper nobis exhibita petitio continebat, quod dudum ipse provide considerans, quod per litterarum studiis insudantes personas digne colitur divina majestas, orthodoxe fidei veritas illustratur, virtutum morumque decor acquiritur, omnisque prosperitas humane condicionis augetur, pro rei publice utilitate in suo Oppido Ingolstat Eystetensis Dioecesis, quod valde ad hoc aptum existit & in quo aeris viget temperies ac rerum ad vitam humanam necessariarum abondantia reperitur & iuxta quod nullum aliud generale studium prope centum quinquaginta miliaria Italica vel circa habetur, ferventer exoptat fieri & ordinari per Sedem Apostolicam Studium generale in qualibet licita Facultate, ibidem fides dilatetur, erudiantur simplices, equitas servetur judicii, vigeat ratio, illuminentur mentes, & intellectus hominum illustrentur.

(Es folgt eine Aufzählung der vorgesehenen Studiengänge und die Erteilung von Privilegien an die neue Universität.)

Nulli ergo omnino hominum liceat hanc paginam nostrorum statuti & ordinationis infringere, vel ei ausu temerario contrire; si quis autem hoc attemptare presumpserit, indignationem omnipotentis Dei & beatorum Petri & Pauli Apostolorum ejus se noverit incursurum.

Datum Senis anno Incarnationis dominice Millesimo quadringentesimo quinquagesimo nono, septimo Idus Aprilis, Pontificatus nostri anno primo

† Pius Papa II.

(Mederer: Annales Ingolstadiensis Academiae, Bd. IV., S. 16 ff.)

Übersetzungshilfen:

1) **Servus Servorum Dei**: Mit diesem Titel, der die dem Amtsträger gebotene christliche Demut ausdrückt, bezeichnen sich die Päpste in ihren Urkunden — 2) **labilis**: hinfällig, vergänglich — 4) **valet = potest** — **margarita**: Perle — 5) **facere** + Inf.: lassen

5 ff. **Zur Satzkonstuktion**: Der lange Satz bedarf unbedingt der Zerlegung in mehrere deutsche Sätze. Folgendes Vorgehen wird vorgeschlagen:

1. Hauptsatz: Subjekt hec, 3 Prädikate bis ... in sublimes

2. Hauptsatz: erstes & weglassen! Subjekt Sedes Apostolica, darauf sind die 3 -trix-Appositionen bezogen. Diese können mit Einfügung der Kopula „zeigt sich, erweist sich“ zu Prädikatsnomina gemacht werden.

3. Hauptsatz: Der Finalsatz mit dem Subjekt homines kann vorausgehen; die Sequenz Z. 12–13 „cum aliarum ... augetur & crescit“ wird in den 4. Hauptsatz verschoben; Hauptsatz mit dem Subjekt „er“ (= Sedes Apostolica) und 5 Prädikatsverben folgt dem Finalsatz; dem Akkusativ-Objekt des letzten Nebensatzes sind 2 Relativsätze untergeordnet; wegen der in „praesertim dum“ enthaltenen Steigerung ist „postulatur“ doppelt zu übersetzen (fordern - verlangen).

4. Hauptsatz: Der Adversativsatz „cum ... minuat“ wird Hauptsatz, dabei ist die Konjunktion „cum“ durch das Adverb „denn“ zu ersetzen. Die Unterordnung des Satzes unter „augetur et crescit“ kann durch „zwar ... aber“ in eine Beiordnung umgewandelt werden.

6) **arc(h)anum**: Geheimnis — **dil(l)ucide** (Adv.): klar, offensichtlich — **suffragari** + Dat: stimmen für, empfehlen, begünstigen — 7) **in infimo loco nati**: Leute niederen Standes — **in sublimes evehere**: in ranghöhere Stellen befördern; Bildung war in der Ständegesellschaft eine der wenigen Möglichkeiten zu sozialem Aufstieg. — **Sedes Apostolica**: der vom Apostel Petrus als erstem Bischof von Rom begründete Heilige Stuhl — 8) **providus**: fürsorglich — 9) **commendabilis**: empfehlenswert — 11) **in alios refundere**: anderen übermitteln — 13) **illos ... eis**: Mit „illi“ sind die Lehrenden gemeint, mit „ei“ die von ihnen Lernenden. —

17 ff. **Zur Satzkonstruktion**: Auch dieser lange und inhaltsreiche Satz bedarf der Zerlegung in mehrere deutsche Sätze:

1. Hauptsatz: Subjekt und Prädikat sind „petitio continebat“. In Bezug auf das vorausgehende „pro parte“ ist dem Subjekt das Possessivpronomen „seine“ beizufügen. Das Partizip „considerans“ wird zum Prädikat eines Relativsatzes, der diese Periode abschließt.

2. Hauptsatz: Die mit faktischem quod eingeleiteten vier Nebensätze mit dem gemeinsamen Präpositionalausdruck „per ... insudantes“ werden zu einem mit „denn“ eingeleiteten Hauptsatz.

3. Hauptsatz: Subjekt ist „er“ (Ludovicus), Prädikat „exoptat fieri et ordinari“. Der Satz kann mit „deshalb“ wegen des kausalen Sinnzusammenhangs mit considerans an den vorhergehenden Satz angeknüpft werden. Es können auch die drei an „oppido Ingolstat“ anknüpfenden Relativsätze in Hauptsätze umgeformt und mit „denn, nämlich“ verbunden werden.

4. Hauptsatz: Die auf „ibidem“ folgenden sechs konjunktivischen Nebensätze können ohne Schwierigkeiten als Hauptsätze mit „dort sollen ...“ wiedergegeben werden.
17) **pro parte**: was betrifft — **Ludovicus**: Herzog Ludwig der Reiche von Baiern-Landshut (1450–1479). Er beansprucht – wie alle baierischen Wittelsbacher – den Titel „Comes Palatinus R(h)eni“: Pfalzgraf bei Rhein, wird aber vom Papst nicht mit dem ebenfalls beanspruchten Titel „Elector“: Kurfürst angeredet, den seine eigenen Urkunden aufweisen. — 18) **exhibita petitio**: die vorgetragene Bitte 19) **provide considerans**: fürsorglich überlegend — **insudare**: ins Schwitzen kommen, sich ernsthaft bemühen — 20) **divina majestas**: Gott in seiner Erhabenheit — **orthodoxus**: rechtgläubig (vielleicht wegen der Kirchenspaltung der böhmischen Hussiten erwähnt) — 23 f.) **aeris temperies**: mildes Klima — 24) **studium generale**: Universität — 25) **miliaria Italica**: römische Meilen. Die bereits bestehenden nächstgelegenen Universitäten waren Würzburg, Heidelberg und Prag. — **ferventer** (Adv.): eifrig — 26) **ordinare**: kirchlich bestätigen. Die päpstliche Zustimmung war im 15. Jahrhundert für die Eröffnung einer Universität unumgänglich. — 27) **licita Facultas**: zugelassene Fakultät. Die vier traditionellen Fakultäten sind Theologie, Jurisprudenz, Medizin und die Artistenfakultät; letztere entspricht etwa der Oberstufe eines humanistischen Gymnasiums mit starker Betonung von Latein und aristotelischer Philosophie. — **dilatare**: verbreiten — 29) **paginam infringere**: die Seite einreißen = die Urkunde mißachten — 32) **ausus (-us) temerarius**: unbesonnene Frechheit — **contrire = contraire** — **attemptare**: versuchen — 31) **presumere**: sich vornehmen — 33) **Senis** (Lokativ von Senae): Siena, die Geburtsstadt des Papstes, wo er auch nach seiner Erhebung auf den Stuhl Petri gern verweilte.

Zur Vertiefung:

1. Vollziehen Sie an Hand der Erläuterungen zur Satzkonstruktion der Sätze Z. 5 ff. und Z. 17 ff. die einzelnen Schritte der Übersetzung von langen lateinischen Perioden! Welche Erkenntnisse für die Übersetzung lateinischer Satzperioden (z. B. auch in Cicero-Reden) lassen sich daraus gewinnen?
2. Erörtern Sie mit eigenen Worten die Wertschätzung, die Papst Pius II. der Beschäftigung mit den Wissenschaften entgegenbringt!
3. Vergleichen Sie unter Beiziehung eines heutigen Vorlesungsverzeichnisses den Aufbau der Universität des Spätmittelalters mit der des 20. Jahrhunderts!

3.2 Herzogliche Werbung für die neue Universität – 2. 1. 1472

Mit diesem Rundschreiben lädt Herzog *Ludwig der Reiche* zum Besuch seiner neu gegründeten Universität ein.

Jam dudum considerantes ac animo volventes per homines litteris eruditos altius & rectius divinam majestatem coli & rimari, orthodoxeque fidei veritatem diffusius illustrari & roborari, morum decore augmentari & humane condicioni optime & salubriter provideri & subveniri. Quam ob causam, ut in Principatu & dominio nostro viri consilio maturi, virtute redimiti ac maturitate conspicui & diversarum Facultatum dogmatibus clari & eruditi instituerentur, a Summo Pontifice nostro Papa NN. impetravimus, quod in oppido nostro Ingolstat Eystetensis Dioecesis, in quo optime viget aeris temperies, ac rerum humane necessariarum vite & victus abundantia reperitur, de cetero sit Universitas & Studium generale, futuris perpetuis duratura temporibus. Quodque Doctores & Magistri tam in Theologia Jure Pontificali aut Legali in Medicina & Artibus, quam in alia quacunque Facultate ibidem Legentes et Studentes privilegiis & immunitatibus, exemtionibus & honoribus gaudeant & potiantur, quibus Doctores & Studentes olim in Universitate Atheniensi & modo Bononiensi & Wiennensi gaudent & utuntur ... Hec ad vestram & cuiuslibet vestrum noticiam voluimus deducere per presentes, quatenus siquis ex vobis litterarum studiis operam dare & impendere intenderet, de hoc certioratus esset, & nos profecto curam dabimus, quod nisi id, quod justum, racionabile & decens, & ipsis Studentibus utile fuerit, a Doctoribus & Magistris predictis aut inibi preficiendis legatur, & Studentes cum omni diligentia erudiantur ...

Datum ex castro Ducali Landshut sub secreto nostro impresso die secunda Januarii anno Domini Millesimo quadringentesimo septuagesimo secundo

Ludovicus Dux Bavarie

(Mederer: Bd. IV., S. 39 ff.)

Übersetzungshilfen:

1) Der erste Satz ist ein Anakoluth (Satzperiode ohne Hauptsatz); aus den beiden Partizipien am Anfang sind bei der Übersetzung Hauptsatzprädikate zu bilden. — **animo volvere**: sich durch den Kopf gehen lassen — 2) **rimare** (rima: Ritze): aufspalten; hier: ergründen — **orthodoxus** (griech.): rechtgläubig — 3) **roborare**: kräftigen — **augmentare**: vermehren — 5) **principatus**: Fürstentum — **redimitus**: erprobt — 6) **dogma, -atis**: Lehre — 7) **Papa NN.**: Der Name ist in der Urkunde ausgelassen. Papst war seit 1471 Sixtus IV. — 8) **aeris temperies**: mildes Klima — 10) **studium generale**: Stätte der Pflege umfassender Studien — 11) **Jus Pontificale** — **Jus Legale**: Kirchenrecht - Bürgerliches Recht — 12) **Artes**: Grundstudium. Es besteht im genauen Kennenlernen der lateinischen Sprache und der aristotelischen Philosophie. — 13) **immunitas**: Befreiung von Lasten — **exemtio**: Ausnahme- oder Befreiungsbestimmung — 14) **Bononiensis** (Adj. zu Bononia): Bologna — 17) **operam dare & impendere**: sich mit allem Eifer bemühen — **intendere**: die Absicht haben — **certioratus**: certior factus — 18) **nisi**: hier mit „nur" zu übersetzen — 20) **inibi = ibidem** — 21) **ducalis**: Adj. zu dux — **impressum**: Siegel

Zur Vertiefung:

1. Die Urkunde enthält eine Reihe von Hendiadyoin-Ausdrücken. Versuchen Sie bei Ihrer Übersetzung die Wiederholung derselben Wortart zu vermeiden und statt dessen Adjektiv + Substantiv oder Adverb + Verbum zu verwenden!
2. Unterrichten Sie sich im Anschluß an Z. 10 ff. über die besondere Rechtsstellung einer Universität im Mittelalter (vgl. Literatur-Verzeichnis Boehm/Spoerl)!

Literatur:

Spindler, Max: Handbuch der bayerischen Geschichte, Bd. II, D IV, S. 815 ff.

3.3 Berühmte Professoren

3.3.1 Epitaph des Johannes Adorf

Johann Permetter aus *Adorf* im sächsischen Vogtland hatte in Leipzig Theologie studiert und war dort auch als Professor dieses Fachs tätig. Am 13. 4. 1472 immatrikulierte er an der Universität Ingolstadt; er gehört also zu den Gründungsprofessoren. Seit 1473 wirkte er auch als Pfarrer am Liebfrauenmünster.

Das Epitaph an der nördlichen Innenwand des Münsters, nahe der Türe zur Sakristei, eine Bronzeplatte, zeigt den Professor bei seiner Habilitationsvorlesung, darunter sein Totengerippe; unter diesem steht folgendes Epigramm:

Adorf me genuit, docuit Lips, theologie
  Ecclesieque gradum tradidit Auripolis.
In grege pastor eram fidei mysteria pande
  Grex manet, at ductor peste furente cad
Moritur anno Xpi 1505 Sext. Non. Octobr

(Ingolstädter Heimatblätter, 44. Jg. 1925, S.

Übersetzungshilfen:

1) **Lips(ia)**: Leipzig – 1/2) **theologie gradus**: Rang und Titel eines Professors der Theologie – 2) **ecclesie gradus**: das damit verbundene Amt des Münsterpfarrers – **Auripolis**: eine der beiden falschen Deutungen des Namens Ingolstadt (Ingoldesstadt) – 3) **grex, gregis** (hier): die Pfarrgemeinde – **mysterium** (griech.): Geheimnis – **pandere**: eröffnen, erklären, aufschließen – 4) **ductor**: von ducere – 5) **Xpi**: Die beiden ersten Buchstaben sind als griechische Schriftzeichen zu lesen: Abkürzung für Christi.

3.3.2 Konrad Celtis: Ad academiam Ingolstadiensem

Konrad Pickel, mit Humanistennamen *Celtis* (1459–1508), war einer der bekanntesten Dichter seiner Zeit. Er faßte seine zahlreichen Werke in lateinischer Sprache ab. 1492–1498 lehrte er als Professor der Poetik an der Universität

Ingolstadt. Er schied ohne Abschied von der ungeliebten Stadt; gleichsam als Entschuldigung verfaßte er folgendes Carmen (IV 43):

Venerat a caro mihi dulcis epistula amico,
Quae monuit subito, se quod adire velim,
Ut secum placidos autumni carpere fructus
Vellem et ventrosis musta probare cadis,
Hinc secum Latias Graiasque revolvere Musas
Et canere ad resonam carmina nostra lyram.
Quaepropter, iuvenes, veniam date poscimus aequam,
Lectio cum vobis nostra resarta modo est,
Ut possim carum modo laetus adire sodalem,
Explere et placido munus in officio.
Intereaque meam si quis vult carpere famam
Me dicens nullo posse manere loco,
Te rogito, nostras, lector, qui diligis artes,
Haec referas linguae carmina nostra vagae:
O nimium felix, priscorum more sophorum,
Qui potuit varias laetus adire plagas,
Ut videat populos varios gentesque per orbem,
Qua valeat patrio doctior esse foro.
Si Celtis nostra semper latuisset in urbe
Et numquam Bavaros destituisset agros,
Non tot iam vobis liquisset candidus artes,
Quas petit a variis integer ille plagis.
Talia ventosae date Celtica carmina linguae,
Laetus in Austriacos ille ubi pergit agros.

(Konrad Celtis: Fünf Bücher Epigramme, ed. Karl Hartfelder. – Berlin 1881, Neudruck Hildesheim 1969, S. 259.)

Übersetzungshilfen:

4) **mustus**: Most — **ventrosus** (von venter): dickbäuchig — **cadus**: großer irdener Krug — 5) **Latiae Graiaeque Musae**: Werke lateinischer und griechischer Dichter — **revolvere**: die Buchrolle (volumen) aufschlagen — 6) **resonus**: widerhallend — **ad resonam lyram**: mit Lyrabegleitung — 8) **resartus** (von resarcire): ausgebessert, ersetzt. Da Professor Celtis abwesend ist, muß eine „Aushilfe" für ihn einspringen. — 11) **famam carpere**: den Ruf zerpflücken, schädigen — 13) **rogitare**: Verbum intensivum zu rogare — 14) **vagus**: unstet, ungebunden — **lingua vaga**: offene, freimütige Sprache — 15) **sophus** (griech.): weise — 18) **valere = posse** — **patrium forum** (Metapher für): die Menschen zuhause — 21) **liquisset = reliquisset** — **candidus**: glänzend — 22) **integer**: unbefangen — 23) **ventosus**: unstet, reiselustig — **Celtica carmina**: Lieder des Celtis

Zur Vertiefung:

1. Achten Sie bei der Interpretation auf die charakterisierenden Adjektive vagus, laetus, ventosus, integer, candidus!
2. Fassen Sie in eigene Worte, welchen Bildungswert Sie dem Reisen und der Kenntnis fremder Länder beimessen!

3.3.3 Grabinschriften für Dr. Johannes Eck († 1543)

An der inneren Nordwand des Liebfrauenmünsters in Ingolstadt, neben der Sakramentskapelle, befindet sich die Grabplatte des berühmten Luthergegners und Theologen, der als Professor an der Universität und als Münsterpfarrer hier wirkte. Die Bronzeplatte, im Auftrag von *Simon Eck*, dem Bruder des Verstorbenen, gesetzt, zeigt sein Brustbild mit dem Kelch in der linken Hand. Das Porträt wird von einem Bogen überwölbt, der über den Kapitellen Totenköpfe als Sinnbilder menschlicher Vergänglichkeit zeigt. Im linken Medaillon Wappen mit Dreiecksstein, auf seinen Geburtsort Egg bei Memmingen hinweisend. Über der Bogenwölbung hängt eine Tafel mit der Inschrift:

Viator preces funde
Eckius hic iacet
Abi moriture

Unterhalb der Büste befindet sich eine weitere Tafel mit Ecks Lebensdaten:

Joanni Eckio Theologo inuicto fratri de se bene merito Simon Eckius m p Vixit Ann LVI M II D XXI obyt anno MDXXXXIII IIII idus Febr sub meridiem

Übersetzungshilfen:

5) **m p = monumentum posuit** – **M = menses** – 6) **D = dies** – **obyt = obiit**

Außerdem gab es eine Bronzeplatte im Pflaster der eigentlichen Begräbnisstätte, die jetzt nicht mehr existiert, mit der Inschrift:

D. O. M. S.
Eckius haec Frater fratri monumenta locavit
Et bene pro meritis manibus esse cupit.
Fortiter in Christi castris hic vivus agebat
Magnus doctrina, maximus ingenio.
Funde preces, animam Christo, moriture Viator,
Commenda, pietas quemlibet ista decet.

(Ingolstädter Heimatblätter, 44. Jg. 1925, S. 60)

Übersetzungshilfen:

1) **D. O. M. S. = Deo Optimo Maximo Sacrum**: häufige Kopfzeile von Epitaphien, in Anlehnung an die Benennung Jupiters als Optimus Maximus — 3) **manibus** (hier Dat. von manes): die Totengeister; im christlichen Sinn: die Seele des Toten — **bene esse** (+ Dat.): wohl ergehen — 4) **castra Christi**: die Kirche Christi — 6) **preces fundere**: andächtig beten — 6/7) **animam commendare**: die Seele empfehlen

Literatur:

Ziegelbauer, Max: Eck, Johannes – Mann der Kirche im Zeitalter der Glaubensspaltung, St. Ottilien 1986.

3.3.4 Petrus und Philippus Apianus – Mathematiker und Geographen

(1552) Humanis valedixit *Petrus Apianus*, Mathematicus insignis et Matheseos Professor, augustissimo Imperatori Carolo V. propter eam scientiam, cuius ipsemet Caesar perquam studiosus erat, admodum gratus & liberaliter ab eodem donatus; Academiae nostrae singulare decus & ornamentum. Obiit undecimo Cal. Mai., sepultus apud Franciscanos.

Eius sepulchri hodie nullum exstat vestigium; atque inde tanto quidem aequius existimo, ut viro meritissimo dignum ipsius memoriae monumentum his in annalibus statuamus.

Natus erat Petrus Apianus (paterno nomine Bienewitz) Leisnikii in Misnia anno 1495. In Professorum nostrorum numerum relatus est anno 1527, iam tum clari nominis Mathematicus & a variis Academiis expetitus. Post Carolum Caesarem, a quo nobilibus imperii adnumeratus est, & Guilelmum Bavariae Ducem, praecipuum Moecenatem expertus est Raimundum Fuggerum, cuius maxime impensis sumtuosam illam expeditionem litterariam suscepit, ad conquirenda scilicet monumenta vetera; quae subin uno collecta volumine anno 1534 suis sumtibus & sua ex officina socio & adiutore Bartholomeo

Amantio Poeta Caesario & Oratoriae Professore publicam in lucem edidit hoc titulo: Inscriptiones Sacrosanctae Vetustatis totius Orbis.

Praeterea typis evulgavit Cosmographiam, Astronomicum Caesareum Carolo V. dedicatum ac trecentorum Aureorum praemio coronatum, Quadrantem Universalem & alia quaedam ad Geographiam & Astronomiam spectantia. Dicitur idem Apianus ex primis fuisse, qui novam orbis partem, Americam, in charta exhibuit.

In cathedra mathematica defuncto parenti successit *Philippus* filius, qui licet infirma valetudine ac Medicinae impeditus studio aequabat tamen patrem in Matheseos scientia, imo superabat fortassis. *(Mederer, Bd. I, S. 230)*

Übersetzungshilfen:

1) **humanis valedicere**: den irdischen Dingen Lebewohl sagen, sterben — **Mathesis, -seos** (griechisch dekliniert): Mathematik. Damit sind auch die mit der Mathematik verbundenen Wissenschaften wie Geographie und Astronomie gemeint. — 2) **augustissimus**: hoch erhaben — 3) **perquam**: überaus — 9) **Leisnikii in Misnia**: Leisnig im Herzogtum Sachsen, der früheren Markgrafschaft Meißen — 11) **a variis Academiis expetitus**: Mederer nennt 5 deutsche und italienische Universitäten (= Academiae), die Apian ebenso eine Professur anboten. — 12) **nobilibus adnumeratus est**: Kaiser Karl V. verlieh Apian den persönlichen Adel — **Guilelmus**: Wilhelm IV. Herzog von Baiern (1508–1550) — 13) **Raimundus Fuggerus**: Raymund Fugger (1490–1535), seit 1525 Chef des Augsburger Handelshauses — **Moecenas, -atis** = **Maecenas**: Berater des Kaisers Augustus und Förderer des Dichters Horaz. Er ist das Vorbild vieler Gönner von Kunst und Wissenschaft. – 14) **sum(p)tuosus**: kostspielig — **expeditio, -onis**: Forschungsreise — 15) **monumenta vetera**: alte Inschriften — 16) **officina**: von Apian in Ingolstadt betriebene Druckerwerkstatt — 19) **typis evulgare**: gedruckt veröffentlichen (**typus**: Druckbuchstabe) — **Cosmographia** (griech.): Weltbeschreibung — 20) **aureus**: Goldstück, Gulden — **quadrans, -antis**: Quadrant = geographisches Meßinstrument mit Gradnetzskala — 23 f.) **charta**: Landkarte — 25) **Medicinae impeditus studio**: Philipp Apian studierte bei seiner Berufung Medizin.

Philipp Apians bekanntestes Werk sind die „Baierischen Landtaflen“, ein Kartenwerk des gesamten Kurfürstentums. Ausschnitt auf der Titelseite.

Zur Vertiefung:

1. Vergleichen Sie den Kartenausschnitt des Titelblatts mit einer heutigen Landkarte des Gebiets! Stellen Sie besonders fest, wie der Lauf der Donau sich seitdem geändert hat!
2. Stellen Sie die naturwissenschaftlichen Ausdrücke griechischer Herkunft in diesem Abschnitt zusammen!

3.3.5 Johannes Reuchlin

Was Mederer über den berühmten Juristen und Hebraisten *Johannes Reuchlin* (1455–1522) berichtet, ist unvollständig und zum Teil falsch. Der Verfasser der „Epistulae obscurorum virorum“, der im Herzogtum Württemberg ein hohes Staatsamt bekleidete, mußte 1519 vor der Willkür des jungen Herzogs Ulrich nach Bayern fliehen, kam ziemlich mittellos nach Ingolstadt, wo ihm Dr. Eck Wohnung und die Möglichkeit bot, an der Universität Vorlesungen über griechische und hebräische Sprache zu halten. Sein Nürnberger Freund Willibald Pirckheimer gewährte ihm ein großzügiges Darlehen.

Fuit Reuchlinus patria Phorcensis eiusque magnus est apud Eruditos nomen maxime apud Tubingenses, quorum scholam per plures annos illustravit. Qua ratione ad nostram Academiam delatus fuerit, non eadem est omnium sententia. Sunt, qui occasione belli Wirtenbergici captum a Wilhelmo Bavariae Duce indeque ad nos perductum asserunt. Alii tamen defendunt Reuchlinum bellici tumultus pertaesum Tubinga liberrime relicta Ingolstadium venisse. Linguarum hebraicae ac graecae peritia, qua insigniter pollebat, tamen ei famam apud nos peperit, ut non raro plus quam trecenti Academici ad eum audiendum confluxerint. *(Mederer, Bd. I, S. 110)*

Unter dem Eindruck seiner plötzlichen Flucht schrieb Reuchlin an Pirckheimer folgenden Brief:

Domino Bilibaldo Pirckheimero amico suo Norimbergae.

Fugi pestem, fugi gladium, utinam effugerim famem! Ferme namque hoc marte decoxi, dum a nobis tyrannus nostra vi abstulit.... Semissis autem homo sum, quia dimidium animae meae Bibliothecam plus quam dimidiatam domi reliqui, & ergo cum minutis libellis, utut in tanta velocitate perfugii fieri potuit, Anglipolim, quam Ingolstadium appellant, me corripui, multis de causis. Sed exspectat baiulus: accelerandum est & plurima nunc obmittendum. Valeas, mihique tuis litteris interea solatio sis, optime Bilibalde, ac ideo felicissime, quod non es subiectus tyrannis.

Anglipoli inter Boios, XII. Ianuari., anno M.D.XIX

Oro te, ut inclusas has litteras Wittenburgam mittas ad cognatum meum M. Philippum Melanthona quantocyus poteris. Ioannes Reuchlin, ὁ σός

(Willibald Pirckheimer: Opera Politica, historica, philologica et epistolica, ed. Melchior Goldast Frankfurt 1610, Neudruck Hildesheim 1969, S. 259)

Übersetzungshilfen:

1) **Phorcensis**: aus Pforzheim — 2) **Tubingensis** Adj. zu **Tubinga**: Tübingen — 4) **bellum Wirtenbergicum**: der Krieg, den der Schwäbische Bund unter Führung Herzog Wilhelms IV. von Baiern gegen Ulrich von Württemberg führte. Ulrichs Flucht bot das Motiv für Wilhelm Hauffs Roman „Lichtenstein". — 5) **asserere**: behaupten; hier im Indikativ nach „sunt, qui" — 7) **pollere**: sich auszeichnen — 8) **Academici**: Angehörige der Universität (auch Dr. Johannes Eck besuchte Reuchlins Hebräisch-Vorlesungen) — 10) **Bilibaldus**: Willibald — 11) **hoc marte**: in diesen Kriegszeiten — 12) **decoxi**: Perf. von **decoquere**: Bankrott machen, mittellos sein — **semissis**: nur einen halben As wert, ein halber Mensch — 13) **dimidiatus**: halbiert — 14) **utut = ut** — 15) **se corripere**: hastig fliehen — 16) **baiulus**: Lastträger, Briefbote — 18) **non subiectus tyrannis**: Pirckheimer war Bürger der Freien Reichsstadt Nürnberg. — 20) **Wittenburga**: Wittenberg — 20 f.) **M.** (= Magistrum) **Melanthona**: Philipp Melanchthon, Reuchlins Neffe — 21) **quantocyus = quanto ocius**: möglichst schnell — 22) ὁ σός (griech.): der Deine

3.3.6 Der Astronom P. Christoph Scheiner S. J.

Der Jesuitenpater *Christoph Scheiner* (1575–1650), geboren im schwäbischen Markt Wald, zählte zu den bekanntesten Naturwissenschaftlern seiner Zeit. Er entdeckte die Sonnenflecken und erfand den Storchschnabel, ein mechanisches Zeichengerät zur Übertragung von Karten und Plänen in verändertem Maßstab. Auch mit den Lehren seines Zeitgenossen Galilei befaßte er sich.

Christophorus Scheinerus hoc iterum anno Oenipontum excurrit; cumque inde Archidux Maximilianus in Austriam abiret, eidem ipse quoque adhaesit ... Scheinerus posthac ad Academiam non rediit; sed Romae aliquamdiu moratus novas de maculis solaribus observationes instituit, quas omnes aeri incisas in vasto illo opere, Rosa Ursina dicto, edidit. Inde in Silesiam missus primus fuit rector Collegii Nissensis recens fundati ab Archiduce Carolo, Ferdinandi II. fratre, cui a sacris confessionibus erat. Obiit Nissae anno 1650, die 18. Iul., aetatis anno 75.

Fuit Scheinerus vir indolis candidae et eximiae pietatis, avarus praecipue temporis ac somni parcus; quippe qui consuetum surgendi tempus una quotidie alterave hora occupabat, ut diutius incumbere in sua studia posset.

(Mederer, Bd. II., S. 215)

Übersetzungshilfen:

1) **hoc anno**: 1616 — **Oenipontus**: Innsbruck — 2) **adhaerere**: sich anhängen, begleiten — 4) **macula solaria**: Sonnenflecken — **aeri incisus**: in Erz eingraviert; als Kupferstiche — 5) **Silesia**: Schlesien (bis 1742 im Besitz der Habsburger) — 6) **Nissensis**: Adj. zu **Nissa** (Z. 8): Neisse — 7) **a sacris confessionibus esse**: Beichtvater sein — 9) **indolis candida**: glänzende Begabung — 9 f.) **avarus temporis**: haushälterisch mit der Zeit — 10 f.) **surgendi tempus occupabat** + Abl.: er verlegte die Zeit des Aufstehens um ... vor

Mederer nennt Scheiners Hauptwerke, die hier mit übersetztem Titel aufgeführt sind:

Apelles post tabulam	Der griechische Maler Apelles hinter seinem Gemälde
Disquisitiones Mathematicae	Mathematische Streitfragen
Novum Solis Ellyptici Phaenomenon	Die neue ellipsenförmige Erscheinung der Sonne
Exegeses Fundamentorum Gnomicorum	Deutungen der Erkenntnisgrundlagen (in der Mathematik)
Refractiones Caelestes	Lichtbrechungen am Himmel
Rosa Ursina vel Sol ex admirando facularum et macularum phaenomeno varius	Rosa Ursina oder das wechselhafte Erscheinungsbild der Sonne bei Betrachtung ihrer Lichtausbrüche (Protuberanzen) und Flecken
Pantographice sive ars delineandi res quaslibet	Pantograph, oder die Kunst, alle Dinge zeichnerisch darzustellen
Oculus, seu fundamentum opticum	Das Auge, oder Grundlagen der Optik

Zur Vertiefung:

1. Zur Pflege der Naturwissenschaften wurde in der Barockzeit die „Anatomie" in Ingolstadt erbaut. Referieren Sie über die Verwendung dieses Baus! Welchem Zweck dient er heute?
2. Versuchen Sie aus den gegebenen Übersetzungen die Titel zu erklären! Bei welchen Wörtern bedürfen Sie der Hilfe des Griechischen?

3.4 Kaiser Ferdinand II., der berühmteste Schüler der Universität

Im 16. und frühen 17. Jahrhundert erlebte die Universität Ingolstadt als Pflanzstätte von Bildung und Wissenschaft im katholisch gebliebenen Teil Deutschlands ihren Höhepunkt. Die Universitätsmatrikel führen eine große Zahl nichtbayerischer Studenten auf; besonders groß ist in dieser Zeit die Zahl polnischer Studenten in Ingolstadt. Zu den Söhnen des Hauses Wittelsbach, die mit ihrem Gefolge im Kaisheimer Haus in der Harderstraße wohnten, gesellten sich Prinzen aus anderen Fürstenfamilien.

Der spätere *Kaiser Ferdinand II.* (geb. 1578) kam 1590 nach Ingolstadt. Er war Sohn des entschieden katholischen Erzherzogs Karl, der zur Zeit Kaiser Rudolfs II. als Dux Styriae von Graz aus die Herzogtümer Steiermark, Kärnten und Krain (heute Slowenien) selbständig regierte.

Ad anni huius initium Schola Ingolstadiensis eum consecuta est splendorem, quem nescio an ulla in orbe Universitas umquam habuit; accessit scilicet ad tres Serenissimos Bavariae Principes et Marchionem Badensem, Academiae nostrae alumnos, Serenissimus Ferdinandus, Archidux Austriae, Dux Burgundiae, Styriae &c., Caroli Archiducis filius, Ferdinandi I. Imp. et Guilelmi Ducis Bavariae ex sorore nepos, atque ipse postea Imperator Romanorum eius nominis secundus, cum plus quam viginti nobilium comitatu.

Hic cum die 6. Februarii a Serenissimo et Magnificentissimo Universitatis Rectore Philippo Duce Bavariae et episcopo Ratisbonensi &c. albo academico insertus fuisset, decima subin Martii, praevio examine, quod ipse per horam subire voluit, scholam Humanitatis publice frequentare caepit, in qua etiam duo minores natu Bavariae Duces tunc versabantur.

Die 17. Septembris eiusdem anni Ferdinandus Archidux, cum nuncium accepisset de morte Caroli, parentis optimi, Ingolstadio discessit, relictis tamen nobilium plerisque. Iamque Landishutum tenuit, cum acceptis a Serenissima matre litteris redire ad studia iussus est; qua ipsa in re summa Principis oboedientia merito laudanda est; revertentem enim paulo post cum gaudio accepimus. *(Mederer, Bd. II., S. 119)*

Ferdinandus Archidux eadem felicitate in rhetoricis ac dialecticis hoc anno perrexit, qua superiore caeperat. In die sacro Pentecostes iterum declamavit praesente tota Academia. Finita oratione sex adolescentes geniorum habitu oratorem carmine sapphico ad musica instrumenta cantato exceperunt, laudarunt et sertum ex floribus vernalibus eius capiti imposuerunt.

Dici non potest, quo affectu Gymnasii adolescentes hunc suum Principem iuventutis prosecuti sint, quamvis ab illo ut stemmatis maiestate, ita diligentia, gravitate morum, observantia & pietate superari se cernerent. Dies erat 13. Iunii, D. Ferdinando sacra, cum in schola Rhetorices tapetibus et affixis passim emblematibus ornata, nobilissimi ex singulis classibus adolescentes comparuere, qui Serenissimum Archiducem carminibus oratione atque etiam musica salutarunt.

Illud singulare est, quod sub tempus autumnale, quo iuxta morem Gymnasii annui progressus examina institui solebant, ipse quoque Ferdinandus Archidux tribus examinatoribus sistere se voluerit, atque ita ex rhetoricis dialecticisque praeceptionibus responderit promte ac integre per horae spatium, ut suis condiscipulis praemium strictissimo iure praeripuerit. Quod eidem in theatro datum fuit magno cum laudum praeconio & omnium spectantium approbatione.

(Mederer, Bd. II., S. 128 f.)

Übersetzungshilfen:

1) **eum** . . . **quem**: anstelle des klassischen tantum . . quantum — 3) Zur selben Zeit studierten in Ingolstadt drei Söhne Herzog Wilhelms V. und der junge Markgraf Christoph Gustav von Baden. — 4) **alumnus**: Zögling, Schüler — **Archidux Austriae**: Erzherzog von Österreich: offizieller Titel aller Prinzen der österreichischen Linie des Hauses Habsburg — 5) **&c. = et cetera**: Meist wurden nur einige der vielen Titel aufgezählt. — 9) **Philippus**: Philipp Herzog von Baiern war schon im Alter von 11 Jahren zum Bischof von Regensburg **(episcopus Ratisbonensis)** gewählt worden. Es war durchaus üblich, daß nicht nur Professoren der Universität, sondern auch Studenten aus dem Hochadel, meist Prinzen des Hauses Wittelsbach, das Amt des Rektors für ein Semester bekleideten. Sie wurden mit **„Magnificentissimus“** (Eure Magnifizenz) angesprochen — **album academicum**: das Universitätsmatrikel — **albo academico inserere**: immatrikulieren — 10) **subin = subinde**: darauf — **examen praevium**: Aufnahmeprüfung in die **„Schola Humanitatis“**, das mit der Universität verbundene Gymnasium — 17) Das Lob der **oboedientia** ist hervorgehoben, weil Ferdinand zwar noch minderjährig, aber nach dem Tod des Vaters bereits regierender Fürst, nun im Rang über seiner Mutter stand. — 19) **rhetorica . . . dialectica**: Die einzelnen Klassen des Jesuitengymnasiums sind keine Jahrgangsstufen, sondern Fortschrittsklassen. Sie waren nach der jeweils betriebenen Art des Lateinunterrichts benannt. Auf die „grammatica“, in der die Grundlagen der Sprache behandelt werden, folgt die „rhetorica“ mit Prosalektüre und Übungen im lateinischen Stil; darauf die „dialectica“, in welcher die freie lateinische Disputation geübt wird. — 20) **Pentecoste**: Pfingsten — 21) **genius**: Schutzgeist, Engel (Hier zeigt sich die Vorliebe der Jesuiten für theatralische Auftritte.) — 22) **carmen sapphicum**: lyrisches Gedicht in der nach der Dichterin Sappho benannten Strophenform — 23) **sertum**: (von serere: reihen) Gebinde, Kranz — **flores vernales**: Frühlingsblumen —

25) **stemma, -atis** (n.): eigentlich Ährenkranz, der ein Ahnenbild umgibt, davon: Ahnenreihe — 26) **observantia**: Einhaltung der Formen, Gehorsam — 27) **schola Rhetorices** (griech. Gen.): Klaßzimmer der Rhetorik-Klasse — **tapes, -etis**: Wandteppich — 28) **emblema, -atis** (griech.): gemaltes Medaillon — **comparere**: gemeinsam auftreten — 32) **annui progressus (Gen.) examina**: Jahresprüfungen — 34) **promte**: unverzüglich — **integre**: fehlerfrei — 35) **strictissimo iure**: mit vollstem Recht — **praeripere**: wegschnappen — 36) **praeconium laudum** (von „praeco": Herold) öffentliche Lobrede

Zur Vertiefung:

1. Johann Nepomuk Mederer, der Chronist der Universität Ingolstadt, neigt zu überschwenglichen Darstellungen. Wo sind solche in beiden Texten erkennbar?
2. Versuchen Sie in kurzen lateinischen Sätzen die Ausschmückung des Klassenzimmers bei der Zeugnisverleihung zu beschreiben!
3. Kaiser Ferdinand II. entstammt einer Ehe zwischen Mitgliedern der Dynastien Habsburg und Wittelsbach. Welches Kunstwerk im Inneren des Liebfrauenmünsters weist auf eine andere Eheverbindung beider Familien hin?

4. Renaissance und Barock

Renaissance und Barock sind die Epochen, in denen die drei Städte ihre höchste kulturelle Blüte erreichen: Ingolstadt durch seine Universität (wie im Abschnitt 3 aufgezeigt wurde), Eichstätt durch seinen Humanistenkreis um Bischof Johann von Eych, Neuburg durch seine Fürsten, durch die Reformation und Gegenreformation.

4.1 Der Ingolstädter Buchdrucker Ulrich Hahn in Rom

Ulrich Hahn (Ulricus Gallus), der sein Handwerk in der Mainzer Offizin von F(a)ust und Schöffer gelernt hatte, wanderte 1464 nach Italien aus. Der gelehrte Kardinal Torquemada wurde in Rom sein Gönner. Hahn druckte seine Werke in Zusammenarbeit mit gelehrten Korrektoren, welche die wissenschaftliche Textkritik begründeten. Er verwendete Typen eigener Erfindung und fügte als erster Holzschnitte in die Drucke ein. Von seinem Auftraggeber Torquemada stammen folgende, dem Drucker gewidmete Verse:

Anser, Tarpeii custos Jovis, unde, quod alis
Constreperes, Gallus decidit, ultor adest.
Ulricus Gallus, ne quem poscantur in usum,
Edocuit pennis nihil opus esse tuis.
Imprimit ille die, quantum non scribitur anno;
Ingenio haud noceas: omnia vincit homo.

(Ferdinand Gregorovius: Geschichte der Stadt Rom im Mittelalter, Bd. 7, S. 528)

Übersetzungshilfen:

1) **anser** und **custos** sind Vokative – **Tarpeius** (Adj.): der Tarpeiische Fels, der Steilhang des kapitolinischen Hügels, den die Gallier bei der Belagerung 387 v. Chr. nachts besteigen wollten – 2) **constrepere**: mit den Flügeln schlagen – 3) Das Subjekt zu „poscantur" sind die (nicht mehr benötigten) „pennae". – 5) **imprimere**: einpressen, drucken – 6) **haud noceas ingenio**: dem Verstand mag das nicht schaden; polemisch gesagt gegen die Verteidiger der Handschriften, welche die angeblich schlechtere Qualität der gedruckten, wesentlich billigeren Bücher bemängelten

Zur Vertiefung:

1. Wie spielt Torquemada mit dem Wort „gallus"?
2. Unterrichten Sie sich in der Wissenschaftlichen Stadtbücherei im Cavalier Hepp über Ingolstädter Handschriften und frühe Drucke!
3. Der Buchdruck wurde in Ingolstadt früh heimisch. Zeigen Sie Ursachen dafür auf (s. Literaturverzeichnis: Koller)!

4.2 Die Familie Pirckheimer in Eichstätt

Der Name *Pirckheimer* wird zu Recht mit der freien Reichsstadt Nürnberg in Verbindung gebracht. Dort taucht der Name Mitte des 14. Jahrhunderts im Bürgerbuch auf; die folgenden Generationen sind uns als Ratsherrn bekannt; dort verbrachte auch Willibald Pirckheimer, das bekannteste Mitglied dieser Familie, mit dem der Name ausstarb, den größten Teil seines Lebens. Die Autobiographie Willibalds macht aber deutlich, daß auch Eichstätt in seinem und seines Vaters Leben eine wichtige Rolle gespielt hat.

4.2.1 Dr. Johannes Pirckheimer

Der Vater *Johannes Pirckheimer* (um 1440–1501) studiert wie manch anderer seiner geistig aufgeschlossenen Zeitgenossen Rechtswissenschaften in Padua. Der Humanismus Italiens fördert auch sein Interesse an der Antike: Er lernt Griechisch, hört Vorlesungen über antike Autoren und schreibt fleißig antike Texte ab (30 Jahre später muß ihm sein Sohn in Italien die ersten gedruckten Ausgaben eines Cicero, Sallust und Sueton besorgen). Erfolgreich beendet er sein Studium mit dem Doktor im kirchlichen und weltlichen Recht („utriusque iuris"), kehrt nach Nürnberg zurück und heiratet 1466 Barbara Löffelholz.

Seine juristische Laufbahn beginnt er beim Fürstbischof von Eichstätt, Wilhelm von Reichenau (Bischof von 1464–1496; s. S. 92), einem Freund aus der Studentenzeit. Seine Tätigkeit als Sekretär umfaßt neben der juristischen Beratung auch die Vertretung des geistlichen Fürsten auf Reichstagen. Sieben seiner 12 Kinder sind in Eichstätt geboren, darunter 1467 Barbara, die unter ihrem Klosternamen Caritas als Äbtissin von St. Clara in Nürnberg eine herausragende Rolle im Reformationszeitalter spielten sollte.

Nach etwa zehn Jahren verläßt die Familie Eichstätt, da in München und bald auch in Innsbruck neue Aufgaben auf Dr. Johannes Pirckheimer warten: Als Rat wird er an den Hof Herzogs Albrecht IV. von Bayern und des Erzherzogs Siegmund, Grafen von Tirol, gerufen. Nach dem Tod seiner Frau (1488) kehrt er nach Nürnberg zurück, wo er als Ratskonsulent fungiert und auch an der Einrichtung der Poetenschule beteiligt ist. Wenige Jahre vor seinem Tod (1501) läßt er sich zum Priester weihen und tritt in ein Kloster ein.

Willibald Pirckheimer schreibt in seiner Vita, in der er von sich in der 3. Person spricht, über seine Familie:

Gens Pirckeymhera patricia fuit et semper familiis illis adnumerata, per quas res publica Nurenbergensis gubernatur. Inter omnes enim Germaniae civitates sola haec optimatum subest imperio, cum reliquae populi regnantur consilio. Ex hac igitur familia clara et antiqua Bilibaldus Pirckheymerus natus est. Quae licet longo tempore multis floruerit tam opibus quam honoribus, hoc tamen praecipuum semper habuit, ut quam plurimis ornata fuerit viris, immo mulieribus etiam doctissimis.

Nam quemadmodum Bilibaldi atavus omnes Nurenbergenses divitiis superavit, ita proavus eius prae cunctis civibus suis doctrina enituit, cuius vestigia filius et avus Bilibaldi nostri insecutus eruditione nequaquam patri inferior fuit. Ceterum inter omnes maxime excelluit Johannes, pater Bilibaldi. Nam praeterquam quod iuris utriusque peritissimus fuit omnimodaque eruditione insignis, praecipue tamen apud multos Germaniae principes inclaruit. Nam cum ita apud Nurenbergenses comparatum sit, ut nemo doctoratu insignitus in senatum legatur, ille relicta patria principum secutus est aulas. Ac sub initium Eystaviensi episcopo, inter Germaniae principes nequaquam ultimo, a consiliis fuit. Ubi se aliquibus annis ita gessit, ut Albertus, Bavariae dux, princeps tum non minus prudentia quam potentia clarus, summis viribus adnisus fuerit, ac vix ab episcopo precibus etiam impetraverit, ut Johanni bona illius venia discedere et sibi adhaerere liceret aucto etiam illi ultra duplum, quam ab episcopo acceperat, stipendio.

(Aus: Willibald Pirckheimers Schweizerkrieg, S. 139–140)

Übersetzungshilfen:

1) **Pirckeymhera**: In der Niederschrift Pirckheimers finden sich verschiedene Schreibweisen seines Namens: Pirckeymherus – Pirckheymerus; Willibald wird mit Bilibaldus wiedergegeben. — **patricius**: In den freien Reichsstädten nennen sich die Familien, die sich durch Alter und Besitz auszeichnen, Patrizier; nur sie können in den Rat der Stadt gewählt werden. — 3) **subesse**: unterstehen — 8) **atavus**: Generationenfolge avus-proavus-atavus — 12) **omnimoda(que)**: Abl. zu omnismodus — 13) **inclarescere**: berühmt werden — 14) **insignitus doctoratu**: mit der Doktorwürde ausgezeichnet — 15) **sub initium**: zu Beginn — 16) **a consiliis esse**: Sekretär/Ratgeber sein — 18) **adniti = niti** — 19) **bona venia** (Abl.): mit gütiger Erlaubnis — 20) **adhaerere**: sich anschließen — **duplum**: das Doppelte

4.2.2 Willibald Pirckheimer

∗ 5. 12. 1470 in Eichstätt † 22. 12. 1530 in Nürnberg

„Rarissima es avis huius saeculi" schreibt Erasmus von Rotterdam 1515 an seinen Freund Willibald Pirckheimer. Drei Faktoren führt er für dieses Urteil auf:

tantus fortunae splendor: die Zugehörigkeit zum Patriziat und damit eine herausgehobene gesellschaftliche Position; der riesige Familienbesitz, der finanzielle Unabhängigkeit garantiert und Mäzenatentum ermöglicht;

eximia eruditio: die Pirckheimersche Familienbibliothek; das Studium in Italien; die philologische Begabung, mit der er griechische und lateinische Autoren übersetzt; sein literarisches Schaffen (u. a. Elegie auf den Tod seines Freundes Dürer; Beschreibung des Schweizer Krieges; Apologia seu Podagrae laus);

Albrecht Dürer: Willibald Pirckheimer

tantum comitatis et humanitatis: Sein Haus in Nürnberg wurde „Herberge der Gelehrten" genannt; seine ausgedehnte Korrespondenz verband ihn mit führenden Humanisten seiner Zeit wie Erasmus, Reuchlin, Hutten, Celtis, daneben auch mit dem Eichstätter Domherrn Bernhard Adelmann und dem Rebdorfer Prior Kilian Leib.

Die Grundlagen für diesen Humanismus schufen das Erziehungsprogramm seines Vaters und die Studienjahre in Italien.

Die Kindheit Willibald Pirckheimers

Hoc igitur patre Bilibaldus nascitur Eystaviae anno salutis 1470. Quem, ut primum per aetatem licuit, pater literis imbuere coepit. Ac confestim non vulgaris ingenii praebuit specimen.

Deinde quam primum ad eam pervenit aetatem, ut equitando patrem sequi posset, in diversis legationibus obeundis illi adhaesit, siquidem pater non solum Bavaro a consiliis erat, verum, cum inter Albertum et Sigismundum, Austriae ducem, principem optimum et tempore illo potentissimum, summa esset necessitudo et amicitia illique saepius convenirent, adeo Sigismundus prudentiam et eloquentiam Johannis Pirckheymeri admirari coepit, ut illum instantissime a Bavaro abstrahere concupierit. Verum cum Albertus reluctaretur, eo tandem res devenit, ut ambobus pariter a consiliis esset ac dimidio anno in Monacensi, reliquo autem Insprugrensi aula degeret.

Ab his igitur principibus ad varios reges ac principes legatus missus semper puerum secum duxit, quo non solum varios hominum mores cerneret et urbes, sed patris etiam exemplo ad virtutis culmen tenderet. Interim tamen numquam ab eo instituendo ac litteris ac bonis artibus tradendo cessavit; praecipue vero musica et musicalibus instrumentis tractandis edoctus fuit.

Höfische und ritterliche Ausbildung in Eichstätt am Hofe des Bischofs Wilhelm von Reichenau:

Cum vero adolevisset, in aulam Eystaviensis traditus est episcopi, non solum ut curialium nosceret mores, sed etiam militia se exerceret; ad illam enim natura erat proclivior.

Accidit autem eo tempore, ut episcopus quam plurimis urgeretur hostibus, qui latrocinando potius (quemadmodum Germaniae mos est) quam iustum bellum inferendo episcopi provinciam cotidianis infestarent incursionibus. Ibi se equestri militia ita per biennium exercuit, ut non minus apud hostes cognitus quam episcopo carus esset. Nullo enim fatigabatur labore, non vigiliis aut inedia, nullum declinabat onus aut periculum sibi iniunctum, ita tamen ut nihil temere, sed cuncta circumspecte ageret. Ac ideo tam praefectis quam militibus acceptus erat; nam his in cunctis parebat, illos autem multis demerebatur officiis; neminem praeterea offendebat, nulli se praeferebat, ab omni detractione abstinebat ac solum id considerabat, quo pacto suo fungi posset officio.

Eo tempore omnia armorum genera peritissime tractare didicit, ita ut non minus pedestri quam equestri militiae aptus esset. Ac licet statura altior esset, equitando tamen perquam agilis erat ac corporis viribus ita robustus, ut lucta, iactu, cursu omnes superaret aequales; saltu vero ita levis, ut altissimos etiam equos perquam facile transiliret.

Cum vero vigesimo appropinquaret anno, pater illum in Italiam mittere decrevit, ut ibi intermissa continuaret studia.

(Aus: Willibald Pirckheimers Schweizerkrieg, S. 140–141)

Übersetzungshilfen:

1) **Eystaviae**: Lokativ — 3) **specimen**: Probe, Beweis — 4) **quam primum** = **ubi primum** — 5) **siquidem**: insofern — 6ff.) *Verbinde*: non solum ... verum (= sed etiam) ... adeo — 10) **reluctari**: sich widersetzen — 11f.) **Monacensis**, **Insprugrensis**: Adjektive! — 17) **edoctus**: gründlich unterrichtet — 19) **curialium mores**: Lebensstil/-weise am Hofe des (Fürst)Bischofs — 20) **proclivis ad**: geneigt zu — 22) **latrocinari**: plündern — 23) **infestare**: angreifen — **incursio**: Streifzug, Einfall — 26) **inedia**: das Hungern — 27) **circumspectus**: überlegt, besonnen — 28) **demereri alqm.**: sich um jem. verdient machen — 29) **detractio**: Schädigung — 33) **perquam**: überaus — **agilis**: gewandt, beweglich — **lucta, -ae** (Ringkampf) ... **saltus, us:** vier Sportarten!

4.2.3 Dr. Johannes Pirckheimer:
Verhaltensmaßregeln für den Studenten Willibald P. (Auswahl)

Item habeas timorem domini
Item audias saepe missam et recordare passionis domini
Item pacificus et supportabilis cum hominibus
Item non ludas pro pecuniis
Item caveas a meretricibus
Discas omni die aliquid
Loquitor latino sermone
Praelegas lectionem semper
Interroga, quod ignoras
Discas in gramatica semper et frequenter
Audias lectionem ordinariam in legibus
Non mutes frequenter doctores legentes
Audias lectiones in studiis humanitatis
Discas carmina facere
Emas librum, in quo ordinarie legitur in legibus
Habita, si potes, apud magistrum Heinricum
Vel alibi aput honestos viros eius consilio
Eme vestes factas, quia meliori pretio
Eme longam vestem pro studiis.

(Aus: Willibald Pirckheimers Briefwechsel, S. 29 f.)

Übersetzungshilfen:

2) **missa**: der Gottesdienst – **passio**: Subst. zu pati – 3) **supportabilis**: hilfreich, verträglich – 5) **meretrix, -icis**: Prostituierte – 8) **praelegere**: vorher lesen – 11) **lectio**: Vorlesung(sstoff) – **ordinarius**: ordentlich, offiziell – **leges**: Rechtswissenschaft

Zur Vertiefung:

1. Worauf beruht das Selbstbewußtsein des Patriziers Willibald Pirckheimer (vgl. das Dürerporträt)?
2. Wie läßt sich die Erziehung des jungen Willibald charakterisieren?
3. Informieren Sie sich darüber, welche Rolle der Humanismus in Ihrem Heimatort gespielt hat! (Lit.: Fink-Lang, Monika: Eichstätter Geistesleben im Zeitalter des Humanismus. Sammelblatt des Hist. Vereins Eichstätt 77/78 (1984/85) 30–45)

Literatur:

Willibald Pirckheimers Schweizerkrieg, hg. v. K. Rück – München 1895 (im Anhang: Autobiographie)
Willibald Pirckheimers Briefwechsel, hg. u. erl. v. E. Reicke, Bd. I. – München 1940

4.3 Eine Ode auf Ottheinrich und Philipp, Neuburg und die Junge Pfalz, zugleich eine Erklärung des Neuburger Stadtwappens

Seit Mitte des 15. Jh. gehörten Ingolstadt und Neuburg als Residenzen zu Baiern-Landshut. Georg der Reiche hatte wider Reichsrecht sein Land seiner Tochter Elisabeth und ihrem Gatten Ruprecht aus der Pfälzer Linie der Wittelsbacher zugesprochen. Als er 1503 starb, fochten die Münchener Wittelsbacher diese Erbregelung an. Während des folgenden „Landshuter Erbfolgekriegs" starben kurz nacheinander Ruprecht und Elisabeth; sie hinterließen zwei kleine Söhne, *Ottheinrich* (geb. 1502 in Neuburg) und *Philipp* (geb. 1503 in Heidelberg). Kaiser Maximilian I. fällte am 30. Juli 1505 den „Kölner Spruch": Baiern-Landshut (mit Ingolstadt) fiel München zu, aber für Ottheinrich und Philipp wurde ein neues Fürstentum gegründet, die „Junge Pfalz" mit der Residenz Neuburg. Bis 1509 wurde diese Pfalz-Neuburg durch Streubesitz nördlich der Donau ergänzt. Durch den Vertrag von Xanten vom 12. November 1614 kam dann später noch niederrheinischer Besitz hinzu: Jülich und Berg mit der Residenz Düsseldorf. Dieses nicht unbedeutende Staatsgebilde bestand bis 1808.

Das folgende Gedicht eines sonst nicht bekannten Autors auf die beiden Prinzen ist in der sogenannten 3. asklepiadeischen Strophe abgefaßt, die nach dem griechischen Lyriker Asklepiades (3. Jh. v. Chr.) benannt ist:

– – – v v – / – v v – v x
– – – v v – / – v v – v x
– – – v v – –
– – – v v – v x

Neuburger Stadtwappen

Scripsit Georgius Bohemus elegantem Odam ad Serenissimos & Optimos Principes *Othonem Henricum & Philippum*, Comites Palatinos Rheni &c., pupillos, sub tutela *Ludovici* Electoris patrui, cum Haidelberga rediissent, quam adscribere cum in ipsius Bohemi, tum etiam nepotum honorem omnino volui.

Tollant Pierides laudibus inclytam
Rudberti sobolem, magnanimi Ducis
Immatura parentis
Natam fata rependere.
Annos heu virides saeva benignius
Traxisset Lachesis, tempus in ultimum
Si non prole superstes
Mansisset gemina Pater.
Tutelam facili pectore Principum
Orborum patruus suscipit impigram,
Quos et nota tuetur
Et constans procerum fides.

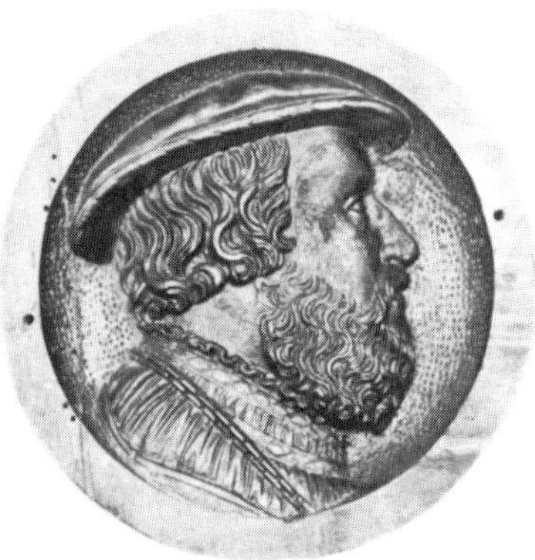

Pfalzgraf Ottheinrich, Tondo aus einer Vertäfelung, um 1538/40

Faelix illa dies, o ter et amplius,
Quae Boiis Dominos restituit suos
Aulae sub Budorinae
Nutritos penetralibus.
Hac nil Bavaricis luce penatibus,
Nil fido populo gratius accidit;
Plaudit cum seniore
Gestu, voce virens puer.
Tandem prisca salus reddita cernitur;
Affulsit populo vultus ubi Ducum
Et iam laetior annus,
Lucent sidera clarius.
Is pars Bavarici magna soli subest,
Rhetos Danubius qua pater alluit
Et rauco Neoburgam
Radit flumine regiam.
Est et vera Deum religio, piis
A patrum placitis nil movet impius,
Quamvis pectora sancta
Tentat mille Vafer modis.
Nahus pinifero missus ab arduo
Nigro per Salices flumine Noricas
Flumine cum socio fert
Vilso sceptra Palatia.
Tutae iam pecudes rura perambulant,
Fructus almus ager procreat uberes,
Durant inviolatae
Pax et iustitia et fides.
Nec iam finitimis gentibus acrior
Boemus bella parat Martia, qua nemus
Ingens Norica scindit
Terris arva Bohemicis.
Macte estote igitur muneribus Deum,
O clara soboles orta propagine,
Vos vestigia patrum,
Aeternumque manet decus.

Haec tum scripta sunt Lyrica, cum adhuc Palatinus superior esset Catholicus: quod ex octava stropha licet colligere.

(Georgius Bohemus Cuspinius, in Mederer: Annales Academiae Ann. 1548, Bd. I, S. 209 f.)

Pfalz-Neuburger Wappen 1534
(baierische Rauten, Pfälzer Löwe)

Pfalz-Neuburger Wappen um 1700

Übersetzungshilfen:

Vorbemerkung: **oda** = **carmen**: Ode, Gedicht — **princeps** (hier): Prinz — **Comites Palatini Rheni &c.** (= et cetera): Pfalzgrafen bei Rhein usw. (d. h. sie besitzen noch weitere Herrschaften und Titel) — **pupillus**: (kleines) Kind (vgl. die Steckenreiter im Neuburger Stadtwappen!) — **tutela**: Vormundschaft — **Ludovicus Elector**: Kurfürst Ludwig V. von der Pfalz. Tatsächlich war Friedrich III. Vormund (der schützende Pfälzer Löwe im Neuburger Stadtwappen!). — **patruus**: Onkel von Vaterseite — **Heidelberga**. Die beiden Knaben hielten sich bis 1508 in der kurpfälzischen Residenz auf; Ottheinrich erweiterte später das Heidelberger Schloß. — **quam** bezieht sich auf odam — **adscribere volui**: Die Einleitung stammt von Mederer, der damit die Aufnahme der Ode in seine Chronik der Ingolstädter Universität begründet. — **nepotes**: die Neffen Ludwigs
1) **Pierides**: die Musen (ihre Heimat: Pieria) – **inclytus**: berühmt, rühmenswert — 2) **Rudbertus**: Ruprecht — **Dux**: Die Pfalzgrafen führten ebenso wie die Neuburger Fürsten den Titel eines Herzogs von Baiern. — **soboles, -is**: Nachkommenschaft, die Söhne — 3) **immaturus**: unzeitig (gemeint ist Ruprechts Tod) — 4) **natus** m. Inf. „um zu" — **rependere**: vergelten, ausgleichen — 5) **anni virides**: Jugendjahre („grüne" J.) — **heu**: Ausruf des Schmerzes — 6) **Lachesis**: eine der drei Parzen, die dem Menschen seinen Schicksalsfaden spinnen (trahere) — 7) **proles gemina**: die zwei Söhne — 9) **facili pectore**: bereitwillig, freudigen Herzens — 10) **orbus**: verwaist — **impiger**: unermüdlich — 12) **proceres, -um**: die Vornehmen, der Adel — 13) **faelix = felix** — 14) **Boii**: die Baiern — 15) **aula Budorina**: Schloß zu Heidelberg (Budoris) — 16) **nutrire**: aufziehen — **penetralia, -ium**: das Innere — 17) **lux** = **salus** — **penates, -ium**: Heimat — 20) **virens**: „grün", noch sehr jung — 22) **affulgēre**: entgegenleuchten — **Duces**: die Herzöge, nämlich Ottheinrich und Philipp — 23) **annus**: Zeit, Alter — 25) **īs** = **iis** — 26) **Rhetos** = **Raetiam**: der „gelehrte Poet" erinnert an die römische Provinz — **alluere**: (mit Wasser) berühren, bespülen — 27) **raucus**: tobend, rauschend — 28) **radere**: schaben, prallen an — **flumen**: Strömung — **regia**: Residenz, Neuburger Stadtberg (der grüne Dreiberg im Neuburger Wappen) — 29) **Deum** = **Dei religio**: katholischer Glaube — 30) **placita, -orum**: Lehre, Grundsätze — **impius**: der Glaubensverräter — 31) **pectora sancta**: das unschuldig-fromme Gemüt (der Prinzen) — 32) **tentare**: in Versuchung führen — **Vafer**: der Pfiffige, Verschmitzte. Nach Volksglauben darf man den Teufel nicht beim Namen nennen. — 33) **Nahus**: die Naab — **piniferus**: fichtenbestanden — **arduum** subst.: Anhöhe. Die Naab entspringt im Oberpfälzer Wald an der böhmischen Grenze. — 34) **Salices, -um**: die Stadt Weiden (salix f. der Baum Weide) — **Noricus**: die römische Provinz Noricum (etwa Österreich). Hier wird die Oberpfalz so bezeichnet. — 35) Versmaß?! — 36) **flumen Vilsus**: die Vils — **sceptra Palatia**: Szepter über die Oberpfalz. An Naab und Vils lagen Teile der Jungen Pfalz. — 38) **almus**: fruchtbar — 42) **Boemus** sprich Bömus: der Böhme. Die Hussitenkriege sind noch unvergessen. — **Martius** adj. zu Mars — **nemus**: das Waldgebiet des Böhmerwaldes — 44) **arvum**: die Flur — 45) **macte estote**: Seid glücklich! — **Deum** vgl. 29! — 46) **propago, -inis**: Stamm(baum) — 47) **vestigium**: Fußspur, Ebenbild

Nachbemerkung: **Lyrica**: Verse, Strophen — **Palatinus superior**: Oberpfalz. Ottheinrich schloß sich 1542 der Reformation an; nach dem Grundsatz „cuius regio, eius religio" wurde die Oberpfalz wie die ganze Junge Pfalz protestantisch.

Zur Vertiefung:

1. Sammeln Sie Stileigentümlichkeiten des Panegyricus, d. h. des Preislieds! Beobachten Sie Ähnliches in der (deutschen) Renaissance- und Barockliteratur!

2. Suchen Sie auf einer historischen Karte Bayerns im 16. Jh. die einzelnen Teile der Jungen Pfalz bzw. Pfalz-Neuburg!
3. Vergleichen Sie das Pfalz-Neuburger Wappen von 1534 mit dem baierischen Herzogswappen!

Literatur:

Poensgen, Georg (Hg.): Ottheinrich. Gedenkschrift zur 400jährigen Wiederkehr seiner Kurfürstenzeit in der Pfalz (1556–1559) — Heidelberg 1956

4.4 Aus der Geschichte des Neuburger Gymnasiums um 1600

4.4.1 Die protestantische „Schuell“

Das Descartes-Gymnasium Neuburg betrachtet als sein Gründungsjahr 1556 und als seinen Gründer den Pfalzgrafen Ottheinrich. Dieser hatte 1542 die Reformation angenommen. Das reformatorische Schulwesen sollte sich nach Melanchthons Antrittsvorlesung in Wittenberg 1518 „De corrigendis adolescentium studiis“ in vier Stufen aufbauen:

1. Stufe „Grammatik“ = Grundlagen des Lateins,
2. Stufe „Dialektik und Rhetorik“ = Sprachbeherrschung,
3. Stufe „Philosophie“ mit Naturwissenschaft, Geschichte und Ethik,
4. Stufe „Theologie“ einschließlich philosophischer Metaphysik.

Die Neuburger „Schuell“ – so wurde sie in meist deutsch geschriebenen Dokumenten genannt – bildete die 2. Stufe und war vierklassig: die 4. Klasse war die unterste; nach der 1. Klasse wechselte man an das Gymnasium Illustre in der Nebenresidenz Lauingen, damals eine der führenden lutherischen Schulen Deutschlands.

Als Beilage zu einer Visitationsrelation aus dem Jahr 1604 finden sich die Stundenpläne der drei höheren Klassen. Hier folgt derjenige der Classis Prima, in der mit Griechisch begonnen wurde. Übrigens entsprechen die Klassen nicht unseren Jahrgangsstufen.

ORDO LECTIONVM SCHOLAE NEVBVRGENSIS, CLASSIS PRIMAE
Manè:
Hora VII. tractatur
die Lunae, Graeca Argentoratensium Grammatica
Martis & Mercurij, Latina Argentoratensium grammatica, hoc est Orthographia, Prosodia, Etymologia & Syntaxis, sicut inuicem sequuntur
Jouis, Figurae ex Rhetoricae N. Reusnerj libro secundo
Veneris, fit repetitio lectionum per septimanam recitatarum.

VIII.
Lunae, illustrium Graecorum poetarum de Officijs & virtutibus gnomai & sententiae
Martis, Adagia classica
Mercurij & Jouis, intersunt concioni
Saturni, Latinum Euangelium cum Epistolis.
IX.
Lunae, examinatur Etymologia, gnomarum & sententiarum
Martis & Mercurij, exponitur volumen Poeticum tertium
Jouis, si quid temporis a concione superest, tribuitur repetitioni figurarum
Saturni, exponitur graecum Euangelium.
A Meridie:
Hora XII.
Lunae, Martis & Mercurij, exercetur Musica Figuralis
Veneris, choralis, & recitantur Crusij Vocabula.
I.
Lunae & Martis, Sturmij Neanisci pro scholis Lauinganis conscripti
Mercurij & Veneris, Cicero de senectute.
II.
Exercetur stylus.

Es folgt eine Nachbemerkung über die „Notenstufen“:

Discipuli sunt ingenio optimo, bono, mediocri, tardo, obtuso.

1599 beklagt sich Rektor Michael Fendius bei Herzog Philipp Ludwig über Lage und Beschaffenheit der Schule:

Lacunaria in auditorio gymnasii vetustate ac longinqua calefactione ita exaruere, ut ex luculentiore flamma fornacis trabes incendium per tota texta oleant. Quam autem facile fieri possit, ut laquearia fomitibus et sulphure aridiora ignem vel solo ardore concipiant!

(Staatsarchiv Neuburg a. d. Donau, Graßegger-Sammlung 14 933; Neuburger Wochenblatt 1819, Nr. 15, zitiert von Hamp, Die äussere Entwicklung der humanistischen Lehr- und Erziehungsanstalten in Neuburg a. D., 1914, S. 5.)

Übersetzungshilfen:

Septimana: die Woche — **dies Lunae**: Montag — **dies Martis**: Dienstag — **dies Mercurii**: Mittwoch — **dies Jovis**: Donnerstag — **dies Veneris**: Freitag — **dies Saturni** oder **Sabbati**: Samstag — **dies Solis**: Sonntag
1) **lectio**: vgl. engl. lesson! — 4) **Argentoratum**: Straßburg. Der dortige Gymnasialrektor Johann Sturm entwickelte seit 1564 für das Lauinger Gymnasium und seine Vorschulen Lehrpläne und

Lehrbücher. — 6) **pros-odia**: Lehre von der Aussprache, d. h. der Länge und Kürze der Silben — **etymologia**: hier Wortbildungs- und Formenlehre — 8) **figura**: (kunstvolle) Redewendung – **Nikolaus Reusner**, 1566 21jährig zum Lehrer der Lauinger Prima, also der Klasse vor der Universität, berufen, verfaßte mehrere Lehrbücher. — 9) **lectiones recitatae**: Vorlesungen — 12) **gnomai** (griech. γνῶμαι) = **sententiae** — 13) **Adagia classica**: „klassische" Sprichwörter, von Sturm herausgegeben — 14) **intersunt**: ergänze discipuli — **concio** = **contio**: Versammlung oder Predigt, Vortrag — 24) **musica figuralis**: der mehrstimmige Chorgesang im Unterschied zur musica choralis, dem (protestantischen) deutschen Gemeindechoral — 25) **Martin Crusius**, Schulmann in Memmingen und Tübingen — 27) **Neanisci** (griech.): Jünglinge — 28) Ciceros Stil ist das Ideal der Humanisten; was hat es wohl zu bedeuten, daß die Lektüre gerade von „neanisci" und „senes" handelt?
31) **obtusus**: abgestumpft, dumm
32) **lacunar** und **laquear(e)**: Kassettendecke — **auditorium**: Hörsaal, Klassenzimmer — **calefactio**: das Einheizen — 33) **ex-arēre**: austrocknen — **luculentus**: hell, stattlich — **fornax**: Ofen — **trabes, -is**: Balken — **texta, -orum**: das (Balken-)Gefüge — 34) **olēre** (m. Akk.): stinken nach — **fomes, -is**: Reisig, Zunder — **sulphur**: Schwefel — 35) **vel**: sogar, schon — **aridus**: trocken

Zur Vertiefung:

1. Bringen Sie den Stundenplan in das heute übliche Schema und setzen Sie unsere heutigen Fächerbezeichnungen ein! In welchen Stunden wurde der religiösen und ethischen Erziehung Rechnung getragen?
2. Vergleichen Sie Lehrplan und Unterrichtsgegenstände mit der römischen Literaturschule (mit Hilfe von Krefeld, Res Romanae, S. 127 f.)!

4.4.2 Das Gymnasium der Jesuiten

Im Jahr 1614 trat Erbprinz Wolfgang Wilhelm zur katholischen Konfession über. Nach dem Tod seines Vaters Philipp Ludwig kam er im Februar 1615 von der neuen Nebenresidenz Düsseldorf nach Neuburg, um hier die Regierung anzutreten. Gegen den Widerstand der „Landstände" (Adelsvertretung) ließ er in der Folgezeit durch Jesuiten die Rekatholisierung durchführen. Sie betraf auch die Lateinschule.

Eo die, qui erat huius anni 1616 mensis Decembris decimus, antiqui praeceptores, M. Fendius scholae rector, Melchior Rorbacher succentor, Joan. Kupfer cantor, de prandio hora secunda in Provinciali Cancellaria ad Principis resolutionem de schola factam atque a D. Vicecancellario Doctore Mosmillero percipiendam comparere iussi dicta hora comparuerunt.

... Adfuit et R.P. Antonius Welserus Serenissimorum Principum Confessarius, nostrae domus tum quidem Superior, sed non ita multo post Collegii primus Rector, cum socio P. Ioanne Balsterer, quibus nomine Societatis schola tradenda erat; tres illi Lutherani praeceptores ubi intromissi et assidere iussi sunt, D. Vicecancellarius illis voluntatem Principis ex scripto legit de loco simul et docendi munere ab ipsis deserendo atque in Societatis IESU patres transferendo. Quo facto illi se Principis sui voluntatem agnoscere atque se parituros esse responderunt. R. P. Antonius Welserus pro tanta in Societatem Principis benevolentia gratias egit, suam suorumque in docenda iuventute operam spopondit, secretarius vero ad id constitutus omnia, quae ultro citroque dicta sunt, annotata in protocollum congessit.

Inde itum ad locum scholae lustrandum et reali possessione obtinendum. Antrum fuit trabibus, columnis, angulis distortum ac perhorridum, et quatuor, quod mireris, in uno eodemque loco docuerant. Haec gesta sunt die Sabbati. Die Lunae proxime insequenti duodecimo Decembris mane duo de nostris ierunt ad scholam, ut discipulos, qui nostrae se disciplinae committere vellent, inscriberent. Media fere pars Lutheranorum discipulorum adfuit, qui nomina sua inscribenti patri dictabant cum hilaritate quadam, ut videbantur. (Es folgen die Namen der Schüler.)

Hi 47, ex toto numero, quos Lutherani praeceptores ad 90 prius habuerant, plerique fere Neoburgenses, cum nomina sua mane inscribenda dedissent, de prandio cum suis libris redire iussi sunt. Redierunt, sed media vix eorum pars; sequenti die ne unus quidem amplius. Distracti a nobis sunt per veteranos illos didascalos, creditumque certo est parentes speciatim monitos, ne filios suos ad nostram scholam mitterent. Quare dilapsis iam Lutheranis omnibus eodem die Martis, qui fuit decimus tertius Decembris, ante meridiem cum sex discipulis catholicis Gymnasium hoc Neoburgense inchoavimus; post meridiem eodem die sex alii accesserunt.

Die Schule begann dreiklassig. P. Balsterer unterrichtete die nun Grammatica genannte oberste Klasse, neben der es noch die Rudimenta und die Principia gab. Nach dem spärlichen Beginn blühte das Gymnasium Ducale auf und löste das Lauinger Gymnasium Illustre als Vorbereitungsinstitut für die Universität ab, indem es ein Lyceum angegliedert bekam. Die Lehrpläne wurden reichhaltiger. Auch räumlich wurde es von Jahr zu Jahr besser ausgestattet. Dies betraf auch die schon bisher bestehende „Praebende“ (das Seminar), in der die auswärtigen Schüler wohnten. 1711 brannte das Schulgebäude ab und wurde zwischen Schloß und Jesuitenkolleg prachtvoll neu errichtet. Im obersten Stockwerk des Gebäudes, in dem sich jetzt ein Teil der Grundschule am Schloß befindet, wurde ein repräsentativer Kongregationssaal eingerichtet, der heute als Konzertsaal dient. Architektonisch gehört dieser Barockbau zur Schauseite Neuburgs oberhalb der Donaubrücke.

(Catalogus Studiosorum Neoburgensium, Bd. I, Manuskript Studienseminar Neuburg, Blatt 3 und 5)

Übersetzungshilfen:

1) **praeceptor**: Lehrer — 2) **succentor**: Lehrer der Tertia („Unter-Kantor") — 3) **cantor**: Lehrer der Secunda — **prandium**: Mittagsmahl — **Provincialis Cancellaria**: Provinzkanzlei (Regierungsbehörde) — 4) **resolutio**: Entschließung, Beschluß — **factam atque**: Lassen Sie beides weg! — **D.** = **Dominus** — **Vicecancellarius**: Vizekanzler — 5) **comparēre**: sich einfinden — 6) **R.P.:** = **Reverendus Pater**: Hochwürden Pater — **Serenissimus**: Durchlaucht — **Confessarius**: Beichtvater — 7) **domūs superior / Rector Collegii**: Leiter des „Hauses" bzw. der Hausgemeinschaft. Die Jesuiten sind keine Mönche und sprechen deshalb nicht von „Kloster"! — 8) **socius**: Mitbruder (Anrede!); davon **Societas Jesu** = **S.J.**: „Gesellschaft Jesu", offizielle Bezeichnung der Jesuiten — 10) **legit** = **recitavit** — **de** (m. Abl. Gerundiv): des Inhalts, daß — 15) **ultro citroque**: hinüber und herüber, von beiden Seiten — 16) **annotare** = **ad-notare** — 17) **itum**: Ergänze est! — **lustrare**: durchwandern, besichtigen — **realis**: tatsächlich — 18) **antrum**: Höhle — **distortum**: verbaut — 20) **de nostris**: gemeint die Jesuiten (Verfasser des Catalogus) — 28) **distrahere**: abspenstig machen — **veteranus**: früher, ehemalig — 29) **didascalus** (griech.): Lehrer — **speciatim** = **separatim**: einzeln — 32) **inchoare**: anfangen

Zur Vertiefung:

Analysieren Sie die Art und Weise, wie die Vorgänge bei der Rekatholisierung berichtet werden! Wie werden die protestantischen Lehrer behandelt?

Literatur:

Hamp, Karl: Die äussere Entwicklung der humanistischen Lehr- u. Erziehungsanstalten in Neuburg a. D., Wissenschaftliche Beilage des K. humanistischen Gymnasiums Neuburg a. D. für das Schuljahr 1913/14 — Neuburg 1914.
Sedelmayer, Josef / Radlmair, L.: Geschichte des Studienseminars Neuburg a. D. — Neuburg 1926.

Namenszug des Pfalzgrafen Wolfgang Wilhelm (1614–1653)

4.5 Zeugnis des gymnasium academicum Ingolstadt (1796)

Einem Stipendiengesuch für seinen Sohn legte der Ingolstädter Bürgermeister Anton Karl von Spruner, der 8 unversorgte Kinder hatte, folgendes Zeugnis bei, um ihm ein juristisches Studium zu ermöglichen. Das Dokument ist gegenüber den vorhergehenden Urkunden später einzuordnen; es besteht jedoch ein schulgeschichtlicher Zusammenhang.

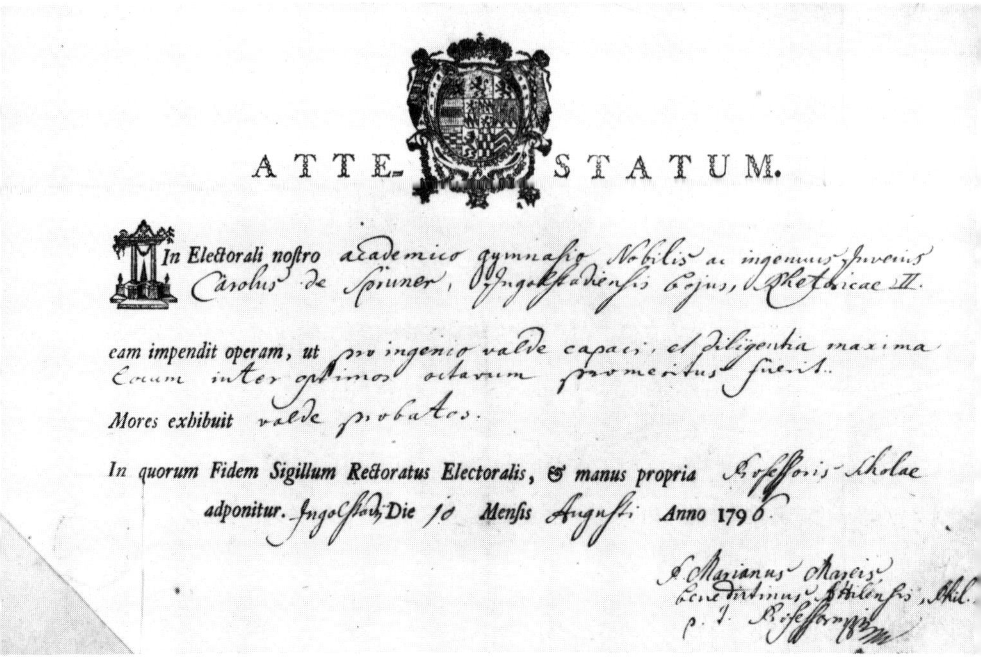

ATTESTATUM.

In Electorali nostro academico gymnasio Nobilis ac ingenuus Juvenis Carolus de Spiuner, Ingolstadiensis Bojus, e Rhetoricae II.

eam impendit operam, ut pro ingenio valde capaci, et diligentia maxima locum inter optimos octavum promeritus fuerit.

Mores exhibuit valde probatos.

In quorum Fidem Sigillum Rectoratus Electoralis, & manus propria Professoris Scholae adponitur. Ingolstadii Die 10 Mensis Augusti Anno 1796.

P. Marianus Mareis Benedictinus Attilensis, Rhet. p. t. Professor m. p.

(Bayerisches Haupt-Staatsarchiv, GR 139 – 67 – 72 – fol 7)

Übersetzungshilfen:

attestatum: Zeugnis — **electoralis**: kurfürstlich — **ingenuus**: von freien Eltern geboren — **Bojus**: Bayer — **Rhetoricae II.**: Schüler der 2. Rhetorik-Klasse, der obersten Klasse des akademischen Gymnasiums — **capax, -acis**: aufnahmefähig, begabt — **octavum (sc. locum) promeritus**: Er nahm in der Rangliste der Schüler den 8. Platz ein. Die Platzziffer innerhalb der Klasse war wichtiger als Einzelnoten. — **mores exhibuit**: Diese Bemerkung enthält die Betragensnote. — **Benedictinus**: Nach Auflösung des Jesuitenordens und Überweisung des bisherigen Schulfonds an die von Kurfürst Karl Theodor neu gegründete „baierische Zunge des Malteserordens" wurden die unterrichtlichen und finanziellen Verpflichtungen für die Gymnasien des Kurfürstentums den Mönchsorden übertragen, die aus verschiedenen Klöstern auch die Lehrer zu stellen hatten. Der „Klaßleiter" der Rhetorica II. des Ingolstädter Gymnasiums war **Attilensis**, d. h. er gehörte dem Konvent von Attel am Inn an. — **p. t.**: pro tempore (professor). P. Mareis übte sein Lehramt nur zeitweilig aus. — Der in den letzten Buchstaben des Wortes „Professor" beginnende Schnörkel stellt die persönliche Unterschrift des Ausstellers dar.
In die Überschrift eingefügt ist das churpfalzbaierische Wappen mit Kurhut und Hermelin, das nach Vereinigung der beiden Kurfürstentümer Baiern und Pfalz unter Kurfürst Karl Theodor offizielles Staatswappen war (seit 1777). Das Signet zu Beginn des Textes dürfte das Firmenzeichen der Druckerei der Formulare sein.

4.6 René Descartes: Cogito, ergo sum

René Descartes (1596–1650), der maßgebliche Philosoph des Rationalismus, weilte als junger Mann im Winter 1619/20 als Offizier der Truppen Tillys und Maximilians von Baiern in Neuburg. Er berichtet, der Winter habe ihn in einem Quartier festgehalten, wo er ohne zerstreuende Unterhaltung und ohne von Sorgen oder Leidenschaften geplagt zu sein, den ganzen Tag allein in einer warmen Stube eingeschlossen, alle Muße gefunden habe, sich mit seinen Gedanken zu unterhalten (Discours de la Méthode II,1). In einem Traumerlebnis habe er im November 1619 die Inspiration zu seinen wichtigsten philosophischen und mathematischen Entdeckungen empfangen. Dazu gehört sein „erster Grundsatz der Philosophie", das berühmte „Cogito, ergo sum" (Formulierung in den Principia philosophiae 1,7 f). Wie er zu diesem Prinzip kam, schildert er in den 1641 erschienenen Meditationes de prima philosophia (II,1–3).

(1) ... Enitar tamen et tentabo ... removendo scilicet illud omne, quod vel minimum dubitationis admittit, nihilo secius quam si omnino falsum esse comperissem; pergamque porro, donec aliquid certi vel, si aliud nihil, saltem hoc ipsum, pro certo, nihil esse certi, cognoscam. Nihil nisi punctum petebat Archimedes, quod esset firmum et immobile, ut integram terram loco dimoveret; magna quoque speranda sunt, si vel minimum quid invenero, quod certum sit et inconcussum.

(2) Suppono igitur omnia, quae video, falsa esse; credo nihil unquam exstitisse eorum, quae mendax memoria repraesentat; nullos plane habeo sensus; corpus, figura, extensio, motus locusque sunt chimerae; quid igitur erit verum? fortassis hoc unum, nihil esse certi.

(3) Sed unde scio nihil esse diversum ab iis omnibus, quae jam jam recensui, de quo ne minima quidem occasio sit dubitandi? Nunquid est aliquis Deus, vel quocunque nomine illum vocem, qui mihi has ipsas cogitationes immittit? quare vero hoc putem, cum forsan ipsemet illarum author ipse possim? Nunquid ergo saltem ego aliquid sum? Sed jam negavi me habere ullos sensus et ullum corpus; haereo tamen, nam quid inde? Sumne ita corpori sensibusque alligatus, ut sine illis esse non possim? Sed mihi persuasi nihil plane esse in mundo, nullum coelum, nullam terram, nullas mentes, nulla corpora – nonne igitur etiam me non esse? Immo certe ego eram, si quid mihi persuasi. Sed est deceptor nescio quis, summe potens, summe callidus, qui de industria me semper fallit; haud dubie igitur ego etiam sum, si me fallit, et fallat, quantum potest: nunquam tamen efficiet, ut nihil sim, quamdiu me aliquid esse cogitabo, adeo ut omnibus satis superque pensitatis denique statuendum sit hoc pronuntiatum

„Ego sum, ego existo", quoties a me profertur vel mente concipitur, necessario esse verum.

(Text nach der Ausgabe von Lüder Gäbe in der Philosophischen Bibliothek, Bd. 250 a – Hamburg 1959; Zeichensetzung leicht verändert.)

Übersetzungshilfen:

1) **eniti**: sich anstrengen — **tentare**: einen Versuch machen — 2) **nihilo secius**: genauso — 3) **porro**: weiterhin — **saltem**: wenigstens — 4) **pro certo**: statt des Sicheren — 5) **integra terra**: die Erde, so wie sie ist — 6) **quid** = **aliquid** — 8) **supponere**: voraussetzen — 9) **mendax**: lügnerisch, trügerisch — **repraesentare**: vor Augen stellen — 10) **extensio**: Ausdehnung — **chimera**: Chimäre (ein monströses Mischwesen) — 11) **fortassis** = **forte** — 12) **diversum ab**: anders als — **jam jam**: je und je — **recensere**: aufzählen — 13) **nunquid**: etwa — 15) **forsan**: vielleicht — **ipsemet** = **egomet** — 17) **haereo tamen, nam quid inde**: „doch da bleib ich stecken, denn: Was folgt daraus?" — 18) **nihil plane est**: „Es gibt ganz klar nichts". — 19) **nonne igitur** ergänze: mihi persuasi — 20) **immo certe ego eram**: „Im Gegenteil: Mit Sicherheit gab es mich". — 21) **deceptor**: Betrüger — **de industria**: mit Fleiß, mit Absicht — 24) **satis superque**: genug und übergenug, bis zum Überdruß — **pensitare**: hin- und herüberlegen — **pronuntiatum**: Urteil, Satz

(Das Neuburger Gymnasium trägt seit 1965 den Namen Descartes-Gymnasium.)

Zur Vertiefung:

1. Informieren Sie sich in einem Nachschlagewerk über die philosophischen, mathematischen und naturwissenschaftlichen Leistungen Descartes'!
2. Analysieren Sie die sprachlichen Mittel, mit denen Descartes seinen Gedankengang verständlich macht!

Literatur:

Specht, Rainer: René Descartes in Selbstzeugnissen und Bilddokumenten, Rowohlts Monographien 117 — Reinbek 1966 u. ö.

4.7 Neuburg im 30jährigen Krieg

Während Ingolstadt im 30jährigen Krieg nicht von den Schweden eingenommen wurde, hatten Eichstätt und Neuburg schwer zu leiden. Wertvolle Nachrichten überliefert die Neuburger Jesuitenchronik, die von 1615, als Wolfgang Wilhelm in seinem Fürstentum die katholische Konfession wiedereinführte und dazu die Jesuiten in seine Residenz holte, bis über die Auflösung des Ordens 1773 hinaus mit kurzen Unterbrechungen sorgfältig geführt wurde. Folgende beiden Abschnitte entstammen einer Kurzfassung, der „Synopsis Historiae Collegii S. J. Neoburgi 1613–1783"; das Manuskript befindet sich im Studienseminar.

1632 – ... Hic et anni sequentes ob Bellum Suevicum oppido turbulenti fuere. Initio belli Ser.^{mus} se a neutra parte staturum edixit. At 5° Aprilis Bavariae belli Dux Tillius copias per pontem traduxit. Displicuit hoc maxime

Augusto Sulzbacensi Fratri Seren.^{mi} nostri. Quare 8° Aprilis 500 praesidiarii milites a Tillio urbi sunt impositi, quos exciere conatus Augustus Princeps Sulzbacensis 10° Aprilis cum 1000 equitibus et 3000 peditibus improviso adfuit sed a Tillianis est reiectus. 15° Aprilis prope Oberdorf ad Lycum e conflictu Bavaros inter et Renos Tillius lethaliter saucius Neoburgum, inde Ingolstadium portatus ibidem paulo post obiit. 16° Maximilianus Bavarus Elector in aulam venit et a prandio cum suo milite Ingolstadium contendit. Nos pretiosis Salisburgum iam ante translatis plerique perstitimus, licet R. P. Rector Hundpis liberam abeundi facultatem dederit. Reliqui e Principis nostri familia in tutum se recepere, spoliato prius armamentario et ponte exusto. 8° Aprilis primi hostes advenere petentes equis suis pabulum, quo obtenti recessere. Pridie legatus ad Regem Gustavum missus urbem excusavit ob receptum militem Tillianum, sed frustra. Missi cum legato 570 equites, qui urbem in fidem receperunt, ac altero mox die pontem restaurare aggressi sunt. Magister equitum multa a Collegio postulans omnia obtinuit. Dedit etiam pabulum copiosum equis, ne foribus effractis spoliaretur. Rex dein ejectis et in custodiam datis consiliariis aulicis, aulam occupavit, templum et Collegium lustravit, primarios custodia exemptos mensa adhibuit, multa cum nostris disserens omnem hostilis animi suspicionem a se amovit. 3° Maii Rex urbe excessit sequenti die omni milite secuto ...

1633 – Acerbior longe fuit hic annus. Tertia pars sociorum ob inopiam alio translata est. Nemo praesentium 12 incolumis fuit. Defuncti tres ... In urbe intra 8 menses plura quam 900 funera fuere, cum vix 900 cives numerarentur inedia et maerore confecti. Duo medici discesserunt, tertius suam operam negabat. Iacebant passim per forum cadavera. Stabulabantur equi per ambulacra Collegii. Suecorum rege in proelio ad Luzam mortuo ... iam Caesariani iam Sueci urbem occupabant, cumque neutri parti urbs studeret, tribus his annis ab utrisque hostis habebatur.

Übersetzungshilfen:

1) **hic**: Ergänze annus! — **Suevicus, Suecus**: schwedisch — **turbulentus**: unruhig, stürmisch — 2) **Ser.^{mus} = Serenissimus**: Pfalzgraf Wolfgang Wilhelm befand sich in den Niederlanden. — **5° = quinto,** ergänze: die — 3) **belli Dux Tillius**: Feldherr Tilly — 4) Der evangelisch gebliebene **August** begründete die Sulzbacher Linie der Neuburger Wittelsbacher mit kleinem Territorium in der Oberpfalz. Ihr letztes Glied war Karl Theodor, der im Erbgang alle Wittelsbacher Linien mit Ausnahme der Birkenfelder vereinigte und 1777 baierischer Kurfürst wurde. — **praesidiarii**: Besatzungssoldaten — 5) **exciere**: verjagen — **conatus**: Das Part. Perf. bezeichnet Gleichzeitigkeit. — 7) **Oberdorf ad Lycum**: Bei Oberndorf gingen die Schweden über den Lech. — **Bavari**: das baierische Lager — 8) **Reni, -orum**: Rain am Lech — **lethaliter**: tödlich — 10) **prandium**: Mahlzeit, Mittagsmahl — **pretiosa, -orum**: Wertsachen, „Preziosen". Woraus bestanden diese? — **Salisburgum**: Salzburg — 11) **licet**: obwohl — **R. P. = Reverendus Pater**: vgl. engl. Reverend — **Rector**: Titel des Oberen eines Jesuitenhauses — 13) **armamentarium**: zu arma! — 14) **pabu-**

Neuburg nach Merian 1634. Jesuitenkolleg und Gymnasium befanden sich zwischen Hofkirche und Donau.

lum: Futter — 17) **magister equitum**: Reiterobrist — **Collegium**: Jesuitenhaus. Damit sind auch die Jesuiten selbst bezeichnet. — 18) **foris, -is**: Tür, Türflügel — 19) **dein**: am 1. Mai — **consiliarius aulicus**: Hofrat — 20) **lustrare**: besichtigen — **primarius**: Statthalter (Freiherr von Spiring und sein Stellvertreter Herr von Fabiani) — **eximere**: befreien — 21) **mensā adhibere**: zu Tisch bitten — **multa**: Gustav Adolf ließ sich katholische Glaubenssätze und Gebräuche erklären. — 23) **socii**: Mitbrüder: davon Societas Jesu, S. J.: „Gesellschaft Jesu" — 26) **inedia**: von edere, essen — 27) **stabulari**: (im Stall) stehen — 28) **ambulacrum**: Innenhof — **Luza**: Lützen (6. 11. 1632) — 29) **Caesariani**: Truppen des Kaisers — **iam ... iam**: bald ... bald (16maliger Wechsel!)

Zur Vertiefung:

1. Stellen Sie eine zeitliche Reihenfolge der Ereignisse im April und Mai 1632 her! Welche Rolle spielt der Pfalzgraf August von Sulzbach?
2. Informieren Sie sich umfassender über das Schicksal Ingolstadts, Eichstätts und Neuburgs sowie der Umgebung im 30jährigen Krieg!

4.8 Daniel Papebroch: Ein Rundgang durch Eichstätt im Jahre 1660

Auswirkungen des Reformationszeitalters prägen das vorliegende Reisetagebuch: Die Jesuiten, Träger der Gegenreformation, hatten mit *Johannes Bolland* eine wissenschaftliche Sammlung der Heiligenviten begonnen. Die Vorstudien zu diesen „Acta Sanctorum" (bis heute haben die Bollandisten 67 Bände herausgegeben) führten einen Mitarbeiter, Pater *Daniel Papebroch* (aus Antwerpen; 1628–1714), auf seiner 2½jährigen Reise durch Europa im Jahre 1660 auch nach Eichstätt.

Dort trifft er auf die Spuren des 30jährigen Krieges, in dessen Verlauf die Schweden 1634 Eichstätt weitgehend niedergebrannt hatten: „urbis bustum quam urbem ... videre est.“ Er sieht aber auch den großzügigen Wiederaufbau der Jesuiten(= Schutzengel)kirche und des Kollegs (vgl. Text) und besucht die unzerstört gebliebenen Kirchen.

Der Abschnitt aus dem privaten Reisetagebuch, der 1975 erstmals gedruckt wurde, ist ein wichtiges Dokument zum kunsthistorischen Befund der Eichstätter Hauptsehenswürdigkeiten im 17. Jahrhundert.

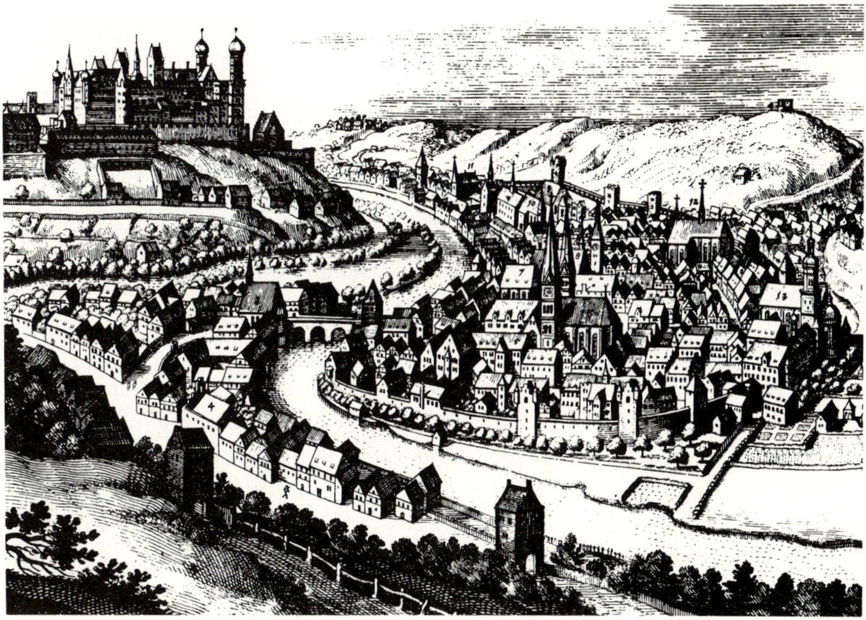

Eichstätt im Jahre 1628 [Wolfgang Kilian]

Ankunft in Eichstätt

Totam hanc viam cliuosam habuimus et in fundo saxoso succussionibus molestam per syluam fere continuam Eychstadium vsque, quo non prius peruenimus quam vna post occasum solis hora, portisque iam clausis. Descendendum erat per praecipitem cliuum altissimi montis, ne dicam an saxi, deinde ad eius pedem versus portam circumeundum, totoque illo tempore ante oculos habebamus praeclarae arcis precipuam faciem, duas inter turres cupreo globo tectas eminus sese ostentantem ... 8^{a} fere hora fuit, antequam reseratis portis admitteremur; maxima tamen charitate nos P. Rector excepit quietis potius quam cibi egentes: erat iste Christopherus vir singulariter humanus.

Besichtigung der Schutzengelkirche und des Jesuitenkollegs

19. Sept.: matutinum tempus impendimus templo, collegio gymnasioque visendis, quae ad extremam vrbis regionem ab episcopo defuncto (= Johann von Westerstetten, 1612–1637) exstructa magnificentissime succensaque a Suecis pari magnificentia successor (= Marquard II. Schenk von Castell, 1637–1683) instaurat.

St. Walburg

Templum S. Walburgae ad ingressum vrbis situm nostro est quoad structuram quam simillimum, nisi quod hemicyclo careat chorus sitque ex templo anteriori per aliquot gradus adeundus; sub eo enim crypta est ampla, ad quam immediatus patet per plateam ingressus sub scalis 20 graduum, per quos ex hac quoque parte ad templum ascenditur. Haec crypta lucem precipuam habet ex cupula lignea aperto post altare maius fornice, sub quo sunt D. Walburgis ossa oleum seu liquorem potius aqueum stillantia per lapidem et valuas sepulchrales, quod vndique collectum in subiectum argenteum vasculum defluit.

Der Dom

Cathedrale templum S. Willibaldo sacrum augustissimum est in media ciuitate ... Post altare maius ad cornu epistolae prestantissimum est omnium quod hactenus vidi sepulchrale monumentum Episcopi Ioannis Conradi a Gemund (! = Gemmingen; vgl. Abb. S. 93): super marmoream tumbam iacet ipse in toga domestica innixus cubito, crucemque, quam altera manu erectam genu fulta tenet, pie contemplans, ex aere rubro: superne insignia eius in amplo ex eadem materia scuto sustinentur a duobus angelis, sub quibus minorum scutorum vtrimque series: tumbe astant angeli duo insignia gestantes episcopalia, ipsi quoque simili metallo fusi vti et reliqua omnia eiusdem sepulchri ornamenta.

Ad alteram templi partem S. Willibaldi chorus paucis gradibus conscendendus ..., vbi et S. Willibaldi corpus sepultum putatur sub gradibus altaris ... Altare vero ipsum, ne inconcinne obuertatur templo, prestat egregium monumentum episcopi ab Eyb (! richtig: S. Willibald) in habitu episcopali sedentis ex marmore; in quo caeterisque omnibus vel episcoporum defunctorum vel S. Willibaldi imaginibus speciale cernitur ornamentum (vgl. Abb.!) ex humeris leniter ad pectus defluens transuersaque eiusdem formae linea sub collo reuinctum, in qua inscriptum: fides spes charitas, in lacinijs vero pendentibus: iustitia fortitudo ... Post hoc locus canonicorum sepulturae destinatus sub duplici fornice, quem in medio 7 columnae sustinent, vbi ex vno latere sub singulis arcubus altaria singula; denique ambitus pulcher ...

Der Willibaldsbrunnen

In foro proximo fons est praeclarus S. Willibaldi statuam aureatam habens supra basim quadratam, ex qua 4 ab aeneis capitibus tubi prominent nullam aquam dantes: soli eam ore deorsum naribus sursum dabant delphini aenei quatuor ex imo basis ipsius margine proni in labrum ingens octogonum.

St. Willibald [Loy Hering 1514]

Bayerische Küche

Ad haec omnia spectanda R. P. Rectorem virum amoenissimum ducem habuimus, cuius profusa fuerat in nobis tractandis humanitas; allata enim in prandium sunt 11 fercula, qualia nec in Belgio quidem meliora parari possent aut melius condiri; caeterum habet hoc peculiare Bauarica prouincia, quod offam similiaque obsonia sub finem mensarum inferat, carnes statim à principio; cerevisiam etiam habet colore plane sanguineam, optime coctam et prae Belgica sapidam. Vinum in stanneis poculis maioribus hospitibus apponit addito scypho vitreo.

Auf der Willibaldsburg

Omnibus iam perlustratis ad arcem visendam cum P. Ministro ascendimus, quae aliquantulum ab urbe dissita per montis lenem cliuum ascenditur; et primo quidem sub fornice 100 passus longo, cui super exstructum aedificium pro armamentario est, in vestibulum arcis ipsius veniendum; quae tota egregie restaurata et dealbata intus atque foris, gratum oculis spectaculum prebet; supra portam turris est S. Willibaldi inaurata statua . . .

Übersetzungshilfen:

1) **clivosus**: zu clivus — **succussio**: Erschütterung — 2) **usque** hier: nachgestellt! — 6) **cupreus**: kupfern — 7) **reserare**: entriegeln — 10) **matutinus**: morgendlich — 12) **succendere = incendere** — 13) **Sueci**: Schweden — 14) **instaurare = restaurare** — 15) **templum**: Kirche; Kirchenschiff — **nostro** = Jesuiten-/Schutzengelkirche — **quoad** (Präp. + Akk.): hinsichtlich — 16) **hemicyclium**: Halbkreis — **anterior**: davorliegend — 18) **immediatus**: unmittelbar — **platea**: Straße — **scalae,**

-arum: Treppe — 20) **cupula**: Kuppel — **altare (-is) maius**: Hauptaltar — **fornix, -icis** (m.): Gewölbe — **D** = **divus** — 21) **liquor**: Flüssigkeit — **stillare**: tropfen lassen — **valvae, -arum**: Flügeltüre — 22) **vasculum**: zu vas — 24) **ad cornu epistolae**: auf der Epistelseite (= rechts) — 26) **tumba**: Grab — **toga domestica**: fürstliches Gewand — 27) **cubitum**: Ellenbogen — **fulcire**: stützen — 28) **superne**: (von/nach) oben — **insignia, -ium**: Wappen; Zeichen — 30) **astare** = **adstare** — **gestare**: Intensivum zu gerere — 34) **inconcinne**: unpassend — **obverti**: sich zuwenden — 37) **ornamentum** = das sog. Rationale — 38) **transversus**: querlaufend — **linea**. Band — 39) **lacinia, -ae**: Streifen — 42) **ambitus**: Kreuzgang — 43) **fons**: Brunnen — 45) **basis, -is**: Sockel — 46) **tubus**: Röhre — **prominere** = **eminere** — 47) **deorsum**: nach unten (Gegenteil: **sursum;** Richtung des Wasserstrahls!) — **nas, -ris** = **nasus** — 49) **margo, -inis** (m.): Rand — 50) **labrum** (aus: lavabrum): Becken — 51) **R** = **Reverendus** — 53) **profusus**: freigebig, entgegenkommend — 55) **prandium**: (Mittag-)Essen — **ferculum**: Gang, Gericht — 57) **condire**: würzen, schmackhaft zubereiten — 58) **peculiaris**: eigentümlich — 59) **offa**: Mehlspeise — 60) **obsonium**: Beilage — **mensa**: Essen — 61) **cerevisia**: Bier — 62) **coquere**: ‚kochen', brauen — **sapidus**: Adj. zu sapere — **stanneus**: aus Zinn — 63) **scyphus**: Becher — **vitreus**: aus Glas — 64) **perlustrare**: besichtigen — **P(ater) Minister**: im Jesuitenorden für die Verwaltung zuständig — 65) **dissitus**: entfernt — 66) **super**: Adv.! — 67) **armamentarium**: Waffenkammer — 68) **dealbare**: weißen, übertünchen

Zur Vertiefung:

1. Versuchen Sie aus der Beschreibung des Gemmingen-Grabes (vgl. auch Text und Abb. S. 93) das Selbstverständnis eines Renaissance-Bischofs zu erklären!
2. Informieren Sie sich über die Bedeutung des hervorgehobenen liturgischen Kleidungsstückes (speciale ornamentum), des sog. Rationale (vgl. Abb.)! Aus welchen Bereichen sind die Eigenschaften (Z. 39 f.) entnommen, welche sind zu ergänzen (vgl. das Rationale des Bischofs Johann von Eich im Diözesanmuseum)? (Lit.: Wilckens, Leonie von — Herrmann, Hannelore: Das Rationale des Eichstätter Bischofs Johann von Eich (1445–64). In: Historische Blätter (Beilage zum Eichstätter Kurier) 24 (1975) 4, 13–14)
3. Stellen Sie durch einen Besuch vor Ort fest, welche baulichen Veränderungen am Grab der hl. Walburga und am Willibaldsbrunnen erfolgt sind!
4. 26 Jahre nach der Katastrophe, bei der fast 80 % der Eichstätter Häuser zerstört worden waren, schildert Papebroch erschüttert das Stadtbild. Informieren Sie sich aus Klara Staigers Tagebuch über den Schwedeneinfall in Eichstätt (Text: Fina, Ortrun: Klara Staigers Tagebuch — Regensburg 1981)!

Literatur:

Kindermann, Udo: Daniel Papebrochs Reisebericht aus dem Jahre 1660. In: Zeitschrift für Bayerische Kirchengeschichte 44 (1975) 59–97.

5. Jesuiten

Die von *Ignatius von Loyola* begründete Gesellschaft Jesu (S. J.) spielt in den katholischen Ländern vom 16. bis zum 18. Jahrhundert eine große Rolle. In Ingolstadt, Eichstätt und Neuburg gab es bedeutende Kollegien des Ordens, der sich vor allem der religiösen und geistigen Erziehung der Jugend widmete. Im Herzogtum Baiern unterstanden ihm alle Gymnasien. Auch an der Universität Ingolstadt, vor allem in der theologischen Fakultät, wirkten Patres der Gesellschaft Jesu als Professoren und auch als Meister der lateinischen Dichtkunst.

5.1 Petrus Canisius

Der bedeutende Kirchenlehrer des Jesuitenordens (1521–1597), eine der Hauptstützen der katholischen Reform in Deutschland und Verfasser eines mehrere Jahrhunderte als Lehrbuch gebrauchten „Katechismus", wirkte 1549–1552 an der Universität Ingolstadt.

Hoc sine iactantia dixero nostram Scholam nulli alteri Germaniae Academiae, quantum ad theologiam attinet, facile cessuram.

Sed ad incomparabilem virum *Petrum Canisium* diverto, cui tamen Encomiasticum minime polliceor, sed id tamen praestiturum, ut eum oblivione apud posteros vindicem: Vir est divini propemodum ingenii & eruditionis incomparabilis, Philosophus eximius, Theologus profundus, Orator valde eloquens, Ecclesiastes pariter gravis & iucundus.

Probavit & eruditionem suam & eloquentiam & in dicendo prudentiam (namque eloquentia sine prudentia & eruditione est inanis garrulitas) saepius illustrissimo Duci Bavariae *Alberto* quinto, cui iure suo & merito semper fuit gratissimus.

Nostri quoque, si qui Schmalcaldicum recordantur bellum, Dominum Canisium in Templo D. Crucis extra portam concionari meminerunt.

Quantum itidem Ecclesiae & religioni suis pulcherrimis libris praestiterit, totus pene Christianus novit orbis, nec ignorant haeretici. Inter omnia eius scripta primas facile obtinent liber de D. Maria Virgine, D. Ioanne Baptista, contra Magdeburgenses & Catechismus.

In eo denique pietatis & eruditionis, vitaeque integritatis, omnisque virtutum generis, quae in eiusmodi virum cadere solent, quae Ecclesiasticos commendant & ornant, illustre statuimus exemplum. Et quamquam iam laboribus exhaustus, senioque fessus, quieti sese tradidit, illud tamen de eo vere dici a me potest, quod Scipionem Aphricanum de se dicere solitum scribit Cicero, quod

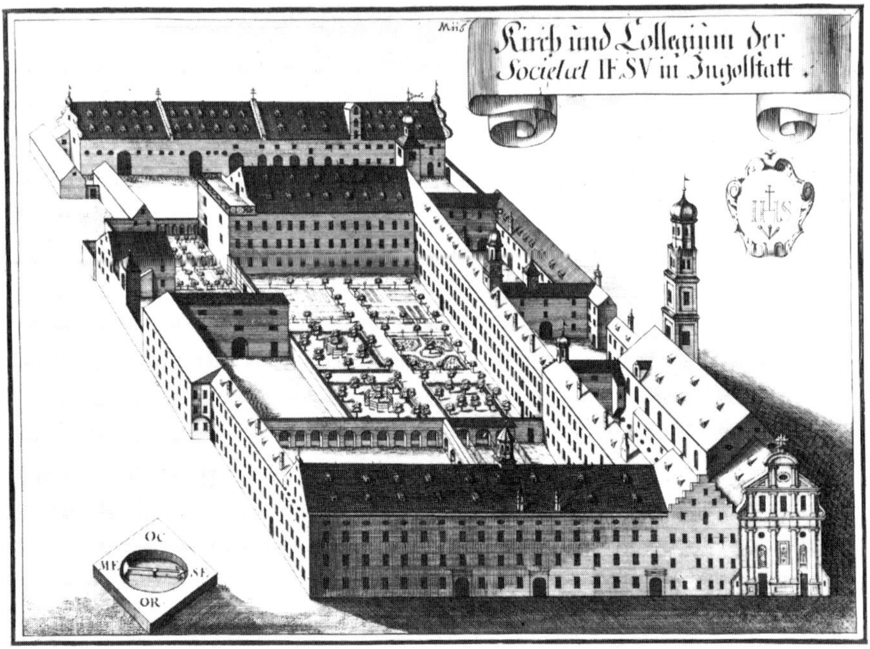

numquam sit minus otiosus, quam cum est otiosus, minus solus, quam cum solus est, minus denique quietus, quam cum maxime quieti sese tradidit. Nam & in otio & quiete de Ecclesiae Dei negotiis & religione Catholica apud se cogitat & in solitudine secum ipse loquitur.

Deus Opt. Max. tantum virum, tam fortem Ecclesiae suae propugnatorem, tam bene de religione meritum, lumen denique Doctorum Ecclesiasticorum amplissimum & clarissimum, quam diutissime servet incolumem, & post hanc vitam, pro exantlatis eius in Ecclesiae & religionis incolumitatem & incrementum laboribus, aeternam illi aeternae vitae coronam benigne largiri dignetur.

(Mederer, Bd. I, S. 227f.)

Übersetzungshilfen:

1) **iactantia**: Übertreibung — 3) **divertere**: sich zuwenden, zu sprechen kommen auf — **Encomiasticum** (griech. Adj.): rühmenswert, Lobrede — 4) von **polliceor** ist 1. Encomiasticum und 2. ein A.c.I. abhängig — 5) **vindicare** (hier): entreißen — **propemodum**: beinahe — **eruditio, -onis**: Bildung — 7) **Ecclesiastes**: ein Mann der Kirche — 9) **garrulitas, -atis**: Geschwätzigkeit — 13) **Templum D(ivini) Crucis**: die später abgerissene Kreuzkirche vor dem Kreuztor — **concionari**: predigen — 14) **itidem**: ebenso — 15) **haeretici**: die Protestanten — 16) **primas obtinere = primum locum obtinere** — 17) **Magdeburgenses**: Magdeburg war Zentrum des evangelischen Widerstandes gegen das Augsburger Interim von 1547 („Unseres Herrgotts Kanzlei" nach dem Roman von Wilhelm Raabe). — **Catechismus**: Dieses religiöse Unterweisungsbuch war das volkstümlichste Werk von Canisius. — 21) **senio** (= senectute) **fessus**: vom Alter erschöpft — 22) **Aphricanus = Africanus** — 27) **Deus Opt. Max.** (= **Optimus Maximus**): in Anlehnung an die römischen Beinamen Jupiters — **propugnator**: Vorkämpfer — 28) **Doctor Ecclesiasticus**: Kirchenlehrer — 30) **labores exantlare**: Mühen erdulden — **incrementum**: Wachstum

Zur Vertiefung:

1. Stellen Sie die für den Jesuitenheiligen Petrus Canisius verwendeten rühmenden Aussagen zusammen!
2. Der Plan zeigt den Komplex des ehemaligen Ingolstädter Jesuitenkollegs. Stellen Sie in Gruppenarbeit fest, welche Bauteile noch erhalten sind!
3. Welche Teile des ehemaligen Jesuitenkollegs dienen heute wieder in irgendeiner Form kirchlichen Institutionen?

5.2 Das Jesuitendrama

Dem Leitsatz der Societas Jesu „Omnia ad maiorem Dei gloriam“ entsprach es, daß alle Arten der Kunst in den Dienst Gottes und der religiösen Wahrheiten gestellt wurden. Auch die Freude an szenischer Darstellung, die dem baierischen Stamm in besonderer Weise eigen ist, wurde in den Jesuitenkollegien genutzt. Hochgelehrte Professoren der Universität Ingolstadt fanden sich bereit, Spiele zu schreiben und zu inszenieren, die religiöse Wahrheiten nahebringen sollten. Regelversmaß ist der iambische Trimeter.

5.2.1 Jakob Grets(ch)er: Udo von Magdeburg

Der Autor wurde am 27.3.1562 in Markdorf bei Ravensburg geboren. Noch als Theologiestudent in Ingolstadt trat er 1579 in den Jesuitenorden ein. 1587 wurde er als Professor der Philosophie in das Kollegium aufgenommen; er lehrte zunächst Griechisch am Gymnasium. 1592 wurde er Nachfolger seines Lehrers Gregor von Valencia auf dem theologischen Lehrstuhl. Bis 1616 hielt er Vorlesungen; anschließend widmete er sich schriftstellerischer Tätigkeit. Am 29. Januar 1625 starb er in Ingolstadt „studiorum contentione exhaustus, virtutum meritis plenus“.

Sein bekanntestes Drama „Udo“ veröffentlichte *Jakob Gretser* zuerst 1580. Für eine Neuaufführung am Münchener Jesuitenkolleg zum Amtsantritt eines neuen Rektors arbeitete er 1598 das Stück vollständig um. Dieser bühnenwirksamen Fassung sind unsere Proben entnommen.

Der Titelheld Udo ist als Erzbischof von Magdeburg nicht nachweisbar. Die Legende hat Nachrichten und Gerüchte über verschiedene hohe Geistliche aus der Zeit des Investiturstreits zur Gestalt des dummen Schülers verwoben, der auf wunderbare Weise durch die Fürbitte der Jungfrau Maria zu Weisheit und Bischofswürde gelangt. Er erliegt aber bald den Versuchungen der Höllengeister, die sich in seine Dienerschaft einschleichen, und mißachtet die Warnungen des alten Dieners „Timor Dei". Einem kurzen Wohlleben in Saus und Braus folgt das Gericht über ihn und seine ewige Verdammnis.

Wie in den meisten Jesuitendramen ist hier ein moralischer Stoff behandelt. Die Zuschauer sollen auf die Vergänglichkeit des Erdendaseins und der irdischen Größe hingewiesen und zu Umkehr und Buße ermahnt werden.

Dem Werk geht ein Prolog voraus, der auf den Anlaß der Neuinszenierung, die Amtseinführung eines neuen Rektors im Münchener Jesuitenkollegium, hinweist.

Pars I, Scena I – Klage eines Lehrers über dumme Schüler und unvernünftige Eltern

Orgilus Ludimoderator:
Difficile munus et molestum in pulvere
Scholastico sudare noctes et dies.
Sed fit molestius triplo, si quis rudes
Crudosque sortiatur discipulos, ita
Ut in docendo Vigiliae, cura et labor
Frustra occupentur a magistro. Culpa tum
Conicitur in docentis ignorantiam
Ab imperita plebe, non discentium
Aut negligentiam aut stuporem pensitat. . . .
Hoc quot diebus mihi parentes exprobrant
Udonis: Heu, quando noster Udo ad ordines
Sacros polietur? Sextus annus volvitur,
Cum disciplinae traditus et fidei tuae
Est creditus. Quid detines ultra modum
Tempusque nostrum filium? Iam iam genas
Lanugo vestit, imo barba. Simplices
Has auribus ingerunt querelas, nec sciunt
Venisse adultum ad studia, raptum a vomere,
Stivae aptiorem. Vapulavit centies
Et millies. Quid tum? Alphabeti litteram
Hoc mense postremam arripit, obliviscitur
Primam altero. Quodcunque cernit Simia,

Quodcunque Psittacus audit, ad quodcunque se
Canis applicari sentit, illud exequi,
Illud imitari facile possunt: sed meus
Udo similis Marpesiae cauti nihil
Capit supraque truncum truncus sessitat.

(Herzog, Urs: Jakob Gretsers „Udo von Magdeburg" (Fassung von 1598). Edition und Monographie. – Berlin 1970, S. 11 f.)

Übersetzungshilfen:

87) **pulvis scholasticus**: Schulstaub — 88) **sudare**: schwitzen, sich bemühen — 89) **triplo**: Adv. zu triplex — 89 f.) **rudis crudusque** (Hendiadyoin:) völlig unbildsam — 93) **culpam conicere in**: die Schuld schieben auf — 95) **stupor, -oris**: Dummheit — 101) **exprobrare alicui**: jmd. beschimpfen — 102) **ordines**: Priesterweihe — **polire**: glätten, ausbilden — 105) **detinere**: zurückhalten — 107) **lanugo, -inis**: Flaum — **imo** = **immo** — 109) **vomer, -eris**: Pflugschar — 110) **stiva**: Pflugsterz (die Handgriffe, an denen der Bauer den Pflug hält) — **vapulare**: Schläge bekommen — 110 f.) **centies** — **millies**: Multiplikativa (-mal) — 112) **arripere**: erfassen, begreifen — 113) **altero**: statt alterius — **simia**: Affe — 114) **psittacus**: Papagei — 117) **Marpesia cautes**: Berg auf der griechischen Marmorinsel Paros (Vergil, Aeneis VI, 471) — 118) **truncus**: Baumstumpf, Holzklotz — **sessitare**: Verbum intensivum zu sedere: festsitzen (Sinn: Auf dem klobigen Rumpf sitzt ein ebenso unförmiger, im Denken schwerfälliger Kopf.)

Durch die Fürbitte der Jungfrau Maria wurde der dumme Schüler Udo nicht nur mit erstaunlicher Weisheit beschenkt; die Kleriker wählten ihn auch, bestimmt durch göttliche Eingebung, zum Erzbischof. Wegen dieser „Nachlässigkeit" wurde sein böser Dämon (Genius) vom Höllenfürsten Beelzebub gezüchtigt. Wieder zur Erde zurückgesandt, vereinbart er mit Cupido/Amor einen neuen Anschlag gegen Udo. Beide lassen sich von ihm als Diener anwerben, sehr zum Mißfallen des Greises Timor Dei, der schon dem Amtsvorgänger gedient hat und der auch den jungen Erzbischof auf dem Weg der Frömmigkeit und Tugend bewahren will. Aber Vergnügungssucht und Lebensgier Udos werden von seinen neuen Dienern schamlos ausgenützt; sie bieten ihm alle Genüsse eines weltlichen Herrenlebens, so daß er seine geistlichen Pflichten völlig vergißt. Der unbequeme Mahner Timor Dei wird von den bösen Geistern beschimpft und schließlich verprügelt.

Nicht lange erfreut sich der Erzbischof Udo seines Wohllebens. Beim Trinkgelage mahnen ihn bereits himmlische Stimmen:

Cessa, Udo, a ludo, sat diu lusisti, Udo!

Aber die beiden höllischen Diener beschwichtigen ihn und verstricken ihn immer tiefer in sein lasterhaftes Treiben. Als er nach dem Gelage auch noch eine Nonne verführt, wird er aus deren Bett vor das himmlische Gericht geladen.

Pars III, Scena III – Gericht über Udo

Christus (Ch.) als Weltenrichter erscheint zusammen mit der Jungfrau (Virgo) Maria (Vi.). Der Magdeburger Diözesanpatron S. Mauritius (Ma.) tritt als Ankläger vor die Gerichtsversammlung (Om. = omnes). Der Gerichtsdiener und Scharfrichter Pugil (Pu.) erscheint im Kostüm eines antiken Faustkämpfers. Auch die Höllengeister Genius (Ge.) und Cupido (Cu.) sind anwesend.

Man beachte in dieser Szene den Wechsel des Versmaßes: die himmlischen Heerscharen sprechen in Hexametern, während die Höllengeister den iambischen Trimeter verwenden.

Ma.: *(flexis genibus)*
Christe Deus, qui audis et cuncta tueris,
Quomodo ferre potes tacita tot crimina mente?
Quomodo non iactas ultricia fulmina dextra?
Unius ob noxam populus dispergitur, errat
Devius et passim deflectit tramite recto.
Et quae praecipuum defert Ecclesia cultum
Te cupiente mihi, viduata relinquitur; ipse
Impastas deglubit oves tibi, Christe, redemptas
Sanguineo pretio. **Om.:** Vindex, ulciscere inultum!
Ch.: Iusta petis, dux Mauriti, nosque intima turbas.
Mecum agitavi animo pridem, quae perditus Udo
Supplicia hauriret, verum clementia nostra
Huic tempus spatiumque dedit vitae acta piandi
Fletibus. At quoniam meritum nil tale Timorem
Aedibus extrusit, solio sistatur. **Pu.:** Adeste,
Tortores, thalamo impuro divellite sontem!
Cu./Ge.: Io hui, currimus promptissimi, promptissimi, io hui!
Vi.: *(surgit, sed iubetur sedere)*
Nate, precor, si sancta tuo sub corde voluntas,
Sustine adhuc modicum! Fors emendabitur. **Ch.:** An non
Sustinui patiensque fui, dulcissima Mater?
Te sprevit, me contempsit, repulitque Timorem.
Iustitiae leges adigunt, ut parcere vellem,
Quas violare nefas, quando indulgentia longa.
Vi.: Non equidem, Fili, contra stat tendere; id unum
Oro hominem fragilem memor esto fuisse. **Ch.:** Recordor,
Sed quam saepe manum extendi, quam saepe vocavi?
Nunc ridebo ipsius in interitu. *(Adducunt Udonem)*

Cu./Ge.: Eccere vindex,
In ipso Udonem scelere deprehendimus.
Ma.: Hic est ille Udo, iudex iustissime, pastor,
Qui pavit ventrem gregis immemor atque salutis.
Hic est, cui Virgo genitrix te dante removit
Ingenii tenebras sacram largita tiaram
Praecinuitque fore, ut pulchram super astra coronam
Acciperet, si rite datum usurparet honorem,
Sin contra, aeternum coleret phlegetontia templa.
Hic est ille Udo, qui terque quaterque monentem
Sprevit, et in seram commissa piacula noctem
Distulit, ac sacras nullo discrimine sponsas,
Christe, tuas ausus temerare libidinis oestro.
Cetera ne repetam, quorum est sibi conscius ipse.
Ch.: Dicite, quae vobis surgit sententia, Divi!
Pu.: Reus est mortis. **Om.:** Reus est mortis.
Ch.: At quae mors sordes tam foedas eluat? Omnis
Huic poena inferior. **Om.:** Tibi rem committimus ultro.
Ch.: Peccavit capite amisso nullumque putavit
esse deum ultorem scelerum. Caput ergo reccide,
Lecte Pugil! **Pu.:** Cervices nefandas porrige!
(Diaboli sunt aliquantulum remoti. Accurrunt)
Cu.: Obriguit Udo totus. **Ge.:** Adiuvabimus. *(Prodit Angelus cum calice)*
An.I.: Cohibe manum, dum colliguntur hostiae,
Quas ore spurco sumpsit et corde impio!
(Semper capite concusso una hostia excidit, excipitur calice)
An.II.: Ave, vivens hostia, veritas et vita!
Ch.: Perfice nunc mandata, pugil! **Ge.:** Despera, Udo!
Vides nunc grandem codicem operum tuorum.
(Accurrunt daemones, tenent caput, auferunt animam)
Ch.: Sic morte peribunt,
Quotquot polluto contrectant ore salutis
Humanae pignus toties epulisque fruuntur
Caelitum indigni; et rursus crucifigere tentant
Me passum tot probra olim, tot vulnera acerba.
Vi.: Discite, mortales, convertere mobile tempus,
Dum licet, in pietatis opus, iustumque dolorem
Pro scelere admisso: ne, postquam ianua clausa,
Numina pulsetis misereri nescia votis. *(Herzog, S. 34 ff.)*

Übersetzungshilfen:

812/813) Diese Verse sollten analysiert werden, um Längen und Kürzen der a-Endungen zu erkennen. Bei **crimina, ultricia** und **fulmina** ist das a kurz, bei **tacita** und **dextra** ist es lang — 813) **ultrix, -icis**: Adj. zu ulcisci — 815) **trames, -itis**: Pfad, Weg — 816) **cultum deferre alicui**: jmd. Verehrung darbringen — 817) **viduatus**: verwaist — 818) **impastus** (von pasci): ungenährt — **deglubere**: die Haut abziehen, berauben — 819) **sanguineum pretium**: der Preis von Christi Blut **vindex, -icis**. Richter — 820) **turbas** (von turbare): verwirren — **intima** (Akk. der Beziehung): zutiefst — 822) **supplicia haurire** = **supplicia sumere**: Strafe erhalten — 823) **piare**: sühnen — 824) **nil tale**: auf meritum zu beziehen — **Timor**: Der alte Diener wird hier als warnender Gesandter des Himmels bezeichnet. — 825) **extrudere**: verstoßen, hinauswerfen — **solio sistere**: auf den Sitz der Toten setzen = in den Sarg legen — 826) **tortor, -oris** (von torquere): Henkersknecht — **thalamus**: Bett (zur Bedeutung der Stelle s. V. 848) — **sons, sontis**: Frevler — 828) **natus** = **filius** — 829) **modicum** (Adv.): ein wenig — **fors** = **fortasse** — **emendari**: sich bessern — 832) **adigere, ut**: verwehren, daß — 833) **indulgentia**: Nachsicht, Verzeihung — 834) **non contra (mihi) stat:** Ich bin nicht dagegen. — 837) **eccere**: fürwahr — 842) **tenebrae ingenii**: Finsternis des Geistes = Unwissenheit, Dummheit — **tiara**: Bischofsmütze — 843) **praecinere**: vorhersagen, verkünden — 845) **aeternum**: auf ewig — **phlegetontia templa**: die Stätte am Phlegeton, dem feurigen Fluß der Unterwelt — 847) **sera nox**: späte Nacht = Lebensende — **piaculum**: Sühne — **piacula committere**: sühnen. Infolge der genaueren lateinischen Zeitfolge ist das Partizip vorzeitig zu **differre** = verschieben. — 848) **sacra sponsa**: Aus den in den letzten Versen gemachten Anspielungen geht hervor, daß Udo aus dem Bett einer „sponsa Christi", einer Nonne vor das Gericht gebracht wurde. — 849) **temerare**: beflecken, entweihen — **oestrum** (griech.): Stachel — 851) **Divi**: Heilige — 853) **sordes**: Schmutz, Makel — 855) **caput amittere**: den Kopf verlieren, gedankenlos handeln — 857) **nefandus**: gottlos (nicht nur auf den Nacken, sondern auf den ganzen Menschen bezogen; daher mit: „du Gottloser" wiederzugeben) — 858) **obriguit** (Perfekt von obrigescere): erstarren — **calix, -icis**: Kelch — 859) **hostia**: Hostie — 860) **spurcus**: schweinisch, schmutzig. Die Hostie, die der Erzbischof unwürdig empfangen hat, kommt unversehrt aus seinem Mund. — **concutere**: abschlagen, enthaupten — 864) **codex (-icis) operum**: das Buch, in dem Udos Sünden verzeichnet sind — 865) **pollutus**: befleckt, unrein — **contrectare**: berühren — 866) **pignus, -oris** n.: Unterpfand — 867) **caelites, -um**: die Himmelsbewohner — 872) **Numen** (hier Plural für Singular): Gott — **pulsare**: belästigen — **votum** hier: Bitte, Gebet

Pars III, Scena VI – Aus Udos Höllenfahrt

Die Schlußszene bringt sehr naturalistisch Udos Aufnahme in das Reich der ewigen Verdammnis. Der Höllenfürst Beelzebub selbst stellt den Zuschauern, die vom Autor zu Umkehr und Buße bewegt werden sollen, seine Macht vor, die auch vor Geweihten und Gelehrten nicht haltmacht, welche Gottes Gebot übertreten.

Beelzebub: Quotidie nivis instar animarum agmina
Ruunt ad inferos, sed omnium mihi
Gratissimi accidunt, aqua baptismatis
Qui gloriantur, et fidem iactant, quasi
Nullo labore alio foret opus. Inter hos

Tamen eminent, qui praediti scientia
Egere vitam sordidam libidine
Caeci, innumerosque perdiderunt simplices.
Hi vapulabunt largius. Et merito, quia
Duces fuerunt ceterorum. Perparum
Curo rudes et imperitos: ultro enim
Plerumque casses incidunt, quando improbi;
Hi cautiores; ideo per satellites
Meos struo insidias. *(Herzog, S. 38)*

Übersetzungshilfen:

952) **nivis instar**: wie Schnee — 954) **baptisma, -atis**: Taufe — 955) **iactare** + Acc.: prahlen, angeben mit — 958) **sordidus**: schmutzig, sündig — 959) **innumeri**: unzählige — **perdere**: ins Verderben stürzen — 960) **vapulare**: Schläge bekommen — 961) **perparum**: sehr wenig — 963) **casses** (Pl.): Netz der Jäger — **casses incidere** = in casses incidere — 964) **satelles, -itis**: Gefolgsmann

Zur Vertiefung:

1. Analysieren Sie das Urteil des Schulmeisters über Udo und seine Eltern!
2. Welche Rückschlüsse lassen sich aus den Worten des Orgilus auf seine Lehrweise ziehen?
3. Beschreiben Sie die dargestellte Gestalt des Weltenrichters Christus! Beachten Sie dabei besonders Vers 837!
4. Wie ist in dieser Szene die Virgo Maria charakterisiert?
5. Analysieren Sie die Rede des Beelzebub V. 952–965!
6. Lesen Sie in deutscher Übersetzung die Höllentor-Aufschrift in Dante Alighieris Göttlicher Komödie (Inferno, 3. Gesang, Vers 1–9)! Welche Anklänge daran finden sich in Gerichts- und Höllenszene des Udo?
7. Welche Wirkungen sollen diese Szenen bei den Zuschauern erzielen?

5.2.2 Jakob Bidermann: Cenodoxus

Der bekannteste Dramatiker des Ingolstädter Jesuitenkollegs war *P. Jakob Bidermann* (1578–1639). Sein „Cenodoxus“ wird gelegentlich auch heute noch aufgeführt.

Der Held des Dramas, der „Doktor von Paris“, ist wegen seiner Gelehrsamkeit, Frömmigkeit und Mildtätigkeit allgemein angesehen. Allerdings ist einiges an diesen Eigenschaften zu sehr auf äußerliche Wirkung berechnet; der berühmte Mann fällt daher den Verlockungen der Höllengeister „Philautia“ (Eigenliebe) und „Hypocrisis“ (Überheblichkeit) zum Opfer.

Der Schutzengel „Cenodoxophylax“ (Wächter des Cenodoxus) versucht mit verschiedenen Mitteln seinen Schützling zur Überzeugung zu bringen, daß alles menschliche Streben und aller irdische Ruhm nichtig seien. Aber auch eine tödliche Krankheit vermag den selbstgewissen Doktor nicht zu Umkehr und Buße zu bewegen.

Dem toten Cenodoxus vermag auch sein Engel nicht mehr zu helfen. Seine inneren Fehler gelten vor dem Gericht über seine Seele mehr als die äußerlich zur Schau gestellten Tugenden. Daher wird er verdammt.

Aus dem Cenodoxus sei hier nur eine kurze, aber eindringliche Szene geboten. Nach seinem Tode tritt ein Chor auf:

Chorus mortualis – Actus IV, Scena VIII

Sic transit mundi gloria
Cum sequuntur funera.
Omnis enim dignitas
Mera est inanitas.
Heri plenus honoribus
Cras erit esca vermibus.
Cras infestabit vipera,
Quem nunc honestat purpura.
Beate rector seculi,
Parce terrae pulveri!
Nulla cavet prudentia
Mortis strategemata.
Nulla flectit potentia
Iratae mortis bracchia.
Nulla fallit sollertia
Astutae mortis spicula.
O Magni virtus Numinis,
Quid est vita hominis?
Vixdum bene nascimur,
Cum repente morimur:
Vita enim hominum
Nil est nisi somnium.

(Bidermann, Jakob: Cenodoxus, herausg. v. Rolf Tarot – Tübingen 1963. S. 91.)

Übersetzungshilfen:

1610) **funus, -eris**: Leichenzug; hier Plural statt Singular — 1612) **merus**: rein, wirklich – **inanitas, -atis**: Eitelkeit — 1614) **esca**: Speise — **vermis, -is**: Wurm — 1615) **infestare**: anfeinden, als Feind behandeln — 1618) **pulvis terrae**: der vom Staub der Erde genommene Mensch — 1620) **strategema, -atis** (griech.): Kriegslist — 1624) **astutus**: listig, verschlagen — **spiculum**: Spitze, Pfeil — 1625) **Numen**: Gott — 1627) **vixdum** (Adv.): kaum erst

Zur Vertiefung:

1. Vergleichen Sie den Inhalt dieses Gesangs mit dem der Totensequenz der katholischen Liturgie: „Dies irae, dies illa"!
2. Analysieren Sie den Satzbau der Verse 1619–1624! Überlegen Sie, welche Wirkung die gewählten Formulierungen hervorrufen sollten!
3. Welche Bedeutung ist in diesem Gesang dem irdischen Streben des Menschen gegeben?

Literatur:

Haas, Carl Max: Das Theater der Jesuiten in Ingolstadt. — Emsdetten 1958. S. 27 ff. (Gretser) und S. 39 ff. (Bidermann)
Pörnbacher, Hans (Herausgeber): Bayerische Bibliothek, Bd. II. Die Literatur des Barock. S. 24 ff. (Gretser) und S. 69 ff. (Bidermann)

5.3 Jacob Balde, der deutsche Horaz

Zu den bedeutendsten Jesuitendichtern gehört *Jacob Balde,* geboren 1603 oder 1604 im elsässischen Ensisheim, Student in Ingolstadt, Priester und Lehrer der Rhetorik in Ingolstadt, München, Landshut, Amberg, seit 1654 in Neuburg, wo er – „ob seines freundlich-geistvollen Wesens und seiner heiligmäßigen Lebensführung hochverehrt" – am 9. 8. 1668 gestorben ist. Er ist in der Jesuitengruft der Hofkirche bestattet. Man bezeichnete ihn als den „deutschen Horaz", weil er in seinen Oden (Carmina) und Satiren (Satyrae) die Versmaße und die gelehrte Art des Horaz mit Virtuosität verwendet. J. G. Herder nannte ihn „einen Dichter Deutschlands für alle Zeiten" und übersetzte seine Oden. Baldes Werk in Vers und Prosa, auch in deutscher Sprache, ist umfangreich.

Bildnis Baldes im Neuburger Studienseminar

5.3.1 *Speculum sine macula* – Ein Marienlob

Das folgende Beispiel aus den Oden (Carmen IV,32) ist typisch für den Überschwang des glühenden Marienverehrers. Versmaß: 1. sapph. Strophe

–v–––/vv–v–x
–v–––/vv–v–x
–v–––/vv–v–x
–vv–x

(Wie die römischen Lyriker verwendet auch Balde griechische Versmaße. Die „1. sapphische Strophe" ist nach der Lyrikerin Sappho von Lesbos, 6. Jh. v. Chr., benannt.)

Speculum sine macula. Cantata feriis natalitiis Christi.

Ecce crystallus sine labe pura,
Cui suum toto Deus ore vultum
(Filium) impressit speculi nitentis
  Captus amore.
Tota iam vere, Dea, tota pulcra es!
Tu quidem Virgo quoque pulcra: sed cum
Mater et Virgo celebraris, es te
  Pulcrior ipsa!

Übersetzungshilfen:

Überschrift: **speculum**: Spiegel — **macula**: Makel, Fehler; vgl. Weish. 7,26 „speculum sine macula maiestatis Domini“ wird auf Maria bezogen; Titel Marias in der Lauretanischen Litanei — **cantata**: erg. oda — **feriae natalitiae**: Geburtstag
1) **crystallus** (f.): Kristall, Symbol der Reinheit — **labes, -is** = **macula** — 2) **vultus**: „Abbild“; filium (von Balde in Klammern gesetzt) ist Apposition dazu — 5) **Dea**: Göttliche, ein humanistisches, „heidnisches“ Attribut. Nach der Glaubensüberzeugung auch der glühendsten Marienverehrer hat Maria nicht göttlichen Rang.

Zur Vertiefung:

Orientieren Sie sich über den katholischen Glaubenssatz von der Jungfräulichkeit Marias!

5.3.2 *De brevitate vitae* – Das Leben ist wie die Donau

Der folgende 31. Abschnitt schließt Baldes „Satyra Contra Abusum Tabaci“, 1656 geschrieben, ein höchst gelehrtes Werkchen, dessen Humor nur dem klassisch Gebildeten zugänglich war. Dieser Text ist melancholisch.

De brevitate vitae: Ex contemplatione Danubii Neoburgum praeterfluentis

Haec ad Danubium, refici quo tempore pontem
Vidimus insano bellorum turbine fractum,
Arce Nova, vastis cohibens ubi molibus Istrum
Ante Palatini clivo subnixa Philippi
Moenia, confuso stringentem gurgite ripas,
Nereus Anglipolim transmittit et inde Viennam,
Cornibus augendum majoremque usque futurum,
Donec in Euxino perdat sua nomina ponto.
Nos quoque nostra brevi modica perdemus in urna.
Amnis more fluens undatim vita recedit,
Vorticibusque suis rapitur declivior aetas
Post varios flexus tumulum subitura profundum.
Festini liquidis decurrunt passibus anni
Flumineo motu neque enim consistere possunt.
Quantum praeteriit, dum scribimus atque movemus
Invidiam sicco ventum potantibus ore!
Quod loquor, hoc inde est nullo revocabile gyro:
Nescit lapsa semel cum fluctibus hora reverti.
Nonne tibi faciem veniens ostenderat unda?
Quae tamen instabilis mox tergum mobile praebet.

Sic intra positas homini data tempora metas
Tanquam claustra meant, urgente crepidine certos
Menses atque dies. Sensim dilabimur omnes
In mare sicut aquae. Musae Charitesque venustae
Insontesque joci, Satyri Satyraeque, valete!

Übersetzungshilfen:

1) **haec**: ergänze scripsi — 2) **turbo** (m): Wirbel, Unruhe (30jähr. Krieg!) — 3) **Arx Nova**: Neuburg — ordne: Arce Nova, ubi Nereus / ante moenia clivo Palatini Philippi subnixa / molibus vastis cohibens Istrum / ripas gurgite confuso stringentem / Anglipolim transmittit . . . augendum („damit sie . . .") majoremque futurum — **moles**: Felsen (am Nachtberg und unter dem heutigen Arcoschlößchen) — **Ister** = **Hister**: Donau — 4) **Palatinus** (ergänze Comes): Pfalzgraf Philipp Wilhelm 1654–1690 — **subnixus**: sich lehnend an — 5) **confusus**: wirr — **gurges, -itis**: Wirbel, Strudel (Vor der Donauregulierung gab es unterhalb der Neuburger Brücke wie in Regensburg einen Strudel.) — 6) **Nereus**, der Gott des Ozeans, hier als Gebieter und Vater des Danubius vorgestellt — **Anglipolis**: Ingolstadt (vgl. Anm. zum Epitaph 6.2.3, Z. 13!) — **Vienna**: Wien — 7) **cornua** (Attribute der Flußgötter bzw. ihrer Stärke): Nebenflüsse — 8) **pontus Euxinus**: das Schwarze Meer — 9) **nostra**: Ergänze nomina! — **urna**: Aschenurne (antik-heidnische Feuerbestattung!) — 10 **undatim**: Adv. zu unda — 11 **vortex** = **vertex**: Strudel — **declivis**: abwärtsgerichtet — 12) **flexus, -us**: Krümmung, Biegung (Verlauf der Donau im Neuburger Stadtgebiet!) — **profundus**: tief — 13) **festīnus**: eilig, dahineilend, enteilend — 15) **atque**: und trotzdem — 16) **potantibus** (potare: trinken): gegen Leute, die . . ." — **ventus** = **fumus**: Tabakrauch; Sigmund von Birkens deutsche Nachdichtung von Baldes Satire (1658) hat den Titel „Die truckene Trunkenheit". - 17) **inde**: „dann, wenn es einmal ausgesprochen ist" — **gyrus**: Kreisbahn. Dieser Satz wird in v. 18 variiert. — 20) **instabilis**: unstet — 21) **metae**: die Pfosten, die im Circus die Wendepunkte der Rennbahn angaben; (hier:) Grenzen — 22) **claustrum** und **crepido**: Damm — **meare**: gehen — 23) **sensim**: kaum merklich, allmählich (Zitat Vergil Georgica 4, 410) — 24) **Charites**: die drei Grazien, Göttinnen der Anmut (vgl. „graziös"!) — **venustus**: reizend — 25) **insons**: unschuldig — **Satyrus**: Satyr, Faun (derb-lustiger Begleiter des Dionysos) — **Satyra** (doppeldeutig): Satyrin und die Satire

Zur Vertiefung:

1. Stellen Sie alle Vergleiche zwischen der Donau und dem Leben fest!
2. Vergleichen Sie die Auffassung von Leben und Tod in der Antike, in dieser Dichtung und im Christentum!
3. Versuchen Sie, sich anhand von Lexika und (deutschen) Literaturgeschichten ein Bild von der Bedeutung Baldes zu machen!

Literatur:

Balde, Jacob: Dichtungen. Lateinisch und deutsch herausgegeben und übersetzt von Max Wehrli. — Köln und Olten 1963
Beitinger, Wolfgang: Jakob Balde. Neuburger Kollektaneenblatt 121, 1968, 5–114.
Stroh, Wilfried: „Zerbrich das Saitenspiel!" Die Lebensgeschichte des Jacobus Balde S. J. (1606–1668) nach dem Neuburger Nekrolog. In: Literatur in Bayern 11, 1988, S. 9–13.

Wertvolle Hinweise werden Prof. Dr. Wilfried Stroh, München, verdankt.

6. Epigrammatische Texte aus Renaissance und Barockzeit

6.1 Eichstätt

6.1.1 Bischof – Politiker – Humanist

Seine Studienjahre in Italien machten *Wilhelm von Reichenau* (1426–1496) dem Humanismus gegenüber aufgeschlossen (vgl. o. S. 57) und schufen enge Kontakte zum Kaiserhof in Wien. Er wird der erste Kanzler der 1472 begründeten bayerischen Landesuniversität Ingolstadt.

Das Epitaph befindet sich im Willibaldschor (gotische Minuskel).

WILHELMO EPISCOPO EYSTETTENSI, VIRO OMNIVM VIRTVTVM GENERE ORNATISSIMO,
QVEM OB SINGVLAREM FIDEM ATQUE PRVDENTIAM FEDERICVS CESAR ET MAXIMILIANVS
REX NON MODO IN CONSILIVM DE MAXIMIS IMPERII REBVS PRECIPVVM ASCIVERVNT, SED
ETIAM LEGATVM, ALTER AD MATHIAM HVNORUM, ALTER AD CAROLVM GALLORVM
REGES MISERVNT. MAXIMILIANVS ETIAM POST FEDERICI PATRIS OBITVM
PARENTIS LOCO SVMIS REBVS HABVIT ET VERBIS COMPELLARE CONSVEVIT.
VIXIT IN EPISCOPATV ANNIS XXXII, MENSIBVS X, DIE VNO. MORITVR
IN MESSING ANNO DOMINI 1496, XIIII KALENDAS DECEMBRIS.
MAGNO SI QUA VIRO TRIBVIT SAPIENTIA LAVDEM
HIC SVMMO PRESVL DIGNVS HONORE IACET.
CVI NIHIL OBIICIVNT INIMICI PRETER HONESTVM
CRIMEN, QVOD REGI ET CESARI AMICVS ERAT.

Übersetzungshilfen:

2) **Federicus**: Kaiser Friedrich III., 1440–1493 – **Maximilianus**: ab 1486 dt. König, ab 1493 Kaiser (–1519) – 3) **asciscere**: aufnehmen – 4) **Matthias I. Corvinus**: König von Ungarn (1458–1490) – **Carolus**: Karl VIII. von Frankreich (1483–1498) – 5) **obitus** = **mors** – 6) **sumis** = **summis** – **verbis** (= verbo patris) **compellare**: anreden mit – 8) **Messing** = **Obermässing**

6.1.2 Ein Renaissancefürst auf dem Eichstätter Bischofsthron

Der Gemmingenbau auf der Willibaldsburg weist heute noch auf die Bautätigkeit (unter Elias Holl aus Augsburg) des Bischofs *Johann Konrad von Gemmingen* (1561–1612) hin, der dort auch mit dem „hortus Eystettensis“ einen der frühesten botanischen Gärten Deutschlands anlegen ließ. Sein Grabmal im Ostchor des Domes, ein Meisterwerk der Renaissance, stammt von dem Münchner Hans Krumper.

IOANNES CONRADVS Ā GEMMINGEN EPISCOPVS EIISTADIENSIS SVMMA RELIGIONIS IVSTITIAE PRVDENTIAE GLORIA, SACRO INSTRVMENTO, IN QVO HIEROTHECA GEMMIS INSIGNIS EMINET, SPLENDIDE AVCTO ET EXORNATO, GRANDI ÄERE ALIENO PER SVPERIORVM TEMPORVM DIFFICVLT: CONTRACTO DISSOLVTO, DITIONE PROLATA, ARCIS VILIBALDI AEDIFICIO MAGNA IMPENSA INCHOATO, AVRO LONGA PARCIMONIA COLLECTO IN AERAR: ILLATO, OPTVME DE ECCLESIA ET TOTA DIOCESI MERITVS VIX: ANN: LI, SEDIT XIX. OB: AN: CHRI. M.DC.XII., VII ID. NOVEMB: IOAN: CHRISTOPH: Ā WESTERSTETTEN EPISCOPVS EIISTAD: DECESSORIS MEMORIAE GRATO ANIMO MONVM: P.

ET NVNC COMMENDO VOS DEO ET VERBO GRATIAE IPSIVS

Übersetzungshilfen: *Doppelpunkte stehen für Abkürzungen!*

3) **sacrum instrumentum**: liturgisches Gerät — **hierotheca**: (die berühmte „Gemmingen-") Monstranz — 6) **DIFFICVL(tates)** — **dissolvere**: abzahlen — 7) **ditio = dicio** — 8) **parcimonia**: Sparsamkeit — 9) **AERAR(ium)** — 10) **sedere**: das Bischofsamt innehaben — 11) **ob. = obiit** — 13) **EIISTAD(iensis)** — 14) **MONVM(entum)** — **p. = posuit** — 15) **Verbum**: (das fleischgewordene Wort Gottes =) Jesus — 16) **gratia**: (christl.) Gnade

Johann Konrad von Gemmingen [Hans Krumper]

6.1.3 *Vanitas Vitae*

Die (adeligen) Domherren, wie z.B. *Franz Rudolph Schliderer* von Lachen (17. Jh.), fanden ihre letzte Ruhestätte in einer zweischiffigen, kirchenähnlichen Halle, dem „Mortuarium“. Auf Grabsteinen aus fünf Jahrhunderten bezeugen sie, geprägt vom Geist ihrer Zeit, die Hoffnung auf Auferstehung und mahnen zugleich den Besucher: „Nemini parcetur – sum quod eris, fui quod es – qui transis anim(a)e oro dic in pace requiescant.“ Das Epitaph für F.R. Schliderer lautet:

STA, VIATOR, ET INGEMISCE!
HEIC IACET
IMMATVRO FATO MATVRVS COELO
RMS ET PRAENOBILIS FRANCISCVS RVDOLPHVS SCHLIDERER
A LACHEN, RHENANVS ORIGINE, PATRIA SVEVVS,
ADOLESCENS EPHEBVS PRINCIPIS, IVVENIS ROMANAE SAPIENTIAE ALVMNVS
VIR EVSTAT. ECCLESIAE CANONICVS, AD MAIORA NATVS CAELVM PETIIT.
MAGNA ANIMA IN IMBECILLO CORPORE, VIRTVTVM COMPENDIO.
CORPVS ALMAE RELIQVIT MATRI, SPIRITVM DEO.
HEIC, EHEV!
SEPVLTA EST SPES
PIORVM NONDVM MATVRA PARENTVM.
AVDI
PARENTVM LACRIMAS, AGNATORVM GEMITVS, AMICORVM SVSPIRIA.
INGEMISCE,
PAVLO POST FVTVRVS AETERNITATIS SOCIVS.
QVIESCENTI IN DOMINO, NE SIS GRAVIS,
BENE PRECARE.
MatVrVs CaeLo VnI VIVet Deo!
DIE DECEMBRIS XXIV AETATIS XXVI. REQVIESCAT.

Übersetzungshilfen:

1) **viator**: Wanderer — 2) **heic = hic** — 3) **immaturus**: zu früh — 4) **praenobilis**: hochgeehrt — 5) **Rhenanus**: Rheinländer — **Suevus**: Schwabe — 6) **ephebus principis**: Zögling am Hofe des Fürstbischofs — **alumnus**: Schüler — 8) **compendium**: Vermögen, Reichtum — 9) **almus**: gütig — 14) **agnatus = cognatus** — **suspirium**: Seufzen — 16) **aeternitas**: Subst. zu aeternus — 19) **maturus** . . .: Diese Zeile bildet ein Chronogramm: Das Todesjahr ergibt sich aus der Addition der Buchstaben, die zugleich römische Zahlzeichen sind. *Abkürzungen sind ausgeschrieben!*

6.1.4 Ein ernstes Wort an das Domkapitel

Der Kapitelsaal war der Versammlungsort des Domkapitels. Dieses wählte (bis 1790) den Bischof und traf als Senat wichtige Entscheidungen für die Diözese bzw. das Geistliche Fürstentum. Die Domkapitulare entstammten seit Ende des 15. Jh.s ausnahmslos adeligen Familien.

Die folgende Inschrift befindet sich im Mortuarium am Portal zum Stiegenhaus des Kapitelhauses:

TE PRECOR INTRANTEM POLITICA IVRA PENSANTEM:
REM PVBLICAM PROMOVE, PRIVATAM CAVTE RELINQVE.
HEC DVO SI FECERIS, FELICI FINE FRVERIS.

Übersetzungshilfen:

1) **iura** (Pl.): Rechtsbescheide, Entscheidungen — 2) **promovere**: fördern — 3) **hec** = **haec**

6.1.5 *Est tempus pacis, est tempus belli*

Bischof Berthold von Hohenzollern hatte im 14. Jh. den Bischofssitz von der Stadt auf den Burgberg verlegt. Die Burg wurde in der Folgezeit, v. a. unter den Bischöfen Martin von Schaumberg (16. Jh.) und Johann Konrad von Gemmingen (s. o. 76 u. 93), öfters umgebaut, vergrößert und stärker befestigt. Trotzdem konnte sie 1633 dem Schwedenansturm nicht standhalten. *Marquard II. Schenk von Castell* (1637–1685) veranlaßte den Wiederaufbau, sein städtebauliches Programm für das vom Schwedeneinfall zerstörte Eichstätt führte aber dazu, daß im 18. Jh. die Bischöfe in die barocke Stadtresidenz übersiedelten.

Über dem Torbogen der Halbmondbastion (zerstört):

MARQVARDVS II SVAE ET POSTERVM PRINCIPVM
SECVRITATI PROSPICIENS
HOC TERNVM PROPVGNACVLVM EXTRVI FECIT AO MDCLVIII

An der Nordbastei mit dem Wappen des Fürstbischofs:

EST TEMPVS PACIS EST TEMPVS BELLI
MARQUARDVS II EPVS ET PRINCEPS EYSTETTENSIS
HOC BELLONAE OPVS STRVXIT ANNO MDCLX

Übersetzungshilfen:

I. **ternum**: dreifach — **propugnaculum**: Befestigung — **AO** = **anno**
II. **epus** = **episcopus** — **Bellona**: röm. Kriegsgöttin (Metonymie für Krieg)

6.1.6 *Panem et ... aquam*

Das aus Rom bekannte Problem der staatlichen Getreideversorgung war auch den Fürstbischöfen bekannt. Die Aufschrift am ehemaligen Getreidekasten (jetzt Altes Stadttheater) unterstreicht die Verpflichtung mit einem Spruch aus dem Alten Testament (Spr 11,26):

VTILITATI PVBLICAE DICATVM.
QVI ABSCONDIT FRVMENTA MALEDICETVR IN POPVLIS
BENEDICTIO AVTEM SVPER CAPVT VENDENTIVM.

Einem weiteren Angehörigen der Familie *Schenk von Castell* (vgl. ihre gemeinsame Grabanlage im Dom), nämlich dem Bischof *Johann Euchar*, verdankt Eichstätt den Willibaldsbrunnen. Die prachtvolle Barockanlage Jakob Engels und die ausdrucksstarke Renaissancefigur des Heiligen (von Hans Krumper) lassen den heutigen Betrachter nur allzu leicht die ursprüngliche Aufgabe eines Marktbrunnen vergessen.

DIVO WILIBALDO PATRI ET PATRONO PATRIAE
HVNC MORTALIS VITAE FONTEM VT BONO PVBLICO PERENNE FLVAT
IO EUCHARI EPISCOPVS EYSTETT POSVIT AO SALVT MDCXCV

Übersetzungshilfen:

I. **benedictio**: Segen
II. **Io**(hannes) **Euchari**(us) Schenk von Castell (1685–97) — **AO** = **anno** — **salut.** = **salutis**

6.1.7 Napoleons Stiefsohn – Fürst von Eichstätt

Eugène Beauharnais, der Stiefsohn Napoleons, Schwiegersohn des Bayerischen Königs Max I. Joseph, Herzog (dux) von Leuchtenberg und Fürst (princeps) von Eichstätt, führte die Peterskirche, die nach der Säkularisation und der Aufhebung des Dominikanerklosters als Heumagazin gedient hatte, ihrer ursprünglichen Aufgabe zu.

Die zwei Chronogramme (Z 1–3 und Z 4–10) ergeben jeweils das Jahr der Übergabe.

eCCLesIa regInae CoeLI
apostoLorVM prInCIpIbVs
aC pIo popVLo saCra
eVgenII LIberaLItate
DVCIs CIVIbVs
atqVe eIChstaDII
prInCIpIs Cessa
aVXILIantIbVs
restaVrata
benefaCtorIbVs

Übersetzungshilfen:

7) **cedere:** überlassen — 10) **benefactor**: Wohltäter

6.2 Ingolstadt

6.2.1 Grabschrift an der Beisetzungsstätte der Eingeweide des Kurfürsten Maximilian I. von Baiern (1599–1651)

Maximilian I., Bayerns „Großer Kurfürst“, war seit seiner Studienzeit mit Ingolstadt verbunden. Hier leitete er nach der verlorenen Schlacht bei Rain am Lech die erfolgreiche Verteidigung der Stadt gegen König Gustav Adolf von Schweden. Auch seine letzten Lebenstage verbrachte er in Ingolstadt. Seine Eingeweide sind in einer Chorkapelle des Liebfrauenmünsters beigesetzt. Auf der Grabplatte steht die Skulptur eines Engels mit einer Schriftrolle in den Händen, die folgende Inschrift trägt:

HAC LAMINA MAXIMILIANI I. VTR. BAV. ET SVP. PAL. DVCIS S.R.I. ARCHIDAP. ET ELECT. COM. PAL. RHEN. LEVCHTENBERG LANDGRAF INGOLSTADY XXVII. SEPTEMB. A. MDCLI PIISSIME DEFVNCTI VISCERA TEGVNTVR. QVAE DECVIT IN AEDE MATRIS DEI TVMVLARI, PENES QVAM SVNT VISCERA MISERICORDIAE. IPSE MAIORVM IVRE, SVIS MERITIS ET IVSTO FATORVM ORDINE ELECTORATVM POSTLIMINIO REDVXIT IN SVAM DOMVM.

Übersetzungshilfen:

1) **lamina**: Grabplatte — **utr. Bav. et Sup. Pal.** = **utriusque Bavariae et Superioris Palatinati**: Maximilian war bei seinem Regierungsantritt Herzog von Ober- und Niederbaiern; im Westfälischen Frieden gewann er endgültig die Oberpfalz dazu. — **S.R.I. Archidap.** = **Sacri Romani Imperii Archidapifer**: Erztruchseß des Heiligen Römischen Reiches ist der Titel des ranghöchsten weltlichen Kurfürsten; dieser Rang ging mit Maximilian von der Pfalz auf Baiern über. — 2) **Elect.** = **Elector**: Kurfürst — **Com. Pal. Rhen.** = **Comes Palatinus Rheni**: Pfalzgraf bei Rhein **Ingolstady**: Lokativ — 3) **viscera**: Eingeweide — 4) **aedis**: klass. Tempel; (hier) Kirche — **tumulare** (von tumulus: Grabhügel): bestatten — **viscera misericordiae**: nur frei übersetzbar: Die Eingeweide des Kurfürsten finden ihre letzte Ruhe in der Kirche der Muttergottes, deren Herz (als Teil der „Eingeweide") voll des Erbarmens ist. — 6) **electoratus, -us**: Kurfürstenwürde — **postliminium**: Rückführung in den ursprünglichen Rechtszustand (limes). Nach Ansicht der baierischen Linie der Wittelsbacher stand die Kurfürstenwürde seit jeher ihr und nicht der pfälzischen Linie zu, die sie drei Jahrhunderte lang ausgeübt hatte. Maximilian hatte also den ursprünglichen Rechtszustand wiederhergestellt.

Zur Vertiefung:

1. Dapifer ist im wörtlichen Sinn der Diener, der die Speisen (dapes) aufträgt. Lesen Sie die 1. Strophe von Schillers Ballade „Der Graf von Habsburg" und erklären Sie Titel und Funktion des Archidapifer!
2. Unterrichten Sie sich über den Kreis der Kurfürsten des Reiches, ihre Titel und Funktionen!
3. Überlegen Sie, warum die gesonderte Bestattung von Körperteilen (z. B. auch der Herzen der baierischen Könige in Altötting) ein besonderes Vorrecht fürstlicher Personen war!

Literatur: Sammelblatt des Historischen Vereins Ingolstadt, 44. Jg. 1925, S. 111 f.

6.2.2 Grabschrift eines 14jährigen Mädchens

Florentina Hell, Tochter eines Professors der juristischen Fakultät der Universität Ingolstadt, verschied im 14. Lebensjahr. Ihr Epitaph an der südlichen Außenwand des Liebfrauenmünsters war bereits 1925 sehr stark verwittert; es existiert heute nicht mehr.

Florentina fui, nunc sum sine floribus umbra,
Annis florebam viribus ingenio.
Patris ocellus eram matris pupilla, sed eheu,
Pupilla, heu, matris, patris ocellus ubi est?
Aetas bis septem mea non aspexit aristas,
Cum mors dira meum falce totondit agrum.

Prima fui soboles ipsa maiorque parente,
Esset sed maior qui nece nemo fuit.
Virgo perita fui formosa artesque Minervae
Docta cibos merui jamque operosa meos.
Non tamen haec pepulere necem; dum mense reflorent
Maio aly flores, occubuere mei.
Ecce hodie stans ista legis, cras forte jacebis;
Quod tibi cras peteres, da mihi stans hodie!

(Aus: Sammelblatt des Historischen Vereins Ingolstadt, 44. Jg. 1925, S. 85)

Übersetzungshilfen:

1) **flores**: Damit werden nicht nur Blüten bezeichnet, sondern auch das blühende Aussehen eines Mädchens. — 3) **ocellus** (Deminutiv zu oculus): etwa Augapfel — **pupilla**: 1. Deminutiv zu pupa: Puppe, 2. Pupille, synonym für Auge (hier etwa): Liebling — **eheu** und **heu**: o weh! — 5) **arista**: Ähre (Florentina starb im Mai, noch vor der Erntezeit.) — 6) **dirus**: hart, grausam — **falx, falcis**: Sichel — 7) **soboles** = **suboles**: Nachkomme — 8) Ordnen Sie: nemo fuit, qui maior nece esset — **nex, necis** = **mors** — 9) **Minerva** = **Athene**: die Spenderin des Webstuhls. Mit „artes Minervae" sind Spinnen, Weben und andere weibliche Handarbeiten gemeint. — 12) **aly** = **alii** — 13/14) Mit der Mahnung an den eigenen Tod wird der Leser gebeten, für die Seele der Toten zu beten.

Zur Vertiefung:

Beachten Sie die vom Dichter verwendeten Wortspiele und diskutieren Sie ihren poetischen Wert!

6.2.3 Epitaph eines Frauenhassers

An der nordöstlichen Chor-Außenwand des Ingolstädter Liebfrauenmünsters befindet sich das Epitaph des Studenten *Johann Baptist Purckholzer*, dem sein in heutiger Zeit fast unverständlicher Ruf als Frauenhasser über das Grab hinaus geblieben ist. Die Anordnung der Zeilen auf der Prosa-Inschrift ist hier etwa so wiedergegeben, wie sie sich auf der Platte befindet; mit einiger Phantasie läßt sich daraus das Bild einer Sanduhr, eines Symbols menschlicher Vergänglichkeit sehen.

D + O + M
Hic iacent ossa
Joannes Baptista Purckholzer
a fuga mulierum aestimatissimi, vulgo
earum Osoris dicti.
Coeterum Sanguine, Scientia et raris Virtutibus nobi-
lissimi Viri quasi adhuc in adolescentia
sua iamiam omnium laudum Nu-
meris absolutissimi.
Hinc
Ius Utrumque cum summa laude ac Laur-
ea absolvisset, nisi tribus mensibus ante
scilicet 3. Aprilis Anno 1702 ex Anglipoli
fuisset excitatus in Angliam ad
Rectorem Coeli et Terrae
Magnificum, laureand-
us aeternaliter.

Übersetzungshilfen:

1) **D. O. M.** = **Deo Optimo Maximo** — 4) **aestimatus**: bekannt, geschätzt — **vulgo** (Adv.): gewöhnlich — 5) **osor, -oris** (v. odisse): Hasser — 6) **coeterum** = **ceterum** — 7) **adhuc**: Seine Lebenszeit reichte nicht über die adolescentia hinaus. — 8) **iamiam**: schon damals — **numeri**: die akademischen Grade — 9) **absolutissimus** (v. absolvere): Er hatte alle Vorstufen seines Studiums mit höchster Auszeichnung bestanden. — 11) **ius utrumque**: beide Rechte: bürgerliches Recht und Kirchenrecht — **laurea**: Lorbeer. Dem besten Prüfling wurde ein Lorbeerkranz aufgesetzt. — 13) **Anglipolis**: Stadt der Engel für Ingolstadt. Diese falsche Latinisierung wurde wegen des Gleichklangs mit **Anglia** = Reich der Engel gewählt. — 14) **excitare**: abberufen. Die seit dem Spätlatein mögliche Verbindung des Konj. Plqpf. von esse mit Part. Perf. Pass. soll den Irrealis der Vergangenheit besonders verdeutlichen. — 16) **laureandus**: um mit Lorbeer bekränzt zu werden — 17) **aeternaliter**: für alle Zeiten

Zur Vertiefung:

Nicht nur die Kunst, auch die Sprache des Barock zeichnet sich durch theatralische Überschwenglichkeit aus. An welchen Formen und Redewendungen dieser Inschrift können Sie dies erkennen?

Literatur:

Sammelblatt des Historischen Vereins Ingolstadt, 44. Jg. 1925, S. 150 f.

6.3 Neuburg

6.3.1 Lerne zu leben – lerne zu sterben

Im Jahre 1617 wurde nach der Rekatholisierung des Fürstentums Neuburg durch Pfalzgraf Wolfgang Wilhelm am Patroziniumstag zum ersten Mal in der Pfarrkirche St. Peter die hl. Messe gefeiert. Erster Pfarrer war *Leonhard Mayr*. Er erlebte den ganzen 30jährigen Krieg und begann, nachdem am Pfingstmontag 1641 der Turm seiner Kirche eingestürzt war und die Kirche zerstört hatte, mit dem Bau der heutigen Peterskirche. Die schmucklose Grabplatte aus Solnhofer Stein befindet sich im Innern von St. Peter.

+

EGO LEONARDVS MAYR
SACERDOS DEI DEIPARAEQVE
SERVVLVS INDIGNVS VIXI
AB AN̄O MDXC. VIVERE
DESY AN̄O MDCLXV. NVNC
IACEO IN PVLVEREM REVER
SVS MEVM. TV LECTOR
STANS HODIE MEA FATA
LEGIS. CRAS FORTE IACEBIS.
QVOD TIBI TVNC PETERES.
FAC MODO. MEQVE IVVA. PRO
ME FERVENTER ORA. BENE
VIVE. BREVI SEQVERE. DISCE
VIVERE. DVM VIVIS. DISCE
MORI BREVI MORITVRVS.

Übersetzungshilfen:

Die Punktesetzung entspricht zuweilen nicht unseren Regeln!
2) **Deipara**: Gottesmutter (v. parere, pario) – 4/5 **N̄** = **NN** – 5) **desy** = **desij** = **desii** – 9) **forte**: vielleicht schon – 11) **modo**: bald – 12) **ferventer** (zu fervēre): glühend, inständig – 13) **sequere**: Imperativ oder Nebenform zu sequēris?

6.3.2 *Vanitas vanitatum*

Die meisten Epitaphien in Neuburg sind nicht für Geistliche, sondern für Hofbeamte errichtet worden. Der schöne Grabstein des W. I. Leopold von Leopoldstein befindet sich heute in der linken Vorhalle der Hofkirche.

Grabstein des W. I. Leopold von Leopoldstein

ANNO MDCCVII DIE XVIII
SEPTEMB^{ris} MORTU$_9$ EST
PRÆNOBILIS AC GENEROS$_9$
DOMINUS WOLFGANGUS
IGNATI$_9$ LEOPOLDT DE LEO
POLDSTEIN IN NEUFE^{L}DEN
SER^{mi} ELECTO^{ris} PALATINI
CONSILIARI$_9$ INTIM$_9$ ET AU$_{LIC9}$
NEC NON CAMERÆ DIRECTOR ÆTAT$_{IS}$ SUÆ 54
CUIUS ANIMA IN PACE QUIESCAT
Vita quid est? fum$_9$; quid Honores? umbra; quid
autem Nobilitas? nihil est. Caelum rapit unica virtus.

Übersetzungshilfen:

$_9$ = Endung -us — 7) **SER^{mi}**: Serenissimi — 8) **consiliarius intimus et aulicus**: Geheimer Hofrat — 9) **camera**: Finanzverwaltung

6.3.3 Die Bautafel über dem Haupteingang des Landratsamtes Neuburg

Neuburg hatte schon immer militärische Bedeutung. Garnison im modernen Sinn wurde es 1769. Das jetzige Landratsamt diente bis 1919 militärischen Zwecken; daher sein volkstümlicher Name „Alte Kaserne“.

In nomine
Domini Dei altissimi omnipotentis aeterni,
qui nisi aedificaverit domum, in vanum laboraverunt, qui aedificant eam,
beatae Mariae Virginis,
quae progreditur quasi aurora consurgens,
pulchra ut luna,
electa ut sol,
terribilis ut castrorum acies ordinata,
sancti Michaelis archangeli,
qui princeps et adiutor est in omnibus,
sancti Iosephi,
qui erit super domum
et ad cuius oris imperium cunctus populus obediet,
sanctorum Sebastiani et Georgii,
qui bonum certamen certarunt,
per quos habuimus de caelo auxilium et liberati sumus,
Ecclesiae Romano-Catholicae
post obitum Sanctissimi Patris Clementis XIII sede vacante,
quam Deus protegat et custodiat,
regente Imperium Romanum Augusto Imperatore Iosepho II,
quem constituit Dominus, ut faceret iudicium et iustitiam,
(regente) Electoratum Palatinatum Serenissimo Palatino Carolo Theodoro,
qui vere sapiens populi stabilimentum est,
CVI aC ConIVgI eLeCtrICI eLIsabethae aVgVstae
DeVs VnVs trInVs VIVVs aeternVs beneDICat,

lapidem primarium aedificii militaris
ex sumptibus Ducatus Neoburgensis erigendi
nomine et mandato Serenissimi Domini Ducis Electoris Palatini
posuit
Excellens Dominus Philippus Antonius Liber Baro de Oberndorff,
Serenissimi Electoris Palatini a Consiliis Intimis
et Statuum Provincialium Commissarius Primarius,
accurantibus
toto Commissariatu Provinciali
et Commissariis ad hanc structuram specialiter denominatis
Architecto Duce cohortis operum bellicorum Domino de Pfister
Subarchitecto Ioanne Martino Benderiether cive Augustano

Neoburgi ad Danubium die II. Iulii anno MDCCLXVIIII.

Die umfangreiche Bautafel (Grundstein) ist eine einzige Satzperiode. Sie besteht aus drei Komplexen: Im ersten („In nomine“) wird der Bau unter den Schutz Gottes und der Heiligen gestellt (bis „liberati sumus“), im zweiten (Ablative!) erfolgt die Angabe der Regenten (bis „benedicat“), im dritten („lapidem ... posuit“) erscheinen der Auftraggeber und die maßgeblich am Bau Beteiligten sowie das Datum. Zur leichteren Lesbarkeit wird die Inschrift hier nicht in den Originalzeilen wiedergegeben, sondern in Sinnzeilen; Schrifttypus und Interpunktion sind vereinfacht, Hau-, Schreib- und Zeichenfehler des Originals verbessert, Abkürzungen ausgeschrieben.

Übersetzungshilfen:

3) Zitat Psalm 127,1. Es empfiehlt sich, diesen Relativsatz als selbständigen Satz in Parenthese (Klammer) zu übersetzen: (wenn er nicht ...). — 5 ff.) Zitat Hoheslied 6,10 — 17) **ecclesiae** zu **sede vacante**: als der Heilige Stuhl ... verwaist war. Pp. Clemens XIII. war am 2. 2. 1769 gestorben; die Sedisvakanz dauerte bis zum 19. 5. 1769. — 20) **Augustus** identisch mit Imperator; Kaiser Joseph II. 1765–1790 — 22) **Karl Theodor** von Sulzbach erbte 1742 die Kurpfalz und Pfalz-Neuburg und wurde später (1777) baierischer Kurfürst. — 23) **stabilimentum**: aus dem dt. „stabil“ zu erschließen! — 24 f.) **Chronogramm**: Die großgeschriebenen Zahlzeichen ergeben addiert das Datum der Grundsteinlegung. — **Electrix**: Kurfürstin — 26) **lapis primarius**: Grundstein — 27) **sumptus**: Aufwendungen — 30) **Excellens**: Exzellenz (Anrede) — **Liber Baro**: Freiherr, Baron — 31) **A Consiliis Intimis**: Geheimrat — 32) **Status Provinciales**: Landstände oder „Landschaft“, Vertretung des Adels und der Geistlichkeit mit erheblichen verfassungsrechtlichen Kompetenzen — 33) **accurare**: mitsorgen, mitwirken — 35) **structura**: Bau — 36) **Dux cohortis operum bellicorum**: Chef des Geniecorps (heute: Pioniere) — 37) **civis Augustanus**: Bürger von Augsburg, also kein baierischer Untertan

Zur Vertiefung:

1. Arbeiten Sie die Feinstruktur dieser Inschrift heraus!
2. Erklären Sie die Auswahl der Heiligen, die für diesen Bau „zuständig“ sind!
3. Orientieren Sie sich über die politische und militärische Situation im Jahr 1769!
4. Suchen Sie nach Chronogrammen, vor allem in Kirchen!

Literatur:

Feyerlein, Heinrich: Ein solider Bau hat seinen Preis, in: Das neue Landratsamt in der Alten Kaserne in Neuburg a. d. Donau, hg. Klaus Hopp und Winfried Rein, Festschrift zur Einweihung am 6. 4. 1984
Niklas, Joseph: Die Stadt Neuburg/Donau und ihre Garnison. — Neuburg 1955.

6.3.4 Embleme in der Pfarrkirche Hl. Geist in Neuburg

Ein Emblem ist ein „Sinnbild, (künstlerisch gestaltetes) Kennzeichen mit bestimmter, feststehender Bedeutung: der Anker ist ein E. der Hoffnung ...“ (Duden, Bedeutungswörterbuch). In der Freskomalerei kirchlicher Räume bestehen Embleme aus dem Bild (pictura) und der Inschrift (lemma, inscriptio). In literarischen Emblemen kommt noch die subscriptio dazu, ein Versepigramm.

Embleme verdeutlichen das „Programm“ einer Kirche. Zum Teil umfangreiche Emblemzyklen finden sich in der Spitalkirche und am Gestühl von Maria de Victoria in Ingolstadt, im Neuburger Kongregationssaal und in Rebdorf. Zur Vorlage dienten Emblembücher, die uns heute den Schlüssel zum Verständnis liefern.

Die jetzige Pfarrkirche Hl. Geist in Neuburg war bis 1781 Spitalkirche. Maler der Fresken ist Matthias Zink (um 1726). Im großen Deckenfresko sendet die Hl.-Geist-Taube die 7 Gaben in Form von geflügelten Herzen an die Heiligen: Laurentius *(Fortitudo),* Thomas von Aquin *(Intellectus),* Philipp Neri *(Consilium),* Johannes Evangelista *(Sapientia),* Kaiserin Helena *(Pietas),* Ivo *(Scientia)* und Paulus *(Timor dei)*. Zehn von den elf Emblemen befinden sich in den Stichkappen über den Fenstern und sind monochrom (einfarbig), das elfte ist an der Decke über der Orgel und polychrom (vielfarbig).

1. *Stella monstrante viam.*	Polarstern über Schiffen.
2. *In publica commoda fulget.*	Leuchtturm, Segelschiffe, hohe Wellen.
3. *Concussio firmat.*	Vier Puttenköpfe blasen gegen eine Zypresse.
4. *Intima lustrat.*	Diamantring auf Tisch; Sonne scheint auf den Diamant.
5. *Ex omnibus utile libat.*	Bienen über Bienenhaus mit drei Körben.
6. *Hac duce tuta via est.*	Im Labyrinth Mensch, den aus den Wolken eine Hand mit einem Stab führt.
7. *In odorem suavitatis.*	Hand aus der Wolke hält Weihrauchgefäß vor Altar.
8. *Nulla volat altior.*	Adler fliegt über anderen Vögeln zur Sonne.
9. *Aucto lumine surgit.*	Unter Wolken aufgehende Sonne über Landschaft.
10. *In tenebris lucet.*	Halbmond und Sterne über halber Erdkugel.
11. *Fons omnibus unus.*	Springbrunnen mit 7 Strahlen in einem Park.

Alle Embleme verweisen auf den Heiligen Geist und seine 7 Gaben. Bei der Deutung ist es hilfreich, wenn man die Embleme in folgender Weise beschreibt: „Der Hl. Geist ist wie ...“.

Übersetzungshilfen:

Zu 1.: **Abl. abs.**; Nach dem Polar- oder Nordstern richteten sich die Schiffer vor Kenntnis des Kompasses. Was bedeutet der Anker? – Zu 2.: **in** (m. Akk.): auf die Frage „wozu?“ – Zu 3.:

Hac duce tuta via est
Nulla volat altior
Aucto lumine surgit
Stella monstrante viam

Die Putten sind Personifikationen der 4 Winde bzw. Stürme. — Zu 4.: **lustrare**: erleuchten, hineinleuchten in. Was bedeuten Ring und Diamant? — Zu 5.: **libare**: entnehmen — Zu 6.: **dux** hier f.! Das Labyrinth symbolisiert die „Welt“, die Irrwege des sündigen Menschen; die Wolke ist Symbol Gottes oder der Finsternis! — Zu 7.: **in** (m. Akk.): wie oben zu 2.. Was meint **suavitas**? — Zu 8.: **nulla** erg. avis. Die Sonne ist Symbol der Klarheit, des Himmels, Gottes. — Zu 9.: Aus der Finsternis zum Licht. — Zu 10.: Was meint **tenebrae**? — Zu 11.: **unus**: nur ein ...; das zentrale Emblem, durch Ort und Gestaltung ausgewiesen

Literatur:

Lidel, Albert / Kaeß, Friedrich: Stadtpfarrkirche Heilig Geist Neuburg an der Donau, Schwäbische Kulturdenkmale 38 — Weißenhorn 1986

Kemp, Cornelia: Angewandte Emblematik in süddeutschen Barockkirchen — München-Berlin 1981

7. Aus dem 20. Jahrhundert

7.1 Erhebung der Ingolstädter Franziskanerkirche zur päpstlichen Basilika

Außerhalb des nördlichen alten Harder-Tors der nicht mehr erhaltenen ersten Stadtmauer, wo sich die enge Straße Am Stein zur Harderstraße verbreitert, entstanden im 14. Jahrhundert Kloster und Kirche des Franziskanerordens. In ihr finden sich zahlreiche Epitaphien Ingolstädter Bürgerfamilien. Während der Säkularisationszeit sollte das Kloster für die Unterbringung älterer Ordensangehöriger als „Aussterbekloster“ bestimmt sein. Im 19. Jahrhundert und bis zum Ende des 2. Weltkriegs diente das Gotteshaus als Garnisonskirche; die Ordensgemeinschaft bezog das ehemalige Augustinerkloster in der Schutterstraße mit der Barockkirche Johann Michael Fischers. Nach Zerstörung dieses unersetzlichen Kunstwerks durch den Bombenangriff im April 1945 bezog die Ordensgemeinschaft wieder Kloster und Kirche in der Harderstraße. Die Urkunde, in der die Kirche zur päpstlichen „Basilica minor“ erhoben wird, datiert vom 1. 6. 1964.

PAULUS PP VI.

Ad perpetuam rei memoriam

Aedes marialis praeclara cum amplitudine ac venustate tum religiosi cultus fervore Ingolstadii ad Danuvium assurgit sublime eademque fidelibus cunctis dioecesae Eystettensis, ad quam urbs ista ecclesiastici habita ratione regiminis pertinet, jamdiu est pernota et cara. Nam illius distincta nomine mysterii, quod apud Christianos triumphum sonat gloriamque summae beatitatis, singularem prorsus pietatem testificatur itemque fovet, qua filiorum pectora Mariae in aulam caelestem divina virtute translatae plaudunt et gratulantur. Huic sane studio religionis ornatus apparatusque respondent ad sacra facienda necessarii; verum maximus habetur thesaurus vetustissima Deiparae statua, quae „Schuttermutter“ vulgo dicitur quaeque, a bellicis incolumis ruinis, in sacrario est posita, ubi publica excolitur veneratione. Post haec debita censemus esse celebrandum laude pastorale Fratrum Minorum ministerium; qui sunt jam inde a saeculo XIV sollertes in templo administri iidemque animorum curam agunt, virtute fidentes marianae religionis. Cum ergo nobilissimi domicilii dignitatem in sua ditione celebratam perpendisset, Venerabilis Frater Josephus Schröffer, Episcopus Eystettensis, pro suo erga natale solum amore, dedit litteras ad Nos, quibus titulum honoris eidem ecclesiae congruentem impetraret. Quibus precibus libentissime admissis, Nos, e Sacrae Rituum Congregationis consulto, certa scientia ac matura deliberatione Nostra deque Apostolicae potestatis plenitudine harum Litterarum vi perpetuumque in modum Ecclesiam Deo in honorem Beatissimae Mariae Virginis in caelum Assumptae dicatam in urbe Ingolstadio ad Danuvium, intra Eystettensis dioecesis fines, titulo ac dignitate Basilicae Minoris afficimus et decoramus, omnibus adjectis juribus ac privilegiis, quae templis eodem nomine insignibus rite competunt. Contrariis quibusvis nihil obstantibus haec edicimus statuimus decernentes praesentes Litteras firmas, validas atque efficaces jugiter exstare ac permanere, suosque plenos atque integros effectus sortiri et obtinere; illisque, ad quos spectant seu spectare poterunt, nunc et in posterum plenissime suffragari; sicque rite judicandum esse ac definiendum; irritumque ex nunc et inane fieri, si quidquam secus, super his, a quovis, auctoritate qualibet, scienter sive ignoranter attentari contigerit.

Datum Romae apud Sanctum Petrum, sub anulo Piscatoris, die I. mensis Junii, anno MCMLXIV, Pontificatus nostri primo

Paulus PP. VI.
(Stempel)

H. J. Card. Cicognani
a publicis Ecclesiae negotiis
(handschriftlich)

Übersetzungshilfen:

3) **aedes marialis**: Marienheiligtum – 4) **fervor** + Gen.: Eifer für etwas – **sublime** (Adv.): hochragend, außergewöhnlich – 5) **ratio ecclesiastici regiminis**: Einteilung in kirchliche Amtsbezirke (Diözesen) – 6) **distinctus**: hervorgehoben, auserwählt; hier auf das Subjekt des vorhergehenden Satzes bezogen – 7) **triumphum sonare**: Triumphgesang anstimmen, eine Hochstimmung erzeugen – 8) **testificari**: bezeugen – **fovere**: hegen. Mit **filii** werden die Christen als Kinder Gottes bezeichnet. – 9) **plaudere et gratulari** + Dat. (Mariae ... translatae): begeistert zujubeln – 10) **ornatus apparatusque**: Einrichtung und Ausschmückung – **respondere** + Dat.: entsprechen – **necessarius ad**: notwendig für – **sacra facere**: Gottesdienst feiern – 11) **Deipara**: Gottesgebärerin – 12 f.) **bellicis incolumis ruinis**: Die Statue der Schuttermutter blieb beim Bombenangriff vom 26. 4. 1945 unzerstört. – 14) **Fratres Minores**: Ordo Fratrum Minorum (OFM – Minoriten) ist die offizielle kirchliche Bezeichnung des Franziskanerordens. – 15) **cura animorum**: Seelsorge – 16) **religio mariana**: Marienverehrung – 17) **ditio, -onis** (dicio): Amtsbereich – **perpendere**: erwägen, beurteilen – 18) **natale solum**: Joseph Kardinal Schröffer wurde 1903 in Ingolstadt geboren; er war 1947–1968 Bischof von Eichstätt und wurde dann an die römische Kurie berufen, wo er bis zu seinem Tode 1976 wirkte. – 19) **titulus ... congruens**: ein entsprechend würdiger Rang – 20) **Sacra Rituum Congregatio**: Die Kongregationen sind aus mehreren Kardinälen bestehende Ausschüsse der römischen Kurie. Die Ritenkongregation ist für Ordnung und Verwaltung des Gottesdienstes zuständig. – 21) **plenitudo Apostolicae potestatis**: Machtfülle der apostolischen (= päpstlichen) Gewalt – Es empfiehlt sich, diesen Satz nicht in mehrere Sätze zu teilen, da sonst die Feierlichkeit der Anordnung leidet. Der Papst spricht in Verordnungen von sich in der 1. Person Plural (Nos, Noster etc.). – 22) **perpetuum in modum**: für immer – **Ecclesiam ... dicatam**: Die Kirche ist Gott geweiht und durch die Titelverleihung **Maria ... Assumpta** (die in den Himmel aufgenommene Jungfrau Maria = Mariae Himmelfahrt) der besonderen Fürbitte der Muttergottes bestimmt. – 25) **Basilica Minor**: besonderer Rang der Kirche, der mit geistlichen Vorrechten verbunden ist –

26) **insignis**: ausgezeichnet — **rite competere**: zurecht zustehen — **contraria**: Gegenargumente — Übersetzen Sie den Ablativus absolutus kausal! — Das Partizip decernentes ist als Subjekt eines beigeordneten Satzes wiederzugeben. — 28) **jugiter**: verbunden, zugleich — 29) **sortiri et obtinere**: für immer behalten. — Alle A. c. I.-Konstruktionen bis Z. 32 hängen von decernentes ab. — 30) **suffragari**: empfehlen — 31) **definire**: festlegen — Der A. c. I. „irritum . . . fieri" ist als Anordnung: „Ungültig und nichtig sei, . . ." zu übersetzen. — 32) **secus . . . attentare**: etwas Abweichendes versuchen — 34) **sub anulo Piscatoris**: Der Fischerring (nach dem hl. Petrus) trägt das Siegel des Papstes. — 37) **a publicis Ecclesiae negotiis**: Titel des Kardinalstaatssekretärs, des „Außenministers der päpstlichen Kurie"

Zur Vertiefung:

1. Stellen Sie die in der Urkunde verwendeten Hendiadyoin-Wendungen zusammen und überlegen Sie, den Beispielen im Kommentar folgend, eine angemessene Übersetzung!
2. Vergleichen Sie die Form der Urkunde mit den beiden Universitäts-Gründungsurkunden in diesem Büchlein!

Literatur:

Festschrift des Franziskanerklosters Ingolstadt — Ingolstadt 1964.

7.2 Die Katholische Universität Eichstätt

1564 wurde in Eichstätt durch Bischof Martin von Schaumberg das erste Seminar in Deutschland errichtet, das den Bestimmungen des Trienter Konzils über die Priesterausbildung entsprach. Seine Tradition führte 1980 zur Gründung der „Katholischen Universität Eichstätt".

Neben etwa 100 anderen Katholischen Universitäten (z. B. in Tokio, Washington, Lublin) ist sie die einzige im deutschsprachigen Raum. Sie umfaßt sechs Fakultäten (darunter die wirtschaftswissenschaftliche in Ingolstadt) und zwei Fachbereiche und hat sich zum Programm gesetzt, von der Basis des christlichen Glaubens aus sich am wissenschaftlichen Dialog zu beteiligen.

Errichtungsdekret von 1980:

SACRA CONGREGATIO PRO INSTITUTIONE CATHOLICA
DECRETUM

Vetustum Theologicum Studium Eystettense, anno Domini MDLXIV tanquam Collegium Willibaldinum constitutum, clericorum efformationem curandam scientiasque theologicas promovendas adeo sibi praestituit, ut uberrimos sortitum sit fructus in totius Ecclesiae Germanicae incrementum.

Praestantioribus docentibus exornatum, tanquam Superior Schola studia philosophica et theologica decursu saeculorum ita excoluit, ut a Bavarica Episcopali Conferentia anno MCMLXX „Kirchliche Theologische Hochschule in Bayern, Sitz Eichstätt" declararetur et postea una cum „Pädagogische Hochschule", additidis studiis superioribus professionalibus („Fachhochschulstudiengänge"), in „Kirchliche Gesamthochschule Eichstätt" constitueretur.

Civile Bavaricum Gubernium „Kirchliche Gesamthochschule Eichstätt" publice agnovit, potestate eidem concessa gradus academicos, Habilitatione inclusa, conferendi, qui ab Universitatibus Statalibus in comparabilibus disciplinis sub iisdem condicionibus conferuntur; quod ius conventione inter Sedem Apostolicam et Bavariam anno MCMLXXIV inita confirmatum est ...

Cum autem nuper Bavariae Praesules per Apostolicum Nuntium suppliciter postulaverint, ut „Kirchliche Gesamthochschule Eichstätt" ad normam can. 1376 CIC in „Katholische Universität Eichstätt" canonice erigeretur, Sacra Congregatio pro Institutione Catholica, cum fausta Athenaei incrementa praeprimis quoad numerum eius Facultatum animadverterit, auctoritate ab Augusto Pontifice JOANNE PAULO div. Prov. Pp. II sibi concredita, ad Dei O.M. gloriam Ecclesiaeque Sanctae decus ac proventum

CATHOLICAM UNIVERSITATEM EYSTETTENSEM

Bavariae Praesulibus commissam

pro munere hoc Decreto constituit, erigit atque in perpetuum erectam declarat ... Hoc tandem Decreto Eystettensis Episcopus pro tempore, Ordinarius loci, Catholicae nunc canonice erectae Universitatis

MAGNUS CANCELLARIUS

de iure constituitur ac declaratur, qui ... Apostolicam Sedem apud Universitatem pariterque eandem apud Apostolicam Sedem repraesentet ...

Datum Romae, ex aedibus Sacrae Congregationis, die I m. Aprilis a.D. MCMLXXX

PRAEFECTUS

William Card. Baum

A Secretis

Javiere Ortas

(Vgl. Acta Apostolicae Sedis LXXII, 1980)

Übersetzungshilfen:

Hilfen finden sich auch im Glossar (S. 113)!

1) **institutio**: Bildungswesen — 3) **studium** (hier): Hochschule — 4) **efformatio**: Ausbildung — 5) **promovere**: fördern — praestituere: (vorher) festsetzen, zur Aufgabe machen — 6) **incrementum**: Wachstum — 8) **decursus**: Verlauf — 14) **gradus**: akademischer Abschluß — **Habilitatio**: Erwerb der Lehrberechtigung an Hochschulen — 15) **conferre**: verleihen — 19) **ad normam**: entsprechend — **canon, -onis**: Gesetzesabschnitt — 20) **CIC**: Codex Iuris Canonici (kirchl. Gesetzbuch) — **canonicus**: kirchlich; rechtmäßig — 21) **Athenaeum**: Hochschule (urspr.: eine von Kaiser Hadrian in Rom begründete Akademie) — **praeprimis = imprimis** — 22) **Facultas**: Fachbereich — 23) **Augustus Pontifex**: Seine Heiligkeit (Titel) — **div. Prov. Pp. = divina Providentia Papa** — **concredere = credere** — **Deus O**(ptimus) **M**(aximus) — 24) **proventus**: Gedeihen — 27) **pro munere**: entsprechend — 28) **pro tempore**: jeweilig — 36) **card. = cardinalis**: Kardinal — 37) **a secretis**: Sekretär

Das Siegel der Universität

Das Universitätssiegel zeigt die hl. *Katharina von Alexandria* (4. Jh.), die als Patronin der Philosophen gilt. Der Vers aus einem Hymnus des Bischofs *Alphanus von Salerno* (11. Jh.) bezieht sich auf ihre Glaubenshaltung: In einer Diskussion vor dem römischen Kaiser soll sie, die Tochter eines Königs (Krone!), 50 heidnische Philosophen zum christlichen Glauben bekehrt haben. Angebote (promissa) des Kaisers lehnte sie ab und zog sich so dessen Haß zu, der sich in Folter (Rad!) und Enthauptung entlud.

(**nec**: zu beiden Objekten)

7.3 Stete Mahnung – Inschrift am Neuburger Studienseminar

Das Neuburger Studienseminar (Schülerheim) hat einen Vorgänger in der „Präbende" der protestantischen Lateinschule. Als Gründer gilt jedoch Pfalzgraf Wolfgang Wilhelm (1616). Zweihundert Jahre später zog es in das ehemalige Ursulinenkloster. Es besteht nach wechselvollen Schicksalen unter geistlicher Leitung noch heute. In dem erweiterten Gebäudekomplex befindet sich außerdem eine Bischöfliche Fachakademie für Gemeindepastoral.

Am 1934 neugestalteten Portal mahnt die ein- und ausgehenden Seminaristen nachfolgender Spruch:

8. Anhang

8.1 Glossar

abbas, abbatis	Abt
abbatissa, -ae	Äbtissin
advocacia, -ae	Vogtei
advocatus, -i	Vogt
alumnus, -i	Schüler, Zögling
Apostolica Sedes	Apostolischer Stuhl, Papsttum
archiepiscopus, -i	Erzbischof
aula, -ae	Hof, Hofhaltung, Schloß
cancellarius, -i	Kanzler
canonicus, -i	Domherr
cathedra, -ae	Lehrstuhl, Sitz, Bischofssitz
clericus, -i	Kleriker, Geistlicher
comes, comitis	Graf
Comes Palatinus Rheni	Pfalzgraf bei Rhein
comitatus, -us	Grafschaft
confessor, -oris	Bekenner
curtis, -is; curtile, -is	Hof
decessor, -oris	Vorgänger
dio(e)cesis, -is	Diözese, Bistum
divus	heilig
dominium, -i	Herrschaftsgebiet, Besitz
ducatus, -us	Herzogtum
dux, ducis	Herzog
ecclesia, -ae	Kirche
ecclesiasticus	kirchlich, geistlich
Elector, -oris	Kurfürst
electoratus, -us	Kurfürstenwürde, Kurfürstentum
episcopalis	zum Bischof gehörig, Bischofs-
episcopatus, -us	Bischofswürde, -amt, -sitz, Bistum
episcopus, -i	Bischof
fidelis, -is	der Gläubige; Untertan
homo, hominis	Lehensmann, Untertan
incarnatio, -onis (dominica)	Menschwerdung (des Herrn)
indictio, -onis	Indiktion: ursprüngl. röm. Steuerzyklus von 15 Jahren; er wird ab dem 4. Jh. n. Chr. für die Jahreszählung benutzt; indict. X = 10. Jahr des Zyklus
mercatio, mercatura, mercatus	Markt
monasterium, -i	Kloster
ordinarius, -i	Amtsinhaber, Ortsbischof
orthodoxus (Adj.)	rechtgläubig
Palatinus, -i (Comes)	Pfalzgraf
Palatinatus, -us	die Pfalz
Palatinatus superior	die Oberpfalz
Palatinus (Adj.)	zur Pfalz gehörig, „von der Pfalz“
papa, papae	Papst

pr(a)efatus	vorgenannt, obengenannt
praenobilis	sehr edel, hochgeehrt
pr(a)esul, praesulis	Bischof
princeps, -ipis	Fürst, Prinz, Fürstbischof
reverendus	hochwürdig; Subst. „Hochwürden“
s(a)ecularis	weltlich
Serenissimus, -i	der Hocherhabene; offizielle Anrede für Mitglieder von Fürstenhäusern
servitium, -i	Dienst
sigillum, -i	Siegel
successor, -oris	Nachfolger
trinitas, -atis (Adj. trinus)	Dreieinigkeit, Dreifaltigkeit
vir, viri	Gefolgsmann, Lehensmann

8.2 Sprachliche Eigentümlichkeiten

Die in diesem Quellenheft abgedruckten Texte sind meist in der sprachlichen Form des Originals belassen. Nur in einigen wenigen, gekennzeichneten Fällen wurden Groß- und Kleinschreibung sowie (häufiger) Interpunktion dem heutigen Gebrauch angeglichen.

Einige der sprachlichen Eigenheiten, die mehrfach oder oft vorkommen, seien nachfolgend aufgeführt; im Mittelalter sind sie häufiger, in der Renaissance machen sie allmählich der klassischen Form Platz.

e statt ae (z. B. presens; als Deklinationsendung: sancte)
ci statt ti vor Vokal (z. B. noticia; tocius)
& statt et; &c statt et cetera
v statt u; u statt v (z. B. servvs, seruus)
j statt i, wenn konsonantisch (z. B. jam; major)
j statt i am Wortende, vor allem ij, oft ÿ geschrieben, (z. B. Mercurij; desÿ)
y statt i (z. B. stylus) oder ij/ii

Consecutio temporum und Modi werden oft nicht beachtet.

Quod-Satz statt A.c.I.

Perfekt Passiv mit Formen von fuisse statt esse.

8.3 Schema der mittelalterlichen Urkunde

I. Protokoll

1. Invocatio (Anrufung des göttlichen Namens)
2. Intitulatio (Name und Titel des Ausstellers)

II. Kontext

1. Arenga (allgemeine Begründung der in der Urkunde getroffenen rechtlichen Entscheidung)
2. Publicatio (Willenserklärung an den Empfänger; Anknüpfung an die Arenga mit „quapropter")
3. Narratio (Bericht über die Vorgeschichte der in der Urkunde behandelten Rechtsangelegenheit)
4. Petitio (Anführung der Bitte, welche der Empfänger selbst oder andere für ihn beim König/Kaiser/Papst einlegen)
5. Dispositio (rechtliche Verfügung, eigentlicher Rechtsakt)
6. Sanctio oder Pönformel (Androhung von Strafe bei Zuwiderhandlung; in Deutschland seit dem 12. Jahrh.)
7. Corroboratio (Benennung der zur Beglaubigung der Urkunde dienenden Mittel)

III. Eschatokoll

1. Subscriptio (Unterschrift des Ausstellers und der Zeugen)
2. Monogramm (vorgefertigte Figur des Herrschernamens, in die der Aussteller sein Handzeichen – Vollzugsstrich – setzt)
3. Unterschrift der Kanzlei
4. Datierung
5. Apprecatio (Segenswunsch)

(Aus: Lokalhistorische Texte Passau, ausgewählt und kommentiert von Alois Kapsner. Lindauers lateinische Quellen. – München 1983.)

8.4 Literaturverzeichnis (Auswahl)

Römerzeit:

Kellner, Hans-Jörg: Die Römer in Bayern. — München ^{4}1978.

Nassenfels. Beiträge zur Natur- und Kulturgeschichte des mittleren Schuttertals, hg. vom Markt Nassenfels aus Anlaß der 1900-Jahr-Feier. — Kipfenberg 1986.

Die Römer in Schwaben. Jubiläumsausstellung 2000 Jahre Augsburg (Arbeitsheft 27. Bayerisches Landesamt für Denkmalpflege). — München 1985

Ingolstadt:

Boehm, Laetitia / Spoerl, Johannes: Ludwig-Maximilians-Universität Ingolstadt – Landshut – München 1472–1972. — Berlin 1972.

Hubensteiner, Benno (Hg.): Ingolstadt – Landshut – München. Der Weg einer Universität. — Regensburg 1973.

Hübner, Ignaz: Merkwürdigkeiten der kurbaierischen Hauptstadt Ingolstadt aus Urkunden zur Beleuchtung der vaterländischen Geschichte, 2 Bde. — Ingolstadt (o. J.).

Koller, Rudolf: Ingolstadt, Stadt an der Donau. — Ingolstadt 1985.

Die Kunstdenkmale des Königreichs Bayern: Regierungsbezirk Oberbayern 1, hgg. von Gustav von Bezold / Berthold Riehl. — München 1895 (ND 1981).

Mederer, Johann Nepomuk: Annales Ingolstadiensis Academiae, IV partes, Johann Wilhelm Krüll Ingolstadt 1782.

Müller, Theodor / Reissmüller, Wilhelm / Hofmann, Siegfried: Ingolstadt, 4 Bde. — Ingolstadt 1974 ff.

Sammelblatt des Historischen Vereins Ingolstadt (seit 1876).

Ingolstädter Heimatblätter (Beilagen zum Donau-Kurier).

Eichstätt:

Hawlata, H. (Hg.): Der Eichstätter Raum in Geschichte und Gegenwart. — Eichstätt ^{2}1984.

Die Kunstdenkmäler von Bayern: Regierungsbezirk Mittelfranken 1. Stadt Eichstätt, bearb. von Felix Mader. — München 1924 (ND 1981).

Neuhofer, Theodor: Eichstätt. — München ^{2}1962.

Schörner, Georg: Eichstätt. — Ingolstadt ^{2}1986.

Winter, Franz: Eichstätts humanistische Lehranstalten während 12 Jahrhunderten mit besonderer Berücksichtigung ihrer Geschichte unter der bayerischen Herrschaft, 1806–1927. — Eichstätt 1927 (ND 1984).

Sammelblatt des Historischen Vereins von Eichstätt (seit 1886).

Historische Blätter (Beilagen zum Eichstätter Kurier) (seit 1952).

Neuburg:

Kaeß, Friedrich / Seitz, Reinhard H.: Neuburg an der Donau. Stadt der Renaissance und des Barock. — Weißenhorn 1986.

Heider, Josef: Neuburg und seine Fürsten. 300 – 1505 – 1808. — Neuburg ^{5}1955.

Die Kunstdenkmäler von Bayern: Regierungsbezirk Schwaben V. Stadt- und Landkreis Neuburg an der Donau, bearb. von Adam Horn / Werner Meyer. — München 1958.

Nebinger, Gerhard / Fitzek, Roman: Neuburg in historischen Ansichten. — Neuburg 1978.

Kühmoser, Karl / Schefers, Hermann: 100 Jahre Neuburger Studiengenossenschaft 1885–1985. Chronik der Studiengenossenschaft mit Beiträgen zur Seminar-, Stadt- und Schulgeschichte. — München 1988.

Schefers, Hermann: Neuburg an der Donau. Eine kurze Stadtgeschichte. — München 1988 (überarbeiteter Beitrag aus vorgenannter Chronik).

Seitz, Reinhard H. / Lidel, Albert / Kaeß, Friedrich: Die Hofkirche Unserer Lieben Frau zu Neuburg an der Donau. — Weißenhorn 1983.

Stierhof, Horst H. / Oppel, Max (Hgg.): 475 Jahre Fürstentum Pfalz-Neuburg. Ausstellung im Schloß Grünau bei Neuburg 20.6.–19.10.1980. — München 1980.

Neuburger Kollektaneenblätter (= NKBl.): Jahresschriften des Heimatvereins (Historischen Vereins) (seit 1835).

8.5 Abbildungsnachweise

Ingolstadt:

Das Umschlagsbild und die Bilder S. 29, 41, 46, 48, 80, 81 und 97 sind dem Bildarchiv des Stadtarchivs Ingolstadt entnommen

Abbildung S. 70 wurde vom Bayerischen Haupt-Staatsarchiv München angefertigt

Eichstätt:

Abbildung S. 16 aus: Obergermanisch-raetischer Limes, Abt. B, Bd. 7, Heidelberg 1914

Abbildung S. 26 angefertigt von Foto-Hirsch, Nördlingen

Die Abbildungen S. 31, 75, 77, 93 und 112 sind vom Verfasser Dr. Peter Grau angefertigte Fotos und Kopien

Neuburg:

Abbildung S. 9 aus Junkelmann, Marcus: Die Legionen des Augustus, Mainz 1986

Abbildung S. 12 aus Keller, Erwin: Das spätrömische Gräberfeld von Neuburg an der Donau, Kallmünz 1979

Abbildung S. 62 und 63 oben aus Stierhof/Oppel: 475 Jahre Fürstentum Pfalz-Neuburg, München 1980

Abbildung S. 63 unten: Stadtverwaltung Neuburg

Abbildung S. 69 Reproduktion des Historischen Vereins Neuburg

Abbildung S. 74 aus Seitz/Lidel/Kaeß: Die Hofkirche Unserer Lieben Frau zu Neuburg an der Donau, Weißenhorn 1985

Abbildung S. 89 Foto Sattelmair (Studienseminar Neuburg)

Abbildung S. 106 Zeichnungen G. Unglert nach Fotos von F. Kaeß

Abbildung S. 11, 29 und 102 und Zeichnungen und Fotos des Verfassers Carl A. Schefers

Synchronoptische Zeittafel

	Reichsgeschichte	Ingolstadt	Eichstätt	Neuburg	
	741–911 Karolinger		um 745 Bistum Eichstätt (St. Willibald)	um 740–800 Bistum Neuburg	
800					800
		806 erste Erwähnung der villa 851 Schenkung an Niederaltaich			
900				herzogliche und königliche Pfalz	900
	919–1024 Sachsenkaiser	907 Erneuerung des Stammesherzogtums	908 erste Stadturkunde		
1000					1000
	1024–1125 Salisches Kaiserhaus	1070–1180 Welfen und Babenberger Herzöge in Baiern	1035 Kloster St. Walburg 1055–1057 Papst Victor II.	1007 Hoftage und Klostergründung Heinrichs II.	
1100					1100
	1138–1254 Hohenstaufen	1180–1918 Haus Wittelsbach		Amtssitz und Markt	
1200			1220 Confoederatio cum principibus ecclesiasticis (Hochstift – Fürstbistum)		1200
	1273–1347 Hausmachtkaiser aus verschiedenen Dynastien	1250 Stadterhebung Ingolstadts			
1300				Baierische Landstadt	1300
	1347–1437 Luxemburger	1392–1447 Herzogsresidenz	1355 Baubeginn der Willibaldsburg	Nebenresidenz der Herzöge von Baiern-Ingolstadt	
1400					1400
	1438–1806 Habsburger	1472 Gründung der Universität	Eichstätt ein Zentrum des deutschen Frühhumanismus		
1500				1505 nach Landshuter Erbfolgekrieg Gründung der Jungen Pfalz	1500
	1517–1555 Reformation 1540–1618 Gegenreformation und katholische Reform	1549 Jesuiten in Ingolstadt	1564 Collegium Willibaldinum (Priesterseminar)	1542 Reformation – mehrmaliger Konfessionswechsel	
1600					1600
	1618–1648 30-jähr. Krieg 1648–1789 Absolutismus Barock	1623 Baiern wird Kurfürstentum	1633/34 Zerstörung der Stadt durch schwedische Truppen	1614 Pfalzgraf Wolfgang Wilhelm wieder katholisch – Hofkirche – Jesuiten in Neuburg	
1700					1700
	1773 Aufhebung der Jesuiten		ab 1725 Gabriel de Gabrieli: Stadtresidenz	1777 Kurfürst Karl Theodor: Churpfalzbaiern	
1800					1800
	1806 Auflösung des Reichs Königreich Bayern	1800 Verlegung der Universität nach Landshut Ingolstadt – die „Schanz“: Festung und Garnison	1803 Säkularisation – wechselnde Herrschaft Eugen Beauharnais († 1824)	1808 Vereinigung mit Königreich Bayern	
1900					1900
	1918–1945 Weimarer Republik und Drittes Reich seit 1949 Bundesrepublik Deutschland	Industriestadt Ingolstadt	1980 Katholische Universität	1972 Große Kreisstadt	

RUTH EASTHAM & MAX PAOLI / LONELY PLANET IMAGES ©

KIMBERLEY COOLE / LONELY PLANET IMAGES ©

Links: Carnevale (S. 20)

Oben: Basilica di San Marco (S.60)

Rechts: Muranoglas (S. 100)

HOLGER LEUE / LONELY PLANET IMAGES ©

Willkommen in Venedig

Wie tollkühn müssen die Gründer von Venedig gewesen sein, dass sie eine Stadt aus Marmorpalästen mitten in eine Lagune setzten – und das war erst der Anfang ...

Verschwenderische Pracht

Nie trug eine Wasserstraße einen so passenden Namen wie der Canal Grande, dessen Ufer die prachtvollen Meisterwerke venezianischer Architektur säumen. Am Ende dieses berühmten Kanals stehen wie zwei Ausrufezeichen am Schluss eines Satzes der Palazzo Ducale und die Basilica di San Marco. Und was versteckt sich in den Seitengassen? Kleine Pfarrkirchen mit prunkvollem Marmor bergen Bilder von Veronese, Deckenfresken von Tiepolo lassen die Schönheiten des Himmels ahnen, und ein kleines Bild von Tizian bringt eine ganze Kathedrale zum Leuchten.

Kulinarisches

Garteninseln und Aquakulturen in der Lagune versorgen die Stadt mit frischem Gemüse und Meeresfrüchten – eine ideale Basis für die Entfaltung der kreativen Küche, deren Rezepte auf den uralten Handel mit Gewürzen deuten. Hier versteht man es festlich zu tafeln; schon Heinrich III. von Frankreich musste das angesichts eines Mahls mit 1200 Speisen und 200 Desserts einräumen. Miniaturausgaben dieser Fülle servieren heutige Bars während der Happy Hour, wenn reichlich *cicheti* (venezianische Tapas) aufgetischt werden. Am besten sucht man sich einen Platz in einem Bistro mit Blick aufs Wasser und genießt dort frische Meeresfrüchte. Dazu schmeckt hervorragend Prosecco, das Lieblingsgetränk aller Venezianer.

Erfindungen & Neuerungen

Die auf Wasser gebaute Stadt hat stets das Unmögliche gewagt. Als die Pest wieder einmal hereinbrach, konsultierte man ein ganzes Ärzteteam, die ein neues Verfahren zum Schutz empfahlen, das fortan unzählige Leben retten sollte: die Quarantäne. Im Kampf gegen die feindlichen Genueser entwickelten Venedigs Werften das Fließband, eine zukunftsweisende Produktionstechnik. Am Ende bauten sie pro Tag ein komplettes Kriegsschiff – und besiegten Genua.

Brillen, Plateauschuhe oder ungeschnürte Kleider: All das war venezianischer Stil, und Kritiker spotteten, einem derartigen Unfug würden sich andere Europäer niemals anschließen ... Als Verlagshäuser im Ghetto die Ideen der Renaissance in Umlauf brachten, erteilte der Papst ein Publikationsverbot – und musste die Stadt dann exkommunizieren, weil die Venezianer das Verbot missachteten. Man war aber so klug, umgehend den Kirchenzehnten zurückzuhalten, bis Rom einlenkte. Venedigs Sieg über die Zensur wird in der Gallerie dell'Accademia dokumentiert.

Warum ich Venedig liebe

Von Alison Bing

In Italo Calvinos *Die unsichtbaren Städte* beschreibt Marco Polo dem Kublai Khan die Städte, die er schon gesehen hat – doch alle diese Städte ähneln Venedig. Sobald man Venedig betrifft, versteht man auch, warum das so ist: Venedig versorgt die Fantasie mit ungezählten Möglichkeiten, hier ziehen Träume in die Ferne wie die Schiffe ... Von diesen Träumen und unglaublicher Kreativität zeugen die gotischen Paläste, die Werkstätten der Glasbläser, die Kunstbiennale, die Maskenbälle. Sie alle wurzeln in einer tausendjährigen Geschichte. Und so träumt bald jeder von den Mysterien der Lagunenstadt – Venedig weckt den Marco Polo in uns allen.

Mehr Informationen über unsere Autoren gibt's auf S. 313.

Oben: Gondeln auf den Canal Grande (S. 74)

Venedigs Top 10

1

DAVID TOMLINSON / LONELY PLANET IMAGES ©

Palazzo Ducale *(S. 64)*

1 Andere Städte haben ihre Verwaltungsgebäude, Venedig hat seinen Dogenpalast. Um in die Hallen der Macht vorzudringen, muss man zunächst die Treppe der Zensoren erklimmen und ein mit 24-karätigem Gold geschmücktes Treppenhaus durchschreiten, um dann unter einer Tintoretto-Decke gemeinsam mit Venezia zu warten. Venedig wird von Veronese als verträumte blonde Frau dargestellt, deren *Triumph der Tugend* einen Vorraum ziert, der ins Hauptquartier des Rats der Zehn führt. Oben im Piombi ist das Gefängnis, in dem Casanova 1756 bis zu seiner Flucht festgehalten wurde.

Sestiere di San Marco

Basilica di San Marco *(S. 60)*

2 Manche schwören auf den Besuch in der Frühe, wenn die Morgensonne Millionen Mosaiksteinchen in ein märchenhaftes Licht taucht. Romantiker drängen eher darauf, bei Sonnenuntergang am Markusplatz zu verweilen, bis die untergehende Sonne die Mosaiken des Eingangsportals in goldenes Licht hüllt und die Hausband des Caffè Florian zum Tango aufspielt. Egal zu welcher Stunde man die Basilika betrachtet, sie ist ein Wunderwerk. Zwei Augen reichen nicht aus, um die 800 Jahre alte Architektur und die 8500 m² mit Mosaiken ganz zu begreifen.

Sestiere di San Marco

KRZYSZTOF DYDYNSKI / LONELY PLANET IMAGES ©

2

Gallerie dell' Accademia *(S. 91)*

3 Sie wurden zensiert und gestohlen, erregten Entsetzen und Wohlwollen – spätestens hier wird man den Wirbel um die venezianischen Gemälde verstehen. Die Inquisition schätzte die weltlichen Varianten der biblischen Geschichten nicht – besonders Veroneses *Letztes Abendmahl* mit Trunkenbolden, Zwergen, Hunden, Türken und Deutschen, die mit den Aposteln ein Gelage feierten. Napoleon liebte diese venezianischen Gemälde und heimste sie als Kriegsbeute ein. Vor einiger Zeit wurde das Juwel der Sala Albergo wiederhergestellt: Tizians *Darstellung im Tempel* mit einer Madonna, die von einer venezianischen Schönheit in den Schatten gestellt wird.

Sestiere di Dorsoduro

Unterwegs auf den Kanälen *(S. 26)*

4 Auf den Kanälen ist es bei Sonnenuntergang am schönsten, wenn die Gondeln still unter der Seufzerbrücke hindurchgleiten. Verkehrsprobleme sind in einer Stadt, in der es keine Straßen im eigentlichen Sinne gibt, ein Fremdwort. Hier gibt es keine hupenden oder knatternden Autos, die zur morgendlichen Rushhour einer großen Stadt dazugehören; hier hört man nur die eilige Schritte auf dem Weg zum nächsten *vaporetto* (Wasserbus) und Ruder, die sanft ins Wasser tauchen.

Touren

Meisterwerke in Hülle und Fülle *(S. 110)*

5 In Venedig braucht man nur einen *campo* zu überqueren, um von einem Meister zum nächsten zu gelangen. Tizians Altarbild für die Kirche I Frari (S. 112) erfüllt das Kirchenschiff mit der strahlenden Wärme der roten Gewänder Mariens – ihr blasses Handgelenk hat die Geistlichen angeblich so fasziniert, dass sie keine Lust mehr zum Beten hatten. Blitzschläge können mit Tintorettos kraftvollen Pinselstrichen in den stürmischen Szenen in der Scuola Grande di San Rocco (S. 110) kaum mithalten, ein Lichtblick im Schatten der Pest, die Tizian einst dahinraffte.

TINTORETTO BRINGT SAN ROCCO ZUM LEUCHTEN

Sestieri di San Polo & Santa Croce

3

STEFANO AMANTINI / CORBIS ©

4

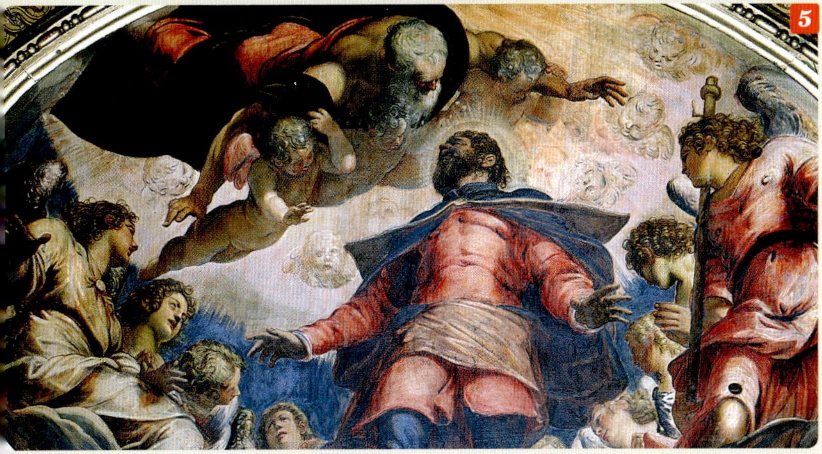
5

Palladios Vicenza *(S. 119)*

6 Es ist kaum verwunderlich, dass die Unesco Palladios Werk in Vicenza zum Weltkulturerbe erklärt hat: Die Stadt ist voller Palladios und hinterlässt beim Besucher einen heiteren neoklassizistischen Eindruck – alles wirkt schwebend, aber auch erdverbunden und weltoffen. Palladio konnte in dieser alten römischen Stadt auf stark klassizistischen Grundlagen aufbauen und verwarf die barocken Elemente zugunsten einer schlichten Anmut von Wohnhäusern, Rathaus und Theater. PALAZZO BARBARAN DA PORTO

Tagesausflüge

Oper im Teatro La Fenice *(S. 69)*

7 Bevor sich der Vorhang hebt, hat das Theater eigentlich schon begonnen. Unter abgelegten Umhängen in den unteren Rängen schimmern Schmuck und anderes aus Murano-Glas; in den oberen *loggie* (Balkonen) sagen *loggione* (Opernkritiker) voraus, welche Sänger bei guter Stimme sind und welche Ersatzsänger weitere Förderung verdienen. Nebenher diskutieren Architekturliebhaber, ob die barocke Restaurierung des Theaters nach dem Brand von 1998 ihre 90 Mio. € wert war. Zur Ouvertüre sind dann alle urplötzlich still.

Sestiere di San Marco

6

Punta Della Dogana

(S. 96)

8 Paris ist noch immer entrüstet über die Entscheidung des französischen Milliardärs François Pinault, seine modernen Kunstinstallationen von Weltklasse nicht in den Vorstädten von Paris auszustellen, sondern in Venedigs verlassenem Zollamt aus dem 17. Jh. Der minimalistische Architekt Tadao Ando ließ dazu im Inneren Wände abreißen und Fenster einbauen, damit Licht und Ideen einströmen und die Besucher gerne verweilen, um über die provozierenden Kunstwerke nachzusinnnen.

JUNGE MIT FROSCH VON CHARLES RAY

Sestiere di Dorsoduro

Kunsthandwerker *(S. 49)*

9 In Venedig ist man nicht nur in guten, sondern auch in geschickten Händen. Wie vor Jahrhunderten betreiben Handwerker hier ihre extravagante Kunst: Glasbläserei, Marmorpapierherstellung oder das Schnitzen von Rudergabeln. Während viele Handwerkszweige nur noch Geschichte sind, haben die venezianischen Künstler ihre Produktion lebendig gehalten. Ein Kronleuchter aus Murano-Glas verwandelt sich in einen außerirdischen Oktopus, aus Marmorpapier werden Handtaschen und Rudergabeln werden zu Skulpturen, die es locker mit Marmorbüsten aufnehmen können. GLASBLÄSEREI

Shoppen

Die Dolomiten *(S. 212)*

10 Ob man nun das nahe gelegene Gebirge ersteigen oder sich an den Blumen erfreuen möchte, die Dolomiten erfüllen alle Wünsche und Erwartungen. Dieser Gebirgszug steht unter dem Schutz der Unesco. Von den steilen schneebedeckten Gipfeln bis zu den Tälern mit Frühlingsblumen – Skifahrer und Wanderer loben alle Elemente der Dolomiten in den höchsten Tönen. Die Kehrseite der Medaille: Der Honig der Wildblumen und der gebackene Bergkäse machen süchtig!

Tagesausflüge

Was gibt's Neues?

Architektur: Aus Alt mach Neu

Der aktuelle Trend in Venedig ist das Alte: Schon die Basilica di San Marco wurde aus altem, gebraruchtem Marmor erbaut, der damals aus Ägypten, Griechenland und Syrien hergeschafft und umfunktioniert wurde. Tadao Ando griff diese Idee der Wiederverwertung von Gebäuden und Materialien auf, als er 2009 das alte Zollamt zur Punta della Dogana (S. 95) umfunktionierte. Und Renzo Piano wandelte den alten Salzspeicher Venedigs in städtische Kunstgalerien (S. 95) um.

Palazzo Grimani: Wiedereröffnung

Nach 27 Jahren intensiver Restaurierung ist dieser mit Fresken geschmückte Renaissancepalast endlich wieder für Führungen und für große Ausstellungen geöffnet (S. 148).

Negozio Olivetti

Der Architekt Carlo Scarpa schockierte Venedig in den 1950er-Jahren mit seiner radikalen Umwandlung eines Souvenirladens am Markusplatz in einen modernen Negozio-Olivetti-Ausstellungsraum, der heute als Museum fungiert (S. 71).

Venissa

Mit seiner Weinbergterrasse auf der Insel Mazzorbo erscheint das Venissa wie ein idyllisches Versteck – aber die innovative Küche erregt Aufmerksamkeit (S. 183).

Barock-n-roll

Auf Italiens barockem Musikfestival spielen Venedigs führende Vertreter der klassischen Musik auf authentischen historischen Instrumenten *con brio* (feurig, mit viel Elan; S. 43).

Gallerie dell'Accademi: Erweiterung

In der restaurierten Sala dell'Albergo bleibt einem die Luft weg, wenn man die erweiterten und neu arrangierten Gallerie dell'Accademia betritt (S. 91).

Enoteche (Weinstuben)

„Kein *spritz*", so hört man es in den *enoteche* der Seitenstraßen, die mit *ombre* (kleinen Gläsern), Weinen kleiner Winzereien und neuen Landweinsorten von Venetiens Winzern frischen Wind in den Kneipenbummel bringen (S. 40).

Dogengemächer

Nach umfangreicher Restaurierung ist die Wohnstatt des mächtigsten Regenten der Stadt wiedereröffnet: Verwunschene Gänge, versteckte Gemälde von Tizian, fehlerhafte Landkarten (S. 64).

Giudecca

Dank eines verbesserten *Vaporetto*-Service kommen nun die Attraktionen jenseits des Giudecca-Kanals in den Blick: Bistros am Wasser, Kunstgalerien, Wellness-Hotels und Bio-Märkte (S. 165).

Ponte di Calatrava

Weit teurer als kalkuliert und Jahre hinter dem Plan zurück, ist Venedigs moderne Bogenbrücke noch unvollendet – ein rollstuhlgerechter Zugang ist in Arbeit (S. 119).

Al Pesador

Ein romantisches Restaurant am Canal Grande mit Gerichten, die so gut sind wie der Ausblick. Viele liebäugeln mit den kreativ zubereiteten *cicheti*, aber auch die Gnocchi sind einen Versuch wert (S. 118).

Weitere Empfehlungen
und Tipps unter
lonelyplanet.com/venice

Gut zu wissen

Währung
Euro (€)

Sprache
Italienisch, teilweise mit venezianischem Dialekt.

Geld
Geldautomaten sind fast überall vorhanden; Kreditkarten werden von den meisten Hotels, Pensionen und Geschäften akzeptiert. In Bars, auf Gondeln und in einigen Restaurants wird nur Bargeld akzeptiert.

Handys
Die in Mitteleuropa üblichen Mobiltelefone können in Italien verwendet werden.

Zeit
Mitteleuropäische Zeit wie in Deutschland, Österreich und der Schweiz; von März bis Oktober wird die Uhr auf Sommerzeit umgestellt.

Touristeninformation
Die Azienda di Promozione Turistica (APT; ☎041 529 87 11; www.turismovenezia.it), die Touristeninformation von Venedig, gibt Auskunft über Events, Attraktionen, Tagesausflüge, Verkehrsmittel und Aufführungen. Weitere Informationen auf S. 305.

Tagesbudget

Preiswert – unter 120 €
- Betten im Schlafsaal 22–30 €
- Basilica di San Marco frei
- *Cicheti* at All'Arco 5–15 €
- *Traghetto* Fahrt 0,50 €
- Chorpass 10 €
- Pizza in der Antica Birreria della Corte 8–15 €
- Jazz-Club, Eintritt 20 €
- *Spritz* 1,50–2 €

Mittelteuer – 120 bis 250 €
- Pension, B & B 50–150 €
- Städtischer Museums-Pass 18 €
- Eintritt in die Peggy-Guggenheim-Sammlung 12 €
- 12-Std.-*vaporetto*-Pass 16 €
- Happy Hour auf der Piazza San Marco 8–12 €
- Interpreti-Veneziani-Ticket 25 €
- *Osteria*-Mahlzeit 20–40 €

Teuer – über 250 €
- Boutique-Hotel 150 €+
- Gondelfahrt 80 €
- Kombiticket für den Palazzo Grassi & Punta della Dogana 20 €
- Abendessen bei Met 60–100 €
- 72-Stunden-*vaporetto*-Pass 33 €
- Karte für La Fenice ab 40 €

Reiseplanung

Zwei Monate vorher sollten Hotels in der Hauptsaison sowie Karten für Opern in La Fenice, Premieren für das Filmfestival und die Biennale-Eröffnungsfeier gebucht werden.

Drei Wochen vorher Besondere Events findet man unter www.aguestinvenice.com and www.veneziadavivere.com.

Eine Woche vorher sollten Plätze in einem Restaurant reserviert werden. Tickets für die Hauptattraktionen und Events online unter www.venetoinside.com oder www.veniceconnected.com zu buchen.

Infos im Internet

- **Lonely Planet** (www.lonelyplanet.com) Experten geben Reisetipps.
- **Twitter** (www.twitter.com) Ratschläge von Venedig-Experten.
- **Venezia da Vivere** (www.veneziadavivere.com) Der kreative Reiseführer für Venedig: Musik, Ausstellungen, Nachtleben, neue Designer.
- **Weekend a Venezia** (http://en.venezia.waf.it) Ermäßigte und Last-minute-Tickets für die wichtigsten Attraktionen.
- **Venice Connected** (www.veniceconnected.com) Offizielle Website der Touristeninformation mit Events, Kartenverkäufen und Informationen zu Einrichtungen.

REISEZEIT

Im Herbst ist es noch warm, die Preise sind niedrig. Der Winter bietet kühle, ruhige Tage und Schnee. Im Frühling ist es ziemlich feucht.

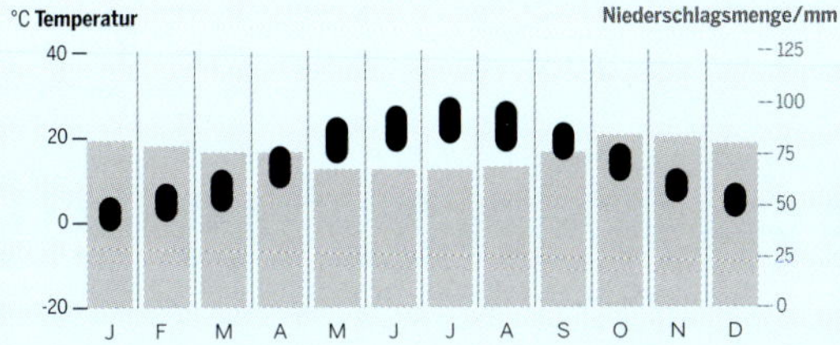

Ankunft in Venedig

Marco Polo Airport (VCE) Der Flughafen liegt auf dem Festland 12 km von Venedig entfernt östlich von Mestre. Alilaguna unterhält vom Fähranleger am Flughafen (8 Minuten zu Fuß vom Terminal) eine Verbindung (13 €) nach Venedig. In 45 bis 90 Minuten sind die meisten Orte zu erreichen. Wassertaxis vom Flughafen nach Venedig kosten 90 bis 100 €. Alle 30 Minuten von 8 bis 24 Uhr fahren ATVO-Busse (5 €) vom Flughafen ab und sind in einer Stunde am Piazzale Roma in Venedig.

Piazzale Roma Innerhalb des Stadtzentrums ist dies der einzige Parkplatz, der mit dem Auto oder dem Bus zugänglich ist. Von den Anlegestellen an der Piazzale Roma fahren *vaporetti* (Wasserbusse) ab und halten an mehreren Stellen in der Stadt.

Stazione Santa Lucia Venedigs Bahnhof. Von den Anlegestellen am Bahnhof (Ferrovia) starten *vaporetti*.

Stazione Venezia Mestre Der Bahnhof von Mestre; zur Stazione Santa Lucia hier umsteigen.

Weitere Informationen zur **Ankunft** siehe S. 294.

Unterwegs vor Ort

Vaporetto Die *vaporetti* sind die öffentlichen Verkehrsmittel in Venedig. Eine einfache Fahrt kostet 6,50 €, wer öfter fährt, nimmt am besten eine Karte, mit der man innerhalb eines bestimmten Zeitraums (12/24/36/48/72-Std.-Tickets kosten 16/18/23/28/33 €) unbegrenzt häufig fahren kann. Einzeltickets, Zeitkarten und Stadtpläne gibt es am Kai bei Hello-Venezia sowie unter www.hellovenezia.com.

Gondel Eine Gondelfahrt von 40 Minuten kostet bis zu 80 € (Maximum: sechs Passagiere) und von 19 bis 8 Uhr sogar 100 €. Gesang oder Trinkgeld sind im Fahrpreis nicht inbegriffen.

Traghetto Diese öffentliche Gondel (0,50 €) nutzen die Einheimischen tagsüber, um an Uferabschnitten zwischen zwei Brücken den Canal Grande zu überqueren.

Wassertaxi Teakholzboote bieten einen Taxidienst für 8,90 € Grundbetrag plus weitere 1,80 € pro Minute; eine Fahrt zum Hotel kostet noch einmal 6 € zusätzlich. Für Nachtfahrten, Gepäck und große Gruppen wird ein Aufschlag verlangt. Pauschaltarife können im Voraus ausgehandelt werden.

Weitere Informationen zum Thema siehe S. 298

Schlafen

Zahlreiche Venezianer haben in ihren historischen Häusern Pensionen oder Ferienwohnungen eingerichtet. Venedig galt als die Stadt der in Würde verfallenden Hotels. Heute sorgen Boutiquehotels für ein modernes Erscheinungsbild der historischen Paläste. In einem Hotel der mittleren Preisklasse kostet ein Zimmer zwischen 120 und 220 €, hinzu kommt die Hotelsteuer. Einige Luxushotels verteilen Gutscheine für den Nachtparkplatz in Tronchetto; sonst kostet der Parkplatz mindestens 24 € pro Tag. Die Hotels im Viertel San Marco liegen zentral, sie sind hell, jedoch ist es nicht ruhig.

Infos im Internet

- **BB Planet** (www.bbplanet.it) Auflistung von Pensionen und B & Bs; Suchkategorien sind Stadtviertel, Preis und Verfügbarkeit.
- **APT** (www.turismovenezia.it) Pensionen und Mietwohnungen in Venedig.
- **Lonely Planet** (http://hotels.lonelyplanet.com) Autorentipps, Nutzer-Feedback, Internet-Buchung.

Weitere Informationen zum Thema siehe S. 218.

Stadtspaziergänge

1. Tag

San Marco (S. 58)

Der Tag beginnt mit einer Gefängnisführung durch den **Palazzo Ducale**, dann ein Espresso an der **Piazza San Marco**, bevor die goldenen byzantinischen Mosaiken in der **Basilica di San Marco** an der Reihe sind. Anschließend kann man in den Boutiquen stöbern, um ins **Museo Fortuny** hinüberzuwechseln, wo u.a. elegante Mode vergangener Tage gezeigt wird.

Mittagessen Enoteca al Volto (S. 76): hausgemachte Pasta in einer versteckten Seitengasse.

Dorsoduro (S. 89)

Von der **Ponte dell'Accademia** kann man Fotos vom **Canal Grande** machen. Als Nächstes taucht man in den Glanz der **Gallerie dell'Accademia** ein. Im **Squero di San Trovaso** kann man zuschauen, wie Gondeln gebaut werden, danach wartet dann der Anblick von Palladios **Il Redentore** an der Uferstraße **Zattere**. Ein Zwischenstopp an der **Chiesa di San Sebastian** ist empfehlenswert. Anschließend lohnt ein Bummel durch die Kunstgewerbeläden an der Calle Lunga San Barnaba, bis die Cocktailstunde am **Campo Santa Margherita** eingeläutet wird.

Abendessen Bacaro da Fiore (S. 76): kleine Meeresfrüchtehäppchen, hervorragender Soave-Wein.

San Marco (S. 58)

Die angesagtesten Karten sind die für **La Fenice**, aber Liebhaber klassischer Musik sollten sich Vivaldi nicht entgehen lassen, dessen Werke von **Interpreti Veneziani** dargeboten werden.

2. Tag

Dorsoduro (S. 89)

In der **Peggy Guggenheim Collection** wartet die moderne Kunst, die das 20. Jh. geprägt hat. Danach geht's weiter zur zeitgenössischen Kunst des 21. Jhs. in der **Punta della Dogana**. Am Ende nimmt man den *vaporetto* vor der **Chiesa di Santa Maria della Salute** mit einer Kuppel von Baldassare Longhena und fährt den **Canal Grande** hinauf.

Mittagessen Im All'Arco (S. 118) wartet ein kleines frisches Festmahl auf die Gäste des Hauses.

San Polo & Santa Croce (S. 108)

Von Geschäft zu Geschäft geht es Richtung Süden bis zu den Orten großer Kunst am Campo San Rocco: **I Frari** mit Tizians leuchtendem Altarbild und die **Scuola Grande di San Rocco** voller Meisterwerke von Tintoretto. Antiquitätenläden und Studios mit Kunsthandwerk säumen die Straße vom Campo dei Frari zum **Campo San Polo** und **Campo San Giacomo dell'Orio**. Dann durch kleine Gässchen des ehemaligen Rotlichtviertels über den **Ponte delle Tette** (Tittenbrücke) Richtung **Al Mercá** spazieren, um ein wenig durch die Kneipen zu bummeln.

Abendessen Al Pesador (S. 118): Sitzplätze am Canal Grande, Gerichte mit frischen Zutaten vom Markt.

San Marco (S. 58)

Über den **Ponte di Rialto** geht's hinein ins Getümmel. In der **Osteria All'Alba** bringen DJs die Menge zum Tanzen, bei **I Rusteghi** kann man in aller Ruhe seinen Lieblingswein genießen.

3. Tag

Castello (S. 143)

In der **Chiesa di San Zaccaria** warten byzantinische Werke auf ihre Besucher. Dann geht es weiter in die Zeit der Renaissance im **Palazzo Grimani**. Eine Pause mit Espresso und einem Schuss Modernisme in der von Mario Botta entworfenen **QCoffee Bar** nehmen, sodass man in der gotischen Backsteinkirche **Zanipolo** mit den Grabmalen von 25 Dogen die Reise in die Vergangenheit bewältigt. Nur zwei Brücken weiter trifft man in der **Chiesa di Santa Maria degli Miracoli** auf die Zeit der Renaissance; die Kirche ist ein vielfarbiges Marmorwunder aus den Materialien, die beim Bau der Basilica di San Marco übrig geblieben waren.

Mittagessen Köstliches Slow Food; *panini* bei Zenzero (S. 156).

Cannaregio (S. 130)

Abseits der Einkaufsverlockungen an der **Strada Nuova** findet man Ruhe an der **Fondamenta della Misericordia**. An den steinernen Wachtposten rund um den **Campo dei Mori** vorbei begibt man sich zur **Chiesa della Madonna dell'Orto**, der sich Tintoretto jahrzehntelang widmete. Lohnend ist auch eine Führung durch die **Synagogen** im Ghetto und ein Aufenthalt in der **Ikona-Galerie** und im **Old World Books**, bis dann der Kneipenabend jenseits der Brücke im **Al Timon** beginnen kann.

Abendessen Herzhafte Gerichte im Dalla Marisa (S. 138).

Cannaregio (S. 130)

Bei einer **Gondelfahrt** im Mondenschein gleitet man über die Kanäle.

4. Tag

Murano, Burano & die nördlichen Inseln (S. 176)

Mit einem *vaporetto* geht es zur Insel **Burano** und der grün-goldenen Insel **Torcello**. Man folgt dort dem Trampelpfad der Schafe und gelangt zur byzantinischen Kathedrale von Torcello, wo eine goldene Madonna in der Apsis still auf die blauen Teufel auf der anderen Seite hinabschaut. Es gibt noch Überreste dieser byzantinischen Hauptstadt zu erkunden – und viele Wasservögel. Dann geht es weiter nach Burano, um dort dic Spitzen- und Klöppelkunst zu bewundern.

Mittagessen Venissa (S. 183): Sonnige Weingärten auf Mazzorbo, von der Lagune inspirierte Küche.

Murano, Burano & die nördlichen Inseln (S. 176)

Hier kann man die feurige Leidenschaft der Glasbläser in Muranos legendären Glasbrennereien *(fornace)* live erleben und einige der schönsten Werke im **Glasmuseum** bestaunen. Wenn die Schauräume schließen, nimmt man den nächsten *vaporetto* nach **Giudecca** und genießt von dort einen letzten Blick auf San Marco, das sich im glasklaren Wasser der Lagune spiegelt.

Abendessen I Figli delle Stelle (S. 172): Herzhafte Gerichte und romantische Plätze am Kanal.

San Marco (S. 58)

Zum Schluss stößt man im **Caffè Florian** mit einem Prosecco auf die erfolgreiche Tour durch die Lagune an und tanzt Tango auf der Piazza San Marco.

Wie wär's mit ...

Kuriositäten

Museo della Follia Das „Museum der Geisteskrankheiten" ist unheimlich und zeigt Behandlungsmethoden, die heute nicht mehr zum Einsatz kommen. (S. 172)

Fondaco dei Turchi Wissenschaftliche Proben, die venezianische Forscher in Schraubgläsern mitgebracht haben. Zudem ein Dinosaurier – und das Ganze in einer türkischen Festung. (S. 117)

Mercantino dei Miracoli Postkarten, die im Zweiten Weltkrieg an die Geliebten geschickt wurden, Glücksbringer von Seeleuten und venezianische Kochbücher. (S. 50)

Atelier Alessandro Merlin Tintenfische lauern am Grund von handbemalten Eisschälchen. Hinzu kommen gewagte Kaffeetassen, die nicht für den Gebrauch geeignet sind. (S. 163)

Malefatte Biologische Schönheitsprodukte mit Lavendel, trendbewusste Taschen für den Herrn und handgemachte, siebbedruckte Schürzen, alles fachgerecht von einer gemeinnützigen venezianischen Gefangenenkooperative hergestellt. (S. 140)

Mode

Museo Fortuny Besucher sollten einen Blick in den Palast werfen, dessen Museum mehrere unterschiedliche Sammlungen, u.a. zu Mode, enthält. (S. 70)

Palazzo Mocenigo In diesem Museum im barocken Stil findet man allerlei aus der Geschichte der Mode, von Reifröcken bis zu Kniebundhosen. (S. 113)

Fiorella Gallery Subversive venezianische Mode. (S. 86)

Arnoldo & Battois Venezianische Designer entwerfen Seidenkleider

Köstliches hinter der Eisdielentheke

und fertigen Handtaschen aus Gegenständen und Materialien von Antiquitätenmärkten. (S. 86)

Spilli Ein Modewunder an der Chiesa di Santa Maria dei Miracoli: Venezianische Designer entwerfen Glamouröses in gut tragbarer Form. (S. 140)

Boote

Gondelfahrten Auf den wirklich malerischen Wasserwegen von Venedig verkehren die berühmten schmalen, flachen Boote, die nur mit einem Ruder fortbewegt werden. (S. 298)

Squero di San Trovaso Hier kann man bei der Herstellung der Gondeln zuschauen: Sie sind handgemacht und auf Größe und Gewicht des jeweiligen Gondoliere zugeschnitten. (S. 96)

Museo Storico Navale Vier Ebenen voller nautischer Wunderwerke, darunter ein *bucintoro* (Kahn des Dogen). (S. 154)

Gilberto Penzo Modellgondeln für die Badewanne und Bastelsets aus der Werkstatt eines Kunsthandwerkers. (S. 123)

Row Venice Hier lernt man, wie ein Gondoliere im Stehen durch die Gewässer zu fahren. (S. 26)

Verborgene Schätze

Chiesa di San Francesco della Vigna Ein venezianisches Juwel und Palladios erster Auftrag, nicht weit von den Werften von Castello. (S. 151)

Chiesa di Santa Maria dei Miracoli Eine kleine Kirche, gebaut nach den großen Ideen der Renaissance und mit wertvollstem Marmor. (S. 134)

Cattedrale di Santa Maria Assunta Blökende Schafe geleiten den Besucher auf dem Weg über diese grüne Insel zu den goldglänzenden Mosaiken der Apsis. (S. 178)

Synagogen im Ghetto Das Museo Ebraico veranstaltet Führungen zu den Synagogen, von denen sich viele auf Dächern befinden. (S. 133)

Malamocco Dieses Dörfchen auf dem Lido ist von Kanälen durchzogen und mit steinernen Löwen geschmückt – ein Venedig im Kleinformat. (S. 171)

Desserts

Alaska Gelateria Bio-Eis mit edlen Sorten, die vor Ort erfunden werden. (S. 170)

Tearoom Caffè Orientale Kuchen und Gebäck frisch aus dem Ofen mit biologischen Zutaten und lockerem, ganz fein gemahlenem Mehl. (S. 170)

Grom Slow-Food-Eis mit ungewöhnlichen Sorten, wie sizilianische Erdbeere oder Amalfi-Zitrone. (S. 97)

Pasticceria Tonolo Flockiger Apfelstrudel und kleine Windbeutel, gefüllt mit Haselnuss-Schokoladenmousse. (S. 97)

Gelateria Suso Cremiges Eis, direkt in Venedig hergestellt, darunter Mintschokolade und Mascarpone mit karamell- und schokoladeüberzogenen Mandeln. (S. 83)

Versteckte Bacari (Bars)

Cantina do Spade Snacks und Hausweine von kleinen Weingütern machen diesen jahrhundertealten *bacaro* zu einem echten Geheimtipp. (S. 122)

Osteria All 'Alba In dieser Osteria haben Gäste ihren Dank in vielen verschiedenen Sprachen hinterlassen. Hier werden zu Disko-Rhythmen Landweine ausgeschenkt. (S. 85)

Un Mondo di Vino Eine Welt des Weines in einem winzig kleinen Lokal mit gut gefüllten Weinregalen und *cicheti* bis spät in die Nacht. (S. 159)

Weitere Top-Erlebnisse
➡ Essen (S. 32)
➡ Ausgehen & Nachtleben (S. 38)
➡ Unterhaltung (S. 42)
➡ Shoppen (S. 49)

Bacaro Risorto Das Lokal von der Größe eines Zeitungskiosks bietet leckere *cicheti*, wenn es denn geöffnet hat. (S. 159)

Osteria Alla Vedova Hält die geheiligte venezianische Kneipentradition hoch und serviert u.a. *polpette* (Fleischbällchen) für 1 € und hübsche *ombre* (Weingläser). (S. 138)

Ziele der Einheimischen

Strände am Lido Wenn die Temperaturen die 29 °C-Marke erreichen, fahren die Venezianer per *vaporetto* zu den Stränden am Lido. (S. 169)

Bars am Campo San Giacomo dell 'Orio Während die Kinder über den *campo* toben, schauen ihnen die Eltern durch ein Glas Prosecco zu. (S. 122)

Rialto-Markt Großmütter feilschen hier mit den stets zu Späßen aufgelegten Gemüsehändlern, während Fotografen die schillernden Bergen aus lilafarbenen Tintenfischen durchs Objektiv anvisieren. (S. 114)

Giudecca Künstler sitzen an Tischen am Wasser und skizzieren die Aussicht, bis die Zeit für einen preiswerten Mittagsimbiss an der Werft oder auf dem Bio-Markt gekommen ist. (S. 165)

Lido di Jesolo Partygänger mit Inselfieber fahren mit dem Bus zu den Clubs am Lido di Jesolo und erholen sich am nächsten Tag an den Stränden der Adria. (S. 186)

Monat für Monat

TOP-EVENTS

Karneval, Februar

Biennale, Juni–November

Internationale Filmfestspiele Venedig, September

Vogalonga (Ruderregatta), Mai

Festa della Madonna della Salute, November

Februar

Kostümfeste und reichlich Wein nehmen den Februarnächten ihre Kälte und Nachtschwärmer feiern auf Maskenbällen. Zur Zeit des Barock dauerte dieser Karneval drei Monate.

Karneval

Zwei Wochen im Februar feiern verkleidete Menschen auf den Straßen. Eintrittskarten für die Maskenbälle von La Fenice kosten bis zu 200 €, allerdings gibt es zu Beginn der Karnevalszeit auch einen öffentlichen Weinbrunnen, offene Kostümpartys auf jedem *campo* und am Ende eine Bootsparade auf dem Canal Grande. (www.carnevale.venezia.it)

April

Die angenehme Verbindung von erholsamem Sightseeing, optimalem Wanderwetter und erschwinglichen Zimmerpreisen dauert bis Ostern.

Vinitaly

Auf Italiens wichtigstem Weinfest wird gute Laune versprüht. Es zieht 150 000 Besucher in die Pavillons von VeronaFiere. Das dreitägige Weinfest Anfang April beginnt ernst und nüchtern: Weinkenner laden zu Verkostungen erlesener Sorten ein – der letzte Nachmittag artet dann in ein Saufgelage mit Gesang und mehr als einer Millionen Weinflaschen aus. (www.vinitaly.com)

Su e Zo Per I Ponti

„Die Brücken rauf und runter" ist ein 13 km langer Lauf durch Venedig mit 10 000 bis 15 000 Teilnehmern. Es geht dabei über 55 Brücken mit dem Ziel, Geld für wohltätige Zwecke zu sammeln. Im Ziel kann man dann noch kostenlos Konzerte genießen. (www.tgseurogroup.it/ suezo/en/ suezo_en.htm)

Festa di San Marco

Das Fest des Schutzheiligen von Venedig am 25. April ist ebenfalls sehenswert: Venezianische Männer tragen einen *bocolo* (Rosenknospe) in einer Prozession über den Markusplatz und schenken diese dann der Frau, die sie lieben.

Mai

Der Sommer ist in Venedig die Saison der Regatten. Dann staken die Venezianer im Stehen durch die Lagune und wetteifern um Ruhm.

Vogalonga

Dies ist weniger ein Wettrennen als vielmehr ein Ausdauertest. Die zu bewältigende Strecke ist 32 km lang und beginnt mit 1000 Booten vor dem Dogenpalast, schlängelt sich dann an Burano und Murano vorbei und endet an der Punta della Dogana mit Applaus, Prosecco und Blasen an den Händen. (www.turismovenezia.it)

Juni

Den ganzen Monat über gibt es Festivals, von den Jahrtausende alten mystischen

Seefahrerfeierlichkeiten bis zu den etwas verrückten Darbietungen des Kunstmarathons.

Festa della Sensa

Wenn Venedig doch das Meer so liebt, warum heiraten die zwei dann nicht? Seit 1000 n. Chr. werden alljährlich beim *Sposalito del Mar* (Hochzeit mit dem Meer) Ehegelübde zwischen Stadt und Meer abgelegt; zu den Feierlichkeiten gehören Bootsregatten, Märkte und eine Messe auf dem Lido. (www.sensavenezia.it)

Festa di San Pietro di Castello

Das Fest des hl. Petrus von Castello findet in der letzten Juniwoche auf den Stufen der Kirche statt, die einst die Kathedrale der Stadt war. Es gibt cinc Messe, Spiele, Puppentheater, herzhaft-rustikale Kost und Abba-Tribute-Bands.

Biennale (Biennale di Venezia)

In ungeraden Jahren findet die Kunst-Biennale normalerweise von Juni bis November statt, in geraden Jahren beginnt im September die Architektur-Biennale – doch in jedem Sommer gibt es auf der Biennale auch avantgardistische Tanz-, Theater- und Musikveranstaltungen. (www.labiennale.org)

Juli

Milde Sommernächte auf Giudecca werden von Feuerwerk und gelegentlich auch Sommergewittern über der Lagune erleuchtet, und Jazz-Rhythmen lassen den Tag schwül-heiß enden.

Festa del Redentore

Am dritten Samstag und Sonntag im Juli geht es über eine Ponton-Brücke über den Canal Giudecca zur Il Redentore. Empfehlenswert sind das schwimmende Picknick an der Zattere sowie das Feuerwerk. (www.turismovenezia.it)

Jazz Festival Venedig

Jazzlegenden von Wynton Marsalis bis Cesaria Evora bringen das Haus in La Fenice zum Toben, während Publikumslieblinge wie Sting und Paolo Conte auf der Piazza San Marco mit Orchester auftreten. Es gibt den August hindurch Konzerte in Vicenza, Verona und Treviso. (www.veneto jazz.com)

September

Die Stars der Kinoleinwand präsentieren sich im goldenen Herbstlicht auf den roten Teppichen der Filmfestspiele, bei musikalischen Vorprogrammen, Inselpicknick und Regatten.

Internationale Filmfestspiele Venedig

Das einzige, was im August noch heißer ist als die Strände des Lido, sind die roten Teppiche bei den Filmfestspielen, die am letzten Wochenende im August beginnen und bis in die erste Septemberwoche andauern. (www.labiennale.org/en/cinema)

Regata Storica

Hier ist es egal, wer gewinnt; was zählt, ist das Drumherum: Kostüme nach Art des 16. Jhs., Gondeln mit acht Ruderern und prunkvolle Festbarken, die die Ankunft der Königin von Zypern nachempfinden sollen. Eine schwimmende Parade bildet den Auftakt für vier Bootsrennen, bei denen Kinder, Frauen und Gondolieri um den Sieg kämpfen. (www.regatastoricavenezia.it)

Venezia Suona

Hier kann man zeitgenössischer Musik lauschen und zwar an einem Ort, an dem man es am wenigstens erwarten würde: auf den mittelalterlichen *campi* (Plätzen), unter Brücken, auf verlassenen Inseln, ja sogar oben auf den Parkgaragen von Tronchetto. Diese Konzerte sind kostenlos und finden an einem Wochenende im September statt. (www.venezia suona.it, auf Italicnisch)

Sagra del Pesce (Fischfest)

Burano wirbt mit Fisch, Polenta, Weißwein, traditioneller Musik und mit Venedigs einziger gemischter Ruderregatta um die Gunst der Besucher.

Riviera Fiorita

Auf dem Fluss Brenta (S. 189) geht es ab wie auf einer Party aus dem Jahre 1627, wenn eine Flotte antiker Boote antritt, barocke Kostümbälle in der Villa Widman Rezzonico Foscari und der Villa Pisani Nazionale stattfinden, historisch korrekte Jahrmärkte abgehalten werden, stilechte Musik ertönt und sogar Eis mit Geschmacksrichtungen aus der Barockzeit angeboten wird. Das Ganze findet am zweiten Sonntag im September statt.

Oktober

Wenn die Hochsaison sich dem Ende zuneigt, die Festivalbesucher sich zurückziehen und die Preise sich normalisieren, entspannt sich die Stadt.

Festa del Mosto

Ein echtes Volksfest auf der „Garteninsel" Sant'Erasmo (erster Sonntag im Oktober). Die Weinlese wird mit einer Parade, einem Bauernmarkt, Gourmet-Essständen, Live-Musik und kostenlosem *vino* zelebriert.

Venedig-Marathon

6000 Läufer schwitzen auf der 42 km langen malerischen Strecke am Brenta entlang, vorbei an palladianischen Villen und nach Venedig hinein; über eine Pontonbrücke geht es schließlich zur Piazza San Marco. (www.venicemarathon.com)

November

Venedig dankt immer wieder für sein wundersames Überleben, bevor dann am 1. Januar wieder ein neues Jahr mit Festorgien, Kunst und viel Fantasie beginnt.

Festa della Madonna della Salute

Wer sogar die Pest und die österreichische Invasion überlebt hat, muss das einfach feiern. Seit dem 17. Jh. pilgern die Venezianer am 21. November über eine Pontonbrücke über den Canal Grande, um in der Kirche Santa Maria della Salute ihren Dank zum Ausdruck zu bringen. Dabei geben sie ihr Geld für Mengen an Süßigkeiten aus.

Oben: Karneval auf der Piazza di San Marco

Unten: Wave UFO von Mariko Mori auf der Biennale 2005

Reisen mit Kindern

Nicht nur für Erwachsene, sondern auch für Kinder gibt es in Venedig jede Menge zu entdecken. Hier werden Märchen wahr: Gefangene flüchten durch das Dach eines Palastes, und Murano-Glasbläser hauchen winzigen Meeresdrachen Leben ein. Auf dem Fischmarkt ist schließlich die ganze Wunderwelt der (schmackhaften) Meerestiere zu bestaunen.

RYAN FOX / LONELY PLANET IMAGES ©

Tauben füttern auf einem Platz in Venedig

Attraktionen

Venedig ist ein Highlight für Kinder, die von Piraten und Prinzessinnen träumen: Diese Leute haben tatsächlich in den Palästen am Canal Grande geschlafen – möglicherweise sogar auf Erbsen ... Von hier zogen sie zu Abenteuern aus. Im Museo Correr (S. 70) oder Ca' Rezzonico (S. 94) erfährt der Besucher, wo die Venezianer auf königlichen Maskenbällen heimlich tanzten. Im Palazzo Mocenigo (S. 113) sind ihre Kostüme zu bewundern. Die Schiffe der Eroberer sind im Museo Storico Navale (S. 154) zu sehen, und die Samurai-Schwerter und Rüstungen, die Venezianer aus Asien mitbrachten, sind auf dem Dachboden des Ca' Pesaro (S. 113) ausgestellt. Wenn Kinder keine Lust mehr auf das Besichtigungsprogramm haben, können Eltern die Trumpfkarte ausspielen: den Fondaco dei Turchi (S. 117), eine Festung mit Dinosauriern, Aquarium und Geheimgarten.

Outdoor-Aktivitäten

Strandpicknick

Am Lido (S. 169) kann die Familie in der Sonne entspannen; dort gibt es Sonnenschirme und *cabanas* zu mieten. Auf dem Rialto-Markt (S. 114) können die Kinder ihre Picknickzutaten selbst aussuchen.

Rudern & Segeln

Laguna Eco Adventures (S. 26) organisiert individuelle Segelausflüge über das türkisfarbene Meer zu einsamen Inseln. Bei Row Venice (S. 26) lernt man, wie die Gondolieri im Stehen zu rudern. Je nach Wunsch wird auf der Insel San Michele (S. 181) ein Picknick gemacht.

Radfahren

Es lohnt sich, den Lido mit dem Tandem (S. 169) zu erkunden und bis nach Malamocco (S. 171) zu fahren, der kleineren Ausgabe von Venedig.

Aktivitäten an Regentagen

Kunst & Handwerk

Die Kinder können venezianischen Künstlern bei der Arbeit zuschauen und bei Ca' Macana (S. 106) ihre eigenen Karnevalsmas-

GUT ZU WISSEN

➡ **Wickelmöglichkeiten** gibt es auf allen öffentlichen Toiletten (S. 305).

➡ **Notfallversorgung** bietet das Hauptkrankenhaus von Venedig (S. 302). Es gibt dort auch ein „Krankenboot".

➡ **Kinderbetreuung** haben verschiedene Hotels und Pensionen im Programm.

➡ **Kinderwagen** sollte man am besten mitbringen.

➡ **Windeln & Babynahrung** bekommt man in den Lebensmittelläden der Stadt (S. 34).

ken herstellen, bei La Bottega di Giò (S. 127) oder Campagnol & Salvadore (S. 187) Halsketten aus Murano-Glas montieren oder mit Farben und Ausrüstung von Arcobaleno (S. 87) eigene venezianische Meisterwerke malen. Für Kinder, die von Gondeln fasziniert sind, gibt es bei Gilberto Penzo (S. 124) maßstabsgetreue Bausätze.

Geheimgänge

Auf der Itinerari-Segreti-Tour (S. 64) können Kinder die Geheimgänge und den Kerker des Dogenpalastes erforschen.

Verkehrsmittel

Wenn die Kinder müde werden, sind Gondeln eine gute Möglichkeit, die Sehenswürdigkeiten Venedigs kennenzulernen. Mit den *vaporetto*-Tagestickets kann man je nach Belieben aus- und wieder einsteigen (S. 299). Für abenteuerlustige Kinder ist die Fahrt auf einem *traghetto*, einer großen Gondel, auf der die Besucher stehend über den Canal Grande transportiert werden, ein Erlebnis. Obwohl Kinderwagen für Kleinkinder nützlich sind, sollte man bedenken, dass sie immer wieder über Brücken getragen werden müssen.

Essen

Wenn Kinder keine Lust mehr zum Laufen haben, gibt es etwas, das sie wieder auf die Beine bringt: Pizza und Pasta oder eine Portion Eis. Im Tearoom Caffè Orientale (S. 120) gibt's Suppen, Sandwiches und hausgemachte Kuchen. Leckermäulchen möchten wahrscheinlich die *cicheti* von Dai Zemei (S. 120) und Zenzero (S. 156) probieren. Wer einmal Eis mit Spargelgeschmack probieren möchte, ist in der Alaska Gelateria (S. 120) richtig. Bei VizioVirtù (S. 123) gibt es Schokolade in allen Variationen und Geschmacksrichtungen, z. B. mit Blaubeeren und Olivenöl.

Spielzeug & Souvenirs

Angehende Architekten werden bei Signor Bloom (S. 106) von den Holzpuzzles der Rialto-Brücke inspiriert. Bei Aqua Altra (S. 104) findet man Plüschelefanten und Fußbälle aus fairem Handel. Teenager lieben die Glitzer-T-Shirts von Fiorucci, die es bei Elitre (S. 106) gibt. Auf den Märkten finden sich antike Spielzeuge und Kostüme, die vom Speicher alter Paläste stammen könnten (S. 44). Bücher für Kinder und junge Erwachsene führt Giunti Al Punto (S. 142).

Treffs für Kinder

Campo San Giacomo dell'Orio

Fangen gespielt wurde auf dem *campo* vermutlich schon, als die gleichnamige Kirche gebaut wurde (S. 336). Kinder können jederzeit mitmachen. Der *campo* ist von Bartischen umgeben, sodass die Eltern bei einem Glas Prosecco ein Auge auf ihre Kinder werfen können.

Giardini

Eltern genießen den Ausblick auf die Lagune und die Biennale-Pavillions im Hintergrund, während ihre Kinder sich auf den Schaukeln, Rutschen und im Sandkasten des Spielplatzes vergnügen (S. 149).

Ghetto

Auf der alten Insel der jüdischen Gemeinde (S. 132) trifft die Vergangenheit auf die Zukunft. Wenn die Schule zu Ende ist, wird aus dem ruhigen *campo*-Viertel ein lauter Fußballplatz.

Campo San Polo

Der Campo ist einer der größten Plätze von Venedig (Karte S. 336) und bietet den Kindern Platz zum Herumrennen. Im Sommer gibt es hier Puppentheater und Karussells. Die Pizza von Antica Birreria della Corte (S. 121) schmeckt der ganzen Familie.

Venedig gratis

Trotz seines Rufes als Tummelplatz der Oberen Zehntausend bietet Venedig eine Menge Attraktionen, die nichts kosten, z.B. die Basilica di San Marco, den Straßenkarneval und die schwimmenden Paläste, die sich im Canal Grande spiegeln.

Venedigs Schnäppchen

Venedig mit seinen 5-Sterne-Hotels, 5-Gänge-Menüs und vornehmen Gondeln ist ein Luxus-Reiseziel, aber findige Besucher können auch für weniger Geld am *bea vita* (schönen Leben) teilhaben. Frühstückspensionen in luxuriösem Ambiente und mit persönlichem Service liegen teilweise im erschwinglichen Bereich, und für die köstlichen *cicheti* (venezianische Tapas), die mittags sowie täglich von 18 bis 20 Uhr serviert werden, zahlt man zwischen 1 und 4 €. Eine Gondelfahrt kostet 80 €, preisgünstiger gelangt man mit dem *traghetto* (öffentliche Gondel) über den Canal Grande (0,50 € pro Fahrt).

Ermäßigungen

Kirchen- und Kunstliebhaber haben mit dem Kirchenpass (Chorus-Pass; S. 300) Zugang zu den Kunstwerken von 16 Kirchen. Der Pass kostet 10 € und umfasst die Kirchen I Frari, Chiesa di Santa Maria dei Miracoli, Chiesa di San Sebastiano und Chiesa di Madonna dell'Orto.

Museumsliebhaber bezahlen 1 € mehr, als der Eintritt in den Palazzo Ducale kostet, und können mit der Plus-Karte (S. 300) des San-Marco-Museums gleich fünf Sehenswürdigkeiten anschauen: den Palazzo Ducale, das Museo Correr, das Museo Archeologico Nazionale und die Biblioteca Nazionale Marciana sowie eine Attraktion nach Wahl. Für einen Aufpreis von 5 € erhält der Besucher mit dem Museumspass, Zutritt zu elf städtischen Museen (S. 300).

Historische Stätten

Drei der bedeutendsten Schauplätze venezianischer Geschichte nehmen keinen Eintritt: der Rialto-Markt (S. 114), einstmals wichtigster Handelsplatz der Stadt, das Ghetto (S. 132), das nach dem Zusammenbruch der Schiffsindustrie finanzielle Mittel und Ideen lieferte, um Venedig über Wasser zu halten, sowie die Basilica di San Marco (S. 58) aus dem 11. Jh.

Kunst & Architektur

Kostenpflichtig sind der Eintritt zur Biennale sowie zum Filmfestival. Tanz-, Musik-, Kino- und Kunstevents, die in den Sommermonaten bis in den Herbst hinein stattfinden, nehmen keinen Eintritt; Ähnliches gilt für viele Kunstgalerien und Präsentationen von Murano-Glas. Die gesamte Stadt ist ganzjährig ein architektonisches Schaustück. Auf dem Stadtrundgang durch San Marco kommt man an versteckten Juwelen wie dem Palazzo Contarini del Bovolo vorbei (S. 75).

Feste & Events

In Venedig wird das ganze Jahr über gefeiert, vom Straßenkarneval bis hin zu Regatten (S. 20). Als Dank dafür, dass sie von der Pest verschont wurde, begeht die Stadt die Festa del Redentore und die Festa della Madonna della Salute mit einem Feuerwerk. In der Sommerarena (S. 123) erhellen Kino- und Theateraufführungen den Nachthimmel, auf der Venezia Suona im September (S. 21) verwandeln Musiker Bogengänge, Brücken und öffentliche Verkehrsmittel in Konzertplätze. Auf den Inseln Sant'Erasmo und Burano (S. 21) findet im Herbst das *sagre* (Erntefest) statt.

Geführte Touren

Wer Venedig gründlich kennenlernen möchte, sollte die Lagunenstadt erst einmal aus jenem Sichtwinkel betrachten, der den Venezianern seit einem Jahrtausend vertraut ist: vom Wasser aus. Ein paar Blicke hinter die Kulissen des venezianischen Lebens fern vom Touristenrummel lassen sich dann auf einem Streifzug durch die calli *(Gassen) mit all ihren versteckten Treppen erhaschen.*

KIMBERLEY COOLE / LONELY PLANET IMAGES ©

Versteckte Seitengasse in Venedig

Ausflüge auf dem Wasser

Neben Spritztouren *per gondola* (Gondel), *traghetto* (s. Kasten S. 298) oder *vaporetto* (Wasserbus) bieten auch die nachfolgend vorgestellten Ausflugsmöglichkeiten maritime Erlebnisse auf traditionellen venezianischen Booten. Wichtig dabei ist: im Voraus reservieren, Sonnenschutzmittel mitnehmen und die Wettervorhersage checken, schließlich spielen die Witterungsverhältnisse bei Bootstouren eine ausschlaggebende Rolle.

Rudern

Eine Einführung in die Fahrtechnik der Gondolieri gibt Jane Caporal von **Row Venice** (☎345 241 52 66; www.rowvenice.com; 2 Std. 40–50 €). Ihren Unterricht veranstaltet sie auf dem glitzernden Wasser der Lagune in ihrem venezianischen, von Hand gefertigten *sandolo* (ein flaches, kielloses Boot wie die klassische Gondel, aber einfacher gebaut). Jane lehrt die Kursteilnehmer, wie man aufrecht an der *poppa* (am Heck) stehend mit einem einzelnen Riemen (Landratten sagen einfach Ruder) das Boot fortbewegt. Wer will, darf dabei natürlich auch im Stil der Gondolieri singen. Die Fahrt führt an Venedigs Friedhofsinsel vorbei, bei vorheriger Buchung ist auch eine Picknickpause möglich.

Segeln

Laguna Eco Adventures (☎329 722 62 89; www.lagunaecoadventures.com; 2- bis 8-stündige Fahrten pro Pers. 40–150 €) Auf einer venezianischen *sampierota* (kleines Boot mit einem Doppelsegel) kreuzen die Tourteilnehmer in der Lagune. Das Boot ist schmal genug für Fahrten durch die Kanäle, eignet sich aber auch für das offene Meer. Maximal fünf Personen passen auf das Boot, auf dem man in Ruhe die frische Brise und die Vogelwelt der Lagune genießen kann. Das Ausflugsangebot reicht von Fahrten zu den abgelegenen, einsamen Inseln der Lagune über Abstecher zum Lido di Venezia bis hin zu einem einstündigen Törn durch Venedigs Kanäle bei Sonnenuntergang.

Zum Angebot von **Vento di Venezia** (S. 191) zählen auch ein- und mehrtägige Segelkurse sowie Unterkünfte in dem Hotel beim Yachthafen auf der Isola di Certosa.

Oben: Gondelfahrt durch einen Kanal

Unten: Torre dell'Orologio (S. 70)

GUT ZU WISSEN

➡ **Alternativen** Venedigs Touristeninformation **APT** (www.turismovenezia.it, auch auf Deutsch) gibt Auskunft über empfehlenswerte geführte Touren. Außerdem verfügt die APT über eine Liste mit Venedigs Hauptattraktionen, die im Rahmen kostenloser Führungen besichtigt werden können.

➡ **Barrierefreiheit** Eine Liste mit Tourveranstaltern, die Ausflüge für Reisende mit Behinderung organisieren, bietet **Accessible Italy** (☎378 94 11 11; www.accessibleitaly.com); siehe S. 303.

➡ **Kinder** Nicht alle Boote und historischen Stätten sind kindersicher. Deshalb sollte man sich bereits im Vorfeld, auf jeden Fall vor einer Reservierung, erkundigen, ob für Kinder eine Altersbeschränkung besteht.

Bootsausflüge

Terra e Acqua (☎347 420 50 04; www.veneziainbarca.it; Tagestour inkl. Mittagessen 70–120 €) Die Skipperin Cristina della Toffola leitet die wildromantische Bootstour durch die Randgebiete der Lagune. Ihr umfassendes Wissen über das „Ökosystem Lagune" vermittelt sie bereitwillig ihren Passagieren. Aber auch schlüpfrige Histörchen hat sie auf Lager, darunter eine Story über die Schließung von skandalumwitterten Nonnenklöstern zu Zeiten der berüchtigten barocken Festorgien in Venedig.

Die Routen richten sich weitgehend nach den Wünschen der Teilnehmer. Auf der Auswahlliste stehen ehemalige Quarantäne-Inseln für Pestkranke, ruhige Angelplätze, ideale Stellen zum Beobachten von Vögeln, die Inseln Burano und Torcello sowie andere Lagunenorte mit architektonischen Kleinodien.

Cristina kocht für ihre Passagiere einen passablen Fischeintopf, den sie an Bord mit einem *spritz* serviert, wenn das Boot vor einer malerischen Inselküste ankert. Bei allen Touren achtet die Skipperin ziemlich streng darauf, das fragile Ökosystem der Lagune so wenig wie nur möglich zu stören. Auf ihrem Boot, einem stabilen, motorisierten *bragozzo* (venezianische Barke), finden bis zehn Personen Platz. So ist die Tour eine gesellige Angelegenheit und auch für Leute geeignet, die mit Bootsplanken nicht gerade per Du sind. Da die Barke kaum Schatten bietet, sollte unbedingt an ein Sonnenschutzmittel mit hohem Lichtfaktor gedacht werden. Eine frühzeitige Reservierung der Tour ist erforderlich.

Eolo Cruises (☎049 807 8032; Via Mantegna 11, Brugine) Teilnehmer der Eolo-Touren kreuzen auf einem alten Fischer-*bragozzo* mit Doppelmast (Baujahr 1946) auf der Lagune. Die Preise für eine dreitägige Tour mit einer Gruppe von sechs bis zehn Personen beginnen bei 2000 € pro Person. Auch Touren mit Kochkursen an Bord werden von Edo Cruises angeboten. Die Teilnehmer übernachten in ausgesuchten Villen und *palazzi* in Venedig bzw. Orten rund um die Lagune.

Tagsüber segeln sie durch die Lagune und genießen ihr Mittagessen (Fisch und Meeresfrüchte) an Bord.

Wer gerne ein paar Tage in der Lagune leben möchte, kann bei **Rendez-Vous Fantasia** (S. 230) ein Hausboot mieten. Der Liegehafen ist Chioggia.

Ausflüge an Land

Interessante Führungen in Venedig

In Venedig stehen Führungen gewissermaßen auf der Tagesordnung. Detaillierte Informationen über das breite Angebot an Führungen durch Venedigs Kirchen und seine anderen Sehenswürdigkeiten bietet das kostenlose Magazin *Un Ospite di Venezia;* es liegt in den meisten Hotels aus.

Hier einige Highlights: In der Basilica di San Marco (S. 60) veranstaltet die Diözese eine kostenlose Führung, bei der es ausschließlich um die Mosaike der Kirche geht. Spannend ist die Führung Itinerari Segreti (Geheimgänge) im Palazzo Ducale (S. 64): Sie bringt die Teilnehmer durch einen versteckten Korridor zu einem Gefängnis im Dachgeschoss des schönen, pinkfarbenen Dogenpalastes. Eine im Voraus vereinbarte Führung ist die einzige

Möglichkeit, den Torre dell'Orologio (Glockenturm; S. 70) von innen zu sehen.

Stadtspaziergänge

Während des Karnevals gibt es in Venedig einen Stadtspaziergang mit Erzählungen und szenischen Darstellungen, den der führende venezianische Historiker **Alberto Toso Fei** (www.albertotosofei.it) ausgearbeitet hat. Ausgeführt wird das Ganze von einer venezianischen Schauspielertruppe. Wer in der Karnevalszeit vor Ort ist, sollte sich dieses Spektakel nicht entgehen lassen.

Rund ums Jahr bieten eine ganze Reihe Tourveranstalter exquisite Stadtspaziergänge an, z. B.:

Venicescapes (☎041 520 63 61; www.venicescapes.org (nur auf Englisch); 4- bis 6-stündige Touren, inkl. einem Buch (auf Englisch), 2 Erw./jeder zusätzliche Erw./jede zusätzliche Pers. unter 18 Jahren 150–290/50–60/30 US$) Die gemeinnützige historische Gesellschaft (die Einnahmen fließen in die venezianische Geschichtsforschung) veranstaltet faszinierende Stadtspaziergänge (auf Englisch) zu unterschiedlichen Themen. Beim Stadtspaziergang „A City of Nations" geht es beispielsweise um die Vielvölkerstadt Venedig im Lauf der Jahrhunderte. Bei „A Most Serene Republic" erfährt man, mit welchen Mitteln der Politik und der Spionage Venedig den Frieden bewahrt hat.

Walks Inside Venice (☎041 524 17 06; www.walksinsidevenice.com (auch auf Deutsch); für Gruppen bis zu 6 Pers., pro St. 75 €) Drei temperamentvolle, in Venedig ansässige Frauen veranstalten verschiedene Nachmittagsführungen (auch auf Deutsch) für Gruppen bis zu sechs Personen. Ein Spaziergang führt durch versteckte Gassen zu bedeutenden Bauwerken in Stadtvierteln wie Cannaregio, die abseits der Touristenströme liegen. Die große Entdeckungstour durch Venedig umfasst auch einen Abstecher auf die Insel Murano und auf die Friedhofsinsel San Michele.

Azienda di Promozione Turistica (APT; ☎041 529 87 11; www.turismovenezia.it (auch auf Deutsch) Die Touristeninformation APT bietet eine ganze Palette an geführten Touren an, die von schlichten Einführungstouren bis zu spektakulären Erlebnistouren reicht. Auf dem Programm stehen beispielsweise eine Gondelfahrt durch die klassischen Kanäle Venedigs (pro Pers. 40 €) und eine „Geister- und Legendentour", die das eine oder andere Geheimnis der Stadt lüftet (pro Pers. 20 €). Wenn das Angebot nicht alle persönlichen Wünsche abdeckt, sollte man einfach um die aktuelle Liste der autorisierten Stadtführer bitten, die mit Besuchern private Stadtrundgänge unternehmen.

JULIET COOMBE / LONELY PLANET IMAGES ©

Cicheti (S. 32) in der Auslage eines Imbissstandes auf der Rialto-Brücke

Essen

Wenn es ums Essen geht, bleibt Venedigs Besuchern nichts anderes übrig, als ängstlich zum nächstbesten panino (Sandwich) zu greifen. Wirklich? Pures Klischee! Was La Serenissima an Speis und Trank zu bieten hat, geht weit über die simple, pflichtschuldige Kalorienaufnahme hinaus. Seit Jahrhunderten verwöhnt Venedig seine Besucher mit einfallsreichen Schlemmereien. Heutige Besucher genießen eine beeindruckende Auswahl an cicheti (venezianische Tapas) und geradezu dekadenten Backwaren. Ganz zu schweigen vom Fisch und den Meeresfrüchten aus dem tagesfrischen Fang der Lagunenfischer.

Die venezianische Küche

Das aktuelle Glaubensbekenntnis aller Feinschmecker – man nehme „einheimische Zutaten!" – ist hier in Venedig absolut nichts Neues; hier kocht man schon lange nach diesem Prinzip. Die Lagune von Venedig bietet frische Meeresfrüchte in großer Vielfalt dazu, auf den kleinen Inseln wächst Obst und Gemüse. Viele Köstlichkeiten werden direkt noch am gleichen Tag in den venezianischen bacari (altmodische Bars) und osterie (einfache Restaurants) angeboten und schaffen gar nicht erst den Weg aufs Festland. Ist es ein Wunder, dass in dieser Stadt mitten in der Lagune jede Menge Fisch und Meeresfrüchte auf den Tisch kommen? Dazu gibt es Fleisch vom Festland, die lokalen Favoriten Reis und Polenta und natürlich

GUT ZU WISSEN

Preise

Die in diesem Buch angegebenen Preise sind Richtwerte. Die Messlatte ist dabei der Gesamtpreis für ein Hauptgericht mit einem Glas Hauswein inklusive *pane e coperto* (Zuschlag für Brot und Gedeck). Ausgehend von dieser Definition bedeutet die nachfolgende Kennzeichnung pro Hauptgericht:

€	unter 20 €
€€	20–40 €
€€€	über 40 €

Öffnungszeiten

Café-Bars haben in der Regel von 8 bis 20 Uhr geöffnet, manche auch länger, verwandeln sich dann aber mitunter in einen Treffpunkt trinkfreudiger Zeitgenossen. Pubs und Weinbars schließen nachts zwischen 1 und 2 Uhr.

Reservierung

Vor allem in der Hochsaison ist es ratsam, nach Möglichkeit in Restaurants und *osterie* einen Tisch zu reservieren. Für Gäste, die einfach unangemeldet von der Straße hereinmarschieren, findet sich meistens dennoch ein Tisch. Einige Restaurants richten ihren Lebensmitteleinkauf jedoch nach der Anzahl der Reservierungen. Wenn der Vorrat zur Neige geht, werden unangemeldete Gäste weggeschickt. *Cicheti* sind dann eine praktische Alternative.

Pane e coperto

Für am Tisch servierte Speisen berechnen die meisten Restaurants einen Bedienungszuschlag – pane e coperto (Brot und Gedeck) – von 1 bis 6 €.

Zuschläge & Trinkgeld

Der Service ist entweder im Zuschlag für *pane e coperto* enthalten (vor allem in einfachen *osterie*) oder wird auf die Rechnung aufgeschlagen (in besseren Bistros und bei Gruppen). Wie es gehandhabt wird, verrät das Kleingedruckte auf der Rechnung. Über ein zusätzliches Trinkgeld von zufriedenen Gästen freut sich die Bedienung auf jeden Fall.

die klassischen italienischen Pastagerichte. Die Gemüsebeilagen sind oft mindestens genauso gut wie die Hauptgerichte. Frühaufsteher können die Händler beobachten, die auf überladenen Lastkähnen radicchio trevisano (bitteren roten Chicorée) und den preisgekrönten Spargel aus Bassano del Grappa anbieten.
Venedigs kosmopolitische Einstellung beeinflusst auch die Küche, die manchmal große Überraschungen bietet. So können venezianische Gerichte schon mal ziemlich türkisch oder griechisch schmecken – denn über tausend Jahre wurden durch den Seehandel auch exotische Aromen mitgebracht, die seither raffiniert mit einheimischen Rezepten kombiniert werden. Die Gewürze der Gewürzstraße entlang des Mittelmeers und darüber hinaus finden sich zum Beispiel im typisch venezianischen Gericht sarde in saor wieder, bei dem Sardinen mit einer würzigen Zwiebelsauce sowie Pinienkernen und Sultaninen verfeinert werden. Auch aus anderen Teilen Italiens finden die schmackhaftesten Zutaten ihren Weg in die venezianische Küche – darunter Rindersteaks aus der Toskana, mozzarella di bufala (Mozzarella aus Büffelmilch) aus Kampanien und Blutorangen aus Sizilien.

Cicheti – günstige Sattmacher

Selbst in schlichten venezianischen *osterie* und *bacari* kosten die meisten Gerichte deutlich mehr als anderswo in Italien. Ein gewisser Preisaufschlag ist verständlich, schließlich müssen sämtliche Produkte, inklusive Fisch und Meeresfrüchte, mühsam per Boot an Ort und Stelle gebracht werden. Doch es existiert auch eine preisgünstige Alternative, die *cicheti.* Diese venezianische Version der Tapas gehört zu den besten Kreationen der italienischen Küche. *Cicheti* stehen mittags auf der Karte, außerdem werden sie zwischen 18 und 20 Uhr zusammen mit Spitzenweinen aus dem Veneto (Venetien) serviert. Die schier endlose Auswahl an *cicheti* reicht von einfachen Barsnacks, wie z. B. pikante Fleischbällchen oder Bruschetta mit Tomaten und Basilikum, bis hin zu raffinierten Kombinationen. Für Letzteres einige Beispiele: Im All'Arco (S. 117) serviert man einen kleinen Teller mit weißem Bassano-Spargel und prallen, in Pancetta gewickelten Shrimps aus der Lagune. Das Dai Zemei (S. 119) bietet *crostini* (geröstetes Weizenbrot) mit weicher Salami (aus der Region) und mariniertem Radicchio. Frisch gebackene Vollkorncroissants mit Mortadella und Pistaziensalsa gibt's im Zenzero (S. 157).

Die Preise beginnen bei 1 € für pikante Fleischbällchen, während die Spanne bei besonderen kulinarischen Kreationen von 3 bis 6 € reicht. Sättigende *cicheti* wie *crostini* mit Belag, *panini* (Sandwiches oder belegte Brötchen) und *tramezzini* (Sandwiches aus weichem Weißbrot, häufig mit Mayonnaise) kosten zwischen 1,50 und 4 €. Viele *bacari* und *enoteche* (Weinbars) bieten abends *cicheti* an, die als Abendessen völlig ausreichen. Übrigens: *cicheti* verzehrt man in der Regel im Stehen oder auf Barhockern am Tresen.

In den Gassen von Venedigs Stadtvierteln verstecken sich zahlreiche *osterie* und *bacari,* die *cicheti* mit superfrischen Zutaten zubereiten und zu moderaten Preisen anbieten. Hier einige Stadtviertel und die jeweiligen Straßen und Plätze, wo gute *cicheti zu finden sind*:

Cannaregio (S. 136) Fondamenta degli Ormesini und abseits der Strada Nuova.

San Polo & Santa Croce (S. 117) Rund um den Rialto-Markt und den Campo San Giacomo dell'Orio.

Castello (S. 157) Via Garibaldi und Calle Lunga Santa Maria Formosa.

San Marco (S. 82) In der Umgebung vom Campo San Bartolomeo, Campo Santo Stefano und vom Campo della Guerra.

Das Menü

Cicheti sind eine gute, frische Alternative zu Fastfood. Doch irgendwann taucht auch der Wunsch auf, in einer *osteria* in einer Seitengasse oder in einem Restaurant am Kanal gemütlich zu speisen. Ängstliche Restaurantbesucher, die sich dann an die offensichtlichen Touristenmenüs klammern, erleben mit einiger Wahrscheinlichkeit eine Enttäuschung. Wer sich jedoch traut, saisonale Spezialitäten zu bestellen, wird in kulinarischer Hinsicht reich belohnt und zahlt häufig weniger als erwartet.

PIATTI (GÄNGE)

Niemand erwartet von Besuchern, dass sie ein dreigängiges Menü plus *antipasti* und Dessert schaffen, aber jede Speisekarte lockt hier mit vielen leckeren *piatti.*

Antipasti (Vorspeisen) bestehen aus gebratenem Gemüse, frischen *crudi* (venezianische Sushi) aus der Lagune (z.B. Garnelen) oder einem Teller mit Schinken und Käse.

Primi (erster Gang) bestehen normalerweise aus Pasta oder Risotto; eine typische venezianische Spezialität sind *bigoli,* dicke Nudeln. In vielen Restaurants bekommt man auch die aus Verona stammenden Gnocchi, kleine Kartoffelklößchen. Typisch venezianisch dagegen ist Polenta – Maisgrieß, der nach dem Kochen noch gebraten wird. Ein venezianisches Sprichwort heißt „*Xe non xe pan, xe poenta*" („Auch wenn es kein Brot mehr gibt, gibt es immer noch Polenta") – eine nette Art, eine gewisse Unbekümmertheit auszudrücken.

Secondi (zweiter Gang oder Hauptgerichte) bestehen üblicherweise aus Fleisch oder Meeresfrüchten. Eine beliebte Spezialität ist *fegato alla veneziana,* geschnetzelte Leber mit gebratenen Zwiebeln und einem Spritzer Rotwein. Wer keine Innereien mag, findet auch das übliche Angebot an *manzo* (Rind), *agnello* (Lamm) und *vitello* (Kalb). Überzeugte Fleischesser sollten unbedingt das *carpaccio* probieren – dünngeschnittenes rohes Rindfleisch, das in Harry's Bar (S. 84) mit einer Sauce aus gewürfelten Tomaten, Sahne, Senf und Worcestershire-Sauce serviert wird. Das Gericht wurde nach dem venezianischen Maler Vittore Carpaccio benannt, der berühmt für seine großzügige Verwendung von blutroter Farbe war.

Contorni Bei den *contorni* (Beilagen) findet man eine große Auswahl an *verdure* (Gemüse). Vegetarier sollten hier zuerst nachschauen – aber auch für die Fleischfans ist diese Rubrik wichtig, denn häufig werden *secondi* ohne Beilage serviert. Besonders gut schmecken immer die saisonalen Gemüsesorten.

Dolci Zu den *dolci* (Desserts) zählen auch Kuchen und Kekse. Sie sind in Venedig meistens *fatti in casa* (hausgemacht) – wenn nicht, gibt es immer noch die *gelaterie* (Eisdielen), die für 1,50 bis 2,50 € köstliche Kugeln in allen erdenklichen Geschmacksrichtungen anbieten.

WAS SPEISEKARTEN ERZÄHLEN

Vorneweg einige narrensichere Tipps, um eine seriöse venezianische *osteria* von einer „faulen Nuss" zu unterscheiden: Lasagne, Spaghetti Bolognese und Pizza sind keine venezianischen Spezialitäten! Wenn alle drei Gerichte auf der Speisekarte stehen, macht man besser einen großen Bogen um das Restaurant – es gehört in den meisten Fällen zur Kategorie Touristenfalle. Ein Glückgriff sind häufig Speiselokale ohne feste Speisekarte, die ihr Angebot mit Kreide auf eine Tafel schreiben oder auf einem vervielfältigten Blatt Papier kundtun – auf Italienisch und gern auch mit Schreibfehlern. Das sind Hinweise auf Küchenchefs, die ihren Speiseplan quasi täglich neu erfinden, weil sie mit den frischen, saisonalen Zutaten kochen, die gerade auf dem Markt zu haben sind.

Obwohl sich der importierte Anteil an Fisch und Meeresfrüchten immer mehr erhöht, verwenden immer noch viele venezianische Restaurants ausschließlich fangfrische, einheimische Meerestiere und werben auch damit. Dafür nehmen sie in Kauf, dass sie ihre Zutaten in aller Herrgottsfrüh in der Pescaria (Fischmarkt; s. S. 114) besorgen müssen. Wie das saisonale Angebot an einheimischen Produkten aus der Lagune und von der nahen Insel Sant'Erasmo (S. 181) im Wechsel der Gezeiten und Jahreszeiten aussieht, spiegelt sich auf dem Rialto-Markt (S. 115) am anschaulichsten wider.

Restaurants, die sich besonders um die Verwendung von saisonalen einheimischen und nachhaltigen Produkten bemühen, sind in diesem Buch mit gekennzeichnet. Das Gleiche trifft auch auf die mit TOP CHOICE markierten Adressen zu (s. S. 34). Tipp: Wenn Fisch und Meeresfrüchte auf einer Speisekarte mit Sternchen versehen sind, lohnt sich ein Blick auf die erläuternde Fußnote: Es kann sich um *surgelati* (gefrorene Ware) handeln, die womöglich von weit her herangeschafft wurde, was weder umweltfreundlich noch dem Geschmack zuträglich ist.

WAS VENEZIANER GERNE TRINKEN

Keine venezianische Mahlzeit – inklusive Mittagessen –wäre perfekt ohne mindesten eine *ombra* (Glas Wein). Morgens um 9 Uhr helfen die Fischhändler in der Pescaria den Landratten auf die Sprünge, indem sie ihnen einen *prosecco*, Venetiens beliebtestes Blubberwasser, kredenzen, um auf den Tagesfang anzustoßen. Angesichts der Fülle an Fisch und Meeresfrüchten haben hungrige Fischmarktbesucher in der Mittagstagzeit die Qual der Wahl. Ein leckeres Menü wäre z. B. Oktopussalat, schwarzer Risotto (mit Tintenfischtinte gefärbt) und *granseola* (Seespinne) – nicht zu vergessen das obligatorische *ombra*. Zu zahlreichen venezianischen Gerichten wird ein geschmacklich genau abgestimmter regionaler Wein gereicht, der den Geschmack der Speisen abrundet. Manche *enoteche* und *osterie* haben ein Weinsortiment auf Lager, bei dem die Weinsorten in die Hunderte gehen. Eine Auswahl der beliebtesten alkoholischen Getränke der Venezianer findet sich auf S. 35.

Vegetarier & Veganer

Selbst in einer Stadt, in der Fisch und Meeresfrüchte in der vordersten Linie der kulinarischen Front stehen, müssen Vegetarier und Veganer nicht verzweifeln. Mit ein bisschen Geschick finden sie in Venedig mehr Auswahl als mitunter zu Hause. Die auf den Feldern der nahen Inseln gezogenen Produkte sind der Stolz vieler venezianischer Restaurants. Und die *contorni* (Beilagen) der *primi* wie Polenta, Pasta und Risotto bestehen häufig aus Spargel, Artischocken, Radicchio und *bruscandoli* (wilder Hopfen). Typische venezianische *contorni* sind gegrilltes Gemüse und Salate (beides natürlich aus der Region) sowie *cicheti* mit mariniertem Gemüse und Käse aus dem Veneto.

Die Speiselokale mit einer guten Auswahl an fleischlosen Gerichten in allen Preislagen sind in diesem Buch mit gekennzeichnet. Eine Pizza ohne Fleisch und Käse lässt sich relativ leicht finden, ebenso wie Eisdielen, die ein milchfreies *sorbetto* (Sorbet) oder Eis aus *latte di soia* (Sojamilch) anbieten. Selbstversorgung ist eine Alternative für Veganer oder auch für Menschen, die auf eine bestimmte Ernährung angewiesen sind. Wenn die Gäste rechtzeitig im Voraus Bescheid sagen, bemühen sich viele Restaurants und *osterie*, Ernährungsgepflogenheiten bzw. Diäten zu berücksichtigen.

Selbstversorgung

Auf den meisten *campi* (Plätzen) ist das Picknicken nicht erlaubt, so soll zusätzlich anfallender Müll vermieden werden. Venedig kämpft sehr seinem Müll, der komplett mit Lastkähnen abtransportiert werden muss. Bei zahlreichen B&Bs, Apartments oder Hotels besteht dennoch die Möglichkeit, irgendwo im Freien mit ein paar Leuten ein Picknick zu veranstalten. Ideale Picknickplätze mit tollem Ausblick auf die Lagune sind die Strände des Lido di Venezia, die Biennale-Gärten sowie die nördlichen Laguneninseln Mazzorbo, Torcello, Le Vignole und Sant'Erasmo.

BAUERNMÄRKTE

Ausgezeichnete regionale Produkte, vom Gemüse bis zum Fisch, bietet der Rialto-Markt (S. 116). Er liegt gleich neben der legendären Pescaria, Venedigs 600 Jahre altem Fischmarkt. Das frische Obst und Gemüse sowie die Kräuter auf dem Biomarkt von Giudecca (S. 173, jeden Donnerstagmorgen) produziert eine Kooperative in Giudeccas Gefängnis; der Erlös fließt in ein Resozialisierungsprogramm. Bei gutem Wetter ankert ein Marktkahn am Campo San Barnaba in Dorsoduro, unweit des Ponte dei Pugni. Weniger als ein halbes Kilo verkaufen die Händler allerdings nicht. Wer nur einen einzelnen Pfirsich will, muss ihn sich anderswo besorgen.

LEBENSMITTELGESCHÄFTE

In der Umgebung des Rialto-Markts befinden sich Feinkost- und Spezialitätenläden, darunter auch ein Bioladen. Der **Billa Supermarkt** (Karte S. 336; Strada Nuova 3660, Cannaregio; ⌚Mo–Sa 8.30–20, So 9–20 Uhr) ist ein gut sortiertes Lebensmittelgeschäft. Ein besseres Feinkostsortiment führt jedoch der **Coop** (Karte S. 332; ☎041 296 06 21; Piazzale Roma, Santa Croce; ⌚Mo–Sa 9–13 & 16–19.30 Uhr; ⛴Piazzale Roma), ein Lebensmittelgeschäft der Agrargenossenschaft. Am Campo San Giacomo dell'Orio befindet sich eine weitere Filiale. Eine große Auswahl an frischem Brot und Gebäck bietet Mauro El Forner de Canton (S. 121) sowie die im Register aufgeführten Bäckereien bzw. Konditoreien.

Essenszeiten

Restaurants und Bars sind an einem Tag in der Woche geschlossen, in der Regel sonntags oder montags. Knurrt der Magen außerhalb der offiziellen Essenszeiten, bleiben immer noch die Cafés und Bars. Sie haben von 7.30 bis 20 Uhr geöffnet und bieten durchgehend Snacks an. Öffnungszeiten werden in diesem Kapitel nur genannt, wenn sie erheblich von den nachfolgenden Zeiten abweichen.

Prima colazione (Frühstück) gibt es zwischen 8 und 10 Uhr. Venezianer setzen sich selten zum Frühstück, sondern trinken auf dem Weg zur Arbeit in einer Bar einen schnellen Cappuccino und essen ein *brioche* (Croissant) oder ein Gebäckstück (*pastine*) dazu.

Pranzo (Mittagessen) wird zwischen 12 und 14.30 Uhr serviert. Die meisten Restaurants nehmen nach 14 Uhr keine Bestellung mehr auf. Das Mittagessen ist die Hauptmahlzeit des Tages, viele Geschäfte schließen daher mittags für zwei bis drei Stunden. Man sollte es wie die Einheimischen halten und abends nur *cicheti* essen. Andererseits: Die Mittagsmenüs kosten in Venedig etwa das Gleiche wie die Gerichte auf der Abendkarte; die meisten Tagestouristen stürmen die Restaurants zur Mittagszeit, sodass es zum Abendessen sehr viel ruhiger wird.

Cena (Abendessen) wird zwischen 19 und 22 Uhr eingenommen. Die Öffnungszeiten der Restaurants variieren, im Allgemeinen jedoch sind die meisten Speiselokale gegen 19.30 Uhr voll und nehmen nach 22 Uhr keine Bestellungen mehr an.

Tipps fürs Essengehen

Tausende Besucher strömen täglich durch Venedig und wollen irgendwann auch ihren Hunger stillen. Bei solch einem Andrang reagieren die Bedienungen schon mal genervt oder gleichgültig oder legen ein Schneckentempo an den Tag. Wer jedoch sein Interesse an echtem venezianischem Essen überzeugend bekundet, erhält als Belohnung einen aufmerksameren Service, bessere Beratung und höchstwahrscheinlich auch ein Essen der unvergesslichen Art. Die Gunst der Bedienung und des Küchenchefs lässt sich mit den vier nachfolgenden Gesten gewinnen. Stellen sie doch unter Beweis, dass man *una buona forchetta* (eine gute Gabel, d. h. ein guter Esser) ist.

Einfach die Speisekarte ignorieren und stattdessen den Kellner nach den Spezialitäten des Hauses und der Jahreszeit fragen, zwei Vorschläge auswählen und ihn dann um seine Empfehlung bitten. Anschließend die Speisekarte zuklappen und sagen „Allora, facciamo cosi, per favore!" (Okay, dann machen wir das bitte so!) Jetzt ist der Tag des Kellners gerettet und der Chef geschmeichelt – gute Voraussetzungen für ein gelungenes Mahl.

Gute Getränke bestellen: Es muss kein abgefülltes Wasser in Flaschen sein – acqua del rubinetto (Leitungswasser) ist hervorragend trinkbar und aus Umweltgründen zu empfehlen. Zu einem guten Essen gehört ein ordentlicher Wein, häufig bekommt man ihn auch als offenen Wein oder in halben Flaschen. Auch wenn man den Wein nicht kennt: Kleine Weingüter machen meist keine Werbung und exportieren den Wein nicht einmal innerhalb Italiens, weil meist die gesamte Ernte gleich von venezianischen osterie und enoteche (Weinlokalen) aufgekauft wird.

Primi **zunächst ohne Sauce oder Würze probieren.** Die venezianischen Meeresfrüchte-Risotti und Pastagerichte haben so ein reiches Aroma, dass sie weder zusätzliche Gewürze noch Parmesan brauchen.

Unbedingt frische Meeresfrüchte aus der Lagune probieren. Keiner erwartet, dass man unbedingt eine Vorspeise oder einen secondo bestellt – aber wenn, dann sollten es Antipasti mit Fisch oder frittura (frittierte Meeresfrüchte) sein. Und auch hier gilt, erst einmal senza limone (ohne Zitrone) probieren: Die Venezianer sind fest davon überzeugt, dass zu dem feinen Geschmack ihrer Meeresfrüchte nur Pfeffer und Salz passen. Statt des Zitronensafts empfiehlt sich ein spritziger Weißwein aus dem Veneto, der das feine Aroma verstärkt.

Wo sich Gourmets wohlfühlen

Seit Jahrzehnten hält sich Venedigs schlechter Ruf, eine Stadt zu sein, die weder gutes noch preisgünstiges Essen zu bieten hat. In diese Vorurteilsfalle tappen unzählige Tagestouristen und so halten sie sich quasi schutzsuchend an die aufgewärmte Tiefkühlpizza im Stadtviertel San Marco. Nur wenige nehmen wahr, was sie nur eine Brücke weiter zum gleichen Preis verzehren könnten: *crostini* mit Scampi und gegrillten Babyartischocken oder Thunfischtartar mit wilden Walderdbeeren und cremiger Balsamicosauce. Schade, denn in den Bars findet sich immer ein Plätzchen, um beste *cicheti* zu verspeisen. Selbst in Spitzenrestaurants sind Tischreservierungen fast immer möglich – vor allem abends, nachdem Tagesausflügler die Stadt verlassen haben.

Wer auf gute venezianische Kost Wert legt, meidet besser die Restaurants in der Umgebung der Basilica di San Marco und des Bahnhofs sowie die Lokale an den Hauptwasserstraßen. Die besten Lokale liegen an versteckten *campi* (Plätzen) und in kleinen Gassen, z.B. in folgenden Stadtvierteln:

Cannaregio (S. 136) Fondamenta Savorgnan, Fondamenta della Sensa und Calle Larga Doge Priulli.

San Polo & Santa Croce (S. 118) In der Umgebung des Rialto-Markts, des Campo San Polo, Campo San Giacomo dell'Orio und in der Calle Larga dei Bari.

Castello (S. 157) In der Umgebung des Campo Bandiera e Moro, des Zanipolo und in der Via Garibaldi.

San Marco (S. 83) Calle delle Botteghe, Calle Spezier und Frezzeria.

Dorsoduro (S. 97) Calle Lunga San Barnaba, Calle della Toletta und Calle Crosera.

Giudecca (S. 172) Fondamenta delle Zitelle.

Was die Stadtviertel bieten

- **San Marco** *Osterie* in abgelegenen Gassen, *cicheti* und panini nach Slow-Food-Art.
- **Dorsoduro** Fleischorientierte Küche und leichte Snacks.
- **San Polo & Santa Croce** Von marktfrischen Zutaten inspirierte Küche, kreativ zubereitete *cicheti*, Pizza und vegetarische Kost.
- **Cannaregio** Traditionelle *cicheti*, authentische *osterie* und Lokale in Kanallage.
- **Castello** Gewagte innovative Küche, Pizza und preiswerte *cicheti*.
- **Giudecca, Lido & die südlichen Inseln** Traditionelle Gerichte aus Fisch und Meeresfrüchten, Restaurants am Wasser.
- **Murano, Burano & die nördlichen Inseln** Fisch und Meeresfrüchte fangfrisch aus der Lagune, Lokale mit idyllischen Sitzplätzen im Freien.

Top-Tipps

All'Arco (S. 118) Mit panini werden die Tagesausflügler geködert, doch der wahre Genuss sind die meisterhaft und frisch zubereiteten *Cicheti*-Kreationen, die besten in ganz Venedig.

Venissa (S. 184) Ein Mittagessen auf der Veranda mit Blick auf Weinberge, fangfrische Spezialitäten aus der Lagune und Kochkunst der hohen Schule.

Anice Stellato (S. 136) Hier hat Venedig das Stadtviertel-Bistro neu erfunden: schöne Kanallage, ein Flair wie zu alten Gewürzhandelszeiten und Fisch und Meeresfrüchte, die fangfrisch aus der Lagune kommen.

Trattoria Corte Sconta (S. 157) Ein verstecktes Kleinod in Castello, mit ruhigem Innenhof und einfallsreichen Gerichten aus frischen Zutaten.

Al Pesador (S. 118) Restaurant mit Gerichten, die begeistern; köstliche, marktfrische Speisen.

Preisgünstig

€

All'Arco (S. 118)

Pronto Pesce Pronto (S. 118)

Dai Zemei (S. 118)

Enoteca al Volto (S. 82)

Tearoom Caffè Orientale (S. 118)

€€

Anice Stellato (S. 136)

I Figli delle Stelle (S. 172)

Ristorante La Bitta (S. 97)

Antiche Carampane (S. 118)

Antica Adelaide (S. 137)

€€€

Venissa (S. 184)

Trattoria Corte Sconta (S. 157)

Al Pesador (S. 118)

Met (S. 157)

Al Covo (S. 157)

Leckere Cicheti

All'Arco (S. 118)

Pronto Pesce Pronto (S. 118)

I Rusteghi (S. 84)

Zenzero (S. 157)

Dai Zemei (S. 118)

Nett ausgehen

Al Covo (S. 157)

Met (S. 157)

I Figli delle Stelle (S. 172)

Avogaria (S. 98)

Osteria San Marco (S. 82)

Am Wasser

Al Pesador (S. 118)

Ai Canottieri (S. 137)

Taverna del Campiello Remer (S. 138)

La Palanca (S. 172)

Dalla Marisa (S. 137)

Für Vegetarier

Le Spighe (S. 157)

Tearoom Caffè Orientale (S. 118)

Osteria La Zucca (S. 118)

La Cantina (S. 138)

Antica Adelaide (S. 137)

Besonders umweltbewusst

Anice Stellato (S. 136)

Alaska Gelateria (S. 118)

Vecio Fritolin (S. 118)

Grom (S. 89)

Antica Ristorante agli Schioppi (S. 205)

Mit Gartenambiente

Trattoria Corte Sconta (S. 157)

Trattoria da Ignazio (S. 120)

Al Nono Risorto (S. 120)

La Favorita (S. 174)

Al Profeta (S. 105)

Klassische venezianische Küche

Dalla Marisa (S. 137)

Osteria al Garanghelo (S. 157)

Antiche Carampane (S. 118)

Al Pontil Dea Giudecca (S. 172)

Enoteca al Volto (S. 82)

Innovative venezianische Küche

Venissa (S. 184)

Trattoria Corte Sconta (S. 157)

Met (S. 157)

Cucina da Omar (s. Kasten S. 186)

Al Covo (S. 157)

Ausgehen & Nachtleben

Wenn die Sirenen zur Ankündigung von acqua alta *(Hochwasser) heulen, schließen die Venezianer brav ihre Geschäfte, eilen nach Hause, um ihren Hochwasserschutz in Stellung zu bringen, streifen dann ihre Stiefel über – und sind schon wieder fort. Warum sollte Hochwasser die Abendunterhaltung stören? Welche Hindernisse auch immer sich in den Weg stellen, Venezianer finden einen Weg, sich das Leben zu versüßen.*

Happy Hour

Die Happy Hour beginnt in Venedig gegen 18 Uhr. Während der auf ihre Art „ glücklichsten Stunde" des Tages (es können gerne auch einmal zwei sein) offerieren zahlreiche Lokale alkoholische Getränke und schmackhafte *cicheti* (venezianische Tapas) zu günstigen Preisen. In den Bars (kleinen Kneipen) kostet *un'ombra* (ein kleines Glas Wein, wörtlich: Schatten oder Hauch) dann mitunter weniger als 1,50 €. Wer frühzeitig erscheint, entgeht nicht nur dem Massenandrang, sondern kann auch gerade frisch zubereitete *cicheti* genießen.

Die Adressen der *osterie* (Tavernen, Wirtshäuser), *enoteche* (Weinbars) und *bacari* (einfache Lokale, Kneipen), die leckere *cicheti* anbieten, finden sich auf S. 32.

Giro d'Ombra

Ein echter venezianischer *giro d'ombra* (Kneipentour) startet bereits am Morgen. Die erste Anlaufstelle ist die Pescaria, um mit den Fischern einen *prosecco* zu trinken. Gegen 9 Uhr stoßen sie auf ihr hartes Tagwerk an, das ja schon um 3 Uhr morgens begonnen hat. Weiter geht's um die Mittagszeit mit Wein und *cicheti* in den *bacari* am lebendigen und bunten Rialto-Markt. Für Langschläfer ist das übrigens eine zweite Chance, in den *giro d'ombra* einzusteigen. Danach folgen fünf lange „trockene" Stunden, bis der abendliche Teil des *giro d'ombra* losgeht. Jetzt locken die Lokale rund um den Campo Santa Margherita in Dorsoduro (S. 105), den Campo Bella Vienna in San Polo (S. 122), an der Fondamenta degli Ormesini in Cannaregio (S. 138) und am Campo Maria Formosa in Castello (S. 160). Manche Bars bieten gelegentlich Livemusik, um ihre Gäste zu längerem Bleiben zu animieren. Veranstaltungsorte mit Livemusik der unterschiedlichsten Art sind im Kapitel „Unterhaltung" (ab S. 42) aufgeführt.

Venezianische Vielfalt

Ausgehen in Venedig, das scheint ein grenzenloses Vergnügen zu sein. Wein und Schnaps lässt sich nicht mischen? Die venezianischen Cocktails beweisen das Gegenteil, unter ihnen *spritz*, aus Prosecco, Sodawasser und süß-bitterem Aperol oder bitterem Campari gemixt. Keine Drinks für harte Männer? Wer das glaubt, sollte sich einmal mit einem kräftigen Bootsbauer unterhalten, der einen Spumante (Schaumwein) genießt.

Das reichhaltige Getränkeangebot macht die Auswahl nicht gerade einfach. Der Preis ist kein Qualitätshinweis. Man bezahlt vielleicht zwei Euro für einen süffigen *spritz* und bedauert es am nächsten Tag, einen 15 € teuren Bellini (wow!) bestellt zu haben. Wem der Drink nicht schmeckt, lässt ihn einfach stehen und wandert zur nächsten *bacaro*. Venedig ist zu klein und das Leben zu kurz, um sich mit Fusel abzugeben. Gut ist es immer, andere Gäste nach ihrer Empfehlung zu fragen – die Happy Hour ist eine sehr gesellige Zeit.

DIE LIEBLINGSGETRÄNKE DER EINHEIMISCHEN

Prosecco Der spritzige Weiße ist der Treibstoff einer jeden venezianischen Party, die Preisspanne reicht von 1,50 € für Non-Vintage-Sorten (ohne Angabe eines Jahrgangs) bis 3,50 € für einen DOCG Conegliano Prosecco Superiore.

Spritz Ein hartes Getränk, doch weich fällt man beim Preis (1–2,50 €). Der *Prosecco*-Cocktail ist ein beliebter Drink, der von Studenten wie von Rentnern gerne in Venedig Bars bestellt wird.

Soave Ein ausgewogener Veneto-Wein aus der Garganega-Traube. Als junger Wein (2–5 €) besitzt der Soave eine erfrischende Note und passt gut zu Fisch und Meeresfrüchten. Der reifere, komplexere Soave Classico (2,50–6 €) ist ein süffiger Begleiter in geselliger Runde.

Amarone Der Tizian der Weine: ein schwerer, rassiger Roter aus Valpollicella- und Corvina-Trauben, komplex mit bittersüßem Abgang und teuer (6–18 € pro Glas) – eine stürmische, in Flaschen abgefüllte Liebesaffäre.

Morgana-Bier Ein lohnenswertes Bier, das vom Besitzer des La Cantina (S. 138) selbst gebraut wird. Das nicht pasteurisierte, ungefilterte Bier ist an heißen Tagen unbestreitbar ein guter Durstlöscher und auch ein Favorit von Touristen.

Raboso del Piave Dieser Wein erinnert an James Bond: frech und frisch, wenn er jung ist, und mit zunehmender Reife brillant – ein Wein für ganz besondere Stunden. Man trinkt ihn am besten in gut sortierten *enoteche*.

Friulano (früher **Tocai** bzw. Tocai Friulano) Ein ausgewogener Weißer aus dem benachbarten Friuli (Friaul), so elegant und harmonisch wie Palladios Bauwerke und beliebt bei Weinkennern. (Laut EU-Verordnung ist ab dem Jahrgang 2008 die Bezeichnung Tocai nicht mehr erlaubt, es darf nur noch Friulano auf dem Etikett stehen, um eine Verwechslung mit dem Tokajer auszuschließen.)

Refosco dal Peduncolo Rosso Intensiv in der Farbe, voll im Geschmack, ein besonderer Tropfen mit Stil. Bei diesem Wein hebt der Sommelier anerkennend die Augenbrauen.

Cafés

Venedigs legendäre Café-Bars sind ideal, um sich mit Kaffee und Gebäck zu stärken. Wer das vor und nach einem *giro d'ombra* (Kneipentour) tut, sollte statt Cappuccino besser die stärkere venezianische Espressospezialität wählen: den *macchiatone* (Espresso mit einem großen Schuss heißer Milch). Historische Cafés, die schon seit dem Barock bestehen, säumen die Piazza San Marco, z. B. das Caffè Florian (S. 84) und das Caffè Lavena (S. 84). Hier wird zu den Klängen eines Live-Orchesters Kaffee und heiße Schokolade serviert. Das dient aber auch der Beruhigung des eigenen Pulses, wenn dieser nach dem Genuss beim Blick auf die Rechnung in die Höhe schießt. Aber so tickt Venedig nun mal und ein bisschen Dekadenz gehört eben dazu. Wie wär's daraufhin mit einem *caffe corretto* (Espresso mit Schuss) zur Entspannung?

Enoteche

In gut sortierten *enoteche* (Weinbars) öffnet der Sommelier auf die Frage nach etwas *qualcosa di particolare* (Besonderem) möglicherweise einen der innovativen Weine aus dem Veneto (Venetien). Das heißt in diesem Fall: Er kredenzt einen Wein aus gebietsfremden Rebsorten oder Sorten, die nur ausgewiesene Profis kennen. Doch selbst Weine aus traditionellen Rebsorten können einen ungewöhnlichen Charakter besitzen, weil die Reben im Veneto auf den unterschiedlichsten Böden, von sumpfig bis alpin, wachsen. So ist ein Merlot oder Soave von der Weinkarte die wohl risikoreichste Wahl. Zunächst einmal auf einer *ombra* (kleines Glas) zu bestehen, ist empfehlenswert, sonst fällt die Rechnung womöglich ebenfalls „ungewöhnlich" aus.

Spezialisierte *enoteche* wie I Rusteghi (S. 84), Enoteca Mascareta (S. 160) und Al Prosecco (S. 122) halten Venedigs altehrwürdige Tradition hoch und führen auch gute Tropfen als offene Weine. Wer neue Weine entdecken will, muss in diesen Weinbars zum Glück nicht gleich eine ganze Flasche bestellen.

DOC VERSUS IGT

Erstklassige italienische Weine sind mit dem offiziellen Qualitätssiegel DOC *(denominazione di origine controllata – geprüfte Qualität)* oder der höchsten Bewertung DOCG (*denominazione di origine controllata e garantita* – garantierte Qualität) gekennzeichnet.

Doch viele der kleinen Winzer in Venetien kümmern sich nicht um diese externen Bewertungskriterien, weil sie ihre Weine direkt an venezianische *osterie* und *enoteche* liefern. Einige Winzer bevorzugen die Kennzeichnung IGT (Indicazione Geografica Tipica), die garantiert, dass der Wein aus regionaltypischen Rebsorten hergestellt wird. Verbunden damit ist aber die Möglichkeit, auch mit gebietsfremden Rebsorten und nichttraditionellen Methoden (wie der Fermentation mit wilden Hefen) zu experimentieren.

Wer sich für regionale Weine interessiert, sollte die **Vinitaly** (www.vinitaly.com) nicht versäumen. Sie findet jedes Frühjahr (März/April) in Verona statt und ist Italiens größte Weinfachmesse. Unter den über 40 000 ausgestellten Weinen dieser Messe sind auch viele IGT- und DOCG-Weine aus dem Veneto.

GUT ZU WISSEN

Öffnungszeiten

Café-Bars haben in der Regel von 8 bis 20 Uhr geöffnet, manche auch länger, verwandeln sich dann aber mitunter in einen Treffpunkt für trinkfreudige Zeitgenossen. Pubs und Weinbars schließen nachts zwischen 1 und 2 Uhr.

Event-Kalender

Gute Informationen über anstehende Events bieten die kostenlosen Magazine **VeNews** (www.venezianews.it), **Venezia da Vivere** (www.veneziadavivere.com) und **2Venice** (www.2venice.it). Die Druckausgaben liegen in der ganzen Stadt aus, alle Infos finden sich aber auch auf der jeweiligen Website. Über Events in Lido di Jesolo und in den Gegenden rund um die Lagune informiert die Website www.turismovenezia.it.

Lärmbelästigung vermeiden

Bitte ab 22 Uhr leise sein. Laute Stimmen oder gar Gegröle hallen in Venedigs Straßen wie ein Gewitterecho wider. Schlimmer als wegen Lärmbelästigung von der Polizei verhaftet zu werden, sind die Schimpfkanonaden einer venezianischen *nonna* (Großmutter).

Nachtleben

Ziemlich tote Hose herrscht in der Tanzclubszene im Zentrum von Venedig. Als Spaßbremse tritt dabei der Lärmschutz auf den Plan, denn jeder Schritt erzeugt in den stillen, engen *calli* (Gassen) einen lautstarken Hall. Im Sommer gibt es allerdings heiße Alternativen. Wenn die Strände und Clubs am Lido di Venezia (S. 173) öffnen, steht Partymachen ohne Ende auf dem Programm. Das gilt auch für den Lido di Jesolo (S. 186), der sich nordöstlich von Venedig an der Adriaküste erstreckt und mit dem Auto in einer Stunde erreichbar ist. Padua (S. 198) wartet ebenfalls mit einer angesagten Clubszene auf, darunter auch Schwulen- und Lesbentreffs.

Top-Tipps

I Rusteghi (S. 84) Gondolie-re singen gratis, wenn Giovanni d'Este, stadtbekannter Sommelier in fünfter Generation, seine Kultweine zusammen mit leckerer Wildschweinsalami kredenzt.

Al Prosecco (S. 122) Ein Toast auf Italiens hervorragende Bioweine! Biotrauben, wilde Hefen (bestimmte einzellige Pilze) und biologisch-dynamische Herstellungsmethoden sorgen für das süffige Ergebnis, das Einheimischen und Touristen gleichermaßen mundet.

Al Mercà (S. 122) Am Kai des Canal Grande locken erstklassige Weine, guter Käse und leckere *cicheti*.

Cantinone Già Schiavi (S. 99) Kleine Flaschen Bier und ein buntes Gemisch aus Stammkundschaft und Lokalgrößen halten diese historische Bar in Schwung.

Al Timon (S. 138) Tische und Stühle am Kanal, *crostini,* Karaffen mit gutem Hauswein sowie ab und zu Livemusik ergeben unterm Strich – eine Idylle.

Gutes Bier

La Cantina (S. 138)

Agli Ormesini (S. 139)

Il Santo Bevitore (S. 138)

Cantinone Già Schiavi (S. 99)

Antica Birreria Della Corte (S. 121)

Gepflegte Weine

Vinitaly (S. 40)

I Rusteghi (S. 84)

Al Prosecco (S. 122)

Enoteca Mascareta (S. 160)

Cantina di Millevini (S. 105)

Enoteca Al Volto (S. 76)

Klassische Cocktails

Danieli in der Bar Terazza Danieli (S. 162)

Spritz mit Olive bei Ai Postali (S. 122)

Rialto in der B-Bar (S. 85)

Bellini in Harry's Bar (S. 85)

Mojito bei Muro Vino e Cucina (S. 122)

Cafés & Teestuben

Caffè Florian (S. 84)

Caffè Lavena (S. 84)

Sala da tè Orientale (S. 120)

Sala da tè Beatrice (S. 99)

Teamo (S. 84)

Tolle Clubs

Terrazzamare (S. 186)

B.each (S. 174)

Flexoclub (S. 199)

Il Muretto (S. 186)

Marina Club (S. 186)

Weinprobe

Vinitaly (S. 406)

La Strada di Prosecco (S. 216)

Suavia (S. 217)

Enoteca Valpolicella (S. 217)

I Rusteghi (S. 84)

Mit schöner Aussicht

Bar Terazza Danieli (S. 162)

Caffè Florian (S. 84)

Caffè Lavena (S. 84)

Harry's Dolci (S. 172)

Qcoffee Bar (S. 162)

PETER HUGGINS / ALAMY ©

Musiker spielen für die Gäste des Caffè Florian (S. 85)

Unterhaltung

Nach dem Niedergang der venezianischen Seemacht öffnete sich der Vorhang für Venedigs Musikszene. Sie zieht seit nunmehr vier Jahrhunderten Musikfreunde in ihren Bann. Sei es Oper, Barockmusik oder Jazz: Heute schlägt Venedigs Herz für seine ihm eigene lebendige Musikkultur. Sportveranstaltungen und Rockkonzerte halten sich in Grenzen; zum einem fehlt der Platz für Arenen, zum anderen spricht der Widerhall in den Gassen dagegen. Venedigs Regatten jedoch genießen ebenso wie seine Filmfestspiele weltweit einen hervorragenden Ruf.

Oper

Venedig pflegt die Oper, die klassische wie die moderne, und es beherbergt das legendäre Teatro La Fenice (S. 69), das nach dramatischen Bränden immer wieder auferstanden ist. Seit seiner Gründung im Jahr 1792 zählt es zu den bedeutendsten Opernhäusern der Welt. Auf seiner Bühne fanden die Premieren von Giuseppe Verdis *Rigoletto* und *La Traviata* statt.

Aber auch während der Theaterferien müssen Opernfans nicht darben: Von Juni bis August singen Opernstars aus aller Welt während Italiens größten Opernfestspielen in Veronas römischer Arena (S. 206) – unter freiem Himmel. Eib besuchenswerter Freiluftevent mit toller Atmosphäre.

Mit seinen eigenen Werken verhalf Claudio Monteverdi im 17. Jh. der Musikgattung „Oper" in Venedig zum Durchbruch. Seither strömen wahre Massen zu den Opernpremieren in die Stadt. Schon bevor in Venedig Europas erstes öffentliches Opernhaus gebaut wurde, genossen die Venezianer Opernaufführungen in privaten *palazzi* und (zum

Missfallen der Oberen in Rom) in kirchlichen Institutionen. Wie die Venezianer vor Jahrhunderten lassen sich auch heute noch Opernaufführungen in derartigen Räumlichkeiten genießen: In einem Palast am Canal Grande finden Aufführungen der Musica a Palazzo (S. 86) statt, in der Scuola Grande di San Giovanni Evangelista (S. 114) schmücken Fresken mit religiösen Motiven den Theaterraum und in der Scuola Grande dei Carmini (S. 95) tragen die Musiker bei ihrem Auftritt historische Kostüme. Informationen zum Ticketkauf siehe S. 39.

Klassische Musik

Barockmusik wird in Venedig an Originalschauplätzen gespielt. Im Pallazzo Ca' Rezzonico (S. 94) am Canal Grande steigt ihr Klang hinauf zu den Deckengemälden von Tiepolo. Sie ertönt in der Scuola Grande di San Rocco (S. 110) und im Salon der Casa di Goldoni (S. 118). Auch La Pietà (S. 153), die einstige Wirkungsstätte von Vivaldi, dient mitunter als Konzertsaal. Wenn die Oper im Sommer pausiert, spielt das **Orchestra Filarmonica della Fenice** (www.filarmonica-fenice.it) Symphonien im Opernhaus oder im angegliederten Teatro Malibran. Infos zu Venedigs Konzertprogrammen siehe S. 39.

Das Ensemble Interpreti Veneziani (S. 85) spielt Werke von Vivaldi und anderen Barockkomponisten auf Originalinstrumenten. Ihr von rasantem Elan geprägter Stil ist in Italien als baroque-n-roll oder ba-rock bekannt. Wenn das Ensemble nicht gerade durch die Welt tourt, spielt es in der Chiesa di San Vidal (S. 76), ihrem angestammten Spielort. Hier bildet ein Altarbild von Vittore Carpaccio eine dramatische Kulisse für die *con brio* (mit Schwung, auch mit Feuer) spielenden Streicher. Auf seinem Cello aus dem 18. Jh. entwickelt Starcellist Davide Amadio ein Temperament, das befürchten lässt, sein Instrument könne am Ende des Satzes zertrümmert sein. Eintrittskarten sind vor Ort oder im Museo della Musica (S. 81) erhältlich. Interpreti Veneziani unterstützt dieses informative Museum, das sich der Barockmusik und ihren Instrumenten verschrieben hat. Der Eintritt ist frei.

In Venedigs Kirchen mit Orgel und einer Fülle venezianischer Kunstwerke entfaltet sich Musik zu einem religiösen Erlebnis, wie z. B. in der Chiesa dell'Arcangelo

GUT ZU WISSEN

Ticketreservierung

Musikveranstaltungen sind im Sommer schnell ausverkauft. So ist es ratsam, die gewünschten Tickets frühzeitig zu kaufen. Online-Buchung bieten die Websites www.veniceconnected.com (auch auf Deutsch) oder www.musicinvenice.com (Ticketservice in gut verständlichem Englisch). Tickets gibt es außerdem an der Kasse des jeweiligen Veranstalters bzw. Veranstaltungsortes, außerdem bei den Kartenverkaufsstellen von **Hello Venezia** (☎041 24 24; www.hellovenezia.com), die sich an den Hauptanlegestellen der *vaporetti* befinden. Auch bei größeren Fahrkartenverkaufsstellen der ACTV sind Veranstaltungstickets erhältlich.

Öffnungszeiten

Die Veranstaltungen beginnen zu unterschiedlichen Zeiten. Abendkonzerte starten in der Regel zwischen 19 und 20.30 Uhr. Aufgrund der städtischen Lärmschutzbestimmungen (Widerhall in den engen Straßen) enden Rock-/Popkonzerte und Shows generell um 23 Uhr.

Veranstaltungskalender

Eine ausführliche, informative Programmübersicht (inkl. Online-Ticketverkauf) bietet Venedigs „Musikwebsite" www.musicinvenice.com (die meisten Infos stehen auch in Englisch zur Verfügung). Ausführlich über Konzerte, Aufführungen, Ausstellungen und andere kulturelle Veranstaltungen informiert www.turismovenezia.it (auch auf Deutsch). Umfangreich ist der Veranstaltungskalender (inkl. Online-Ticketverkauf) auf der Website www.veneziadavivere.com, er erfordert aber gute Italienischkenntnisse.

Schnäppchen

Günstige Last-Minute-Tickets und andere Tickets mit Ermäßigungen für Veranstaltungen sind manchmal auf der Website von **Weekend a Venezia** (http://en.venezia.waf.it) zu finden (nur online buchbar).

Gedeck

Der Eintritt in Clubs ist häufig kostenlos. Der Preis liegt zwischen 10 und 20 € und ist am Eingang zu entrichten.

Raffaele (S. 85) oder bei einem der seltenen Konzerte in der Basilica di San Marco (S. 60). Aber auch im Schatten der Basilica untermalt Musik das Ambiente: Bei Sonnenuntergang wehen häufig Tango- und Walzermelodien über die Piazza San Marco – gespielt von den Hausorchestern des Caffè Lavena (S. 84) bzw. des Caffè Florian (S. 84).

Jazz

An den kostümierten Straßenhändlern, die in eher peinlichen Kniebundhosen vor der Accademia ihr eigenes Operngeschäft abziehen, sollte niemand Anstoß nehmen. Das gehört zu Venedigs lebendiger Musikszene einfach dazu. Deren Vielfalt reicht schließlich von klassischer Musik bis hin zu improvisierten Jazz-Sessions und peppigem Ska (ein auf Jamaika entstandener, facettenreicher Musikstil; eine bekannte deutsche Band ist „The Busters"). Auf dem jährlich im Juli in Venedig stattfindenden Jazz-Festival (S. 21) treten internationale Stars auf, darunter Omar Sosa. Das ganze Jahr über zollt Venedigs Jazz Club (S. 105) Miles Davis, Chet Baker und Charles Mingus seinen Tribut. Jazz-Jamsessions laufen in Clubs wie dem Hosteria alla Poppa (S. 123) oder Ai Postali (S. 123).

Das Jazz-Festival im Sommer gipfelt häufig in einem großen Finale mit dem renomierten La-Fenice-Orchester. Bei diesem Spektakel auf der Piazza San Marco treten häufig prominente Künstler auf. Die Liste der großen Namen reicht vom Rocker Sting bis hin zu Italiens melancholischem Troubadour Paolo Conte.

Rock & Pop

Neben den jazzorientierten Clubs bieten eine Handvoll weiterer Clubs gelegentlich Livemusik, meistens Rock, Reggae, Folk und *leggera* (Pop). Bei den Events im Laboratorio Occupato Morion (S. 163) kommen Fans von Alternativem Rock und Punk auf ihre Kosten. Zu den Lokalen mit regelmäßiger Livemusik zählen: Paradiso Perduto (S. 140), Al Timon (S. 138), Bagolo (S. 122), Torino@Notte (S. 85), Il Santo Bevitore (S. 138) und Antica Osteria Ruga Rialto (S. 123). Wer hier allerdings erst am späten Abend eintrudelt, guckt in die Röhre. Schlag 23 Uhr sind alle Konzerte beendet – so verlangt es Venedigs Lärmschutzverordnung.

Zu internationalen Shows unter freiem Himmel lädt jedes Jahr im September die **Venezia Suona** (www.veneziasuona.it) ein. Die Aufführungen finden an ungewöhnlichen Spielorten statt: unter Brücken, auf Parkdecks oder auf einem *vaporetto*. Mit Strandkonzerten wartet der Lido di Jesolo (S. 186) auf. Im Juli und August lohnt es sich, die Konzerttermine in der Lokalpresse zu verfolgen. Manchmal geben internationalen Bands wie z. B. die Indie-Rockband Franz Ferdinand Gratiskonzerte. **Marghera Estate Village** (www.villagestate.it) nennt sich das Livemusik-Spektakel auf dem Gelände der Forte Marghera in Mestre. Bis in die Nacht läuft hier ein vielseitiges Programm mit Auftritten von internationalen Bands und beliebten venezianischen Gruppen wie Ska-J oder der Salsa-Band BatistoCoco.

Auch im PalaGalileo (Karte S. 325) treten manchmal prominente Künstler auf. Die Konzerthalle liegt am Lido hinter dem Palazzo della Mostra del Cinema.

Kino

Wenn internationale Stars samt italienischer Mode den roten Teppich am Lido stürmen, laufen die Internationalen Filmfestspiele von Venedig (S. 21). Alle vorgestellten Filme werden in der Originalsprache gezeigt. Doch die größten Publikumsmassen versammeln sich zu den kostenlosen Filmvorführungen in der Sommerarena auf dem Campo San Polo (S. 123). Hier laufen die Filme auf Italienisch (original oder synchronisiert). Wahre Scharen bevölkern im Sommer auch das Open-Air-Kino am B.each (S. 173). In Venedigs neuer Video- und Filmbibliothek, der Casa del Cinema (S. 123), flimmern ganzjährig Klassiker und Filmkunststreifen in der Originalsprache über die Leinwand des hauseigenen Kinosaals. Ebenfalls rund ums Jahr laufen italienisch synchronisierte populäre Filme im hübschen Cinema Giorgione Movie d'Essai (S. 140). Sein kleiner Kinosaal erinnert an das Kino im Film *Cinema Paradiso*.

Schauspiel & Tanz

Tanzaufführungen präsentiert Venedig das ganze Jahr über. Ihre Zahl steigert sich jedoch erheblich, wenn während der Biennale das International Festival of Contemporary Dance (Internationales Festival des zeitgenössischen Tanzes) läuft – meistens in den ersten beiden Juniwochen. Modern Dance (zeitgenössischer Tanz) steht auf dem Programm des Teatro Fondamenta Nuove (S. 139). Klassisches Ballett kommt in der Regel im Teatro Goldoni (S. 86) zur Aufführung. Sein Spielplan umfasst auch zeitgenössische Theaterstücke und Shakespeare-Dramen, alles auf Italienisch.

Während des Karnevals (S. 20) füllen Straßentheater mit unzähligen Kostümdramen die Gassen und Plätze. Doch auf diese Karnevalsshows muss niemand warten. Das Ferienzentrum Il Lato Azzurro (S. 234) auf der Insel Sant'Erasmo veranstaltet Workshops für historisches Schauspiel und im Sommer ein Theaterfestival in den Ruinen der Inselfestung.

Auf der Insel Giudecca wurde das Arsenal (Munitionslager) zum Teatro Junghans (S. 173) umgebaut. Auf dem Programm dieses innovativen Theaters stehen Klassiker der Commedia dell'arte, aber auch öffentliche Leseproben neuer Stücke und zahlreiche Workshops.

Workshops Die Themen der Kurse des Teatro Junghans sind Maskenspiel, Kostümierung und die Pantomime der *Commedia dell'arte*.

Schauplätze der Biennale Aufführungen im Rahmen des internationale Tanzfestivals finden häufig in den Hallen der historischen Schiffswerft Arsenale und im Teatro Fondamenta Nuove statt.

Straßentheater im Karneval Nicht versäumen sollte man die Straßentheater, die in Italienisch, Englisch und Französisch die Stücke des Historikers, Erzählers und Stückeschreibers **Alberto Toso Fei** (www.albertotososofei.it) spielen.

Sport & andere Aktivitäten

Bootsport steht bei den Venezianern an erster Stelle, mit weitem Abstand folgt auf Platz zwei die italienische Fußballleidenschaft. Italiens Massensport, der so geliebte **Radsport,** ist aus Venedigs Zentrum verbannt. Am Lido entlang ziehen sich jedoch zahlreiche erstklassige Wege, auf denen jeder kräftig in die Pedale treten darf (s. Lido on Bike, S. 169). Leichte Radrouten führen durch das abwechslungsreiche Flachland von Venetien, während Radtouren durch die Ausläufer der Dolomiten schon eine größere Herausforderung darstellen.

Laufen zeigt auf der Beliebtheitsskala der Venezianer eine steigende Tendenz. Allerdings drehen die meisten Einheimischen lediglich mehr und weniger ausgedehnte Joggingrunden in den Giardini. Doch ein paar richtig gut trainierte Läufer versuchen, beim Venedig-Marathon (s. S. 22) mitzuhalten. Die Marathonstrecke führt vom Ufer des Brenta-Kanals bis zur Riva dei Sette Martiri in Venedig. Im letzten Streckenabschnitt überqueren die Läufer den Canal Grande über eine Pontonbrücke (eigens für sie errichtet) und kurz vor dem Ziel noch die Piazza San Marco.

RUDERN

Wenn sich aus dieser unglaublichen „schwimmenden Stadt" eine wertbeständige Lehre ziehen lässt, dann ist es diese: Mit Fantasie ist alles möglich – sogar das

BIENNALE VON VENEDIG

Seit 1907 spielt sich in Venedig Europas Spitzenshow für Kunst und Architektur ab. Nur irritiert heute der Name ein wenig, denn das Ereignis läuft derzeit nicht alle zwei Jahre (d. h. biennale), sondern jährlich über die Bühne. Allerdings alternieren die Schwerpunkte zwischen Kunst (in den ungeraden Jahren, also 2013, 2015, 2017 usw.) und Architektur (in den geraden Jahren, also 2012, 2014, 2016 usw.). Mit durchschnittlich 300 000 Besuchern besitzt die internationale Kunstbiennale die größte Anziehungskraft und spielt sich im Sommer ab. 30 Länderpavillons in den Giardini sowie viele weitere über die Stadt verteilte Schauplätze präsentieren Ausstellungen und Objekte der zeitgenössischen Kunst. Der Termin für die Architekturbiennale fällt in der Regel in den Herbst. Mit ihren Modellen und Entwürfen füllt eine internationale Architekten-Avantgarde die weitläufigen Werfthallen des Arsenale.

Doch zur Biennale gehört weit mehr. In jedem Sommer organisieren die von der Stadt unterstützten Kuratoren der Biennale das International Festival of Contemporary Dance sowie zahlreiche Konzerte. Und nicht zuletzt: Sie stellen auch jeden September die Internationalen Filmfestspiele auf die Beine. Über das jeweilige Veranstaltungsprogramm, die Schauplätze, den Ticketkauf und vieles Wissenswerte mehr informiert die Biennale-Website (www.labiennale.org).

Rudern im Stehen oder *voga alla veneta* (Rudern auf venezianische Art). Für einen Durchschnittsbürger (Venezianer ausgenommen) rangiert dieser Art der Fortbewegung gleich nach dem Laufen übers Wasser. Die Ruderregatten *alla veneta* reichen von der Vogalonga (S. 20) mit stolzen 32 km Rennstrecke im Frühjahr bis zur Regata Storica (S. 21) im Herbst, zu der die Ruderer in historischen Kostümen antreten.

Kurse Bei Row Venice (S. 26) gibt Regattachampion Jane Caporal Ruderunterricht. Sie vermittelt den Kursteilnehmern, wie sie auf der *poppa* (Platz des Gondoliere am Heck) stehend den Riemen (das lange Ruder) führen.

Outfit Emilio Ceccato (S. 129) verkauft die Standardkluft der Gondoliere: Ringelshirt mit rundem Ausschnitt, Halstuch und Strohhut mit breiter Krempe; Pied á Terre (S. 125) fertigt stilechte *furlane* (Samtschuhe mit Gummisohle) in allen Modefarben.

Gondel Gilberto Penzo (S. 124) bietet schwimmfähige Miniatur-Gondeln, z. B. für die Badewanne. Auf der Gondelwerft Squero Di San Trovaso (S. 96) werden echte Gondeln in akribischer Handarbeit hergestellt und repariert; die Warteliste für die teuren Stücke ist lang.

Forcola Die *forcola* ist die Rudergabel (Ruderdolle). Sie wird individuell an die Größe und das Gewicht des Gondoliere angepasst, damit er die Gondel mit einem Minimum an Kraftaufwand und einem Maximum an stilvoller Pose fortbewegen kann. Wahre Künstler in der Herstellung geschnitzter *forcole* sind Saverio Pastor (S. 106) und Franco Furlanetto (S. 125). Wer eine individuell angepasste *forcola* kaufen oder sich einfach nur informieren möchte, kann beide in ihren Werkstätten besuchen.

SEGELN

Gesegelt wird inden Gewässern rund ums Jahr, insbesondere auf den *vela al terzo,* den traditionellen Lagunen-Flachbooten mit dreieckigem Großsegel. Wer in Venedigs nautische Szene eintauchen möchte, findet reichlich Anregungen für lohnende Segeltörns in der Lagune (S. 26) oder Bootstrips entlang der Riviera Brenta (S. 189). Segler können durchaus auch ihr eigenes Boot mitbringen, sollten aber größte Vorsicht walten lassen. Für Neuankömmlinge ist das Navigieren in der tückischen flachen Lagune eine ziemlich knifflige Angelegenheit. Selbst Napoleon I. hat sich wohlweißlich von diesem gewaltigen Kanalsystem ferngehalten.

Segelkurse werden auf der Isola di Certosa (S. 182) angeboten.

Nautische Karten verkauft Mare di Carta (S. 126), außerdem erhält man dort ausgezeichnete Informationen zu den Segelrouten und beachtenswerten Bedingungen auf der Lagune.

Liegeplätze stehen im Yachthafen von Chioggia (S. 173) und der Isola di Certosa (S. 182) zur Verfügung.

FUSSBALL

Dem Fußball widmen sich die Venezianer vergleichsweise weniger intensiv als ihre Landsleute auf dem Festland. Allerdings lernen die Kinder schon früh, den Fußball geschickt über einen *campo* zu kicken, ohne dass er gleich bei jedem Schuss in einem Kanal landet.

Der örtliche Fußballclub **AC Venezia** (☎041 520 68 99; www.fbcunionevenezia.com), auch die *ArancioNeroVerde* (nach den Clubfarben die Orange-Schwarz-Grünen) genannt, wurde im Jahr 1907 gegründet und heißt heute FBC Unione Venezia.

Während des Zweiten Weltkriegs gewann der AC Venezia bedeutende Meisterschaften. Seit einigen Jahren spielt der Club in der italienischen Serie C (3. Liga), in der die Mannschaft immerhin schon eine Meisterschaft gewann. Clubstadion ist das Stadio Penzo auf der Isola di Sant'Elena, die hinter dem Stadtteil Castello liegt.

Tickets Eintrittskarten für die Spiele sind am Stadio Penzo und bei den Kartenverkaufsstellen von **HelloVenezia** (☎041 24 24; www.hellovenezia.com; Tickets 15–20 €) erhältlich – in der Regel auch noch problemlos am Spieltag.

Verkehrsverbindung An Spieltagen verkehren extra eingesetzte Fähren zwischen den Parkplätzen der Isola del Tronchetto und der Isola di Sant'Elena. Alle auswärtigen Busse parken auf den Tronchetto-Parkplätzen.

Fußball im Fernsehen Große Spiele können Venezianer und Venedigbesucher z. B. im Inishark (S. 162) oder Il Santo Bevitore (S. 138) am Fernseher verfolgen.

Casino

In Venedigs *ridotti* (Spielcasinos) wurden schon große Vermögen gewonnen, aber auch für alle Zeiten verspielt. Wer sein

Glück im Casinò di Venezia (S. 139) versuchen möchte, muss mindestens 18 Jahre alt sein. Jeder Besucher muss beim Betreten des Spielcasinos seinen Ausweis vorzeigen. Um vor den kritischen Augen des Empfangchefs zu bestehen, sollte man tunlichst in angemessener Kleidung erscheinen. Von den Herren der Schöpfung wird erwartet, dass sie ein Jackett tragen. deutlich legerer geht es bei den Spielautomaten zu. Die Räume öffnen früher und hier „brennt nicht die Luft" wie an den Roulette- und Blackjacktischen, da sich die Gewinnsummen in Grenzen halten. Hotelgäste können an der Rezeption nach dem Casinocoupon fragen, der freien Eintritt und manchmal auch ein Spiel für ein paar Euro umfasst.

Was die Stadtviertel bieten

➡ **San Marco** Oper, klassische Musik, Tanz, Schauspiel.

➡ **Dorsoduro** Jazz.

➡ **San Polo & Santa Croce** Kino, Freilichttheater, Livemusik-Abende.

➡ **Cannaregio** Tanz, Livemusik-Abende, Kino, Casino.

➡ **Castello** Klassische Musik, Tanz, Livemusik-Abende.

➡ **Giudecca, Lido & südliche Inseln** Freilichtkino.

➡ **Murano, Burano & nördliche Inseln** Sant'Erasmo: Theater.

Top-Tipps

Biennale von Venedig (S. 47) Europas berühmte Biennale lockt Besucher aus aller Herren Länder in die Stadt. Die Kunst- und Architektur-Bienniale wechseln sich jährlich ab, während die begleitenden Musik- und Tanzveranstaltungen in jedem Sommer stattfinden.

Teatro La Fenice (S. 69) Hier singen Diven in den höchsten Tönen. Das historische Theater mit knapp 1000 Plätzen ist ein Kleinod – wer eine Eintrittskarte ergattert, kann sich glücklich schätzen.

Internationale Filmfestspiele von Venedig (S. 21) Für die Kinostars wird der rote Teppich am Lido ausgerollt. Gedankenvolle und ausgefallene Filme gewinnen hohe Auszeichnungen.

Veronas römische Arena (S. 206) Oper vom Feinsten. Von Juni bis August hört man nach Ende der Vorstellung im römischen Amphitheater aus 22 000 Zuschauerkehlen ein begeistertes *Bravo, Bravo!* In römischer Zeit fasste die Arena 30 000 Zuschauer.

Interpreti Veneziani (S. 85) Klassische Musik auf höchstem Niveau. Venedigs bravouröses Ensemble spielt Barockmusik mit solch einem frenetischen Engagement, dass man sich um die alten Originalinstrumente fast schon Sorgen macht.

Herausragende Musikevents

Venice Jazz Festival (S. 21)

Venezia Suona (S. 21)

Karneval (S. 20)

Biennale von Venedig (S. 47)

Oper von Feinstem

Teatro La Fenice (S. 69)

Römische Arena (S. 209)

Musica a Palazzo (S. 86)

Scuola Grande di San Giovanni Evangelista (S. 114)

Scuola Grande dei Carmini (S. 93)

Klassische Musik auf höchstem Niveau

Interpreti Veneziani (S. 85)

La Pietà (S. 153)

Scuola Grande di San Rocco (S. 110)

Ca' Rezzonico (S. 94)

Casa di Goldoni (S. 118)

Teatro La Fenice (S. 96)

Kostenlose Unterhaltung

Venezia Suona (S. 21)

Carnevale (S. 20)

Lido di Jesolo (s. Kasten S. 186)

Caffè Florian (S. 84)

Caffè Lavena (S. 84)

Schauspiel & Tanz der Spitzenklasse

International Festival of Contemporary Dance (S. 47)

Teatro Goldoni (S. 85)

Teatro Junghans (S. 173)

Teatro Fondamenta Nuove (S. 139)

Il Lato Azzurro (S. 233)

Kino-Highlights

Internationale Filmfestspiele von Venedig (S. 21)

Casa del Cinema (S. 123)

Sommerarena (S. 123)

Giorgione Movie d'Essai (S. 140)

B.each (S. 173)

Livemusik am Abend

Laboratorio Occupato Morion (S. 162)

Paradiso Perduto (S. 140)

Venice Jazz Club (S. 105)

Il Santo Bevitore (S. 138)

Bagolo (S. 122)

Kostenlose Musikveranstaltungen

Kostenlos, empfehlenswert und unter freiem Himmel sind einige Veranstaltungen der Venezia Suona und des Venice Jazz Festival sowie manche der Strandkonzerte am Lido di Jesolo. Auch lohnenswert: die Happy-Hour-Shows auf dem Campo San Giacomo dell'Orio und an der Fondamenta degli Ormesini.

Shoppen

Die weltberühmten Museen und architektonischen Schönheiten verstellen vielen Besuchern den Blick für Venedigs bestgehütetes Geheimnis: die Stadt als Shoppingparadies der besonderen Art. Eines der wahren Shoppingerlebnisse liegt beispielsweise in Venedigs einzigartigem Kunsthandwerk. All die Stände mit den Porzellanmasken und anderem Andenkenkram sollen doch nur die weniger zielstrebigen Käufer von der Fährte ablenken. Eine Ausnahme macht vielleicht das ganz witzige Ringel-Shirt der Gondoliere.

Spezialitäten aus Künstlerhand

Wer nach der Rückkehr zu Hause im Kreise seiner Freunde seine Venedig-Souvenirs vorzeigt, kann sich bei manchen wahrscheinlich eine kleine Prahlerei wie „Das ist ein Original“ oder „Ich habe den Künstler persönlich kennengelernt“ nicht verkneifen. Warum auch nicht: Schließlich hegt und pflegt Venedig seit Jahrhunderten seine künstlerischen Traditionen, vor allem was Glas, Papier und Textilien betrifft.

BESUCHE IN ATELIERS

Falls sich die Reisebegleitung als Shoppingmuffel erweist, überzeugt vielleicht dieses Argument: Shoppen bildet – zumindest in Venedig. Den Beweis liefern die Werkstätten und Ateliers in den Seitengassen. Hier erfahren Besucher z. B., wie in Handarbeit und mit althergebrachten Techniken frappierendes *carta mamorizzata* (Marmorpapier, auch venezianisches Papier genannt) entsteht. Anschließend wird es beispielsweise zu handgebundenen Reisetagebüchern (ab 12 €) verarbeitet. Andere Künstler kreieren Halsketten aus Muranoglas (ab 25 €), die wie ein Perlenwasserfall wirken. In verschiedenen Gegenden von Venedig ballen sich die Werkstätten und Ateliers gradezu. So reicht ein einziger Rundgang, um gleich mehrere einzigartige Stücke zu erstehen. Zu finden sind solche Gegenden in verschiedenen Stadtteilen: in San Polo an der Calle dei Saoneri, in Santa Croce an der Calle Lunga und der Calle del Tentor, in San Marco ent lang der Frezzeria, in Dorsoduro rund um das Peggy-Guggenheim-Museum und auf der Insel Murano.

In Ausstellungs- und Verkaufsräumen sollen Schilder mit der Aufschrift *„non toccare“* (nicht berühren) fragile Stücke vor Bruchschäden durch Besucher bzw. Kunden bewahren. Um jegliches Risiko zu umgehen, lässt man sich Empfindliches besser vom Personal zeigen. Vielleicht stellt sich die Person sogar als der Künstler höchstpersönlich heraus. Wer ihn bzw. beeindruckende Stücke loben möchte, sollte sich nicht scheuen, mit Anerkennung in der Stimme *„Complimenti!“* (Meinen Glückwunsch!) zu sagen. In einer Welt der Design-Plagiate und Nullachtfünfzehn-Kultur bedeutet die Unterstützung des venezianischen Kunsthandwerks ein Votum für den Erhalt von Venedigs Originalität.

Venezianische Mode

Italienische Mode genießt weltweit einen guten Ruf. Faktoren ihres Erfolgs sind einwandfreie Passform, markante Details, luxuriöse Stoffe und lebhafte Farben. Doch Venedig setzt noch etwas obendrauf und geht seinen Weg mit eigenen Modekreationen, Accessoires aus Künstlerhand und Designer-Sonnenbrillen in limitierter Auflage.

BEKLEIDUNG

In Venedig sind alle gängigen italienischen Designerlabels vertreten. Unzählige Markenshops – von Armani bis Zegna – säumen

GUT ZU WISSEN

Öffnungszeiten

Die meisten Geschäfte sind montags bis samstags von 10 bis 13 und von 15.30 bis 19 Uhr geöffnet. In den touristischen Gegenden haben einige Läden täglich von 10 bis 19 Uhr durchgehend geöffnet. Manche der Geschäfte abseits der Hauptdurchgangstraßen sind am Montagvormittag geschlossen. Viele Geschäfte schließen an den italienischen Feiertagen sowie im August ganz oder zeitweise. In diesem Buch sind die Geschäftszeiten nur angegeben, wenn sie erheblich von den üblichen Öffnungszeiten abweichen.

Transport von Souvenirs

Nicht immer muss das leidige Thema Übergepäck Kopfzerbrechen machen. Die meisten Geschäfte und Ateliers, die Wohnbedarf und Muranoglas verkaufen, bieten einen günstigen Versandservice.

die Calle Larga XXII Marzo und die Calle dei Fabbri in San Marco. Was dort angeboten wird, gibt's letztlich auch zu Hause. Unschlagbare Outfits finden Besucher jedoch in Venedigs Seitenstraßen: echte venezianische Mode zu moderaten Preisen. Obendrein tut sie dem eigenen Ego gut, denn auf einer Party zu Hause trägt mit einiger Sicherheit keiner die gleiche Spilli-Tunika. Und nur ganz wenige Leute aus dem eigenen Bekanntenkreis besitzen eines der „göttlichen" Gewänder aus der Boutique Venetia Studium, eine handbedruckte Hausjacke aus der Fiorella Gallery oder einen seidenen Gehrock im Crashlook von Arnoldo & Battois. Und von der Preisdifferenz zwischen venezianischer Couture und den üblichen Designerklamotten lässt sich unter Umständen ein weiterer Venedigbesuch bezahlen.

ACCESSOIRES

Venezianische Kunsthandwerker nehmen unter den Designern eine besondere Stellung ein. Ihre von Hand gefertigten Arbeiten zeichnen sich durch ein hohes handwerkliches und künstlerisches Können aus. Ihre Produkte lassen sich nicht in Mengen anfertigen – sie sind Glanzlichter in der globalisierten Modewelt. Das neueste Pariser Taschenmodell erscheint fantasielos im Vergleich zu den Handtaschen von Cartè (S. 124), bei denen Marmorpapier zum Einsatz kommt, ganz zu schweigen von dem bedruckten Samt, der bei Venetia Studium (S. 87) verarbeitet wird. Und Tiffany wirkt geradezu langweilig angesichts der Glaskollektionen auf Murano. Mit nichts zu vergleichen sind auch die handgefertigten Schiffermützen von Antica Modisteria Giuliana Longo (S. 86) und die Maßschuhe mit Lederabsätzen in Form eines Gondelbugs von Giovanna Zanella (S. 162).

BRILLEN

Jahrhunderte bevor der Geek-Look die auffallenden Hornbrillen (Streber- oder Nerdbrillen genannt) in Mode brachte, trug man im Veneto schon 1348 dick eingefasste Augengläser auf der Nase. Dabei handelte es sich wahrscheinlich um die ersten Brillen Europas. Auf jeden Fall wurden seitdem in Venedig Brillengläser von Hand geschliffen. Bis heute bieten venezianische Augenoptiker handgeschliffene Gläser samt einem Sortiment eleganter Brillenfassung an, z. B. Ottica Carraro (S. 86) oder Ottica Vascellari (S. 126). Um bei der Sehstärkenbestimmung auf der sicheren Seite zu sein, sollte man ein Brillenrezept vom heimischen Augenarzt mitbringen. Tipp: Replikate von Peggy Guggenheims extravaganten Brillengestellen sind im Souvenirladen des Peggy-Guggenheim-Museums (S. 93) erhältlich.

Schnäppchen

Venedigs Shopping-Schätze kosten weniger als mancher denkt. Von mundgeblasenen *Murrine*-Perlen (1–3 € pro Stück), die tolle Ohrgehänge ergeben, bis zu den nach Kundenwunsch angefertigten Lüstern (ab 300 € bis nach oben offen) hat Venedigs Kunsthandwerk recht vernünftige Preise. Schließlich steckt in den Originalprodukten die Arbeit hoch qualifizierter Spezialisten. In ganz Italien läuft im Januar der Winterschluss- und im Juli der Sommerschlussverkauf. Dann bieten natürlich auch Venedigs Geschäfte (inklusive die in diesem Buch genannten) Waren zu günstigen Preisen an. Im Juli und in der Nebensaison im November und März lassen sich die besten Schnäppchen machen.

MÄRKTE IM FREIEN

Von März bis Oktober finden in Venedig zahlreiche Open-Air-Märkte statt, vom Floh- bis zum Antikmarkt. Hier tauchen auch die Schätze von den Dachböden der *palazzi* auf. Lohnenswert sind die nachfolgend genannten Märkte. Die genauen Daten sind unter www.turismovenezia.it zu finden:

Mercantino dei Miracoli (Campo Santa Maria Nova; ⌚in der Regel März & April am letzten Wochenende, Mai, Sept., Okt. & Dez. am ersten Wochenende, jeweils 9–17 Uhr; Fondamente Nuove) Hier besteht die Chance, Muranoglasknöpfe aus den 1930er-Jahren, Batikschals aus Seide und Gemmen aus dem 19. Jh. zu günstigen Preisen zu finden.

Mercato delle pulci (Flohmarkt; Via Garibaldi; ⌚Mai–Juni am ersten So des Monats, Sept. & Okt. am letzten So des Monats; Giardini) Auf diesem Trödelmarkt lassen sich klassische italienische Kochbücher, alte Parfümflaschen aus Muranoglas und rote Keramikkrüge aus den 1960er-Jahren zu Schnäppchenpreisen ergattern.

Bochaleri in Giardini (www.bochaleri.it; Via Garibaldi, Castello; ⌚Mai–Mitte Juni an jedem Wochenende, 10–18 Uhr; Giardini) Auf dem jährlich vom Verband der venezianischen Keramiker veranstalteten Markt wird italienische Keramik angeboten. Die Auswahl reicht von Tellern mit Renaissanceporträts bis hin zu vielseitig gestalteten Raku-Skulpturen (Raku ist eine spezielle Technik in der Keramikverarbeitung).

Mercantino dell'Antiquario (www.mercatinocamposanmaurizio.it; Campo San Maurizio; ⌚in der Regel am ersten Wochenende im April, Juni, Sept. & Dez., Jahresüberblick mit genauen Daten auf der Website; San Maurizio) Hier gibt es Emailmedaillons, alte Emailschilder mit Vespa-Werbung und Sonnenbrillen aus den 1970er-Jahren zu horrenden Preisen… fast wie bei Sotheby's. Und wenn nicht hier, wo sonst findet man schon einen nur leicht verkratzten Bugbeschlag einer Gondel?

Besondere Einkaufsquellen

Die Einkaufserlebnisse in einem Shoppingcenter lassen sich mit dem Kick bei der Suche nach Venedigs Schätzen gar nicht vergleichen. Venezianische Spezialitäten findet man hier:

Zeitgenössische Kunst Zwischen den Biennalen verführen Venedigs Galerien der zeitgenössischen Kunst dazu, immer wieder Halt zu machen und die Werke zu bewundern. Solche Galerien finden sich rund um den Campo San Maurizio in San Marco und an der Fondamenta San Biagio auf Giudecca.

Kulinarisches und Weine Die Delikatessenläden am Rialto-Markt bieten Venedigs kulinarische Spezialitäten und venezianische Weine, alles vom Feinsten und ideal als Mitbringsel. Grenzen setzen jedoch eventuell das eingeschränkte Übergepäck der genutzten Fluglinie.

Antiquitäten Gute Quellen für verborgene Schätze sind die Open-Air-Märkte, außerdem die Läden in den Seitengassen rund um das Ghetto in Cannaregio und an der Calle delle Bottege in Dorsoduro.

Top-Tipps

ElleElle (S. 185) Feinstes Muranoglas in allen möglichen Formen und leuchtenden Farben. Die verschiedenen Designs bringen Moderne und Tradition in Einklang.

Cartè (S. 124) Marmorpapier wird hier nicht nur für Einbände oder Vorsatzblätter von Büchern verwendet, sondern daraus werden auch jede Menge geschmackvolle Handtaschen, Colliers und Schmuckschachteln gefertigt.

Marina e Susanna Sent (S. 105) Minimalistischer Schmuck aus Muranoglas in lebhaften Farben mit einem Hang zu architektonisch angehauchten Motiven.

Sigfrido Cipollato (S. 163) Totenkopfringe im Stil der venezianischen Piratenkapitäne und emaillierte Barockdiademe mit viel Gold und reichlich Edelsteinen – exquisit von Hand gefertigt.

ArtigianCarta di Massimo Doretto (S. 86) Handgebundene Partituren, in Leder gebundene Reisetagebücher und Schreibwaren, die eines Dogen würdig wären.

Venezianischer Wohnbedarf der Spitzenklasse

Fortuny Tessuti Artistici (S. 168)

Cartavenezia (S. 124)

Materialmente (S. 87)

Sabbie e Nebbie (S. 125)

Danghyra (S. 106)

Venezianische Mode mit Chic

Spilli Lab & Shop (S. 140)

Giovanna Zanella (S. 162)

Fiorella Gallery (S. 86)

Lauretta Vistosi (S. 106)

Antica Modisteria Giuliana Longo (S. 86)

Antiquitäten mit Pfiff

Mercantino dei Miracoli (S. 51)

Galleria Rosella Junck (S. 72)

Old World Books (S. 140)

Antichità al Ghetto (S. 141)

Carpe Diem (S. 88)

Campiello Ca' Zen (S. 126)

Kunst von Feinstem

Caterina Tognon (S. 72)

Galleria van der Koelen (S. 72)

Jarach Gallery (S. 72)

Galleria Traghetto (S. 72)

Ikona Gallery (S. 136)

le5venice (S. 72)

Typische Souvenirs abseits des Touristensortiments

Miniaturgondeln von Gilberto Penzo (S. 124)

Lebensechte Mücken aus Glas von I Vetri a Lume di Amadi (S. 124)

Furlane (Schuhe der Gondoliere) von Pied à Terre (S. 125)

Telefonkarten mit dem Markuslöwen von Gianni Basso (S. 140)

Forcola (geschnitzte Rudergabel) von Saverio Pastor (S. 106)

Edle Souvenirs für Musikfreunde

CDs vom Museo della Musica (S. 81)

Instrumente von Mille e Una Nota (S. 126)

Vivaldi-Biografie von Libreria Studium (S. 87)

Kleid wie für eine Diva von Banco Lotto 10 (S. 164)

Postkarten von www.musicinvenice.com

Ideale Mitbringsel für Gourmets

Drogheria Mascari (S. 121)

Aliani (S. 121)

VizioVirtù (S. 124)

Atelier Alessandro Merlin (S. 163)

Madera (S. 105)

Venedig & Venetien erkunden

Stadtviertel im Überblick 56

Sestiere di San Marco 58

Highlights 60
Sehenswertes 70
Essen 82
Ausgehen & Nachtleben 84
Unterhaltung 85
Shoppen 86

Sestiere di Dorsoduro 89

Highlights 91
Sehenswertes 94
Essen 97
Ausgehen & Nachtleben 99
Unterhaltung 105
Shoppen 105

Sestieri di San Polo & Santa Croce 108

Highlights 110
Sehenswertes 113
Essen 118
Ausgehen & Nachtleben ... 122
Unterhaltung 123
Shoppen 124

Sestiere di Cannaregio 130

Highlights 132
Sehenswertes 134
Essen 136
Ausgehen & Nachtleben ... 138
Unterhaltung 139
Shoppen 140

Sestiere di Castello ...143

Highlights 145
Sehenswertes 151
Essen 156
Ausgehen & Nachtleben ...160
Unterhaltung 162
Shoppen 162

Giudecca, Lido & die südlichen Inseln ..165

Highlights 167
Sehenswertes 168
Essen 172
Ausgehen & Nachtleben 173
Unterhaltung 174

Murano, Burano & die nördlichen Inseln....... 176

Highlights 178
Sehenswertes 179
Essen 183
Shoppen 185

Tagesausflüge 188

Riviera del Brenta 189
Padua (Padova) 191
Vicenza 199
Verona 206
Die Dolomiten 212
Weinland Venetien 215

Schlafen........... 218

VENEDIG HIGHLIGHTS

Basilica di San Marco 60
Palazzo Ducale.................. 64
Teatro La Fenice 69
Museo Correr 70
Gallerie dell'Accademia 91
Peggy Guggenheim Collection..........................93
Scuola Grande di San Rocco........................110
I Frari................................112
Ghetto 132
Arsenale 145
Zanipolo 147
Palazzo Grimani 148
Giardini Pubblici 149
Chiesa di San Zaccaria ...150
Chiesa di San Giorgio Maggiore 167
Cattedrale di Santa Maria Assunta 178

Stadtviertel im Überblick

❶ Sestiere di San Marco (S. 58)

San Marco ist dermaßen angefüllt mit weltberühmten Attraktionen, dass manche Besucher nie über dieses Viertel hinauskommen. Aber warum sollte man auf La Fenice, die Basilica di San Marco, den Palazzo Ducale und das Museo Fortuny verzichten? Aber auch einmal durch die Seitengassen streifen, in denen man Kunstgalerien, kleine Läden und etliche *enoteche* (Weinlokale) entdecken kann.

❷ Sestiere di Dorsoduro (S. 89)

Das Künstlerviertel Dorsoduro präsentiert sich prächtig am Canal Grande – mit Kunst bei Ca' Rezzonico, in der Peggy Guggenheim Collection, der Gallerie dell'Accademia und Punta della Dogana. In einer der Kirchen des Viertels hat Veronese großartige Werke hinterlassen, Tiepolo hat hier Deckengemälde geschaffen, und Emilio Vedova hat Kunstinstallationen in Lagerhäuser ge-

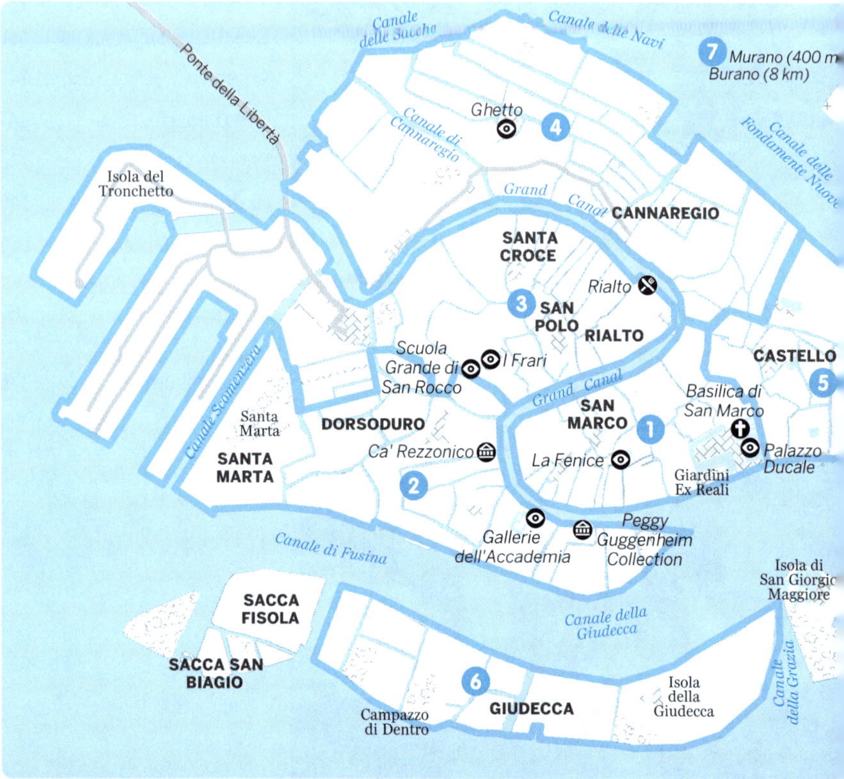

bracht. All diesen Attraktionen zum Trotz hat das Viertel seinen Charakter nicht verloren; man genießt den Tag am Wasser oder bei einem Glas auf dem Campo Santa Margherita.

3 Sestieri di San Polo & Santa Croce (S. 106)

Frömmigkeit und irdische Freuden waren in San Polo und Santa Croce beileibe keine Gegensätze. Himmlische Kunstwerke befinden sich hier ganz in der Nähe eines alten Rotlichtviertels, das mittlerweile von Kunsthandwerksläden und *osterie* geprägt wird. Nicht versäumen sollte man die Madonna von Tizian in der Santa Maria Gloriosa dei Frari und einen Tintoretto in der Scuola Grande di San Rocco. Schön sind auch die Museen in den *palazzi* am Canal Grande und auf den Rialto-Märkten bekommt man frisches Gemüse aus venezianischem Anbau.

4 Sestiere di Cannaregio (S. 130)

Venedig, das ist Liebe auf den ersten Blick; in Cannaregio lernt man die Stadt dann näher kennen. Nur wenige Meter von der lebhaften Strada Nuova entfernt hallen die Schritte durch dämmrige Gassen, und Souvenirläden sucht man hier vergebens. Zwischen Kirchen aus Gotik und Renaissance findet man die besten *osterie* der Stadt, und das Ghetto erinnert an die lange Geschichte der jüdischen Gemeinde von Venedig.

5 Sestiere di Castello (S. 143)

Castello hat viele Gesichter: ein Viertel voller Fischrestaurants und gleichzeitig Sitz der Biennale. Einst arbeiteten hier 5000 Menschen in den Werften; das Museo Navale erinnert noch daran. Golden glänzen byzantinische Kirchen, Luxushotels erstrecken sich am Wasser, und Musik von Vivaldi klingt aus dem Waisenhaus, wo der Komponist einst tätig war. Trotz allem ist man hier bodenständig, vor allem in den Giardini, in den Cafés und *bacari* (Bars).

6 Giudecca, Lido & die südlichen Inseln (S. 165)

Freunde der Architektur pilgern schon seit Jahrhunderten hierher, denn kein Geringerer als Palladio hat auf der Isola di San Giorgio Maggiore Bauten hinterlassen. Giudecca war ein vornehmer Rückzugsort, bevor die Industrie Einzug hielt; neben Wellnesseinrichtungen, Galerien und Restaurants gibt es immer noch ein Frauengefängnis. Der Lido ist eine 12 km lange Nehrung vor der Lagune mit Sandstränden, einem Filmfestival und Villen im Liberty-Stil. Neben den Resorts gibt es ein Museum, das den Geisteskrankheiten gewidmet ist.

7 Murano, Burano & die nördlichen Inseln (S. 176)

Wo andere Städte ihre Vororte haben, liegt in Venedig eine blaugrüne nördliche Lagune, die sich mit Glasskulpturen schmückt. Mundgeblasenes Glas bekommt man auf Murano; wer es ruhig mag, schaukelt im Boot über die Lagune, und bestaunt die goldenen Mosaiken auf Torcello.

Sestiere di San Marco

Highlights

❶ In der **Basilica di San Marco** (S. 60) sollte man den Blick nach oben richten und dort die himmlischen Visionen – ein schimmerndes, 8500 m² großes Goldmosaik – bewundern.

❷ Wenn das Publikum oft genug *Brava!* ruft, wird im **La Fenice** (S. 69), Venedigs schönstem Opernhaus, vielleicht noch eine Zugabe gegeben.

❸ Im Rahmen der Führung Itenerari Segreti werden die düsteren Geheimnisse erklärt, die sich hinter der rosa Fassade im Dachboden des **Palazzo Ducale** (S. 64) verbergen.

❹ In der Libreria Marciana des **Museo Correr** (S. 70) kann sich jeder einen der von Veronese, Tizian oder Tintoretto gemalten Philosophen zum persönlichen Mentor auswählen.

❺ Bei Sonnenuntergang zu den Klängen des Orchesters des **Caffè Florian** (S. 84) im Tangoschritt über den Markusplatz tanzen.

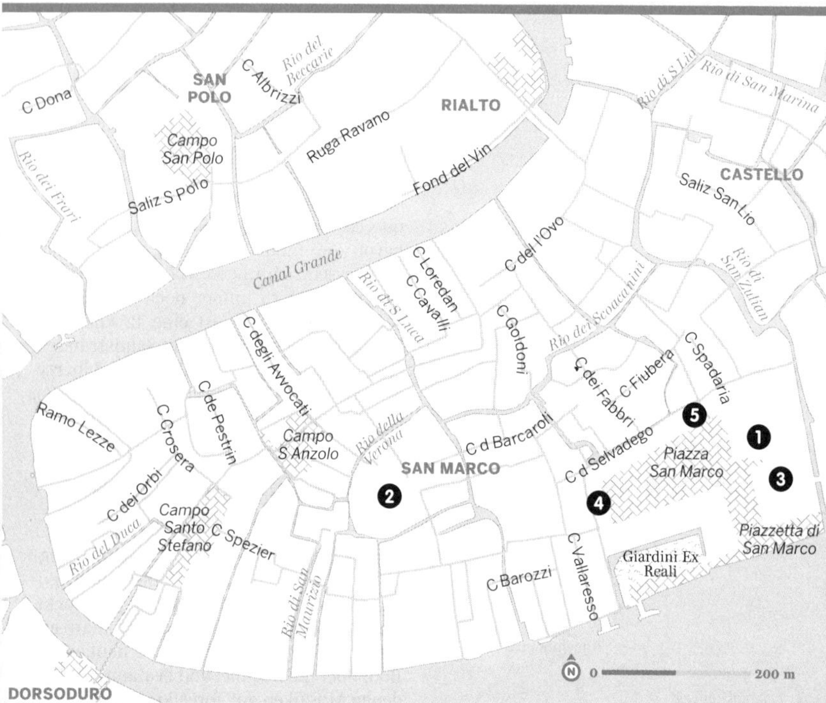

Mehr Details bieten die Karten auf S. 326/327 ➡

San Marco entdecken

Es macht Spaß, Venedigs Goldene Zeiten bei einem Spaziergang kennenzulernen, der zuerst zum Markusdom und dann in den Palazzo Ducale führt. Bei einem Bummel durch die Gassen stößt man auf Ateliers, Galerien und Lokale, die preiswerte *cicheti* anbieten. Einen kleinen Umweg lohnen die Mode- und Kunstpräsentationen im Museo Fortuny sowie die Cocktails bei Sonnenuntergang in Harry's Bar. Aber deswegen auf keinen Fall die Ouvertüre im La Fenice verpassen! Nach dem einmaligen Kunstgenuss kehrt man wieder zur Piazza San Marco zurück, um dort bei Mondschein quer über den Platz zu tanzen und zuzusehen, wie die Mohren Schlag Mitternacht oben auf der Torre dell'Orologio einen neuen Tag im Leben von San Marco einläuten.

Tipps der Einheimischen

➡ **Preiswerte Lokale & Bars** Am besten kehrt man dem Markusplatz den Rücken zu und taucht in die Gassen ab, wo man im I Rusteghi (S. 84), Bacaro Da Fiore (S. 83) und Cavatappi (S. 77) günstige *cicheti* und erstklassige Weine aus dem Veneto bestellen kann.

➡ **Musikalische Höhepunkte** Los geht es mit einer Oper im La Fenice (S. 69), gefolgt von einem Barockmusikkonzert der Interpreti Veneziani (S. 85), einem Tango im Caffè Florian (S. 84), einer Tarantella im Caffè Lavena (S. 84) und zum Abschluss (bei einem Glas Wein) ein paar Arien im Musica A Palazzo (S. 85).

➡ **Galerien** Im Schatten der Kirche Santa Maria del Giglio und des Opernhauses La Fenice liegen die besten Kunstgalerien (S. 72) Venedigs. Deren italienische und internationale Künstler sorgen auch zwischen den Biennalen für immer neue Inspiration.

➡ **Trophäen des Kunsthandwerks** Die breiten Straßen, die von der Rialtobrücke und der Accademia zum Markusplatz führen, werden von Designerläden gesäumt, die Massenware verkaufen. Doch in den Gassen dazwischen fertigen Kunsthandwerker wie eh und je tolle Handtaschen, Reisetagebücher und Glasschmuck in Handarbeit (S. 85).

An- & Weiterreise

➡ **Vaporetto** Die Vaporetti 1 und N halten auf dem Canal Grande an verschiedenen Haltestellen im Viertel San Marco: Rialto, Sant'Angelo, San Samuele, Santa Maria del Giglio und Vallaresso.

➡ **Zu Fuß** Immer den gelb markierten Abkürzungen folgen, um von der Rialtobrücke durch die Marzarie zur Piazza San Marco zu gelangen.

Top-Tipp

In San Marco kostet ein Cappuccino in einem Café so viel, dass man meint, für das Geld gleich das ganze Lokal mieten zu können. Für einen Kaffee im Stehen an der Bar werden hingegen nur 1 bis 2,50 € verlangt. Wer ein paar Euro für Sonne und Leutebeobachten drauflegt, kann sich aber natürlich auch an einen der Tische am Campo setzen oder in einem der Barockcafés am Markusplatz dem Luxus frönen. In der Regel zahlt man am Markusplatz an den Tischen im Freien 6 € extra für die Musik. Was spricht dann dagegen, für das Geld auch gleich noch eine Runde Tango zu tanzen?

Gut essen

➡ Enoteca al Volto (S. 82)
➡ Osteria San Marco (S. 82)
➡ Bacaro Da Fiore (S. 83)
➡ I Rusteghi (S. 84)
➡ Osteria da Carla (S. 83)

Mehr Details siehe S. 82 ➡

Nett ausgehen

➡ I Rusteghi (S. 84)
➡ Caffè Florian (S. 84)
➡ Caffè Lavena (S. 84)
➡ Harry's Bar (S. 84)
➡ Osteria all'Alba (S. 84)

Mehr Details siehe S. 84 ➡

Beeindruckende Innenausstattung

➡ Basilica di San Marco (S. 60)
➡ Libreria Nazionale Marciana (S. 70)
➡ Palazzo Ducale (S. 64)
➡ Museo Fortuny (S. 71)
➡ Negozio Olivetti (S. 73)

KIMBERLEY COOLE / LONELY PLANET IMAGES ©

HIGHLIGHTS
BASILICA DI SAN MARCO

Um in Venedig all die Wunderwerke der Architektur zu schaffen, waren fast 800 Jahre harte Arbeit erforderlich, außerdem ein Fass Schmalz. Einer Legende zufolge sollen im Jahr 828 venezianische Kaufleute den Leichnam des hl. Markus in einem Fass Schweinefett aus Ägypten geschmuggelt haben, um die muslimischen Zollbehörden auszutricksen. Für seine sterblichen Überreste wurde eine imposante Basilika errichtet. Die Kirchenbehörden in Rom sahen Venedigs Neigung, sich selbst und Gott in einem Atemzug zu verherrlichen, nicht allzu gern, doch die Stadt ließ sich davon nicht abhalten und gestaltete die Basilika ihrem kosmopolitischen Image entsprechend mit einem griechischen Kreuz als Grundriss, byzantinischen Zwiebelkuppeln und ägyptischen Marmorwänden. Im Laufe der Jahrhunderte wurde der höhere Zweck immer mal wieder durch Baustaub vernebelt: Alleine die Gebeine des hl. Markus mussten zweimal umgebettet werden.

Außenansicht

Der Markusdom aus Ziegelstein ist patchworkartig mit Marmor sowie Reliefs aus Syrien, Ägypten und Palästina verkleidet – unbezahlbare Trophäen, die von den Kreuzzügen und Schlachten gegen Genua stammen. An der Südwestecke befinden sich die **Vier Tetrarchen**, eine Porphyrfiguren aus Ägypten, die die vier Kaiser des Alten Rom zeigen und in Konstantinopel geraubt wurden. Doch anstatt die Figuren zu verstecken (wie Kunstdiebe dies vermutlich

NICHT VERSÄUMEN

- Lünette-Mosaiken aus dem Jahr 1270
- Kuppel der Schöpfungsgeschichte
- Kuppel der Propheten
- Pala d'Oro
- Loggia dei Cavalli

PRAKTISCH & KONKRET

- Karte S. 326
- ☎041 241 38 17
- www.basilicasanmarco.it
- Piazza San Marco
- Eintritt Basilika: frei
- Dezente Kleidung
- Kostenlose, Gepäckaufbewahrung (1 Std.) im Ateneo di San Basso (Karte S. 326; ⌚9.30–17.30 Uhr)

⌚Mo–Sa 9.45–17, So & Feiertage 14–16 Uhr

tun würden), machte Venedig sie zum Eckpfeiler der offiziellen Dogenkapelle.

Fassade

Die Hauptfassade des Markusdoms kräuselt sich wie eine Welle. Die fünf zurückgesetzten Portale sind von schimmernden Mosaiken und Steinbögen umrahmt. Im äußersten linken Portal stammen die Lünette-Mosaiken aus dem Jahr 1270; sie zeigen, wie der geraubte Leichnam des hl. Markus in der Basilika ankommt – eine Geschichte, die die Lünette-Mosaiken aus dem Jahr 1660 am zweiten Portal rechts aufgreifen. Das Portal ganz rechts außen ist ein Meisterwerk des Architekturdiebstahls: Über den griechischen Säulen und einem maurischen Bogen befindet sich eine filigrane Paneele, die aussieht, als hätte man sie aus einem türkischen Harem entwendet. Dazwischen beeindrucken die großartigen Eingangsportale unter einem kunstvollen Dreifachbogen mit roten Porphyrsäulen aus Ägypten und Reliefs aus dem 13. bis 14. Jh., die Weinreben, die Tugenden und die Sternzeichen darstellen.

Kuppelmosaiken

Innen ist die Basilika mit Mosaiken geschmückt, die eine Gesamtfläche von 8500 m² einnehmen. Viele bestehen aus 24-karätigem Gold, das das göttliche Licht symbolisiert. In den Nischen rechts und links vom Haupteingang schimmert im Vorraum das beeindruckende Mosaik *Apostel mit der Madonna*; es ist über 950 Jahre alt und somit das älteste Mosaik im Markusdom. Im Atrium stellt das mittelalterliche *Schöpfungsmosaik* die Trennung von Himmel und Wasser mit erstaunlich abstrakten Motiven dar und nimmt somit die moderne Kunst 650 Jahre vorweg. Die Mosaiken, die das *Jüngste Gericht* zeigen, bedecken das gesamte Gewölbe des Atriums, die *Apokalypse* bricht in den Gewölbemosaiken über der Galerie herein.

Mystische Transformationen ereignen sich in der Kuppel des hl. Geistes, wenn das Blut einer Taube auf die Köpfe der Heiligen fließt. In der Zentralkuppel aus dem 13. Jh. (Himmelfahrtskuppel) schwirren Engel herum, während der verträumte Blick des hl. Markus auf dem Gewölbezwickel ruht. Szenen aus dem Leben des hl. Markus entfalten sich über dem Hauptaltar in Gewölben, die die Kuppel der Propheten flankieren, sie lassen sich am besten von der Pala d'Oro aus betrachten.

Pala d'Oro

Hinter dem Hauptaltar befindet sich der Sarkophag des hl. Markus, die **Pala d'Oro** (Eintritt 2 €; ⌚Mo–Sa 9.45–16, So 14–16 Uhr). Er ist mit 2000 Smaragden,

REISEPLANUNG

Am beeindruckendsten gestaltet sich der Eintritt in den Dom in der Menschenmenge; ihre Begeisterungsbezeugungen in allen Sprachen unter den honiggoldenen Kuppeln erinnern an das Surren eines Bienenschwarms. Zum Glück bewegt sich die Schlange schnell voran – die Wartezeit beträgt kaum mehr als 15 Minuten, selbst wenn die Schlange bis zum Palazzo Ducale reicht. Wer online (www.venetoinside.com; 1 € Buchungsgebühr) bucht, kann sich das Anstellen sparen und direkt zum Zentralportal durchgehen. Reisegruppen kommen gern zur vollen oder halben Stunde; es macht deshalb Sinn, dazwischen einzutreffen. Im Rahmen von kostenlosen, von der Diözese veranstalteten Führungen werden die Inhalte der Mosaiken erklärt; die Teilnehmer können ohne Wartezeiten durch das Hauptportal eintreten (April–Okt. Mo–Sa ab 11 Uhr, nach vorheriger Reservierung).

Wer am Abendgottesdienst teilnimmt, kann den Dom auch abends auf sich wirken lassen. Die Gläubigen treten durch einen Seiteneingang ein und müssen während der gesamten Messe still sitzen bleiben.

Amethysten, Saphiren, Rubinen, Perlen und anderen Edelsteinen besetzt. Noch wertvoller sind die Figuren aus leuchtendem Cloisonné, die 976 in Konstantinopel begonnen und 1209 von venezianischen Goldschmieden ausgestaltet wurden.

Diese emaillierten Heiligen haben wilde Bärte und weit aufgerissene Augen, die auf Jesus gerichtet sind, der wiederum seitlich zum studierenden hl. Markus hinüberblickt, während die Gottesmutter Maria erstaunt die Hände hebt. Engel, die diese Szene betrachten, scheinen zu applaudieren – eine durchaus verständliche Reaktion.

Museum

San Marco fungierte bis 1807 als Kapelle des Dogen, der Kirchenschatz oben im **Museo** (Erw. 4 €; ⌚Mo–Sa 9.45–16, So 14–16 Uhr) ist dementsprechend ein Vermögen wert. Vergoldete Bronzepferde, die Venedig in Konstantinopel mitgehen ließ, wurden von Napoleon geraubt, doch dem Dom später wieder zurückgegeben und sind nun im 1. Stock der Galerie aufgestellt. Portale führen von der Galerie weiter zur Logggia dei Cavalli, in der Reproduktionen besagter Pferde vom Balkon aus zur Piazza San Marco zu galoppieren scheinen.

Das Museum ermöglicht auch einen Blick aus nächster Nähe auf die unlängst restaurierten Mosaiken sowie in den Bankettsaal des Dogen, wo sich Würdenträger über dem Altar Speis und Trank hingaben. Die Stuckfiguren symbolisieren die Musik, die Dichtung und den Frieden.

Mosaikfragmente aus dem 13. bis 14. Jh. zeigen den Propheten Abraham, der nur aus Ohren und hochgezogenen Augenbrauen zu bestehen scheint – als würde ihn der ganze venezianische Klatsch einfach nur abstoßen. Auf einem Innenbalkon zeigt Salviatis restauriertes Mosaik (1542–1552) den Familienstammbaum der Gottesmutter Maria. Die Vorfahren Marias sitzen auf den Ästen, plaudern oder ignorieren einander – wie es eben in Familien so üblich ist.

Schatzkammer

Die heiligen Gebeine und das Beutegut von den Kreuzzügen füllen den **Tesoro** (Schatzkammer; Eintritt 3 €; ⌚Mo–Sa 9.45–16, So 14–16 Uhr). Mitten in dem Durcheinander aus mit Edelsteinen besetzten Abendmahlkelchen fällt ein Quarz-Wasserkrug aus dem 10. Jh. mit einem Griff in der Form einer Gazelle und geflügelten Füßen auf – er wurde eigens für den fatidischen Kalifen al-Aziz Billah angefertigt. In mit Samt ausgeschlagenen Vitrinen ruhen die Überreste der Dogen neben Reliquien von Heiligen. Zu sehen sind u. a. der Oberschenkelknochen des hl.

Rochus, der Daumen des hl. Markus, der Arm, mit dem der hl. Georg den Drachen tötete, sowie eine Locke der Jungfrau Maria.

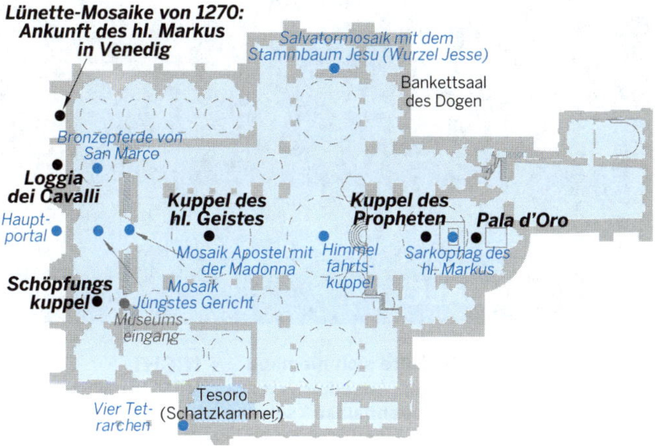

Erdgeschoss

HIGHLIGHTS PALAZZO DUCALE

Von der noblen Eleganz der Gotik sollte sich niemand täuschen lassen: Unter der filigranen, rosa-karierten Marmorverkleidung lässt der Dogenpalast seine Muskeln spielen und offenbart einen eisernen Überlebenswillen. Als Sitz der venezianischen Regierung überstand dieses Schaltzentrum der Macht fast 700 Jahre lang sämtliche Stürme, Kriege, Verschwörungen und Wirtschaftskrisen. Nachdem ein Brand das Gebäude 1577 völlig zerstört hatte, zog die Stadt Palladios Angebot in Betracht, an dieser Stelle einen seiner charakteristischen neoklassizistischen Tempel zu errichten. Doch Antonio da Ponte erhielt dann den Auftrag, die herrlichen gotischen Fassaden mit weißem Stein aus Istrien und rosa Marmor aus Verona zu restaurieren.

Außenansicht

Äußerlich mischt der Palazzo Geschäft und Genuss: Eine anmutige Kolonnade ist mit mittelalterlichen Kapitellen versehen, die die wichtigsten Zünfte Venedigs darstellen. Die Loggia, die an der *piazzetta* (kleiner Platz) verläuft, mag ja wie ein einfallsreicher architektonischer Schnörkel wirken, diente jedoch einem sehr ernsten Zweck: Hier wurden einst zwischen der zehnten und elften Säule von links die Todesurteile verlesen. An der Piazza war die **Porta della Carta** (Papiertür) aus dem Jahr 1443, ein spätgotisches Werk der Bildhauer Zane und Bartolomeo Bon, einst der elegante Eingang der Würdenträger; sie diente jedoch auch als Anschlagtafel, an der die Vorübergehenden die Regierungserlasse nachkesen konnten.

NICHT VERSÄUMEN

- Scala dei Giganti
- Sala del Scudo
- Scala d'Oro
- Sala delle Quattro Porte
- Anticollegio
- Sala Consiglio dei Dieci
- Piombi

PRAKTISCH & KONKRET

- Karte S. 326
- ☎ 041 271 59 11
- www.museicivici veneziani.it, auf Italienisch
- Piazzetta San Marco 52
- Erw./erm. inkl. Museo Correr 14/8 € oder Museumspass
- ⌚ April–Okt.

Hof

Wer in den mit Kolonnaden gesäumten Hof tritt, sieht sofort Sansovinos muskulöse Monumentalstatuen von Apollo und Neptun, die Antonio Rizzos **Scala dei Giganti** (Treppe der Giganten; Krönungstreppe) flankieren. Durch vor Kurzem erfolgte Restaurierungsarbeiten konnten reizende Putti erhalten werden, die nun wieder die Säulen bevölkern. Die rutschigen Marmorstufen mit Gravur sind jedoch nicht zugänglich. An der Ostseite der Hofarkaden befanden sich die gefürchteten **Poggi** (Brunnen): Dort wurden Gefangene unterhalb des Wasserspiegels festgesetzt – heute stehen dort Müllbehälter.

1. Stock

Nun geht es die Scala dei Censori (Treppe der Zensoren) zu den **Gemächern des Dogen** hinauf, in denen er rund um die Uhr bewacht lebte. Von hier führt eine Geheimtreppe nach oben, wo ein Gemälde Tizians wartet, das den hl. Christopherus zeigt, wie er durch die bewegten Wasser der Lagune watet. An dieser Stelle sollte man sich die gewaltigen Dimensionen des Palastkomplexes einmal bewusst machen – Dutzende Salons mit Kamin, ein Garten mit Veranda und ein Privatzugang zur Basilika. Die **Sala del Scudo** (Schildraum) ist vollgestopft mit Weltkarten, die das Ausmaß der einstigen Macht Venedigs vermitteln – und die Grenzen der Kartografie anno 1483 und 1762 aufzeigen. Die auf dem Kopf stehende Karte der Neuen Welt platziert Kanada über Virginia und Florida nicht weit von Asien entfernt; die Britischen Inseln bestehen im Wesentlichen aus Schottland und Newcastle.

2. Stock

Nun geht es die **Scala d'Oro** (Goldene Treppe) hinauf, eine mit 24-karätigem Gold geschmückte Stucktreppe von Sansovino, und hinein in mehrere Säle mit faszinierenden politischen Gemälden. In der **Sala delle Quattro Porte** (Saal der vier Türen) warteten die Botschafter unter einem von Palladio entworfenen Deckenfresko von Tintoretto auf die Audienz beim Dogen; es zeigt Justitia, wie sie dem Dogen Girolamo Priuli Schwert und Waage überreicht. Eine weitere Demonstration venezianischer Überlegenheit ist Tizians *Doge Antonio Grimani kniet vor dem Glauben* (1576) inmitten von wohlwollenden Putten sowie Tiepolos *Venedig erhält von Neptun Geschenke aus dem Meer* (um 1740). Hier wird Venedig als attraktive Blondine dargestellt, die sich lässig auf einen Löwen stützt.

Delegationen mussten im **Anticollegio** (Ratsvorzimmer) warten, in dem Tintoretto Parallelen

8.30–19 Uhr, Nov März 8.30–17.30 Uhr
➡ San Zaccaria

TOP FIVE: STARGEMÄLDE IM PALAZZO DUCALE

Veroneses *Juno überschüttet Venedig mit Gaben*, Tiepolos *Venedig erhält Geschenke aus dem Meer von Neptun*, Tizians *Doge Antonio Grimani kniet vor dem Glauben*, Tintorettos *Minerva entlässt Mars* und Veroneses *Tugenden der Republik* (1578–1582) sollte niemand versäumen.

In der Sala del Maggior Consiglio zeigt das Wandfries die ersten 76 Dogen der Stadtrepublik. Interessant ist eine schwarze Lücke: Der Doge Marin Falier wäre hier vertreten, hätte man ihn nicht wegen Hochverrats 1335 enthauptet.

zwischen den römischen Göttern und der venezianischen Regierung zog. In *Merkur und die drei Grazien* wird Venedigs Fleiß mit Schönheit belohnt, und *Minerva entlässt Mars* demonstriert den Triumph Venedigs über die rohe Gewalt. Die unlängst restaurierte Decke lässt Veroneses *Venedig verteilt Ehren* (1577) sehen, während die Wände eindringlich ermahnen, welche Verhaltensweisen es in der Diplomatie zu vermeiden gilt – *Die Vergewaltigung Europas* von Veronese.

Nur wenigen wurde im von Palladio entworfenen **Collegio** (Ratszimmer) eine Audienz zuteil. Dort stellt Veroneses Deckengemälde *Tugenden der Republik* Venedig als bezaubernde Blondine dar, die ihren Szepter wie einen Zauberstab schwingt. Jacopo und Domenico Tintoretto – Vater und Sohn – versuchen sich in ähnlicher Schmeichelei und zeigen in ihrem Deckengemälde *Triumph Venedigs* in der **Sala del Senato** (Senatssaal) Venedig in der Gesellschaft von Apollo, Mars und Merkur. Die in den Lagunen herumtollenden Meeresungeheuer stehlen ihnen dann jedoch etwas die Schau.

Nirgendwo sind geheime Machenschaften der Regierung so schön wie in der **Sala Consiglio dei Dieci** (Gerichtssaal des Zehnerrats; Saal 20) dargestellt: Dort heckte der bedeutendste Gerichtshof Venedigs seine Pläne aus – unter Veroneses *Juno überschüttet Venedig mit Gaben,* einer schillernden Göttin, die Golddukaten verteilt. In einen Schlitz zur **Sala della Bussola** (Kompasssaal; Saal 21) hinüber ließen sich anonym Zettel mit Hochverratsbezichtigungen stecken; direkt darüber ist an der Decke *Der hl. Markus im Glorienschein* zu sehen.

In der riesigen **Sala del Maggior Consiglio** (Saal des Großen Rats) von 1419 befindet sich der Dogenthron vor dem 22 mal 7 m großen Gemälde *Paradies* von Tintorettos Sohn Domenico, das eher politisch korrekt denn schön ist: Im Himmel wimmelt es von 500 prominenten Venezianern, darunter auch mehrere von Tintorettos Gönnern. Veroneses politische Darstellung ist in seinem Deckengemälde *Die Apotheose Venedigs* eleganter: Götter bestaunen die Krönung Venedigs durch Engel, während ausländische Würdenträger und venezianische Blondinen vom Balkon darunter neugierig zuschauen.

Gefängnisse

Nur im Rahmen einer Führung (Itinerari Segreti) besteht die Möglichkeit, die Zentrale des Zehnerrats sowie die gefürchteten Gefängnisräume **Piombi** auf dem Dachboden oben zu besichtigen. Es geht zuerst durch eine Kammer mit unheilvollen Szenen, die sich der Meister der apokalyptischen Visionen – Hieronymus Bosch – einfallen ließ. Dann folgt man dem

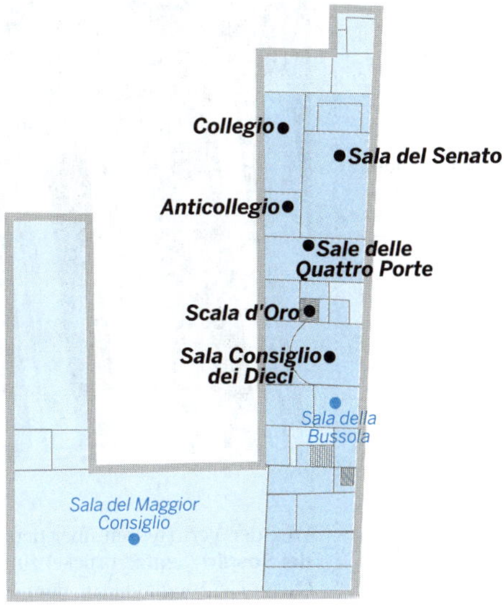

Zweiter Stock

Erster Stock

FÜHRUNG: GEHEIMWEGE

Wer die Staatsgeheimnisse von Venedig auf dem Dachboden des Palazzo Ducale kennenlernen will, sollte sich einer Führung anschließen. Die Itinerari Segreti dauern faszinierende 75 Minuten (Geheimwege; ☎041 4273 0892; Erw./erm. 18/12 €; Führungen auf Englisch 9.55, 10.45 & 11.35 Uhr; auf Italienisch 9.30 & 11.30 Uhr; auf Französisch 10.20 & 12 Uhr, keine auf Deutsch). Die Teilnehmer folgen ihrem Guide auf einem Geheimweg, der sich als Aktenarchiv tarnt, in die Sala dei Consiglio dei Dieci (Gerichtssaal des Zehnerrats). Er ist mit strahlenden Putten und dem optimistischen Triumph der Tugend über das Laster von Veronese ausgestaltet. Und plötzlich steht man in der engen, schmucklosen Geheimzentrale des Zehnerrats neben der Gerichtskammer mit Schränken voller Geheimakten. Wie früher die Angeklagten, geht man nun weiter in einen fensterlosen Verhörraum. 1756 wurde Casanova hier zu fünf Jahren Haft im Gefängnis nebenan verurteilt (die Anklage lautete, er habe Nonnen verdorben und – was erheblich schlimmer war – das Freimaurertum verbreitet). Er konnte jedoch über das Dach entkommen.

Weg der Verurteilten über den überdachten **Ponte dei Sospiri** (Seufzerbrücke) zu den **Prigione Nuove** (Neue Gefängnisse) aus dem 16. Jh. Die Häftlinge kritzelten die nasskalten Zellen mit Graffiti voll, die ihre Unschuld beteuerten; der Boden besteht aus Marmorplatten, die der Doge bei einem staatlich gebilligten Raubzug ergatterte: der Plünderung Konstantinopels.

HIGHLIGHTS
TEATRO LA FENICE

Als einst die Herrschaft von La Serenissima über die Meere endete, entdeckte Venedig die Macht des hohen Cs und stellte als Chorleiter in San Marco Claudio Monteverdi an, den Vater der modernen Oper. Mit viel Tamtam wurde La Fenice (Der Phönix) 1792 eröffnet.

Im 19. Jh. waren Venedigs führende Familien weitgehend ruiniert und konnten sich die Beheizung ihrer riesigen *palazzi* (Paläste oder Villen) nicht mehr leisten. So diente La Fenice als geschlossener Club, wo die Mitglieder besonders im Winter fast den ganzen Tag beim Kartenspiel, Klatsch und ständigen Kommentaren während der Vorstellungen verbrachten. Das Publikum im Fenice war so berüchtigt für seine Schwatzhaftigkeit, dass der Komponist Richard Wagner bei seiner ersten Aufführung in dem Opernhaus zum Ärger der Venezianer ausdrücklich auf absolute Ruhe bei den Vorstellungen bestand.

Brände & Wiederaufbau

In dem Haus führten Rossini und Bellini Opern auf, über die ganz Europa sprach. 1836 ging das Gebäude jedoch in Flammen auf. Venedig ohne Oper war undenkbar, und so wurde das Opernhaus innerhalb eines Jahres in aller Pracht wieder aufgebaut. Verdi feierte in La Fenice die Premieren von *Rigoletto* und *La Traviata*. Auch komponierten internationale Größen wie Igor Strawinsky, Sergej Prokofiew und Benjamin Britten für das Haus. Doch 1996 brannte La Fenice erneut durch Brandstiftung nieder. Zwei Elektriker wurden als schuldig befunden, die ihren Arbeitsverzug vertuschen wollten. Eine akribisch nachgebaute Replik des Opernhauses aus dem 19. Jh. wurde Ende 2003 wiedereröffnet. Die Kritiken an der Architektur waren zwar gemischt – einige Kritiker hatten für einen avantgardistischeren Entwurf von Gae Aulenti plädiert –, doch die Wiederaufführung von *La Traviata* war eine Sensation.

Opernsaison

Von Januar bis Juli und von September bis Oktober dauert die Saison. Mit einer Vorreservierung (☎041 24 24) kann das Opernhaus besichtigt werden – am schönsten präsentiert sich La Fenice jedoch im Rahmen einer Aufführung mit unzähligen *loggione*. So werden die Opernkenner bezeichnet, die im obersten Rang auf den Billigplätzen ihr Urteil abgeben. Obwohl das Opernhaus 900 Plätze hat, sind die Eintrittskarten dank der hochkarätigen Vorstellungen schneller weg, als man „bravo!" sagen kann. Führungen und Vorstellungen sollten deshalb lang im Voraus online gebucht werden.

Außerhalb der Saison

Zwischen den Opernaufführungen stehen im Theater auch Symphoniekonzerte und andere bedeutende Events auf dem Programm – von noblen Faschingsbällen bis hin zu Privatveranstaltungen wie etwa 2009 die Hochzeit von François-Henri Pinault, dem Sohn des Kunstsammlers François Pinault, und der Schauspielerin Salma Hayek. Auch Kammermusikabende finden in La Fenice statt; Opern werden zudem im hübschen, aber winzigen **Teatro Malibran** (☎041 786611; Calle del Teatro 5870; Rialto) aus dem 17. Jh. aufgeführt.

NICHT VERSÄUMEN

- Opernsaison
- Intermezzo (Pause) in der Barockbar
- Sommersymphonien
- Faschingsbälle
- Mit eingefleischten Opernkennern, den *loggione*, über die Diva diskutieren

PRAKTISCH & KONKRET

- Karte S. 326
- ☎Theaterkasse 041 78 65 11
- www.teatrolafenice.it
- Campo San Fantin 1965
- Opernkarten 40–120 €
- Audiotouren Erw./erm. 7/5 €

SEHENSWERTES

BASILICA DI SAN MARCO (MARKUSDOM) KIRCHE
siehe S. 60.

PALAZZO DUCALE PALAST
siehe S. 64.

TEATRO LA FENICE THEATER
siehe S. 69.

TORRE DELL'OROLOGIO WAHRZEICHEN
Karte S. 326 (Uhrturm; ☎041 4273 0892; www.museicivicivenezani.it; Piazza San Marco; Erw./erm. 2/7 € oder Museumspass; Kinder ab 6 Jahre; ⏲Besichtigung nur nach Vorreservierung der Führung, auf Englisch Mo–Mi 10 & 11, Do–Sa 14 & 15 Uhr, auf Italienisch tgl. 12 & 16 Uhr, auf Französisch Mo–Mi 14 & 15 Uhr, Do–So 10 & 11 Uhr; ⛴San Marco) Einer Legende zufolge sollen die Erfinder dieser mit Blattgold versehenen astronomischen Uhr, die die Mond- und Sonnenphasen sowie die Tierkreiszeichen zeigt, nach Abschluss ihrer Arbeit geblendet worden sein. Damit sollte verhindert werden, dass sich irgendeine weitere Stadt ein solches Wunderwerk der Technik bestellen konnte. Der perfide Plan war allerdings ein Schuss nach hinten: Der Mechanismus der Uhr aus dem Jahr 1497 wies einen Fehler auf – die Glocken läuteten nach Belieben –, kein Mensch war jedoch nun in der Lage, diesen Fehler zu beheben. Seit die Uhr vor Kurzem restauriert wurde, funktioniert das Uhrwerk wieder einwandfrei: Zwei sich bewegende Zeiger mit Federhaus geben die Minuten und Stunden an, mit 132 Glockenschlägen wird die Zeit verkündet. An den Festtagen Dreikönig und Him-

HIGHLIGHTS
MUSEO CORRER

Napoleon füllte seine Höhle am Markusplatz mit den Reichtümern der Dogen und nahm die herrlichsten Stücke dann kurzerhand mit nach Frankreich. Venedig gelang es, viele der alten Landkarten, Statuen, Kameen und Waffen zurückzufordern, zudem Meisterwerke aus vier Jahrhunderten aus der **Pinacoteca**. Doch der wahre Schatz ließ sich nicht rauben: die sagenhafte **Libreria Nazionale Marciana** von Jacopo Sansovino mit Miniaturen von Meeresungeheuern sowie überlebensgroßen Philosophen, gemalt von Veronese, Tizian und Tintoretto. Die öffentliche Bibliothek war eine der ersten in Europa, in ihren Beständen befanden sich Partituren, Opern, alte griechische Handschriftensammlungen und das Testament von Marco Polo.

Nicht verpassen sollte man Paolo Venezianos *Heilige mit traurigen Augen* aus dem 14. Jh. (Saal 25) und Lo Schiavones *Jungfrau Maria mit dem strammen Jesuskind*; sie trägt einen Glücksbringer aus Koralle und hält einen Vogel in der Hand (Saal 31). Sehenswert sind auch Jacopo di Barbaris unglaublich detailreichen Holzschnitte von Venedig (Saal 32), ein kompletter Raum mit Heiligen mit blitzenden Augen und pfirsichfarbenen Wangen von Bellini (Saal 36) sowie ein wunderschönes Porträt (anonym, 1784) der Wettruderin Maria Boscola, die fünfmal die Regatta gewann (Saal 47). Im **neoklassizistischen Ballsaal** werden Wechselausstellungen gezeigt, die sich mit Themen wie dem Futurismus und der italienischen Wiedervereinigung beschäftigen – man kann sie getrost weglassen. Antonio Canovas Statuen der großen Liebenden Orpheus und Eurydike (1777) sind hingegen wirklich eine Attraktion.

NICHT VERSÄUMEN

- Libreria Nazionale Marciana
- Pinacoteca
- Canovas Statuen von Orpheus und Eurydike
- Drinks im mit Fresken geschmückten Caffé dell'Art

PRAKTISCH & KONKRET

- Karte S. 326
- ☎041 240 52 11
- www.museicivici veneziani.it, auf Italienisch
- Piazza San Marco 52
- Erw./erm. inkl. Palazzo Ducale 14/8 € oder Museumspass
- ⏲April–Okt. 10–19 Uhr, Nov.–März 10–17 Uhr

melfahrt brechen die hl. drei Könige und der Engel in wilde Begeisterung aus. Zwei Bronzestatuen schlagen oben im Turm zur vollen Stunde die Glocke, sie werden wegen ihrer Patina die „Do Mori", die Mohren, genannt (sie stammen ja aus einer Epoche, in der es noch nicht so politisch korrekt zuging wie heutzutage). Wer die steile, vierstöckige Wendeltreppe auf den Turm von Mauro Codussi (1496–1499) erklimmt – und nicht unter Klaustrophobie leidet –, gelangt hinter der Uhr auf eine kleine Terrasse, die einen Blick aus nächster Nähe auf die lustigen Mohren ermöglicht.

MUSEO FORTUNY MUSEUM

Karte S. 326 (☎041 4273 0892; www.museicivicivenezianі.it; Campo San Beneto 3758; Erw./erm. 9/6 € oder Museumspass; ⌚Mi–Mo 10–18 Uhr; Sant'Angelo) Im gotischen Atelier und Domizil (15. Jh.) des spanisch-venezianischen Jugendstildesigners Mariano Fortuny y Madrazo können sich die Besucher Inspiration für ihre eigenen vier Wände holen. Fortunys schockierende Walle-Walle-Gewänder ohne Korsagen im Stil einer Delphi-Göttin setzte jedenfalls neue Maßstäbe in Sachen Bohème-Schick – und wurden beispielsweise von Isadora Duncan getragen. In der ersten Etage präsentieren sich die Wände des Salons als eine weitläufige, stimmungsvolle Collage aus Fortunys Jugendstiltextilien und zeigen eine erlesene Sammlung von Fortunato-Depero-Postern, persischen Kettenpanzerhelmen und Gemälden mit spärlich bekleideten Musen. Die Salons sind mit Fortunys maurischen Glaslaternen stimmungsvoll erleuchtet; ausgestellt sind originale, von Fortuny entworfene Kleider neben aktuellerer Avantgarde-Mode wie Trompe-l'oeil-Samthandtaschen von Roberta di Camerino und Maxikleidern aus Polyester.

Die monumentalen Kunstinstallationen in der **Mansarde** werden durch die tolle Architektur oft in den Schatten gestellt; die **Galerie unten** präsentiert faszinierende Wechselausstellungen zu Themen, die mit Venedig in Verbindung stehen, etwa Paolo Venturis Fotos von handgefertigten Dioramen, die das Ghetto von Venedig (1942) zeigen. Wem die Salons im Stadtteil gefallen, sollte auch Fortuny Tessuti Artistici (S. 168) des Museums in Giudecca einen Besuch abstatten: Dort werden die Wandtextilien bis heute nach den geheimen Methoden Fortunys von Hand bedruckt.

KUNST FÜR SCHLAUBERGER

Wer gerne mehr der insgesamt 2000 Kunstwerke aus der Sammlung Pinault sehen möchte, sollte sich ein **Kombiticket** (Erw./erm. 20/15 €) besorgen. Es bietet die Möglichkeit, drei Tage lang den Palazzo Grassi und die Punta della Dogana (S. 69) zu besuchen. In den alten Zollhäusern, die Ando 2009 renovieren ließ, werden nun große Kunstinstallationen präsentiert.

PALAZZO GRASSI MUSEUM

Karte S. 326 (☎044 535 70 99; www.palazzograssi.it; Campo San Samuele 3231; Eintritt Erw./erm. 15/10 €; ⌚Mi–Mo 10–19 Uhr; Accademia) Gleich hinter einer Biegung des Canal Grande zeigen sich Ahnungslose vom Schock des Neuen schier überwältigt: Die Installationen umstrittener zeitgenössischer Künstler wie Richard Prince und Jeff Koons thronen direkt vor dem neoklassizistischen Palazzo (1749) von Giorgio Masari. Der französische Multimillionär François Pinault etablierte 2005 seine provokante Sammlung zeitgenössischer Kunst im Palazzo Grassi – und sorgte so für eine Sensation und einen Skandal zwischen den Biennalen.

Innen stiehlt die kreativ umgestaltete Innenarchitektur den Exponaten etwas die Schau. 1985/86 entfernte der postmoderne Architekt Gae Aulenti zunächst einmal die niedlichen Rokokoschnörkel, um Masaris kraftvollen Klassizismus besser zur Geltung zu bringen. Tadao Ando, ein Architekt des Minimalismus, verstärkte dann den theatralischen Effekt des Palastes zwischen 2003 und 2005, indem er mit Hilfe von indirekter Beleuchtung und gezielt positionierten Strahlern die Aufmerksamkeit auf die modernen Kunstwerke lenkte, ohne jedoch den Deckenfresken und Marmorarkaden Abbruch zu tun.

Die Wechselausstellungen zeichnen sich durch geschickte Präsentation und große Namen aus, die schon fast schamlos vermarktet werden; oft zu sehen sind Takashi Murakamis lächelnde Gänseblümchen, Raymond Pettibons Cartoons mit poetischen Sprechblasen („Ich verfluche alle, die glücklich sind, denn für sie sind die Unglücklichen bloß Unterhaltung.") sowie Barbara Krugers provokante Maximen

BUMMEL DURCH DIE GALERIEN VON SAN MARCO

Allen vergangenen Glanzes zum Trotz hat das Viertel San Marco nicht nur einen musealen Charakter. Wer hinter Santa Maria del Giglio durch die Gassen bummelt, sieht sich plötzlich am Nabel der Zeit hinsichtlich moderner Kunst. Unzählige Galerien präsentieren hier zeitgenössische Werke – von Glasskulpturen bis hin zu Videoinstallationen. Der Eintritt ist frei, und der Inspiration sind in den folgenden sechs Galerien von San Marco keine Grenzen gesetzt:

➡ **Galleria van der Koelen** (Karte S. 326; ☎041 520 74 15; www.galerie.vanderkoelen.de; Ramo Primo dei Calegheri 2566; ⌚Mo–Sa 10–12.30 & 15.30–18.30 Uhr; ⛴Santa Maria del Giglio) Hinter dem sagenhaften Teatro La Fenice gibt diese Galerie für Konzeptionskunst kühne Statements ab, beispielsweise mit Ai Weiweis Märchen: Stühle aus der Qing-Dynastie sind in einer Reihe aufgestellt und warten nur darauf, dass der nächste machtgierige Politiker Platz nimmt. Patrick Mimrans Fahnen an den Museen Venedigs verkündeten hingegen: „Kunst ist nicht, wo Sie meinen, Sie müssen sie erst finden."

➡ **Galleria Rossella Junck** (Karte S. 326; ☎041 521 07 59; www.rossellajunck.it; Calle Larga XXII Marzo 2360; ⌚Mo–Sa 10–12.30 & 16–19.30 Uhr; ⛴Santa Maria del Giglio) Hier dominiert fragile Schönheit in unerwarteten Formen – von Segusos *Wieherndem Esel* (1950) aus rosa Glas bis hin zu Marie Aimée Grimaldis Hamlet-Schädel in Muranoglas. Die Ausstellungen zeigen Kelche aus dem 13. Jh., aber auch moderne Glaskunstwerke.

➡ **Caterina Tognon Arte Contemporanea** (Karte S. 326; ☎041 520 78 59; www.caterinatognon.com; Palazzo da Ponte, Calle delle Dose 2746; ⌚Mi–Sa 15–19 Uhr; ⛴Santa Maria del Giglio) In diesem Palast aus dem 17. Jh. drückt man auf die Messingklingel von „stART" und schon geht es hinauf in die Galerie im 2. Stock. Hier experimentieren Gastkünstler mit venezianischen Materialien und Ideen: Maurizio Donzelli flieste den Boden mit wässrigen Zeichnungen, während Richard Marquis bunte Glastarnung für U-Boote entwarf, die bei Murano heimlich in Position gehen.

➡ **Galleria Traghetto** (Karte S. 326; ☎041 522 11 88; www.galleriatraghetto.it; Campo Santa Maria del Giglio 2543; ⌚Mo–Sa 15–19 Uhr; ⛴Santa Maria del Giglio) Diese Galerie zeigt kühne Ausstellungen junger italienischer Künstler, die kurz vor dem internationalen Durchbruch stehen, darunter Serafino Maioranos verschwommene Digitalfotografien, deren blutrote Farbe an Gemälde von Vittore Carpaccio erinnert, sowie Mirco Marchellis Gemälde auf zerfledderten, zusammengestückelten italienischen Flaggen.

➡ **Jarach Gallery** (Karte S. 326; ☎041 522 19 38; www.jarachgallery.com; Campo San Fantin 1997; ⌚Di–Sa 10–13 & 14.30–19.30 Uhr; ⛴Santa Maria del Giglio) Zeitgenössische Fotografien warten in den Seitenflügeln von La Fenice, beispielsweise die getragenen, aber dennoch dramatischen Ausstellungen mit Fotos von Simone Bergantini: zurückgelassene Kleidungsstücke und leuchtende Müllsäcke, die Schatten im Stil des Film noir werfen.

➡ **le5venice** (Karte S. 326; ☎041 296 01 20; www.le5venice.com; Campo San Fantin 1891 & 1895; ⌚Mo–Sa 10–19 Uhr; ⛴Santa Maria del Giglio) Diese neue Galerie im Obergeschoss präsentiert zeitgenössische Fotografen und Maler wie Davide Battistin, dessen venezianische Nocturnes wie moderne Gemälde von Turner anmuten. Im Erdgeschoss lohnt die konzeptionell interessante Designerkleidung auf alle Fälle einen Blick – z. B. Mäntel, die mit fotorealistischen Lumpen bedruckt sind.

(„Wir sind erstaunlich lebensecht."). Einen Besuch lohnt auch das Café, das mit einem wunderbaren Blick auf den Canal Grande aufwartet. Die Inneneinrichtung wird immer dem Künstler der gerade laufenden Ausstellung angepasst.

CHIESA DI SANTO STEFANO — KIRCHE

Karte S. 326 (www.chorusvenezia.org; Campo Santo Stefano; Eintritt 3 € oder Chorus-Pass; ⌚Mo–Sa 10–17 Uhr; ⛴Accademia) Der freistehende **Glockenturm** neigt sich beunruhigend schief zur Seite, doch die hoch in den Himmel ragende gotische Kirche steht schon seit 1325, obwohl ein unterirdischer Kanal direkt unter dem Chorgestühl verläuft, das aus Holz mit Intarsien gefertigt ist. Der Prachtbau ist dem Architekten Bartolomeo Bon zu verdanken, der für das Eingangsportal aus Marmor verantwortlich zeichnet, sowie Schiffbauern aus Venedig, die die riesige Kielbogendecke (carena di nave) aus Holz schufen – sie sieht wie eine umgedrehte Arche Noah aus.

Das **Museum** im Kreuzgang zeigt Canovas Grabstelen von 1808 mit schönen trauernden Frauen, die ihre Augen mit den Säumen ihrer Umhänge betupfen, sowie Tullio Lombardos großäugigen Heiligen von 1505. Auch drei düstere Gemälde von Tintoretto sind ausgestellt: *Das letzte Abendmahl* mit einem Hund, der in den Brotkorb linst, das dräuende Unheil des *Christus am Ölberg* und die fast abstrakte, überwiegend schwarze *Fußwaschung*.

NEGOZIO OLIVETTI SEHENSWERTES GEBÄUDE

Karte S. 326 (Olivetti Store; ☎041 522 83 87; www.fondoambiente.it; Piazza San Marco 101, Procuratie Vecchie; Audiotour Erw./erm. 5/3 €; ⏲April–Okt. 10–19 Uhr, Nov.–März 10–17 Uhr; San Marco) Wie ein Revolver, der unter einem Petticoat gezückt wird, war das hypermoderne Negozio Olivetti die totale Provokation, als es 1957 unter den Arkaden am Markusplatz eröffnete. Der venezianische Architekt Carlo Scarpa gewann den von High-Tech-Pionier Olivetti ausgeschriebenen Architekturwettbewerb: Ein schmaler, düsterer Andenkenladen sollte in einen schicken Showroom umgestaltet werden; dort sollten dann die innovativen Schreibmaschinen (und PCs) ausgestellt werden – einige Modelle aus den Jahren 1948 bis 1954 sind noch heute zu sehen.

Anstatt mit den Elementen zu ringen, machte sie sich der clevere Scarpa kurzerhand zunutze. Und das bedeutet im Klartext: Er riss Wände ein, um Licht hereinfluten zu lassen, stellte einen riesigen Pflanztrog für hohe Gräser auf und ergänzte einen Brunnen aus schwarzem belgischen Marmor als Verweis auf die *acqua alta* (Hochwasser). Der helle Raum animiert die Besucher, die glitzernden Böden aus farbigen Muranoglasfliesen zu überqueren, die weiße Marmortreppe hochzusteigen, an seidigen venezianischen Gipswänden vorbeizugehen und den Balkon aus Teakholz zu bevölkern. Die halbrunden Bullaugenfenster erinnern an offene Augen, die auf die Piazza hinausblicken, jedoch auch an ferne Horizonte.

PONTE DELL'ACCADEMIA BRÜCKE

Karte S. 326 (zwischen Campo di San Vidal & Campo della Carità; Accademia) Der aus Holz gefertigte Ponte dell'Accademia wurde 1933 errichtet, um vorübergehend eine Eisenbrücke aus dem Jahr 1854 zu ersetzen. Die hohe, wie ein Katzenbuckel gekrümmte Brücke ist mittlerweile jedoch zum allseits beliebten Wahrzeichen der Stadt avanciert. Der Ingenieur Eugenio Miozzi beschäftigte sich anschließend lieber mit wuchtigeren faschistischen Bauwerken wie dem Lido Casino, doch keines seiner Werke hat die Zeiten so überdauert wie diese kleine, elegante Fußgängerbrücke. Dank vor Kurzem durchgeführter umfangreicher Instandhaltungsarbeiten ist ihr Erhalt nun für die nächsten Jahrzehnte gesichert.

CHIESA DI SANTA MARIA DEL GIGLIO KIRCHE

Karte S. 326 (Santa Maria Zobenigo; www.chorusvenezia.org; Campo di Santa Maria del Giglio; Eintritt 3 € oder Chorus-Pass; ⏲Mo–Sa 10–17 Uhr) Die kompakte Kirche aus dem 10. Jh. mit byzantinischem Grundriss, drei beeindruckenden Meisterwerken und einer Barockfassade, die interessante, wenn auch fehlerhafte Landkarten von Regionen sehen lässt, die Venedig 1678 eroberte, ist wirklich imposant. Unter all diesen Errungenschaften ragt die Statue von Admiral Antonio Barbaro auf, der Giuseppe Sardi den Auftrag erteilte, die Originalkirche aus dem 9. Jh. zu Ehren der Jungfrau Maria, Venedigs und – was sonst? – seiner eigenen Wenigkeit umzubauen. Das vorwiegend profane, sich selbst glorifizierende Ge-bäude verärgerte im 19. Jh. den Architekturkritiker John Ruskin, der es als „Manifestation eines unverschämten Atheismus" bezeichnete.

Innen versteckt sich Veroneses *Madonna mit Kind* hinter dem **Altar**, Tintorettos vier Evangelisten flankieren die **Orgel**, und in der **Molin-Kapelle** macht Renaissancemeister Peter Paul Rubens seine Aufwartung mit einem Gemälde, das Maria, Johannes den Täufer und ein reizend dralles Jesuskind zeigt.

CAMPANILE WAHRZEICHEN

Karte S. 326 (Uhrturm; Piazza San Marco; www.basilicasanmarco.it; Eintritt 8 €; ⏲Juli–Sept. 9–21 Uhr, April–Juni & Okt. 9–19 Uhr, Nov.–März

Fortsetzung auf S. 80

Der Canal Grande

Der *vaporetto* (Passagierschiff) Nr. 1 fährt auf seiner 3,5 km langen Route an rund 50 *palazzi* und sechs Kirchen vorbei.

Der Canal Grande beginnt mit einem strittigen Bauwerk: Die aus Glas und Stahl errichtete Brücke **Ponte di Calatrava** 1 überstieg die geschätzten Baukosten von 4 Mio. € um das Dreifache. Als Nächstes kommen der festungsartige **Fondaco dei Turchi** 2, das historische türkische Handelskontor, der **Palazzo Vendramin** 3 aus der Zeit der Renaissance mit dem Spielcasino und die **Ca' Pesaro** 4 mit ihren markanten Doppelarkaden. Besonders imposant ist die **Ca' d'Oro** 5 (1430), ein filigranes Schmuckstück aus der Zeit der Gotik.

An weiteren Attraktionen warten die **Pescaria** 6, die 1907 an just der Stelle errichtet wurde, wo Fischhändler 600 Jahre lang die Krabben aus der Lagune verhökerten, und daneben die Stände des **Rialto-Marktes** 7. Die marmorne Pracht des **Ponte di Rialto** 8 (1592) hat alle Zeiten überdauert.

Die nächsten beiden Kanalkurven zeigen grandiose Architektur: den von Sanmicheli entworfenen Renaissancepalast **Palazzo Grimani** 9 und den **Palazzo Corner-Spinelli** 10 von Mauro Codussi, gefolgt vom **Palazzo Grassi** 11 (ein Entwurf Giorgio Masaris) sowie Baldassare Longhenas Barockjuwel **Ca' Rezzonico** 12.

Die Holzbrücke **Ponte dell'Accademia** 13, (1930) war als Behelfsbrücke gedacht, inzwischen hat man das Wahrzeichen mit Stahlträgern verstärkt. Steinlöwen flankieren die **Peggy Guggenheim Collection** 14 der amerikanischen Millionenerbin. Nicht zu übersehen ist die Kuppel von Longhenas **Chiesa di Santa Maria della Salute**, ebenso die **Punta della Dogana** 16, Venedigs dreieckiges Zollhaus, das heute moderne Kunst präsentiert. Den krönenden Abschluss des Canal Grande bilden der gotische **Palazzo Ducale** 17 und der **Ponte dei Sospiri** 18, der sich momentan in Werbung hüllt.

Palazzo Grassi

Der französische Großindustrielle François Pinault stieß Paris vor den Kopf, als er das Museum für zeitgenössische Kunst hier etablierte – mit Galerien, die Gae Aulenti und Tadao Ando entwarfen.

KRZYSZTOF DYDYNSKI/LONELY PLANET IMAGES ©

Ca' Rezzonico

Das Kunstmuseum aus dem 18. Jh. mit Decken von Tiepolo, üppigen Seiden-Boudoirs und einer eigenen Apotheke vermittelt eindrucksvoll, wie die Venezianer einst in barockem Prunk lebten.

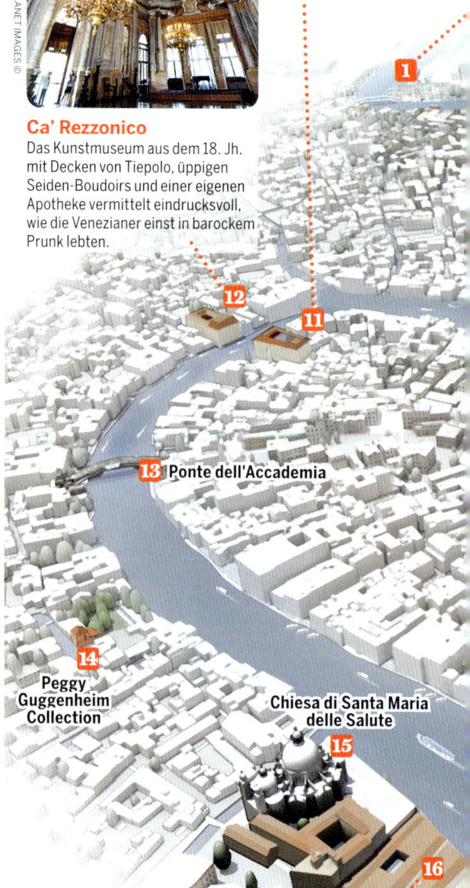

Punta della Dogana

Der Architekt des Minimalismus Tadao Ando funktionierte aufgelassene Lagerhäuser zu Galerien um, in denen nun moderne Installationen aus der Sammlung François Pinault zu sehen sind.

ADAM EASTLAND ITALY / ALAMY

nte di Calatrava

narkante, stromlinienförmige Brücke aus
Jahr 2008 in der Form einer Fischfinne war
rste, die nach 75 Jahren über den Canal
de erbaut wurde.

Fondaco dei Turchi

Das von Wachtürmen flankierte Handelskontor ist sofort an seinen mehrfarbigen, doppelten Marmorkolonnaden mit byzantinischen Kapitellen aus dem 13. Jh. zu erkennen.

JEAN-PIERRE LESCOURRET/LONELY PLANET IMAGES ©

Ca' d'Oro

Hinter den gotischen Arkaden verbergen sich unbezahlbare Meisterwerke: Gemälde von Tizian, die Napoleon erbeutet hatte, ein seltener Mantegna und Bodenmosaiken aus Halbedelsteinen.

esaro

sprünglich von Baldassare Longhena
fene *palazzo* wurde 1898 der Stadt gestiftet,
Galleria d'Arte Moderna und das Museo d'Arte
ale aufzunehmen.

Ponte di Rialto

Antonio da Ponte stach bei der Auftragsvergabe Palladio aus; die Baukosten beliefen sich dann auf 250 000 venezianische Dukaten (heute rund 19 Mio. €).

KRZYSZTOF DYDYNSKI/LONELY PLANET IMAGES ©

Venedig: Wie die Traumstadt entstand

Die Venezianer errichteten ihre Heimatstadt auf 117 kleinen Inseln, die mit rund 400 Kanalbrücken verbunden wurden. Wem es ob der Marmorpaläste schon die Sprache verschlägt, der sollte sich einmal überlegen, was sich darunter befindet: ein Wald an Holzpfählen, die in den verschlammten Lehmboden der Lagune gerammt wurden. Etwa 100 000 versteinerte Pfeiler tragen beispielsweise die aus Ziegel und istrischem Stein bestehenden Fundamente von Baldassare Longhenas Chiesa di Santa Maria della Salute (1631).

Die Pfähle stützen zwar immer noch das schwere Gewicht, dennoch bedeutet es einen enormen Aufwand, das weitere Absinken Venedigs zu verhindern. Die durch das Salzwasser korrodierten Fundamente der Punta della Dogana wurden unlängst repariert. Die Kanäle müssen regelmäßig ausgebaggert und vom Schlick entfernt werden.

Wenn Besucher ihre Stadt rühmen, geben die Einheimischen das Kompliment gern an das außergewöhnliches Ökosystem der Lagune weiter. Doch die tiefen Kanäle, die gegraben wurden, ließen immer mehr Salzwasser in die Lagune fließen, sodass sich die Wasserkultur nun verändert hat und es häufiger zu Hochwasser – *acqua alta* – kommt. Die mobile Flutschranke namens Mose soll das Wasser nun eindämmen.

Die Lösung ist nicht einfach, ein paar simple Gesten sind es jedoch schon: Bei 22 Mio. Besuchern jährlich trägt eine geringfügige Verhaltensänderung bereits dazu bei, Venedig am Leben zu erhalten.

SO KANN MAN VENEDIG HELFEN

- **Mit dem Zug nach Venedig fahren** – und nicht mit einem Kreuzfahrtschiff, das die Umwelt schädigt.
- **Müll aufheben** – so lässt sich Venedigs fragiles Ökosystem schützen.
- **Einheimische Produkte konsumieren** – Meeresfrüchte aus der Lagune, Obst und Gemüse von den Inseln sowie Kunsthandwerk sind der Stolz der Stadt und sichern die Existenz ihrer Einwohner.
- **Langsam mit den Motorbooten fahren** – die Kielwellen legen die fragilen Fundamente frei und fügen ihnen Schaden zu.
- **Leitungswasser trinken** – dann muss Venedig nicht die wahnwitzige Zahl von 20 bis 60 Mio. Plastikflaschen pro Jahr recyceln.

1. Isola di San Giorgio Maggiore (S. 167) 2. Canal Grande (S. 74)

1

BRENT WINEBRENNER / LONELY PLANET IMAGES ©

2

DAVID TOMLINSON / LONELY PLANET IMAGES ©

Geheimnisse der Calli

Gelbe Schilder weisen den Weg zu den wichtigsten Sehenswürdigkeiten, doch das Geheimnis eines wahren Venedigabenteuers liegt darin, sie einfach zu ignorieren. *Calli* (Gassen) führen von den Hauptverkehrsadern weg in eine wundersame Welt mit Ateliers, Kneipen und versteckten Plätzen.

Von der Chiesa della Madonna dell'Orto zum Ghetto

1 Beschaulich ist der Spaziergang vom Campo dei Mori zu den sonnigen Straßen Fondamenta della Misericordia und Fondamenta degli Ormesini. Brücken führen ins historische Ghetto.

Vom Campo San Polo zur Kirche San Giacomo dell'Orio

2 Über die Calle Scalater führt der Weg zum versteckten Campiello Agostin und über die Brücke zur mittelalterlichen Kirche San Giacomo dell'Orio.

Von La Fenice zum Bacino Orseolo

3 Galerien umgeben den Campo San Fantin, wo die Frezzeria zum Bacino Orseolo, dem Gondel-Parkplatz, führt.

Von der Chiesa di San Sebastian zur Kirche Santa Maria Gloriosa dei Frari

4 In der Calle Lunga San Barnaba geht es zum gleichnamigen Campo. Von hier führt die Calle delle Botteghe zur Kirche mit Tizians Meisterwerk.

Von San Zaccaria zur Chiesa di Santa Maria dei Miracoli

5 Vom Markusplatz führt der Weg am Campo Santa Maria Formosa vorbei zum Campo Santa Marina und zur Chiesa.

1

ADAM EASTLAND ITALY / ALAMY ©

3

Im Uhrzeigersinn

1. Campo San Giacomo dell'Orio (S. 24) 2. Bacino Orseolo 3. Campo Santa Maria Formosa

KRZYSZTOF DYDYNSKI / LONELY PLANET IMAGES ©

ROBERTO GEROMETTA / LONELY PLANET IMAGES ©

START **PIAZZETTA DI SAN MARCO**
ZIEL **I RUSTEGHI**
LÄNGE **3 KM**
DAUER **1½ STD.**

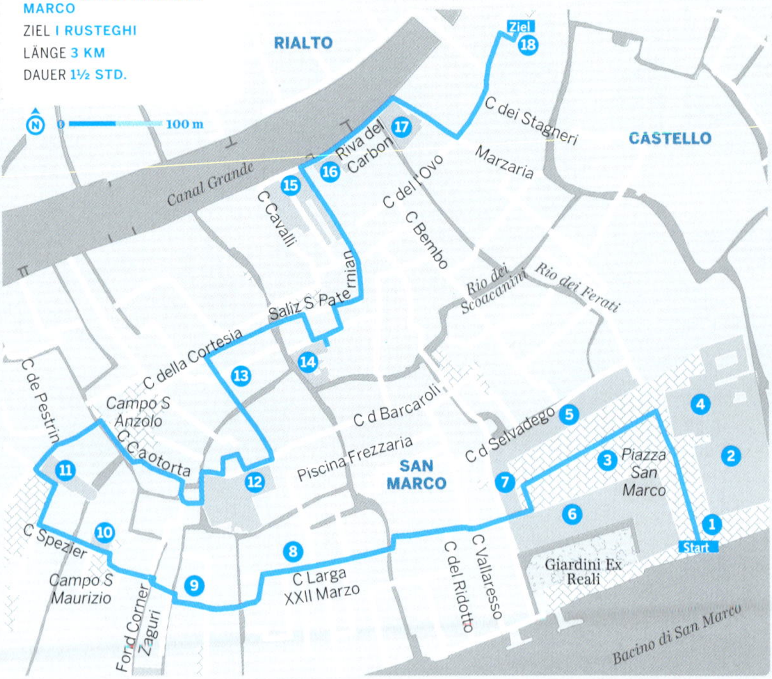

Stadtspaziergang

Bummel durch San Marco

Die Venezianer eilen bis heute an den 1 **Säulen von San Marco** vorbei, wo jahrhundertelang Hinrichtungen stattfanden. Hinter dem 2 **Palazzo Ducale** wird der 3 **Markusplatz** von der 4 **Basilica di San Marco** dominiert und von Mauro Codussis 5 **Procuratie Vecchie** (16. Jh.) und Jacopo Sansovinos 6 **Procuratie Nuove** flankiert. Heute nimmt das Museo Correr die oberen Etagen der Procuratie Nuove und der 7 **Ala Napoleonica** ein, dem Palast, für den man die Kirche San Geminiano abreißen ließ.

Über die 8 **Calle Larga XXII Marzo,** die an den Aufstand gegen die Habsburger am 22. März 1848 erinnert, geht es zur barocken 9 **Chiesa di Santa Maria del Giglio**. Weiter westlich neigt sich der 1 **Glockenturm von Santo Stefano** 2 m aus dem Lot, als hätte er einen *spritz* zu viel intus. In der Nähe schmücken die gotischen Marmorportale von Bartolomeo Bon die 11 **Chiesa di Santo Stefano**.

Weiter geht es über die Calle Caotorta zum 12 **Teatro La Fenice**, dann links in den 13 **Rio Terà dei Assassini**. Hier wurden so häufig Leichen gefunden, dass Venedig 1128 Vollbärte verbot, mit denen sich viele Mörder getarnt hatten. Ein verschwiegenes Plätzchen für ein wenig Romantik findet sich im Hof des 14 **Palazzo Contarini del Bovolo**.

Über die Calle del Carbon führt der Weg nun zum Rathaus im 15 **Palazzo Loredan**. Am Gebäude ehrt eine Plakette die Philosophin Eleonora Lucrezia Corner Piscopia, die erste Frau, die 1678 an der Universität Padua ihren Abschluss machte. Am Kai beeindruckt der gotische 16 **Palazzo Dandolo** aus dem 14. Jh., das Domizil des blinden Dogen und Kreuzritters Enrico Dandolo, der 1203 Konstantinopel plünderte. Nebenan steht der von Sansovino entworfene 17 **Palazzo Dolfin-Manin** (1547), in dem der letzte Doge Ludovico Manin 1802 verstarb, nachdem er der Wache Napoleons seine Dogenmütze mit einem Seufzer überreicht hatte. Der Rundgang endet im 18 **I Rusteghi** mit einem Amarone, der ebenso rot und mächtig ist wie eine Dogenmütze.

Fortsetzung von S. 73

9.30–15.45 Uhr) Der 99 m hohe Turm des Markusdoms wurde seit seiner Ersterrichtung 888 zweimal wieder aufgebaut. Galileo Galilei fand ihn einst praktisch, um 1609 sein Teleskop zu testen. Kritiker bezeichneten den Neuentwurf von Bartolomeo Bon aus dem 16. Jh. als plump, doch als diese Version 1902 plötzlich einstürzte, bauten ihn die Venezianer Stein für Stein doch wieder so auf, wie er war.

Besucher besteigen den Turm, weil sich von dort oben ein herrlicher Panoramablick über die gesamte Lagune bietet, außerdem besteht die Möglichkeit, einen näheren Blick auf die Marangona zu werfen: Die gewaltige Bronzeglocke ist sogar noch in den Werften von Arsenale zu hören – wer sich also zur vollen Stunde auf den Turm hinauf begibt, sollte sich vielleicht besser mit Ohrstöpseln vor dem Glockengeläut schützen. Die von Sansovino entworfene **Marmorloggia** am Fuß des Glockenturms ist wegen Stabilisierungsmaßnahmen und Trockenlegung derzeit zum Teil mit einem Sicherheitszaun umgeben.

GRATIS PALAZZO CONTARINI DEL BOVOLO — PALAZZO

Karte S. 326 (☎041 532 29 20; Calle Contarini del Bovolo 4299; Eintritt in den offenen Hof frei; ⏲10–18 Uhr) Wer ein bisschen knutschen will, muss nicht abwarten, bis am Markusplatz endlich die Abenddämmerung anbricht. Der romantische Renaissancepalast aus dem 15. Jh. mit einer Wendeltreppe (*bovolo*) außen ist zwar wegen Restaurierungsarbeiten geschlossen, doch im schattigen Hof bieten sich nicht nur hübsche Ausblicke, sondern vor allem auch lauschige Ecken.

GRATIS MUSEO DELLA MUSICA — MUSEUM

Karte S. 326 (☎041 241 18 40; Campo San Maurizio 2761; ⏲tgl. 9.30–19.30 Uhr; ⛴Santa Maria del Giglio) Das Museum befindet sich in der restaurierten neoklassizistischen Chiesa di San Maurizio. Hier stößt man auf eine Sammlung seltener und oft auch seltsamer Instrumente aus dem 17. bis 19. Jh. Dazu gibt's Infotafeln, die über das Leben und die Epoche Antonio Vivaldis (s. S. 275) informieren. Wer hören möchte, wie die alten Instrumente klingen, findet am Kiosk CDs mit alter Musik und kann dort auch die Eintrittskarten für die Konzerte der Interpreti Veneziani (S. 85) kaufen. Das Ensemble unterstützt das Museum, indem es auf den alten Instrumenten aus der Sammlung mit modernem Schwung spielt – und zwar gleich um die Ecke in der Chiesa di San Vidal (S. 76).

CHIESA DI SAN MOISÈ — KIRCHE

Karte S. 326 (☎041 528 58 40; Campo di San Moisè; Eintritt frei; ⏲Mo–Sa 9.30–12.30 Uhr; ⛴Vallaresso) Die Fassade aus den 1660er-Jahren wirkt mit ihren steinernen Zuckergussverzierungen absolut zum Anbeißen, auch wenn der Architekturkritiker John Ruskin im 19. Jh. die Zuckertortenerscheinung ungenießbar fand. In technischer Hinsicht hatte Ruskin recht: Mehrere Statuen mussten im 19. Jh. entfernt werden, um die Fassade vor dem Zusammenbruch unter deren Gesamtgewicht zu bewahren.

Die verbliebenen Statuen des flämischen Bildhauers Heinrich Meyring (oder Merengo) bestehen kaum aus frommen Werken, sondern aus etlichen unterwürfigen Hommagen an Wohltäter und Stifter. Zu den überwältigenden Werken im Innenraum gehören Tintorettos *Fußwaschung* im Altarraum links vom Hauptaltar und Palma il Giovanes *Abendmahl* an der rechten Seite des Kirchenschiffs.

CHIESA DI SAN ZULIAN — KIRCHE

Karte S. 326 (☎041 523 53 83; Campo San Zulian; ⏲Mo–Sa 9–18.30, So 9–19.30 Uhr; ⛴San Marco) Ursprünglich wurde die bescheidene Kirche 829 gegründet, doch dann bekam San Zulian von Sansovino eine Verschönerung in Form von Steinen aus Istrien verabreicht, die der betuchte Arzt Tomasso Rangone in Auftrag gab: Er war durch den Verkauf von Syphilismedikamenten, aber auch durch die Erlöse eines selbst verfassten Buchs zu Reichtum gekommen: In ihm verriet er das Geheimnis, wie man über 100 Jahre alt wird (er selbst segnete allerdings mit zarten 84 Jahren das Zeitliche). Tomasso Rangone ist über dem Portal in Bronze verewigt: Er hält eine Sarsaparille in der Hand – offensichtlich die wichtigste Heilpflanze seines Wundermittels, das gegen Geschlechtskrankheiten helfen sollte. Im Kirchenraum sind Werke von Palma il Giovane und – beim Eintreten rechts – Paolo Veroneses *Der tote Christus mit Heiligen* zu bewundern.

PALAZZO FRANCHETTI — PALAZZO

Karte S. 326 (☎041 240 77 11; www.istitutoveneto.it; Campo Santo Stefano 2842; unterschiedl. Ausstellungen, Eintritt ins Café frei; ⏲tgl. 10–19 Uhr; ⛴Accademia) Drei Großfamilien aus Venedig lebten ursprünglich in diesem Palast aus dem 16. Jh. am Canal Grande, doch allem Anschein nach konnten sie sich nicht immer auf die Ausgestaltung einigen. Als sich Erzherzog Friedrich von Österreich den gotischen Palast im 19. Jh. unter den Nagel riss, bemühte er sich, die unterschiedlichen Stilrichtungen unter einen Hut zu bringen, indem er alles modern und dezent umgestaltete. Die Familie Franchetti lebte hier mehrere Jahrzehnte nach der Unabhängigkeit; sie beauftragte den Architekten Camillo Boito, den palazzo wieder mit einem neogotischen Look zu versehen und auch einen **Barockgarten** und eine großzügige **Jugendstiltreppe** zu schaffen.

Der Palast beherbergte von 1922 bis 1999 eine Bank, bis schließlich das Istituto Veneto di Scienze, Lettere ed Arti (Venezianisches Institut der Naturwissenschaften, Philologie und Künste) einzog und hier seitdem Ausstellungen zeigt und Konferenzen abhält (eine Veranstaltungsübersicht findet sich auf der Website). Jüngste Neuerung ist das **Palazzo Franchetti Caffè** (seit 2009) in den Gartenarkaden. Seine gemusterten Fenster harmonieren gut mit den gotischen, modernen und Jugendstilelementen des palazzo.

GRATIS CHIESA DI SAN VIDAL — KIRCHE

Karte S. 326 (Campo di San Vidal 2862; Eintritt frei; Mo–Sa 9–12 & 15.30–18 Uhr; Accademia) Die Kirche wurde ursprünglich im 11. Jh. vom Dogen Vitale Falier zu Ehren seines Namensvetters, des hl. Vitalis, errichtet und später von Antonio Gaspari ausgebaut, um den Triumph des Dogen Francesco Morosoni über die türkischen Feinde in Morea mit einer Fassade von Palladio zu feiern (1706–1714 ergänzt). Der Kirche wurde mittlerweile die Weihe entzogen; sie dient nun als wichtigster Veranstaltungsort der Interpreti Veneziani (S. 85). Innen befindet sich *Der hl. Vitalis zu Pferd mit acht Heiligen*, ein untypisches Werk von Vittore Carpaccio, denn es fließt ausnahmsweise einmal kein Blut. Aber ein Tick der üblichen ampelroten Farbe ist dann doch vorhanden, außerdem die bei Miniaturenmalern gewohnte Liebe zum Detail.

FONDACO DEI TEDESCHI — SEHENSWERTES GEBÄUDE

Karte S. 326 (Salizada del Fontego dei Tedeschi 5346; Rialto) Aus dieser nüchternen Fassade am Canal Grande würde kein Mensch je schließen, dass dieser *fondaco* (Handelskontor) zu seiner Blütezeit vom 13. bis 17. Jh. so eine Art Wall Street der deutschen Gemeinde in Venedig war. Die Feuchtigkeit zerstörte die originalen Außenfresken von Giorgione und Tizian; ein paar Fragmente werden in der Ca' d'Oro (S. 134) gezeigt. Die Kaufleute waren hart im Verhandeln: Als Giorgione und Tizian kamen, um ihr Honorar von 150 Dukaten abzuholen, teilte man ihnen mit, ihre Fresken seien nur 130 Dukaten wert. Ein unabhängiges Gutachten bestätigte zwar das ursprüngliche Honorar, doch die Künstler bekamen den Rat, die Sache auf sich beruhen zu lassen. Bis heute ziehen sich die Streitigkeiten um den Fondaco hin, der mittlerweile übrigens nicht mehr öffentlich zugänglich ist. Von 1937 bis 2010 diente das Gebäude als Hauptpost von Venedig; momentan wird verhandelt, ob das Gebäude in ein Kulturzentrum, ein Einkaufszentrum oder eine Kombination aus beidem umfunktioniert werden soll.

ESSEN

LP TIPP ENOTECA AL VOLTO — VENEZIANISCH €

Karte S. 326 (041 522 89 45; Calle Cavalli 4081; Cicheti 2–4 €, Hauptgerichte 7–18 €; Mo–Sa 9.30–15 & 17.30–22 Uhr; Rialto) Am besten gesellt man sich einfach zu dem munteren Volk in der Bar, das sich durch das breite Angebot an Weinen und *cicheti* kämpft. Wer früh genug kommt, kann sich im Sommer an einen Tisch im Freien setzen oder alternativ innen ins kuschelige Hinterzimmer, wo man sich wie auf einem Schiff vorkommt. Serviert werden Teller voller Pasta mit *bottarga* (getrockneter Fischrogen) und hausgemachte Ravioli. Nur Barzahlung.

OSTERIA SAN MARCO — MODERN ITALIENISCH €€€

Karte S. 326 (041 528 52 42; www.osteriasanmarco.it; Frezzeria 1610; Hauptgerichte 20–30 €; Mo–Sa 12.30–23 Uhr; Vallaresso) Hier liegt Romantik in der Luft – die erstklassigen Weine, die an den Ziegelwänden aufgereiht sind, tragen noch ein Übriges zu diesem Eindruck bei. Unter den geschickt platzierten Scheinwerfern wirken die Gerichte, als hätten sie einen Heiligenschein, vor allem die himmlischen Muscheln aus der Lagune mit schwarzen Linguine aus Tintenfischtinte. Die Auswahl an Weinen, die per Glas kredenzt werden, hält sich eher in Grenzen, und die Fleischgerichte sind nicht eben üppig portioniert, aber das alles ist bei einem *passito* (Dessertwein) und einer köstlichen Käseauswahl schnell vergessen.

BACARO DA FIORE — CICHETI, VENEZIANISCH €

Karte S. 326 (041 523 53 10; www.dafiore.it; Calle delle Botteghe 3461; Mahlzeiten 10–15 €; Mi–Mo 17.30–21 Uhr; Accademia) Der Imbiss gehört zu einer schicken Trattoria und lockt jede Menge Venezianer an den Tresen. Sie bestellen klassische Gerichte wie *baccala mantecato* (Kabeljau in Sahnesoße), Polenta mit *bruscandoli* (Wildhopfen) und Tintenfisch-Fenchel-Salat und verdrücken sie an der Bar oder auf einem Hocker in der *calle*. Selbst mit einem Glas hervorragenden DOC Soave kostet die Mahlzeit hier einen Bruchteil dessen, was sonst in Venedig für ein Essen am Tisch fällig wird.

OSTERIA DA CARLA — OSTERIA €

Karte S. 326 (041 523 78 55; Frezzeria 1535; Hauptgerichte 8–13 €; Mo–Sa 10–21 Uhr; Vallaresso) Für das Geld, das am Markusplatz eine Tasse heiße Schokolade kostet, gehen Insider in diesen recht versteckten Hof essen – z. B. hausgemachte Ravioli mit Mohn, Birne und Schafskäse. Wer mittags und zur Happy Hour kommt, braucht Geduld, denn dann lassen die Gondolieri ihre Kähne stehen, um sich einen DOC Soave und *sopressa crostini* (weiche Salami auf Toast) zu genehmigen.

ANONIMO VENEZIANO — CICHETI, VENEZIANISCH €€

Karte S. 326 (041 523 53 10; Calle del Fruttarol 1847; Hauptgerichte 15–25 €; Mo–Mi & Fr 12–15 & 17.30–21, So 17.30–21 Uhr; Santa Maria del Giglio) Das legere, reizende Restaurant bietet klassische Gerichte zu sehr anständigen Preisen – und das heißt keine 10 € für Pasta und 4 € für eine kleine Karaffe Haus-Tokajer – bei tadellosem Service. Der elegante Ober (geschätztes Alter 80 plus) lässt die Gäste allerdings erst gehen, wenn sie eine heiße Schokolade mit einem guten Schuss Grappa gekostet haben – und hilft anschließend auch beflissen in den Mantel hinein.

CAVATAPPI — OSTERIA €

Karte S. 326 (041 296 02 52; Campo della Guerra 525/526; Cicheti 2-4€, Hauptgerichte 8–13 €; Di–Do & So 10–21 Uhr, Fr & Sa 10–23 Uhr; San Marco) Das legere, nette Lokal bietet *cicheti* und Käsekreationen, hervorragenden Wein im Glas und etwas, das man in San Marco sonst selten findet: eine leckere Mahlzeit, die man gemütlich am Tisch sitzend für unter 20 € erhält. Ein Gedicht ist der Risotto des Tages, als Nachtisch locken noch Schafskäse mit einem Schuss Wildblumenhonig aus den Dolomiten.

VINI DA ARTURO — ITALIENISCH, STEAK €€€

Karte S. 326 (041 528 69 74; Calle dei Assassini 3656; Mahlzeiten 50–70 €; Mo–Sa 19–23 Uhr; Santa Maria del Giglio) In diesen Schlauch von einem Lokal strömen alle aus einem einzigen Grund: das Steak mit grünen Pfefferkörnern, das, in Brandy und Meerrettich mariniert, gebraten oder auf Wunsch auch roh serviert wird. Der Wirt tritt zudem gern den Beweis an, dass Nicole Kidman doch manchmal etwas isst.

DA MARIO — VENEZIANISCH €€

Karte S. 326 (041 528 59 68; Fondamenta della Malvasia Vecchia 2614; Mahlzeiten 20–30 €; So–Mo; Santa Maria del Giglio) Nichts wie reingequetscht in das bunte Sammelsurium aus Fischerlampen, Keramikkrügen, Aquarellen und Einheimischen, die sie gemalt haben. Dann kommt der gemütliche Teil mit einer großen Portion Pasta mit Meeresfrüchten und Wein, der in Ein-Liter-Karaffen ausgeschenkt wird. Diese klassische *osteria* scheint meilenweit von jeglichen Touristenattraktionen und dem 21. Jh. entfernt zu sein, obwohl sie eigentlich bloß ein paar Minuten von den Gallerie dell'Accademia und zum Palazzo Grassi entfernt liegt.

CAFFÈ MANDOLA — PANINI €

Karte S. 326 (041 523 76 24; Calle della Mandola 3630; Panini 3–7 €; Mo–Sa 9–19 Uhr; Vallaresso) Vor der Oper oder zwischen den Museumsbesuchen schmecken eine frische *focaccia* mit pikantem Thunfisch und Kapern oder eine leichte *bresaola* mit Rauke und würzigem Grana Padano hervorragend. Die Hocker sind für die müden Füße die reinste Labsal; mittags oder während der Happy Hour wird es meist recht voll.

GELATERIA SUSO — EIS €

Karte S. 326 (Calle della Bissa 5453; Eis 2–3 €; 10–22 Uhr; Rialto) Bei Suso kann man ein unglaublich leckeres „Dogen"-Eis probieren: Mascarponecreme mit Feigensoße und Walnüssen. Alle Eissorten sind handgemacht und von besonders cremiger Konsistenz. Eine Waffel mit Haselnusseis und extrem dunkler Schokolade reicht glatt als Abendessen. Auch das Ambiente, in dem die kühlen Köstlichkeiten angeboten werden, ist optisch sehr ansprechend.

AUSGEHEN & NACHTLEBEN

LP TIPP I RUSTEGHI — WEINBAR

Karte S. 326 (041 523 22 05; Corte del Tentor 5513; Mini-Panini 2–5 €; Mo–Sa 10.30–15 & 18–21 Uhr; Rialto) Sommelier Giovanni, der schon in der vierten Generation die venezianische *Enoteca*-Tradition hochhält, öffnet für seine Gäste jede Flasche im Regal, um eine *ombra* (halbes Glas Wein) einzugießen – darunter auch fast schon mythische Tropfen wie den 1996er Quintarelli Amarone, ein Wein für Sammler. Wer *qualcosa di particolare* (etwas Besonderes) möchte, bekommt von Giovanni einen sinnlichen Ribolla Gialla oder einen Refosco kredenzt, den es sonst nirgendwo zu kaufen gibt. Dazu stehen 30 Sorten *cicheti* zur Auswahl, beispielsweise Brötchen mit Wildschweinsalami und Trüffeln

CAFFÈ FLORIAN — CAFÉ

Karte S. 326 (041 520 56 41; www.caffeflorian.com; Piazza San Marco 56/59; Getränke 8–12 €; Do–Di 10–24 Uhr; San Marco) Das Caffè Florian pflegt Rituale, die schon 1720 eingeführt wurden: Ober in Uniform servieren heiße Schokolade auf Silbertabletts, Liebespaare turteln drinnen auf gepolsterten Sitzbänken, und das Orchester spielt zum Tango auf, sobald die Portalmosaike von San Marco im letzten Sonnenlicht erstrahlen. Das progressive Café zählt zu den ersten, die Frauen Zutritt gewährten, und diente später als Clubhaus der italienischen Unabhängigkeitsbewegung. Bis heute finden hier Events mit zeitgenössischer Kunst und Design statt.

CAFFÈ LAVENA — CAFÉ

Karte S. 326 (041 522 40 70; www.lavena.it; Piazza San Marco 133/4; Getränke 1–12 €; 9.30–23 Uhr; San Marco) Komponist Richard Wagner hatte schon recht: Wenn einem in Venedig langsam die Knie weich werden, dann nichts wie rein ins Lavena auf einen Espresso. In der verspiegelten Bar aus dem 18. Jh. ist der Espresso für 1 € das süßeste Schnäppchen am Markusplatz; für einen *caffe corretto* (Kaffee, der mit Alkohol „korrigiert" wurde) und Livemusik nimmt man jedoch besser an einem der Tische Platz. Das Orchester liefert sich mit dem des CaffèFlorian einen friedlichen Wettstreit am Platz, die rasendschnelle Tarantella des Lavena geht beim Publikum meist als Sieger hervor.

DRINK MIT AUSSICHT

Im Prinzip teilt sich das Angebot an Speiselokalen in San Marco in zwei Kategorien: gutes Essen oder schöne Aussicht. Es ist fast unmöglich, in San Marco beides auf einmal zu finden, vor allen zu einem halbwegs akzeptablen Preis. Aber man kann natürlich immer bei einem Kaffee oder *aperitivo* zunächst den Blick auf den herrlichen Platz genießen, um dann anschließend in die engen Gassen abzutauchen und in einer echten *osteria* etwas Leckeres zu essen. Wer gern malerisch am Kanal zu einem vernünftigen Preis zu Abend essen möchte, sollte sein Glück in Cannaregio oder Giudecca versuchen.

HARRY'S BAR — BAR

Karte S. 326 (041 528 57 77; Calle Vallaresso 1323; Cocktails 10–18 €; 12–23 Uhr; Vallaresso) Möchtegernschriftsteller bevölkern heute die Bar, in der schon Ernest Hemingway, Charlie Chaplin, Truman Capote, Orson Welles und andere literarische Größen zu Gast waren, und schlürfen einen Bellini für 15 € nach dem Originalrezept von Giuseppe Cipriani aus dem Jahr 1948: frisch gepresster weißer Pfirsichsaft und Prosecco – plus einen Tick alten Glanz. Trotz der einfachen Bistroeinrichtung und der winzigen Tischchen ist das Harry's eines der teuersten Restaurants in ganz Italien – am besten also an der Bar bleiben und das Geld für den Filmdurchbruch sparen.

OSTERIA ALL'ALBA — WEINBAR

Karte S. 326 (340 124 56 34; Ramo del Fontego dei Tedeschi 5370; 7–1 Uhr; Rialto) Das Gedröhne hinter der Rialtobrücke bedeutet, dass der DJ vom All'Alba die Anlage voll aufgedreht hat. In die Osteria muss man sich meist hineinquetschen, um ein Salamibrötchen (1–2,50 €) und DOC-Weine aus dem Veneto (5–6 €) zu bestellen und sich ganz nebenbei auch noch die Wände anzusehen, die mit alten LPs und überschwänglichen Dankesbezeugungen in zwölf Sprachen verziert sind.

CAFFÈ QUADRI — CAFÉ-BAR

Karte S. 326 (041 522 21 05; Piazza San Marco 120; Nachmittagstee 16–20 €; Di–So 9–23.30 Uhr; San Marco) In diesem Barocksalon sind gepuderte Perücken und opulente Roben die angemessene Ausstaffierung. Das Café existiert schon seit 1683 und war im 19. Jh. während der Besatzungszeit der Tummelplatz der Habsburger. Die Veneziamer lockt es wohl deshalb noch immer ganz instinktiv ins Lavena oder Florian, doch dann entgehen ihnen dekadente Desserts wie gebackenes Eis und heiße Schokolade mit *panna* (Sahne) und Keksen aus Venedig (16 €). Während des Karnevals empfiehlt es sich, einen Tisch zu reservieren, denn dann ist das Quadri randvoll mit kostümiertem Partyvolk – wie anno 1699.

TORINO@NOTTE BAR

Karte S. 326 (☎041 522 39 14; Campo San Luca 4592; ⌚Di–Sa 19–1 Uhr; ⛴Rialto) Mit dem eklektischen, lauten, legeren Torino hat die Kneipenszene im ansonsten seriösen San Marco eine neue Facette bekommen, wenn es um einen Drink vor dem Abendessen geht. Tagsüber ist das Torino ein ganz normales Café, abends gibt's dann Drinks für 2 bis 5 €, Livejazz (meist am Sa), spontane Gesangseinlagen von Studenten oder auch Marathonsessions von DJs, die alte Reggae-LPs auflegen.

TEAMO CAFÉ-BAR

Karte S. 326 (☎347 366 50 16; Rio Terà della Mandola 3795; ⌚8–22 Uhr; ⛴Sant'Angelo) Zwischen Tradition und Innovation bewegt sich diese Wein- und Cafè-Bar: Tagsüber ist das Teamo eine sonnige Teestube, abends eine Alabasterbar mit schummriger Beleuchtung – aber rund um die Uhr einfach spitze. Wer um 18.30 Uhr kommt, kann sich an der Bar die ersten *cicheti* aussuchen und auch gleich noch mit den attraktiven Leuten auf den Ledersitzbänken liebäugeln – diese Bar swingt in beide Richtungen, und somit ist für jeden was dabei.

B-BAR LOUNGE-BAR

Karte S. 326 (☎041 240 68 19; Campo di San Moisè 1455; ⌚Mi–So 18.30–1 Uhr; ⛴Vallaresso) In der B-Bar mit Goldmosaiken tut man am besten so, als würde man zu den Reichen und Schönen gehören. Dort werden Cocktails vom Feinsten zu Fingerfood an der Bar serviert, die Pianisten klimpern dezent vor sich hin, um bloß nicht irgendwelchen Berühmtheiten die Schau zu stehlen. Imposant ist die Karte mit unzähligen *Spritz*-Varianten wie beispielsweise dem bittersüßen Rialto (Prosecco, Gin und ein Spritzer Grenadine).

CENTRALE LOUNGE-BAR

Karte S. 326 (☎041 296 06 64; www.centrale-lounge.com; Piscina Frezzaeria 1659b; Cocktails 9–12 €; ⌚Mi–Mo 19–2 Uhr; ⛴Vallaresso) In der Lounge-Bar mit nackten Ziegelwänden besteht durchaus die Möglichkeit, unter den stimmungsvollen Muranoglaslüstern plötzlich auf Javier Bardem, Spike Lee, Charlize Theron oder irgendwelche sonnengebräunte Tycoons aus Italien zu stoßen. Das Essen ist recht teuer, und auch der bestellbare Bodyguard-Service wirkt etwas übertrieben. Doch das Centrale lockt allabendlich jede Menge Nachtschwärmer mit Mojitos, Snacks um Mitternacht, DJs, die wissen, wie man das Publikum zum Chillen bringt, und gelegentlich sogar Livejazz in seine stilvollen Räumlichkeiten.

☆ UNTERHALTUNG

LP TIPP TEATRO LA FENICE OPER

siehe S. 69.

LP TIPP INTERPRETI VENEZIANI KLASSISCHE MUSIK

Karte S. 326 (☎041 277 05 61; www.interpretiveneziani.com; Chiesa San Vidal 2862; Erw./erm. 25/20 €; ⌚Einlass ab 20.30 Uhr; ⛴Accademia) Alles, was man über Vivaldi durch Gedudel in Aufzügen und in Form von Handy-Klingeltönen zu wissen glaubte, erweist sich hier als absoluter Blödsinn. Die Interpreti Veneziani spielen Vivaldi auf Instrumenten aus dem 18. Jh. – eine Art Soundtrack des Lebens in dieser faszinierenden Stadt. Wer hier *Die vier Jahreszeiten* hört, hört gleichzeitig Sommerstürme über die Lagune hinwegfegen oder vom Schnee gedämpfte Schritte in einer Winternacht über die Fußgängerbrücken hasten.

MUSICA A PALAZZO OPER

Karte S. 326 (☎340 971 72 72; www.musicapalazzo.com; Palazzo Barbarigo-Minotto, Fondamenta Barbarigo o Duodo 2504; Eintrittskarten 50 €; ⌚Einlass 20 Uhr) Schön das Weinglas festhalten und sich auf lautes Geschmetter einstellen: In den Salons dieses Palastes bekommt manch einer angesichts der hohen Töne der Sopranistin Angst um sein Weinglas, den donnernden Bariton spürt man bis ins Mark. Das Drama nimmt dann 1½ Stunden lang seinen Lauf mit Arien von Verdi bis Rossini: Von den Ouvertüren im Empfangssaal geht es anschließend in einen Salon mit Blick auf den Canal Grande, dann weiter in einen Speiseraum mit einem Tiepolo an der Decke und schließlich zum herzzerreißenden Finale ins Schlafzimmer.

TEATRO GOLDONI THEATER

Karte S. 326 (☎041 240 20 14; www.teatrostabileveneto.it, auf Italienisch; Calle Teatro Goldoni 4650b; Eintrittskarten 7–30 €; ⊙Theaterkasse Mo–Mi 10–13 & 15–19, Do 10–13 Uhr; Rialto) Das nach dem größten Dramatiker der Stadt benannte Theater beeindruckt mit seinem Repertoire, das Komödien von Goldoni bis zu Tragödien von Shakespeare umfasst (die Aufführungen finden meist auf Italienisch statt); Ballett und Konzerte stehen ebenfalls auf dem Programm. Die Theaterkasse öffnet neben den oben genannten Zeiten auch freitags und samstags, wenn Vorstellung ist.

SHOPPEN

LP TIPP ARTIGIANCARTA DI MASSIMO DORETTO PAPIERWAREN

Karte S. 326 (☎041 522 56 06; Frezzeria 1797; ⊙Mo–Sa 10–19 Uhr; Vallaresso) Hier findet man einen Schreibblock, der im Stil hervorragend mit den einzigartigen, handmarmorierten Notizkärtchen, den in Leinen gebundenen Notenbüchern, den Reisetagebüchern mit nostalgischen Postkartenansichten von Venedig und den Lederalben mit Goldprägung (die sich auch für eine königliche Hochzeit eignen) harmoniert. Das handgegerbte Leder muss sorgsam behandelt werden, Massimo holt mit Freuden jedes Stück aus den Regalen – er hat alles selbst gemacht.

ANTICA MODISTERIA GIULIANA LONGO HÜTE

Karte S. 326 (☎041 522 64 54; www.giulianalongo.com; Calle l'Ovo 4813; Rialto) Für alle, die ein Faible für dieses edle Accessoire haben, ist Giulianas Geschäft das reinste Eldorado. Die Palette ist breit – da gibt es handgewebte Panamahüte, für die Kunde Sean Connery das Vorbild lieferte, aber auch Filzhüte in Fuchsiarot, die wie eine Dogenmütze für Peggy Guggenheim wirken. Giuliana ist meistens selbst anwesend und wienert Fliegerhüte aus Leder oder bringt an einem *bareteri* (ab 45 €), wie die breitkrempigen Kreissägen der Gondoliere heißen, ein neues Hutband an. Sie werden dann keck schräg aufgesetzt.

OTTICA CARRARO BRILLEN

Karte S. 326 (☎041 520 42 58; www.otticacarraro.it; Calle della Mandola 3706; ⊙Mo–Sa 9–13 & 15.30–19 Uhr; Sant'Angelo) Die Sonnenbrille am Lido verloren? Kein Problem! Ottica Carraro fertigt in nur 24 Stunden eine neue. Das Geschäft hat sein eigenes Label „Venice", das von Retro-Sonnenbrillen im Stil der 1980er-Jahre bis hin zu gelben Sicherheitsgestellen und künstlerisch angehauchten matten Gummirahmen in der Farbe Bronze und Hellgrün so ziemlich alles bietet.

FIORELLA GALLERY MODE

Karte S. 326 (☎041 520 92 28; www.fiorellagallery.com; Campo Santo Stefano 2806; ⊙Di–Sa 9.30–13.30 & 15.30–19, Mo 15–19 Uhr; Accademia) Zu den Pannesamt-Sakkos in anrüchigen Farben wie Lavendel oder Blutrot braucht der Mann eigentlich bloß noch ein Groupie als Accessoire; die edlen Teile werden von Hand mit Tapetenmustern und Fiorellas Markenzeichen, naive Ratten, bedruckt. Preislich geht es im gut dreistelligen Bereich los, am besten bestaunt man sich im Ettore-Sottsass-Spiegel mit Graffiti und zeigt sich von den genannten Preisen nicht sonderlich beeindruckt. Die Öffnungszeiten sind eher als Näherungswerte zu verstehen, was auch klar auf dem Schild steht: „Wir haben manchmal offen."

LIBRERIA STUDIUM BUCHLADEN

Karte S. 326 (☎041 522 23 82; Calle di Canonica 337; ⊙Mo–Sa 9–19.30, So 9.30–13.30 & 14–18 Uhr; San Zaccaria) Die bibliophilen Mitarbeiter erteilen gern Ratschläge, wenn es um gute Urlaubslektüre, Bücher zur spannenden Geschichte Venedigs oder auch um die besten italienischen Kochbücher geht, unter deren Last sich die Regale schier biegen. Viele Titel sind auch in Englisch, Französisch und Deutsch erhältlich, die Abteilung mit Lonely-Planet-Bänden kann sich wirklich sehen lassen.

ARNOLDO & BATTOIS MODE, ACCESSOIRES

Karte S. 326 (☎041 5285944; www.arnoldoebattois.com; Calle dei Fuseri 4271; ⊙Mo–Do & Sa 10–13 & 15.30–19 Uhr; Sant'Angelo) Handtaschen avancieren in den Händen der venezianischen Designer Massimiliano Battois und Silvano Arnoldo zu Erbstücken, die von Generation zu Generation weitergegeben werden. Die beiden fertigen ihre edlen Stücke aus knallbuntem Leder und alten Wappen, die sie auf den Antiquitätenmärkten der Stadt entdecken. Kunstvoll drapierte ocker- und graphitfarbene Seidenkleider vervollständigen den Look für die Eröffnung der Biennale.

DANIELA GHEZZO SCHUHE

Karte S. 326 (☎041 522 21 15; Calle dei Fuseri 4365; Rialto) Eine Goldkette ist quer über den Eingang gespannt, doch dies bedeutet nicht, dass Daniela nicht da ist: Sie plaudert nur gerade mit einer Kundin über deren bevorzugten Schuhe, während sie am Fuß Maß nimmt. In dieser historischen Werkstatt führt Daniela Ghezzo meisterhaft die Tradition der Maßschuhe fort. Und das bedeutet, dass kein Kunde seine ochsenblutfarbenen Stiefeletten oder die kohlegrauen Schnabelschuhe an einem anderen Kunstsammler wiedersieht.

VENETIA STUDIUM ACCESSOIRES, MODE

Karte S. 326 (☎041 523 69 53; www.venetiastudium.com; Palazzo Zuccato 2425; Mo–Sa 10–19 Uhr; Santa Maria del Giglio) Am besten setzt man sein „Ich bin gerade aus Monaco zur Eröffnung meiner Kunstausstellung gekommen"-Gesicht auf, das gut verheiratete Bohemiens so lieben. In den hochdramatischen Tunikagewändern à la Delphi sieht jedenfalls jede Frau wie eine aufgetakelte Tänzerin oder Erbin aus – Isadora Duncan und Peggy Guggenheim zählten beide zu den Fans dieses Modegeschäfts. Die handbedruckten Taschen aus Seide und Samt wirken dagegen eher kunstvoll als auffällig (ab 30 €).

ARCOBALENO KÜNSTLERBEDARF

Karte S. 326 (☎041 523 68 18; Calle delle Botteghe 3457; Accademia) Nach unzähligen Meisterwerken venezianischer Kunst juckt es vielleicht so manchen in den Fingern, auch selbst einmal den Pinsel zu schwingen. Bei Arcobaleno sind alle Materialien erhältlich, die man braucht, um in Venedig eine eigene Kunstbewegung zu starten. Die Regale biegen sich nur so unter Gläsern mit allen wichtigen Farbpigmenten: das Rot von Tizian, das Himmelblau von Tiepolo, das Rosé von Veronese, der Pfirsichton von Bellini und das Aquamarin von Tintoretto.

MATERIALMENTE SCHMUCK, DEKO

Karte S. 326 (☎041 528 68 81; www.materialmente.it; Mercerie San Salvador 4850; Mo–Sa 10–19 Uhr; Rialto) Kein Palast in Venedig ist ohne prunkvolle Spiegel und edle Wandbehänge vollständig. Maddelena Venier und ihr Bruder Alessandro Salvadori haben diese beiden Luxusinsignien nun clever kombiniert. Das Ergebnis sind moderne Spiegel mit Barockmustern in Siebdruck – natürlich Handarbeit. Die beiden Wundergeschwister kreieren auch fantasievolle Lampen, die wie Vogelkäfige aussehen, und Siegelringe, mit denen sich Liebesbriefe mit Wachs versiegeln lassen.

CHARTA BÜCHER, PAPIERWAREN

Karte S. 326 (☎041 522 98 01; www.chartaonline.com; 831 Calle del Fabbri; 10–13 & 16–19.30 Uhr; Vallaresso) Selbst Schundliteratur wird im Charta zu hoher Kunst, denn dort kann jeder sein Lieblingsbuch nach seinen Vorstellungen binden lassen. Tim Burtons *Edward mit den Scherenhänden* weist kunstvoll geschnittene Ränder auf, die Geheimnisse des Zauberkünstlers Houdini gibt es in Leder gebunden mit aufgeprägten Handschellen, und auf dem Cover von *Twilight* ist der aufgehende Mond abgebildet, während der Buchrücken in gruseligem Schwarz-Weiß gehalten ist. Limitierte Ausgaben kosten etwa ab 30 €, ein nach Kundenwünschen gefertigtes, umfangreicheres Opus ist für 70 bis 300 € erhältlich.

ESPERIENZE GLAS, SCHMUCK

Karte S. 326 (☎041 521 29 45; www.esperienzevenezia.com; Calle degli Specchieri 473b; 10–12 & 15–19 Uhr; San Marco) Wenn italienischer Minimalismus auf einen talentierten Muranoglasbläser trifft und sich verliebt, dann kommt als Ergebnis sachlicher, aber inspirierter Glasschmuck heraus. Die beiden kreativen Köpfe hinter Esperienze sind Graziano und Sara, ein Ehepaar, das in Murano aufwuchs. Die beiden verbindet ihre Liebe zu Kandinsky, Miró und anderen modernen Künstlern, die weltweit in den Pinakotheken der Moderne hängen. Jedes Stück ist eine Gemeinschaftsarbeit: Er haucht ihren Designs Leben ein, darunter überdimensional große tropfenförmige Ohrgehänge oder Ohrringe, die wie zerstoßenes Eis anmuten.

BEVILACQUA STOFFE

Karte S. 326 (☎041 241 06 62; www.bevilacquatessuti.com; Campo di Santa Maria del Giglio 2520; 10–19 Uhr; Santa Maria del Giglio) Fernsehzimmer verwandeln sich durch das Bevilacqua – ein Laden, der seit 1800 Brokat, Damast und Seidentroddeln herstellt – in noble Salons mit venezianischem Pomp. Die Stoffe werden nach alter Tradition am Webstuhl gewebt. Auf Wunsch sind hier auch dekoraten, maßgefertigte Kissen und Polster erhältlich.

PAOLO OLBI PAPIERWAREN

Karte S. 326 (041 528 50 25; http://olbi.atspace.com; Calle della Mandola 3653; Mo–Sa 10–19 Uhr; Sant'Angelo) Gedanken, die es wert sind, zu Papier gebracht zu werden, haben ein Notizbuch, Album oder Briefpapier von Paolo Olbi verdient. Das handgeschöpfte, schwere Papier ist in handgegerbtes oder in (erschwinglicheres, weil wiederverwertetes) Leder gebunden. Oft weisen sie als Wasserzeichen den geflügelten Löwen von San Marco auf, dessen eine Tatze auf einem geöffneten Buch ruht.

LE BOTTEGHE GESCHENKE, HAUSHALTSARTIKEL

Karte S. 326 (041 522 75 45; Rialto 5164; Mo–Sa 10–19 Uhr; Rialto) In dieser Fair-Trade-Boutique auf den Treppen der Rialtobrücke trifft italienisches Feeling für Design auf venezianisches Handelsgeschick. Eine Gondelfahrt durch Venedig schreit jedenfalls förmlich nach einem zusammenfaltbaren Strohhut, den ein Kollektiv in Bangladesch herstellt. Die Kids werden mit Bioschokolade oder mit recycelten Dosen zufriedengestellt, die zu Spielzeugflugzeugen umgestaltet wurden.

CAMUFFO GLAS

Karte S. 326 (Calle delle Acque 4992; Mo–Sa 10–13 & 15.30–19 Uhr; Rialto) Kinder, Insektenkundler und Sammler von Glasobjekten zieht es magisch zu Signor Camuffo, der mit seiner winzigen Lötlampe an geschmolzenem Glas Metallfolien anbringt und auf diese Weise die schönste Auswahl an Lampwork-Käfern und Libellen in der ganzen Stadt kreiert. Zwischen den Käfern plaudert er von seiner Arbeit und verkauft Perlschnüre aus Muranoglas zu hervorragenden Preisen.

LA PIETRA FILOSOFALE MASKEN

Karte S. 326 (041 528 58 85; Frezzeria 1735; Di–Sa 10–12.30 & 15–19 Uhr; Vallaresso) Opernstars, die ein Stück weiter oben in La Fenice singen, kennen La Pietra Filosofale als die Adresse, wenn es um dramatische Auftritte und Karnevalskostüme geht. In diesem Kunsthandwerksladen wird Leder in Handarbeit zu teuflischen Fratzen und vermeintlichem Unschuldslächeln verarbeitet, während die Masken aus Pappmaché Muster mit Bleistift und Tinte aufweisen, die an ein Gemälde von Klimt in der Ca' Pesaro erinnern.

GLORIA ASTOLFO SCHMUCK

Karte S. 326 (041 520 68 27; www.gloriastolfo.com; Frezzeria 1581; 10–19 Uhr; Vallareso) In diesem Showroom der Glasperlenkunst kann man sich Modetipps von Meisterwerken der venezianischen Malerei holen. Girlanden aus Tigerlilien-Glasperlen lassen ein einfaches T-Shirt sofort sehr edel wirken, und die barocken Perlohrgehänge würden sanft die Schultern berühren, wenn die Trägerin bei einem Opernbesuch in La Fenice plötzlich einnickte. Die Preise beginnen bei 35 € und sind erstaunlich niedrig für diese originellen Stücke, zumal das Geschäft nicht weit vom Markusplatz entfernt liegt.

CARPE DIEM NOSTALGISCHES, DAMENBEKLEIDUNG

Karte S. 326 (041 528 98 03; Campo di Santa Maria del Giglio 2517; 11–19 Uhr; Santa Maria del Giglio) Offensichtlich wurden für diese nostalgische Boutique die begehbaren Schränke diverser *palazzi* geplündert, denn es gibt hier wirklich seltene Stücke wie beispielsweise einen Trompe-l'oeil-Schal von Roberta di Camerino, Rucksäcke von Gucci und jede Menge Chanel-Jäckchen. Die Preise klettern rasch ins Dreistellige, vor allem wenn es sich um ein Sammlerstück handelt.

FULL SPOT ACCESSOIRES

(041 520 60 90; Salizada San Giovanni Gristosomo 5692; 10–19.30 Uhr; Rialto) Der Uhrendesigner mit Firmensitz in Padua ist gleich doppelt erfreulich – sowohl hinsichtlich Stil als auch Preis! Zur Auswahl stehen erschwingliche Designeruhren mit austauschbarem Zifferblatt und Gummiarmbänder in zig Modefarben. Die Kunden können also Ton in Ton ein lagunenblaues Ziffernblatt mit einem gleichfarbigen Armband kombinieren oder sich für eine orange-graue Kombination entscheiden – der Hit auf der Designmesse in Mailand.

Sestiere di Dorsoduro

Highlights

❶ Die venezianische Malerei in den **Gallerie dell'Accademia** (S. 91), einem ehemaligen Kloster, das nun mit Meisterwerken in leuchtenden Farben, einst zensierten Motiven und einem frisch restaurierten, dramatischen Glanzpunkt begeistert.

❷ Die unbezahlbaren modernen Skulpturen der **Peggy Guggenheim Collection** (S. 93) am Canal Grande.

❸ Die barocken Palastboudoirs im **Ca' Rezzonico** (S. 94), in denen geschliffene Manieren und beißender Witz bis heute nachhallen.

❹ Die **Punta della Dogana** (S. 96) – ein spannendes Nebeneinander verwegener zeitgenössischer Kunst und kühn umgebauter Architektur.

❺ Die **Chiesa di San Sebastian** (S. 94), die komplett ausgeschmückt mit Meisterwerken Veroneses.

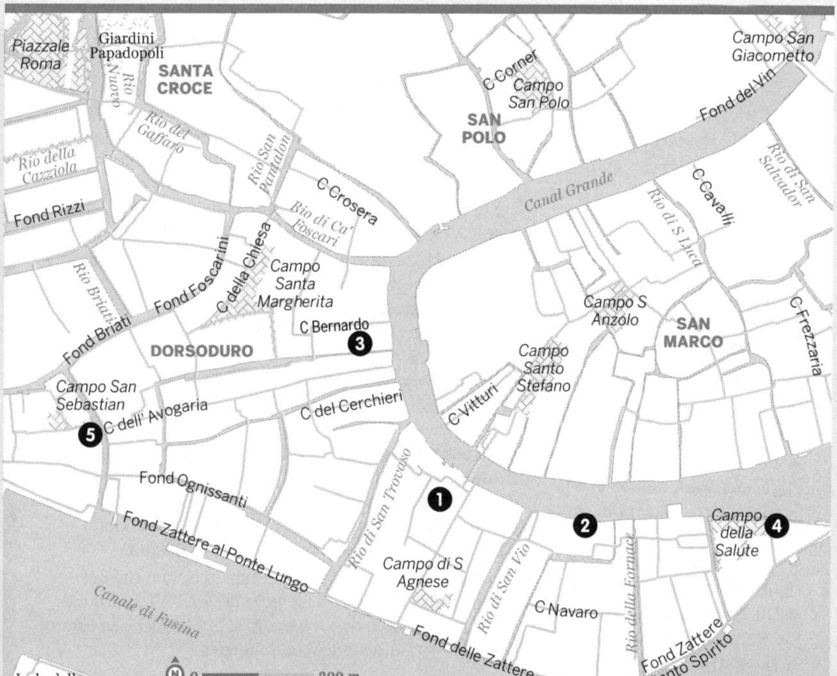

Mehr Details bieten die Karten auf S. 330/331 ➡

Top-Tipp

Dorsoduro ragt wie ein gebogener Gondelbug in die Lagune; die Sehenswürdigkeiten liegen weit auseinander: Die Museen befinden sich am Canal Grande im Ostteil, die Bars und Restaurants konzentrieren sich um den Campo Santa Margherita und den Campo San Barnaba im Nordwesten. Wer den Museen und Nachtschwärmern entkommen will, findet im Süden stille Kirchen und Sonnenschein.

Gut essen

- Ristorante La Bitta (S. 97)
- Enoteca Ai Artisti (S. 98)
- Avogaria (S. 98)
- Grom (S. 98)
- Ristoteca Oniga (S. 98)

Mehr Details siehe S. 97 ➡

Nett ausgehen

- Cantinone Giá Schiavi (S. 99)
- Il Caffè Rosso (S. 105)
- Imagina Caffé (S. 105)
- Osteria alla Bifora (S. 105)
- Tea Room Beatrice (S. 105)

Mehr Details siehe S. 105 ➡

Die besten Stadtansichten

- *Gastmahl im Haus des Levi*, Accademia (S. 92)
- Der Canal Grande vom *Engel der Stadt* aus, Peggy Guggenheim Collection (S. 93)
- Andos Schleusenfenster, Punta della Dogana (S. 96)
- Die Galleria Vedutisti, Ca' Rezzonico (S. 94)
- Die Zattere (S. 98)

Dorsoduro entdecken

Bilderpracht und starke Getränke sind die Reize des kunstgeprägten Dorsoduro. Also geht es nach einem Espresso mitten hinein in die Kunstgeschichte. Nach dem Besuch der Gallerie dell'Accademia ist ein Mittagessen im Ristorante San Trovaso genau das Richtige. Danach führt der Dorsoduro-Kunstmarathon weiter in die Peggy Guggenheim Collection und zu den Kunstinstallationen an der Punta della Dogana. Eine Erholungspause bietet ein Spaziergang auf den Zattere, dann folgt die Besichtigung von San Sebastian mit Meisterwerken von Veronese. Nach einem Bummel durch die Boutiquen der Calle Lunga San Barnaba und einem Besuch im Ca' Rezzonico erfrischt ein *spritz* auf dem Campo Santa Margherita. Für das Abendessen empfehlen sich die Lokale unweit des Campo San Barnaba und danach ein Konzertbesuch – am besten im Ballsaal der Ca' Rezzonico oder in der Scuola Grande dei Carmini mit den Deckenfresken von Tiepolo.

Tipps der Einheimischen

➡ **Zeit für einen Spritz** Der Campo Santa Margherita (S. 105), das Zentrum des venezianischen Nachtlebens, ist abends um 18 Uhr der beste Ort für einen *spritz*.

➡ **Antiquitäten & Avantgarde** Relikte aus der Vergangenheit Venedigs finden sich im Antiquariato Claudia Canestrelli (S. 106); venezianisch Fortschrittliches gibt es bei Marina e Susanna Sent (S. 106), Lauretta Vistosi (S. 107) und im Danghyra (S. 107).

➡ **Abseits der Massen** Wer in der Hochsaison den dichten Fußgängerverkehr zwischen dem Ponte dell'Accademia und dem Campo Santa Margherita meiden will, sollte stattdessen ein spätnachmittägliches Sonnenbad auf den Zattere (S. 98) nehmen.

➡ **Konzertszene** Was darf es sein? Kammermusik im Ballsaal der Ca' Rezzonico (S. 94), Opernarien in der Scuola Grande dei Carmini (S. 95) oder eine Swing-Hommage im Venice Jazz Club (S. 106)?

An- & Weiterreise

➡ **Vaporetto** Die Linien 1, 2 und N auf dem Canal Grande halten an der Accademia, die Linie 1 auch an der Ca' Rezzonico und Salute. Die Linien 51, 52, 61, 62 und der Nacht-Vaporetto N (kleine Passagierboote) halten an dem Zattere und an der San Basilio.

➡ **Traghetto** Wer die 20 Minuten zwischen Ca' Rezzonico und Palazzo Grassi nicht laufen will, nimmt an der Ca' Rezzonico den *traghetto* (Fähre) über den Canal Grande zur Haltestelle San Samuele.

HIGHLIGHTS
GALLERIE DELL'ACCADEMIA

Die ganz unakademischen Galerien bergen mehr mörderische Intrigen, verbotene Liebschaften und unverhohlene politische Ränke als die skandalösesten venezianischen Feste. Das ehemalige Kloster Santa Maria della Carità war über Jahrhunderte ein heiterer, stiller Ort. Doch seit Napoleon dort 1807 seine Beute venezianischer Kunst unterbrachte, herrscht in seinen Mauern ein beständiges bildhaftes Drama. Hier eine kleine Orientierungshilfe: Die Galerie ist, grob gesagt, sowohl stilistisch als auch thematisch nach Jahrhunderten (14. bis 18. Jh.) geordnet. Allerdings wurden wegen Restaurierungen in acht der Galerien die Meisterwerke umgehängt.

Architektur

Die Accademia zeigt die bedeutendste Kunstsammlung Venedigs – und das Werk einiger der besten Architekten der Stadt. Bartolomeo Bon vervollständigte die karge, gotische Fassade der Santa Maria della Carità. 1561 entwarf Palladio den frühklassizistische Convento dei Canonici Lateranensi, das in die Accademia miteinbezogen wurde. Die Restaurierungen zwischen 1949 und 1954 erhielten durch den Modernisten Carlo Scarpa einen minimalistischen Touch, der jedoch die feinen Symmetrien, die die Architekten über die Jahrhunderte geschaffen haben, nicht zerstörte.

Säle 1 bis 5

Zu den ältesten Highlights zählt Paolo Venezianos *Marienkrönung* (Saal 1), in dem Jesus seiner Mutter mit einem sanften Klaps auf den Kopf die Krone aufsetzt. Blutiges

NICHT VERSÄUMEN

- Veroneses *Gastmahl im Haus des Levi*
- Tizians *Mariä Tempelgang*
- Tintorettos *Schöpfung der Tiere*
- Lottos *Porträt eines jungen Gelehrten*
- Bellinis *Madonna mit Kind*

PRAKTISCH & KONKRET

- Karte S. 330
- ☎ 041 520 03 45
- www.gallerieaccademia.org
- Campo della Carità 1050
- Erw./erm. 6,50/3,25 €
- ⌚ Mo 8.15–14, Di–So 8.15–19.15 Uhr
- Accademia

AN DEN SCHLANGEN VORBEI

Um in der Hochsaison die Schlange am Kartenschalter der Accademia zu vermeiden, sollten Karten vorab online oder telefonisch (Buchungsgebühr 1 €) bestellt werden. Nachmittags sind die Schlangen am provisorischen Schalter an der Seite des Museums meist kürzer, da dann die Schulgruppen abziehen und die Tagesbesucher in ihre Hotels auf dem Festland zurückkehren. Generell gilt: Der letzte Eintritt ist eine Stunde vor Schließung, eine Besichtigung dauert mindestens 90 Minuten.

Größere Gegenstände sollten nicht mitgebracht werden, da sie ansonsten in der Gepäckaufbewahrung (Stück 0,50 €) abgegeben werden müssen. Dort ist auch ein Audioguide (5 €) erhältlich, der überwiegend beschreibend und von daher weitgehend überflüssig ist. Besser ist es, sich die Wartezeit zu schenken und der eigenen Laune und den erklärenden Wandtafeln zu folgen.

Grauen ist auf Carpaccios *Kreuzigung und Verklärung der zehntausend Märtyrer auf dem Berg Ararat* (Saal 2) zu sehen – Harry's Bar hat treffend ihre blutroten, rohen Rindfleischscheiben nach dem Maler benannt. In den Sälen 3 bis 5 zeigen Andrea Mantegnas *St. Georg* von 1466 und Giovanni Bellinis liebliche und von Putten umgebene *Madonna mit Kind* die beiden künstlerischen Vorlieben Venedigs: Dramatik und leuchtende Farben.

Säle 6 bis 10

Hier geht es im Sauseschritt zur Renaissance und zu Meisterwerken wie Tintorettos *Schöpfung der Tiere,* ein fantastisches Bestiarium, das deutlich macht, dass sich Gott bei der Erfindung venezianischer Meeresfrüchte größte Mühe gegeben hat. Eine vor Kurzem erfolgte Restaurierung wirft ein neues Licht auf eines der letzten Werke Tizians, das vermutlich nach seinem Tod von Palma il Giovane vollendet wurde: eine *Pietà* von 1576, in der Tizian Farbe mit bloßen Händen auftrug.

Ein künstlerischer Triumph über die Zensur dominiert den Saal 10: Paolo Veroneses **Gastmahl im Haus des Levi**. Es war ursprünglich mit *Abendmahl* betitelt, bis die Inquisition Veronese für dic Abbildung von Hunden, Trunkenbolden, Zwergen, Muslimen und reformatorischen Deutschen inmitten von Aposteln verurteilte. Der Maler weigerte sich, irgendetwas außer den Titel zu verändern, Venedig unterstützte diese Trotzhandlung gegen Rom.

Säle 11 bis 19

Hier ist erst die Hälfte des Beitrags Venedigs zur Kunstgeschichte geschafft... In den Sälen dominieren verspielterer Barock und bodenständigere Themen. Die Säle 15 bis 18 zeigen Canalettos Panoramaansichten von Venedig und Giorgiones aufgewühltes Bild *Der Sturm* mit einer stillenden Mutter, einem vorbeigehenden Soldaten und einem Sommergewitter. Die Porträtgalerien quellen über von venezianischen Persönlichkeiten: Giorgiones *Alte,* Lorenzo Lottos *Porträt eines jungen Gelehrten,* Rosalba Carrieras Selbstporträt, Pietro Longhis verliebter Violonist, der im *Tanzunterricht* eine Debütantin beobachtet, und Giambattista Piazzettas aufreizende Gesellschaftsdame in seiner *Wahrsagerin.*

Säle 20 bis 24

Gentile Bellini und Vittore Carpaccio sind in Saal 20 mit Kaufleuten aus aller Welt in venezianischen Versionen der *Wunder der Kreuzreliquie* vertreten. Das große Finale bildet die Sala dell'Albergo mit Antonio **Vivarinis** Triptychon und Tizians *Mariä Tempelgang* .

HIGHLIGHTS
GALLERIE DELL'ACCADEMIA

HIGHLIGHTS
PEGGY GUGGENHEIM COLLECTION

Nachdem die Erbin Peggy Guggenheim ihren Vater auf tragische Weise auf der Titanic verloren hatte, freundete sie sich mit Dadaisten an und sammelte Avantgardewerke von 200 modernen Künstlern in ihrem feudalen Haus am Canal Grande. Peggys Palazzo Venier dei Leoni wurde zu einem Schrein der Moderne, eine Chronik des Surrealismus, des italienischen Futurismus und abstrakten Expressionismus, unterlegt mit ihren amourösen Eroberungen. So gehören zur Sammlung Schlüsselwerke ihres Exehemannes Max Ernst und von Jackson Pollock, der einer der vielen Liebhaber Peggys gewesen sein soll.

NICHT VERSÄUMEN

- Rotierende ständige Ausstellung
- Calders Silberbettkopf
- *Engel der Stadt*
- Skulpturengarten
- Wechselausstellungen im Pavillon

PRAKTISCH & KONKRET

- Karte S. 330
- 041 240 54 11
- www.guggenheim-venice.it
- Palazzo Venier dei Leoni 704
- Erw./erm. 12/7 €
- Mi–Mo 10–18 Uhr
- Accademia

Sammlung

Peggy sammelte nicht aus Prestige- und Stilgründen, sondern nach eigenem Gutdünken. Zu ihrer Sammlung gehören – neben Kandinsky, Picasso, Man Ray, Rothko, Mondrian, Joseph Cornell und Dalí – auch Volkskunst und weniger bekannte Künstler. Bedeutende Vertreter der Moderne schufen auch speziell angefertigte Innendekorationen, wie den **Silberbettkopf von Calder**, der im einstigen Schlafzimmer hängt. In den Ecken der Hauptgalerien hängen Fotos der einstmals unglaublich exzentrischen Räume, wie sie zu Peggys Lebzeiten eingerichtet waren.

Der Palazzo Venier dei Leoni wurde niemals vollendet, aber das hielt Peggy Guggenheim nicht davon ab, in den verfügbaren Räumen Kunstgeschichte zu schreiben. Peggy war mehr als nur stilprägend, sie war eine Verfechterin zeitgenössischer italienischer Kunst, die mit dem Aufstieg Mussolinis in Ungnade gefallen war. Die jüdisch-amerikanische Sammlerin konnte nur knapp, bevor die Nazis einmarschierten, aus Paris entkommen. Sie traf 1948 in Venedig ein, wo der historisch lebensfrohe Geist der Stadt durch den Krieg gebrochen war. In den Augen der Verfechterin italienischer Kunst, die die Gefahren von Zensur und Parteidiktatur erlebt hatte, sollte wahre Kunst gesehen und nach ihrer Leistung beurteilt werden.

Peggy sorgte für ein wiederauflebendes Interesse an venezianischer und italienischer Kunst der Nachkriegszeit und stellte den Ruf bedeutender italienischer Futuristen wieder her, deren dynamischer Stil von den Faschisten zur visuellen Veredelung ihrer Ideologie vereinnahmt worden war. Guggenheims Förderung führte zur Neubewertung von Umberto Boccioni, Giorgio Morandi, Giacomo Balla und Giorgio de Chirico und unterstützte den Venezianer Emilio Vedova (s. S. 96). Am Canal Grande auf dem Kai ihres Palastes steht eine absichtliche Provokation: Marino Marinis *Engel der Stadt* (1948), ein bronzener männlicher Akt zu Pferde, der von den Aussichten am Horizont deutlich erregt ist.

Garten & Pavillon

Bronzen von Moore, Giacometti und Brancusci, Yoko Onos *Wunschbaum* und ein glänzender, schwarzer Granitbrocken von Anish Kapoor sind im **Skulpturengarten** zu sehen. Die Stadt Venedig hatte Peggy eine Ausnahmegenehmigung erteilt, sodass sie hier 1979 unter Giacometti-Skulpturen und neben ihren geliebten Hunden beerdigt werden konnte. Am Ende des Gartens steht ein Pavillon mit einem sonnigen Café, Buchladen und Wechselausstellungen mit Werken unterbewerteter Rebellen der Moderne. Um die Ecke des Museums befindet sich in der Fondamenta Venier dei Leoni ein **Museumsladen**.

SEHENSWERTES

GALLERIE DELL'ACCADEMIA — MUSEUM

siehe S. 91.

PEGGY GUGGENHEIM COLLECTION — MUSEUM

siehe S. 93.

CHIESA DI SAN SEBASTIAN — KIRCHE

Karte S. 330 (www.chorusvenezia.org; Campo San Sebastiano 1687; Eintritt 3 € oder Chorus-Pass; ⌚Mo–Sa 10–17 Uhr; San Basilio) Die eigentlich bescheidene Gemeindekirche, die schon seit über drei Jahrzehnte von oben bis unten mit Meisterwerken von Paolo Veronese ausgeschmückt wurde, ist ein verborgener Schatz inmitten des Stadtviertels Dorsoduro. Antonio Scarpignanos klassische Fassade, die er von 1508 bis 1548 fertigte, vermittelt von außen den Eindruck falscher Bescheidenheit, die Innenausstattung nämlich ist eine wahre Orgie an Farben und Motiven.

Veroneses Rösser bäumen sich über die Rahmen der **Kassettendecke** hinweg auf, und die **Orgeltüren** sind in lebhaften und für Veronese typischen Farben bemalt. In des Meisters *Martyrium des hl. Sebastian* nahe dem Altar starrt der gefesselte Heilige auf seine Peiniger inmitten einer Zuschauermenge aus venezianischen Adligen, orientalischen Händlern und einem von Veronese gern gemalten drolligen Spaniel hinab. Sein letztes Werk mag für Veronese von persönlicher Bedeutung gewesen sein. Der Legende nach soll er 1555 Zuflucht in San Sebastian gefunden haben, als er vor einer Mordanklage aus Verona floh.

Veronese, der hier zwischen seinen Meisterwerken bestattet liegt, verdient allen Respekt, aber auch Tizians *San Niccolo* und ein paar unbedeutendere Werke von Tintoretto und Palma Il Giovane in der **Sakristei** sollte man sich anschauen. Wegen laufender Restaurierungsarbeiten ist der Zugang

HIGHLIGHTS
CA' REZZONICO

Der ursprüngliche Eingang zu Baldassare Longhenas schmuckem Palast befindet sich am Canal Grande. Das Tor am Kanal, das heute genutzt wird, öffnet sich in einen Hof, in dem Besucher picknicken können (selten in Venedig). Eine ausladende Marmortreppe führt in barocke Salons, die von Stuck bedeckt und von meisterlichen Deckenmalereien von Giambattista Tiepolo gekrönt sind. Seine **Thronsaaldecke** ist ein Meisterwerk sinnlicher Schönheit und schamloser Schmeichelei und zeigt die hinreißende Allegorie des Verdienstes, die zum Ruhmestempel aufsteigt und das goldene Buch mit Namen des venezianischen Adels in der Hand hält – darunter die Mäzene Tiepolos, die Familie Rezzonico.

Der **Pietro-Longhi-Salon** ist bedeckt von den charakteristischen Satiren des Künstlers, in denen die Eskapaden der Gesellschaft von missbilligenden Schoßhunden betrachtet werden. Die **Sala Rosalba Carriera** zeigt Carrieras ironische, ungeschminkte Pastellporträts von Prominenten, die nicht gerade hübsch sind, aber aussehen, als wären sie wahre Stimmungskanonen. Giandomenico Tiepolos herumtollende Hofnarren verleihen den hierher verbrachten **Schlafzimmerfresken der Zianigo-Villa** einen frechen Humor. Unbedingt sehenswert sind auch Emma Ciardis stimmungsvolle Kanalbilder in den **Vedutisti-Galerien** (S. 271) im obersten Stock. Letzter Eintritt ist eine Stunde vor Schließung. Unten sind Programme für Kammermusikkonzerte im **Ballsaal** mit seinen **Trompe-l'œil-Fresken** erhältlich.

NICHT VERSÄUMEN

- Tiepolos Trompe-l'œil-Decken
- Pietro-Longhi-Salon
- Sala Rosalba Carriera

PRAKTISCH & KONKRET

- Karte S. 330
- 041 241 01 00
- www.museicivici-veneziani.it
- Fondamenta Rezzonico 3136
- Erw./erm. 8/5,50 €; Museumspass
- ⌚April–Okt. Mi–Mo 10–18 Uhr, Nov.–März Mi–Mo 10–17 Uhr
- Ca'Rezzonico

ABSTECHER

CHIESA DI SAN NICOLÒ DEI MENDICOLI

Andere Kirchen mögen grandioser und prachtvoller sein, aber keine ist so durch und durch venezianisch wie diese. Die eindrucksvolle veneto-gotische **Backsteinkirche** (Karte S. 330; ☎041 528 45 65; Campo San Nicolò 1907; ⌚Mo–Sa 10–12 & 16–18 Uhr; ⛴San Basilio) ist den Armen gewidmet und hat sich seit dem 12. Jh. kaum verändert. Damals dienten ihre Wandelgänge als Frauenasyl und der **Portikus** als Unterschlupf für *mendicoli* (Bettler). Der winzige, malerische *campo* davor ist ein Venedig im Kleinen. Er ist an drei Seiten von Kanälen umgeben und hat eine Säule mit einem geflügelten Markuslöwen – einer der wenigen, die Napoleons Soldaten nicht als Übungszielscheibe benutzten.

Der dämmerige Innenraum wird durch einen goldenen **Bogengang aus dem 18. Jh.** und einer Fülle an Lichtgadengemälden aufgehellt, darunter ein Meisterwerk von Palma Il Giovane: eine *Auferstehung* mit Zaungästen, die erschreckt und erstaunt fliehen, als Jesus in flammend goldenem Licht aus dem Grab steigt. Die **Kapelle** rechts ist eine typisch venezianische Antwort auf die hartnäckigen Befehle Roms, Musik in venezianischen Kirchen einzuschränken: Eine Madonna mit Glorienschein genießt hingebungsvoll ein Engelskonzert mit Flöten, Lauten und Geigen. Die Seefahrergemeinde der Kirche wird in Leonardo Coronas **Deckengemälde aus dem 16. Jh.**, *Der hl. Nikolaus geleitet Seemänner durch einen Sturm*, gewürdigt. Es stellt den Heiligen als Leuchtfeuer dar, der verzweifelt rudernde Seeleute durch einen Sturm geleitet. Kinobesucher werden den Innenraum der Kirche aus dem Thriller *Wenn die Gondeln Trauer tragen* mit Julie Christie wiedererkennen, die Donald Sutherland restaurieren sollte.

zu einigen Kunstwerken möglicherweise eingeschränkt, dennoch bietet San Sebastiano einen Eindruck von Großartigkeit.

CHIESA DI SANTA MARIA DELLA SALUTE — KIRCHE

Karte S. 330 (www.seminariovenezia.it, auf Italienisch; Campo della Salute 1b; ⌚9–12 & 15–17.30 Uhr; ⛴Salute) Die Kirche ist ein monumentaler Seufzer der Erleichterung: Sie wurde von den Überlebenden einer Pestepidemie als Dank für ihre Rettung errichtet. Das Gebäude war die Einlösung eines Versprechens, das der venezianische Senat 1630 der Madonna gegeben hatte, nämlich ihr eine Kirche zu bauen, wenn sie sich für das Wohl Venedigs einsetzte. Mindestens 100 000 Pfähle wurden zur Verstärkung der Spitze von Dorsoduro tief in die *barene* (Salzmarschen) gerammt, um das Gewicht dieses barocken Konstruktionswunders zu tragen.

Baldassare Longhenas achteckiger Kuppelbau ist ein genialer Entwurf. Die Kirche ist jährliches Pilgerziel, in der die Venezianer um Gesundheit beten (Festa Della Madonna Della Salute; s. S. 22). Restaurierungsarbeiten behindern oft den Zugang zu Tintorettos fröhlicher *Hochzeit von Kanaa* und zwölf Hauptwerken von Tizian in der **Sakristei** (Eintritt 2 €), darunter ein lebendiges Selbstporträt in Form des hl. Matthäus und sein frühestes bekanntes Werk, der *Hl. Markus auf dem Thron* von 1510.

SCUOLA GRANDE DEI CARMINI — HISTORISCHES GEBÄUDE

Karte S. 330 (☎041 528 94 20; www.scuolagrandecarmini.it; Campo Santa Margherita 2617; Erw./erm. 5/4 €; ⌚11–17 Uhr; ⛴Ca' Rezzonico) Reisende im 18. Jh. müssen angesichts der Scuola Grande dei Carmini geglaubt haben, dass sie tot und im Himmel gelandet seien: Die einst von Karmeliterinnen geführte Herberge wurde verschwenderisch von Giambattista Tiepolo und Baldassare Longhena ausgestattet. Longhena entwarf die mit Blattgold und Stuck verzierte **Treppe in den Himmel**, der oben in Tiepolos **neunteiliger Decke** mit einer strahlenden, rosigen *Hl. Madonna* zu sehen ist. Der angrenzende Schlafsaal ist ein Wunder der *boiserie* (Holzschnitzerei). In der **Musica in Maschera** (Musik im Kostüm; www.musicainmaschera.it) gibt es gelegentlich Konzerte.

GRATIS MAGAZZINI DEL SALE — KUNSTGALERIE

(www.fondazionevedova.org; Zattere 266; Spende erbeten; ⌚bei Ausstellungen Mi–Mo 10.30–18 Uhr; ⛴Zattere) Ein Umbau durch den mit dem Pritzker-Preis ausgezeichneten Architekten Renzo Piano verwandelte Venedigs historische **Salzspeicher** in städtische

HIGHLIGHTS
PUNTA DELLA DOGANA

Fortuna, die Wetterfahne auf der Punta della Dogana, schwang sich 2005 auf die Seite Venedigs, als bürokratische Hürden in Paris den milliardenschweren Kunstsammler François Pinault dazu veranlassten, seine Kunstwerke in den seit langem verlassenen Zollhäusern an der Punta della Dogana auszustellen.

Die Kunstinstallationen greifen in Körper ein und thematisieren persönliche Fixierungen, so etwa Chen Zhens durchsichtige Kristallversionen seiner kranken inneren Organe oder Edward Kienholzs maßstabsgetreue Bordellnachbildungen. Nicht alle Werke sind für jüngere Besucher geeignet, andere wiederum wenden sich vielleicht ausschließlich an sie (Jeff Koons' baumelnde Stahlballonherzen oder Maurizio Cattelans Hinterteil eines Pferdes an einer Wand).

Die Zollhallen wurden 1677 von Giuseppe Benoni gebaut, um von jedem Schiff, das in den Canal Grande einfuhr, Zoll verlangen zu können. Venedigs sensationellste Kunstgalerie wurde 2009 nach einem dreijährigen Umbau durch den Architekten Tadao Ando eröffnet und ist eine Hommage an die Seefahrtsgeschichte der Stadt und an den Vorreiter der Moderne, Carlo Scarpa. Die Fenster in alten Schleusentoren eröffnen Blickausschnitte auf Kanalboote, unverputzte Ziegelgalerien werden von strategisch platzierten Lichtschächten aus Sichtbeton beleuchtet und durch schwebende Treppen verbunden.

NICHT VERSÄUMEN

- Fortuna
- Tadao Andos Innengestaltung
- Wechselnde Kunstinstallationen
- Skulpturen am Ufer
- Buchladen

PRAKTISCH & KONKRET

- Karte S. 330
- ☎199 13 91 39
- www.palazzo-grassi.it
- Erw./erm. 15/10 €, mit Palazzo Grassi 20/15 €
- ⏲Mi–Mo 10–19 Uhr
- ⛴Salute

Kunstgalerien. Neben einer kommunalen Kunstgalerie und Bühne widmet sich die **Fondazione Vedova** (www.fondazionevedova.org) dem abstrakten Maler Emilio Vedova. Die Ausstellungen in der Fondazione zirkulieren oft im wahrsten Sinne des Wortes: **Zehn Roboterarme**, durch erneuerbare Energie angetrieben und von Vedova und Piano entworfen, verschieben Kunstwerke in und aus den Lagernischen.

Die Fassade ist klassizistisch und stammt aus den 1830er-Jahren, die neun Salzspeicher wurden jedoch bereits im 14. Jh. gebaut und waren der Grundstein des Salzhandels, der Venedig reich machte. Im Mittelalter, als es keine Kühlschränke und Elektrizität gab, konnten Lebensmittel nur durch Pökeln und Einsalzen haltbar gemacht werden – Salz war äußerst wichtig. Heute werden die Speicher, die nicht der Kunst dienen, vom Ruderclub Bucintoro als Lager benutzt und dienen der Stadt als Forschungsstätten für Umweltinitiativen.

CHIESA DEI GESUATI KIRCHE

Karte S. 330 (Kirche der Santa Maria del Rosario; www.chorusvenezia.org; Fondamenta delle Zattere 918; Eintritt 3 € oder mit Chorus-Pass; ⏲Mo–Sa 10–17 Uhr; ⛴Zattere) In dieser Kirche des Hochbarocks von Giorgio Massari ist die Vorhersage eindeutig sonnig. Der strahlende Himmel um den hl. Dominikus in Tiepolos **Deckenfresken** von 1737 bis 1739 ist so überzeugend, dass sich mancher Betrachter womöglich fragt, ob er genug Sonnencreme aufgetragen hat. Tintorettos *Kreuzigung* von 1565 rechts am Kirchenschiff vermittelt mit einer vor Schmerz geschwächten Maria einen düstereren Eindruck – die rundlichen Putten in Sebastiano Riccis *Petrus und Thomas mit Papst Pius V.* von 1730 bis 1733 sorgen mit ihren himmlischen Purzeleien dagegen für göttliche Erheiterung.

Falls die Seitentür zum Kreuzgang offen sein sollte, besteht die Möglichkeit, einen Blick in die wenig besuchte Chiesa di Santa Maria della Visitazione zu werfen. Die wegen ihrer Rolle als Gotteshaus für Venedigs

Künstler auch **Chiesa di Santa Maria degli Artigianelli** genannte Kirche ist schlicht, hat aber eine schöne Schachbrettdecke aus dem 15. Jh. mit biblischen Szenen.

SQUERO DI SAN TROVASO HISTORISCHE STÄTTE

(Campo San Trovaso 1097; Zattere) Wenn die Gondel aufpoliert werden muss, begeben sich *gondolieri* zu einem *squero* (kleine Bootswerft). Die Holzhütte an der Ecke des Rio di San Trovaso mag zwar wie eine falsch platzierte Skihütte aussehen, ist aber tatsächlich Teil eines der drei *squeri* Venedigs. Vom rechten Ufer aus sind die im Hof trocknenden, neu lackierten Gondeln zu sehen. Falls geöffnet ist, können Besucher einen Blick hineinwerfen, gegen eine Spende in die Dose neben der Tür.

CA' DARIO PALAZZO

Karte S. 330 (Ramo Ca' Dario 352; Salute) Die Paläste am Canal Grande gehören zu den edelsten Immobilien der Welt, mit Ausnahme der Ca' Dario von 1487. Die vielfarbige Marmorfassade spiegelt sich auf faszinierende Weise im Canal Grande wider, ein Bild, das schon Claude Monet eingefangen hat. Aber es gibt einen Haken. Eine hohe Zahl von Besitzern, angefangen bei der Tochter des ersten Besitzers Giovanni Dario, verlor ihr Vermögen, wurde krank und/oder nahm ein tragisches Ende .

CHIESA DELL'ARCANGELO RAFFAELE KIRCHE

Chiesa di San Basilio; Karte S. 330 (041 522 85 48; Campo Anzolo Raffaele 1721; Spende erbeten; Mo–Sa 9–12 & 16–18 Uhr; San Basilio) Das Volk sprach und forderte seinen Dreck zurück: Als jüngst die Fassade aus dem 17. Jh. über den Portalen gesäubert wurde, gab es im Viertel einen Aufschrei. Hat Venedig seinen Respekt vor der Patina des Alters verloren? Es gab jedoch keinen Streit über die Restaurierung des Innenraums: In der Taufkapelle hinter dem Altar Francesco Fontebassos leuchten die frisch restaurierten Fresken wie das Morgenlicht in rosafarbenen, goldenen und zartgrünen Tönen. Der Gemäldezyklus über dem Hauptaltar wurde den Guardi-Brüdern zugeschrieben, aber niemand weiß, welche von beiden – dem vedutista (Landschaftsmaler) Francesco (1712–1793) oder seinem älteren Bruder Gian Antonio (1699–1760). Nachmittags übt der Organist vielleicht die eine oder andere Fuge; über anstehende Konzerte weiß der Aufseher Bescheid.

ESSEN

RISTORANTE LA BITTA FLEISCH €€

Karte S. 330 (041 523 05 31; Calle Lunga San Barnaba 2753a; Mahlzeiten 35–40 €; Mo–Sa 19–22 Uhr; Ca' Rezzonico) Die Tageskarte wird auf einer kleinen Künstlerstaffelei präsentiert, die ländlich geprägten Gerichte sehen aus wie ein Stillleben und schmecken traumhaft: Die Gnocchi sind mit Kürbis und Kräutern verfeinert, und der Hasenbraten wird auf einem Bett aus mariniertem Rucola serviert. La Bitta, übersetzt „der Ankerpfahl", ist eines der wenigen Restaurants in Venedig, dessen Schwerpunkt auf Fleisch statt auf Meeresfrüchten liegt. Es gibt nur 35 Plätze, Fleischliebhaber sollten also reservieren. Wein wird hier zwar nicht glasweise ausgeschenkt, aber es gibt zumindest die Möglichkeit, eine halbe Flasche zu bestellen. Bezahlt wird in bar, .

ENOTECA AI ARTISTI VENEZIANISCH €€

Karte S. 330 (041 523 89 44; www.enotecaartisti.com; Fondamenta della Toletta 1169a; Hauptgerichte 9–27 €; Mo–Sa 12–16 & 18.30–22 Uhr; Ca' Rezzonico) Zu köstlicher Pasta, fantasievollen Käsesorten und Carpaccio mit Balsamico auf Rucola werden hervorragende offene Weine kredenzt. Da das Lokal klein ist, sollte reserviert werden.

AVOGARIA MODERN ITALIENISCH €€

Karte S. 330 (041 296 04 91; Calle dell'Avogaria 1629; Cicheti 1,5–4 €, Hauptgerichte 10–22 €; Mi–So 12–15 & 18–23 Uhr; San Basilio) Ein Date beginnt in der schicken Glasbar des Restaurants (unverputzte Ziegelwände und Holzbalken) ziemlich unverbindlich mit *cicheti* und *spritz* zur Happy Hour. Aber sobald man ein paar Bissen von den venezianischen *crudi* (roher Fisch) mit frischen Kräutern probiert hat, bestellt man umgehend den Meeresfrüchte-Risotto für Zwei. Unbedingt das Tiramisù probieren .

GROM GELATERIA €

Karte S. 330 (041 099 17 51; www.grom.it; Campo San Barnaba, Dorsoduro 2461; Eis 2,50–4 €; 12–23 Uhr; Ca' Rezzonico) Slow Food aus ganz Italien wird im Grom (mit Stammsitz in Turin) verarbeitet: Zitronen von der Amalfi-Küste, Erdbeeren aus Sizilien, Haselnüsse aus dem Piemont. Fair-Trade-Schokolade und -Kaffee trugen zur begehrten Auszeichnung als „Master of Slow Food" bei. Und bei Geschmacksrichtungen wie weißer Pfirsich mit schwarzen Schoko-

Fortsetzung auf S. 104

Venedig und seine Kunst

Wasser ist das prägende Element in Venedig, aber bei näherem Hinsehen wird klar, dass die Stadt vor allem von Kunst durchtränkt ist.

Die Kanäle sind nur kurze Unterbrechungen zwischen den unzähligen Kunstwerken der Stadt, die von der Unesco zum Weltkulturerbe erklärt wurde und mehr Kunstschätze als jede andere Stadt der Welt besitzt. Venedig war schon immer ein bisschen verliebt ins eigene Bild, wie die Mosaiken in der Basilica di San Marco, die Lagunenkulissen in Tintorettos und Veroneses biblischen Szenen und die Stadtansichten der *vedustisti* (Landschaftsmaler) der Romantik zeigen. Selbst in den abstrakten Werken zeitgenössischer Künstler hinterließen ihre Formen, Farben und reiche Patina einen unauslöschlichen Eindruck.

Große Kunst vor Ort

Bevor Napoleon sich jedes venezianische Gemälde, das ihm gefiel, unter den Nagel riss, befanden sich die meisten in den Kirchen und Palästen, für die sie geschaffen wurden. Aber prächtige Deckengemälde waren nicht so einfach zu entfernen und sind noch immer in der Chiesa di San Sebastiano, in der Ca' Rezzonico, im Palazzo Ducale und in der Scuola Grande dei Carmini zu sehen. Auch Tintorettos Meisterwerke für die Scuola Grande di San Rocco und die Chiesa della Madonna dell'Orto blieben vor Ort. Heute erstrahlen Kunstwerke, die nach Napoleons Fall zurückgebracht wurden, an den Altären in ganz Venedig und bilden die Basis der Sammlungen des Museo Correr, der Accademia und der Ca' d'Oro.

Mosaiken

Alles was glitzert, ist vermutlich ein Mosaik in Venedig, wo die Kunst, aus winzigen *tesserae* (Glasplättchen) wandgroße Kunstwerke zu schaffen, aus der byzantinischen Glanzzeit der Lagunenstadt stammt. Die Basilika in Torcello ist ein großartiges frühes Beispiel. Einen Einblick in frühe Mosaiktechniken bieten die Erläuterungen und Mosaikfragmente im Museo di Torcello und im Glasmuseum in Murano.

Die alte byzantinische Lagunenhauptstadt Torcello wurde von der neuen offiziellen Dogenkirche, der Basilica di San Marco übertrumpft: Ihre goldenen Mosaiken nehmen eine Fläche von über 8000 m^2 ein.

Heute muss niemand mehr ein Gast des Dogen im Speiseraum oben in der Basilika sein, um zwischen goldenen Mosaiken zu speisen: Die B-Bar bietet ein schimmerndes Ambiente, das jede Happy Hour vergoldet, und das B&B Domus Orsoni präsentiert die Produkte der Mosaikfirma Orsoni auf Tischen, Bettköpfen und in den Bädern.

1. Deckenfresko in der Ca' Rezzonico (S. 94)
2. Mosaikdetail an der Fassade von di San Marco (S. 60)

1

KRZYSZTOF DYDYNSKI / LONELY PLANET IMAGES ©

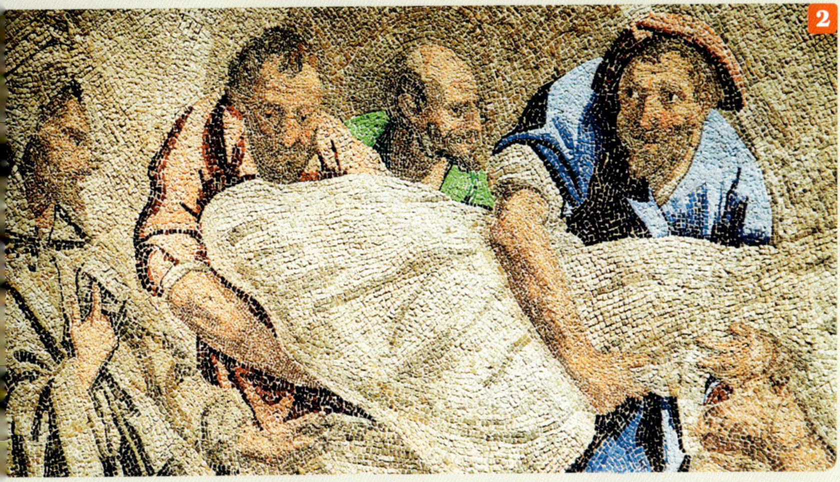

2

KRZYSZTOF DYDYNSKI / LONELY PLANET IMAGES ©

1

Fresken

Der Blick richtet sich in Venedig dank des produktiven Meisters der Deckenfresken, Giambattista Tiepolo, stets himmelwärts. In seinen atemberaubenden Deckenbildern scheint die Sonne vermeintlich direkt durchs Dach von I Gesuati und Ca' Rezzonico, wo Engel auf Balkonen hocken und das Abendlicht Wattewolken rosiggolden färbt.

Die himmlischen Fresken in venezianischen Kirchen erinnern an die eindrucksvollen frühen Fresken von 1303 bis 1305, die Giotto für die Cappella degli Scrovegni in Padua in leuchtenden Farben und mit lebhaften Figuren schuf. Heute können Gäste in solcher Pracht im Palazzo Abadessa und der Foresteria Valdese erwachen, deren Zimmer einst für Würdenträger und geistliche Orden mit Fresken ausgeschmückt wurden.

Venezianische Künstler malten jedoch ihre leichtesten und fantasievollsten Fresken für die privaten Landhäuser des venezianischen Adels: Giovanni Zelottis sinnliche Fresken herumtollender römischer Göttinnen für La Malcontenta verwandelten diese palladianische Villa, die das Ufer der Brenta säumt, in ein entzückendes Lustschloss, obwohl es als Exil für eine untreue venezianische Gattin gedacht war. Tiepolo und sein Sohn Domenico bemalten die Villa Valmarana („Ai Nani"), die sich außerhalb von Vicenza befindet, vom Boden bis zur Decke mit fantasievollen Fresken und verwandelten Salons in einen Märchenwald, eine *commedia dell'arte* und ein Chinoiserie-Kuriositätenkabinett.

Ohne dass die Inquisition über seine Schulter blickte, um Abweichungen vom kirchlich genehmigten Umgang mit religiösen Themen zu entdecken, schuf Veronese aus Palladios ohnehin meisterhafter Villa di Maser ein freskengeschmücktes Glanzstück: Er malte frech in einem Wohnzimmer eine Malerleiter sowie sich selbst und seine Lieblingsnichte an die Wand. Beide werfen sich von zwei angrenzenden Salons aus verschwörerische Blicke zu.

1. Deckenfresko von Paolo Veronese, Villa di Maser (S. 208) **2.** Muranoglas

HOLGER LEUE/ LONELY PLANET IMAGES ©

Glas

Seit etwa 800 Jahren steht eine Insel synonym für Glas: die Insel Murano. Die Venezianer stellten eigentlich schon seit dem 10. Jh. Kristall und Glas her, aber erst im 13. Jh. wurde wegen der Feuergefahr in den Glasbläsereien das Gewerbe auf die Insel Murano verlagert. Wehe einem Glasbläser mit Reiselust: Die Branchengeheimnisse wurden so eifersüchtig gehütet, dass jeder Glasbläser, der die Stadt verließ, als Verräter und somit als vogelfrei galt. Eine kurze Einführung zum Glas bietet das Museo del Vetro (Glasmuseum) auf Murano, das auch einen Verkaufsraum aufweist.

Heute betreiben Glashandwerker recht offen ihr Handwerk in Ateliers an der Fondamenta dei Vetrai auf Murano, die mit „Fornace" (Schmelzofen) beschildert sind. Sie wissen sehr wohl, dass ihre Waren eine Qualität besitzen, die nirgendwo sonst erreicht wird. Jahrhundertealte Traditionen werden in Cesare Toffolos geflügelten Kelchen und Orovetros Murano-Lüstern bewahrt, während Nason Moretti im ElleElle, Marina und Susanna Sent, Campagnol & Salvadore sowie Ragazzi die traditionelle Kunst in Form aparter moderner Glasarbeiten weiterentwickeln.

In Venedig selbst, besonders in Santa Croce und San Marco, arbeiten Glaskünstler in kleinerem Maßstab – sie bearbeiten mit Gasbrennern und Nerven aus Stahl geschmolzene Glasperlen. Bezaubernde Glasminiaturen sind eine venezianische Spezialität, z. B. Libellen im Camuffo, Meeresgetier im I Vetri a Lume di Amadi und Fische im Giuseppe Tinti. Die Galleria Rosella Junck verbindet Tradition mit Moderne und zeigt neben alten auch avantgardistische Glasarbeiten.

TOP FIVE: GLAS

- Museo del Vetro (S. 179)
- Galleria Rossella Junck (S. 72)
- ElleElle (S. 185)
- Marina e Susanna Sent (S. 105)
- I Vetri a Lume di Amadi (S. 124)

Papier

Hochwasser ist mehr als nur Alltag in Venedig: Es ist eine Inspiration. Indem sie Zellstoff ins Wasser tauchen, Papier durch Farbbäder ziehen und Wellen auf der Oberfläche erzeugen, haben venezianische Papiermacher jede wässrige Erscheinung der Stadt auf Papier gebannt. Prägung und Marmorierung begannen im 14. Jh. als Teil des aufblühenden Verlagswesens Venedigs. Aber die Buchbindertechniken und Vorsatzblätter aus *ebru* (türkischem Marmorpapier) haben sich in den Händen moderner Kunsthandwerker verselbstständigt. Rosanna Corrò von Cartè benutzt Buchbindertechniken, um originelle marmorierte Handtaschen, Wandschirme und sogar Möbel herzustellen. Cartavenezia verwandelt hingegen handmakuliertes Papier in geprägte Friese und unregelmäßig geformte Lampen. Gianni Basso benutzt Exlibris-Blätter aus dem 18. Jh., um altmodische Visitenkarten im Hochdruckverfahren herzustellen. Im Veneziastampa können Besucher fast jeden Vormittag eine Heidelberger Druckmaschine beobachten, die Speisekarten und Exlibris-Blätter (Bücherzeichen) ausspuckt.

Bücher sind noch immer eine Leidenschaft in Venedig, und marmorierte Reisetagebücher von Il Pavone di Paolo Pelosin inspirieren zum eigenen Schreiben. Librettisten decken sich im ArtigianCarta di Massimo Doretto mit ledergebundenen Kompositionsbüchern ein, und Romanautoren träumen davon, ihren Bestseller handgebunden im Schaufenster von Charta zu sehen.

Textilien

Die Mode hat sich geändert, seit Dandys in Kniebundhosen aus Seidenbrokat und rosa Strümpfen im Palazzo Mocenigo herumtänzelten, aber Venedigs Leidenschaft für kunstvolle Textilien ist geblieben. Venezianische Spitze war im 18. Jh. ein modisches Muss, und an sonnigen Tagen in Burano setzen sich noch immer Damen zu einem Schwatz hinaus, während sie Spitzen klöppeln. Bevilacqua webt noch

KRZYSZTOF DYDYNSKI / LONELY PLANET IMAGES ©

immer Luxustapisserien in Venedig und spendet Reste an die gemeinnützige Kooperative weiblicher Häftlinge, Banco Lotto 10, die sie in Kostüme für La Fenice und pfiffige Handtaschen verarbeiten.

Der moderne Meister unkonventioneller Textilien aus Venedig ist jedoch Fortuny, dessen Verkaufsraum auf Giudecca handgeprägte Wandbehänge zeigt. Die für Fortunys charakteristischen Delphi-Gewänder kann man moderne Göttinnen bei Venetia Studium erstehen. Moderne Stoffdesigns sind in den wechselnden Designpräsentationen im le5venice zu sehen, oder als Smokings aus lila Seidensamt, handbedruckt mit roten Ratten, in der Fiorella Gallery.

Im Uhrzeigersinn
1. Papier **2.** Spitzenherstellung **3.** Textilien

TOP FIVE: TEXTILIEN

- Museo Fortuny (S. 71)
- Palazzo Mocenigo (S. 114)
- Banco Lotto 10 (S. 162)
- Bevilacqua (S. 87)
- Fiorella Gallery (S. 86)

ROBERTO GEROMETTA / LONELY PLANET IMAGES ©

ALBERTO CAMPANILE / PHOTOLIBRARY ©

EIN ERHOLSAMER SPAZIERGANG: DIE ZATTERE

An sonnigen Tagen werden die Zattere, ein geruhsamer Abschnitt des **Giudecca-Kanals** in Dorsoduro, zum idyllischen Freizeitrevier, ideal für einen trägen Bummel oder ein Sonnenbad am Wasser. Doch vor einigen Jahrhunderten waren die Zattere noch für viele Venezianer im wahrsten Sinne die absolut letzte Station. Das imposante Gebäude (Zattere Nr. 423) aus dem 16. Jh. war einst besser als **Ospedale degli Incurabili** (Hospiz für unheilbar Kranke) bekannt. Mit seinem Bau wollte man eine Epidemie in den Griff bekommen, die die Geschlechtsteile ganz Europas erfasst hatte. Die Syphilis, euphemistisch „Franzosenkrankheit" genannt, wurde rasch zu einem venezianischen Problem, da sie sich von den 12 000 registrierten Prostituierten auf die allgemeine Bevölkerung übertrug.

Da es damals keine bekannten Heilmittel gab und die Krankheit oft zu Blindheit und Wahnsinn führte, verlangten die Venezianer vom Staat, dringend ein Hospiz einzurichten, um den Sterbenden und deren Waisen zu helfen. Speziell die Venezianerinnen setzten sich entschieden für diese fortschrittliche Initiative ein, und von Anfang an versprachen Prostituierte und Puffmütter finanzielle Unterstützung (sie hatten schließlich ein besonderes Interesse an dem Problem). Venedig war vorbildlich bei der Bereitstellung öffentlicher Gelder für diese Bedrohung der Volksgesundheit. Doch selbst das große Gebäude war manchmal mit Patienten überfüllt. Erst als man mit Penizillin endlich die Krankheit heilen konnte, wurde die Institution überflüssig. Seit 2003 hat die **Accademia delle Belle Arti** (Akademie der Bildenden Künste) der Gallerie dell'Accademia hier ihren Sitz.

Eine Plakette an den Zattere nahe dem **Ponte degli Incurabili** erinnert seit Kurzem an den mit dem Nobelpreis ausgezeichneten russisch-amerikanischen Dichter **Joseph Brodsky**, der hier einst lebte und dessen Buch *Ufer der Verlorenen* Venedigs Auf und Ab, die finsteren Tragödien und strahlenden Allüren einfängt. Die Plakette besagt auf Russisch und Italienisch: „Er liebte und besang diesen Ort". Brodsky starb 1996 in New York, auf seinen Wunsch wurde er auf Venedigs Friedhof auf der Isola di San Michele bestattet.

ladesplittern ist die Versuchung groß, ein paar der köstlichen Kugeln einfach als Mittagessen zu bestellen.

RISTOTECA ONIGA — VENEZIANISCH €€

Karte S. 330 (☎041 522 44 10; www.oniga.it; Campo San Barnaba 2852; Mahlzeiten 17–30 €; ⏲Mi–Mo 12–15 & 19–22 Uhr; ⛴Ca' Rezzonico) Puristen schätzen Köchin Annikas venezianische Meeresfrüchteplatte mit den guten *sarde in saor* (Sardinen in würziger Zwiebelmarinade), Vegetarier können aus einem großen Angebot an saisonaler Pasta (z. B. mit Wildbrokkoli, Pecorino und Paniermehl) auswählen, und alle lieben das Sortiment an 150 Weinen und die Menüs ab 17 €. Am schönsten sind die Plätze auf dem *campo* oder ein Tisch in einer der holzvertäfelten Ecken.

PASTICCERIA TONOLO — BACKWAREN €

Karte S. 330 (☎041 532 72 09; Calle dei Preti 3764; Gebäck 1–3 €; ⏲Mo–Sa 8–20, So 8–13 Uhr; ⛴Ca' Rezzonico) Wie wäre es mit blättrigem Apfelstrudel oder *pain au chocolat* zum Frühstück? Schokoladenüberzogene Krapfen sind mit Haselnussmousse gefüllt,.

IMPRONTA CAFÉ — VENEZIANISCH €

Karte S. 330 (☎041 275 03 86; Calle Crosera 3815; Mahlzeiten 8–15 €; ⏲Mo–Sa 11–1 Uhr; ⛴San Tomá) Hier trinkt die preisbewusste Schickeria Venedigs inmitten launiger Bauzeichnungen von Kochtöpfen ihren Prosecco und isst bezahlbare Gerichte mit Polenta und Salami. Ab 18.30 Uhr gibt es hier mailändische *aperitivi,* zu denen ein kostenloses Vorspeisenbüfett angeboten wird.

PANE VINO E SAN DANIELE — ITALIENISCH €€

Karte S. 330 (☎041 243 986; Calle Lunga San Barnaba 2861; Mahlzeiten 15–30 €; ⏲Di–So 10–14 Uhr; ⛴Ca' Rezzonico) Die Trattoria mit Balkendecke wird vor allem bei Kunststudenten und -professoren besucht. Serviert werden hier großzügige Portionen Gnocchi mit Trüffelkäse, venetisches Wild wie Hasen- und Entenbraten, Vorspeisen mit dem San-Daniele-Schinken sowie Hausweine aus der friaulischen Kellerei Fantinel.

Fortsetzung von S. 97

RISTORANTE SAN TROVASO VENEZIANISCH €€

Karte S. 330 (041 5230835; www.taverna santrovaso.it; Calle della Accademia 967; Mahlzeiten 15–30 €; Fr–Mi 12–15.30 & 19–23 Uhr; Accademia) Nach einem Besuch in der Accademia mit ihrem visuellem Overkill sorgen frittierte Calamari, Polenta, *sarde in saor* und eine Karaffe mit Soave für bodenständige Erholung. Das rustikale Restaurant liegt gleich um die Ecke des Museums.

DO FARAI MEERESFRÜCHTE €€

Karte S. 330 (041 277 03 69; Calle del Cappeller 3278; Mahlzeiten 25–35 €; Mo–Sa 11–15 & 19–22 Uhr; Ca' Rezzonico) Das Restaurant in einer Seitenstraße lockt mit seinem Raum voller Fußballvereinsschals die Venezianer in Massen an. Hier duftet es nach Meeresfrüchten: Pasta mit Muscheln und Garnelen, gegrillter Seebarsch mit Kräutern, und venezianische *tris di saor sarde, scampi e sogliole* (Sardinen, Garnelen und Seezunge in würziger *Saor*-Marinade).

AL PROFETA ITALIENISCH €€

Karte S. 330 (041 5237466; Calle Lunga San Barnaba 2471; Pizza 9–13 €; Mi–Mo 12–15.30 & 19–23 Uhr; Ca' Rezzonico) In dem Lokal unweit des Campo Santa Margherita gibt es ordentliche Pizza, Grillfleisch und Enten-*bigoli* (venezianische Vollkornpasta).

PIZZA AL VOLO PIZZASTÜCKE €

Karte S. 330 (041 522 54 30; Campo Santa Margherita 2944; Pizzastücke 2–4 €; tgl. 12–1 Uhr; Ca' Rezzonico) Hungrige Nachteulen sind in Venedig aufgeschmissen, sobald die Restaurants gegen 22 Uhr schließen. Doch die Pizzastücke hier sind billig und lecker.

AUSGEHEN & NACHTLEBEN

OCANTINONE GIÀ SCHIAVI BAR

Karte S. 330 (041 523 00 34; Fondamenta Nani 992; Mo–Sa 8.30–20.30 Uhr; Zattere) Kräftige Lungen und ruhige Hände sind nötig, um gehört zu werden und um *cicheti* (z. B. Thunfisch und Lauch), *ombre* und *pallottoline* (kleine Bierflaschen) raus zum Kanal zu tragen, ohne einen Tropfen auf Kunsthistoriker und Gondelbauer zu verschütten. Chaos herrscht, bis die *nonna* (Oma) erscheint und sich die Menge teilt, damit sie ihr übliches Glas Soave holen.

IL CAFFÈ ROSSO BAR

Karte S. 330 (041 528 79 98; Campo Santa Margherita 2693; Mo–Sa 7–1 Uhr; Ca' Rezzonico) Sonnige Tische auf der Piazza sind der perfekte Platz, um sich von der durchfeierten Nacht zu erholen, die Zeitung zu lesen und einen Espresso zu trinken, der die Augen wie eine Jalousie aufreißt – bis es um 18 Uhr mit *spritz* in dicht gedrängten Studentenkneipen wieder von vorne losgeht. Die Anwohner nennen die namenlose Bar wegen der roten Fassade *caffè rosso*, und sie verdient ihren Spitznamen allabendlich mit preiswertem *spritz* mit einem großzügigen Spritzer hellrotem Aperol.

IMAGINA CAFÉ BAR

Karte S. 330 (041 241 06 25; www.imaginacafe.it; Rio Terà Canal 3126; Mo–Sa 8–2 Uhr; Ca' Rezzonico) Werke von Nachwuchskünstlern an den Wänden, komfortable Nischen und eine reiche Auswahl an Aperol hinter der Theke ziehen eine kreative, schwulenfreundliche, kommunikative Stammkundschaft an.

OSTERIA ALLA BIFORA BAR

Karte S. 330 (041 523 61 19; Campo Santa Margherita 2930; Mi–Mo 12–3 & 18–1 Uhr; Ca' Rezzonico) Kronleuchter und Backsteintorbögen aus dem 12. Jh. machen die Bar zur romantischsten Metzgertheke, die für eine Happy Hour vorstellbar ist. Andere Bars um diesen *campo* sind auf *spritz* trinkende Studenten ausgerichtet, aber dieses Refugium ist etwas für Träumer, die bei ein paar Gläsern Veneto-Merlot flirten. Es braucht etwas Zeit und Geduld, bis die *tagliere* (Platte) mit Wurst und eine Karaffe Wein an die Gemeinschaftstische serviert werden.

TEA ROOM BEATRICE TEESALON

Karte S. 330 (041 724 10 42; Calle Lunga San Barnaba 2727A; 10–18 Uhr; Ca' Rezzonico) Nach einem Besichtigungstag bietet Beatrice eine Alternative zu einem Espresso an der Theke. Regentage sind ideal für eine Eisenkanne mit grünem Tee und Mandelkuchen im Teesalon. An sonnigen Tage hingegen empfehlen sich geeiste Getränke und gesalzene Pistazien auf der Terrasse.

AI PUGNI BAR

Karte S. 330 (041 523 98 31; Ponte dei Pugni 2859; Mo–Sa 18.30–24 Uhr; Ca' Rezzonico) Raufereien auf der Brücke vor dem Lokal endeten einst unweigerlich im Kanal –

CAMPO SANTA MARGHERITA

Selbst mitten im Winter und in der Hitze des Sommers ist hier im Zentrum des venezianischen Nachtlebens immer etwas los. Der längliche Platz bietet einen ganzen Haufen an verlockenden Bars – darunter Imagina Café, Osteria alla Bifora, Ai Do Draghi und Cantina di Millevini (s. S. 105) –, aber auch einen werktäglichen Fischmarkt, hin und wieder einen Flohmarkt und politische Demos. Die Szene zur Happy Hour entfaltet sich wie ein lebendes Veronese-Gemälde des 21. Jhs.: eine lebhafte Mischung aus italienischen Architekturstudenten, internationalen Hipstern, venezianischen Schwulen und Heteros, Biennale-Kuratoren, spöttelnden Großmüttern und ihren Hündchen.

daher der Name „ai Pugni" (die Kämpfer). Aber heute legen Venezianer Streitigkeiten freundlich mit Getränken bei. Fotografien schmücken die Ziegelmauern des kunstorientierten Ladens, Weine aus dem Veneto und Friaul gibt es an der Theke, Frikadellen und Salami erscheinen zur Happy Hour, und donnerstags gibt es Livemusik.

AI DO DRAGHI — BAR

Karte S. 330 (☎041 528 97 31; Calle della Chiesa 3665; ⌚Fr–Mi 7.30–2 Uhr; ⛴Ca' Rezzonico) *„Permesso!"* (Pardon!) schallt es hier in dem historischen *bacaro* (Bar). Wer sich an der Holzbalkenbar vorbeidrängen kann, wird hinten weitere Tische finden. Ansonsten quetscht sich die Masse an den Tischen auf dem *campo*. Im Winter schließt die Bar bereits um 22 Uhr.

CANTINA DI MILLEVINI — BAR

Karte S. 330 (☎041 522 34 36; Campo Santa Margherita; www.millevini.com; ⌚Mo–Sa 15–24 Uhr; ⛴Ca' Rezzonico) Der Weinhändler erweitert das Happy-Hour-Angebot auf dem Campo Santa Margherita mit Weinregalen an den Ziegelwänden, einer kleinen Auswahl erlesener offener Veneto-Weine und einer gelegentlichen Verkostung (s. Website). Die Cocktails sind kreativ – „Feuerorgasmus" enthält Baileys und flambierten Cognac. Hinzu kommen Suppen, frische Salate und Pasta für 6,50 bis 8 €.

UNTERHALTUNG

VENICE JAZZ CLUB — LIVEMUSIK

Karte S. 330 (☎041 523 20 56; www.venicejazzclub.com; Ponte dei Pugni 3102; Eintritt inkl. ein Drink 20 €; ⌚geöffnet ab 19 Uhr, Musik um 21 Uhr, Aug. geschl.; ⛴Ca' Rezzonico) Die Jazzszene ist putzmunter in Dorsoduro, wo das einheimische Venice Jazz Club Quartet zu Musik von Miles Davis, Charles Mingus und italienischen Jazzmusikern swingt. Ab 20 Uhr kostenlose Wurstplatten.

SHOPPEN

LP TIPP MARINA E SUSANNA SENT — GLAS, SCHMUCK

Karte S. 330 (☎041 520 8136; www.marinaesusannasent.com; Campo San Vio 669; ⌚Di–Sa 10–13 & 15–18.30, Mo 15–18.30 Uhr; ⛴Accademia) Zwei Schwestern aus Murano wurde gesagt, dass Frauen für die Glasbläserei nicht geeignet seien. Sie stellten sich der Herausforderung – und schufen Muranos meistverkaufte Artikel aus mundgeblasenem Glasschmuck. Eine Filiale befindet sich am Ponte San Moisè im Stadtteil San Marco.

ANTIQUARIATO CLAUDIA CANESTRELLI — ANTIQUITÄTEN, SCHMUCK

Karte S. 330 (☎041 522 70 72; Campiello Barbaro 364a; ⌚Mo & Mi–Sa 11–13 & 15–17.30, Di 11–13 Uhr; ⛴Salute) Handkolorierte Lithografien von „prähistorischen" Lagunenfischen und Miniaturen von als Generäle verkleideten Katzen aus dem 19. Jh. sind Souvenirs aus der Vergangenheit Venedigs. Die Sammlerin und Kunsthandwerkerin Claudia Canestrelli bringt mit ihren umgearbeiteten alten Ohrringen verflossene Eleganz zurück.

MADERA — HAUS & GARTEN

Karte S. 330 (☎041 522 41 81; www.shopmaderavenezia.it; Campo San Barnaba 2762; ⌚Di–Sa 10–13 & 16.30–19.30 Uhr; ⛴Ca' Rezzonico) Im modernen Designladen gibt es Vogelhäuschen aus Porzellan, Holzbrettchen, die wie venezianische Inseln geformt sind, und Teekannen in Teewärmern aus Schaumgummi sehen aus, als wären sie bereit zum Tauchgang. Die originellen Designobjekte in der gut präsentierten Sammlung stammen von der Besitzerin und Designerin Francesca Meratti und anderen italienischen Designern und kosten ab 15 €.

LE FORCOLE DI SAVERIO PASTOR FORCOLE

Karte S.330 (☎041 522 56 99; www.forcole.com; Fondamenta Soranzo detta Fornace 341; ⏲Mo–Sa 8.30–12.30 & 14.30–18 Uhr; ⛴Salute) Mick Jagger ließ sich hier seine *forcola* maßanfertigen. Eine *forcola*? Das ist die gespaltene Holzzunge, in der das Gondelruder ruht und die aus Akazien- und Eichenholz geschnitzt wird. Jede muss dem Gewicht und der Größe des *gondoliere* exakt entsprechen, um das heikle Gleichgewicht der Gondel nicht zu stören. Der richtige Job für Saverio Pastor, der *forcole* herstellt, die sich im Gleichgewicht drehen und neigen.

DANGHYRA KUNSTHANDWERK

Karte S. 330 (☎041 522 41 95; www.danghyra.com; Calle delle Botteghe 3220; ⏲Di–So 10–13 & 15–19 Uhr; ⛴San Tomá) Die Formen des Architekten Carlo Scarpa verbinden sich in Danghyras ultramodernen und Keramiken mit den Farben Venedigs. Fliederfarbene Schüsseln bringen den Frühling in jeden Raum, und die goldfarbenen Schalen mit Bruchglasur lassen Pastagerichte wie für einen Dogen angerichtet erscheinen.

GUALTI SCHMUCK, ACCESSOIRES

Karte S. 330 (☎041 520 17 31; www.gualti.it; Rio Terà Canal 3111; ⏲Mo–Sa 10–13 & 15–19.30 Uhr; ⛴Ca' Rezzonico) Entweder landete, gerade eine Sternschnuppe auf der Schulter oder es ist ein Stück von Gualti, wo auf einer Supernova-Brosche schillerndes orangenes Glas auf durchsichtigen Harzstielen explodiert. Plissierte Seidenschals kräuseln sich an den Rändern wie Lagunenseetang in der Strömung. Die Designs kosten ab 60 €.

ARRAS MODE, ACCESSOIRES

Karte S. 330 (☎041 522 64 60; Campiello del Squellini 3235; ⏲Mo–Sa 10–13 & 15–19.30 Uhr; ⛴Ca' Rezzonico) Die Schals aus handgewebter Seide und Wolle in den Regalen von Arras stammen aus dieser Webereikooperative, die berufsbildende Workshops für Menschen mit Behinderungen anbietet. Handgewebte Wolljackets werden von Designern der Kooperative gestaltet.

AQUA ALTRA HAUS & GARTEN

Karte S. 330 (☎041 521 12 59; www.aquaaltra.it; Campo Santa Margherita 2898; ⏲Di–Sa 9.30–12.30 & 16–19.30, Mo 16–19.30 Uhr; ⛴Ca' Rezzonico) Die von Freiwilligen betriebene Fair-Trade-Kooperative mit globalem Blick, aber italienischem Geschmack, verkauft Schokolade von Kollektiven in Sierra Leone, Handtaschen aus venezianischen PVC-Museumsbannern und echte Fußbälle aus einer pakistanischen Kooperative.

> **LAURETTA VISTOSI**
>
> Die auf Murano geborene Kunsthandwerkerin machte handgefertigte Schuhe, Schreibwaren und Kleider, bevor sie etwas völlig Neues erfand: handgenähte Handtaschen, Beutel und Tagebücher, verziert mit Knöpfen aus Muranoglas. Nähte in kontrastierenden Farben, alte Stoffe und mundgeblasenes Glas machen jedes Stück in diesem **Laden** (Karte S. 330; ☎041 528 65 30; www.laurettavistosi.org; Calle Lunga San Barnaba 2866B; ⏲Di–Sa 10–13 & 15–19 Uhr) zu einem Unikat.

ELITRE MODE

Karte S. 330 (☎041 099 00 67; Calle Crosera 3949; ⏲Mo–Sa 10–19.30 Uhr; ⛴San Tomà) Außerirdische Models stapfen auf dem Flachbildschirm, liebestrunkene Gartenzwerge versprühen Herzen auf Fioruccis Love-Therapy-T-Shirts, und beste Freundinnen streiten sich um das letzte Paar lila gepunkteter Pumps von Agatha Ruiz de la Prada, um sich dann bei den Hello-Kitty-Haushaltswaren zu versöhnen.

CA' MACANA MASKEN, KOSTÜME

Karte S. 330 (☎041 277 61 42; www.camacana.com; Calle delle Botteghe 3172; ⏲So–Fr 10–18.30, Sa 10–20 Uhr; ⛴Ca' Rezzonico) Ein Blick auf die Macher der venezianischen Karnevalsmasken reicht, um zu verstehen, warum Stanley Kubrick gleich eine große Menge für seinen letzten Film *Eyes Wide Shut* bestellte. Die Pappmaché-Masken reichen von Pestarzt- bis zu Kurtisanenverkleidungen. Oder wie wäre es mit eigenen Kreationen, die man in Ca' Macanas **Maskenworkshop** (ab 60 €; ⏲Mo 11 & Fr 14.30 Uhr) anzufertigen lernt?

SIGNOR BLOOM SPIELZEUG, KUNSTHANDWERK

Karte S. 330 (☎041 522 63 67; Campo San Barnaba 2840; ⏲Mo–Sa 10–18.30 Uhr; ⛴Ca' Rezzonico) Kinder müssen vermutlich die Eltern von den Holzpuzzeln der Rialto-Brücke und den Holzenten wegzerren, da diese handgemachten Spielzeuge sie in Nostalgie versetzen. Calder-artige Mobiles sehen in einem Foyer ebenso gut aus wie im Kinderzimmer.

Sestieri di San Polo & Santa Croce

Highlights

❶ In der **Scuola Grande di San Rocco** (S. 110) erzählt Tintoretto mit dynamischen Pinselstrichen Geschichten, die so packend sind wie ein Comic-Roman.

❷ Die feuerrote Madonna in Tizians *Assunta* erhellt den gesamten Raum von **I Frari** (S. 112).

❸ Fischer und Bauern der Insel preisen auf dem **Rialto-Markt** (S. 114) mit ihren Liedern die Lebensmittel aus der Lagune.

❹ Der **Ponte di Rialto** (S. 113) – Antonio da Pontes Wunderwerk aus Marmor – schimmert bei Sonnenuntergang rot-golden.

❺ Bei einem **kulinarischen Bummel** (S. 118) kann man sich durch die *calli* Venedigs essen.

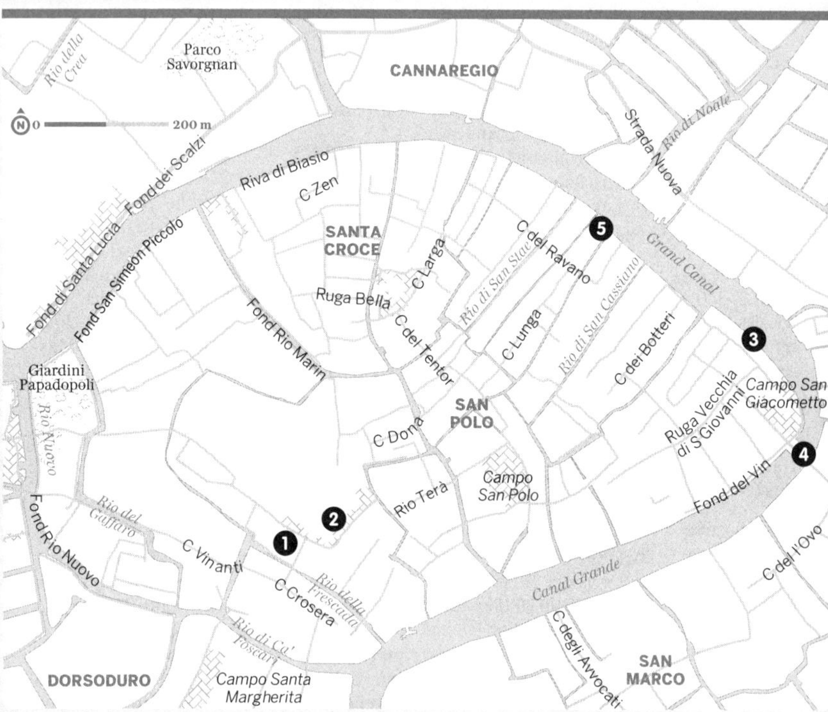

Mehr Details bieten die Karten auf S. 332/333 und S. 335

San Polo & Santa Croce erkunden

Der Vormittag beginnt mit den Meisterwerken in der Scuola Grande di San Rocco, dann sonnt man sich im Glanz von Tizians Madonna in I Frari, bevor man sich zur Rialtobrücke durchkämpft. Bei einer Pause im All'Arco sollte man *cicheti* (Snacks von der Bar) probieren. Durchatmen kann man anschließend im Garten der Fondaco di Turchi oder am Canal Grande an der sonnigen Riva di Biasio. Nun lockt ein Abstecher ins Alaska, um sich unterwegs zum mittelalterlichen San Giacomo dell'Orio noch ein Eis zu genehmigen. Durch das Gassengewirr des ehemaligen Rotlichtviertels geht es dann ins Antiche Carampane zum Abendessen. Und als großartiges Finale bietet sich ein Filmklassiker in der Casa del Cinema, eine Oper in der Scuola Grande di San Giovanni Evangelista oder auch ein Drink im Al Muro an.

Tipps der Einheimischen

➡ **Kaufrausch** Die Sammlungen der Museen etablierten sich entsprechend den Einkaufsgewohnheiten der Venezianer am Ca' Pesaro (S. 113) und am Palazzo Mocenigo (S. 114) – Ähnliches passiert mit den Künstlerateliers (S. 124) und ihren Werken in Museumsqualität.

➡ **Relaxen** Das bedeutet: sich Sonnen am Campo San Giacomo dell'Orio, lesen im Caffè Orientale (S. 119) oder der Hosteria alla Poppa (S. 122), ein Film in der Casa del Cinema (S. 123) oder Tagträumen am Canal Grande beim Mercato di Rialto (S. 114).

➡ **Cicheti zentral** Rund um die Rialtobrücke finden sich authentische *bacari* (Kneipen). Beispiele dafür sind All'Arco (S. 118), Pronto Pesce Pronto (S. 118), Dai Zemei (S. 114), Al Mercà (S. 122), Al Pesador (S. 118) und Cantina Do Spade (S. 122).

➡ **Musikalische Untermalung** Gute Unterhaltung bieten ein Opernbesuch in der Scuola Grande di San Giovanni Evangelista (S. 123), Liveauftritte mit Folk- und Rockmusik rund um den Campo San Giacomo dell'Orio (S. 117), gregorianische Gesänge in der Scuola Grande di San Rocco (S. 110), die Sommerkonzerte in der Sommerarena (S. 123) – und die spontanen Jazzsessions im Ai Postali (S. 122).

An- & Weiterreise

➡ **Vaporetto** Die meisten *vaporetti* halten an der Piazzale Roma oder Ferrovia in der Nordwestecke von Santa Croce. In San Polo wird die Haltestelle Rialto von den Linien 1, 4 und N angefahren. Die Linie 1 steuert auch Riva de Biasio, San Stae (auch Linie N), San Silvestro und San Tomà (auch Linie N) an. Die Haltestelle Rialto-Mercato (Linie 1) ist nur tagsüber in Betrieb.

Top-Tipp

Viele tolle Restaurants, Ateliers und *bacari* (Kneipen) liegen in den Seitengassen von San Polo und Santa Croce, wo man sich leiicht verirren kann. Wer sich nicht mehr auskennt, hält sich an die gelben Schilder zur Rialtobrücke bzw. Ferrovia oder an die rot-weißen Schilder, die den Weg zur Scuola Grande di San Rocco weisen. Eine Möglichkeit ist auch, zum zentralen Campo San Polo zu gehen.

Gut essen

➡ All'Arco (S. 118)
➡ Al Pesador (S. 118)
➡ Alaska Gelateria (S. 118)
➡ Pronto Pesce Pronto (S. 118)
➡ Antiche Carampane (S. 118)

Mehr Details siehe S. 118 ➡

Nett ausgehen

➡ Al Prosecco (S. 122)
➡ Al Mercá (S. 122)
➡ Cantina Do Spade (S. 122)
➡ Caffè Dei Frari (S. 123)
➡ Muro Vino E Cucina (S. 123)

Mehr Details siehe S.122 ➡

Bestes Kunsthandwerk

➡ Papierhandtaschen von Cartè (S. 124)
➡ Winzige, seetaugliche Gondeln von Gilberto Penzo (S.124)
➡ Glaswaren bei I Vetri a Lume di Amadi (S. 124)
➡ Mit dem Löwen von San Marco geprägte Skizzenbücher von Cartavenezia (S. 124)
➡ Gondoliere-Schuhe von Pied à Terre (S. 124)

HIGHLIGHTS
SCUOLA GRANDE DI SAN ROCCO

So mancher würde schwören, dass die Farbe der 50 aktionsgeladenen Tintorettos, die von 1575 bis 1587 für die Scuola Grande di San Rocco entstanden, noch nicht trocken ist. Jeder Künstler in Venedig, der die düsteren Zeiten der Pest überlebt hatte, riss sich um den Auftrag, die Bilder für dieses Gebäude zu malen, das dem Schutzpatron der Pestkranken gewidmet worden war. Deshalb schummelte Tintoretto ein bisschen: Anstatt Skizzen zu fertigen wie sein Rivale Paolo Veronese, malte Tintoretto ein herrliches *tondo* (Deckengemälde), das er dem Heiligen widmete, denn er wusste, dass ein solches Geschenk nicht abgelehnt und auch von keinem anderen Künstler übertroffen werden konnte.

Architektur

Bevor man das Gebäude betritt, sollte man noch einen Moment die Architektur würdigen. Scarpagninos erhebender Prototyp einer Barockfassade bedeutete für die Bruderschaft San Rocco (hl. Rochus) eine Innovation.

Die Architekten dieses sorgsam komponierten klassischen Gebäudes sind zu bedauern: Ihre Arbeit wurde jahrhundertelang ignoriert. Bartolomeo Bon begann die Scuola Grande di San Rocco 1517, mindestens drei weitere Baumeister wurden hinzugezogen, um das Werk 1588 zu vollenden. Die Fassade ist dementsprechend eine beeindruckende Demonstration architektonischen Kunstsinns: Doch sobald sich Tintorettos Gemäldezyklus 1575 wie ein Feuerwerk über die Wände der Scuola ausbreitete, verkam das Aussehen des Gebäudes zur Nebensächlichkeit.

NICHT VERSÄUMEN

- *Mariä Himmelfahrt*
- Scarpagnino-Treppe
- *Elias wird von Engeln genährt*
- Wandmalereien mit Szenen aus dem Neuen Testament
- Francesco Piantas Tintoretto-Skulptur
- *Deckengemälde Hl. Rochus mit Glorienschein*

PRAKTISCH & KONKRET

- Karte S. 332
- ☎041 523 48 64
- www.scuolagrandesanrocco.it
- Campo San Rocco, San Polo 3052
- Eintritt Erw./erm. 7/5 €
- ⏲9.30–17.30 Uhr
- San Tomá

Versammlungssaal

Im Erdgeschoss birgt der Versammlungssaal eine Handvoll Werke hochkarätiger venezianischer Künstler wie Tizian, Giorgione und Tiepolo. Tintoretto stiehlt ihnen mit seiner Geschichte der Jungfrau Maria allerdings die Schau; sie beginnt an der linken Wand mit der *Verkündigung* und endet mit der *Himmelfahrt* gegenüber. Gelegentlich werden in diesem Saal **Konzerte mit gregorianischen Gesängen** gegeben (am Schalter nachfragen).

Sala Grande Superiore

Die **Scarpagnino-Treppe** führt zur Sala Grande Superiore hinauf. Zur Betrachtung der **Deckenmalereien mit Szenen aus dem Alten Testament** nimmt man am besten einen Spiegel zur Hand, sonst bekommt man unweigerlich einen steifen Hals. Ein wiederkehrendes Thema ist dabei die Gnade – beispielsweise Daniel, der von Engeln gerettet wird, das wundersame Herabfallen des Manna in der Wüste, und Elischa, der Brot an die Hungernden verteilt.

Tintorettos **Wandmalereien mit Szenen aus dem Neuen Testament** lesen sich wie moderne Comic-Romane; seine Protagonisten heben sich durch gleißend-plastische Lichtgestaltung vor dem drohenden Unheil des Schwarzen Todes ab. Die Szenen aus dem Leben Christi erscheinen nicht in chronologischer Abfolge: Auf Geburt und Taufe folgt die Auferstehung. Die Tragödie gewinnt an Brisanz, wenn die Figuren im Hintergrund in der immer dunkleren Leinwand verschwinden.

Als Tintoretto diese Szenen malte, sah die Zukunft Venedigs wahrlich düster aus: Die Pest hatte 1576 den Venezianer Tizian dahingerafft, und es sollte noch mehrere Hundert Jahre dauern, bis die Ursache wie auch das Heilmittel gegen die Beulenpest entdeckt wurden. Indem Tintoretto sein Talent auf die dynamische Linienführung konzentrierte und nicht auf die Farbe wie Tizian, schuf er eine schockierend moderne Parabel für das Umsichgreifen von Epidemien. Ein Porträt des Künstlers mit seinen Pinseln ist in Francesco Piantas unlängst restaurierter Holzschnitzerei aus dem 17. Jh. zu sehen, gleich unterhalb der Meisterwerke von Tintoretto.

Sala Albergo

Der Gemäldezyklus, der das Neue Testament zum Inhalt hat, endet mit der *Kreuzigung* in der Sala Albergo, wo dann plötzlich alles einen Aufschwung nimmt. An der Decke verlieh Tintoretto seinem *Hl. Rochus mit Glorienschein* – umringt von den allegorisch dargestellten vier Jahreszeiten sowie den Grazien Glück, Großzügigkeit, Glaube und Hoffnung – einen Hauch von Leichtigkeit.

MIT VEREINTEN KRÄFTEN GEGEN DIE PEST

Als der Schwarze Tod in ganz Europa wütete, entschloss sich Venedig mit vereinten Kräften, gegen die Pest vorzugehen. Die Stadt weihte eine Kirche und eine *scuola* (religiöse Bruderschaft) dem hl. Rochus; dort konnten die Venezianer um Verschonung vor dieser schrecklichen Krankheit beten. Zudem holte man sich bei jüdischen und muslimischen Ärzten Rat hinsichtlich geeigneter Präventivmaßnahmen. In Venedig entstand auf der Insel Lazzaretto die erste Quarantäne mit Inspektion sowie einer 40-tägigen Wartezeit für ankommende Schiffe. So wurde ein Standard im öffentlichen Gesundheitswesen etabliert, der im Lauf der Jahrhunderte unzähligen Menschen das Leben rettete.

1315 zog der 20 Jahre alte hl. Rochus durch Norditalien und Südfrankreich, um Menschen zu helfen, die Opfer der Pest geworden waren. Trotz der Ansteckungsgefahr überlebte er wie durch ein Wunder seinen Dienst an der Menschheit, bis er mit 32 verstarb. Sein Leichnam wurde 1485 nach Venedig überführt.

HIGHLIGHTS I FRARI

Dass in der Chiesa di Santa Maria Gloriosa dei Frari ein Tizian hängt, weiß wohl jeder, und zwar der Tizian schlechthin: das Altargemälde. Das eigentliche Wunderwerk ist jedoch das Kirchengebäude aus dem 14. Jh., ein hoch in den Himmel ragendes gotisches Bauwerk aus italienischem Ziegelstein mit Intarsien im Chorgestühl, einem seltenen Bellini und einem gruseligen Grabmonument von Longhena. Das kühle, gefilterte Licht im Kirchenraum ist etwas gewöhnungsbedürftig, doch der weiße Marmorsarkophag von Casanova hat etwas Überirdisches in diesem Dauermondschein am Ende des Kirchenschiffs; Tizians *Mariä Himmelfahrt* hingegen erweckt den Eindruck, als würde das Gemälde die Apsis in Sonnenlicht tauchen.

Architektur

Die im 14. und 15. Jh. für die Franziskaner erbaute bescheidene Kirche I Frari besteht aus Backstein, also nicht einmal aus Stein, und kann auch nicht mit hohen Bogenpfeilern, Fialen und Steinfratzen aufwarten, wie sie in der Gotik weltweit üblich waren. Vielmehr verleihen die Deckengewölbe und das breite dreifache Kirchenschiff mit dem Grundriss eines lateinischen Kreuzes dem Gotteshaus die Erhabenheit einer Kathedrale. Die Fassade geht auf den Kanal hinaus und weist unter der Dachkante zarte Zierbögen auf, die mit den rot-weißen Zierleisten um Fenster und Bögen einen interessanten Kontrast bilden; runde Formen wiederholen sich in den *oculi* (Bullaugen-Fenster), die sich um das Rosettenfenster gruppieren. Der hohe Glockenturm hält sich schon seit 1386 aufrecht.

NICHT VERSÄUMEN

- Tizians *Assunta* (Mariä Himmelfahrt)
- Tizians Pesaro-Altargemälde
- Coro
- Bellinis *Madonna mit Kind*
- Grabmonument des Dogen Pesaro
- Canovas Grabpyramide

PRAKTISCH & KONKRET

- Karte S. 332
- www.chorusvenezia.org
- Campo dei Frari, San Polo 3004
- Eintritt 3 € oder Chorus-Pass
- Mo–Sa 9–18, So 13–18 Uhr
- San Tomá

Assunta

Wie Motten zum Ewigen Licht, so schwirren die Besucher in der gotischen Kirche nach vorn zu einem kleinen Altarbild, das gleichsam Sonnenlicht zu verströmen scheint. Die Rede ist von Tizians *Assunta* (Mariä Himmelfahrt; 1518), das den Moment einfängt, als die strahlende Maria gen Himmel fährt. Tizian übertraf sich mit diesem Werk selbst und stellte sogar sein **Pesaro-Altargemälde** (1526) unweit vom Eingang in den Schatten. Ein Gerücht behauptet, dass ein Blick auf das aus dem Gewand hervorschauende Handgelenk der Madonna ausreicht, um Mönche seit Jahrhunderten ihr Gelübde widerrufen zu lassen.

Weitere Meisterwerke

Diese Kunstwerke wären eigentlich schon genug für eine Kirche, ja für einen Planeten, doch es findet sich noch mehr Faszinierendes: winzige Intarsien von M. C. Escher im **Coro** (Chorgestühl), Bellinis Triptychon der liebreizenden *Madonna mit Kind* in der **Sakristei** und am Seiteneingang Baldassare Longhenas **Grabmonument des Dogen Pesaro**, das von vier stämmigen schwarzen Marmorfiguren bewacht wird. Im Hintergrund sind untröstliche Trauernde zu sehen, die sich die Augen mit dem Saum ihres Umhangs trockentupfen... Die Rede ist von Canovas **Grabpyramide** aus Marmor, die er ursprünglich für Tizian schuf. Der große Maler verstarb 1576 im Alter von 90 Jahren an der Pest.

SEHENSWERTES

SCUOLA GRANDE DI SAN ROCCO — HISTORISCHES GEBÄUDE

siehe S. 110.

I FRARI (CHIESA DI SANTA MARIA GLORIOSA DEI FRARI) — KIRCHE

siehe S. 112.

PONTE DI RIALTO — BRÜCKE

Karte S. 332 (Rialto-Mercato) Antonio da Pontes Marmorbrücke von 1592 war ihrerzeit eine erstaunliche Meisterleistung der Technik und über Jahrhunderte die einzige Verbindung über den Canal Grande. Der Bau kostete 250 000 Golddukaten, eine gigantische Summe, die Kostenüberschreitungen für die neue Calatravabrücke relativiert. Heute, da die Rialtobrücke mit Buden und Fußgängern verstopft ist, meiden die Einheimischen sie, wo es nur geht odere nutzen die weniger malerische Nordseite der Brücke. Die Südseite blickt auf San Marco, und wenn die Massen der Hobbyfotografen und Reisegruppen am Abend verschwinden, bietet sie eine überaus romantische Aussicht auf die Gondeln, die vor den *palazzi* des Canal Grande an Anlegepfosten festmachen, die wie schwimmende Zuckerstangen aussehen.

CA' PESARO — MUSEUM

Karte S. 332 (041 72 11 27; www.museicivici veneziani.it; Fondamenta de Ca' Pesaro, Santa Croce 2070; Erw./erm. 8/5 € oder Museumspass; April–Okt. Di–So 10–18 Uhr, Nov.–März 10–17 Uhr; San Stae) Wie ein Faschingskostüm für zwei Personen birgt dieser stattliche, 1710 von Baldassare Longhena entworfene palazzo gleich zwei interessante Museen: die Galleria d'Arte Moderna und das Museo d'Arte Orientale. In der **Galleria d'Arte Moderna** beginnt die auf drei Etagen verteilte Geschichte der modernen venezianischen Kunst mit den frühen Biennalen, die venezianische Landschaften und venezianische Honoratioren von venezianischen Malern präsentierten – allen voran Giacomo Favretto und Guglielmo Ciardi. Die gewitzten Biennale-Organisatoren sorgten bald für mehr Abwechslung, indem sie Gustav Klimts *Judith II. (*Salome; *1909)* und Marc Chagalls *Rabbi von Witebsk* (1914–22) ausstellten. Im 1. Stock fügte De Lisi Bequest 1961 der modernen Mischung aus Chiricos, Mirós und Moores noch Kandinskys und Morandis hinzu sowie radikal abstrakte Werke venezianischer Künstler der Nachkriegsgeneration wie Santomaso und Vedova. Über eine knarrende Treppe geht es hinauf ins **Museo d'Arte Orientale**, vorbei an einer Phalanx von **Samurai-Kriegern** , die sich den Besuchern in Kampfausrüstung präsentieren: Sie stellen den Anfang einer umfassenden Einkaufstour von 1887 bis 1889 dar, die Prinz Enrico di Borbone der Nachwelt in Form dieses nostalgischen Kuriositätenkabinetts erhielt. Der Prinz kam nach Japan, als die Edo-Kunst der modernen Meiji-Epoche weichen musste. Miniaturskulpturen (netsukes), Paravents und Lacksänften der Edo-Zeit sind nun die Highlights seiner umfangreichen Sammlung mit sage und schreibe 30 000 Objekten. Sie wird größtenteils nach dem Konzept von 1928 präsentiert; zeitweise sind einige Exponate allerdings verdeckt, um Lichtschäden zu vermeiden. Auf dem Programm stehen auch Filmkunst, Dokumentationen und nostalgische Filme aus Japan, die unter Mitwirkung der Japanischen Botschaft gezeigt werden.

CHIESA DI SAN GIACOMO DELL'ORIO — KIRCHE

Karte S. 332 (Campo San Giacomo dell'Orio, Santa Croce 1457; Eintritt 3 € oder Chorus-Pass; Mo–Sa 10–17 Uhr; Riva de Biasio) Die Serenissima wirkt so heiter wie immer in der kühlen Düsterkeit dieser romanischen Kirche. Das Gotteshaus wurde im 9. und 10. Jh. gegründet und in seiner derzeitigen Form um 1225 errichtet. Der Grundriss beruht auf einem lateinischen Kreuz, allerdings nicht im strengen Sinn: am Rand befinden sich einige Kapellen, und Säulen wurden nach Lust und Laune zu Dekorationszwecken ergänzt. Unter der auffälligen **carena di nave (Schiffskieldecke)** beeindruckt allerlei Zierrat aus entfernten venezianischen Provinzen, beispielsweise die **Kanzel aus der Lombardei** auf einer **byzantinischen grünen Marmorsäule** aus dem 6. Jh. In dem düsteren, kühlen Kirchenraum befinden sich auch noch mehrere bemerkenswerte Kunstwerke aus dem 14. bis 18. Jh. wie die **Sakristeigemälde** von Palma Il Giovane, eine seltene *Madonna mit Kind und Heiligen* von Lorenzo Lotto sowie ein außergewöhnliches **Veroneser Kruzifix** (wird momentan restauriert). Nicht verpassen sollte man Gaetano Zompinis makabres Gemälde *Wunder der Jungfrau*. Es zeigt einen Aufwiegler, der den Trauerzug der Jungfrau Maria stört; die Hände fallen ihm auf wundersame Weise ab, als er ihren Sarg berührt.

PALAZZO MOCENIGO MUSEUM

Karte S. 332 (☎041 72 17 98; www.museicivicivenezian.it; Salizada di San Stae 1992; Eintritt Erw./erm. 5/3,30 € oder Museumspass; ⏱April–Okt. Di–So 10–17 Uhr, Nov.–März 10–16 Uhr; San Stae) In dem protzigen Palast aus dem 18. Jh. der Familie Mocenigo am **Canal Grande** spielten sich wahre barocke Kostümdramen ab; heute zeigt ein faszinierendes Museum die Mode der venezianischen Elite. Tiefe Ausschnitte sind im **Roten Salon** zu bewundern, mörderische Korsetts werden im **Schlafzimmer der Contessa** aufgeknöpft, und seidene Kniehosen mit Paisleymuster für Männer lassen im **Speisezimmer** ein Stück Bein sehen. Selbst bei den gewagtesten Festen im **Grünen Salon** mussten die Gäste unter dem Deckengemälde von Jacopo Guarana (1787) **Allegorie ehelicher Freuden** ihre Zunge in Zaum halten: Die Mocenigos übergaben den Philosophen Giordano Bruno, der sie gelegentlich besuchte, wegen Ketzerei der Inquisition. Er wurde gefoltert und in Rom auf dem Scheiterhaufen verbrannt.

IL GOBBO MONUMENT

Karte S. 332 (Rialto-Mercato) Am nördlichen Ende des Platzes ist vor den Fabbriche Nuove (Neuen Gebäuden) ein Eisengitter zu sehen, das die Statue von Il Gobbo (Der Buckelige; 1541) umgibt, der eine Stufe weiter oben steht. Das Podest wurde früher für öffentliche Ankündigungen und Züchtigungen benutzt: Wer eines Fehlverhaltens für schuldig befunden wurde, musste oft durch die johlende Masse einen Spießru-

HIGHLIGHTS
MERCATO DI RIALTO

Restaurants auf der ganzen Welt erfahren allmählich ein Geheimnis, das auf diesem Markt schon seit 700 Jahren bekannt ist: Essen schmeckt besser, wenn die Zutaten frisch und saisonal sind und zudem aus der Region kommen. Bevor es in Rialto eine Brücke und Paläste am Canal Grande gab, befanden sich hier die **Pescaria** (Fischmarkt) und ein Lebensmittelmarkt. Die Einheimischen sind ihrem Markt so treu, dass sich unlängst Überlegungen, einen größeren, praktischen Markt auf dem Festland zu eröffnen, schnell erübrigten.

Wichtiger für die venezianische Küche als jeder Starkoch sind die Fischhändler der Pescaria, die den Fang des Tages lautstark anpreisen: Berge von schillernden *moscardini* (Babytintenfisch) sowie Krebse – von winzigen *moeche* (Taschenkrebsen) bis hin zu *granseole* (Spinnenkrebsen) und *seppie* (Tintenfisch) in allen Größen. Nachhaltige Fischereimethoden sind in der Pescaria kein Novum; auf Marmorplaketten stehen die Vorschriften, die schon vor ein paar hundert Jahren festgelegt wurden – beispielsweise die Minimalgröße, die ein Fisch aus der Lagune aufweisen muss. Wer sich die mit der Angel gefangenen Fische und Meeresfrüchte aus der Lagune einprägt, kann sich später auf der Speisekarte die entsprechenden Angebote heraussuchen.

Verglichen mit den schlappen Exemplaren, die im Supermarkt angeboten werden, sieht das Gemüse aus dem Veneto aus, als käme es von einem anderen Stern. Winzige dunkelrote Sant'Erasmo *castraure* (junge Artischocken) muten wie die Köpfe von Außerirdischen an, der weiße Bassano-Spargel scheint auf dem Mond gewachsen zu sein, und der *radicchio trevisano* wirkt wie eine mutierte Marsblume.

NICHT VERSÄUMEN

- Fisch und Meeresfrüchte aus der Lagune in den Auslagen
- Mit Obst und Gemüse beladene Schiffe an den Docks des Canal Grande
- Spezielle Obst- und Gemüsesorten aus dem Veneto
- Der Jahreszeit entsprechendes Obst

PRAKTISCH & KONKRET

- Karte S. 332
- ⏱7–14 Uhr; Pescaria Mo geschl.
- Rialto-Mercato

DER ANDERE RIALTO-MARKT: PONTE DELLE TETTE

Wie der **Ponte delle Tette** (Rialto-Mercato) ursprünglich hieß, weiß heute eigentlich niemand mehr; seit dem 15. Jh. ist er als „Tittenbrücke" bekannt. Damals waren die schummrigen Säulenhallen an der Brücke als Rotlichtviertel der Stadt ausgewiesen; die Prostituierten aus dem Viertel wurden ermuntert, das, was sie haben, im Fenster auszustellen, statt auf der Straße (mit den typischen Plateauschuhen) auf Kundenfang zu gehen. Die ehrgeizigsten Mädels sah man allerdings oft beim Lernen: Für gebildete Unterhaltung konnten die *cortigiane* (Kurtisanen) oft das Sechzigfache des Basistarifs einer normalen Prostituierten nehmen.

Die Kirchenbehörden und französischen Würdenträger übten wiederholt Kritik an der nachlässigen Einstellung Venedigs gegenüber der Prostitution. Diese Methode der Kontaktanbahnung sollte jedoch weibliche Prostituierte davon abhalten, durch Transvestismus (oder falsche Werbung) Klienten anzulocken; auch verzichteten sie darauf, in zweirudrigen Booten herumzufahren – welch ein Glück, dass die Gondeln nur eines erfordern. Die Gebühren für die Schäferstündchen wurden vom Staat festgelegt und in den Bordellen in Rialto ausgehängt – Seife kostete extra. Die Preise der *cortigiane* oder Edelnutten standen in Katalogen verzeichnet, die ihre verschiedenen Vorzüge beschrieben. Die Höhe der Plateauschuhe wurde auf 30 cm beschränkt.

tenlauf vom Markusplatz zur Rialtobrücke zurücklegen; sobald derjenige dann Il Gobbo berührte, war der Strafe Genüge getan. Es soll Glück bringen, Il Gobbo zu kraulen – deshalb wurde letztlich das Gitter installiert: damit der Buckelige von den vielen abergläubischen Bewunderern nicht zerstört wird.

SCUOLA GRANDE DI SAN GIOVANNI EVANGELISTA — HISTORISCHES GEBÄUDE

Karte S. 332 (041 71 82 34; www.scuolasangiovanni.it; Campiello della Scuola 2454; Eintritt 3 €; unterschiedl., auf der Website nachsehen; Ferrovia) Politische Macht brachte dieser einflussreichen venezianischen Bruderschaft durchaus ihre Vorteile – beispielsweise den polychromen Versammlungssaal im 1. Stock mit Marmorboden, den 1729 Giorgio Massari entwarf, die prachtvolle Doppeltreppe, ein Entwurf von Codussi, sowie Pietro Lombardos skulptierten marmornen Torbogen (1481), der in den Hof führt. Oben drauf prunkt der Adler des Schutzpatrons, des hl. Johannes des Täufers. Bellini und Tizian lieferten für die *scuola* (religiöse Bruderschaft) Werke von Weltrang, die mittlerweile in den **Gallerie dell'Accademia** (S. 79) ausgestellt sind. Doch die Arbeiten von Palma Il Giovane zieren noch immer die Sala d'Albergo, und Pietro Longhis herrliches Bild *Anbetung der hl. drei Könige* mit dem strampelnden Jesuskind mit leuchtenden Augen ist auch noch da.

Als eine der sechs bedeutenden venezianischen *scuole* wurde diese Bruderschaft 1261 auf Anordnung von *battuti* (Flagellanten) gegründet und avancierte zum Gesellschaftsclub des Zehnerrats, des gefürchteten Geheimdienstes von Venedig. In Anbetracht derart illustrer – und womöglich todbringender – Klienten sah sich Giandomenico Tiepolo gezwungen, die unvollendeten Aufträge seines Vaters Giambattista fertigzustellen, als dieser nach Spanien ging. Der Orden wurde von Napoleon dann verboten; heute finden in der *scuola* Konferenzen und Konzerte (s. S. 110) statt; gelegentlich wird das Gebäude tagsüber auch für Besucher geöffnet.

Wer die Möglichkeit hat, die *scuola* zu besichtigen, sollte an der Rezeption anfragen, ob auch die Kapelle auf der anderen Straßenseite zugänglich ist. In der säkularisierten **Chiesa di San Giovanni Evangelista** befindet sich eine *Kreuzigung* von Tintoretto. In der Privatkapelle daneben, die 970 von der Familie Badoer gegründet wurde, lohnt ein Blick auf das wunderschöne Bild von Pietro Vecchia. Es zeigt den hl. Johannes mit einer Feder in der Hand; er wartet mit Eifer darauf, von Gott etwas diktiert zu bekommen.

CHIESA DI SAN POLO — KIRCHE

(Campo San Polo 2118; Eintritt 3 € oder Chorus-Pass; Mo–Sa 10–17 Uhr; San Tomà) Die meisten hasten an dieser bescheidenen byzantinischen Klinkerkirche aus dem 9. Jh. zwischen I Frari und der Rialtobrücke einfach vorbei, ohne auch nur zu ahnen, welch unglaubliche Dramen sich hinter den schlichten Portalen einst abspielten. Unter der mittelalterlichen **Kielbogendecke** aus Holz hängt Tintorettos *Abendmahl*; es zeigt die entsetzten und empörten Apostel nach der Ankündigung Jesu, dass einer von ihnen ihn verraten würde. Giandomenico Tiepolos verstörender Gemäldezyklus *Stationen des Kreuzwegs* in der **Sakristei** zeigt Jesus, wie er vom johlenden Pöbel verspottet und gequält wird – um dann in einer anderen Deckendarstellung triumphal aus dem Grab zu steigen.

FONDACO DEI TURCHI HISTORISCHES GEBÄUDE

Karte S. 332 (041 275 02 06; www.museicivicivenezia ni.it; Salizada del Fontego dei Turchi, Santa Croce 1730; Erw./erm. 8/5,50 € oder Museumspass; Juni–Okt. tgl. 10–18 Uhr, Nov.–Mai Di–Fr 9–17 & Sa/So 10–18 Uhr; San Stae) Den Herzögen von Ferrara oblag die Leitung dieses Anwesens aus dem 12. Jh., bis sie 1621 beiseite gedrängt wurden, um dem wichtigsten Handelspartner Venedigs Platz zu machen: der Türkei. Türkische Kaufleute stellten in Venedig während der ruppigen Romanze der beiden Seefahrernationen eine konstante Größe dar. Sie erhielten den ehrenvollen Status als bevorzugte Handelspartner und wurden durch interkulturelle Hochzeiten gewürdigt – und gelegentlich durch Piraterie, Überfälle und Plünderungen auf die Probe gestellt. Jedenfalls war der Fondaco dei Turchi bis 1858 an die Türken vermietet – und wurde anschließend einer grauenhaften Modernisierung unterzogen. Die originalen Fassadenstrukturen fielen den architektonischen Launen der Epoche anheim: Die seltsamen Zinnen lassen das zauberhafte gotische Gebäude nun eher wie ein Gefängnis aussehen.

Heute sind im Fondaco eine wissenschaftliche Bibliothek sowie das recht kuriose **Museo Civico di Storia Naturale** (Naturgeschichtliches Museum) untergebracht. Das zeigt unten in einem Aquarium venezianische Küstenfische, die Dinosaurierausstellung im Obergeschoss ist dagegen deutlich spannender: Zu den Exponaten zählt ein Ouransaurus aus der Sahara (ein 12 m langes prähistorisches Krokodilskelett) sowie ein 120 Mio. Jahre alter Psittacosaurus mongoliensis, ein 50 cm langes Skelett von einem Babydino, das in der Wüste Gobi gefunden wurde. Eine neue Ausstellung folgt den Fußstapfen der venezianischen Forscher; sie macht deutlich, dass die von ihnen gesammelten Proben einerseits der Wissenschaft dienten, andererseits aber zugleich eine makabre Faszination auf die damalige Gesellschaft ausübten. Der Garten hinter dem Haus ist während der Öffnungszeiten des Museums zugänglich und bietet sich für ein nettes Picknick an.

CHIESA DI SAN ROCCO KIRCHE

Karte S. 332 (041 523 48 64; Campo San Rocco, San Polo 3053; Eintritt frei; Mo–Sa 8–12.30 & 15–17.30 Uhr; San Tomà) Nach dem Besuch der Scuola Grande di San Rocco (S. 110) mit Tintorettos eindrucksvollem Werk bietet sich die Besichtigung der fröhlichen rosa Kirche gegenüber an. In der Sala dell'Albergo der Kirche hängen etwas versteckt einige vergleichsweise beschauliche Tintorettos, darunter *Der hl. Rochus heilt die Tiere*. Die Originalkirche wurde 1489 bis 1508 von Bartolomeo Bon errichtet, doch als Tintoretto von 1564 bis 1588 seinen Bildzyklus in der Scuola malte, verlor Bons Kirche an Reiz. Von 1765 bis 1771 wurde die Fassade dann barock umgestaltet, um sie ähnlich wie die Scuola aussehen zu lassen. Ein prachtvolles Portal wird nun von Statuen von Giovanni Marchiori flankiert. Bons Rosettenfenster, das sich ursprünglich an der Hauptfassade befand, wurde an eine Seitenwand verlegt – und mit der originalen Seitentür von Bon unlängst restauriert.

CASA DI GOLDONI MUSEUM

Karte S. 332 (041 275 93 25; www.museicivicivenezia ni.it; Calle dei Nomboli, San Polo 2794; Erw./erm. 5/3 € oder Museumspass; April–Okt. Do–Di 10–17 Uhr, Nov.–März bis 16 Uhr; San Tomà) Komödianten, Musiker und Schriftsteller hoffen im Geburtshaus von Carlo Goldoni (1707–1793) auf geheimnisvolle Inspiration. Goldoni war Venedigs größter Dramatiker und Meister der köstlichen Sozialsatire und der *opera buffa* (komische Oper). Wie die Ausstellung im 1. Stock erläutert (auf Italienisch), war Goldoni ein Virtuose des zweiten und dritten Akts: Er ging bei einem Arzt in die Lehre, bevor er zur Juristerei überwechselte, ein Zweitberuf, der sich als nützlich erwies, als sich einige Komödien nicht verkauften. Goldoni hatte jedoch den letzten Lacher mit seinen Salonkomödien, die die feine Gesellschaft über sich selbst lachen ließen. Hauptanziehungspunkt im Museum sind die Marionetten und das Puppentheater aus dem 18. Jh. Unbedingt hörenswert sind aber auch die hier veranstalteten **Kammermusikkonzerte** (Programm s. Website). Der Eingang ist der eindrucksvollste Teil des

START **MERCATO DI RIALTO**
ZIEL **AL PESADOR**
LÄNGE **3,5 KM**
DAUER **2 STD. OHNE PAUSEN**

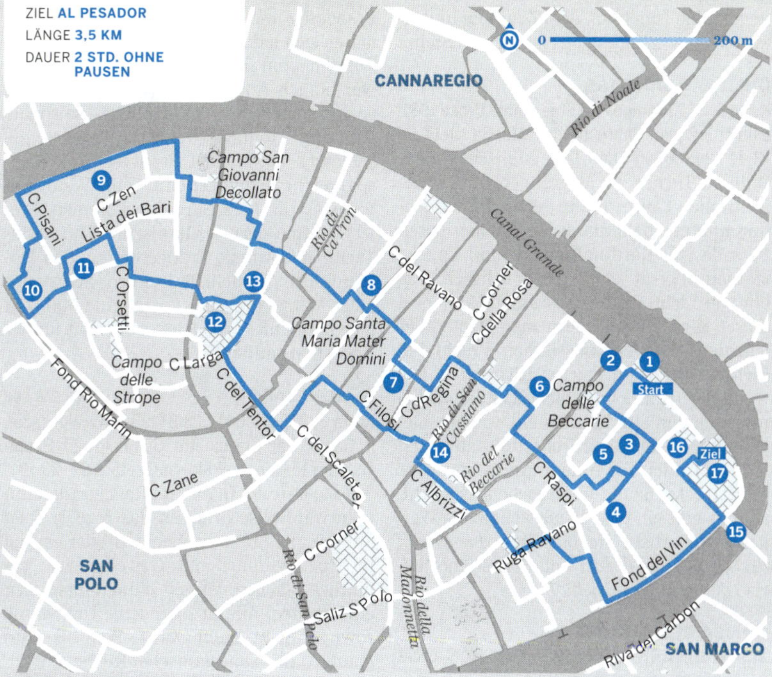

Stadtspaziergang

Kulinarischer Bummel durch Venedig

Der Bummel durch die kulinarische Geschichte Venedigs beginnt am **1 Mercato di Rialto.** Hier singen die Händler ein Loblied auf die regional angebauten Produkte. Anschließend geht es in die **2 Pescaria**, wo silbern schimmernde Fische sich auf Bergen von Eis in letzten Zuckungen winden. Gleich um die Ecke lohnt ein Blick auf die Schätze, die für Venedigs Reichtum verantwortlich zeichnen: Gewürze türmen sich in der Auslage der historischen **3 Drogheria Mascari**. Ein Stück die Straße hinunter erinnern *sopressa* (weiche Salami), San-Daniele-Schinken und wagenradgroßer Taleggio-Käse bei **4 Aliani** daran, dass der kulinarische Ruhm des Veneto nicht nur auf Meeresfrüchten und Gewürzen beruht.

Jetzt geht es ins **5 All'Arco**, wo die besten *cicheti* der Stadt warten. Nun bummelt man vorbei am **6 Carté**, wo handgebundene Rezeptbücher aus Marmorpapier erhältlich sind, und weiter über ein paar Brücken, bis man schier riecht, wie im **7 Veneziastampa** die Tinte der gedruckten Speisekarten trocknet. Weiter nordwestlich, vorbei am **8 Palazzo Mocenigo,** ist ein sonniger Abschnitt des Canal Grande an der **9 Riva de Biasio** erreicht; sie ist nach dem Metzger Biagio (Biasio) Cargnio aus dem 16. Jh. benannt, dessen Würste eine besondere Zutat enthielten: Kinderfleisch. Als die Sache aufflog, wurde Biasio auf Befehl des Dogen in vier Teile gehackt.

Unter diesen Umständen freut sich so mancher, dass in der Nähe ein vegetarisches Lokal wartet, das **10 Tearoom Caffè Orientale**, in dem erlesene Tees mit leckerem Gebäck serviert werden. Platz im Bauch sollte man dennoch für das Eis mit gerösteten Biopistazien im **11 Alaska** lassen. Am **12 Campo San Giacomo dell'Orio** verlockt dann im **13 Al Prosecco**, ein Glas natürlich hergestellter *Prosecco.* Danach geht es beschwingt über den **14 Ponte delle Tette** zum **15 Ponte di Rialto** und weiter zu **16 Il Gobbo**. Wie immer in Venedig, wenn es etwas zu feiern gibt, wird am Ende des Spaziergangs das Glas erhoben, und zwar im **17 Al Pesador**.

gotischen Hauses aus dem 15. Jh. mit seinem stillen Innenhof, dem Brunnen und einem Treppenaufgang aus istrischem Stein.

CHIESA DI SAN STAE KIRCHE

Karte S. 332 (Campo San Stae, Santa Croce 1981; Eintritt 3 € oder Choruspass; Mo–Sa 10–17, So 13–17 Uhr; San Stae) Der englische Maler William Turner, ein Bewunderer des venezianischen Lichts, malte gerne die sonnendurchflutete palladianische Kirche, deren Fassade von Kardinaltugend- und Engelsstatuen übersät ist. Es ist ersichtlich, was ein von Lichteffekten besessener Maler an dieser Kirche bewundern mag: Trotz aller leuchtend weißen klassischen Pracht behielt sie doch ein legeres Küstenflair bei, wenn der frühmorgendliche Lagunennebel mystisch um ihr Fundament wabert. Gegründet wurde die Kirche 966, aber erst 1709 vollendet. Ihr Innenraum ist zwar für ein Barockgebäude überraschend schlicht, aber es gibt ein paar bemerkenswerte Werke: Giambattista Tiepolos Das *Martyrium des hl. Bartholomäus* und Sebastiano Riccis *Die Befreiung des hl. Petrus*.

CHIESA DI SAN GIOVANNI ELEMOSINARIO KIRCHE

Karte S. 332 (Ruga Vecchia di San Giovanni, San Polo 477; Eintritt 3 € oder Chorus-Pass; Mo–Sa 10–17, So 13–17 Uhr; Rialto-Mercato) An dieser Backsteinkirche aus der Renaissance geht man schnell vorbei. Sie wurde von Scarpagnino (alias Antonio Abbondi) errichtet, nachdem ein verheerendes Feuer 1514 einen Großteil des Viertels Rialto zerstört hatte. Die Kirche samt separatem Glockenturm wird von den umliegenden Häusern und Kiosken verdeckt, die T-Shirts verkaufen, auf denen in Glitzersteinchen „Venezia" steht. Im Innern beeindruckt ein Gemälde von Tizian: *Der hl. Johannes, der Almosenstifter*. Das Bild kam übrigens unlängst frisch restauriert aus der Accademia zurück. Sehenswert sind auch ein manieristisches Altargemälde und die jüngst restaurierten Kuppelfresken von Pordenone.

ESSEN

LP TIPP ALL'ARCO VENEZIANISCH €

Karte S. 332 (041 520 56 66; Calle dell'Arco, San Polo 436; Cicheti 1,50–4 €; April–Juni & Sept. Mo–Sa 12–20.30 Uhr, Okt.–März 12–15.30 Uhr, Juli/Aug. geschl.; Rialto-Mercato) Maestro Francesco und sein begabter Sohn Matteo lassen sich jeden Tag die besten *cicheti* aus Zutaten vom Rialtomarkt einfallen. Und wer höflich fragt und abwartet, bekommt sogar seine ganz persönliche, saisonale Kreation. Montags, wenn die Pescaria geschlossen ist, wickelt Francesco oft Wildspargel in Roastbeef mit Senf. Wenn am Samstag die Meeresfrüchte kommen, kreiert Matteo gern sizilianisches Thunfisch-Tartar mit Minze, Erdbeeren aus den Dolomiten und edlem Balsamico. Selbst mit jeder Menge Prosecco kostet eine Mahlzeit hier kaum mehr als 20 € – und hat immer 5-Sterne-Qualität.

LP TIPP AL PESADOR MODERN ITALIENISCH €€€

Karte S. 332 (041 523 94 92; www.alpesador.it; Campo San Giacometto, San Polo 125; Hauptgerichte 15–30 €; Mo–Sa 12–15 & 19–23 Uhr; Rialto-Mercato) In diesem Restaurant kann man wahlweise draußen das rege Treiben am Canal Grande beobachten oder es sich im Speisezimmer mit Gewölbedecke gemütlich machen. Ist erst einmal das Essen eingetroffen, nimmt man seine Umgebung sowieso nicht mehr wahr. Wer bis dato glaubte, die venezianische Küche gut zu kennen, wird hier eines Besseren belehrt: Das Pesador erfindet die traditionelle venezianische Küche mit kulinarischer Raffinesse neu: Als *cicheti* wird hier eine Terrine mit winzigen Krebsen aus der Lagune und einem Tick Zitronengelee als Krönung serviert. Zu den Hauptgerichten zählen Kammmuscheln, die mit in Tintenfischtinte schwarz gefärbten Gnocchi mit Wildkräutern rivalisieren.

LP TIPP ALASKA GELATERIA GELATERIA

Karte S. 332 (041 71 52 11; Calle Larga dei Bari 1159, Santa Croce; Eis 1–2 €; 12–20 Uhr; Riva de Biasio) Bioeis vom Feinsten: Hier empfiehlt sich beispielsweise eine Waffel mit vor Ort geröstetem Pistazieneis oder auch eine der aromatischen Sorten aus sizilianischen Zitronen mit einem Tick minzigen Sant'Erasmo-Artischocken (*carciofi*). Kinder, die sich eine frische Erdbeer-*granita* aussuchen, können sich zur Zierde noch ein Blatt Basilikum drauflegen lassen – die Pflanze steht am Tresen.

PRONTO PESCE PRONTO MEERESFRÜCHTE, CICHETI €

Karte S. 332 (041 822 02 98; Rialto Pescheria, San Polo 319; Cicheti 3–8 €; Di–Sa 12–

14.45 Uhr; Rialto-Mercato) Das Designer-Deli gleich am Fischmarkt hat sich auf raffinierte *crudi* (venezianische Sushi) und Salate mit Meeresfrüchten samt super Dressing spezialisiert. Am besten schnappt man sich zunächst einmal einen Hocker und (leider) ein Plastikglas mit DOC Soave; dazu schmecken *folpetti*-(Babytintenfisch-)Salat und besagte *crudi*. Man kann sich zum Essen aber auch an den Canal Grande setzen.

ANTICHE CARAMPANE VENEZIANISCH €€

Karte S. 332 (041 524 01 65; www.antiche carampane.com; Rio Terà delle Carampane 1911, San Polo; Mahlzeiten 30–45 €; Di–Sa 12–14.30 & 19–23 Uhr; San Stae) Das Restaurant in den einst düsteren Gassen hinter dem Ponte delle Tette ist gar nicht so einfach zu finden, außerdem drängt sich die Frage auf, wen man eigentlich kennen muss, um hier einen Tisch zu reservieren. Das Schild mit der stolzen Aufschrift „Kein Touristenmenü" verheißt nur Gutes. Statt aufgeweichter Lasagne gibt es hier *crudi,* die frisch aus der Lagune kommen, außerdem Spargel und *granseola* (Lagunenkrabbe). Ansonsten gibt es Salat, *Bottarga*-Pasta und *filetto di San Pietro* (Fisch mit Artischocken oder *radicchio trevisano*).

DAI ZEMEI VENEZIANISCH €

Karte S. 332 (041 520 85 46; www.ostaria daizemei.it; Ruga Vecchia San Giovanni, San Polo 1045; Cicheti 2–5 €; Mi–Mo 19–20 Uhr; San Silvestro) Die *zemei* (Zwillinge), die diese Eckkneipe schmeißen, sind täglich schon ab 10 Uhr morgens zugange, um alles für die Abfütterung der Stammgäste und gelegentlich auch der kulinarisch gut informierten Touristen vorzubereiten. Ab 11.45 Uhr werden kleine kreative Mahlzeiten serviert: Tintenfischsalat mit marinierter Rauke, Entenbrust mit Trüffelöl oder *crostini* (geröstetes Brot), auf denen sich samtene Thunfisch-Mousse türmt. Es macht Sinn, früh zu kommen, sich einen Hocker zu greifen und dann die beiden Gourmetkünstler Giovanni und Franco nach einem DOC/IGT-Wein zu fragen, der am besten zum Essen passt – beispielsweise ein blumiger Ribolla Gialla oder ein edler Refosco.

VECIO FRITOLIN MODERN VENEZIANISCH €€

Karte S. 332 (041 522 28 81; www.veciofrito lin.it; Calle della Regina 2262, Santa Croce; Mahlzeiten 30–50 €; Di–So 12–14.30 & 19–22.30 Uhr; San Stae) Das Restaurant ist voller Italiener, die Slow Food zu schätzen wissen. Am besten tut man es ihnen gleich und bestellt die Langusten- oder Zucchini-Spaghetti – oder auch die Spezialität des Tages. Hier geht man kein Risiko ein, alle Zutaten wurden am Rialto-Markt sorgsam ausgewählt; das Brot und die Nachspeisen sind hausgemacht. Ein Genuss sind die gebratenen Meeresfrüchte aus der Lagune, etwa Kammmuscheln mit Trüffelsalz. Wer aufs Geld schauen muss, bestellt sich für 10 € *frittura* (frittierte Meeresfrüchte) zum Mitnehmen – sie sind perfekt für ein dekadentes Picknick an den Molen von Rialto.

TEAROOM CAFFÈ ORIENTALE VEGETARISCH €

Karte S. 335 (041 520 17 89; Rio Marin, Santa Croce 888; Mahlzeiten 6–12 €; Fr–Mi 12–21 Uhr;

DAS KULINARISCHE ZENTRUM VENEDIGS: DAS VIERTEL RIALTO

Auf dem **Rialto-Markt** (Karte S. 332) findet man leckere einheimische Produkte; er befindet sich gleich neben der legendären **Pescaria** (Karte S. 332), dem 600 Jahre alten Fischmarkt der Stadt. Die Straßen rundum sind bestückt mit Bäckereien, *bacari* (Kneipen; s. S. 122) und zwei renommierten Delikatessengeschäften: **Aliani** (Karte S. 332; 041 522 49 13; Ruga Vecchia di San Giovanni, San Polo 654; Rialto-Mercato) verkauft Käse, Wurst und Delikatessen wie einen 40 Jahre alten Balsamico oder *bottarga* (Fischrogenpaste). Die **Drogheria Mascari** (Karte S. 332; 041 522 97 62; Ruga degli Spezieri 381; Mo/Di & Do–Sa 8–13 & 16–19.30, Mi 8–13 Uhr; Rialto-Mercato) ist ein weiterer Delikatessentempel mit einer unglaublichen Fülle an Gefäßen mit Kupferdeckeln, Gewürzen und Trüffeln; außerdem gibt es hier noch einen Hinterraum, der mit besonders edlen italienischen Weinen vollgestopft ist. Wer sich für Bioprodukte und Wein aus nachhaltiger Produktion interessiert, sollte dem **Rialto Biocenter** (Karte S. 332; 041 523 95 15; www.rialtobiocenter.it; Calle della Regina, Santa Croce 2264; Mo–Do 8.30–13 & 16.30–20, Fr/Sa 8.30–20 Uhr; Rialto-Mercato) einen Besuch abstatten.

Riva de Biasio) Wie wäre es mit einem kleinen Abstecher, fern von den üblichen touristischen Espressobars und Fischlokalen, zu dieser Teestube am Kanal mit Unmengen Kunstwerken? Auf den Tisch kommen vegetarische Köstlichkeiten – von Quiche mit Spargel bis hin zu herzhafter Bohnensuppe. Die Backwaren werden alle vor Ort aus besonders lockerem Mehl mit hohem Proteingehalt (Kategorie 00) hergestellt – nach so einem superleichten Apfelstreuselkuchen lechzt man schier danach, endlich ein paar Museen zu besuchen.

SACRO E PROFANO ITALIENISCH €€

Karte S. 332 (041 523 79 24; Ramo Terzo del Parangon 502, San Polo; Mahlzeiten 15–25 €; Mo/Di & Do 11.30–13 & 18.30–1, So 11.30–14 Uhr; Rialto-Mercato) Die Musiker, Künstler und philosophierenden Stammgäste dieses versteckt liegenden Lokals unter der Rialtobrücke haben nichts dagegen, wenn andere Gäste sich mit ins Gespräch mischen. Aber sobald dann die selbst gemachten Gnocchi oder Spaghetti *alla búsara* (venezianische Garnelensoße) auf dem Tisch stehen, reduziert sich die Konversation dann doch auf „Mmh!" und „Ah!". Ein Ska-Band-Leader aus Venedig betreibt das Lokal – deshalb die Trompeten an der Wand und das recht gehobene, künstlerisch angehauchte Ambiente.

OSTERIA LA ZUCCA MODERN ITALIENISCH €€

Karte S. 332 (041 524 15 70; www.lazucca.it; Calle del Tentor, Santa Croce 1762; kleine Teller 5–12 €; Mo–Sa 12.30–14.30 & 19–22.30 Uhr; San Stae) Die kleinen Teller mit überwiegend vegetarischen, saisonalen Speisen schlagen die Brücke zwischen den regionalen Zutaten und Einflüssen aus dem ehemaligen Gewürzhandel: etwa die Zucchini, die mit Ingwer aufgepeppt sind, der Kürbiskuchen mit einem Tick Zimt oder der Gewürzkuchen mit Himbeeren. Der Lammbraten fällt hier ebenfalls ganz ordentlich aus, der eigentliche Hit sind jedoch das Obst und Gemüse von der Insel. In dem schicken Restaurant mit Holzvertäfelung wird es immer sehr warm, weshalb im Sommer die Tische am Kanal deutlich angenehmer sind.

ANTICA BIRRERIA DELLA CORTE PIZZERIA €

Karte S. 332 (041 275 05 70; Campo San Polo 2168; Pizza 8–13 €; Mo–Fr 12–23 Uhr; San Tomà) In einer Stadt, in der Fisch und Wein angesagt sind, wirken Holzofenpizza und Bier fast schon wie eine Provokation – aber mit vollem Mund protestiert es sich dann doch nicht sonderlich gut. Die ehemalige Stierkampfarena wurde im 19. Jh. in eine Brauerei umfunktioniert, damit die Habsburger Besatzer eine Beschäftigung hatten, auch in dem modernen Lokal dreht sich nun alles um Rind und Bier. Einen guten Anfang macht die *bresaola* mit Rauke-Pizza oder auch die Variante mit Büffel-Mozarella. Dazu schmeckt ein deutsches Bier vom Fass oder italienisches Flaschenbier. Da die Pizzeria 150 Gäste Platz bietet, muss keiner auf einen Tisch warten. Im Sommer, wenn man draußen auf der Piazza isst, kriegt man gleich noch eine Open-Air-Filmvorführung mitgeliefert – echt praktisch!

TRATTORIA DA IGNAZIO ITALIENISCH €€

Karte S. 332 (041 523 48 52; Calle dei Saoneri 2749, San Polo; Mahlzeiten 25–30 €; Mo–Sa 12–15 & 19–23 Uhr; San Tomà) Elegante Ober servieren mit stolzer Geste schlichten Fisch vom Grill aus der Lagune und selbst gemachte (na, aber klar doch) Pasta. Auf den gelb gedeckten Tischen stehen Orchideen. An sonnigen Tagen und in lauen Nächten trifft sich das Viertel in der von Wein überwucherten Gartenlaube.

AL NONO RISORTO ITALIENISCH, PIZZERIA €€

Karte S. 332 (041 524 11 69; Sottoportego della Siora Bettina 2338, Santa Croce; Pizza 7–9 €, Mahlzeiten 20–30 €; Fr–Di 12–15 & 18–22, Do 18–22 Uhr; San Stae) Manifest oder Speisekarte? Im Al Nono Risorto sind die Pizzas neben eindringlichen Warnungen aufgelistet: „Tiere aussetzen verboten!", „Mehr Rechte für Schwule und Lebensgemeinschaften!" Die Preise liegen links der Mitte, Personal im Guerilleroschick nimmt die bourgeoisen Pizzabestellungen entgegen. An sonnigen Tagen trifft sich ganz Venedig im Garten zum Tintenfisch mit Polenta, auf einen Prosecco des Hauses zum Schnäppchenpreis – und um mit anderen Partisanen anzubandeln.

ANTICO PANIFICIO PIZZERIA €

Karte S. 332 (041 277 09 67; Campiello del Sol 929, San Polo; Pizza 8–10 €; Mi–Mo 12–15 & 19–23 Uhr; San Silvestro) Die meisten Pizzerias in Venedig sind auf Touristen ausgerichtet, diese Kneipe mit Holzofenpizza ist hingegen voller Einheimischer aus dem Viertel – man setzt sich auf einen Wink hin also zu den anderen an den Tisch und bestellt, wonach einem gerade ist. Einfache Speisen wie Pizza Margherita (mit Basilikum,

Mozarella und Tomaten) oder Würstchen beleidigen schon fast den Küchenchef – also besser die Anchovis, die Kürbisblüten oder sonst eine der Jahreszeit entsprechende Variante wählen, die sich auch die Tischnachbarn gerade schmecken lassen.

OSTERIA MOCENIGO VENEZIANISCH €€

Karte S. 332 (☎041 523 17 03; Salizzada San Stae 1919, Santa Croce; Mahlzeiten 15–25 €; ⊙Di–So 12–14.30 & 19–22 Uhr; San Stae) Die Zeiten und die Essgewohnheiten haben sich verändert, seit sich bei den Dogen gegenüber im Palazzo Mocenigo die geknöpften Westen über den Dickwanst spannten. In diesem Lokal locken nun leichte Mahlzeiten wie *cicheti* an der Bar, darunter köstliche *sarde in saor*. Man kann aber auch an einem Tisch Platz nehmen, um elegant und gediegen zu speisen – beispielsweise Spargel vom Grill mit Kammmuscheln oder selbst gemachte Pasta wie Ravioli mit Radicchio- und Renkefüllung. Die Gerichte kosten 7 bis 12 € und sind als Mittagessen recht großzügig bemessen. Dazu schmeckt ein Glas Wein aus dem Veneto.

SNACK BAR AI NOMBOLI PANINI €

Karte S. 332 (☎041 523 09 95; Rio Terà dei Nomboli 271c, San Polo; Panini 3–4 €; ⊙Mo–Sa 8–20 Uhr; San Tomà) So schneidig sieht Venedigs Antwort auf McDonalds aus: üppige Baguettes oder frische knusprige Brötchen mit jeder Menge einheimischem Käse, gebratenem Gemüse, würziger Salami, Schinken, Roastbeef und anderen kalten Wurstwaren. Das Grünzeug ist mehr als nur Garnierung auf den Brötchen, und die Palette an Dressings ist groß – von scharfem Senf bis hin zur Wildnesselsoße. Zwei solcher Brötchen reichen für ein sättigendes Mittagessen (4–5 €), drei sind die reinste Völlerei, die mit einem Glas Brunello abgerundet werden will, den man auf einem Hocker an der Barsitzend genießt.

MAURO EL FORNER DE CANTON GEBÄCK & KUCHEN €

Karte S. 332 (☎041 522 28 90; Ruga Vecchia di San Giovanni 603, San Polo; Gebäck 1–4 €; ⊙Mo–Sa 7–19 Uhr; Rialto-Mercato) In dieser Brotboutique, die sich gleich bei der Rialtobrücke befindet gibt es die allgegenwärtigen *bovoli* (Schnecken), knusprige Brötchen für das dringende Bedürfnis nach einem *panino*, köstliches Haselnussgebäck namens *pan dei dogi* (Dogenbrot) und – zur Abwechslung – sogar Vollwertbrot aus allerlei Getreidesorten.

PASTICCERIA TREVISAN GEBÄCK & KUCHEN €

Karte S. 335 (☎041 71 85 23; Calle Sechera 636, Santa Croce; Gebäck 1–3 €; ⊙Mo–Sa 7–18.30 Uhr; Ferrovia) Mini-Profiteroles, aus denen die köstliche dunkle Schokomousse quillt, und lockere Croissants mit Aprikosenkonfitüre eignen sich bestens zum Mitnehmen auf eine Zugfahrt, um die süßen Gelüste zwischendurch zu stillen oder zum Verzehr nach einem langweiligen B&B-Frühstück, und zwar vor allem in Kombination mit einem anständigen, knallheißen *macchiatone* (einem Espresso mit einem Tick Milch).

LA RIVETTA CICHETI €

Karte S. 332 (☎041 71 84 98; Calle Sechera 637a, Santa Croce; Cicheti 1–3 €; ⊙Mo–Sa 19–21.30 Uhr; Ferrovia) Der Cabernet Franc wird per Schlauch ins Glas gefüllt, und Teller mit herzhaftem Essen machen in diesem *bacaro* (traditionelle Bar) die Runde, die markige Seebären und exzentrische Anwohner besonders schätzen – stets ein Zeichen dafür, dass die Qualität gut und die Preise angemessen sind. Gut beraten ist man mit einem Teller mit dicken Scheiben Salami, hauchdünner Pancetta und gegrilltem Gemüse samt knusprigem Brot. Sehr nett sitzt es sich am Kanal, aber auch innen: Hier dienen alte Fahrradteile und verstaubte englische Ginflaschen, die wohl irgendwann vor dem Krieg geleert wurden, als ungewöhnliche Accessoires.

PASTICCERIA RIZZARDINI GEBÄCK €

Karte S. 332 (☎041 522 38 35; Campiello dei Meloni 1415, San Polo; Gebäck 1–3 €; ⊙Mi–Mo 7.30–20 Uhr; San Silvestro) „Seit 1742“ steht auf dem Ladenschild, und innen gibt es dann unwiderstehliches Cremegebäck und Krapfen, die der kleinen Bäckerei geholfen haben, so manche *acqua alta* zu überstehen – das Hochwasser, das im Lauf der Jahre immer wieder vom Fußboden der Bäckerei geschöpft wurde, steht in Flaschen abgefüllt im obersten Regal im Laden, eine echte Kuriosität. Am besten trollt man sich in die Abteilung mit dem Gebäck, wo *lingue di suocere* (Schwiegermutterzungen), *pallone di Casanova* (Bällchen von Casanova – na, welche wohl?) und andere *dolci tipici veneziani* (typisch venezianische Süßigkeiten) warten. Wer das letzte Stück Tiramisù ergattern will, muss sich allerdings beeilen.

AUSGEHEN & NACHTLEBEN

LP TIPP AL PROSECCO WEINBAR

Karte S. 332 (041 524 02 22; Campo San Giacomo da l'Orio, Santa Croce 1503; www.alprosecco.com; Mo–Sa 19–21 Uhr; San Stae) Das Bedürfnis, auf dem reizvollsten *campo* Venedigs einen Trinkspruch auf den Sonnenuntergang auszusprechen, ist ganz natürlich – und das gilt auch für den Wein im Al Prosecco. Diese visionäre Bar hat sich auf *vini naturi* (natürlich hergestellte Weine) spezialisiert – organisch, biodynamisch, mit Wildhefe vergoren – und zwar in denkwürdigen *ombre*. Ein Glas ungefilterten, trüben Prosecco bekommt man für 3,50 €; der seidige Veneto Venegazzú kostet dann 5 € – ist sehr süffig und bleibt unvergessen.

LP TIPP AL MERCÀ WEINBAR

Karte S. 332 (393 992 47 81; Campo Bella Vienna, San Polo 213; Mo–Sa 19–15 & 16–21 Uhr; Rialto-Mercato) Weintrinker, die sich auskennen, bevölkern diese Bar in der Größe einer Anrichte, die dennoch Platz für *cicheti* und 60 verschiedene Weine bietet, darunter einen erstklassigen Prosecco sowie DOC-Weine, die pro Glas (2–3,50 €) verkauft werden. Wer um 18.30 Uhr eintrifft, kann sich über die Fleischklöße und Mini-*panini* (1–2 €) freuen und kommt auch noch mühelos zur Bar durch. Oder man mischt sich unter die Gäste, die bis draußen an den Docks des Canal Grande herumstehen.

CANTINA DO SPADE BAR

Karte S. 332 (041 521 05 83; www.cantinadospade.it; Calle delle Do Spade, San Polo 860; Mo–Sa 10–15 & 18–22 Uhr; Rialto-Mercato) Die Bar hält Venedig schon seit 1488 bei Laune. Das nette junge Management freut sich sowohl über ihre *spritz* schlürfenden Stammgäste aus Venedig als auch über Genießer, die in der Stadt nur zu Besuch sind. Die einen bestellen Doppelbock aus den Dolomiten, die anderen sehr preiswerten venezianischen DOC Cab Franc. Wer früh kommt, bekommt mit etwas Glück auch noch *fritture* (panierte Meeresfrüchte; 2–6 €) frisch vom Markt sowie den neuesten Klatsch gratis dazu.

CAFFÈ DEI FRARI CAFÉ

Karte S. 332 (041 524 18 77; Fondamenta dei Frari 2564, San Polo; Mo–Sa 8–21 Uhr; San Tomà) In dieser jahrhundertealten Bar mit viel Schnitzereien sollte man den geschichtsträchtigen Espresso so richtig genießen. Nett sitzt man auch an den Kaffeehaustischen und auf dem schmiedeeisernen Jugendstilbalkon im 1. Stock. Hier kann man sich bei einem Sandwich und einem Glas Wein von den intensiven Eindrücken des Besuchs in der Chiesa I Frari erholen.

HOSTERIA ALLA POPPA CAFÉ

Karte S. 332 (041 524 65 54; Calle de le Oche, Santa Croce; 18–1 Uhr; Riva de Biasio) Das Café wirkt mit seinen knarrenden Sofas und ramponierten Tischen wie ein privates Wohnzimmer, in dem „ganz zufällig" alle möglichen Getränke serviert werden. Brettspiele, vor allem die italienische Variante von „Risiko", sorgen dafür, dass mancher länger als geplant bleibt. Der Service ist etwas ungehobelt, aber dafür sind die Getränke billig. Mittwochs treten Musikgruppen auf, die in der Regel Jazz spielen.

AI POSTALI BAR

Karte S. 332 (041 71 51 76; Fondamenta Rio Marin 821, Santa Croce; Mo–Sa 18–2 Uhr; Ferrovia) Jazzklänge untermalen die angeregte Unterhaltung bis in die frühen Morgenstunden; einheimische Musiker entschließen sich oft zu einer spontanen Jamsession gegen Mitternacht. Vor langer Zeit war diese Kneipe in den Händen von Postboten (daher der Name), die sich hier nach ihrem Dienst trafen – heute kämpft das halbe hippe Santa Croce um die Sitzplätze am Kanal. Der *spritz* wird hier ganz unkonventionell mit einer Olive serviert.

ANTICA OSTERIA RUGA RIALTO BAR

Karte S. 332 (041 521 12 43; Ruga Rialto 692, San Polo; 11–15 & 18.30–24 Uhr; Rialto-Mercato) Die Salate mit Meeresfrüchten und das klassische *fritto misto e pattatine* (gebratene Meeresfrüchte aus der Lagune mit Kartoffeln) hat dieser *osteria* (Kneipe mit Restaurant) eine Menge treuer Stammgäste beschert. Was alle eint, bis die Nacht sich dem Ende zuneigt, sind die Drinks. Das Hinterzimmer fungiert gleichzeitig auch als Galerie für neue Talente, und die Livemusik, die hier gelegentlich gespielt wird, füllt die schmalen Gassen mit Feierfreudigen, die zum Canal Grande unterwegs sind.

BAGOLO BAR

Karte S. 332 (041 71 75 84; Campo San Giacomo dell'Orio 584, Santa Croce; 7–24 Uhr; Riva de Biasio) Knarrende Holzdielen, schummrige Beleuchtung innen und Tische im Kerzenschein draußen am *campo* verleihen der legeren Happy Hour an diesem malerischen Platz einen Hauch Romantik und erinnern an die gute alte Zeit. Die Gäste bestellen *cicheti* und Cocktails und genießen die gelegentlich gespielte Livemusik.

EASYBAR BAR

Karte S. 332 (041 524 03 21; Campo Santa Maria Mater Domini 2119, Santa Croce; San Stae) Hier in Venedig hat sogar eine ganz stinknormale Sportbar wie diese das gewisse Etwas. Die schicke Bar lockt jede Menge Architekturstudenten der Università di Foscari an, superpreiswerte *ombre* gibt es ab 1 € pro Glas. Vor allem bei Fußballübertragungen kommen die Leute in Massen.

MURO VINO E CUCINA BAR

Karte S. 332 (041 241 23 39; Campo Bello Vienna 222, San Polo; Mo–Sa 19–15 & 17–1 Uhr; Rialto-Mercato) Rote Samtkordel gibt es hier keine, obwohl man in dieser schicken, urbanen Bar eigentlich in Anbetracht des Aluminiumtresens, der erotischen indirekten Beleuchtung und den Panoramafenstern (frei nach dem Motto: sehen und gesehen werden) damit rechnet. Die Preise sind erstaunlich freundlich; ein Glas Wein ist ab 2 € erhältlich, anständige Cocktails ab 5 €, für die *cicheti* an der Bar werden 1,50 bis 3,50 € verlangt. Das Restaurant im Obergeschoss wirkt protzig, aber die niedrigen Tische am *campo* draußen sind abgefahrener als in jeder VIP-Lounge.

TAVERNA DA BAFFO BAR

Karte S. 332 (041 520 88 62; Campiello Sant'Agostin 2346, Santa Croce; 17–2 Uhr; San Tomà) Die Bar ist nach Casanovas lüsternem Dichterfreund Giorgio Baffo benannt. Das Lokal ist eigentlich eine umfunktionierte Kapelle, an die nur noch die bloßen Ziegelwände erinnern und die nun mit Baffos expliziten Oden an die weiblichen Kurven vollgepflastert ist. Das junge Nobelvolk lässt sich davon aber kaum schockieren – und wenn der starke *spritz,* das Bier vom Fass und die preislich anständigen Weine fließen, lässt sich manchmal jemand spontan ein Gedicht einfallen, bevor die Nacht zu Ende geht. Im Sommer muss man früh da sein, wenn man einen Tisch im Freien ergattern will.

CAFFÈ DEL DOGE CAFÉ

Karte S. 332 (041 522 77 87; www.caffedeldoge.com; Calle dei Cinque 609, San Polo; Mo–Sa 8.30–20, So 19–13 Uhr; San Silvestro) Den Weg zum Caffè del Doge kann man quasi schier erschnüffeln, denn es wirbt mit einer Karte spezieller, vor Ort gerösteter Kaffeesorten, die aus Äthiopien oder Guatemala stammen. Die Einrichtung hat experimentellen Charakter, wenig erinnert an ein klassisches, venezianisches Café. Und die Videowerbung mit Endlosschleife wirkt irgendwie marktschreierisch.

☆ UNTERHALTUNG

CASA DEL CINEMA KINO

(041 524 13 20; Salizada San Stae, Santa Croce 1990; Eintritt Erw./erm. 6/5 €; Vorstellungen Mo–Sa nachmittag; San Stae) Das öffentliche Filmarchiv von Venedig zeigt in diesem neuen Kino mit Holzbalken und 50 Plätzen im Palazzo Mocenigo Filmkunst: Klassiker der Filmgeschichte laufen montags in Originalsprache, Independent-Filme der ersten Stunde am Freitagabend sowie am Samstagnachmittag. Ob eine Preview stattfindet oder eine Retrospektive mit Einführung durch den Regisseur, durch Schauspieler oder Wissenschaftler, verrät die Website. Wer zuerst kommt, kriegt die besten Plätze.

SOMMERARENA KINO, THEATER

Karte S. 332 (Campo San Polo; Juli–Aug.; San Silvestro) Wo die ruppigen Habsburger einst Stierkämpfe abhielten, veranstaltet die Stadt nun in den Monaten von Juni bis September Open-Air-Kino, Konzerte und Theatervorstellungen unter freiem Himmel. Aber eigentlich ist hier das ganze Jahr über immer viel los – sei es in Form von Kinderkarussells, Wahlveranstaltungen oder Straßenmusikanten.

OPER IN DER SCUOLA GRANDE DI SAN GIOVANNI EVANGELISTA OPERNHAUS

Karte S. 332 (041 426 65 59; www.scuolasangiovanni.it; Campiello della Scuola 2454; Erw./erm. 30–35/20–25 €; Konzertbeginn 20 Uhr; Ferrovia) Die italienischen Operndauerbrenner – Puccinis *Tosca,* Verdis *La Traviata* und Rossinis *Barbier von Sevilla* – werden von hiesigen Opernensembles in der opernartigen Scuola Grande di San Giovanni Evangelista aufgeführt. Über die prachtvollen Treppen aus dem 15. Jh., ein Entwurf von Mauro Codussi, geht es hinauf in Giorgio Massaris Versammlungssaal

(1729) mit imposanten Gemälden von Giandomenico Tiepolo. Das Ambiente ist nicht übel für eine gepflegte Abendunterhaltung.

SHOPPEN

LP TIPP CARTÈ — KUNSTHANDWERK, BRIEFPAPIER

Karte S. 332 (041 024 87 76; www.cartevenezia.it; Calle di Cristi, San Polo 1731; Mo–Sa 10–18.30 Uhr; San Tomà) Die leicht gekräuselten Wellen in der Lagune erscheinen wie durch Zauberhand auf den Halsketten aus marmoriertem Papier und handgebundenen Aktenmappen, was den ruhigen Händen und der unerschöpflichen Fantasie der Maestra der *carta marmorizzata* (Marmorpapier), Rossanna Corrò, zu verdanken ist. Nachdem sie Jahre damit verbracht hatte, alte venezianische Manuskripte und Bücher zu restaurieren, beschloss Rosanna, nun selbst Schönes aus Papier zu entwerfen: Cocktailringe aus Marmorpapier, das wie Wasser anmutet, ausgefallene Halsketten, Op-Art-Schmuckschatullen und surreale gebundene Handtaschen mit Mustern von gemasertem Holz.

LP TIPP GILBERTO PENZO — KÜNSTLERISCHES

Karte S. 332 (041 71 93 72; www.veniceboats.com; Calle 2 dei Saoneri 2681, San Polo; Mo–Sa 9–12.30 & 15–18 Uhr; San Tomà) Ja, diese Gondel kann man sich wirklich in die Tasche stecken, um sie mit nach Hause zu nehmen. Alle, die von den Modellen im Museo Storico Navale (S. 154) begeistert waren, werden hier angesichts der unzähligen venezianischen Holzboote, von denen einige sogar seetauglich sind (oder zumindest badewannentauglich), schier durchdrehen. Signor Penzo verkauft auch Bausätze für Bastler und Kinder.

I VETRI A LUME DI AMADI — GLAS

Karte S. 332 (041 523 80 89; Calle Saoneri 2747, San Polo; Mo–Sa 19–12.30 & 15–18 Uhr; San Silvestro) Es gibt kaum eine faszinierendere Glasmenagerie als die von Signor Amadi. Ungestüme kleine Glaskrabben gehen auf rosa geränderte Seeanemonen los, und Glaserbsen ergießen sich aus gesprenkelten Schoten. So mancher fühlt sich versucht, einer lebensechten Mücke aus Glas den Garaus zu machen, und die Konturen von galoppierenden Pferden in blauem Glas würden Picasso alle Ehre machen.

VIZIOVIRTÙ — SCHOKOLADE

Karte S. 332 (041 275 01 49; www.viziovirtu.com; Calle del Campaniel 2898a, Santa Croce; 10–18.30 Uhr; Ca' Rezzonico) Es ist wirklich ein Vergnügen, sich durch das dekadenteste Laster und gleichzeitig die köstlichste Tugend Venedigs zu kämpfen, indem man diesem Chocolatier, der seinen Kunden mit besonders cremigem selbst gemachtem Eis und Pralinen mit Ganache-Füllung in fünf Geschmacksrichtungen verwöhnt, immer wieder einen Besuch abstattet: Barolo-Wein, rosa Pfeffer, Ingwer-Curry, Kastanienhonig und Mimose – die Sorten reichen für ein ganzes wohlschmeckendes Menü! In der Filiale am Campo San Tomá sind weitere Kuchen, Mousses, Pralinen und teure Köstlichkeiten in Geschenkverpackung erhältlich.

CARTAVENEZIA — KÜNSTLERISCHES

Karte S. 332 (041 524 12 83; www.cartavenezia.it; Calle Lunga 2125, Santa Croce; Di–Sa 11–13 & 15.30–19.30, Mo 15.30–19.30 Uhr; San Stae) Papier ist hier keineswegs eine zweidimensionale Angelegenheit: Anstelle des Marmorpapiers, das in Venedig bereits seit 150 Jahren Tradition hat, verarbeitet Papiermaestro Fernando di Masone handgeschöpftes, geprägtes Baumwollpapier zu nahtlosen Lampenschirmen mit rauem Rand, handgebundenen Skizzenbüchern und Papierversionen von Marmorfriesen, die in einem griechischen Tempel ebenso gut zu Hause sein könnten wie in einem modernen Loft.

DROGHERIA MASCARI — LEBENSMITTEL, WEIN

Karte S. 332 (041 522 97 62; www.imascari.com; Ruga degli Spezieri 381, San Polo; Mo/Di & Do–Sa 8–13 & 16–19.30, Mi 8–13 Uhr; Rialto-Mercato) Pyramiden aus Cayennepfeffer, Berge von Sternanis und lange Reihen von angestrahltem Olivenöl – so präsentieren sich die Schaufenster der Drogheria Mascara, an denen sich Liebhaber edler Esswaren in Scharen die Nase platt drücken. Innen halten die Kunden die winzigen Gläschen mit weißen Trüffeln wie eine heilige Reliquie umklammert, und die Mitarbeiter sind benommenen Kunden, die zum ersten Mal in diesem Lokal sind, behilflich, sich in der Abteilung mit sizilianischen Kapern und 50 Sorten aromatisiertem Honig zurechtzufinden. Im Hinterraum sollte man der *enoteca* (Weinbar) mit Weinen von kleinen, italienischen Weingütern für 10 bis 30 € einen Besuch abstatten – hier findet man auch edle Tropfen von Quintarelli, die Kultstatus genießen.

PIED À TERRE SHOES SCHUHE

Karte S. 332 (☎041 528 55 13; www.piedaterre-venice. com; Sottoportico degli Oresi 60; ⏲Di–Sa 10–13 & 15–19, Mo 15–19 Uhr; ⛴Rialto-Mercato) Im Rialto des 18. Jhs. lösten die Kurtisanen zwar eine wahre Begeisterung für 30 cm hohe Absätze aus, doch die altbewährten Slipper blieben dennoch in Mode. Die bunten, barocken *furlane* (Slipper) von Pied à Terre werden aus recycelten Fahrradschläuchen von Hand gefertigt und sind genau das richtige Schuhwerk, um auf einer Gondel nicht den Halt zu verlieren. Zur Auswahl stehen Samt, Brokat und Rohseide in Edelsteintönen wie Smaragd und Fuchsia – die Paspeln gibt es auf Wunsch in den Kontrastfarben. Wer selbst einen Stoff mitbringt, kann sich auch Maßschuhe anfertigen lassen.

VENEZIASTAMPA KÜNSTLERISCHES

Karte S. 332 (☎041 71 54 55; www.veneziastampa.com; Campo Santa Maria Mater Domini 2173, Santa Croce; ⏲Mo–Fr 8.30–12.30 & 14.30–19.30, Sa 8.30–12.30 Uhr; ⛴San Stae) Der Vormittag ist der günstigste Zeitpunkt, um in diesem Geschäft vorbeizuschauen und sich die alten schwarzen Heidelberger Druckpressen aus den 1930er-Jahren in Betrieb anzusehen. Aber egal, zu welcher Tageszeit man eintrifft: Man riecht schier die trocknende Tinte und blickt auf Regale, in denen sich die Drucke stapeln, die – im wahrsten Sinn des Wortes – druckfrisch aus der Presse kommen. Was es hier zu kaufen gibt, taugt jedenfalls für eine spannende Reise in die Vergangenheit: als Postkarten noch Lithographien waren, die Exlibris in den Büchern sanft an den rechtmäßigen Besitzer erinnerten und die Casanovas ihre Angebeteten nach oben baten, um sich „ihre Radierungen" anzusehen. Hier ist handbedrucktes Briefpapier mit einer Vielzahl an Motiven erhältlich – etwa mit einem Meteoritenschauer, mit einem tropfenden Wasserhahn oder einem Dandy… Doch auch die Einladungskarten, Speisekarten und Poster von einheimischen Künstlern sind super.

SERENA VIANELLO ACCESSOIRES

Karte S. 332 (☎041 522 33 51; www.serenavianello.com; Campo Sant'Aponal 1226, San Polo; ⏲Mo–Sa 10–13.30 & 14.30–19 Uhr; ⛴San Silvestro) Luxuriöse Comer Seide, bis ins kleine Detail liebevoll verarbeitet, sind das Kennzeichnen dieser zeitlosen venezianischen Designs jenseits von irgendwelchen Modeerscheinungen. Raffiniert geraffte Stolen wärmen bei der Opernpremiere im La Fenice, dazu gibt es breitkrempige Florentiner Strohhüte in silbern schimmerndem Lila – Hüte, die Blaublütigen bei der Gondelfahrt gut zu Gesicht stünden. Und lagunenblaue Schuhe ermuntern zu einem Spaziergang durch Venedig.

FRANCO FURLANETTO KÜNSTLERISCHES

Karte S. 332 (☎045 209 544; Calle delle Nomboli 2768, San Polo; ⏲Mo–Sa 10–18.30 Uhr; ⛴San Tomá) Masken und Geigen inspirieren Maestro Franco zu den schicken, originellen Designs seiner *forcole* (Gondelriemenhalterungen), die er vor Ort aus Walnuss-, Kirsch- und Birnenholz schnitzt. In jedem Stück steckt eine wahre Wissenschaft, denn die Halterung muss exakt das richtige Gewicht und den passenden Winkel aufweisen, um das Boot voranzutreiben – und Kunst kommt ganz offensichtlich auch mit ins Spiel: Die Arbeiten von Franco wurden aufgrund ihrer künstlerischen Raffinesse bereits im Metropolitan Museum of Art in New York ausgestellt.

SABBIE E NEBBIE HAUS & GARTEN

Karte S. 332 (☎041 71 90 73; www.sabbie nebbie.com; Calle dei Nomboli 2768a, San Polo; ⏲Mo–Sa 10–12.30 & 16–19.30 Uhr; ⛴San Tomà) Die Trends der aktuellen Handelsbeziehungen zwischen Ost und West nehmen hier ihren Anfang: sei es in Form von japanisch inspirierter Keramik von Rina Menardi, gewebten Opernstolen (auf der einen Seite safranfarben, auf der anderen paprikarot) oder handgemachten Büchern aus Bologna, die aus Papier mit japanischen Marmoriertechniken bestehen.

LABERINTHO SCHMUCK

Karte S. 332 (☎041 71 00 17; www.laberintho.it; Calle del Scaleter 2236, San Polo; ⏲Di–Sa 10–12.30 & 15–19 Uhr; ⛴San Stae) Schon der Edelsteinanhänger im Schaufenster gibt einen Hinweis auf die sagenhaften, nach Kundenwünschen individuell gefertigten Schmuckstücke, die dieses vielseitige Goldschmiedatelier kreiert. Die Designs greifen Venedigs byzantinische Vergangenheit als Seefahrernation auf: ein Ring mit einer Intarsie, die aus einem Mosaik mit Opalen und Türkisen besteht, ein viereckiges Goldarmband mit eingearbeitetem Elfenbein und Bernstein, eine Kette aus rautenförmigen Achatgliedern, die wie Inselchen auf dem Dekolleté zu schweben scheinen.

DIETRO L'ANGOLO DESIGN

Karte S. 332 (041 524 30 71; www.dietrolangolo2657.com; Calle Seconda dei Saoneri 2657, San Polo; San Tomá) Ein Geschäft, das venezianischer gar nicht sein könnte: Der Laden mit italienischem Design liegt etwas versteckt in einer Seitenstraße hinter I Frari. Hier findet man erschwingliche Originalstücke junger einheimischer Künstler: Wäscheklammern in der Form von Tauben verschönern die Hausarbeit mit Erinnerungen an San Marco, Cocktailringe mit Gummigänseblümchen, die in der Mitte aus Murano-Glas bestehen, erinnern daran, dass es Zeit für einen *spritz* ist.

IL PAVONE DI PAOLO PELOSIN KÜNSTLERISCHES

Karte S. 332 (041 522 42 96; Campiello dei Meoni 1478, San Polo; San Silvestro) Die handgebundenen Tagebücher und Fotoalben aus Marmorpapier von Paolo stellen eigentlich eine Herausforderung dar: Wer so ein kleines Kunstwerk kauft, muss es mit Erinnerungen an Venedig füllen, die auch wirklich adäquat sind. Rezeptbücher sind in luxuriösen lila-goldenen Jugendstilmustern erhältlich, Skizzenbücher in Lagunenblau inspirieren zu Meereslandschaften, und die Sets mit Schreibgeräten in einem Papieretui in Orange und Rot scheinen schier in Flammen aufzugehen.

IL BAULE BLU SPIELWAREN, NOSTALGISCHES

Karte S. 332 (041 71 94 48; www.ilbaeleblu.com; Campo San Tomà 2916a, San Polo; Mo–Sa 10.30–12.30 & 16–19.30 Uhr; San Tomà;) In diesem Kuriositätenkabinett mit flüchtigen Schätzen aus vergangenen Zeiten fanden sich bei der letzten Bestandsaufnahme alte Steiff-Teddybären, eine Lampe in der Form eines Pelikans, nostalgische Muranoglasperlen (*murrine*) sowie eine asymmetrische, giftgrüne Marni-Jacke. Und falls das Lieblingsspielzeug des Kleinen auf der Reise Schaden genommen hat, gibt's im Teddy-Krankenhaus gute Worte und Erste Hilfe.

MARE DI CARTA BUCHLADEN, LANDKARTEN

Karte S. 335 (041 71 63 04; www.maredicarta.com; Fondamenta dei Tolentini 222, Santa Croce; Di–Sa 9–13 & 14.30–19 Uhr; Ferrovia) Matrosen, Piraten und Pseudo-Seefahrer im Sessel sollten diesem Laden am Kanal einen Besuch abstatten. Hier gibt es jede Seekarte und jede Navigationshilfe, die für die Erkundung der Lagune und zum Aufspüren von Meerestieren erforderlich ist, außerdem Tipps zur Wartung eines Bootes. Wer mit dem Gedanken spielt, Ruderunterricht zu nehmen oder einen Ausflug mit dem Segelboot plant – und wer täte dies nach ein paar Tagen Aufenthalt in Venedig nicht? –, sollte unbedingt hier vorbeischauen, um sich über Workshops und Törns zu informieren.

OTTICA VASCELLARI BRILLEN

Karte S. 332 (041 522 93 88; www.otticavascellari.it; Ruga Rialto 1030, San Polo; Rialto-Mercato) Die Mitglieder der Familie Vascellari sind schon in zweiter Generation Optiker und Brillendesigner. Ein kurzer Blick auf das Rezept und ein langer auf die Gesichtsform und den Stil des Kunden, und schon ist das richtige Modell gefunden. Kantige Gesichtszüge schreien nach Vascellaris markanter, architektonisch anmutender Brillenkollektion mit zweifarbigen Gläsern; zarte Gesichtszüge bekommen eine elegante Brille mit Mattierung angepasst. Und wer eine Sonnenbrille mit Goldrand trägt, sorgt beim Filmfest von Venedig mit Sicherheit für einen Hingucker.

GMEINER SCHUHE

Karte S. 332 (338 896 21 89; www.gabrielegmeiner.com; Campiello del Sol 951, San Polo; Rialto-Mercato) London, Paris, Tokio: Gabriele Gmeiner erlernte die Handwerkskunst der Schuhmacherei bei den besten Adressen der Welt – heute sucht der Jetset ihr verstecktes Atelier in Venedig auf, um sich ultraschicke Slipper mit verdeckten Nähten und detailreichen Lochornamenten zu kaufen – alle Stich für Stich von Hand gefertigt und Maßarbeit, und zwar für Damen und Herren. Wenn Gabriele nicht gerade beim Nähen ist, stattet sie vermutlich dem Frauengefängnis auf Giudecca einen Besuch ab: Sie leitet dort nämlich ein Ausbildungsprogramm in Schuhdesign.

MARCO FRANZATO VETRATE ARTISTICHE GLAS, SCHMUCK

Karte S. 332 (041 24 07 70; www.marcofranzato.it; Calle Lunga 2155a, Santa Croce; Mo–Sa 10–18, So 12–17 Uhr; San Stae) Zerschlagen, zusammengesetzt und wieder zertrümmert: In dieser experimentellen Galerie-Kooperative aufstrebender Glasdesigner geht es richtig zur Sache. Die modernen Glasuhren sind das Werk von Atelierchef Marco

Franzato, der auch eine gute Auswahl an Ketten aus mattierten Glasplättchen zu anständigen Preisen anbietet – sie umkreisen wie Ufos den Hals. Außerdem findet man hier Gläser voller Muranoglasperlen, in die Rosenblüten oder Sterne eingearbeitet sind; sie kosten ab 0,40 € das Stück.

CAMPIELLO CA' ZEN ANTIQUITÄTEN

Karte S. 332 (041 71 48 71; www.campiellocazen.com; Campiello Zen 2581; Mo–Sa 9–13 & 15–19 Uhr; San Tomà) Antike Murano-Glaslampen sind wohl so ziemlich das Letzte, was man in sein Gepäck quetschen möchte – so denken jedenfalls die meisten, bevor sie die silbernen Salviati-Lüster aus den 1940er-Jahren oder die seltene Scarpa-Tischlampe gesehen haben. Der handgeblasene goldene Kelch wirkt vergleichsweise praktisch. Und so schleicht sich unweigerlich der Gedanke ein, dass man die guten Stücke ja auch zustellen lassen könnte.

MILLE E UNA NOTA MUSIKINSTRUMENTE

Karte S. 332 (041 523 18 22; Calle di Mezzo 1235, San Polo; Mo–Sa 9.30–13 & 15.30–19.30 Uhr; San Tomà) Ein Gedanke drängt sich fast allen auf, nachdem sie in Venedig ein Konzert gehört haben: Ob es vielleicht doch nicht zu spät ist, ein Instrument zu erlernen, um diesem ebenso wunderbare zu entlocken? Am einfachsten wäre wohl Harmonika, und Mille e Una Nota hat eine beeindruckende Auswahl an nostalgischen wie auch modernen Instrumenten zu bieten, die aus den italienischen Alpen kommen. Die wirklich Ehrgeizigen können sich hier auch gleich noch Partituren von Albinoni und eine Laute mitnehmen.

LA PEDRERA SCHMUCK

Karte S. 332 (041 244 01 44; www.lapedrera.it; Campo Sant'Agostino 2279a, San Polo; Mo–Sa 10–13 & 14–18.30, So 10–13 Uhr; San Stae) Echte Hingucker: Diese Schmuckstücke aus Muranoglas in kühnen Farben und klaren Formen erregen die Aufmerksamkeit wie eine Ampel und bewirken, dass die Passanten auf dem Weg vom Campo San Polo zum Campo San Giacomo dell'Orio hier einen Zwischenstopp einlegen. Die geschwungenen Kartäuser-Glasperlen bilden auf dem Dekolleté einen Canal-Grande-Balkon aus, und die von den Frauenrechtlerinnen der 1920er-Jahre inspirierten tropfenförmigen Halsketten aus antiken scharlachroten Glasperlen schreien schier nach einem Jazzkonzert in Venedig.

LA MARGHERITA KÜNSTLERISCHES

Karte S. 332 (393 210 02 73; lamargheritavenezia. com; Campo San Cassian 2345, Santa Croce; Mo–Fr 10–19, Sa 10–14 Uhr; Rialto-Mercato) Den Charme von Venedig fängt Margherita Rossetto in Form von verschnörkelten gotischen Durchgängen ein – eine Karikaturistin, die ihr Talent jedoch auch in Form von Keramiken in diesem Atelier unter Beweis stellt. Die handgeschöpften Karten lassen venezianische Signoras sehen, die sich über schmiedeeiserne Balkone beugen, die Küchenfliesen zeigen Katzen, die sich auf gotischen Fenstersimsen sonnen, und ein grinsender Fisch auf einer ovalen Fischplatte grüßt die Speisenden mit einem wissenden Zwinkern.

IL GUFO ARTIGIANO KUNSTHANDWERK

Karte S. 332 (041 523 40 30; Ruga degli Speziali 299, San Polo; Mo–Sa 10–15.30 Uhr; Rialto-Mercato) Heißes Kupfer und eine sorgsame Herstellung sind das Geheimnis der Designerstücke aus geprägtem Leder, darunter Tagebücher, Handtaschen und Brieftaschen. Die antiken schmiedeeisernen Gitter an den venezianischen Fenstern und Balkonen standen bei den spannenden Mustern Pate, wobei die lebhaften Farben des Leders den Stücken einen unerwartet modernen Touch verleihen: orange Mappen, safrangelbe Fotoalben und knallgrüne Timer.

LA BOTTEGA DI GIÒ SCHMUCK

Karte S. 332 (041 71 46 64; www.labottegadigio.it; Fondamenta dei Frari 2559a, San Polo; 10–13 & 15–19 Uhr; San Tomà) Der Schmuck aus Muranoglas, den man in den Läden sieht, will nicht so recht zum persönlichen Stil passen? In so einem Fall kann man sich hier in diesem Schmuckgeschäft für Bastler aus Lampwork-Muranoglasperlen (ab 2 €) und dem passenden Draht, Seidenfaden oder Lederband in der jeweiligen Wunschfarbe seine ganz individuellen Stücke gestalten. Und wer nicht gern bastelt oder zwei linke Hände hat, lässt sich seine Kette oder Ohrringe einfach von einem der Profis hier anfertigen.

EMILIO CECCATO MODE

Karte S. 332 (041 520 89 89; Orafecio 16, San Polo; Mo–Sa 19–12.30 & 15–18.30 Uhr; San Silvestro) Die *gondoliere* halten an der Rialtobrücke, um in diesem historischen Geschäft mit venezianischer Arbeitskleidung einzukaufen – es gibt Shirts mit U-Bootausschnitt, die passenden rot-weiß-gestreiften

Schals, marineblaue Rudersakkos und Kreissägen aus Stroh zu sehr anständigen Preisen. Die Küchenchefs kommen vorbei, um sich weiße – und auch strapazierfähige – Schürzen zu kaufen. Außerdem kann man sich nach Maß etwas nähen lassen. Sicher sind an den Andenkenständen billigere Waren erhältlich, aber die Sachen hier sind authentisch und halten ewig.

GIUSEPPE TINTI GLAS

Karte S. 332 (☎041 524 12 57; www.tintimuranoglass.com; Campo San Cassian 2343, Santa Croce; ⌚Mo–Sa 9–13 & 15–19 Uhr; ⛴Rialto-Mercato) Hier kann man zuschauen, wie Giuseppe mit der Lötlampe und ruhiger Hand aus geschmolzenem Glas bunte, witzige Fische fertigt. Der winzige Eckladen ist vollgestopft mit seinen Kreationen: erschwingliche Souvenirs, die sich gut mitnehmen lassen, etwa violette Ohrringe aus Glas mit Goldfolie (8–12 €), stapelbare Glasringe (3–6 €) und Glasfisch-Magneten (4–7 €), das Markenzeichen vom Tinti.

FANNY MODE

Karte S. 332 (☎041 522 82 66; Calle dei Saoneri 2723, San Polo; ⌚10–19.30 Uhr; ⛴San Tomà) Bei dem Namen gibt es gar nichts zu grinsen – wenn die feuchte Kälte in Venedig zuschlägt, dass einem schier die Hände einfrieren, ist jeder heilfroh, dass er diese Fundgrube mit handgearbeiteten, edlen Lederhandschuhen entdeckt hat. Und hier muss auch niemand auf Schick zugunsten von Wärme verzichten. Super toll ist beispielsweise das dunkelrote Paar Handschuhe mit Kaschmirfutter und gelben Paspeln oder auch das blaue Paar mit Tupfen. Bei diesen Preisen sieht sich so mancher versucht, auch gleich noch die schicke schokobraune Einkaufstasche zu erstehen, in der sich dann die neu erworbenen Handschuhe durch die Gegend tragen lassen.

Sestiere di Cannaregio

Highlights

❶ Die winzige Insel **Ghetto** (S. 132) bot einst vor der Inquisition Zuflucht, rettete das venezianische Weltreich und bewirkte eine Renaissance im Denken. Hier werden u. a. mit dem Museo Ebraico die Traditionen der alten jüdischen Gemeinde Venedigs gepflegt.

❷ Die kleine Kapelle **Chiesa di Santa Maria dei Miracoli** (S. 134) markiert einen Wendepunkt in der Kunstgeschichte.

❸ Die **Chiesa della Madonna dell'Orto** (S. 136) würdigt den Schutzheiligen der Reisenden und das Genie von Tintoretto.

❹ Die **Ca' d'Oro** (S. 134) am Canal Grande bietet tolle Fotomotive, gestohlene Meisterwerke und schier unbezahlbare Bodenbeläge.

❺ Abseits der ausgetretenen Pfade Rialtos findet man in Cannaregio zur **Happy Hour** (S. 131) die preiswertesten *cicheti* und *ombre.*

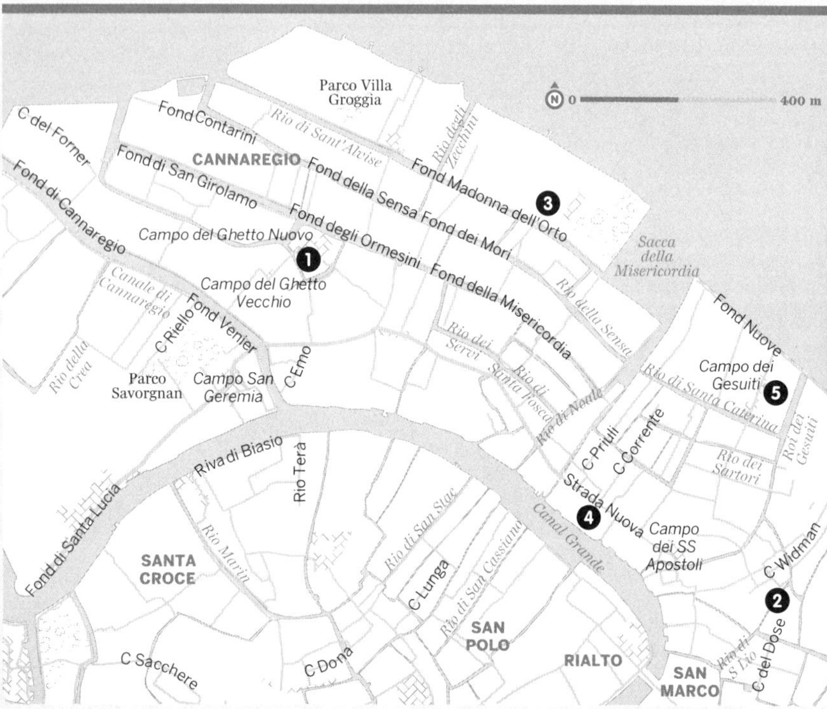

Mehr Details bieten die Karten auf S. 336/337

Cannaregio erkunden

Am besten übersieht man einfach die Ferrovia-Schilder, die den schnellsten Weg durch Cannaregio weisen, und unternimmt hinter der Rialtobrücke zuerst einmal einen Abstecher zur Chiesa di Santa Maria dei Miracoli. Von dort bummelt man zu den Fondamente Nuove, wo man einen Blick auf die prachtvolle Barockkirche I Gesuiti werfen sollte. Dann geht es über die Fondamenta Zen und die Fondamenta Misericordia zum Campo dei Mori mit der Kirche Madonna dell'Orto. Ein Genuss ist das Mittagessen im Anice Stellato, auf das ein Streifzug durch das historische Ghetto folgt. Dort kann man eine Weile in Dichtung, Antiquitäten und Bildern stöbern, bis es dann Zeit ist für die legendären *cicheti* in Cannaregio. Nichts wie hinein ins Al Timon, in die Osteria Ai Osti, ins Alla Vedova oder ins Mondo di Vino!

Tipps der Einheimischen

➡ **Abendessen am Kanal** Die Romantik stellt sich an den von Kerzen erleuchteten Tischen, die sich im Kanal spiegeln, ganz automatisch ein – sei es im Dalla Marisa (S. 137), Ai Canottieri (S. 137), Anice Stellato (S. 136) oder der Taverna del Campiello Remer (S. 138).

➡ **Einkaufstipps** Am Campo Santa Maria Nova findet von Frühling bis Herbst (S. 52) einmal im Monat ein Antiquitätenmarkt unter freiem Himmel statt, aber auch sonst stößt man in dieser Ecke des Cannaregio überall auf Antiquitäten und Kunsthandwerk sowie auf ausgefallene Mode im hippen Spilli (S. 141).

➡ **Happy Hour** Auf der Strada Nuova gibt es einige der besten Lokale der Stadt mit einer Happy Hour. Nur ein paar Schritte von dieser Durchgangsstraße entfernt liegen La Cantina (S. 138), Alla Vedova (S. 138) und die Osteria Ai Osti (S. 139).

➡ **Nachtleben** Livemusik kann man in Cannaregio im Il Santo Bevitore (S. 138, Al Timon (S. 138), Paradiso Perduto (S. 140) sowie im Teatro Fondamente Nuove (S. 140) hören.

Unterwegs vor Ort

➡ **Vaporetto** Nach der betriebsamen Haltestelle Ferrovia folgen in Cannaregio noch zwei weitere Stopps am Canal Grande: San Marcuola (Linie 1, 82 und N) und Ca' d'Oro (1 und N). Die Linien 41, 42, 51 und 52 fahren vom Anleger Ferrovia in den Canale di Cannaregio und weiter zum Anleger Fondamente Nuove. Fähren verkehren von den Fondamente Nove zu den nördlichen In-seln, darunter San Michele, Murano, Burano, Le Vignole und Sant'Erasmo.

Top-Tipp

Napoleon ließ einen breiten Boulevard anlegen, der den Bahnhof mit Rialto verband. Diese Fußgängerzone wirkt heute wie eine Schnellstraße. Doch parallel dazu verläuft einer der malerischsten Spazierwege der Stadt entlang der sonnigen *fondamente* (Kanalufer) nördlich vom Ghetto und weiter auf den Fondamente Nuove entlang der Lagune. An den Kanälen bieten viele Lokale günstige Happy Hours und ein gutes Abendessen an.

Gut essen

➡ Anice Stellato (S. 136)
➡ Dalla Marisa (S. 136)
➡ Osteria Boccadoro (S. 136)
➡ Antica Adelaide (S. 138)
➡ Osteria l'Orto dei Mori (S. 138)

Mehr Details siehe S. 136 ➡

Nett ausgehen

➡ Al Timon (S. 138)
➡ Il Santo Bevitore (S. 138)
➡ Algiubagió (S. 139)
➡ Agli Ormesini (S. 139)
➡ Osteria Ai Osti (S. 139)

Mehr Details siehe S. 139 ➡

Die besten Einkäufe in den Seitenstraßen

➡ Männertaschen von der Gefängnis-Kooperative Malefatte (S. 140)
➡ Tunikagewänder für die Biennale von Spilli (S. 141)
➡ Handbedruckte Visitenkarten bei Gianni Basso (S. 140)
➡ Moderne Dichtung bei Old World Books (S. 140)
➡ Kameen für die große Dame im Antichità al Ghetto (S. 141)

Mehr Details siehe S. 140 ➡

HIGHLIGHTS GHETTO

Die Gegend war im Mittelalter der Ort eines getto (Gießerei) auf einer Insel; die Lage sollte die Feuergefahr bannen. Doch die Funktion vom 16. bis 18. Jh. als ausgewiesenes jüdisches Viertel verlieh dem Begriff „getto" eine völlig neue Bedeutung. Nach dem Erlass der Republik Venedig von 1516 durften jüdische Handwerker und Geldverleiher tagsüber am venezianischen Geschäftsleben teilnehmen, die meisten von ihnen waren aber nachts und an christlichen Feiertagen auf die abgeschlossene Insel Ghetto Nuovo verbannt.

Campo del Ghetto Nuovo

Im Gegensatz zu den meisten Städten Europas garantierte das pragmatische Venedig den jüdischen Gemeinden in dieser Epoche das Recht, bestimmte Berufe auszuüben, die für das Leben in Venedig von Vorteil waren, also beispielsweise in den Bereichen Medizin, Handel, Bankenwesen, Mode und Verlagswesen. Nach der Arbeit kehrten die jüdischen Venezianer auf ihre Insel Campo del Ghetto Nuovo (Karte S. 336) zurück. Als die Inquisition dann die jüdischen Gemeinden aus Spanien vertrieb, flohen viele ihrer Mitglieder nach Venedig. Rund um den Campo del Ghetto Nuovo wurden die Häuser aufgestockt, um Platz für Neuankömmlinge, Synagogen und Verlage zu schaffen.

Auf offizielle Anweisung hin wurden 1516 die Brücken zur Insel ab Mitternacht gesperrt. Derartige Gesetze schaffte Napoleon 1797 wieder ab. Die Rassengesetze von Mussolini im Jahr 1938 bedeuteten dann einen Rückschritt ins 16. Jh.; 1943 hatte man einen Großteil der jü-

NICHT VERSÄUMEN

- Campo del Ghetto Nuovo
- Schola Italiana
- Erlass von 1704
- 1943-Denkmal
- Synagogenführung

PRAKTISCH & KONKRET

- Karte S. 336
- ☎041 71 53 59
- www.museo ebraico.it
- Museo Ebraico: Campo del Ghetto Nuovo 2902b
- Museum Erw./erm. 3/2 €
- Synagogenführung inkl. Museum 8,50/7 €
- ⌚Museo Ebraico Juni–Sept. So–Fr 10–19 Uhr, Okt.–Mai 10–18 Uhr
- Guglie

dischen Bevölkerung Venedigs in Konzentrationslager deportiert. Wie auf einem **Denkmal** an der Nordostseite des Campo zu lesen steht, kehrten bloß 37 Menschen lebend zurück. Heute leben nur wenige Mitglieder der 400 Personen umfassenden jüdischen Gemeinde im ehemaligen Ghetto, aber ihre Kinder kommen zum Campo del Ghetto Nuovo. Sie spielen hier, umgeben vom lebendigen Erbe des Ghettos: unzähligen Buchläden, Kunstgalerien und religiösen Einrichtungen.

Im Herzen des Ghettos spürt das **Museo Ebraico** (Jüdisches Museum; s. Kasten S. 132) der Geschichte der jüdischen Gemeinde Venedigs nach, es weiß, wann Führungen über den Antico Cimitero Israelitico (Alter Jüdischer Friedhof; S. 170) stattfinden.

Synagogen

Wer den Campo del Ghetto Nuovo betritt, sollte einen Blick nach oben werfen: Über den Privatwohnungen beeindruckt die Holzkuppel der **Schola Italiana** (Italienische Synagoge) aus dem Jahr 1575. Die Italiener zählten im Ghetto zu den ärmsten Bewohnern, ihre Synagoge ist zwar einfach, aber dennoch mit herrlichen Schnitzereien geschmückt.

Die **Schola Tedesca** (Deutsche Synagoge) ist an ihren fünf langen Fenstern zu erkennen; sie ist seit 1528 das spirituelle Zuhause der aschkenasischen Gemeinde Venedigs. Die venezianische Gesetzgebung im 16. Jh. gestattete nur deutschen Juden, Geld zu verleihen – dass dieser Handel von Erfolg gekrönt war, zeigt die herrliche Ausstattung.

An der Ecke des Campo ragt über der Schola Tedesca die **Schola Canton** (Ecksynagoge oder Französische Synagoge) auf. Sie wurde 1531 errichtet und erhielt im 18. Jh. eine Rokokoausstattung.

Jüdische Flüchtlinge aus Portugal und Spanien errichteten zwei Synagogen am **Campo del Ghetto Vecchio**, die zu den schönsten Norditaliens zählen. Ihre Innenräume wurden im 17. Jh. mutmaßlich von Baldassare Longhena renoviert. Die **Schola Levantina** (levantinische Synagoge) hat eine prachtvolle holzgeschnitzte Kanzel aus dem 17. Jh., der Hauptsaal der **Schola Spagnola** (spanische Synagoge) einen imposanten Treppenaufgang. Diese sephardische Synagoge wurde von jüdischen Flüchtlingen errichtet, die 1583 aus Spanien hierherkamen.

Vier Führungen (auf Englisch, 1 Std.) beginnen täglich am Museo Ebraico, die erste um 10.30 Uhr. Auf dem Programm steht die Besichtigung der Synagogen des Ghettos: der Schola Tedescha, der Schola Canton und entweder der Schola Italiana oder der noch aktiven Schola Spagnola. Die beheizbare Schola Levantina wird im Winter für den Shabbat-Gottesdienst genutzt, die Schola Spagnola im Sommer.

RENAISSANCE IM GHETTO

Trotz einer zehnjährigen Zensur durch die Kirche von Rom im Jahr 1553 publizierten jüdische Verleger Hunderte Titel, die zur Verbreitung der modernen Ideen der Renaissance auf dem Gebiet von Religion, Philosophie und Medizin beitrugen. Im 17. Jh. genoss der gelehrte Rabbiner der Schola Italiana, Leon da Modena ein so großes Ansehen, dass sogar Christen seine Gottesdienste besuchten. Wegen den von Modena organisierten literarischen Salons und um die Philosophin Sara Copia Sullam sowie andere Intellektuelle zu hören, strömten Denker aller Glaubensrichtungen ins Ghetto.

In der Calle del Ghetto Vecchio steht an der Wand der Hausnummer 1131 ein offizieller Erlass der Republik von 1704 in Stein gemeißelt: Er verbietet Juden, die zum Christentum konvertiert sind, das Ghetto bzw. das Heim eines Juden zu betreten – unter Androhung von „Erhängen, Gefängnis, Galeeren, Auspeitschen ... und anderen drakonischen Strafen nach Ermessen Ihrer Exzellenzen (den Verfolgern der Blasphemie).“

SEHENSWERTES

DAS GHETTO
HISTORISCHE STÄTTE

siehe S. 132.

CA' D'ORO
MUSEUM

Karte S. 336 (Goldenes Haus; ☎041 520 03 45; www.cadoro.org; Calle di Ca' d'Oro 3932; Erw./erm. 6/3 €; ⌚Mo 8.15–14, Di–So 8.15–19.15 Uhr; Ca' d'Oro) Am Canal Grande ist die herrliche Ca' d'Oro aus dem 15. Jh. nicht zu übersehen. Ihre gotische Fassade ist auch ohne die originalen Goldblattverzierungen, die ihr den Namen gaben, sagenhaft schön. Das filigrane **gotische Maßwerk**, das die beiden übereinanderliegenden Loggiabalkone im Obergeschoss schmückt, gilt als das unwiderstehlichste Fotomotiv in ganz Venedig, die kunstvollen Mosaiken aus Halbedelstein am **Wassertor** sorgen für ein prächtigeres Entree als jeder rote Teppich.

Baron Franchetti vermachte die Ca' d'Oro samt seiner beeindruckenden Kunstsammlung der Stadt, die Kunstwerke werden nun oben in der **Galleria Franchetti** präsentiert. Zusätzlich sind verschiedene Kunstwerke ausgestellt, die während der Eroberung durch Napoleon aus den Kirchen des Veneto geraubt wurden. Napoleon hatte durchaus einen exquisiten Geschmack, was seine „Souvenirs" anging: Die edlen Bronzen, Wandteppiche, Gemälde und Skulpturen waren im Mailänder Brera Museum als Kriegstrophäen gelagert, bis Venedig die Objekte schließlich zurückforderte, um sie hier auszustellen. Zur Sammlung gehören Andrea Mantegnas Altarbild vom *Hl. Sebastian*, das ihn von Pfeilen durchbohrt und mit schreckensweitem Mund zeigt, Pietro Lombardos zarte *Madonna mit Kind* aus glänzendem Carrara-Marmor, Fragmente von Fresken Tizians, die nach dem Hochwasser 1967 gerettet werden konnten, und Tullio Lombardos *Letztes Abendmahl* für die Kirche Santa Maria dei Miracoli

HIGHLIGHTS
CHIESA DI SANTA MARIA DEI MIRACOLI

Als Nicolò di Pietros Marienbild etwa 1480 auf wundersame Weise an seinem Standort im Freien zu weinen begann, ließen sich die Massen in dieser beengten Ecke von Cannaregio kaum noch bändigen. Die Anwohner sammelten Geld und entwendeten mehrfarbigen Marmor von den Schlackehalden in San Marco, um diese Kapelle (1481–1489) zu bauen, die das Gemälde und natürlich auch seine verzückten Bewunderer beherbergen sollte. Doch es sollte noch ein weiteres Wunder auf dieses Viertel warten: Pietro und Tullio Lombardos Entwurf bediente sich nicht der grandiosen gotischen Formensprache, sondern beruhte auf einem klassischen Ansatz mit menschlicheren Dimensionen, der dann als Renaissancearchitektur Furore machen sollte.

Die aus zig Marmorblöcken zusammengesetzte Fassade ist ein Kleinod der kreativen Wiederverwertung: So mancher erkennt vielleicht den **mehrfarbigen Marmor** seitlich vom Markusdom, der von Ägypten bis Syrien geplündert wurde. Es ist schon beeindruckend, wie sorgfältig jedes der farbigen Marmorpaneele eingesetzt wurde, wodurch auf dem Gebäude gleichsam rhythmische Wellen entstanden.

Interessant ist die **Chortreppe** mit Engeln, die Tullio Lombardo direkt ins Geländer schnitzte. Ein herausragendes Beispiel für den Humanismus der Renaissance lieferte Pier Maria Pennacchi, der sämtliche 50 Paneele der **Kassettendecke** mit Porträts von Heiligen oder Propheten in venezianischen Gewändern bemalte – wie auf einem Klassenfoto im Jahreskalender der Schule.

NICHT VERSÄUMEN

- Renaissanceentwurf von Pietro Lombardo
- Wiederverwertete mehrfarbige Marmorverkleidung
- Marienbild von Nicolò di Pietro
- Chortreppe von Tullio Lombardo

PRAKTISCH & KONKRET

- Karte S. 336
- Campo dei Miracoli 6074
- Eintritt 3 €; Chorus-Pass
- ⌚Mo–Sa 10–17 Uhr
- Fondamente Nuove

(S. 134) – eine Hommage in Marmor an Leonardo da Vinci.

I GESUITI
KIRCHE

Karte S. 336 (041 528 65 79; Salizada dei Specchieri 4880; tgl. 10–12 & 16–18 Uhr; Fondamente Nuove) Die prachtvolle Jesuitenkirche aus dem 18. Jh. mit ihrer raumschiffgroßen **Kanzel** und ondulierten Marmorwänden ist selbst für den Rokoko schwindelerregend übertrieben. Sie in Gänze zu erfassen, ist nahezu unmöglich. Die Kirche ist üppigst mit weißen und goldenen Stuckaturen, weißen und grünen Marmorböden sowie Marmorschnörkeln auf jeder freien Fläche ausgestattet. Für etwas Erdenschwere sorgt Tizians uncharakteristisch dunkles, schwermütiges Gemälde *Martyrium des hl. Laurentius*, links vom Eingang aus. Ebenfalls untypisch ist Tintorettos Mariä Himmelfahrt im nördlichen Querschiff. Das Bild ist die Antithese seiner düsteren Gemälde in der Scuola Grande di San Rocco (S. 110), da es die Jungfrau auf fröhlicher Himmelfahrt zeigt, durchflutet von einem rosigen Leuchten, das an Tizian erinnert, und gestaltet mit einer Leichtigkeit, die wohl von Tiepolo inspiriert ist.

CAMPO DEI MORI
PIAZZA

Karte S. 336 (Madonna dell'Orto) Ein Herr mit gewaltigem Turban fällt an der Ecke der Calle dei Mori auf, wie dies wohl auch schon im Mittelalter der Fall war. Es handelt sich um eine von insgesamt vier Figuren an den Gebäudefassaden rund um den Campo dei Mori (Platz der Mohren) – vermutlich eine falsche Bezeichnung, denn besagte Statuen sollen die griechische Familie Mastelli darstellen, und besagter Herr an der Ecke ist Sior Rioba. Die Mastelli waren Kaufleute aus dem 12. Jh., die aus Morea stammten. Die Brüder Mastelli kamen wegen ihrer zwielichtigen Geschäfte und ihrer eifrigen Beteiligung an der Plünderung Konstantinopels unter dem Dogen Dandolo zu zweifelhaftem Ruhm. Einer venezianischen Legende zufolge verwandelte Maria Magdalena höchstpersönlich die Männer in Stein, weil sie so hartherzige Geschäftsleute waren.

PONTE DI CALATRAVA
BRÜCKE

Karte S. 336 (Piazzale Roma, Ferrovia) Die Brücke über den Canal Grande zwischen Santa Croce und Cannaregio, vom spanischen Architekten Santiago Calatrava 2008 gebaut, hat schon so manchen Beinamen erhalten: Fischschwanz, Glas- und Stahlfantasie, unnötig, überfällig, erfreulich schnittig oder unerfreulicherweise nicht barrierefrei. Ihre Kritiker weisen darauf hin, dass die Kosten dreimal so hoch waren wie ursprünglich 2001 veranschlagt. Außerdem arbeiten Ingenieure noch immer an einer 4 cm großen Abweichung, um für die Stabilität der Brücke zu sorgen. Ein Rollstuhllift wird wohl nachträglich angebracht, rechnet man aber die Wartezeiten mit, dürfte die Überquerung des Kanals mit dem *vaporetto* für Rollstuhlfahrer wohl immer noch die schnellere Alternative sein.

Selbst unter den Befürwortern gibt es Unstimmigkeiten. Einige behaupten, dass sie nachts am schönsten sei, wenn sie von Weitem wie ein kometenhafter Lichtschweif über dem Canal Grande schwebt. Andere bevorzugen sie bei Tag, wenn ihre rot gerippte Unterseite zu sehen ist. Besucher können es selbst entscheiden, ob sich Zeit und Geld gelohnt haben. Und sie können sich dann bei einem abendlichen Drink in Venedig in die Diskussionen über die relativen optischen und praktischen Vorzüge der Brücke einklinken.

IKONA GALLERY
KUNSTGALERIE

Karte S. 336 (041 528 93 87; www.ikonavenezia.com; Campo del Ghetto Nuovo 2909; Eintritt frei; während der Ausstellungen So–Fr 11–19 Uhr; Guglie) Kunst ist das fehlende Glied in der Kette zwischen der Geschichte des Ghettos und dem zeitgenössischen Kontext der Galerie Ikona, die sich mit Arbeiten hervortut, die zum Denken anregen sollen, und Installationen zu bestimmten Themen zeigt. Die jüngsten Präsentationen griffen auf die Fotografie als Mittel der Erinnerung zurück, doch das Gedenken thematisiert auch Michele Bubacco mit seinen bedrohlichen schwarz-weißen Wandmalereien oder Luigi Violas eindrucksvoller Zyklus *Kaddish*: ein Totengebet für die ausgelöschte Generation im Ghetto.

SPEZERIA ANTICA SANTA FOSCA
HISTORISCHE STÄTTE

Karte S. 336 (041 720 600; Campo Santa Fosca 2234a; Mo–Fr 9–12.30 & 15–19.30, Sa 9–12.45 Uhr; Ca' d'Oro) Medizinischer Fortschritt galt seit jeher als Schlüssel zum Leben – und zum Lebensunterhalt – in Venedig. Dort ermöglichten muslimische und jüdische Ärzte sowie das fast schon visionäre öffentliche Gesundheitswesen historische Errungenschaften wie die Quarantäne.

Diese perfekt erhaltene Apotheke zeigt nun, wie vor 300 Jahren medizinischer Rat in die Tat umgesetzt wurde: Allerlei Heilmittel in Keramikgläsern stehen in den handgeschnitzten Regalen; Radierungen, die kluge Ärzte sehen lassen, hängen unter der vergoldeten Holzbalkendecke. Nebenan bieten eine moderne Apotheke und ein homöopathisches Zentrum Hilfe in allen Gesundheitsfragen – von Babymilchpulver und orthopädischen Einlagen bis hin zu „Mode-Kondomen" in schicker Blechdose.

ESSEN

ANICE STELLATO VENEZIANISCH €€

Karte S. 336 (041 72 07 44; Fondamenta della Sensa 3272; Mahlzeiten 25–40 €; Mi–So 9.30–15.30 & 18.30–23.30 Uhr; Madonna dell'Orto) Wer es ein bisschen arg abenteuerlich findet, das Restaurant in dieser doch recht düsteren Ecke von Cannaregio aufzusuchen, sollte einfach abwarten, bis das Abendessen aufgetragen wird: Lammkotelett mit Kräuterkruste, selbst gemachte Ravioli und leicht angebratene *moeche* (weichkrustige Krabben), die komplett verzehrt werden. Zinnlampen und Platzdeckchen aus recyceltem Papier auf den großen Tischen, an denen alle Platz nehmen, bewirken, dass sich die Aufmerksamkeit auf das hiesige Essen und die Gesellschaft der Einheimischen richtet – ein denkwürdiges Erlebnis. Unbedingt reservieren.

OSTERIA BOCCADORO VENEZIANISCH €€€

Karte S. 336 (041 5211021; www.boccadorovenezia.it; Campiello Widmann 5405a; Di–So 12–15 & 19–22 Uhr; Fondamente Nuove) Die Vögel, die über dem Tisch auf dem *campo* so süß zwitschern, haben es vermutlich auf die Reste abgesehen, doch da stehen die Chancen eher schlecht. Die kreativen crudi (rohe Meeresfrüchte) von Küchenchef und Eigentümer Luciano sind mit zwei Bissen verzehrt – Thunfisch mit Blutorange, süße Garnelen auf einem Stück leuchtend grünem Apfel –, und die Gnocchi mit Spinnenkrebs sind auch gleich vom Teller verschwunden. Besonders gut mundet ein weißer Traminer zu den Gerichten mit Meeresfrüchten. Und unbedingt noch Platz

CHIESA DELLA MADONNA DELL'ORTO

Die Kirche ist dem Schutzheiligen der *gondolieri*, Kaufleute und Reisenden geweiht – und damit im Grunde genommen ganz Venedig. Die herrliche gotische **Kathedrale** (Karte S. 336; Campo della Madonna dell'Orto 3520; Eintritt 3 € oder Chorus-Pass; Mo–Sa 10–17 Uhr; Madonna dell'Orto) aus dem Jahr 1365 gilt als das bestgehütete Geheimnis Venedigs. Die Kirche – ein Kleinod aus Backstein mit weißen Kanten aus istrischem Stein und Figurenschmuck – sowie das angrenzende Kloster sollten ursprünglich den hl. Christopherus ehren. Doch als die Madonnenstatue, die vorübergehend im orto (Garten) der Klosterküche aufbewahrt wurde, mit einem Mal Wunder bewirkte, eroberte sie sich den Ehrenplatz am Altar. Das Gebäude wurde deshalb wie eine Kathedrale ausgeschmückt und bekam ein von Bartolomeo Bon entworfenes Portal. Dennoch hatte das Kloster Schwierigkeiten, die Mönche in dieser abgelegenen Ecke von Cannaregio zu halten, und so wurde das Gotteshaus schließlich zur Gemeindekirche herabgestuft, um dann im 18. und 19. Jh. ganz zu verfallen.

Doch auch nachdem der anfängliche Zustrom von Bewunderern des Marienbildnisses abgeebbt war, blieb ihr die ewige Ergebenheit ihres sicher bedeutendsten Gemeindemitglieds gewiss: Tintoretto. Die Kirche Madonna dell'Orto ist nämlich vom damaligen Wohnhaus und Atelier des Renaissancemeisters nur durch eine Fußgängerbrücke getrennt. Und er beehrte das Gotteshaus jahrzehntelang mit seiner Aufmerksamkeit. Tintoretto und seine Familie liegen in der Eckkapelle begraben, in der Apsis hängen einige seiner besten Werke: die *Vorstellung der Jungfrau im Tempel* mit Scharen von Engeln und Sterblichen, die unbedingt einen Blick auf Maria werfen wollen, sowie sein *Jüngstes Gericht* (1546), in dem verlorene Seelen versuchen, eine blaugrüne Flutwelle aufzuhalten, während ein Engel einen letzten Menschen vor der *acqua alta* (Hochwasser) rettet. Tintoretto ist eigentlich für seine nächtlichen Dramen bekannt, doch diese Werke verdeutlichen, dass er bei der Verwendung von Farbe den besten Malern Venedigs in nichts nachstand.

lassen für die üppige Mousse aus sechs Sorten Schokolade.

OSTERIA L'ORTO DEI MORI MODERN ITALIENISCH €€

Karte S. 336 (041 524 36 77; Campo dei Mori 3386; Mahlzeiten 20–40 €; Mi–Mo 12.30–15.30 & 19.30–24 Uhr; Madonna dell'Orto) Seit der Zeit, als Tintoretto nebenan wohnte, ist dieses verschlafene Viertel nicht mehr so lang aufgeblieben – und das verdankt es dieser neuen schicken *osteria*. Küchenchef Lorenzo, ein Sizilianer, macht jeden Tag frische Pasta, beispielsweise Tintenfisch auf Spinat-*tagliolini* und Schleifchen-Pasta mit Wurst und *radichio di Treviso*. Das beschwingte Personal und die Lampen in Fischform verleihen einem Abend hier etwas Spielerisches, außerdem bekommen die Gäste ein Glas Prosecco in die Hand gedrückt, während sie auf einen Tisch warten. Trotzdem besser reservieren.

ANTICA ADELAIDE VENEZIANISCH €€

Karte S. 336 (041 523 26 29; Calle Priuli 3728; Mahlzeiten 25–35 €; 12–15 & 19–23 Uhr; Ca' d'Oro;) In dem venezianischen Haus, in dem schon seit dem 18. Jh. die Nachbarn verköstigt werden, reicht die Auswahl an Gerichten von klassisch bis modern. Dazu zählen beispielsweise hervorragende *linguine* mit Lagunenmuscheln und einfallsreiche *orechiette* (kleine Öhrchen) mit Mandeln und Gorgonzola. Die Palette an – überwiegend – Weißweinen aus kleineren Weingütern ist preislich voll in Ordnung, für Biertrinker stehen mehrere Importbiere zur Auswahl. Eine schöne Adresse für einen gelungenen Sommerabend – am besten gleich telefonisch einen Tisch bestellen.

BENTIGODI VENEZIANISCH €€

Karte S. 336 (041 822 37 14; Calle Sele 822 37 14; Mahlzeiten 18–35 €; So–Mi 11.30–14 & 18.30–22, Fr & Sa 18.30–24 Uhr; San Marcuola) Die Konversation in dieser *osteria* im Ghetto ist angeregt, denn alle sind begeistert von den Tellern, auf denen sich *seppie in nero* (Tintenfisch in seiner eigenen Tinte zubereitet) und das *fegato veneziano* (venezianische Kalbsleber mit langsam gekochten Zwiebeln) nur so türmen. Vor allem mittags steigt die Geselligkeit hoch bis in die Dachsparren, dann kostet ein Menü ab 18 €. Die Gerichte werden alle sorgsam und den historischen Rezepten entsprechend zubereitet, und zwar mit Zutaten aus dem Veneto und erstklassigem einheimischem Käse. Dazu werden jede Menge super Weine aus dem Veneto sowie aus Friaul kredenzt.

ABSTECHER

DALLA MARISA

Im **Dalla Marisa** (Karte S. 336; 041 720 211; Fondamenta San Giobbe 652b; Menü 30–35 €; Di & Do–Sa 11–15 & 19–23 Uhr; Crea) werden die Gäste behandelt, als würden sie mit zur Familie gehören. Man setzt sich einfach hin, wo gerade Platz ist (eine Speisekarte gibt es nicht) – und isst, was Marisa gerade gekocht hat, und das schmeckt immer gut. Wer einen Tisch reserviert, bekommt gleich gesagt, dass überwiegend Fleisch- und Fischgerichte im Angebot sind und der Hauswein im Preis mit inbegriffen ist. Stammgäste – echte Venezianer natürlich – gestehen, dass Marisas *fegato alla veneziana* (venezianische Kalbsleber) sogar noch besser schmeckt als bei ihrer eigenen Oma. An Fischabenden (meist Di) gibt es jede Menge Fisch und Meeresfrüchte vom Grill, frittiert oder auf der Pasta oder dem Salat.

PASTICCERIA DAL MAS GEBÄCK €

Karte S. 336 (041 71 51 01; Rio Terà Lista di Spagna 150a; Gebäck 0,90–1,50 €; tgl. 7–18 Uhr; Ferrovia;) Wer früh los muss oder auch sonst mit dem Zug unterwegs ist, freut sich über das leichte Gebäck in der Nähe vom Bahnhof, das noch warm mit einem *macchiatone* (Espresso mit geschäumter Milch) besonders gut schmeckt – beispielsweise Apfelkuchen, Krapfen und das klassische *curasan* (Croissant).

AI CANOTTIERI VENEZIANISCH €€

Karte S 296 (041 715 408; Fondamenta del Macello 690; Mahlzeiten 20–35 €; Crea) Diese ungewöhnliche *osteria* wird gern von Architekturstudenten bevölkert, denn es gibt ein Mittags-Special mit Pasta für lediglich 15 €. Fans von Slow Food kommen mit leuchtenden Augen am Abend, um am Kanal bei Kerzenschein einem Gelage aus hervorragender Polenta mit *schie* (Lagunengarnelen) und sizilianischem Thunfisch zu frönen, der garantiert mit der Angel gefangen wurde. Wer während einer Regatta am Kanal sitzen möchte, sollte einen Tisch reservieren. Dann kann man zuschauen, wie die Ruderer mit Wahnsinnstempo an einem vorbeiziehen.

OSTERIA DA ALBERTO MEERESFRÜCHTE €€

Karte S. 336 (041 523 81 53; Calle Larga Gallina 5401; Mahlzeiten 15–25 €; Mo–Sa 12–15 & 18–23 Uhr; Fondamente Nuove) Hier kommen alle Markenzeichen einer echt venezianischen *osteria* zusammen: versteckte Lage, Fässer mit Wein, Kerzenleuchter, die wie mittelalterliche Folterinstrumente anmuten, dazu anständige Preise für Spaghetti *alla busara* (mit Garnelensoße), *cicheti* der Saison, knusprig frittierte Meeresfrüchte und samtene Pannacotta mit Erdbeeren. Am besten vorher anrufen, denn wenn nicht viele Gäste da sind, macht die Küche früher dicht.

LA CANTINA VENEZIANISCH €€

Karte S. 336 (041 522 82 58; Campo San Felice 3689; Cicheti 3–6 €, Hauptgerichte 15–30 €; Mo–Sa 11–23 Uhr; Ca' d'Oro;) Apropos Slow Food: Am besten schnappt man sich einen Hocker und ein einheimisches Morgana-Bier, während man auf seine *bruschetta* der Saison (wird auf Bestellung frisch zubereitet) oder auch auf eine herzhafte Bohnensuppe wartet. Wer die Meeresfrüchteplatte nimmt, muss schon ganz schön hungrig sein und auch tiefer in die Tasche greifen – die Marktpreise variieren. Also am besten anfragen, wie hoch der Preis gerade ist. Aber die Meeräsche mit Röstkartoffeln, die *scampi crudi* (Garnelen in der Art venezianischer Sushi) und die panierten Anchovis sind die Investition allemal wert.

OSTERIA ALLA VEDOVA VENEZIANISCH, CICHETI €€

Karte S. 336 (041 528 53 24; Calle del Pistor 3912; Cicheti 1–3,50 €, Mahlzeiten 15–40 €; Mo–Mi & Fr/Sa 11.30–14 & 18.30–22.30, So 18.30–22.30 Uhr; Ca' d'Oro) Die kulinarischen Traditionen sind in dieser osteria, einer der ältesten der Stadt, tief verankert. Aus diesem Grund stehen hier auch kein *spritz* oder Kaffee auf der Speisekarte, und die Gäste müssen auch nicht mehr als 1 € für die venezianischen Fleischklöße an der Bar bezahlen. Unbedingt probieren sollte man an der Bar die saisonal wechselnden *cicheti* und *ombre*, zusammen mit den Einheimischen. Wer den flotten und auch kostspieligen Service am Tisch vorzieht, um eines der sehr authentisch zubereiteten venezianischen Pastagerichte zu verspeisen, ruft am besten vorher an.

TAVERNA DEL CAMPIELLO REMER TRADITIONELL ITALIENISCH, CICHETI €€

Karte S. 336 (349 336 51 68; Campiello del Remer 5701; Cicheti 5–7 €, Mahlzeiten 20–40 €; Mi–Mo 9.30–14.30 & 17.30–1 Uhr; Rialto) Abseits der Touristenpfade und in der Nähe aller Ziele venezianischer Schnäppchenjäger liegt diese Taverne an einem etwas versteckt liegenden Platz am Canal Grande. Das Mittagessen wird als Büfett aufgetischt und beinhaltet die ganze Palette an *affetati* (besonderen Trevisana-Würstchen und geräucherte Wurst) sowie Pasta für rund 20 €. Sehr gut ist auch das Angebot am Spätnachmittag vor 19.30 Uhr, wenn ein Büfett mit *cicheti* und Getränken offeriert wird, die gerade einmal 5 bis 7 € kosten. Abends werden die abwechslungsreichen *primi* ganz familiär und in riesigen Mengen (rund 500 g für zwei Personen…) serviert. Die Spezialitäten des Tages rattert der Ober herunter – sie stehen nirgends angeschrieben. Auf dem Schild vor der Tür steht deshalb auch: *menú turistico non ghe xe* (kein Touristenmenü).

AUSGEHEN & NACHTLEBEN

LP TIPP AL TIMON WEINBAR

Karte S. 336 (041 524 60 66; Fondamenta degli Ormesini; Do–Di 11–1, Mi 18–1 Uhr; Guglie) Am besten stellt man sich seinen Regisseurstuhl an den Kanal und beobachtet dann, wie Träumer und Trinker sich für die *crostini* (Toasts) und die hochwertigen Bio- und DOC-Weine einstellen, die per *ombra* oder in der Karaffe ausgeschenkt werden. Manchmal spielen Folksänger Lieder, in die dann im Lauf des Abends alle einstimmen.

IL SANTO BEVITORE BAR

Karte S. 336 (041 71 75 60; Calle Zancani 2393a; Mo–Sa 8–24 Uhr; Ca' d'Oro) San Marco hat seinen schillernden Dom, doch hier befindet sich der Tempel der „heiligen Trinker" mit so verführerischen Angeboten wie einem kühlen Blonden, Trappisten-Ale, Tischen am Kanal, Fußball auf dem Bildschirm, Internetzugang am Nachmittag und abends sogar mal einer Liveband (vor allem irische Bands und Rockgruppen).

AGLI ORMESINI
PUB

Karte S. 336 (Da Aldo; ☎041 71 58 34; Fondamenta degli Ormesini, Cannaregio 2710; ⏲Mo–Sa 20–1 Uhr; ⛴Madonna dell'Orto) Während das restliche Venedig schier in Wein schwimmt, offeriert das Ormesini 120 Sorten Bier, darunter auch das einheimische Birra Venezia. Die fröhlichen, bierseligen Gäste stehen bis auf die Straße hinaus – allerdings möglichst leise, weil es sonst Ärger mit den Nachbarn gibt.

OSTERIA AI OSTI
BAR

Karte S. 336 (☎041 520 79 93; Corte di Pali Testori 3849; ⏲Mo–Sa 9.30–20 Uhr; ⛴Ca' d'Oro) Hinter dem alten Brunnen befindet sich zwischen einer Döner-Kneipe und einem irischen Pub dieser originale *Ombra*-Schuppen, in dem die Venezianer den ganzen Tag über vorbeischauen, um ein Glas Wein zu einem guten Preis zu trinken. Dazu bestellen sie sich etwas aus der guten Auswahl an *sopresse* (venezianische, weiche Salami) und *cicheti,* die locker fürs Mittagessen oder als frühes Abendessen reichen.

UN MONDO DI VINO
BAR

Karte S. 336 (☎041 521 10 93; Salizada San Canciano 5984a; ⏲Di–So 11–15 & 18.30–23 Uhr; ⛴Rialto) Am besten kommt man zeitig, um auch gleich zu den Ersten zu gehören, die die frischen und meist unfrittierten Happen von der Bar genießen – mit etwas Glück beispielsweise marinierte Artischocken und Muscheln. Zu der Zeit sind vielleicht auch noch ein paar Quadratzentimeter auf dem Fenstersims frei, auf denen man dann den überquellenden Teller und sein Glas Wein abstellen kann. Zur Auswahl stehen 45 Sorten Wein per Glas; die Preise beginnen ab 1,50 € und reichen bis 5 €. Am besten nimmt man einfach, was der Typ hinter der Bar einem empfiehlt.

CAFFÈ COSTA RICA
CAFÉ, BAR

Karte S. 336 (☎041 71 63 71; Rio Terà San Leonardo 1337; ⛴San Marcuola) Ein ungeplanter Abstecher auf dem Weg zum Bahnhof ist keine Seltenheit, denn der Duft, der aus diesem kleinen Laden mit Unmengen Jutesäcken mit Kaffee strömt, ist einfach zu verführerisch. Die Familie Marchi importiert schon seit 1930 Kaffeebohnen aus Costa Rica und anderen Ländern, die für ihren hervorragenden Kaffee bekannt sind. Die Bohnen werden täglich frisch vor Ort geröstet und gemahlen, damit die Kaffeekenner auch voll zufrieden sind.

ABSTECHER

ALGIUBAGIÓ

So ziemlich jede andere Bar in Venedig liegt zentraler als das **Algiubagió** (Karte S. 336; ☎041 523 60 84; Fondamente Nuove 5039; ⏲Mi–Mo 7.30–24 Uhr; ⛴Fondamente Nuove), das eigentlich nur für Leute praktisch ist, die auf Murano beim Einkaufen oder in Burano beim Fotografieren waren. Doch in Sachen moderne Romantik sucht dieses Lokal seinesgleichen. Die lange Bar drinnen garantiert einen vielversprechenden Start in die romantische Nacht. Hier stehen 300 verschiedene Weine zur Auswahl, Strahler verströmen gedämpftes Licht unter der urigen Holzbalkendecke. Nach einem lässigen Drink an der Bar wird vielleicht sogar ein Tisch für zwei Personen frei, wo dann so ambitionierte – und teuere! – Gerichte wie Gänse- und Trüffel-Ravioli locken.

☆ UNTERHALTUNG

CASINÒ DI VENEZIA
CASINO

Karte S. 336 (☎041 529 71 11; www.casinovenezia.it; Palazzo Vendramin-Calergi, Cannaregio 2040; Eintritt 5 € oder mit 10 €-Spielmünze frei; ⏲So–Do 11–2.30, Fr & Sa 11–3 Uhr) Keine Oper reicht an die Dramen heran, die sich seit dem 16. Jh. in diesem palastartigen Spielcasino abspielen: Richard Wagner überlebte 20 anstrengende Jahre, die die Komposition seines *Ring der Nibelungen* in Anspruch nahm, um 1883 hier zu sterben. Wagners Suite wurde inzwischen in ein **Museum** (☎041 276 04 07; ⏲Di & Sa mittags, mind. 1 Tag vorher reservieren) umfunktioniert. Zu sehen sind vielerlei Erinnerungsstücke, darunter ein schriftlicher Auftrag, den Wagners Frau erteilte, nämlich ihren Lieblingsgondoliere mit Champagner zu beliefern, aber auch – recht makaber – das Sofa, auf dem Wagner seinen tödlichen Herzschlag erlitt.

Die eigentlichen Attraktionen befinden sich jedoch im Casino, allen voran Roulette und Blackjack. Hotelgäste erhalten in der Regel einen Coupon für einen freien Eintritt von ihrem Portier. Die Spielautomaten sind ab 11 Uhr in Betrieb. Wer an den Tischen sein Glück versuchen möchte, kommt ab 15.30 Uhr, und zwar in den feinsten Klamotten – und mit Pokerface.

TEATRO FONDAMENTA NUOVE THEATER, TANZ

Karte S. 336 (☎041 522 44 98; www.teatrofondamentanuove.it; Fondamente Nuove 5013; Preise der Eintrittskarten variieren; ⛴Fondamente Nuove) In der Experimentierecke von Cannaregio ist mit Unerwartetem zu rechnen: Tanz, der von Wasser und Arithmetik inspiriert ist, Freeform-Jazz und improvisierte E-Musik, britische Aktionskunst auf Italienisch und ein nie enden wollender Strom von renommierten Künstlern aus Brasilien bis Finnland, die vor vollem Haus spielen (sprich 200 Leuten).

PARADISO PERDUTO LIVEMUSIK

Karte S. 336 (☎041 72 05 81; Fondamenta della Misericordia 2540; ⏲Do–Mo 19–1 Uhr; ⛴Madonna dell'Orto) Das „Verlorene Paradies" ist etwas für Leute, die an einem warmen Sommerabend nach einem kalten Bier am Kanal lechzen und dabei gern Livemusik hören, die hier gelegentlich gespielt wird. In den letzten 25 Jahren standen der Troubadour Vinicio Capossela, die italienische Jazzgröße Massimo Urbani und sogar Keith Richards schon auf der kleinen Bühne des Paradiso. Sonntags finden abwechselnd Kunstvernissagen und Jamsessions statt, die zwei unabhängige einheimische Labels ausrichten.

CINEMA GIORGIONE MOVIE D'ESSAI KINO

Karte S. 336 (☎041 522 62 98; Rio Terà di Franceschi 4612; Erw./Stud. 7,50/5,50 €; ⛴Fondamente Nuove) In diesem modernen Kino im Herzen Venedigs werden Filme mit Oskarpreisträgern sowie restaurierte Filmklassiker gezeigt. Es gibt zwei Säle – einer ist allerdings echt winzig – und täglich mindestens drei Vorstellungen (meist um 17, 19.30 und 22 Uhr).

SHOPPEN

LP TIPP **MALEFATTE** GESCHENKE, ACCESSOIRES

Karte S. 336 (☎041 521 02 72; www.rioteradeipensieri.org, auf Italienisch; Calle Zancani 2433; ⏲Mo–Sa 10–19 Uhr; ⛴San Marcuola) „Missetaten" nennt sich diese karitative Initiative von und für inhaftierte Arbeiter, aber ihre Mode mit Siebdruck, die biologischen Produkte zur Körperpflege und Pop-Art-Einkaufstaschen aus recycelten Vinyl-Museumstransparenten sind wahrhaftig keine Missetaten, sondern echt super. Schürzen, auf denen das *Spritz*-Rezept steht, T-Shirts, die das Ausmaß der *acqua alta* zeigen, und Tagebücher, die aus Werbung für Kunstausstellungen in Venedig gefertigt wurden, sind ausgefallene Andenken. Alles, was es hier gibt, unterstützt die Ausbildung wie auch die Wiedereingliederung in die Gesellschaft nach der Haftzeit auf Giudecca.

LP TIPP **OLD WORLD BOOKS** BÜCHER

Karte S. 336 (☎041 275 94 56; Punto del Ghetto Vecchio; ⏲Mo–Fr 10–13 & 16–19 Uhr; ⛴Guglie) Seltene Bücher, Lokalgeschichte und Sondertitel für Leute mit Venedigwahn (wie *Die Schornsteine von Venedig, Verlassene Inseln in der Lagune*) locken Bücherfans aller Couleur an. Die Dichter sind vermutlich vor allem wegen des kostenlosen Proseccos hier, um auf diese Weise die Veröffentlichung ihres neuesten Buchs im Selbstverlag zu feiern. Gedichte würdigen die Lieblingsthemen der Venezianer – Wasser, Lust, Geheimnis, unanständigen Humor – und sind hier als Ausgaben mit limitierter Auflage erhältlich, was auch für Originalwerke von Künstlern aus dem Ghetto gilt.

GIANNI BASSO DRUCKER

Karte S. 336 (☎041 523 46 81; Calle del Fumo 5306; ⏲Mo–Sa 9–13 & 14–18 Uhr; ⛴Fondamente Nove) Signor Basso muss für seinen Druckereiservice nicht groß Werbung machen, es reichen schon die Visitenkarten in seinem kleinen Schaufenster mit klingenden Namen und passenden Symbolen. Den Namen des Restaurantkritikers Gale Greene umrahmen Messer und Gabel, der Name des Dirigenten Michael Tilson Thomas steht auf einem großen Klavier, und der Spitzname von Hugh Grant erscheint neben einem erstaunlich zahmen Löwen. Wer hier seine Geschäftskarten, Speisekarten oder Einladungen in Auftrag geben möchte, sollte Bargeld einstecken. Man kann sich darauf verlassen, dass Gianno Basso notfalls alles per Post schickt – die angegebenen Geschäftszeiten sind nämlich eher als Näherungswerte zu verstehen.

LE MASCHERE DI ALE ACCESSOIRES

Karte S. 336 (☎041 241 25 92; www.lemascherediale.com; Calle Dolfin 5648a; ⏲Mo–Sa 10–19 Uhr; ⛴Rialto) Alles in Venedig sieht mit viel Gold und Silber schöner aus, wie an den von Hand marmorierten Seidenarmbändern, den schillernden Faschingsmasken aus geprägtem Samt, den *furlane* (Slipper) aus Gobelin und den Brokathandtaschen deutlich zu sehen ist. Alle Stücke sind Unikate, die in Venedig in Handarbeit hergestellt wurden; die Preise liegen bei 12 bis 79 € und sind damit echte Schnäppchen.

VLADI SHOES SCHUHE

Karte S. 336 (☎041 244 00 84; www.vladishoes.it; Rio Terá della Maddalena 2340; ⏲Mi–Mo 10.30–19.30 Uhr; ⛴Ca' d'Oro) Diesen Laden verlässt man mit in Venedig gefertigten Schuhen, die modisch, mit einem anständigen Absatz bestückt und noch dazu erstaunlich praktisch sind. Algengrüne College-Schuhe, marineblaue Wildlederpumps und scharlachrote Riemchensandaletten machen die *fondamente* von Cannaregio während der Happy Hour zum persönlichen Laufsteg – und zwar ohne dass die schmerzenden Füße sich nach einem *vaporetto sehnen.*

ANTICHITÀ AL GHETTO ANTIQUITÄTEN

Karte S. 336 (☎041 524 45 92; Calle del Ghetto Vecchio 1133/4; ⏲Mi–Sa 9.30–12 & 14.30–18, Di 14.30–18, So 10–13 Uhr; ⛴Guglie) Statt eines T-Shirts als Souvenir gibt's in diesem Antiquitätengeschäft geschichtsträchtige Andenken an Venedig: alte Karten von den Kanälen, Radierungen, die venezianische Dandys zeigen, wie sie gerade anmutig aus der Gondel steigen, und Kameen aus dem 18. Jh., die einst die topmodisch gekleideten Damen im Ghetto trugen.

GIUNTI AL PUNTO BÜCHER

Karte S. 336 (☎041 524 37 28; Rio Terà Maddalena; ⏲Mo–Mi 9–20, Fr & Sa 9–24, Do & So 10–22 Uhr; ⛴Guglie) Öffnungszeiten bis spätabends, anständige Taschenbücher in mehreren Sprachen, nützliche Kochbücher und Stadtpläne von Venedig: Hier bekommt man jede Menge Lesestoff und Informationen für den Urlaub.

ABSTECHER

SPILLI LAB & SHOP

Glamour wirkt im Designladen **Spilli Lab & Shop** (Karte S. 336; ☎340 276 72 96; www.spilli-venezia.com; Ponte dei Miracoli 6019; ⏲Di–So 9.30–12.30 & 15.30–19.30, Mo 15.30–19.30 Uhr; ⛴Fondamente Nove) ganz natürlich. Hier bekommt man Baumwolltuniken mit Goldstickerei, Strohhüte und lässige Segeltuchtaschen. Alessia Sopelsa hat ein Auge für luxuriöse Materialien und originelle Details – und trotzdem ist hier alles noch erstaunlich erschwinglich: Mode zu zweistelligen Preisen, die bei Biennalebesuchern für Aufsehen sorgt.

DOLCEAMARO LEBENSMITTEL, WEIN

Karte S. 336 (☎041 523 87 08; Campo San Canciano 6051; ⏲Mo–Sa 10–13 & 16–19.30, So 11.30–13.30 & 16.40–19.30 Uhr; ⛴Rialto) Kulinarisch versierte Touristen, die schon hier und dort waren und dies und das gegessen haben, finden im Dolceamaro doch noch etwas Besonderes: eine kleine Platte mit italienischem Käse und geräucherter Wurst aus – Schokolade! Es gibt hier aber auch Wein, Grappa aus dem Veneto und andere Delikatessen, darunter gereifter Balsamico und ganze Trüffeln.

Sestiere di Castello

Highlights

❶ Während besonderer Veranstaltungen kann man einen Blick ins Innere des **Arsenale** (S. 145) werfen: Die riesige Schiffswerft der Republik Venedig war einst das bestgehütete Geheimnis der Welt.

❷ Die Kirche **Zanipolo** (S. 147) aus dem 14. Jh. beeindruckt allein schon durch ihre unglaubliche Größe, sie birgt meisterhafte Gemälde und Skulpturen.

❸ Ein Morgenspaziergang entlang der **Riva degli Schiavoni** (S. 153), Castellos wunderschöner Uferpromenade.

❹ Die schattigen Wege in Napoleons **Giardini Pubblici** (S. 149) laden zu einer Pause zwischen zwei Sehenswürdigkeiten ein.

❺ Die Musik von Vivaldi entfaltet in der extravaganten Rokokokirche **La Pietà** (S. 153) mit ihrer tollen Akustik einen ganz besonderen Reiz: Die Kirche wurde eigens ihm zu Ehren errichtet.

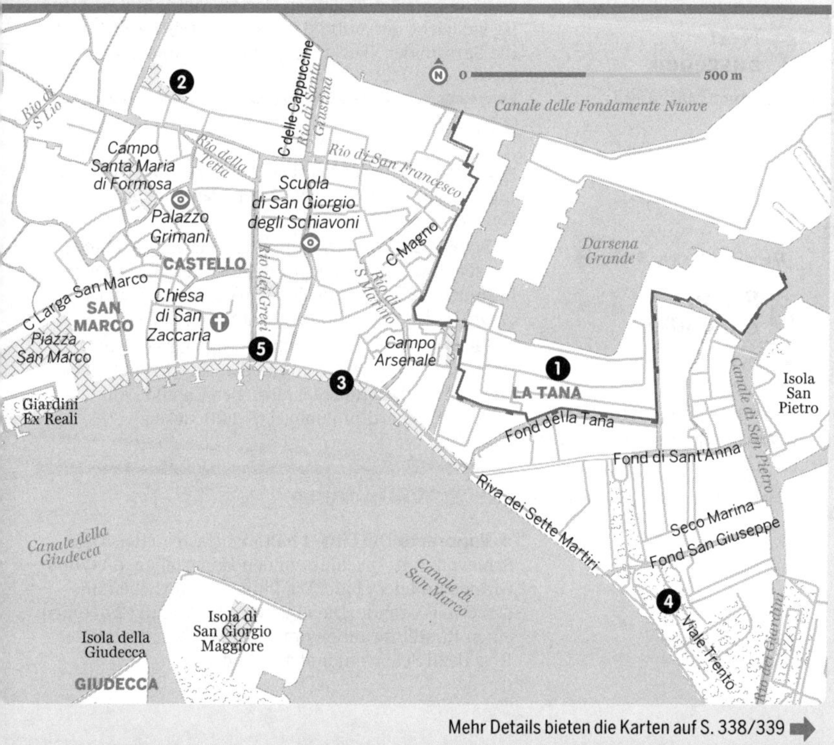

Mehr Details bieten die Karten auf S. 338/339

Top-Tipp

Venedig ist am frühen Morgen bzw. am Abend, wenn die Tagestouristen abgereist sind, am schönsten. Dies gilt besonders für die Riva degli Schiavoni, an der sich von 9 Uhr morgens bis 9 Uhr abends die Tagesausflügler von den Kreuzfahrtschiffen tummeln. Wer bei Sonnenaufgang aus dem Bett kommt, kann die Promenade am Meer in aller Pracht und in überraschender Einsamkeit genießen – und auch gleich noch tolle Fotos schießen – völlig ohne Leute.

Gut essen

- Trattoria Corte Sconta (S. 157)
- Met (S. 157)
- Al Covo (S. 157)

Mehr Details siehe S. 157

Nett ausgehen

- Enoteca Mascareta (S. 160)
- Bar Terazza Danieli (S. 160)
- L'olandese Volante (S. 161)

Mehr Details siehe S. 160

Schön einkaufen

- Giovanna Zanella (S. 162)
- Sigfrido Cipolato (S. 162)
- Atelier Alessandro Merlin (S. 162)

Mehr Details siehe S. 162

Castello erkunden

Castello erstreckt sich von San Marco bis zum östlichen Stadtrand von Venedig und ist eines der weitläufigsten *sestieri* der Stadt. Am besten beginnt man gleich mit den schönsten Sehenswürdigkeiten – der herrlichen Kirche Zanipolo, den golden schimmernden Gemälden Carpaccios in der Scuola di San Giorgio degli Schiavoni und den lichtdurchfluteten Galerien des Palazzo Grimani. In Richtung Osten liegt die Schaltzentrale der Seefahrt, die Schiffswerft, kurz und bündig Arsenale genannt. Sie ist nur bei Sonderveranstaltungen geöffnet, doch das Museo Storico Navale vermittelt einen guten Einblick in die Seefahrtsgeschichte der Stadt. Östlich vom Arsenale erstreckt sich die Hochburg der Arbeiterschicht, hier nimmt der Touristenstrom rapide ab. Auf den Straßen und bei einem guten *aperitivo* oder einem herzhaften Mittagessen hört man mit Sicherheit den venezianischen Dialekt. Ein Stück weiter sind die Giardini Pubblici Austragungsort der Biennaleevents. Auch die entlegeneren Stadtteile lohnen einen Besuch: Auf der Insel San Pietro del Castello steht die Kathedrale von Venedig, die grüne Isola di Sant'Elena ist ein Wohngebiet, das wie eine Kitschversion Venedigs aus dem 20. Jh. wirkt. Bei Sonnenuntergang geht es an der Riva degli Schiavoni entlang zurück. Ein netter Ausklang des Tages ist ein Abendessen entweder im gehobenen Met oder im rustikal-eleganten Corte Sconta. Ein *aperitivo* ist vielleicht der Auftakt für eine durchfeierte Nacht – die Bars an der Via Garibaldi warten schon!

Tipps der Einheimischen

- **Ausgehen** Rechtschaffene Venezianer mischen sich mit ihren Bohemien-Nachbarn in den Bars an der Via Garibaldi (S. 160).
- **Schneller Happen** Die Einheimischen schauen den ganzen Tag über im Bacaro Risorto (S. 158) vorbei und bestellen *cicheti*; *gondolieri* trinken ihren täglichen *spritz* in der Pasticceria Da Bonifacio (S. 158).
- **Relaxen** *Nonne* (Großmütter) treffen sich zum Nachmittagsklatsch, während die Kids den Ball über den Campo di Bandiera e Mori, den Campo Zanipolo und in den Giardini Pubblici (S. 149) kicken.

An- & Weiterreise

- **Vaporetto** Die Linie 1 hält mehrfach an der Riva Schiavoni mit Anschluss zu den Haltestellen am Canal Grande und dem Lido. Die Linie 2 befährt ebenfalls den Canal Grande. Die Linien 41, 42, 51 und 52 nehmen einen Rundkurs außen um Venedig, sie halten an der Riva degli Schiavoni und auf Giudecca.

HIGHLIGHTS
ARSENALE

Die 1104 gegründete Werft Arsenale entwickelte sich im Mittelalter rasch zu Europas größter Schiffswerft. Bis zu 16 000 Arbeiter waren hier angestellt, die imstande waren, an einem einzigen Tag eine neue Galeere zu bauen. Historiker bezeichnen die Werft als einzigartiges Beispiel für eine Massenproduktion vor der Industrialisierung: Die Arbeitsabläufe waren zentralisiert und standardisiert, verwendet wurden austauschbare Teile. Der Arsenale nimmt fast 15 % der Stadt. Er ist bis heute von einer rund 3,2 km langen Mauer umgeben, die hoch genug ist, um vor neugierigen Blicken zu schützen. Derartige Geheimnistuerei ist verständlich, denn die Kriegs- und Frachtschiffe ermöglichten es Venedig jahrhundertelang, das östliche Mittelmeer zu beherrschen.

In seiner Blütezeit muss der Arsenale einen enormen Eindruck mit seinem brodelnden Pechtöpfen, der Metallverarbeitung und dem Holzzuschnitt gemacht haben. Dante nutzte ihn als Vorbild für seine Höllenszene in der *Göttlichen Komödie* (Canto XXI, Zeilen 7–21). In den 1590er-Jahren war Galileo als Sonderberater am Arsenale tätig, um den Venezianern bei der Optimierung ihres Schiffsbaus behilflich zu sein und Schiffe zu bauen, die sich mit immer wirkungsvollerer Munition ausstatten ließen. Das später von ihm verfasste Traktat zu diesem Thema gilt als richtungsweisend in der Materialkunde.

Kernstück des Komplexes war der **Arsenale Vecchio** (altes Arsenal), wo auch der *bucintoro*, die Prunkgaleere des Dogen, stand. 1303/04 kam die erste Erweiterung, **La Tana**, hinzu, die fast die ganze Länge der Südseite des Arsenale einnahm. Dort stellten vor allem Kinderarbeiter die Stricke her. La Tana ist aber 1579 von Antonio da Ponte (Architekt der Rialto-Brücke) umgestaltet worden. Der **Arsenale Nuovo** kam 1325 hinzu, 1473 gefolgt vom **Arsenale Nuovissimo**. Im 16. Jh. erforderte der Bau der galeazze weitere Werkstätten

NICHT VERSÄUMEN

- Porta Magna
- Corderia
- Artigliere

PRAKTISCH & KONKRET

- Karte S. 338
- ☎041 521 87 11
- www.labiennale.org
- Campo Arsenale 2407
- Eintritt variiert
- ⏱unterschiedlich
- 🚢Arsenale

BUCINTORO

Seit sieben Jahrhunderten gibt es den *bucintoro*. Das prachtvollste Schiff, das der Arsenale hervorbrachte, fungierte als die offizielle Galeere des Dogen. Vier Varianten sind bekannt, die erste wurde 1311 gebaut. Am extravagantesten war jedoch wohl die vierte und letzte Version. Sie wurde 1727 vollendet und präsentierte sich als mehrstöckiger schwimmender *palazzo*, der komplett mit Blattgold verkleidet war und 90 Sitzplätze aufwies – allein der Hauptsalon beeindruckte mit 48 Fenstern. 168 Ruderer waren erforderlich, um das Schiff zu manövrieren. Ein maßstabsgetreues Modell ist im Museo Storico Navale (S. 154) zu sehen, dort befinden sich auch einige der Originalteile, die gerettet werden konnten, nachdem die Truppen Napoleons das Schiff 1798 in Brand gesteckt hatten.

Die Fondazione Bucintoro scheut keine Kosten und Mühen, um den Bucintoro aus dem Jahr 1727 in Originalgröße nachzubauen – für geschätzte 20 Mio. €. Die Fertigstellung des Schiffes war ursprünglich für 2010 geplant, 2015 soll es nun endgültig so weit sein.

und Hallen und die Schaffung eines tieferen Canale delle Galeazze.

Das revolutionärste am Arsenale war aber wohl, dass die Kanäle wie Fließbänder genutzt wurden. Das entstehende Schiff bewegte sich von einem Konstruktionsabschnitt zum nächsten – eine Methode, die in diesem Umfang erst wieder in Henry Fords „revolutionärer“ Autofabrik im 20. Jh. zum Tragen kommen sollte. Aufgrund dieser Innovation was es möglich, 100 Galeeren gleichzeitig zu produzieren.

Inzwischen werden große Bereiche des Arsenale zu friedlichen Zwecken genutzt. Lang vernachlässigte Areale hat man teilweise restauriert, um sie als Ausstellungsfläche während der Architektur-Biennale und anderen Sonderveranstaltungen zu nutzen.

Achtung: Der Arsenale steht ausschließlich bei besonderen Veranstaltungen wie der Kunst- und Architektur-Biennale zur Besichtigung offen. Wer mehr über die Geschichte der Seefahrt erfahren möchte, besucht am besten das Museo Storico Navale (S. 154).

Porta Magna

Das Landportal des Arsenale mit dem Markuslöwen obenauf, der einer Zerstörung durch Napoleons Truppen entkam, wird von Vielen als frühestes Beispiel der Renaissancearchitektur Venedigs betrachtet. Es entstand vermutlich 1460. Eine Plakette erinnert an den Sieg von Lepanto 1571, und die eingezäunte Aufgangsterrasse wurde 1692 angefügt. Unterhalb der Statuen befinden sich ein paar Steinlöwen. Der größte, in majestätischer Sitzhaltung, wurde von Francesco Morosini als Beutegut aus dem griechischen Piräus mitgebracht, was wohl gar nicht so einfach war. An der rechten Flanke des Löwen sind einige Wikingerrunen zu sehen. Sie sollen angeblich eine Art Kriegstrophäeninschrift aus dem 11. Jh. sein, mit der norwegische Söldner mit ihrer Rolle bei der Niederschlagung einer griechischen Rebellion gegen Byzanz prahlten – eine Art von Berichterstattung nach Söldnerart.

Ausstellungsflächen während der Biennale

Heute befinden sich in den Bauhallen des Arsenale **Ausstellungen der Architektur- und Kunst-Biennale**. Sie bieten Einblicke in die alte Anlage und die Arbeitsabläufe vergangener Tage, etwa in der ehemaligen **Corderia** (wo Schiffsttaue gefertigt wurden), bei der **Artiglierie** (Kanonen) sowie in verschiedene Kaianlagen. Leider sind die Räumlichkeiten nur im Rahmen solcher Veranstaltungen öffentlich zugänglich.

HIGHLIGHTS ARSENALE

HIGHLIGHTS ZANIPOLO

Als die Dominikaner 1333 mit dem Bau des Zanipolo (oder: Chiesa Santi Giovanni e Paolo) begannen, um die Chiesa di Santa Maria Gloriosa dei Frari (S. 112) der Franziskaner auszustechen, ließ die Kirche Emotionen hochkochen, die eher einem Fußballspiel als einem Bauwerk entsprachen. Beide Gebäude haben rote Backsteinfassaden mit kontrastierenden Verzierungen aus weißem Stein. Doch da die Fassade des Zanipolo unvollendet blieb, ging der Punkt alsbald an die anmutig aufragende Franziskanerkirche – samt Tizians Altargemälde *Mariä Himmelfahrt*. Im Lauf der Jahrhunderte konnte San Zanipolo den Punktestand dann zumindest ausgleichen – dank seiner Größe und den vielen Meisterwerken.

Im venezianischen Dialekt ist Zanipolo eine Verschmelzung von „Giovanni e Paolo". Der Name bezieht sich nicht auf die beiden Apostel, sondern auf zwei Märtyrer im frühchristlichen Rom. Nicht versäumen sollte man das herrliche Buntglas im südlichen Querschiff. Es stammt aus Murano und rückt die Entwürfe von Bartolomeo Vivarini und Girolamo Mocetto ins rechte Licht.

Triptychon von Bellini

Mithilfe seiner innovativen Verwendung von langsam trocknenden Ölfarben führte Giovanni Bellini in die venezianische Malerei eine lebhafte Sinnlichkeit ein, die zu seinem Markenzeichen avancieren sollte. Über dem zweiten Altar im rechten Seitenschiff geben seine Gemälde der *Heiligen Vinzenz Ferrer, Christopherus und Sebastian* ein hervorragendes Beispiel ab.

NICHT VERSÄUMEN

- Giovanni Bellinis *Die Heiligen Vinzenz Ferrer, Christopherus und Sebastian*
- Pietro Lombardos Grabmal für Pietro Mocenigo
- Buntglas im südlichen Querschiff
- Guido Renis *San Giuseppe*
- Giambattista Lorenzettis *Jesus der Steuermann*

PRAKTISCH & KONKRET

- Karte S. 338
- ☎041 523 59 13
- Campo Zanipolo
- Eintritt 2,50 €
- ⏲Mo–Sa 9–18, So 12–18 Uhr
- Ospedale

Grabmale der Dogen

Jahrhundertelang fanden im Zanipolo die offiziellen Beisetzungsfeierlichkeiten der Dogen statt, von denen 25 hier ruhen. Die kahlen Ziegelmauern der Basilika akzentuieren ihre prachtvollen Marmorgrabmäler. Beim Hereinkommen links empfand Pietro Lombardo das Grabmahl für Pietro Mocenigo (1406–1476) einem römischen Triumphbogen nach .

Architektur

Die Backsteinbasilika im klassischen Stil der italienischen Gotik war so konzipiert, dass im 14. Jh. die gesamte Bevölkerung von Castello in ihr Platz fand. Das hohe Kirchenschiff wird von Spitzbögen getragen und zudem von mehreren Kreuzbalken verstärkt, die wegen der durchnässten Erde erforderlich waren. Wie für die italienische Gotik typisch, weisen die Fassade wie auch der Kirchenraum die Einfachheit einer Scheune auf.

Reni, Lorenzetti & Veronese

Guido Renis *San Giuseppe* ist Ausdruck einer seltenen Vaterliebe: Josef und das Jesuskind wechseln liebevolle Blicke. Die Kuppel am südwestlichen Ende des Kirchenschiffs beeindruckt mit Giambattista Lorenzettis *Jesus der Steuermann:* Jesus sucht den Himmel ab wie ein besorgter Steuermann das Meer. In der **Cappella del Rosario** stellt Veroneses Deckengemälde *Mariä Himmelfahrt* die rotwangige Jungfrau dar, die eine Treppe erklimmt.

HIGHLIGHTS
PALAZZO GRIMANI

Nach dem Anmarsch durch die dunklen, schmalen Gassen wirkt dieser von Licht erfüllte Renaissancepalast umso beeindruckender. Die Familie Grimani erbaute ihn im 16. Jh., um dort ihre griechisch-römische Sammlung unterzubringen, von der viele Stücke heute im Museo Correr (S. 70) ausgestellt sind. Der *palazzo* hat einen weitläufigen Hof, der ungewöhnlich für Venedig und eine Hommage an den römischen Baustil ist.

Heute werden im Palast hochkarätige Ausstellungen gezeigt, wobei alleine schon die imposanten Räumlichkeiten den Besuch lohnen. Was im Übrigen auch für das oft leere, weiß getünchte Café im Haupthof mit Zen-Atmosphäre gilt: Es ist komplett mit recycelten Materialien möbliert, z. B. Sitzsäcken aus alten Kaffeesäcken. Eigentlich müssen die Besucher im Besitz einer Eintrittskarte für das Museum sein, um hier ihren Biokaffee zu schlürfen, aber meist fragt niemand danach.

Wer das Gebäude entworfen hat, ist strittig. Die Meriten gehen in der Regel an Michele Sanmicheli, einen Veroneser, der zur Zeit der Hochrenaissance in Rom seine Ausbildung erhielt. Manche meinen, dass auch Jacopo Sansovino eine Rolle spielte. Wieder andere schreiben die Treppe Palladio zu. Sicher ist, dass Giovanni Grimani (1501–1593) am Entwurf beteiligt war, der auf das antike Rom Bezug nahm. Das Ergebnis ist eine einzigartige Verschmelzung von Architekturelementen aus Florenz, Rom und Venedig.

NICHT VERSÄUMEN

- Ganymed, der in La Tribuna hängt
- Getreide in der Sala ai Fogliami
- Café im Hof

PRAKTISCH & KONKRET

- Karte S. 338
- ☎041 520 03 45
- www.palazzogrimani.org
- Ramo Grimani 4858
- Erw./erm. 9/7 €
- ⏱9–19 Uhr
- Ospedale, Rialto

La Tribuna

Heute sind die Nischen leer, doch damals beherbergte das Marmor-Atrium, La Tribuna genannt, über 100 klassische Statuen – eine melancholische Ode an eine längst verlorene Zeit. Eine vierkantige Laterne erhellt oben die Gewölbedecke mit Trompe-l'œil-Kassetten. In diesem seltsamen Raum schwebt eine Statue von Ganymed aus edlem Marmor.

Sala ai Fogliami

Der von Mantovano mit Fresken ausgeschmückte „Blättersaal" beeindruckt wohl am stärksten. Die Decke und die Wände sind über und über mit Darstellungen von Pflanzen und Vögeln bedeckt, wodurch der Eindruck entsteht, als würde man ins Freie schauen. Mantovano malte sogar Spezies aus der Neuen Welt, die man in Europa erst vor geraumer Zeit entdeckt hatte, darunter Tabak und Getreide.

Weitere Fresken im römischen Stil

Neben Mantovano engagierte Grimani ein „Dreamteam" von Freskenmalern, das sich auf einfallsreiche groteske sowie dynamische mythologische Szenen im Stile Pompejis spezialisiert hatte. Francesco Salviati verwendete die glühenden Farben, die er für den Palazzo Vecchio in Florenz und den Palazzo Farnese in Rom benutzt hatte; er arbeitete mit Francesco Menzocchi zusammen, der für die Fresken im Vatikan verantwortlich zeichnete. Der römische Maler Giovanni da Udine, einer der begabtesten Schüler Raffaels und Giorgiones, widmete drei Räume den Geschichten Ovids. Zur Liste mit beeindruckenden Namen gehört auch noch Federico Zuccari: Er gestaltete die Decke in der Haupteingangshalle mit Motiven aus Grimanis eigener römischer Sammlung.

HIGHLIGHTS
GIARDINI PUBBLICI

Während der Kunstbiennale gestaltet es sich oft gar nicht so einfach, den Wald aufgrund der vielen Bauminstallationen zu sehen, dennoch stellt dieser Garten die größte Grünfläche Venedigs dar. Die Giardini wurden 1807 angelegt, als Napoleon zum Schluss kam, dass Venedig etwas Luft zum Atmen gebrauchen könnte. Macht ja nichts, dass deshalb ein ganzes Wohnviertel, inklusive vier Kirchen, abgerissen werden musste: Der Kaiser wollte sein Grünzeug. Außerdem wurden viele Hektar Sumpf in festen Grund und Boden verwandelt, sodass dieses Areal nun zu den jüngsten zählt, die der Lagune abgerungen wurden. Heute bieten die Giardini Pubblici eine tolle Mischung aus streng angelegten Gärten und sich dahinschlängelnden Wegen – und im Sommer Schatten unter Palmen, Platanen und Akazien.

Ein Großteil der Gärten wurde für die **Kunstbiennale** (S. 47) mit ihren 30 Pavillons zur Verfügung gestellt, die sich jeweils einem Land widmen. Natürlich sind nicht alle gleich attraktiv, vermitteln jedoch die faszinierende Geschichte der Architektur des 20. Jhs. Das Biennaleareal ist ausschließlich während der Biennaleveranstaltungen sowie bei Sonderveranstaltungen geöffnet.

NICHT VERSÄUMEN

- Venezolanischer Pavillon
- Österreichischer Pavillon
- Garibaldi-Monument
- Serra dei Giardini

PRAKTISCH & KONKRET

- Karte S. 338
- www.labiennale.org
- Giardini, Biennale

Biennalepavillons

Während der Kunstbiennale von Juni bis September (in ungeraden Jahren) bevölkern Kuratoren und Kunstkenner die nationalen Vorzeigeobjekte – von Geza Rintel Marotis **Ungarischem Pavillon** aus der Zeit der Sezession (1909), der vor Mosaiken nur so glitzert, bis hin zu Philip Cox' kastenartigem gelbem **Australischem Pavillon**.

Der von Josef Hoffmann entworfene **Österreichische Pavillon** (1934) ist ebenfalls ein Meisterwerk der Sezession, während der **Deutsche Pavillon** 1939 kreiert wurde, um einen „neuen Kunstsinn" zu verbreiten. Die Nazipropaganda wurde später entfernt.

Der venezianische Architekt Carlo Scarpa strengte sich von 1948 bis 1972 sehr an, um aus Duilio Torres' faschistischem Italienischen Pavillon (1932; heute der **Palazzo delle Esposizioni**) das Beste zu machen; außerdem baute er den Eingangshof. Scarpa zeichnet auch für den gewagten **Venezolanischen Pavillon** (1956) aus Glas und Beton sowie für die **Biglietteria** (Kartenschalter) verantwortlich. Der **Kanadische Pavillon** (1958) mutet wie eine nostalgische Skihütte an. Der neoklassizistische **Pavillon der USA** (1930) sieht wie von Palladio im Stil Thomas Jeffersons entworfen aus. Eine Hommage an Palladio ist auch der elegante **Britische Pavillon** (1909). Der lichte, postmoderne **Koreanische Pavillon** (1996) ist ein genialer Rückgriff auf ein Elektrizitätswerk.

Garibaldi-Monument

Wer von der Via Garibaldi aus die Gärten betritt, kann den seltsamen, mit Moos bedeckten Miniberg, den eine klassizistische Statue von Giuseppi Garibaldi (1807–1882) aus dem 19. Jh. krönt, gar nicht übersehen. Ihm zu Füßen liegt ein Löwe. Der Held der italienischen Einigungsbewegung wurde vom Bildhauer Augusto Benvenuti 1885 in Bronze gegossen.

Serra Dei Giardini

Das **Treibhaus** (www.serradeigiardini.org; Viale Giuseppe Garibaldi 1254; Eintritt frei; Mo–Sa 9–12.30 & 14–18.30, Sa 10–18.30 Uhr) aus dem 19. Jh. wurde zum Kulturzentrum, Pflanzenladen, Kinderspielplatz und Biocafé umfunktioniert. Hier finden auch Lesungen statt.

HIGHLIGHTS
CHIESA DI SAN ZACCARIA

Wenn im Venedig des 15. Jhs. die Mädels mehr Interesse an Matrosen als an Heiligen bekundeten, steckte man sie zur Besserung in das Kloster neben der Chiesa di San Zaccaria. Die verdorbenen Töchter verbrachten die Zeit mit Beten, unterbrochen ab und an von einem Konzert oder einem skandalösen Maskenball. Der Reichtum, den die dankbaren – oder zumindest hoffnungsvollen – Eltern der Kirche zuteilwerden ließen, ist offensichtlich: Riesige Ölgemälde aus dem 17. Jh. zieren die Wände. Die Kirche selbst erscheint wie eine kurze Architekturgeschichte der Venedigs – von der romanischen Krypta aus dem 9. Jh. bis hin zum gotischen Kirchenschiff und der eleganten Fassade aus der Frührenaissance sind fast alle Kunstepochen vertreten. Innen beeindrucken die unglaublich vielen Gemälde, darunter Werke von Bellini, Tintoretto, Salviati, Tiepolo und sogar dem Flamen van Dyck.

Die Kirche aus dem 9. Jh. behauptet, die sterblichen Reste des hl. Zacharias (Vater von Johannes dem Täufer) sowie von acht frühen Dogen zu beherbergen. 600 Jahre lang statteten Dogen an Ostern San Zaccaria mit viel Pomp einen Besuch ab – eine Tradition, die im 12. Jh. begann, als die Benediktinermönche der Kirche Land spendeten, um den Markusplatz zu erweitern. Das Gotteshaus lässt ein ganz typisches Merkmal der nordeuropäischen Gotik sehen, das in Venedig jedoch einzigartig ist: einen Umgangschor mit hohen Buntglasfenstern hinter dem Altar.

NICHT VERSÄUMEN

- Altargemälde von Bellini
- Fassade von Mauro Cadussi
- Cappella di San Tarasion
- Krypta aus dem 9. Jh.

PRAKTISCH & KONKRET

- Karte S. 338
- ☎041 522 12 57
- Campo San Zaccaria 4693
- Eintritt frei; Cappella di San Atanasio & Krypta 1 €
- ⏲Mo–Sa 10–12, So 16–18 Uhr
- San Zaccaria

Bellinis Altargemälde

Bellinis *Jungfrau mit Jesus auf dem Thron mit Engelsmusikant und Heiligen* weist eine Leuchtkraft auf, als hätte man das Gemälde an eine Lichtquelle angeschlossen. Das Meisterwerk aus dem Jahr 1505 markiert eine neue Phase im Schaffen Bellinis. Nicht nur die Farben sind lebhafter als in früheren Werken, sondern er setzt sie auch gezielt ein, um eine diffuse Wirkung von Luft und Licht zu erreichen.

Mauro Cadussis Fassade

Die prachtvolle Fassade der Kirche ist gleichermaßen etwas für Freunde der Gotik und Renaissance: Antonio Gambello gestaltete die unteren Bereiche im Stil der Gotik, bis dann Mauro Cadussi Ende des 15. Jhs. das Projekt übernahm und ein Crescendo aus harmonischen runden Verzierungen aus weißem istrischem Marmor schuf.

Cappella di San Atanasio

Wer die Kirche betritt, sieht rechts die **Cappella di San Atanasio** (Eintritt 1 €) aus der Spätrenaissance mit einem Gemälde von Tintoretto, das die Geburt von Johannes dem Täufer darstellt. Tiepolo hingegen zeigt die heilige Familie auf der Flucht nach Ägypten in einen venezianischen Boot. Beide Bilder hängen über dem herrlichen Chorgestühl mit Schnitzereien. Hinter der Kapelle befindet sich die gotische **Cappella di San Tarasion** (auch: Cappella d'Oro oder Goldene Kapelle) mit Fresken (um 1440) von Andrea del Castagno und Francesco da Faenza. Es lohnt sich auch ein Blick auf Antonio Vivarinis *Hl. Sabina* (1443). Beeindruckend ist auch die romanische Krypta aus dem 10. Jh.

SEHENSWERTES

CHIESA DI SAN FRANCESCO DELLA VIGNA KIRCHE

Karte S. 338 (☎041 520 61 02; Campo San Francesco della Vigna 2786; ⌚Mo–Sa 9.30–12.30 & 15–18, So 15–18 Uhr) Die reizende Franziskanerkirche wurde von Jacopo Sansovino entworfen und erbaut und beeindruckt mit einer Fassade von Palladio – sein erster Auftrag für ein Gotteshaus. Die Kirche gehört zu den am meisten unterschätzten Sehenswürdigkeiten Venedigs. Die Mutter Gottes erstrahlt in Bellinis Gemälde *Madonna mit Heiligen* (1507) in der **Capella Santa** gleich bei dem mit Blumen bepflanzten **Hof** des Kreuzgangs. Schwimmende Engel und umherstolzierende Vögel stehen im Mittelpunkt der wunderschönen *Jungfrau auf dem Thron* von Antonio da Negroponte (1460–1470).

Palladio und die Madonna sind nur schwer zu übertreffen, doch die Marmorreliefs aus dem 15. Jh. von Pietro und Tullio Lombardo – Vater und Sohn – sind dann doch etwas Besonderes. Sie erzählen das Leben Christi und verschiedener Heiliger nach. Zu sehen sind diese Wunderwerke des Geschichtenerzählens in der **Cappella Giustiniani**, gleich links vom Altar: Durch die Marmorbäume streicht der Wind, und lebensgroße Löwen scheinen jeden Moment von der Wand zu springen. Interessant sind dabei die ausdrucksstarken Reaktionen der Nebenfiguren in den Bibelerzählungen. Sie kommentieren indirekt das Geschehen – sogar der verdutzte Esel.

Hinter der Kirche wirkt der Glockenturm wie ein verloren gegangener Zwilling vom Campanile di San Marco. An der Nordseite führen einige Stufen zu einem Portikus mit klassizistischen Säulen hinauf, wodurch der *campo* (Platz) wie eine römische Agora in der Antike anmutet. Auf alle Fälle gibt er eine gesellige Kulisse für das beste Stadtteilfest Venedigs ab, die alljährliche **Festa di Francesco della Vigna** mit Wein und herzhaften Speisen, die im Schatten von Palladio angeboten werden; das Fest findet meist in der dritten Juniwoche statt.

HIGHLIGHTS
SCUOLA DI SAN GIORGIO DEGLI SCHIAVONI

Im 15. Jh. annektierte Venedig Dalmatien – eine geographische und historische Region an der Ostküste der Adria, die heute in großen Teilen zu Kroatien gehört –, Grund genug für die *Schiavoni* (Dalmaten), in Scharen nach Venedig auszuwandern. Als Beweis für den venezianischen Pluralismus bekamen sie 1451 ihre eigene *scuola* (religiöse Bruderschaft). Um etwa 1500 errichteten sie ihr Zentrum und trafen die hervorragende Entscheidung, Vittore Carpaccio zu engagieren; er sollte einen außergewöhnlichen Gemäldezyklus vollenden, der die dalmatischen Schutzpatrone Georg, Tryphon und Hieronymus darstellte. Carpaccios illustres Werk dominiert nun die Halle im Erdgeschoss der Scuola, während im Obergeschoss herrliche Arbeiten von Palma il Giovane zu bewundern sind.

Obwohl Carpaccio Venedig nie verlassen hat, ist die dalmatinische Kulisse so detailreich dargestellt, dass sogar Besucher, die von dort kommen, ihre Heimat zu erkennen glauben. Carpaccios vorgestellte Welten mit ihrer lieblichen Leuchtkraft sind so überzeugend, dass der Drache, den der hl. Georg meuchelt, aussieht, als hätte man ihn mit dem Fang für die Pescaria erlegt. Um das Ungetüm liegen die blutigen Reste der Opfer herum – Gliedmaßen, Knochen und der zur Hälfte aufgefressene Körper einer jungen Frau.

NICHT VERSÄUMEN

- ➡ Carpaccios *Hl. Georg und der Drachen*
- ➡ Carpaccios *Hl. Hieronymus und der Löwe*
- ➡ Carpaccios *Hl. Augustinus in seinem Studierzimmer*

PRAKTISCH & KONKRET

- ➡ Karte S. 338
- ➡ ☎041 522 88 28
- ➡ Calle dei Furlani 3259a
- ➡ Erw./erm. 4/2 €
- ➡ ⌚Mo 14.45–18, Di–Sa 9.15–13 & 14.45–18, So 9.15–13 Uhr
- ➡ San Zaccaria

VENEDIGS GEHEIMWAFFE: DIE ARSENALOTTI

Die Schiffe, die im Arsenale gebaut wurden, durchliefen – einem frühen Fließband gleich – verschiedene Produktionsstadien; sie wurden von *arsenalotti* (Werftarbeitern) gebaut, die sich auf einen bestimmten Arbeitsgang beim Schiffsbau spezialisiert hatten – vom Bau des Rumpfs über die Kalfaterung bis hin zur Takelage. Frauen nähten die Segel, Kinder kamen als Zehnjährige in die Lehre und drehten Hanfseile.

Diese Arbeit war keineswegs schlecht bezahlt und galt auch nicht als minderwertig. Die *arsenalotti* wurden gut entlohnt und genossen – von der Wiege bis zum Gab – gewisse Privilegien. Dies hatte zur Folge, dass sie der Republik erstaunlich treu ergeben waren; in der gesamten Geschichte Venedigs stellten die *arsenalotti* in Zeiten von Krieg und Rebellion immer wieder ihre Loyalität und ihre Muskelkraft unter Beweis. Mithilfe ihrer bewährten Schiffsbautechniken schufen sie die weitläufige *carena di nave* (Kielbogendecke), die heute in den Kirchen Venedigs und in der Sala del Maggior Consiglio (S. 60) des Palazzo Ducale bewundert werden kann.

Für ihre Arbeit benötigten die *arsenalotti* Geschicklichkeit, Kraft und Verschwiegenheit. Selbst in den ruppigen *bacari* (Kneipen) von Castello äußerten sich die *arsenalotti* nur vage über ihren Arbeitsalltag – etwa in dem Stil: „Ich könnte dir das schon sagen, aber dann müsste ich dich hinterher einen Kopf kürzer machen." Die Arbeitsabläufe waren streng geheim, und Industriespionage galt als Hochverrat, der mit der Verbannung oder dem Tod bestraft wurde. Jahrhundertelang verbargen die mit Zinnen versehenen Wehrmauern des Arsenale die fieberhaften Aktivitäten im Werftgelände. Und sogar außerhalb dieser Mauern blieben die *arsenalotti* gern unter sich. Man heiratete untereinander und besuchte die eigenen Märkte, um den Kontakt zur übrigen Bevölkerung auf ein Minimum zu beschränken.

Hätten andere Seemächte gelernt, so flink und flott Kriegsschiffe zu bauen wie Venedig, hätte die winzige Lagunenrepublik ihren enormen Vorsprung wohl verloren und wäre von ihren Widersachern ausgelöscht worden. 1379, als die Flotte des venezianischen Kommandeurs Carlo Zeno gerade anderweitig im Einsatz war, umzingelte das rivalisierende Genua Venedig und versuchte, die Stadt auszuhungern. Doch Genua hatte nicht mit den *arsenalotti* gerechnet, die wie wild arbeiteten, um eine Flotte zu bauen, die für einen Gegenangriff taugte, wenn Zeno am Horizont auftauchen sollte. Als die *arsenalotti* 1570 beauftragt wurden, so viele Schiffe wie möglich für eine Notfallflotte zu bauen, brachten sie erstaunliche 100 Galeeren in nur zwei Monaten zustande – trotz eines Brandes, das den Arsenale im Vorjahr zum Teil zerstört hatte.

Dennoch sollte es bald bergab gehen. Der Ausbruch der Pest streckte ein Drittel der Bevölkerung der Stadt nieder, darunter auch viele *arsenalotti*, außerdem entdeckten Venedigs Rivalen auf dem Meer (die Habsburger und die Osmanen) ihre eigene Geheimwaffe in Form von Handelsabkommen, die Venedig ausschlossen. 1797 war die Schiffsproduktion fast völlig erloschen, und La Serenissima ergab sich kampflos Napoleon.

PALAZZO QUERINI STAMPALIA MUSEUM

Karte S. 338 (041 271 14 11; www.querinistampalia.it, auf Italienisch; Campiello Querini Stampalia 5252) Die äußere Gestalt dieses Palastes datiert aus der ersten Hälfte des 16. Jhs., doch innen könnte die Überraschung größer gar nicht sein: eine Brücke (1963), der Eingang und Garten (1940) sowie im 1. Stock eine Bibliothek (1959) stammen von Scarpa, wobei in den 1990er-Jahren Mario Botta noch allerlei bemerkenswerten Zierrat ergänzte.

Man betritt das Gebäude durch den von Botta entworfenen Buchladen, von dem man dann – gratis – ins Café und in den Garten gelangt. Designsüchtige Zecher genehmigen sich einen *spritz* mit einem Tick Modernismus in dem von Carlo Scarpa entworfenen begrünten Hof oder auch in der von Mario Botta konzipierten trendigen Qcoffee Bar (S. 160).

Eine andere Möglichkeit ist, eine Eintrittskarte zu kaufen, und dann in den 1. Stock ins **Museo della Fondazione Querini Stampalia** (Erw./erm. 10/8 €; Di–So 10–19 Uhr) hinaufzugehen. Das Museum nimmt mehrere prachtvolle Salons aus dem 18. Jh. ein, die fast noch genauso aussehen wie in den 1860er-Jahren, als die Querini die Räumlichkeiten umgestalteten. Hier hängen an die 400 Gemälde, überwiegend unbedeutende Werke und Porträts von illustren Familienangehörigen. Die eigentliche Attraktion ist Giovanni Bellinis *Präsentation Jesu im Tempel*; das unglückselige Kind, das in straffe Windeln gewickelt dasteht, mutet wie eine kleine Mumie an. In einem Anbau vor dem Saal mit demGemälde Bellini befinden sich die *Szenen aus dem öffentlichen Leben Venedigs*, eine Serie von 39 volkstümlichen Bildern von Gabriele Bella (1730–1799).

RIVA DEGLI SCHIAVONI — PROMENADE

Karte S. 338 (San Zaccaria) Die befestigte Promenade, die als eine der schönsten der Welt gilt, erstreckt sich vom Palazzo Ducale in San Marco bis zum äußersten östlichen Stadtrand.

Mit *schiavoni* (wörtl.: Slawen) sind die Fischer gemeint, die im Mittelalter aus Dalmatien nach Venedig zogen und den Ort für gut befanden, hier ihre Netze auszuwerfen. Jahrhundertelang legten Frachtschiffe mitten im Herzen von Venedig an – sofern sie zwischen den Galeonen und Gondeln einen Parkplatz fanden. Es herrschte ein Sprachgewirr wie beim Turmbau zu Babel, wenn Händler, Würdenträger, Matrosen und Bedienstete aus dem gesamten Mittelmeerraum und von noch weiter her hier eintrafen. Paolo Veroneses *Gastmahl im Hause Levi* in den Gallerie dell'Accademia (S. 91) vermittelt eine gute Vorstellung, wie die Leute damals aussahen und sich gekleidet haben. Kaufleute aus Deutschland, der Türkei, Nordafrika und Griechenland trieben an den Ufern Handel. Der große Dichter Petrarca fand Unterkunft wie auch Inspiration im Haus Nr. 4175, östlich vom Rio della Pietà.

Heute geht es hier so geschäftig zu wie eh und je, mit einigen Veränderungen allerdings. Die Gondeln sind natürlich noch da, doch haben die *vaporetti* fast alle Galeonen ersetzt – wobei das Schulschiff der italienischen Marine, die *Amerigo Vespucci*, noch gelegentlich in den Docks des Arsenale zu sehen ist. Die Touristen kommen heute noch von viel weiter her als einst die Kaufleute; ihre größte Herausforderung besteht allerdings darin, sich mit dem Touristenmenü in San Marco herumzuschlagen (dazu ein Tipp: am besten einfach à la carte bestellen). Und einige der prachtvollen alten Herrschaftshäuser sind mittlerweile teure Hotels, in denen man stilvoll, aber kostspielig übernachten kann.

MUSEO DELLE ICONE — KIRCHE

Karte S. 338 (Ikonenmuseum; 041 522 65 81; www.istitutoellenico.org; Campiello dei Greci 3412; Erw./Stud. 4/2 €; 10–17 Uhr; San Zaccaria) Leuchtende Farben und Augen, denen bestimmt nichts entgeht, füllen dieses Schmuckkästchen von einem Museum. Die rund 80 griechischen Ikonen entstanden zwischen dem 14. und 17. Jh. in Italien. Einen besonderen Blick lohnt der ausdrucksstarke *San Giovanni Climaco* (Hl. Johannes Klimakos), der von der Arbeit abgehalten wird: Er leidet unter Visionen von Seelen, die zur Hölle fahren. Das Museum ist übrigens auch unter diversen anderen Namen bekannt, beispielsweise als Museo dei Dipinti Sacri Bizantini (Museum der Heiligen Byzantinischen Gemälde); es befindet sich im Istituto Ellenico (Hellenistisches Institut).

CHIESA DI SAN GIORGIO DEI GRECI — KIRCHE

Karte S. 338 (041 522 65 81; Campiello dei Greci 3412; Eintritt frei; Mi–Sa & Mo 9–12.30 & 14.30–16.30, So 9–13 Uhr; San Zaccaria) Griechisch-orthodoxe Flüchtlinge, die mit dem Aufstieg des Osmanischen Reichs aus der Türkei nach Venedig kamen, erbauten 1536 diese Kirche. Das nötige Geld dazu erlangten sie mit Hilfe einer Sondergenehmigung Venedigs, die es ihnen erlaubte, einfahrende griechische Schiffe mit einer Steuer zu belegen. In der kleinen Kirche mit dem Spitznamen „hl. Georg der Griechen" findet man eine beeindruckende Ikonostase sowie diverse byzantinische Ikonen und wertvollen Weihrauch, der bei Gottesdiensten verwendet wird. Der separate, schlanke **Glockenturm** wurde 1603 vollendet, neigte sich aber von Anfang an nach rechts und scheint nun fast in den Kanal zu fallen, an dem die Kirche steht.

LA PIETÀ — KIRCHE

Karte S. 338 (041 522 21 71; Riva degli Schiavoni; Eintritt 3 €; Do–So 10–17 Uhr & bei Konzerten; San Zaccaria) Offiziell heißt dieses Gotteshaus Chiesa di Santa Maria della Visitazione, doch die Venezianer nennen es liebevoll einfach nur La Pietà. Die lichtdurchflutete, harmonische Kirche ist ein Entwurf von Giorgio Massari und vor allem wegen ihrer Verbindung zum Komponisten Vivaldi bekannt, der hier im frühen 18. Jh. Konzertmeister war. Die Kirche in ihrer heutigen

Gestalt wurde zwar erst nach Vivaldis Tod erbaut, doch ehrt die akustisch günstige ovale Form sein Andenken: Sie wird regelmäßig zur Veranstaltung von Barockkonzerten (S. 162) genutzt. Und unbedingt auch einen Blick nach oben werfen: An der Decke scheint Giambattista Tiepolos *Krönung der Jungfrau* bar jeglicher Schwerkraft die Kirche dem weiten Himmel zu öffnen.

SCUOLA GRANDE DI SAN MARCO
SEHENSWERTES GEBÄUDE

Karte S. 338 Anstatt eines schlichten Handwerksprojekts von Vater und Sohn hatten der Bildhauer Pietro Lombardo und seine Söhne ehrgeizigere Pläne im Sinn: eine mehrfarbige Marmorfassade im Stil der Hochrenaissance für die bedeutendste Bruderschaft in Venedig. Codussi wurde hinzugezogen, um diesem Kleinod der Renaissance den letzten Schliff zu verpassen. Prachtvolle Markuslöwen streifen über den Portalen herum, während in Stein gemeißelte Trompe-l'œil-Perspektiven das Auge des Betrachters täuschen. Die *scuola* dient heute als Haupteingang zum Ospedale Civile, dem öffentlichen Krankenhaus der Stadt.

Man kann problemlos einen Blick in die alte Halle mit einer Balkendecke werfen, die von zwei Reihen mit je fünf Säulen getragen wird. Aber das war es dann auch: Sightseeing zwischen den Krankenbetten, das wäre dann doch ein ziemlich schlechter Stil und kommt natürlich nicht in Frage.

OSPEDALETTO
KIRCHE

Karte S. 338 (041 271 90 12; Barbaria delle Tole 6691; nur Führungen; Ospedale) Die Musik als Motiv bestimmt diese Kapelle und das angrenzende Musikzimmer. Beide gehören zu einem historischen Hospiz und Waisenhaus, das in den 1660er-Jahren von dem bekannten venezianischen Baumeister Baldassare Longhena entworfen wurde. Die Kapelle besticht mit ihrem erhebenden Design: Ein Engel mit Trompete, der hoch über einem fliegt, und ein an die Decke gemaltes Spiegelbild der gewaltigen Orgel lenken den Blick nach oben. Jacopo Guarana kreierte die eleganten Fresken in der **Sala da Musica,** in der Waisenmädchen gefeierte Konzerte gaben.

Während der Recherchen zu diesem Reiseführer war die Kirche wegen Renovierung geschlossen und stand nur Gruppen nach Voranmeldung zur Besichtigung offen – Kostenpunkt: 60 €.

MUSEO STORICO NAVALE
MUSEUM

Karte S. 338 (041 244 13 99; Riva San Biagio 2148; Erw./erm. 1,55/0,77 €; Mo–Fr 8.45–13.30, Sa 8.45–13 Uhr; Arsenale) Das Museum befasst sich mit der Geschichte der venezianischen Seefahrt in sage und schreibe vier Stockwerken und 42 Sälen. Zu sehen sind maßstabsgetreue Modelle von in Venedig gebauten Schiffen, aber auch die keineswegs minimalistische Gondel von Peggy Guggenheim. Im Erdgeschoss werden in mehreren Ausstellungsbereichen allerlei furchterregende Waffen ausgestellt – Kanonen, Donnerbüchsen, Schwerter und Säbel – allerdings ohne Blutflecken. Dieses Kriegsgerät wurde in Venedig nur selten gebraucht – die seichte Lagune selbst bot den besten Schutz vor Überfällen. Im Erdgeschoss sind auch noch Dioramen von Festungen und Häfen aus dem 17. Jh. zu sehen. Sie verdeutlichen, wie unglaublich weit die Macht Venedigs reichte – weit über die Adria und das Mittelmeer hinaus.

Zu den vielen großformatigen Modellsegelschiffen im 1. Stock gehört auch ein gar nicht so kleines Modell des luxuriösen *bucintoro*, der Prunkbarkasse des Dogen. Napoleons Truppen hatten das Original 1798 zerstört. Der 2. Stock umfasst die italienische Marinegeschichte samt Memorabilia von der Einigung bis heute, und im 3. Stock ist ein Saal speziell den Gondeln gewidmet, einschließlich Peggy Guggenheims protziger Gondel. Ein kleiner Raum über dem 3. Stock widmet sich der – echt jetzt – schwedischen Marinegeschichte.

Die Eintrittskarte gilt auch für den **Padiglione delle Navi** (Schiffspavillon; Fondamenta della Madonna) nahe dem Eingang zum Arsenale; zum Zeitpunkt der Recherche war er allerdings nur für eine Sonderausstellung geöffnet. Das auffälligste unter all den ausgestellten Booten ist die Scalé Reale, ein Prunkboot aus dem frühen 19. Jh., das den König Vittorio Emanuele 1866 zur Piazza San Marco beförderte, als Venedig dem neuen Königreich Italien beitrat. Das Schiff legte das letzte Mal 1959 ab, um den Leichnam des venezianischen Papstes Pius X. zu seiner Ruhestätte in der Basilica di San Marco zu bringen.

CATTEDRALE DI SAN PIETRO DI CASTELLO
KIRCHE

Karte S. 338 (041 275 04 62; Campo San Pietro 2787; Eintritt 3 € oder Chopass; Mo–Sa 10–17 Uhr; San Pietro) So unwahrscheinlich es erscheinen mag, aber diese verschlafene

Kirche auf der entlegenen Insel San Pietro war von 1451 bis 1807 Venedigs Hauptkathedrale. die augenfälligere und praktischer gelegene Basilica di San Marco lediglich die Privatkapelle des Dogen. Grund hierfür ist wohl, dass San Pietro (ursprünglich Olivolo genannt) eines der ersten Siedlungsgebiete von Venedig und bereits 775 ein Bischofssitz war.

Die heutige Kirche ist beinahe, aber nicht ganz ein Entwurf Palladios. Palladio erhielt zwar in den 1550er-Jahren den Auftrag, aber der Tod des Patriarchen führte zu einer Unterbrechung, die bis lange nach dem Tod des Architekten andauerte. Palladios Nachfolger respektierten weitgehend seine Ideen und orientierten sich an der Chiesa del SS Redentore (S. 168) in Giudecca. Die monumentale Fassade wurde schließlich Ende des 16. Jhs. vollendet. Bemerkenswert sind die schönen Arbeiten an der gewaltigen 54 m großen **Kuppel**, die in der Weite (nicht aber in der Höhe) Michelangelos Kuppel im Vatikan gleichkommt. Baldassare Longhena schuf den **barocken Hauptaltar**.

Zwischen dem zweiten und dritten Altar rechts in der Kirche steht ein Sessel mit verschlungen gemeißelter Lehne, der als **„Petrusthron"** bezeichnet wird. Einer der zahlreichen Legenden Venedigs nach wurde der eindrucksvolle Sessel vom Apostel Petrus in Antiochia benutzt und diente später als Versteck des heiligen Grals. Die Geschichte hat alle Zutaten für eine Fortsetzung von Indiana Jones, aber nur wenig Wahres: Die Sessellehne ist ein gestohlener muslimischer Grabstein.

San Pietros blendend weißer **Glockenturm** aus istrischem Stein, errichtet von Codussi (vollendet 1490), neigt sich in einem befremdlichen Winkel. Daneben befindet sich das bröckelige ehemalige **Patriarchat**, einst als Militärkaserne genutzt und heute teilweise von Wohnungen belegt.

CHIESA DI SAN GIOVANNI IN BRAGORA — KIRCHE

Karte S. 338 (☎041 296 06 30; Campo di Bandiera e Mori 3790; Eintritt frei; ⏲Mo–Sa 9–11 & 15.30–17.30, So 9.30–12 Uhr; ⛴Arsenale) Die heitere Backsteinkirche aus dem 15. Jh. vereint harmonisch und mit erstaunlicher Leichtigkeit Stilelemente aus Gotik und Renaissance und stimmt so auf den jungen Antonio Vivaldi ein, der hier getauft wurde. Unbedingt einen Blick wert ist Bartolomeo Vivarinis *Madonna auf dem Thron mit dem hl. Andreas und Johannes dem Täufer* (1478); es zeigt Maria mit dem kleinen Jesuskind auf den Knien. Bartolomeos Neffe Alvise stellte 1497 einen älteren Jesus in seinem großartig restaurierten Gemälde *Segnung des Erlösers* dar: mit einem wolkenartigen Bart und wachsamen Augen, die dem Betrachter durch den ganzen Raum zu folgen scheinen.

CHIESA DI SAN MARTINO — KIRCHE

Karte S. 338 (☎041 523 04 87; Campo San Martino 2298; Eintritt frei; ⏲tgl. 9–12 & 16.30–19.30 Uhr; ⛴Arsenale) Mit der Hand im Maul des Löwen etwas Nettes über seine Nachbarn zu sagen, mag vielleicht dabei helfen, all die gefährlichen Gerüchte wiedergutzumachen, die über die Jahre über die *bocca di leone* (Maul des Markuslöwen) verbreitet wurden. Venezianer wurden aufgefordert, anonyme Denunziationen über ihre Nachbarn durch das Maul zu stecken. Sie meldeten so dem gefürchteten venezianischen Geheimdienst, dem Zehnerrat, gottlose Taten von Fluchen (verzeihlich) bis zur Freimaurerei (mit dem Tod zu bestrafen).

Das Thema der Verfolgung setzt sich innen mit den Gemälden von Palma Il Giovane fort, auf denen Jesus auf dem Weg nach Golgatha ausgepeitscht wird. Sie hängen nahezu außer Sicht im Chorgestühl, sind aber dennoch vom Altar aus zu sehen. Der Namensgeber der Kirche, der hl. Martin von Tours (316–397), war der erste christliche Heilige, der eines natürlichen Todes und nicht als Märtyrer starb. Er war ein Priester, der nach seinem Dienst in der römischen Armee in Gallien bekehrt wurde.

CHIESA DI SANTA MARIA FORMOSA — KIRCHE

Karte S. 338 (Campo Santa Maria Formosa 5267; Eintritt 3 € oder Chorus-Pass; ⏲Mo–Sa 10–17, So 13–17 Uhr; ⛴San Zaccaria) Das Gotteshaus, das 1492 von Mauro Codussi an der Stelle einer Kirche aus dem 7. Jh. errichtet wurde, trägt einen seltsamen Namen: kurvenreiche Maria. Diese Bezeichnung hat zu zwei Legenden inspiriert. Die eine behauptet, die Kirche habe diesen Spitznamen, weil in einem Reiseführer aus dem 16. Jh. ihre Adresse mit der einer hiesigen Kurtisane verwechselt wurde. Der anderen Version zufolge kommt der Name von San Magno, dem Bischof von Oderzo, der hier eine Vision von einer besonders schönen (*formosa*) Jungfrau Maria hatte. Ungewöhnlicherweise, aber passend zu den beiden Legenden weist die Kirche mit dem Grundriss eines

Kreuzes auch zwei unterschiedliche Fassaden auf: Die eine geht auf den Kanal hinaus, die andere auf den angrenzenden *campo* (Platz). Die üppigen barocken Kurven und die heiteren Symmetrien der zweiten Fassade passen jedenfalls besonders gut zum Spitznamen der Kirche.

Der von den Florentiner Kirchen Brunelleschis inspirierte Raum ist ein Entwurf von Mauro Codussi aus den 1490er-Jahren. Er wurde 1916 von einer österreichischen Bombe zerstört, ohne jedoch das Altargemälde von Palma il Vecchio zu schädigen. Es zeigt die hl. Barbara, eine ganze Schar Heilige sowie Maria, die den Leichnam Christi in den Armen hält. Gleich links neben dem Eingang am Kanal beeindruckt eine byzantinische Ikone aus dem 16. Jh., die *Hl. Maria von Lepanto*. In der Nähe befindet sich auch ein koptisches Gewand aus Ägypten, angeblich der Schleier der hl. Marina – ein seltenes Relikt aus der gleichnamigen Kirche am nahen Campo Santa Marina, die zerstört wurde.

STATUE OF BARTOLOMEO COLLEONI MONUMENT

Karte S. 338 (Campo SS Giovanni e Paolo; Ospedale) Wenn der gallopierende Bartolomeo Colleoni in Sicht kommt, wurde die Grenze von Cannaregio nach Castello überschritten. Die bronzene Reiterstatue ist nur eine von zwei solcher Statuen in der Stadt, eine außerordentliche Skulptur der Frührenaissance, die an einen der loyalen venezianischen Söldnerbefehlshaber auf dem Festland erinnert. Colleoni befehligte seit 1448 Armeen für die Republik. Allerdings wechselte er, wie es unter Söldnern üblich ist, mehrmals die Seiten, etwa wenn er sich bei der Bezahlung seiner Dienste oder bei der Beförderung übergangen fühlte. Nach seinem Tod 1474 vermachte er Venedig 216 000 Gold- und Silberdukaten, allerdings zu einer Bedingung: Die Stadt sollte ihm zu Ehren auf der Piazza San Marco eine Statue errichten. Da selbst kein Doge jemals einen solchen Ehrenplatz erhielt, fand der Senat ein Hintertürchen, indem er die Vereinbarung weitläufig interpretierte: Die prächtige Statue sollte stattdessen auf der Piazza vor der Scuola Grande di San Marco aufgestellt werden. Wenigstens kann Colleoni beruhigt sein, dass die Republik nicht an der Statue selbst geknausert hat. Sie wurde mit imposanter Pracht vom Florentiner Bildhauer Andrea del Verrocchio (1435–1488) ausgeführt.

MUSEO DIOCESANO DI VENEZIA MUSEUM

Karte S. 338 (041 522 91 66; www.museodiocesano venezia.it; Chiostro di Sant'Apollonia 4312; Erw./erm. 4/2 €, nur Kreuzgang 1 €; Do–Di 10–16.30 Uhr; San Zaccaria) Das Museum, das in einem ehemaligen, der Sant'Apollonia geweihten Benediktinerkloster untergebracht ist, zeigt eine ziemlich vorhersagbare Sammlung sakraler Kunst und gelegentlich eine herausragende Wechselausstellung. Der herrliche romanische Kreuzgang ist jedoch ein in Venedig seltenes Beispiel dieser Art. Das angrenzende Gebäude war bis 1906 eine Kirche und birgt nun Ausstellungsräume.

CHIESA DI SAN LIO KIRCHE

Karte S. 338 (Campo San Lio; Eintritt frei; Mo–Sa 15–18 Uhr; Rialto) Giandomenico Tiepolo hatte wirklich ein Händchen dafür, einen Raum zum Leuchten zu bringen. Wenn sich die Augen an die stimmungsvolle Dunkelheit der Barockkirche gewöhnt haben, sollten sie nach oben zum prachtvollen Deckenfresko *Die Herrlichkeit des Kreuzes und der hl. Papst Leo IX.* von Tiepolo gehen. Links nahe dem Haupteingang befindet sich Tizians *Hl. Jakob der Ältere*. Doch die Kirche ist vor allem berühmt wegen eines ganz anderen venezianischen Künstlers, nämlich des großen *vedutista* (Landschaftsmaler) Canaletto, der in dieser seiner Pfarrkirche getauft und bestattet wurde.

SOTOPORTEGO DEI PRETI WAHRZEICHEN

Karte S. 338 (beim Campo di Bandiera e Mori; Arsenale) Unter dem Torbogen dieses *sotoportego* (überdachter Durchgang) befindet sich etwas versteckt ein rötlicher, herzförmiger Stein in der Größe einer Hand. Der Legende nach werden sich Paare, die ihn berühren, für immer und ewig lieben. Noch nicht bereit zu so einer festen Bindung? Dann lässt es sich in dieser abgeschiedenen Ecke auch so gut herumknutschen.

ESSEN

Castello bietet viele Möglichkeiten, zum Essen zu gehen – die Bandbreite reicht von *cicheti* (Snacks von der Bar) in urigen, bisweilen etwas altmodisch anmutenden Kneipen bis hin zu unglaublich einfallsreichen kulinarisch hochwertigen Gelagen in den nobelsten Speiselokalen, die Venedig überhaupt zu bieten hat.

TRATTORIA CORTE SCONTA
MODERN VENEZIANISCH €€€

Karte S. 338 (☎041 522 70 24; Calle del Pestrin 3886; Mahlzeiten 45–65 €; ⏲Mo–Sa 12.30–14.30 & Di–Sa 19–21.30 Uhr, Jan. & Aug. geschl.) Biennalebesuchern gefällt dieser mit Wein überwucherte *corte sconta* (versteckter Hof) wegen der einfallsreichen, hausgemachten Pasta und den ultrafrischen Meeresfrüchten, die schon optisch ins Auge stechen. Die Krustentiere sind auf dem Teller angerichtet wie Farbtupfer auf der Palette eines Künstlers; auf Pasta aus schwarzer Tintenfischtinte thronen kunstvoll ein Stück knallorangefarbener Kürbis und zarte *cappesante* (Kammmuscheln); gebratener Aal schlängelt sich wie der Fluss Brenta in einer sämigen Soße dahin.

AL COVO
VENEZIANISCH €€€

Karte S. 338 (☎041 522 38 12; www.ristorantealcovo.com; Campiello della Pescaria 3968; Mahlzeiten 55–75 €; ⏲Fr–So Mittag- & Abendessen, Mo–Di Mittagessen; Arsenale) Das Nobelrestaurant weist alle Merkmale einer klassischen venezianischen Trattoria auf: niedrige Balkendecken, unverputzte Ziegelwände, Stammgäste, die es sich in einer Ecke gemütlich gemacht haben… Doch die Traditionsgerichte haben alle das gewisse Etwas. Der Salat Caprese wird à la Covo mit Basilikum, *mozzarella di bufala* und himmlischem Cherry-Tomaten-Gelee serviert; Pasta, gefärbt in Tintenfischtinte, wird mit Muscheln und Kürbisblüten aufgetischt. Und der Thunfisch aus der Adria schwimmt in sage und schreibe gleich fünf Soßen – und zwar gleichzeitig. Die Preise sind aufgrund der Topqualität und der lagunenfrischen Zutaten durchaus akzeptabel. Und sie relativieren sich etwas durch die Weine von kleineren Weingütern zu vernünftigen Preisen.

MET
MODERN ITALIENISCH €€€

Karte S. 338 (☎041 520 50 44; www.hotelmetropole.com; Hotel Metropole, Riva degli Schiavoni, Castello 4149; Mahlzeiten ab 100 €; ⏲Di–So Abendessen; San Zaccaria) Michelinsterne haben in Venedig nicht viel zu sagen. Der letzte französische Kritiker, den die Venezianer ernst nahmen, war eigentlich Napoleon höchstpersönlich – und der wusste eine ganze Armee hinter sich. Einheimische, die nicht unbedingt ein Hotelrestaurant besuchen würden, räumen jedoch ein, dass der Küchenchef des Met, Corrado Fasolato, seinen Ruf als Sternekoch wirklich verdient hat. Das Panorama der Lagune im Mondschein und die herrlichen mundgeblasenen Gläser treten schnell in den Hintergrund, sobald das Essen auf dem Tisch steht. Beherzt und spielerisch werden Wild- und Meeresfrüchte zu köstlichen Fasan-*cannelloni* oder dekadenter Pasta mit Aalfüllung verarbeitet, gegen die selbst *foie gras* zur Banalität verkommt. Ein Hauptgang besteht aus Rotwein und Meerrettich, die in Sorbet und *gelato* verwandelt wurden. Am besten kommt man mit einer heißen Frau, einer gewissen Abenteuerlust und einer dicken Brieftasche hierher.

ZENZERO
CAFÉ, BAR €

Karte S. 338 (☎041 241 28 28; http://barzenzero.it; Campo Santa Marina 5902; Sandwich 2–4 €; ⏲Mo–Fr 7–20, Sa 7–15 Uhr; Rialto) Das Zenzero ist eines der besten Lokale in ganz Venedig, um schnell etwas zu essen. Neben munter machende Espresso bekommt man hier leckere kleine Sandwiches und frisch gebackenes Gebäck. Lohnenswert ist auch eine Besuch am frühen Abend, um den *aperitivo* (Drink vor dem Essen) am *campo* zu genießen. Das Lokal hat über Weihnachten und im August jeweils zwei Wochen geschlossen.

LE SPIGHE
VEGETARISCH €

Karte S. 338 (☎041 523 81 73; Via Garibaldi 1341; Mahlzeiten 10–15 €; ⏲Mo–Sa 9.30–14 & 17.30–19.30 Uhr) Hier in diesem kleinen Lokal ist alles vegetarisch, bio und veganerfreundlich. Für die schnell zubereiteten Köstlichkeiten wird saisonales Obst und Gemüse verwendet – das Ergebnis sind knackige Fenchelsalate und leckere Kartoffel-Kürbis-Pasteten. Und der vegane Schokokuchen schmeckt einfach himmlisch –egal, durch welche weiteren Tugenden er sich sonst noch auszeichnet.

OSTERIA AL GARANGHELO
VENEZIANISCH €€

Karte S. 338 (☎041 520 49 67; www.garanghelo.com; Via Garibaldi, Castello 1621; Mahlzeiten 35–45 €; ⏲Mi–Mo Mittag- & Abendessen; Giardini Pubblici) Das Restaurant mutet wie die etwas heruntergekommene Variante eines typischen Touristenlokals in Venedig an, dennoch wird das kleine Restaurant von italienischen Freunden des Slow Food sehr geschätzt, weil es nämlich an den traditionellen venezianischen Zubereitungsmethoden festhält. Die *margherite ripiene all'astice com sugo di pesce* (Ravioli mit Hummerfüllung in Fischsoße) oder die pikanten *spaghetti alla búsera* mit Garnelen und Zucchini haben noch niemanden enttäuscht. Wer Süßes schätzt, sollte sich das Tiramisù nicht entgehen lassen.

TAVERNA SAN LIO MODERN VENEZIANISCH €€€

Karte S. 338 (☎041 277 06 69; www.tavernasanlio.com; Salizada San Lio 5547; Mahlzeiten 40–50 €; ⏲Di–Sa 12–23 Uhr; Rialto) Das Restaurant gibt sich modern, ohne dabei jedoch sein venezianisches Flair aufzugeben. Die Gerichte mit Meeresfrüchten sind delikat zubereitet – beispielsweise die in Thymian marinierten Kammmuscheln oder das Thunfischsteak in delikater Muschel-Hummer-Soße. Die Entenbrust mit Pflaumen und Lauch ist ebenfalls verlockend. Die niedrigen Holztische bewirken, dass die Gäste sich einander verschwörerisch zuneigen müssen, die Lampen in Amöbenform regen zu zwanglosen Gesprächen an, und die riesigen Fenster lassen sehen, was sich draußen auf dem Laufsteg gerade so abspielt. Die Küche hat von 12 bis 23 Uhr durchgehend geöffnet.

PIZZERIA ALLA STREGA PIZZERIA €

Karte S. 338 (☎041 528 64 97; Barbaria delle Tole 6418; Pizza 7–12 €; ⏲Mittag- & Abendessen; Ospedale) Das wahre Geheimnis des Alla Strega („Nach Hexenart") sind die Dutzende von kreativen Pizzabelägen, darunter die mit Pfeffer aus Kalabrien bestreute Pizza *inferno*. Mehrere Hexenpuppen haben ein wachsames Auge auf das, was sich in den ansonsten freundlichen und luftigen Räumlichkeiten der Pizzeria so abspielt. Wer ihrem gestrengen Blick entgehen möchte, nimmt hinten auf der tollen Terrasse Platz. Es gibt ein Mittagsmenü zu 11 € mit Pasta oder Risotto (1. Gang) und wahlweise Fleisch oder Fisch vom Grill mit Gemüse als Hauptgang – ein echtes Schnäppchen für Venedig.

TRATTORIA ALLA RAMPA VENEZIANISCH €

Karte S. 338 (☎041 528 53 65; Via Garibaldi 1135; Mahlzeiten 12–20 €; ⏲Mo–Fr 12–14 Uhr; Giardini) Hinter dem Tresen, der ein bisschen wie aus dem Arbeitermilieu wirkt, versteckt sich ein langgezogener Speiseraum, in dem einige der herzhaftesten venezianischen Mittagsgerichte auf den Tisch kommen. Je nach Lust bestellt man Braten, Fisch aus der Pfanne oder einen der Eintöpfe, dazu werden Gemüse und Brot gereicht (um die Soße aufzutunken). Und das alles kostet nur 13 €. Langsam entdecken auch die Touristen das Lokal, am besten macht man sich also gleich auf zu einem Besuch, solange die Welt noch in Ordnung ist.

OSTERIA DI SANTA MARINA MODERN VENEZIANISCH €€€

Karte S. 338 (☎041 528 52 39; Campo Santa Marina 5911; Mahlzeiten 60–80 €; ⏲Di–Sa Mittag- & Abendessen, Mo Abendessen; Rialto) Von den legeren Tischen an der Piazza und der schlichten Gaststube aus dunklem Holz sollte sich niemand täuschen lassen: Dieses Restaurant hebt sich die Dramatik für den Teller der Gäste auf. In Anbetracht der durchaus gehobenen À-la-carte-Preise fällt die Entscheidung vielleicht zugunsten des Menüs zu 55 € oder auch des Degustationsmenüs zu 75 €, bei dem jeder Gang aus zwei Bissen kreativ zubereiteter einheimischer Gerichte besteht – beispielsweise eine Garnele in einem Nest aus roter Paprika, schwarze Tintenfischravioli gefüllt mit *branzino* (Meerbasse), Artischocken und Krebse mit weicher Schale mit *saor,* einer pikanten Marinade. Der Nachtisch ist ein Muss, vor allem das selbst gemachte Eis und die heiße Schokopastete.

BACARO RISORTO CICHETI €

Karte S. 338 (Campo San Provolo 4700; Cicheti 1,50–4 €; ⏲Mo–Sa 9–21 Uhr; San Zaccaria) Diese Eckkneipe in der Größe einer Schuhschachtel ist vom Markusplatz lediglich durch eine Fußgängerbrücke getrennt. Auf die Gäste warten hochwertige Weine und eine Fülle von *chicheti,* darunter *crostini,* auf denen sich *baccalà mantecato,* Grillgemüse, weicher Käse und in *prosciutto* gewickelte Melone nur so türmen. Aber Achtung, die Öffnungszeiten sind „flexibel".

PASTICCERIA DA BONIFACIO GEBÄCK & KUCHEN €

Karte S. 338 (☎041 522 75 07; Calle degli Albanesi 4237; Gebäck 1,50–4 €; ⏲Fr–Mi 7–20 Uhr; San Zaccaria) In einer schmalen Gasse gleich um die Ecke des Palazzo Ducale befindet sich diese kleine Bäckerei, die mit ihrer tollen Auswahl an *pizzette* (Minipizzas), Petits Fours und traditionellen venezianischem Gebäck wie *zaletti* (Kekse aus Weizenmehl mit Sultaninen) hartgesottene *gondolieri* ebenso wie ausgehungerte Touristen anlockt. Wenn sich der Nachmittag dem Ende zuneigt, verwandelt sich die Bäckerei in eine provisorische Bar. Dann kommen Einheimische vorbei, um einen Americano-Cocktail (süßer Wermut, Bitter

START **CAMPO ZANIPOLO (CAMPO SANTI GIOVANNI E PAOLO)**
ZIEL **I RUSTEGHI**
LÄNGE **6,5 KM**
DAUER **3 STD.**

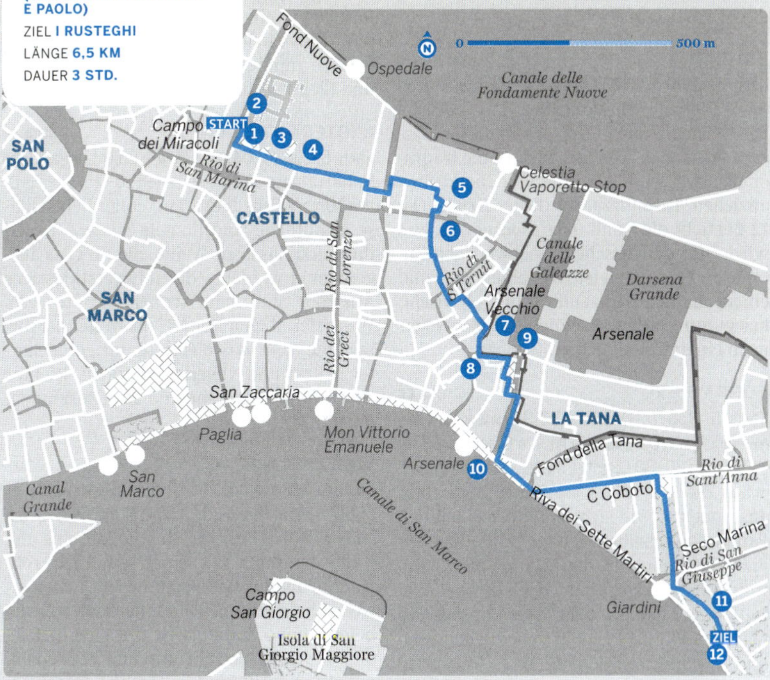

Stadtspaziergang

Castellos Seitengassen

Ausgangspunkt ist der Campo Zanipolo mit der 1 **Bartolomeo-Colleoni-Statue**. Der Söldnerführer aus dem 15. Jh. hinterließ Venedig einen großzügigen Betrag unter der Bedingung, dass ihm zu Ehren auf dem Markusplatz ein Denkmal errichtet würde. Venedig nahm das Geld, veränderte jedoch die Konditionen – und stellte die Statue vor der 2 **Scuola Grande di San Marco** mit ihrer tollen Trompe-l'oeil-Fassade aus der Frührenaissance auf. Nebenan ragt die gotische Kirche 3 **Zanipolo** mit zahllosen Kunstschätzen auf. Unbedingt Bellinis Altargemälde ansehen!

Einen Block westlich geht es vorbei am 4 **Ospedaletto;** die Kapelle des Waisenhauses entwarfen Palladio und Longhena. Durch die Gassen eines Wohnviertels bummelt man nun gen Osten, wo Palladios klassizistische Fassade der 5 **Chiesa di San Francesco della Vigna** für eine angenehme Überraschung sorgt.

Nun geht es in Richtung Süden, wo jenseits des nächsten Kanals das 6 **Laboratorio Occupato Morion** wartet, ein Kulturzentrum und Kunstlabor. Noch weiter südlich passiert man den Campo delle Gatte, überquert einen Kanal und kommt in ein Gassengewirr, in dem sich einst die Werke des 7 **Arsenale**, befanden, dessen Mauern nun vor einem aufragen. Dieser Mauer folgt man rechts bis zur 8 **Chiesa di San Martino**. Rechts vom Portal lohnt ein Blick auf die *bocca di leoni* (Löwenmaul), in die die Venezianer einst anonyme Denunziationen schieben konnten.

Nun geht es weiter an der Mauer des Arsenale entlang bis zur 9 **Porta Magna** (Haupteingang) der Werft, einem der frühesten Beispiele für Renaissancearchitektur. Von hier geht man gen Süden zur 10 **Riva degli Schiavoni** mit einem schönen Blick über den Bacino, um dann die Via Giuseppe Garibaldi hinunterzubummeln.

Nach dem vielen Pflastertreten zieht es die Füße schier in die 11 **Giardini Pubblici** an der Via Garibaldi. Schön ist ein Spaziergang über die Pfade zu den Pavillons, in denen die 12 **Biennale** stattfindet.

und Soda) zu trinken, das Markenzeichen dieser Pasticceria.

CIP CIAP
PIZZERIA €

Karte S. 338 (☎041 523 6621; Calle del Mondo Novo 5799/a; ⌚Mi–Mo 9.30–21 Uhr; ⛴Rialto) Die Köche nehmen ihren Job in diesem Pizza-to-go-Laden so ernst, dass sie die traditionellen weißen Klamotten von Chefköchen anziehen. Ihre Pizza mit dicker Kruste (kg 12 €) sticht die Konkurrenz locker aus, was wiederum den frischen, hochwertigen Zutaten zu verdanken ist. Wer einen von rund einem halben Dutzend Stühle erwischt, kriegt zum billigen, schnellen Essen sogar noch einen Kanalblick gratis dazu.

CONCA D'ORO
PIZZERIA €€

Karte S. 338 (☎041 522 92 93; www.concadorovenice.com; Campo SS Fillipo e Giacomo 4338; Mahlzeiten 20–30 €; ⌚tgl. Mittag- & Abendessen; ⛴San Zaccaria) Pizza ist keine Spezialität aus Venedig, wie sich so mancher bei den Pappdeckelscheiben, die es in den meisten Pizzerias rund um den Markusplatz gibt, wohl schon gedacht hat – doch dieses Lokal stellt eine Ausnahme dar. Das Conca d'Oro machte 1960 die Pizza in Venedig heimisch und verkauft seitdem leckere, knusprige Pizza (7–10 €) mit kreativen Belägen; alle anderen Speisen kann man hier allerdings vergessen. Der Service ist nicht sonderlich flott, wenn viel los ist; am besten entspannt man sich also und freut sich über die Sonne auf der Piazza. Ein Hinweis noch: Manchmal hat das Lokal in der Nebensaison dienstags geschlossen.

AUSGEHEN & NACHTLEBEN

Wenn langsam die Sonne untergeht, treffen sich die Einwohner von Castello an der Uferpromenade und in den Giardini zu einer *passeggiata* (Abendspaziergang) – anschließend geht es ab auf die *campi* zu einem *aperitivo*. Die Cafés am Campo Santa Maria di Formosa, Campo di Bandiera e Mori und Campo Zanipolo verwandeln sich abends in tolle Kneipen, die sich für einen Drink anbieten. Wer einen Cocktail mit Blick über die Inseln und Palladio-Monumente im Abendschein schätzt, sollte in einer der Designer-Hotelbars an der Riva degli Schiavoni vorbeischauen. Eine andere Möglichkeit ist, sich unter die Einheimischen in einer der vielen – austauschbaren – Bars an der Via Garibaldi zu mischen, wo sich ruppige Einheimische, Backpacker und Biennalevolk gemeinsam amüsieren.

ENOTECA MASCARETA
WEINBAR

Karte S. 338 (☎041 523 07 44; Calle Lunga Santa Maria Formosa 5138; Mahlzeiten 30–45 €; ⌚Fr–Di 19–2 Uhr; ⛴Ospedale) Weinkenner lieben diese gemütliche traditionelle *enoteca* wegen ihrer erstklassigen Weine, die im Glas ausgeschenkt werden – darunter erstklassiger Amarone und naturtrüber Bio-Prosecco. Wenn der Magen knurrt, reicht der hervorragende *taier misto* (Platte mit geräucherter Wurst und vielerlei Käse) als leichtes Essen für zwei Personen – alles zusammen für nur 15 €.

VENEZIA CAFFÉ
CAFÉ

Karte S. 338 (☎041 296 01 83; Calle del Cafetier 6661A; ⌚Mo–Sa 8–19, So 8–17 Uhr; ⛴Ospedale) Der stolze Besitzer Stefano hat eine alte Kaffeehandlung, die einst sein Ururgroßvater gründete, wieder zu neuem Leben erweckt. Sein schmucker kleiner Laden gleich beim Campo Zanipolo ist mit einem Holzofen bestückt, den Stefano nun verwendet, um seine sorgsam ausgewählten Arabica-Bohnen zu rösten. Den Kaffee trinkt man dann im Stehen – oder nimmt ihn vakuumverpackt mit nach Hause.

QCOFFEE BAR
CAFÉ

Karte S. 338 (☎041 099 13 07; Fondazione Querini Stampalia 5252; ⌚Di–So 10.30–22 Uhr; ⛴San Zaccaria) Wer durch den Buchladen im Palazzo Querini Stampalia geht, verschafft sich mit einem Getränk Zugang zum Werk zweier Meisterarchitekten des Modernismus. Ein verregneter Tag ist genau richtig, um eine heiße Schokolade in Mario Bottas neoklassizistischem Café zu trinken – mit schwarzem, poliertem Betonboden, weißen Wänden und einem harmonischen, sich wiederholenden Karomuster. Draußen bringen Carlo Scarpas clevere, von der Levante beeinflussten Bewässerungsgräben aus Beton die Kanäle Venedigs praktisch ins Ambiente des Cafés ein und verleihen dem spritz im sonnigen Garten einen Touch industrielle Coolness. Die *cicheti* sind hier besonders empfehlenswert.

BAR TERAZZA DANIELI
BAR

Karte S. 338 (☎041 522 64 80; www.starwoodhotels.com; Riva degli Schiavoni 4196; ⌚April–

VENEZIANISCHE VORORTE

Im äußersten Osten Venedigs liegt Sant'Elena, die vom Zentrum am weitesten entfernte Insel. Sie ist gleichzeitig auch die ungewöhnlichste: Hier findet man weder Sehenswürdigkeiten noch den Zauber des Verfalls, was für die übrige Stadt so typisch ist. Nur wenige Touristen nehmen den langen Weg zu den schattigen *piazze auf sich.* Doch wer erst einmal da ist, wird mit einer kuriosen Überraschung belohnt, denn die Insel ist eigentlich eine spannende, seltsam gesäuberte Kopie von Venedig.

Sant'Elena nahm ihren Anfang als Refugium für Augustiner- und später Benediktinermönche; sie boten Pilgern, die ins Heilige Land wollten, ein Dach über dem Kopf. Die Insel ist nach der Mutter des römischen Kaisers Konstantin benannt, dessen Leiche während der Plünderung Konstantinopels durch Venedig 1211 geraubt und hierher gebracht wurde. Napoleon nutzte das verschlafene Kloster 1807 dann für militärische Zwecke. Nach seiner Niederlage wurden die ausgedienten Kreuzgänge gelegentlich an Urlauber vermietet. In den 1880er-Jahren erweiterte die Stadt die Insel schließlich: Auf trockengelegtem Sumpfgebiet entstand ein neues Industriegebiet. Wie so viele Bemühungen der Stadt in Sachen Industrialisierung erwies sich auch dieses Projekt als ineffizient und wurde in den 1920er-Jahren aufgegeben.

Ihr heutiges Aussehen erhielt die Insel gegen Ende der 1920er-Jahre, als sie zum neuesten Wohnviertel umgestaltet wurde. Man verzichtete bewusst auf die modernistischen Trends der Zeit, sodass sich die Wohnungen für die Mittelschicht nun als getreue Kopien der Adelspaläste Venedigs präsentieren. Allerdings mangelt es ihnen an den Schrullen und am eleganten Verfall, der das übrige Venedig kennzeichnet. Das ganze Viertel mutet eigentlich etwas wie eine Disneyland-Version der Stadt an, deren Bestandteil sie ist – ein Kuriosum!

Heute ist Sant'Elena mit ihren schattigen Seitenstraßen und den fehlenden Menschenmassen zum Eldorado der Jogger avanciert. Aber auch ihr anachronistischer Zauber ist einen Spaziergang wert – und die daraus resultierende Erkenntnis, dass sich Venedig einfach nicht nachahmen lässt.

Okt. 15–18.30 Uhr; San Zaccaria) Gondeln gleiten heran, um am Kai anzulegen, während gegenüber in der Lagune ein weißes Marmorgebäude – die Palladio-Kirche San Giorgio Maggiore – im Wasser des Kanals einen Goldton annimmt, der sich langsam zu Pink verändert. Diese Szenerie, die sich am Spätnachmittag im obersten Stockwerk vom Balkon des Hotels Danieli darbietet, ist wahrlich einen Trinkspruch wert. Am besten kommt man nach dem Mittagessen und vertreibt sich hier den Nachmittag bei einem *spritz* (10 €) oder einen der Cocktails (18–22 €) – besonders empfehlenswert ist die Spezialität des Hauses, der sonnenuntergangfarbene Danieli, ein Cocktail aus Gin, Aprikosen und Orangensaft mit einem Schuss Grenadine.

L'OLANDESE VOLANTE — BAR

Karte S. 338 (041 528 93 49; Campo San Lio 5658; 8–1 Uhr; Rialto) Nach einer Nacht im chaotischen Fliegenden Holländer treten die Gäste immer heiter und heiser den Heimweg an. In dieser Bar treffen sich Studenten aus dem Ausland mit einheimischen Spinnern bei einem billigen Bier. Die Stühle draußen sind heiß begehrt, sodass man meist mit Fremden den Tisch teilt.

INISHARK — BAR

Karte S. 338 (041 523 53 00; www.inishark.pub.com; Calle del Mondo Novo 5787; Di–So 18–23.30 Uhr; Rialto) In dieser venezianischen Variante eines irischen Pubs ist das volle Programm angesagt, nämlich Guinness, Kilkenny Cream und Bulmer-Cidre, außerdem Sky-Sport-TV für alle Sportfreaks, die es ohne Fußball und Rugby nicht lange aushalten. Im Mai und Juni macht das Lokal meist zwei Wochen dicht.

PARADISO — CAFÉ

Karte S. 338 (041 241 39 72; Giardini della Biennale 1260; 9–19 Uhr, während der Biennale länger; Biennale) In dem fröhlichen gelben Mini-Palast fließen Kaffee und Cocktails in Strömen – und sie kosten weniger, als man in Anbetracht der Designerstühle, der Terrasse am Wasser und der fehlenden Konkurrenz eigentlich annehmen würde. Es ist auch das einzige Café weit und breit, das für Mädels mit Stöckelschuhen während der Biennale erreichbar ist. Hier kann man zuschauen, wie Kuratoren schüchterne Künstler umgarnen und Stararchitekten unter Sonnenschirmen Hof halten – sogar zwischen den Biennalen.

UNTERHALTUNG

KONZERTE IN LA PIETÀ LIVEMUSIK

Karte S. 338 (041 522 21 71; www.pietavenezia.org, auf Italienisch; Riva degli Schiavoni; San Zaccaria) Diese Kirche ist aufgrund ihrer hervorragenden Akustik, den Deckengemälden von Tiepolo und ihrer langen Verbindung zu Vivaldi (S. 153), die ideale Kulisse für ein Barockkonzert.

LABORATORIO OCCUPATO MORION KULTUTZENTRUM

Karte S. 338 (041 520 84 37; Calle di Morion 2951; Celestia) Wenn nicht gerade eine Umweltdemo oder avantgardistische Performancekunst auf dem Programm stehen, finden in diesem Zentrum der Gegenkultur tolle Tanzpartys statt, bei denen Bands aus dem ganzen Veneto spielen. Die Events werden in der ganzen Stadt durch Plakatwerbung angekündigt.

SHOPPEN

Castello ist überwiegend ein Wohnviertel und keine Touristengegend, und deshalb sind die Waren in diesen beschaulichen Gassen auch nicht so am touristischen Mainstream orientiert, sondern erheblich origineller.

GIOVANNA ZANELLA SCHUHE

Karte S. 338 (041 523 55 00; Calle Carminati 5641; Mo–Sa 9.30–13 & 15–19 Uhr; Rialto) Gewebt, modelliert und mit einem Schopf versehen, wie ihn die Vögel in der Lagune aufweisen: Die Schuhe, die in Giovanna Zanellas edlem Laden angefertigt werden, schreien förmlich danach, dass vor einem der rote Teppich ausgerollt wird. Die venezianische Designerin fertigt Schuhe nach Maß, und von daher lautet die Antwort immer: Ja, diese Pumps sind auch in Gelb und Grau zu haben, in Größe 42 und besonders schmaler Ausführung. Im August hat das Geschäft mindestens zwei Wochen zu.

ATELIER ALESSANDRO MERLIN KUNSTHANDWERK

Karte S. 338 (041 522 58 95; Calle del Pestrin 3876; Fr 15–19, Sa–Di 10–12 & 15–19 Uhr; Arsenale) Hier schmeckt das Frühstück in Gesellschaft von einem Akt, einem Pferd oder einer Qualle – all diese Motive malt Alessandro Merlin auf auffällige schwarz-weiße Cappuccinotassen und Unterteller. Seine ausdrucksstarken Figuren sind modern, die Sgraffitotechnik, auf die er bei einigen seiner Arbeiten zurückgreift, hat hingegen ihre Wurzeln bereits in der Römerzeit: Es werden weiße Linien in den schwarzen Untergrund geritzt.

SIGFRIDO CIPOLATO SCHMUCK

Karte S. 338 (041 522 84 37; San Lio Caselleria 5336; San Zaccaria) Im Schaufenster, das es gerade einmal auf die Größe eines Fischglases bringt, ist Beutegut ausgestellt, das jedem Seeräuber ins Auge sticht: ein Ring mit mehreren Diamanten in einer sternförmigen Fassung, ein winziger emaillierter grüner Drachen, der seine Klauen in eine Perle haut, und tropfenförmige Ohrgehänge, die in einen emaillierten vergoldeten Schädel auslaufen. All diese kleinen Wunderwerke sehen zwar wie Erbstücke aus, wurden jedoch vor Ort vom Meisterjuwelier Sigfrido kreiert – und sind hier halb so teuer wie in den noblen Schmuckgeschäften rund um den Markusplatz, in denen die Arbeiten Cipolatos ebenfalls erhältlich sind.

KALIMALA CUOIERIA KUNSTHANDWERK

Karte S. 338 (041 528 35 96; www.kalimala.it; Salizada San Lio 5387; Mo–Sa 9.30–19.30 Uhr; Rialto) Geschmeidige Gürtel mit Schließen aus gekämmtem Stahl, moderne Handtaschen, Männertaschen und kniehohe rote Stiefel: Kalimala fertigt Lederartikel, die Bequemlichkeit und modernes Design verbinden. In Anbetracht des natürlich gegerbten, erstklassigen Leders halten sich die Preise erstaunlich im Rahmen. Handgefertigte Schuhe kosten ab etwa 100 €.

BANCO LOTTO 10 MODE

Karte S. 338 (041 522 14 39; Salizada Sant'Antonin 3478a; Mo 15.30–19.30, Di–Sa 10–13 & 15.30–19 Uhr; San Zaccaria) Gefängnisorange ist in dieser nicht-profitorientierten Boutique out, pflaumenfarbener Seidensamt dafür voll in: Die handgeschneiderte Mode ist das Ergebnis einer Umschulungsmaßnahme im Frauengefängnis auf Giudecca. Die schicken Jacken,

GEHEIMTIPP

KUNSTBIENNALE: TIPPS VON EINER, DIE ES WISSEN MUSS

Seit zehn Jahren hat sich die Designerin und Kunstdirektorin **Pamela Berry** (www.pamelaberry.com, www.veniceetc.com) Venedig zu ihrer Heimat erkoren – und mitgeholfen, für Besucher maßgeschneiderte Spaziergänge in der Stadt und im Umland zu entwickeln. Die Veteranin der Kunstbiennale (S. 21) verfügt über jede Menge Erfahrung, wenn es darum geht, die Massen zu steuern und aus einem Event das meiste herauszuholen.

Wer ein Wochenende Zeit hat Am ersten Tag würde ich die Pavillons in den Giardini Pubblici (S. 149) besichtigen und dann zum Arsenale (S. 145) hinüberspazieren. Am zweiten Tag würde ich mir aus dem Programm eine weitere Ausstellung aussuchen und dann einfach einen Bummel durch die Stadt unternehmen.

Fern der Massen In der ersten Woche der Biennale geht es immer besonders hoch her, aber dafür ist sie auch besonders interessant – das Publikum ist gebildet, extravagant und international. Nach dem Juni wird es dann ruhiger, und man muss sich nicht mehr durch die Menschenmenge kämpfen. In der Stadt ist es allerdings heiß und total voll. September und Oktober sind herrlich, denn es gehen die Menschenmassen wie auch die Temperaturen zurück.

Glamour satt Die Eröffnung der Biennale ist Glamour in Reinkultur – in der ganzen Stadt werden die ganze Nacht hindurch Events und Partys mit vielen Cocktails gefeiert. Die Prominenten tun alles, um sich gegenseitig auszustechen und sich auf immer noch tolleren Partys in den Schatten zu stellen – sogar die Yachten scheinen irgendwie immer größer zu werden. Wer gern Leute beobachtet, besucht am besten Harry's Bar (S. 84) oder die B-Bar (S. 85) im Bauer's L'Hotel.

Energie tanken Die beiden beliebtesten Lokale nur einen Steinwurf von den Giardini entfernt sind das Corte Sconta (S. 157) und das al Covo (S. 138). Frische, oft vegetarische Biospeisen zum Mitnehmen gibt es im Le Spighe (S. 157). Preiswerte (hausgemachte) *Casalinga*-Mahlzeiten schmecken in der Trattoria Alla Rampa (S. 158). Wer ein Faible für ein bestimmtes Lokal hat, sollte während der Biennale eine gute Weile im Voraus reservieren.

Auf Schatzsuche In der ganzen Stadt gibt es während der Biennale Zusatzausstellungen und temporäre Pavillons (Infomaterial und Stadtpläne jeweils am Eingang erhältlich). Einige sind interessant, einige weniger, aber auch Leute, die sich für die Kunst nicht sonderlich begeistern können, halten allein schon die Locations für einen Besuch wert. Man hat das Gefühl, eine Art Schatzsuche zu unternehmen, um die tollsten Örtlichkeiten aufzuspüren. Es gibt Ausstellungen in Palästen und Kirchen, Galerien und Klöstern, verlassenen Gebäuden und sogar auf entlegenen Inseln.

Der Hit unter den entlegenen Orten Die Scuola della Misericordia in Cannaregio ist die Anfahrt wahrlich wert. Sie wurde um 1550 erbaut; die hohen Decken und massiven Säulen werden dem Architekten Jacopo Sansovino zugeschrieben. Viele Venezianer erinnern sich noch an die 1970er-Jahre, als die Scuola ein Basketballplatz und Fitnesscenter war. Jedenfalls lohnt sich der Abstecher, denn das Gebäude kann ausschließlich während der Biennale besichtigt werden.

Kleider und Handtaschen wurden von inhaftierten Frauen entworfen und auch gefertigt. Oft werden so edle Materialien wie Seide, Samt und Brokat verwendet, die Fortuny (S. 168) und Bevilacqua (S. 85) gestiftet haben. Sogar La Fenice hat ihre Operndiven schon in Gewänder von Banco Lotto gehüllt. Die Boutique wird von Freiwilligen geführt; der Erlös kommt den inhaftierten Frauen zugute; er wird in das Ausbildungsprogramm und in Resozialisierungsmaßnahmen nach der Freilassung gesteckt.

ARTE VETRO MURANO KUNSTHANDWERK

Karte S. 338 (☎041 523 75 14; www.artevetromurano.com; Calle delle Rasse 4613; ⏲tgl. 10–17.30 Uhr; San Zaccaria) Alle Konventionen in Sachen Glas kommen durch die neuen Stilrichtungen, die sich diese Familie von

Murano-Glasdesignern einfallen lässt, ins Wanken. Davide Penso fertigt Ketten aus flachen Muranoglasplättchen, die wie geschmolzene Lava anmuten, während sein Bruder Silber und Lampworkglas von Artematte zu Objekten kombiniert, die unheimlich schillern. Und nun hat sich auch noch Davides Tochter Elisa zu ihnen gesellt, die Glas mit ihren eigenen Filzarbeiten verbindet. Aber Achtung: In der Nebensaison hat das Geschäft mittwochs manchmal geschlossen.

PROFILI KUNSTHANDWERK

Karte S. 338 (☎333 674 48 52; Via Garibaldi 1596; ⌚Mo–Sa 10–13 & 15.30–20 Uhr; Arsenale) Francesco Vittorelli kreiert wunderschöne Bilderrahmen (auf Wunsch auch nach Maß) mit einer stilistischen Bandbreite, die vom Barock des 18. Jhs. bis zum Modernismus des 20. Jhs. reicht. Er ist überaus geschickt im Umgang mit Holz und Blattgold und lässt Interessierte gern an seiner Begeisterung für das alte Kunsthandwerk teilhaben.

PAPIER MÂCHÉ LABORATORIO

KUNSTHANDWERK

Karte S. 338 (☎041 522 99 95; Calle Lunga Maria Formosa 5175; ⌚Mo–Sa 9–19–.30, So 10–19 Uhr; Ospedale) Wenn schon inkognito, dann stilvoll: Die echten Karnevalsmasken lassen ganz unterschiedliche Einflüsse sehen, die von Canaletto bis Modigliani reichen. Alle werden vor Ort gefertigt und bemalt – was im Übrigen auch für eine kleinere Auswahl an Keramik gilt.

PAOLO BRANDOLISIO KUNSTHANDWERK

Karte S. 338 (☎041 522 41 55; www.paolobrandolisio.altervista.org; ⌚unterschiedl.; Zaccaria) Der Meister der Schnitzkunst, Paolo Brandolisio, fertigt in seiner unauffälligen Scheune in einer Gasse in Castello wunderbare *forcole* – Ruderhalterungen, die das Ruder der Gondolieri tragen. Wer sich für seine Gondelfahrt zurück nach Hause dergleichen anfertigen lassen möchte, muss seine Größe und sein Gewicht angeben, denn *forcole* sind Maßarbeit. Aber vielleicht tut es ja auch eine Kopie in Miniaturformat, die in der Werkstatt zum Verkauf steht.

Giudecca, Lido & die südlichen Inseln

ISOLA DI SAN GIORGIO MAGGIORE | GIUDECCA | LIDO DI VENEZIA | ISOLA DI SAN LAZZARO DEGLI ARMENI | ISOLA DO SAN SERVOLO

Highlights

❶ Die beiden strahlend heiteren Meisterwerke Palladios: die **Chiesa di San Giorgio Maggiore** (S. 167) und die **Chiesa del Santissimo Redentore** (S. 168).

❷ Den hoch in den Himmel ragenden **Campanile** (S. 167) von San Giorgio Maggiore: Von oben hat man einen Einblick in das Labyrinth der Gassen, das für Venedig so charakteristisch ist.

❸ Am **Lido** (S. 170) ein Fahrrad mieten und sowohl entlang der Uferpromenade als auch durch die beschaulichen Nebenstraßen der Insel kurven.

❹ Ein gemütlicher Bummel über den farbenfrohen **Bauernmarkt** (S. 173) von Giudecca mit seinen vielen Bioprodukten, die im Frauengefängnis der Insel angebaut werden.

❺ In einem der **einfachen Speiselokale** (S. 172) an der Kanalpromenade von Giudecca Austern schlürfen, die frisch aus der Lagune gefischt werden.

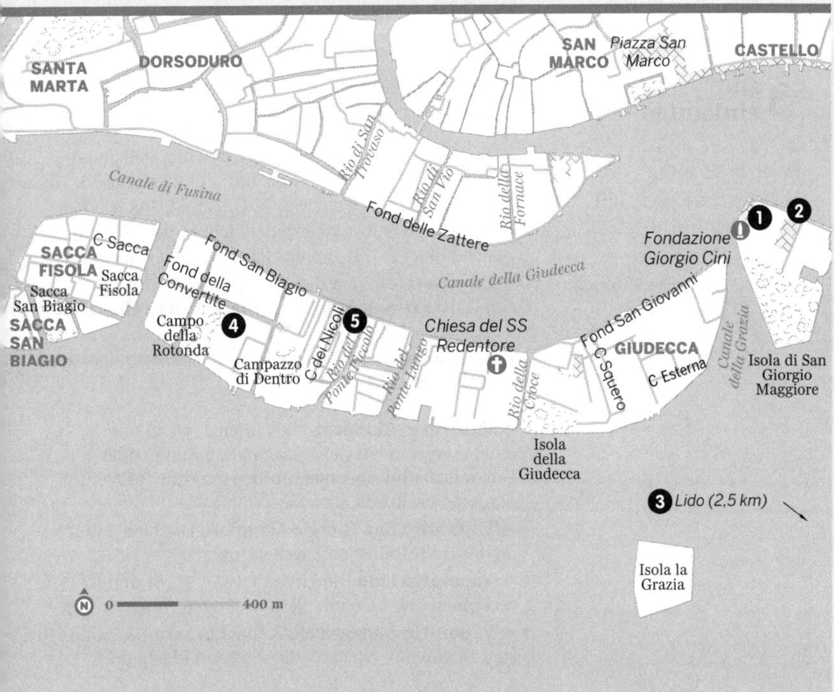

Mehr Details bieten die Karten auf S. 341 und S. 325

Top-Tipp

Anstatt sich tapfer in die Schlange für den Campanile am Markusplatz zu stellen, lohnt ein Abstecher zum Glockenturm von San Giorgio Maggiore (S. 167), von dem man etwa den gleichen Blick genießt, jedoch zu einem Bruchteil der Wartezeit.

Gut essen

- I Figli delle Stelle (S. 172)
- La Palanca (S. 172)
- La Favorita (S. 173)

Mehr Details siehe S. 172

Nett ausgehen

- Skyline Rooftop Bar (S. 173)
- B.each (S. 174)
- Harry's Dolci (S. 172)

Mehr Details siehe S. 173

Gut einkaufen

- Galleria Santa Eufemia (S. 169)
- Giudecca 795 (S. 169)
- Fortuny Tessuti Artistici (S. 168)

Mehr Details siehe S. 168

Giudecca, den Lido & die südlichen Inseln erkunden

Andere Städte sind von ausufernden Vorstädten umrahmt, Venedig dagegen von alten Klöstern, die gleichsam in der blauen Lagune zu schwimmen scheinen. Die Inseln bieten eine willkommene Abwechslung zum überlaufenen Venedig. Man muss sich nur in ein *vaporetto* setzen, um neue Perspektive zu genießen.

Gegenüber vom Markusplatz beeindruckt San Giorgio Maggiore, ein Prachtbau von Palladio. Nach ein paar Minuten mit dem *vaporetto* ist Giudecca erreicht, der inoffizielle siebte *sestiere*. Auf diese Insel zogen sich die Adeligen zurück, dann wurde sie als Industriezentrum genutzt, und heute beginnt dort der dritte Akt: Die Fabriken werden in Künstlerateliers umgestaltet.

Hinter Giudecca liegt der Lido, eine schmale Insel, die Venedig vor der Adria schützt. Bei schönem Wetter ist der Lido einen Ausflug wert; man kann am Strand entspannen oder mit dem Rad durch die Gassen kurven.

In der Nähe beeindruckt das Kloster San Lazzaro degli Armeni, in dem im 18. Jh. die Mönche Zuflucht vor der Verfolgung durch die Osmanen suchten. Bis heute gilt es als bedeutender Hort der armenischen Kultur. Das Kloster kann nur im Rahmen einer Führung besichtigt werden. Unterwegs lohnt sich ein Zwischenstopp auf der Isola di San Servolo, die bis 1978 eine Irrenanstalt und nun ein Uni-Campus ist. Hier befindet sich auch das Museum della Follia (Irrenmuseum).

Tipps der Einheimischen

- **Essen** Geschniegelte Künstler gesellen sich zu bodenständigen Einheimischen, um im La Palanca (S. 172) und Al Pontil Dea Giudecca (S. 172) zu Mittag zu essen.
- **Ausgehen** Selbst Venezianer zieht es in die Skyline Rooftop Bar (S. 173), um das Panorama zu genießen.
- **Künstlertreff** Venezianische Künstler trifft man in den Galerien (S. 169) an der Promenade von Giudecca.

An- & Weiterreise

- **Vaporetto Giudecca** Die Linien 2, 41, 42 und N (nachts) verbinden Giudecca mit San Marco oder Dorsoduro und sind auch für den Piazzale Roma und den Lido praktisch.
- **Vaporetto San Giorgio Maggiore** Die Line 2 fährt an der Haltestelle San Zaccaria ab.
- **Vaporetto Lido** Die Linien 1, 2, 51, 52, 61 und 62 verbinden den Lido mit allen wichtigen Anlegestellen.
- **Vaporetto San Servolo & San Lazzaro** Die Linie 20 steuert von San Zaccaria diese beiden Inseln an.

HIGHLIGHTS
CHIESA DI SAN GIORGIO MAGGIORE

Eine Sonnenbrille sollte man schon aufhaben, wenn man sich der Chiesa di San Giorgio nähert: Palladios Fassade aus weißem, istrischen Marmor blendet einfach zu sehr. Obwohl sich die Kirche mit dem *vaporetto* schnell erreichen lässt, werfen die meisten Urlauber nur vom Markusplatz aus einen Blick übers Wasser auf das Gotteshaus. Und dieser Anblick ist wirklich imposant: Palladio wählte den weißen Stein, weil das Material einen beeindruckenden Kontrast zur blauen Lagune bildet, außerdem errichtete der Baumeister die Kirche in einem Winkel, der nicht nur dramatisch wirkt, sondern das Bauwerk den ganzen Nachmittag in Sonnenlicht taucht.

Die Insel San Giorgio Maggiore ist seit dem 10. Jh. in Besitz von Benediktinermönchen; die Gebäude datieren aus dem 16. Jh. Als Palladio in den 1560er-Jahren nach Venedig kam, baten ihn die Mönche, den Speisesaal umzugestalten. Das Ergebnis begeisterte sie so, dass Palladio den Auftrag erhielt, auch noch die Kirche umzubauen.

NICHT VERSÄUMEN

- Tintorettos *Mannawunder* und *Abendmahl*
- Aussicht vom Glockenturm

PRAKTISCH & KONKRET

- Karte S. 341
- Isola di San Giorgio Maggiore
- Erw./erm. 3/2 €
- Mo–Sa 9.30–12.30 & 14.30–18.30 Uhr, Okt.–April bis 16.30 Uhr
- San Giorgio Maggiore

Palladios Fassade

Palladio war der erste Architekt, dem es gelang, die Fassade einer christlichen Kirche mit einem zentralen Kirchenschiff und niedrigeren Seitenschiffen mit einem dreieckigen Giebelfeld zu versehen. Sein Kunstkniff: Er verwendete ein Giebelfeld, um das zentrale Kirchenschiff zu krönen, und ein zweites erheblich niedrigeres und breiteres, das sich über die beiden Seitenschiffe erstreckt. Beide verbinden sich zu einem harmonischen Gesamtensemble. Palladio stellte seine Genialität noch mit Dreiviertelsäulen mit fein skulpierten Kapitellen, Kranzleisten und Figurennischen unter Beweis, die der Fassade Tiefe verleihen. Am dramatischen Spiel von Licht und Schatten kann man sich kaum sattsehen.

Kirchenraum

Palladios Innenraum präsentiert sich strahlend und heiter. Sonnenlicht fällt fast schon geheimnisvoll durch die hohen Fenster und wird durch die weißen Stuckoberflächen so verteilt, dass es sanft über die geometrisch harmonischen Strukturelemente spielt. Die Böden weisen schwarze, weiße und rote Steinintarsien auf. Sie lenken den Blick auf den Altar, hinter dem sich ein besonders großer Chor befindet. Die rigorose Verwendung klassizistischer Motive erinnert an römische Theater.

Campanile

Die langen Schlangen beim Campanile am Markusplatz kann man getrost vergessen. Statt dessen fährt man in dieser Kirche hinten mit dem Lift (3 €) auf den 60 m hohen **Glockenturm**. Von oben genießt man einen herrlichen Blick auf Venedig und die Lagune.

Tintorettos Spätwerke

Zwei riesige Spätwerke von Tintoretto flankieren den Altar der Kirche. Auf der einen Seite hängt das Gemälde *Mannawunder*; das Licht verteilt sich ebenso großzügig wie das Brot, das vom Himmel fällt. Auf der anderen Seite beeindruckt das *Abendmahl*. Dargestellt sind Christus und seine Jünger am Tisch; der verwegene Blickwinkel bewirkt, dass die ganze Szene wie in einer venezianischen Taverne im 16. Jh. anmutet. Gleich in der Nähe hängt angeblich Tintorettos letztes Werk, die bewegende *Kreuzabnahme*.

KNASTBRÜDER, PARTYGÄNGER & MALER: EINE KURZE GESCHICHTE VON GIUDECCA

Giudeccas strittige Geschichte beginnt schon mit dem Namen. In Süditalien war „Giudecca" der gängige Begriff für das jüdische Viertel der Stadt. Es gibt jedoch wenig Hinweise, dass venezianische Juden sich auf dieser Insel ansiedelten. Wahrscheinlicher ist, dass der Name sich vom venezianischen *zudega*, also *giudicato* ableitet – die Gerichteten. Gemeint waren damit aufständische Familien, die im 9. Jh. hierher verbannt wurden.

Der berühmteste Exilant auf Giudecca war jedoch kein Venezianer, sondern Florentiner. Michelangelo floh 1529 aus Florenz hierher. Als er auf der Insel ankam, hatten die Adelsfamilien Dandolo, Mocenigo und Vendramin Giudecca umgestaltet: Aus einem Gefängnis war ein Viertel mit Villen und Gärten samt Lagunenblick geworden: – der perfekte Ort, um sich von der beengten Innenstadt Venedigs zu erholen. Nachdem Venedig die Herrschaft über den Veneto erlangt hatte, erbauten die Adeligen ihre Villen dann an der Riviera del Brenta und weiter landeinwärts. Die Insel Giudecca blieb jedoch weiterhin ein Hort der Unbekümmertheit und Unbeschwertheit. Im 18. Jh. waren die Lustgärten aufgrund bacchantischer Exzesse dann von Skandalen umwittert – und das, obwohl sich hier ein halbes Dutzend Klöster befand.

Napoleon setzte der Zecherei wie auch den Gebeten ein Ende, indem er zuerst 1797 die Republik Venedig auslöschte und dann 1807 sämtliche Klöster schloss. In den folgenden hundert Jahren vollzog Giudecca dann einen weiteren Wandel – diesmal vom Lustgarten zur Maloche. Die Gärten wichen Fabriken, Wohnblocks und Kasernen. Der Konvent Santi Cosma e Damiano wurde in eine Fabrik umfunktioniert, aus dem Glockenturm wurde ein Schlot.

Doch auch dieses Experiment sollte nicht von Dauer sein. Die Eröffnung eines effizienteren Hafens im nahen Marghera setzte der Industrieproduktion in Venedig ein Ende, und bald verödete Giudecca völlig. In den letzten Jahren haben nun die riesigen Freiflächen und relativ billigen Mieten eine ganz neue Art von Exilanten angelockt – Künstler, die sich in der Innenstadt von Venedig die Miete nicht mehr leisten können. Heute kann Santi Cosma e Damiano nach der Nutzung als Fabrik und Kirche nun mit tollen Ateliers aufwarten; und im Munitionsdepot befindet sich das hypermoderne Teatro Junghans (s. S. 174).

SEHENSWERTES

Giudecca

FORTUNY TESSUTI ARTISTICI WAHRZEICHEN

Karte S. 341 (☎041 522 40 78; www.fortuny.com; Fondamenta San Biagio 805; ⏲Mo–Fr 9–12 & 14–17 Uhr; Palanca) Marcel Proust war begeistert von Fortunys seidigen Baumwolldrucken, die mit Jugendstilmustern versehen sind. Heute meint man beinahe, in einem Factory-Outlet zu stehen: Besucher können zwischen rund 260 verschiedenen Designs im Ausstellungsraum stöbern, aber die Produktionstechniken werden im Gartenatelier schon seit einem Jahrhundert geheim gehalten und geradezu eifersüchtig gehütet. Mehr von Fortunys Originaldesigns und vom Atelier sind im Museo Fortuny (S. 71) zu sehen.

CHIESA DEL SANTISSIMO REDENTORE KIRCHE

Karte S. 341 (Campo del SS Redentore 194; Eintritt 3 € oder Choruspass; ⏲Mo–Sa 10–17 Uhr) Schon von Weitem sieht man Palladios Il Redentore von 1577, ein Meisterwerk aus weißem Marmor am Canal Grande, errichtet zum Dank dafür, dass die Stadt vom Schwarzen Tod verschont blieb. Die Arbeit an diesem großartigen Bauwerk wurde 1592 unter Antonio da Ponte (berühmt für die Rialtobrücke) vollendet. In der Kirche befinden sich einige Werke von Tintoretto, Veronese und Vivarini, aber das faszinierendste Kunstwerk wird oft übersehen: Innen über dem Portal zeigt Paolo Piazzas erstaunlich modernes Bild *Der Dank Venedigs für die Befreiung von der Pest* von 1619 die Stadt, wie sie von Engeln in nüchternen Grautönen hochgehalten wird.

In dieser Gezeitenstadt hat man das Überleben nie als Selbstverständlichkeit betrachtet und drückt seinen Dank während der **Festa del Redentore** (Fest des Erlösers; S. 21) aus. Die Venezianer unternehmen diesen Pilgerzug auf einem wackligen Ponton über den Kanal an den Zattere schon seit 1578.

CHIESA DI SANT'EUFEMIA KIRCHE

Karte S. 341 (☎041 532 29 20; Fondamenta Sant'Eufemia 680; ⏲nur Gruppen mit über 20 Teilnehmern und nach Vereinbarung; ⛴Palanca) Ursprünglich vereinte die Kirche, die 890 hier stand, vier heilige Frauen unter ihrem Dach, doch Dorothea, Tekla und Erasma waren längst nicht so berühmt wie die byzantinische Märtyrerin Euphemia. Sie wurde hungrigen Löwen zum Fraß vorgeworfen, aber nachdem sie ihr die Hand abgebissen hatten, weigerten sie sich, noch mehr von dem heiligen jungfräulichen Fleisch zu fressen. Ein Wunder? Die schlichte venezianisch-byzantinische Kirche, die heute hier steht, stammt aus dem 14. Jh., aber einige Kapitelle und Säulen im Innern sind aus dem 11. Jh. Die dorische Säulenhalle, die Michele Sanmicheli zugeschrieben wird, wurde um 1596 hinzugefügt. Falls man die erforderliche Gruppengröße von 20 Teilnehmern nicht zustandebringt, sollte man einfach um 11 Uhr zum Sonntagsgottesdienst kommen.

GIUDECCA 795 GALERIE

Karte S. 341 (☎340 8798327; www.giudecca795.com; Fondamenta San Biagio 795; ⏲15–20 Uhr; ⛴Palanca) Die freundliche Galerie wurde ins Leben gerufen, um einheimische Künstler aller Stilrichtungen zu fördern. Ausgestellt – und verkauft – wird eine breite Palette an Arbeiten von etablierten wie auch aufstrebenden jungen Künstlern, von denen die meisten eine starke Bindung zu Venedig aufweisen. Außerdem gehört noch ein Laden mit zur Galerie, in dem kuriose Venedig-Andenken erhältlich sind.

GALLERIA SANTA EUFEMIA GALERIE

Karte S. 341 (☎041 296 02 40; www.eufemiagallery.com; Fondamenta Santa Eufemia 597; ⏲Mo–Sa 10–12.30 & 15–18.30 Uhr; ⛴Palan-

HIGHLIGHTS
FONDAZIONE GIORGIO CINI

Die ehemalige Marineakademie beherbergt heute die schiffförmige Galerie der Fondazione Giorgio Cini. Sie wurde in den 1950er-Jahren vom Industriellen Vittorio Cini gegründet – einem Überlebenden des Konzentrationslagers Dachau. Die Stiftung beherbergt eine erstaunliche Sammlung an Originalmanuskripten, außerdem finden hier Wechselausstellungen und andere Kulturveranstaltungen statt. Die Organisation hilft auch mit, die Führungen im Benediktinerkloster zu organisieren, das Palladios Kirche San Giorgio Maggiore angeschlossen ist.

Im Kloster beeindrucken eine Bibliothek aus dem 17. Jh. wie auch die **Monumentaltreppe** von Baldassare Longhena. Der **Chiostro dei Cipressi** ist der älteste Teil der Anlage; der Kreuzgang wurde 1526 im Stil der Frührenaissance vollendet. Ein Spaziergang durch die Klostergärten führt zum **Teatro Verde**, einer Freilichtbühne aus den 1950er-Jahren, die im Sommer noch manchmal bespielt wird.

Palladio entwarf auch das sehenswerte **Refektorium** des Klosters, in dem Veroneses Meisterwerk *Die Hochzeit von Kana* beeindruckte – bis Napoleon das Bild nach Hause schickte, um es in den Louvre zu hängen. An seinem Platz prunkt nun Tintorettos *Hochzeit der Jungfrau*. Palladio entwarf auch den **Chiostro del Palladio**, dessen Bögen sich mit militärischer Präzision aneinanderreihen.

NICHT VERSÄUMEN

- Chiostro del Palladio
- Palladios Refektorium
- Longhenas Treppe
- Tintorettos *Hochzeit der Jungfrau*

PRAKTISCH & KONKRET

- Karte S. 341
- ☎041 220 12 15
- www.cini.it
- Erw./erm. 12/10 €
- Isola di San Giorgio Maggiore
- ⏲Führungen in Englisch & Französisch Sa & So ab 11 Uhr
- ⛴San Giorgio Maggiore

DER LIDO & DIE VERSUCHUNG: THOMAS MANN

Im Jahr 1857 ließ sich das den schönen Dingen des Lebens zugetane Venedig eine neue Verlockung einfallen, um Vergnügungssüchtige aus ganz Europa anzulocken: das Strandleben. Innerhalb weniger Jahre avancierte der Lido zum exklusivsten Ferienort am Meer weltweit und definiert sich bis heute durch seine Jugendstilvillen aus der Blütezeit von 1890 bis zum Ersten Weltkrieg.

Als Thomas Mann dem Lido 1911 einen Besuch abstattete, logierte er im Grand Hotel des Bains (derzeit geschlossen, da das Hotel in Privatwohnungen umgewandelt wird), wo er ein Auge auf einen wunderhübschen dreizehnjährigen Polen warf. Seiner Frau zufolge, war besagter Junge „sehr reizend“, und so erlag Thomas Mann vielleicht dem venezianisch lockeren Lebensstil und gestattete es sich, seinem „Faible“ für diesen Jungen freien Lauf zu lassen. „Mein Mann hat ihn auch immer am Strand mit seinen Kameraden beobachtet.“, erzählt Katia Mann 1974 in ihrem Buch *Meine ungeschriebenen Erinnerungen*.

Ein Jahr später verarbeitete Thomas Mann dieses „Faible“ zu seiner großartigen Novelle *Der Tod in Venedig*. „Mein Mann hat das Wohlgefallen, das er tatsächlich an diesem sehr reizvollen Jungen empfand, auf Aschenbach [den Protagonisten der Erzählung] übertragen und zu äußerster Leidenschaft stilisiert.“ So schreibt Katia in ihren Erinnerungen. Thomas Manns packende Geschichte inspirierte Benjamin Britten später zu einer Oper und Luchino Visconti zu seinem hochgelobten gleichnamigen Film – der zum Teil wiederum vor Ort im Grand Hotel des Bains gedreht wurde.

ca) Die schicke kleine Galerie hat sich auf Gemälde und Zeichnungen spezialisiert, die sich mit Venedig beschäftigen; ihr Niveau liegt weit über den üblichen Retortenbildern für Touristen. Wer sich kein Gemälde leisten kann, freut sich vielleicht auch über die kleinen Originalzeichnungen und Radierungen (ab 40 €) – ein echtes und relativ erschwingliches Andenken an die Venedigreise.

Lido Di Venezia

LIDO-STRÄNDE STRAND

(Lido di Venezia; Pfand/Liegestuhl/Schirm & Liegestuhl/Strandkorb 5/6/11/17 €; Mai–Sept. an den meisten Stränden 9.30–19 Uhr; Lido) Zwischen dem schwülheißen Venedig im Sommer und den Liegestühlen und gebräunten Rettungsschwimmern scheinen Welten zu liegen, aber tatsächlich trennen sie nur 15 Minuten mit der Fähre. An den meisten Stränden des Lido muss man für Liegestuhl, Schirm und Hütte bezahlen, aber der Andrang der Sonnenhungrigen lässt gegen 14 Uhr nach, und dann sinken auch die Preise um ein paar Euro. Um nichts bezahlen zu müssen und den Massen von Wochenendurlaubern zu entkommen, geht es mit dem gemieteten Fahrrad Richtung Süden nach Alberoni und an die anderen, noch einsameren Strände.

LIDO ON BIKE RADFAHREN

Karte S. 325 (041 526 80 19; www.lidoonbike.it, auf Italienisch; Gran Viale 21b; Fahrrad 90 Min./Tag 5/9 €; Mitte März–Sept. tgl. 9–19 Uhr, bei gutem Wetter; Lido) Wer ganz nach Lust und Laune durch die Gegend kurven will, mietet sich in dem netten Fahrradladen an der *Vaporetto*-Haltestelle am Lido ein Fahrrad; gratis dazu bekommt man eine Karte mit empfehlenswerten Routen. Vorzulegen ist der Personalausweis oder Pass, denn das Mindestalter für ein Leihrad liegt bei 18 Jahren.

MALAMOCCO STADT

Außerhalb von Karte S. 325 (Lido) Der Ponte di Borge führt in ein nicht gerade überwältigendes Lagunenstädtchen mit Kanälen und *calli* (Gassen), in dem es ein paar *campi*, Kirchen, *osterie* (Weinlokale) und einen *palazzo* mit gotischer Fassade zu sehen gibt. Diese Miniaturausgabe von Venedig, komplett mit Markuslöwen an den mittelalterlichen Fassaden, war von 742 bis 811 die Hauptstadt der Lagune.

ANTICO CIMITERO ISRAELITICO FRIEDHOF

Karte S. 325 (041 71 53 59; Eintritt durchs Museo Ebraico, Erw./Stud. 8,50/7 €; Lido) Epische Gedichte scheinen sich in diesem stillen, aber leider überwucherten Garten, der von 1386 bis zum 18. Jh. Venedigs jüdischer Hauptfriedhof war, ganz von selbst zu schreiben. Die meisten Grabsteine wurden im späten 19. Jh. von Bauarbeitern entdeckt, und man beschloss, sie in einer gewissen Ordnung aufzustellen. Im Stil reichen sie von der venezianischen Gotik bis hin zu eindeutig osmanisch beeinflussten Grabmälern. Die einstündigen Führungen des Museo Ebraico (S. 133) erzählen von denen, die hier begraben sind. Für die Führungen gibt es keine festen Termine; unbedingt vorher buchen.

PALAZZO DELLA MOSTRA DEL CINEMA — SEHENSWERTES GEBÄUDE

Karte S. 325 (Lido) Das faschistische Denkmal am Meer sieht aus wie ein Flughafenterminal und wirkt am Lido so deplatziert wie ein Badeanzug aus Wolle. Und der „Wellen-Eingang" von C+S Associates aus dem Jahr 2003 schreit schier nach einem Skateboard. Doch sobald der rote Teppich ausgerollt ist und die Stars zum Internationalen Film Festival von Venedig (s. S. 21) eintreffen, ergibt dann doch alles irgendwie einen Sinn.

Isola di San Lazzaro degli Armeni

Die Insel, auf der sich einst ein Pilgerhospiz der Benediktiner und dann eine Kolonie für Leprakranke befanden, wurde 1717 armenischen Mönchen übergeben, die sich hier der Verfolgung durch die Osmanen entzogen. Die gesamte Insel ist heute noch ein funktionsfähiges Kloster. Wer San Lazzaro besuchen möchte, steigt um 15.10 Uhr in San Zaccaria in den *vaporetto* 20.

MONASTERO DI SAN LAZZARO DEGLI ARMENI — KIRCHE

Karte S. 341 (041 526 01 04; Erw./Stud. & Kind 6/4,50 €; Führungen So 15.25–17 Uhr) Das Kloster avancierte einst zu einem bedeutenden Zentrum der Lehre wie auch zu einem Hort der armenischen Kultur. Und so ist es bis heute geblieben, denn San Lazzaro degli Armeni ist das einzige Kloster in Venedig, das von den Truppen Napoleons nicht ausgeraubt wurde. Die Insel kann nur im Rahmen einer Führung besucht werden. Die Besichtigung beginnt in der Regel mit der **Kirche**, die vor Mosaiken nur so schillert. Anschließend geht es ins **Refektorium** aus dem 18. Jh. und hinauf in die **Bibliothek** mit mehreren Räumen und Kuriositätenkabinetten mit Antiquitäten aus dem alten Ägypten, dem Reich der Sumerer und Indien, plus einer wertvollen Büchersammlung. Ein Raum ist ausschließlich Kunst und Artefakten aus Armenien vorbehalten.

Eine ägyptische Mumie und ein indischer Thron aus dem 15. Jh. sind die etwas merkwürdigen Höhepunkte des Raumes, der an **Lord Byron** erinnern soll, der auf der Suche nach innerem Frieden auf dieser Insel verweilte. Seiner exzentrischen Natur folgend sah man ihn oft von der Insel zum Canal Grande schwimmen – Byron war nicht der Mensch, den ein Kanal von einer schönen Frau fernhalten konnte. Zu guter Letzt kommt noch ein runder moderner Raum mit wertvollen **Handschriften**, darunter viele aus Armenien und eine bereits aus dem 6. Jh.

Isola di San Servolo

Vom 7. bis zum 17. Jh. ließen sich Benediktinermönche auf der Insel nieder. Im 18. Jh. diente San Servolo dann als Krankenhaus für Pestopfer und anschließend – bis 1978 – als Irrenanstalt. Heute befindet sich der Hauptsitz der Internationalen Universität Venedig auf der Insel; sie bietet in Zusammenarbeit mit diversen europäischen, amerikanischen und japanischen Universitäten international anerkannte Kurse an. Der Schwerpunkt des Programms liegt auf den Fächern Kunstgeschichte, Musikwissenschaften und Geschichte.

Wer das Museum besuchen will, kann dies nur nach vorheriger Buchung tun. Die grüne Insel selbst ist frei zugänglich und bietet sich für einen netten Spaziergang abseits des Trubels an.

Nach San Servolo gelangt man mit dem *vaporetto* 20 von San Zaccaria.

MUSEO DELLA FOLLIA — MUSEUM

(Museum der Geisteskrankheiten; 041 524 01 19; www.fondazionesanservolo.it; Eintritt 3 €; Telefonische Reservierung Mo–Do 9.30–17.30, Fr–15.30 Uhr) Ein Teil des einstigen „Irrenhauses" wurde in ein Museum umgewandelt. In zwei faszinierenden Räumen voller Gerätschaften wird deutlich, warum die Heilungsaussichten auf San Servolo eher gering waren. Im ersten Raum gibt es eine Reihe von Vorher-Nachher-Fotos von Insassen aus dem 19. Jh. Ihr Leiden war häufig die Folge von extremer Armut, verbunden mit Halluzinationen und unspezifischen

Symptomen, die ganz offensichtlich durch Unterernährung und Vitaminmangel hervorgerufen wurden. Im Hauptraum sind die Instrumente für die Elektroschocktherapie zu sehen, mit der die Patienten traktiert wurden, und in einem Anbau andere „therapeutische" Gerätschaften wie etwa Ketten und Zwangsjacken.

Besonders interessant ist die alte Apotheke, wo jahrhundertlang viele von Venedigs Medikamenten hergestellt wurden. Zu diesen Medikamenten gehörten zahlreiche Heilmittel gegen Syphilis, eine verbreitete Ursache für Geisteskrankheiten, selbst nach der Entdeckung des Penizillins. Aber da das meiste Penizillin lange Zeit dem Militär vorbehalten war, blieb es die am meisten nachgefragte Arznei, die heimlich in den Gassen verkauft wurde. Zur Führung über die Insel, die im Voraus gebucht werden muss, gehört auch eine Besichtigung des Parks und die bescheidene Kirche.

ESSEN

Giudecca

LP TIPP I FIGLI DELLE STELLE ITALIENISCH €€

Karte S. 341 (☎041 523 00 04; www.ifiglidellestelle.it; Zitelle 70; Mahlzeiten 30–40 €; ⏲Di–Do 12.30–14.30 & 19–22 Uhr, Mitte Nov.–Mitte März geschl.; ⛴Zitelle) Vor Liebesschwüren sollte man sich in einem der romantischsten Restaurants Venedigs besser in Acht nehmen, denn wer weiß, ob da nicht plötzlich die wärmende Pasta oder die Suppe von Küchenchef Luigi aus Apulien aus einem sprechen? Die cremige Mousse aus Dicken Bohnen mit pikantem Chicorée und frischen Tomaten schmeichelt lustvoll dem Gaumen, und der gemischte Grillteller für zwei Personen mit Köstlichkeiten frisch aus der Lagune wie Langusten, Seezunge und Sardinen bietet wirklich viel fürs Geld. In Anbetracht der Küche und der Lage am Wasser mit großartigen Blick auf den Markusplatz eignet sich das Restaurant perfekt für ein Rendezvous (zu einem erstaunlich moderaten Preis).

HARRY'S DOLCI MODERN VENEZIANISCH €€€

Karte S. 341 (☎041 522 48 44; www.cipriani.com; Fondamenta San Biagio 773, Giudecca; Mahlzeiten 80–120 €; ⏲April–Okt. Mi–Mo 10.30–23 Uhr; ⛴Palanca) Der Service ist eher schlicht, was auch für die Retro-Einrichtung (Bistrostühle und Metro-Kacheln) gilt. Dafür haben aber die Preise mit der Inflation mehr als Schritt gehalten. Mit 15 € für *dolci* (Süßspeisen) muss man durchaus rechnen.

MISTRÀ VENEZIANISCH €€

Karte S. 341 (☎041 522 07 43; Calle Michelangelo 53c, Giudecca; Mahlzeiten 20–35 €; ⏲Di–So Mittag- & Abendessen; ⛴Zitelle) Wenn einem der Sinn nach echt venezianischen Meeresfrüchten steht, beispielsweise einem Riesenteller Pasta mit Muscheln oder authentischem *Pesto genovese*, ist man hier genau richtig. Der Küchenchef, der aus Ligurien stammt, empfiehlt u. a. die *zuppa di pesce* (dicke Suppe mit Meeresfrüchten) sowie die Ravioli mit Garnelenfüllung. Dass man bei schönem Wetter draußen auf der Terrasse essen kann, ist mehr als angenehm. Und die Kalorien, die man mit den hausgemachten Nachspeisen zu sich nimmt, wird mit Sicherheit auch niemand bereuen.

LA PALANCA VENEZIANISCH €€

Karte S. 341 (☎041 528 77 19; Fondamenta al Ponte Piccolo 448, Giudecca; Mahlzeiten 20–30 €; ⏲Mo–Sa 8–20.30 Uhr) Wer hier mittags einen Tisch am Kanal ergattern will, muss viele Konkurrenten ausstechen, doch mit Aussicht auf die Zattere schmecken die *tagliolini ai calamaretti* (schmale Bandnudeln mit winzigen Tintenfischen) und das Thunfischsteak mit Sesam und Balsamico gleich noch einmal so gut. Bei einem Preis von 7 bis 9 € für einen gut gefüllten Teller Pasta bezahlt man hier nur die Hälfte von dem, was am Wasser in San Marco fällig wäre. Und die Aussicht ist zweifelsohne sogar noch imposanter. Abendessen gibt es hier keines, dafür aber *cicheti* an der Bar fast bis zur Sperrstunde.

AL PONTIL DEA GIUDECCA VENEZIANISCH €

Karte S. 341 (☎041 528 69 85; Calle Redentore 197a, Giudecca; Mahlzeiten 15 €; ⏲Mo–Sa 8–20 Uhr; ⛴Redentore) Hier nach der Speisekarte zu fragen ist, wie daheim die Oma um eine Karte zu bitten. Zur Auswahl stehen drei Tagesspezialitäten, die alle sehr lecker sind. 12 € zahlt man für großzügige Portionen Pasta, ein leckeres Fisch- oder Fleischgericht und ein *contorno* (Gemüsebeilage). Wenn dann noch zufällig ein Tisch am Fenster frei ist, gibt es den schönen Blick auf Venedig gratis dazu. *Cicheti* können den ganzen Tag über an der Bar geordert werden, richtige Mahlzeiten jedoch nur von Montag bis Freitag zur Mittagszeit.

ESU ITALIENISCH €

Karte S. 341 (Corte Grande, Giudecca; Mahlzeiten 12 €; Mo–Fr 12–14.30 & 19–21 Uhr; Santa Eufemia) Das Lokal war früher ein Kommunistenkollektiv und ist heute eine Cafeteria, in die gern Studenten kommen. Das ESU sieht wie ein Bootsschuppen aus – und genau das ist es auch. Die Mahlzeiten schmecken hier allerdings deutlich besser als in einer Hostelkantine. Für schlappe 12 € gibt es Pasta, ein Hauptgericht, Gemüse oder Salat sowie Wasser und Wein.

BIOMARKT SELBSTVERSORGER €

Karte S. 341 (Fondamenta delle Convertite, Giudecca; Donnerstagvormittag; Palanca) Jeden Donnerstagmorgen drängeln sich die Einheimischen, um die besten Bioprodukte auf diesem in jeder Hinsicht ungewöhnlichen Bauernmarkt zu ergattern. Die Bäuerinnen sind nämlich Inhaftierte aus der Besserungsanstalt für Frauen gleich in der Nähe. Mit dem Erlös aus dem Verkauf werden Umschulungs- und Wiedereingliederungsmaßnahmen finanziert.

Lido Di Venezia

LA FAVORITA MEERESFRÜCHTE €€

Karte S. 325 (041 526 1626; Via Francesco Duodo 33, Lido; Mahlzeiten 35–50 €; Mi–So Mittagessen, Di–So Abendessen, Jan.–Mitte Feb. geschl.; Lido) Köstliche *gnochetti* (Mini-Gnocchi) mit Spinnenkrebsen, leckeres Fischrisotto und *crudi* haben dazu beigetragen, dass La Favorita seinen Namen wirklich verdient. Wer im Garten, in dem Unmengen von Glyzinien wachsen, essen möchte oder während des Filmfests da ist, sollte allerdings frühzeitig einen Tisch reservieren. Dann kann es allerdings passieren, dass die klingelnden Handys der Filmbosse das Vogelgezwitscher übertönen.

BUDDHA INDISCH €

Karte S. 325 (041 77 06 18; Gran Viale 28/b, Lido; Mahlzeiten 15–30 €; Di–So 10–24 Uhr, Juni–Aug. 10–2 Uhr; Lido) Das einfach ausgestatete, aber dennoch recht schicke Lokal ist nur ein paar Schritte vom Strand entfernt und bietet eine super Mischung aus italienischer und indischer Küche. So gibt es hier beispielsweise *cicheti* (den ganzen Tag über) mit Curry, aber auch ein Angebot an Hauptgerichten, die Obst und Gemüse aus dem Veneto mit indischen Gewürzen kombinieren.

DA TIZIANO PIZZA, CICHETI €

Karte S. 325 (041 526 72 91; Via Sandro Gallo 96, Lido; Pizza 6–8,50 €; Di–So Mittag- & Abendessen; Lido) Wer am Lido nicht viel Geld ausgeben möchte, sollte diesem Lokal einen Besuch abstatten. Die Pizza ist echt gut und günstig, außerdem gibt es anständige *cicheti*, auf die sich zur Happy Hour viele Stammgäste stürzen. Dass sich hierher auch ab und an mal ein Filmstar verirrt, ist nicht zu ändern – die Pizzeria liegt nun eben nicht weit vom Palazzo della Mostra del Cinema entfernt.

PIZZERIA ALLA BOTTE PIZZA €

Karte S. 325 (041 526 06 81; Gran Viale 57/a, Lido; Pizza 6–10 €; 11.30–15.30 & 18–22.30 Uhr, Nov., Dez. & Jan. geschl.; Lido) Diese Pizzeria wirkt touristisch, bäckt aber mit dem wahrscheinlich einzigen Holzofen Venedigs. Die Pizza, die hier auf den Tisch kommt, ist entsprechend lecker und hat genau die richtige Kruste und Konsistenz. Auf der Karte finden sich viele weitere Gerichte, doch die Pizza ist eindeutig die beste Wahl.

MAGICHE VOGLIE GELATO €

Karte S. 325 (041 526 13 85; Gran Viale 47/g, Lido; Lido) Das beste Eis am Lido wird vor Ort in diesem Familienbetrieb hergestellt. Die Eisdiele liegt zwischen dem *Vaporetto*-Anleger und dem Strand.

AUSGEHEN & NACHTLEBEN

Momentan wird das berühmte Grand Hotel des Bains am Lido renoviert, nach seiner Wiedereröffnung strömt jedoch sicher wieder das Szenevolk in die illustre Colony Bar des Hotels.

SKYLINE ROOFTOP BAR BAR

Karte S. 341 (041 272 33 11; www.molino stuckyhilton.com; Fondamenta San Biagio 810,

ABSTECHER

PELLESTRINA & CHIOGGIA

Pellestrina erstreckt sich südlich vom Lido und zeichnet dessen langgestreckte Kurve nach. Hier versteht man, wie die Lagune aussehen würde, gäbe es kein Venedig. Das absolut flache Pellestrina weist kaum Autoverkehr auf und eignet sich von daher perfekt zum Radfahren. Am besten wartet man einen sonnigen Tag ab und leiht sich dann ein Fahrrad (S. 170) gleich beim *Vaporetto*-Anleger am Lido. Nun geht es in Richtung Süden bis zur Fähre, mit der man den schmalen Kanal zwischen Lido und Pellestrina überquert.

Auf der 11 km langen Barriereinsel gibt es mehrere kleine Dörfer, in denen vor allem Bauern und Fischer leben (rund 2900 Ew.). Auf der Seite zur Lagune hin sollte man nach den barackenartigen Fischerhütten Ausschau halten, die auf Muschelbeeten errichtet wurden. Muscheln wie auch andere Spezialitäten aus der Lagune können im **Ristorante Da Celeste** (041 96 70 43; Via Vianelli 625; Nov.-März geschl.) bestellt werden. Am südlichen Ende der Insel befindet sich ein Vogelschutzreservat in der Umgebung der Ca' Roman, wo sich das Federvieh bestens beobachten lässt.

An der Meerseite von Pellestrina stehen fast überall **Murazzi**, interessante Beispiele für die Ingenieurskunst des 18. Jhs. Auch wenn sie dem modernen Betrachter auf den ersten Blick nicht sonderlich beeindruckend erscheinen, sind diese gewaltigen Flutmauern aus dem vorindustriellen Zeitalter doch beachtlich, denn sie wurden von Hand errichtet. Ihr Sinn und Zweck war es, die Lagune vor der hereinbrechenden Flut zu schützen. Bis heute erfüllen diese Wellenbrecher ihren Zweck. An einem ruhigen Tag trennen lange Strände mit grauem Sand die Murazzi vom Meer; bei Sturm donnern die Wellen mit voller Wucht gegen die Steine.

Wer früh genug losgezogen ist, kann an der Südspitze von Pellestrina noch die Fähre nehmen, um Chioggia zu besuchen, die zweite Inselstadt in der Lagune. Wie in Venedig, findet man auch in Chioggia Kanäle und mittelalterliche Kirchen, meist mit einer barocken Fassade wie etwa den **Dom** (www.cattedralechioggia.it; Rione Duomo 77), der im 17. Jh. von Baldassarre Longhena umgebaut wurde.

Giudecca; 12–15.30 & 17–1 Uhr; Palanca) Weder die Passagiere der Luxusliner, erkennbar an den weißen Segeltuchschuhen noch die Schickeria, die sich mit Sonnenbrillen für 1000 € schmückt, waren bisher von der Bar ganz oben im Hilton Molino Stucky enttäuscht. Der weite Blick über Venedig und die Lagune begeistert jeden – entsprechend teuer sind denn auch die servierten Drinks. Von Mai bis September bietet die Bar ein Mittagsbüfett von 12 bis 15 Uhr an. Und Achtung: Von November bis Februar ist die Bar montags geschlossen.

B.EACH NACHTCLUB

Karte S. 325 (Lungomare D'Annunzio 20, Lido; Mai–Mitte Sept. 8.30–24 Uhr; Lido) Nach einem entspannten Tag, den man beschaulich auf einer Sonnenliege am Lido verbracht hat gibt es nichts Besseres, als in einer Art Himmelbett am Strand gleich weiterzuchillen. In diesem fetzigen Strandclub geht der Tag jedenfalls mit allerlei Zerstreuung gleich in die Nacht über: es gibt eine Bibliothek, die mit kostenlosen Büchern und Zeitschriften aufwartet, ausgewiesene Zonen, in denen man Sport treiben oder faulenzen kann, Bühnen mit Livemusik, Cocktailbars, Freilichtkino und am Wochenende DJs, die zum Tanzen animieren, bis man voll geplättet im Sand liegt.

☆ UNTERHALTUNG

TEATRO JUNGHANS THEATER

Karte S. 341 (041 241 19 74; www.teatrojunghans.it, auf Italienisch; Piazza Junghans 494, Giudecca; unterschiedl. Preise; Redentore) Das hypermoderne Theater mit einer zu drei Seiten hin offenen Bühne hat den netten Spitznamen Teatro Formaggino verpasst bekommen, denn es ähnelt tatsächlich einem Stück Käse. Die Experimentierbühne bietet 150 Plätze, allerdings sollen die Leute hier nicht einfach nur so herumsitzen:

Das Teatro Junghans offeriert Workshops für angehende Kostümdesigner, Maskentheater sowie Commedia-dell'arte-Seminare, eine Art Improvisationskomödie. Wer dergleichen lieber Profischauspielern überlassen möchte, sollte unbedingt einen genauen Blick auf den Online-Veranstaltungskalender werfen, dort erfährt man, wann das Ensemble eine Vorstellung gibt.

Murano, Burano & die nördlichen Inseln

MURANO | BURANO | TORCELLO | LE VIGNOLE & SANT' ERASMO | ISOLA DI CERTOSA | ISOLA DI SAN MICHELE

Highlights

❶ Das Glasmosaik voller himmlischer und gepeinigter Wesen in der **Cattedrale di Santa Maria Assunta** (S. 178). Lebendige Darstellungen erzählen warnend von den teuflischen Kreaturen, die Seelen stehlen und vom goldglänzenden Himmel fernhalten.

❷ Die Glaskünstler auf **Murano** (S. 179): Ihnen darf man bei der Arbeit zuschauen und die Echtheit ihrer Produkte durch Einkäufe honorieren.

❸ Auf der Veranda vom **Venissa** (S. 184) die Sonne und das Essen genießen.

❹ Ein Bummel über die Insel **Burano** (S. 183), auf der sich hübsche farbenfrohe Häuser im Wasser der Kanäle widerspiegeln.

❺ Eine Erkundungstour zu den abgeschiedenen Inseln (S. 26) Venedigs – mit einem Segelboot, einer Barkasse oder einem Hausboot. Die Sportlichen unter den Besuchern legen sich selbst in die Riemen.

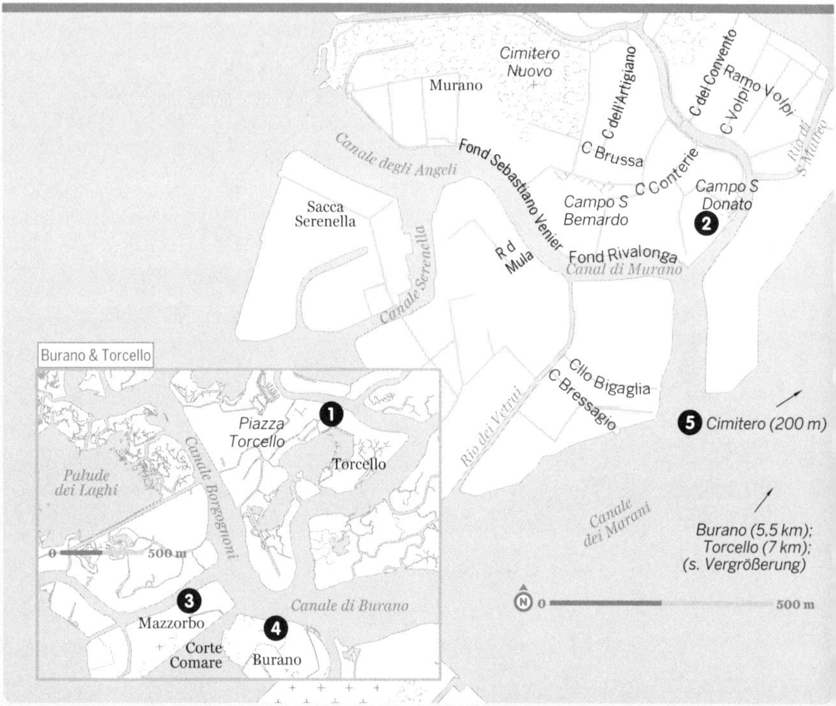

Mehr Details bieten die Karten auf S. 342/343

Murano, Burano & die nördlichen Inseln erkunden

Eine Tour durch den nördlichen Bereich der Lagune dauert eine Weile, aber eigentlich nie lange genug. Auf dem Weg zu den Glasbläsern von Murano und zur Insel Torcello mit der Cattedrale di Santa Assunta und deren beeindruckenden Mosaiken gibt es viel zu sehen. Dazu zählen der bewegende Inselfriedhof auf der Isola di San Michele, die bedächtigen Reiher auf den schmalen Sandbänken der *barene* (Salzmarschen) abseits der Insel San Francesco del Deserto und die bunten Fischerhäuser von Burano. Weitere verlockende Gründe, sich in der Lagune „herumzutreiben", sind Bootstouren zur grünen Insel Le Vignole oder die Segelkurse auf der Isola di Certosa. Fisch und Meeresfrüchte aus tagesfrischem Fang, vor Ort gezogenes Gemüse und sogar Wein von örtlichen Weingütern sind unterwegs erhältlich.

Tipps der Einheimischen

➡ **Picknick** Ein Mittagessen an einem sonnigen Tag im Norden der Lagune ist ein Highlight, auch ohne einen Tisch im Venissa (S. 184) reserviert zu haben. Idyllische Plätze sind Mazzorbo (S. 180), die Wiese hinter der Cattedrale di Santa Maria Assunta (S. 187) auf Torcello oder die malerischen Ruinen des Forte Sant'Andrea auf Le Vignole (S. 181).

➡ **Regatta-Spektakel** Alljährlich im Mai findet die Vogalonga (S. 20) statt – der größte Event im Norden der Lagune. Die Ruderregatta verläuft über 32 km von Venedig nach Murano und Burano und wieder zurück.

➡ **Inseln nach Geschäftsschluss** Sobald die Tagesausflügler das Feld räumen, schließen die Läden und Restaurants. Wer dableibt, kann mit den Einheimischen die Happy Hour in der Caffè-Bar Palmisano (S. 184) oder der Gelateria Al Ponte (S. 183) genießen.

➡ **Übernachten** Wenn man sich den Stress mit den Bootsfahrplänen ersparen möchte: die Locanda Cipriani (S. 232), der Murano Palace (S. 232) und Venissa (S. 232) sind gute Unterkünfte.

An- & Weiterreise

➡ **Vaporetto** Die regelmäßigsten Verbindungen nach Murano bieten die Linie DM (Abfahrt: Anleger Ferrovia) sowie die Linien 41 und 42 ab dem Anleger Fondamente Nouve. Von Letzterem und vom Anleger Murano-Faro startet die Linie LN nach Burano und Mazzorbo. Die Linie T bedient die kurze Strecke zwischen Burano und Torcello. Die Linie 13 fährt vom Anleger Fondamente Nuove über Murano zu den Inseln Le Vignole und Sant'Erasmo.

Top-Tipp

Planung und das Setzen von Prioritäten sind beim Inselhopping wichtig, da die Insel-*vaporetti* nur von 9 bis 17.30 Uhr unterwegs sind. Immerhin steht einiges auf dem Programm: die Glasbläser auf Murano, ein Foto-Rundgang auf Burano, ein Mittagessen auf Mazzorbo sowie die Natur und Geschichte von Torcello. Am besten steuert man die äußeren Inseln an und besucht zum Schluss Murano.

Gut essen

➡ Venissa (S. 184)
➡ Locanda Cipriani (S. 184)
➡ Cucina da Omar (S. 186)
➡ Alla Maddelena (S. 183)
➡ Busa alla Torre (S. 183)

Mehr Details siehe S. 184 ➡

Nett ausgehen

➡ Terrazzamare (S. 184)
➡ Il Muretto (S. 184)
➡ Marina Club (S. 186)
➡ Caffè-Bar Palmisano (S. 184)
➡ Locanda Cipriani (S. 184)

Mehr Details siehe S. 184 ➡

Schöne Fotomotive

➡ Die bunten Häuser auf Burano (S. 183)

➡ „Selbstporträt" am Thron des Hunnenkönigs Attila auf Torcello (S. 180)

➡ Die blumengeschmückten Dichtergräber auf der Isola di San Michele (S. 182)

➡ Die Kormorane auf Mazzorbo (S. 183).

➡ Die Ruinen vom Forte Sant'Andrea auf Le Vignole (S. 180)

HIGHLIGHTS
CATTEDRALE DI SANTA MARIA ASSUNTA

In der Kathedrale lehrt ein Mosaik, welche Rolle die Lebensführung des Menschen spielt. In der Apsis erstrahlt das golden schimmernde Jenseits mit der gütigen Madonna im Kreise von Heiligen. Ihr gegenüber freut sich ein blauer Teufel hämisch über verlorene Seelen. Die lebendigen Szenen erinnern an ein Filmdrama, nur dass sie hier aus mehr als einer Million winziger gläserner Mosaiksteine zusammengesetzt sind und vor tausend Jahren geschaffen wurden.

Architektur

Die schlichte Backsteinfassade verrät nichts von den farbenprächtigen Szenen im Inneren der Kathedrale. Das heutige Aussehen der 639 im byzantinischen Stil errichteten Kirche basiert auf der Erweiterung von 824 und dem Neubau von 1008. Somit ist die Kathedrale das älteste venezianische Bauwerk im byzantinisch-romanischen Stil. Seit dem Abschluss der Restaurierung des Glockenturms ist der Blick auf die Lagune aus der Vogelperspektive wieder möglich.

Mosaiken: Madonna & das Jüngste Gericht

Auf dem Mosaik (12. Jh.) in der goldfarbenen Ostapsis schwebt die Madonna wie eine Sonne über einem Fries mit Heiligen. Das Mosaik an der Rückwand zeigt das Jüngste Gericht. Dramatische Szenen demonstrieren die schrecklichen Folgen von Verstößen gegen biblische Gebote. Die Adria wird als Seejungfrau dargestellt, die auf See verloren gegangene Seelen zu Petrus (der Himmelspförtner mit dem Schlüssel zum Paradies) führt. An der Waage der Gerechtigkeit, mit der Engel die Seelen wiegen, macht sich ein hinterhältiger Teufel zu schaffen. Lakaien des Antichristen schleifen Sünder in die Hölle. Dort drängt sich bereits eine schlimme Gesellschaft.

Im Zentrum der Darstellung wendet sich Jesus in einer mystischen Mandel (Sinnbild für die Saat der Erlösung) mit tröstender Geste an die armen Seelen. Die übergroßen Engel in dieser Szene sind ein Resultat einer Restaurierung im 19. Jh.

Mosaik in der Kapelle

Ebenfalls im 12. Jh. entstand das Mosaik in der Kapelle. Es enthält Mosaikspuren, die bereits aus dem frühen 9. Jh. stammen, und zeigt die Heiligen Augustus, Ambrosius, Martin und Gregor inmitten von prächtigen Lilien (Reinheitssymbol), Weinranken und Weizenähren (Symbole für Wein und Hostie des Abendmahls) sowie Mohnblumenknospen (Hinweis auf Torcellos Insellage). Die lateinische Inschrift lautet übersetzt: „Gott ist in drei Personen und doch ist er einzig Gott. Er bedeckt die Erde mit Gras, besänftigt das Meer und erleuchtet den Himmel."

Weitere Meisterwerke

Weitere Meisterwerke faszinieren in der Kathedrale, z. B. die vielfarbigen Marmorfußböden. Heilige reihen sich wie Soldaten Gottes im oberen Teil der vergoldeten Ikonostase. Die zehn Stufen, die zum Bischofsthron hinaufführen, symbolisieren die Zehn Gebote.

NICHT VERSÄUMEN

- Mosaik *Das Jüngste Gericht*
- Mosaik der Madonna in der Apsis
- Mosaik in der Kapelle
- Mehrfarbiger Marmorboden
- Ikonostase
- Bischofsthron

PRAKTISCHES

- Karte S. 343
- Piazza Torcello
- Eintritt & Audioguide 6 €, inkl. Museum 8 €
- ⌚März–Okt. 10.30–18 Uhr, Nov.–Feb. 10–17 Uhr, letzter Einlass 30 Min. vor Schließung
- Torcello

INSELHOPPING AM SONNTAG

➡ **Lido** (S. 170) Die *Vaporetto*-Fahrt zu den Stränden dauert 15 Minuten. Alternativen zum Strandleben sind Fahrradtouren oder ein Spaziergang über den Antico Cimitero Israelitico (alter jüdischer Friedhof).

➡ **Murano** (S. 179) Sonntags sind viele Läden geschlossen, davon ausgenommen sind die Hauptattraktionen wie das Museo del Vetro, die Murano Collezioni und die Chiesa dei Santi Maria e Donato.

➡ **Burano** (S. 180) Fotomotive in Hülle und Fülle bieten die kunterbunt angestrichenen Häuser. Auf Mazzorbo lockt das Venissa mit seiner von Lagunenprodukten geprägten Kost – und macht Lust, dort den Rest des Tages zu vertrödeln.

➡ **Torcello** (S. 180) Auf der wildromantischen Insel verbergen sich in der Cattedrale di Santa Maria Assunta und im Museo di Torcello wahre Kunstschätze. In der Locanda Cipriani können es sich die Gäste bei kulinarischen Genüssen im Hemingway-Zimmer gemütlich machen.

➡ **Le Vignole** (S. 181) Ein Vergnügen ist die entspannte Bootstour mit **Terra e Acqua** (S. 14): Sie schließt ein Mittagessen am Kanal und eine Wanderung zu Venedigs verlassener Inselfestung ein.

SEHENSWERTES

Murano

Glas und Kristall verarbeiten die Venezianer schon seit dem 10. Jh., wegen der Brandgefahr, die die Glasfertigung mit sich brachte, wurden die Werkstätten der Glasbläser jedoch im 13. Jh. aus der Stadt heraus und auf die Insel Murano verlagert. Wehe dem Glasbläser, den die Wanderlust packte. Da die Zunft ihre handwerklichen Geheimnisse eifersüchtig hütete, galt jeder Glasarbeiter, der die Stadt verließ, als Verräter und setzte sich der Gefahr eines Mordanschlags aus. Heute dagegen zeigen Muranos Glaskünstler in ihren mit *„Fornace“* (Schmelzofen) beschilderten Werkstätten an der **Fondamenta dei Vetrai** in aller Öffentlichkeit ihr Können. Dank ihres hohen Qualitätsstandards sind sie sich sicher, dass nirgendwo anders jemand gleichwertige Produkte erzeugen kann.

Heutzutage müssen Glasbläser nicht mehr wie in früheren Zeiten ständig in der Nähe der *fornaci* (Schmelzöfen) leben, um das Feuer zu schüren. Daher wohnen viele von ihnen in Venedig oder Mestre und kehren abends, wenn sie ihre Werke geschlossen haben, nach Hause zurück. Nach Betriebs- bzw. Ladenschluss wirkt Murano deshalb wie ausgestorben. Am regelmäßigsten fahren die Vaporetto-Linien 41 und 42 nach Murano.

MUSEO DEL VETRO — MUSEUM

Karte S. 342 (Glasmuseum; ☎041 73 95 86; http://museovetro.visitmuve.it; Fondamenta Giustinian 8; Erw./erm. 8/5,50 €, mit Museumspass frei; ⏲April–Okt. Do–Di 10–18 Uhr, Nov.–März Do–Di 10–17 Uhr; 🚢Museo-Murano) Schon seit 1861 nimmt Muranos Glaskunst in dem palaisartigen Gebäude des Museo del Vetro einen Ehrenplatz ein. Im Erdgeschoss stößt man zunächst einmal auf irisierendes römisches Glas – es ist bereits 1500 Jahre alt, von unschätzbarem Wert und erstaunlich gut erhalten. Ein Stockwerk wird Muranoglas im mit Fresken geschmückten **Salone Maggiore** (Große Salon) stilgerecht präsentiert. Zu den facettenreichen Exponaten zählen Flügelgläser (Kelchgläser mit flügelartigen Fortsätzen am Schaft) aus goldgesprenkeltem Aventuringlas (17. Jh.) und ein naturgetreuer Glaskaktus aus den 1930er-Jahren. Mit den technischen Details der Herstellung dss berühmten Muranoglases wartet der angrenzende Saal auf. Anhand typischer Produkte aus Muranoglas wird der Entstehungsprozess anschaulich erläutert. Die sehenswerten Beispiele reichen von Mosaikminiaturen über *murrine* (Glas mit eingeschmolzenen mehrfarbigen Mustern) wie etwa Perlen mit Blumenmuster bis hin zu blau-weißen venezianischen Glasperlen, die man auch Handelsperlen nennt, weil sie früher als Tausch- und Zahlungsmittel dienten. Das Museumsgebäude ist eine Villa, die im 15. Jh. errichtet wurde: Von 1659 bis zu seiner Auflösung war sie Sitz des Bistums Torcello und diente anschließend für kurze Zeit als Rathaus von Murano.

CHIESA DEI SANTI MARIA E DONATO KIRCHE

Karte S. 342 (☎041 73 90 56; Campo San Donato; ⌚Mo–Sa 9–12 & 15.30–19, So 15.30–19 Uhr) Feuerspeien spielt auf die eine oder andere Art in vielen mittelalterlichen Kirchen Muranos eine Rolle. In den lodernden Flammen von rotglühenden *fornaci* (Schmelzöfen) entstanden auch die vergoldeten Glassteinchen für das **Madonnenmosaik**, das seit dem 12. Jh. die Apsis schmückt. Hinter dem **Altar** hängen die legendären Knochen eines Drachens. Laut der örtlichen Überlieferung handelt es sich um die Knochen eines Drachens, den San Donato zur Strecke gebracht hat. Sie wurden zusammen mit den Gebeinen des Heiligen von der Ionischen Insel Kefalonia hierher gebracht. Ein anderes Meisterwerk liegt zu Füßen der Besucher: ein Mosaikfußboden im byzantinischen Stil, der ebenfalls aus dem 12. Jh. stammt. Die Kirche besucht man am besten, wenn das Museum und die Geschäft zwischen 17 und 18 Uhr schließen.

Burano & Mazzorbo

Wer sich nach all der erhabenen gotischen Baukunst von Venedig wie auf einem geistigen Höhenflug fühlt, den holt Burano mit einem belebenden Farbschock auf den Boden der Realität zurück. Mit der Fährlinie Laguna-Nord (LN) dauert die Fahrt von Venedigs Fondamente Nuove bis zur Insel 50 Minuten. Meistens drängen sich auf dem Schiff jede Menge Fotografen. Auf der Jagd nach Schnappschüssen wie etwa erbsengrüne Socken, die zwischen knallbunten Häusern auf einer Wäscheleine hängen, durchstreifen sie mit großem Eifer Buranos Gassen. Das Farbspektrum der Hausanstriche reicht von grellem Pink über Königsblau bis hin zu leuchtendem Orange.

Burano ist außerdem berühmt für seine S-förmigen *buranelli* (Vanilleplätzchen) und seine handgeklöppelten Spitzen. Im Sommer 2012 soll das **Museo del Merletto** (Spitzenmuseum); www.museicivicivene ziani.it) nach Renovierungs- und Vergrößerungsmaßnahmen wieder eröffnet werden (zur Sicherheit den aktuellen Stand auf der Homepage überprüfen). Die in den Boutiquen angebotenen Spitzen sind zum größten Teil importiert, wer sich für die authentische Buranospitze interessiert, sollte sich beim Verkäufer nach dem Echtheitsnachweis (EU-Herkunftszertifikat) erkundigen. Nahe dem Museum steht ein einzelner Baum in einem stillen, düsteren *campo* (Hof). Er erhielt vor Kurzem einen neuen Namen in Erinnerung an eine Tragödie, deren Auswirkungen bis nach Burano reichten: Corte Settembre 11, 2001.

Auf der Nachbarinsel Mazzorbo gibt es hübsche Gärten zum Spaziergehen, einen Spielplatz und eine gotteslästerlich wirkende öffentliche Toilette in der Apsis einer ehemaligen Kapelle, außerdem gute Lokale für ein leckeres Mittagessen (s. S. 183). Die LN-Linie fährt vom Anleger Fondamente Nuove über Murano nach Burano und Mazzorbo.

GRATIS CHIESA DI SAN MARTINO KIRCHE

Karte S. 343 (☎041 73 00 96; Piazza Galuppi; ⌚Mo–Sa 8–12 & 15–19 Uhr; Burano) Ein Abstecher in die Kirche aus dem 16. Jh. lohnt sich allein schon wegen des auf 1725 datierten Gemäldes *La Crocifissione* (Die Kreuzigung) von Giambattista Tiepolo. Es zeigt u. a. die gramgebeugte Jungfrau Maria. Interessant ist auch das 1492 entstandene Bild *Die Flucht aus Ägypten* von Giovanni di Niccolo Mansueti. Die Landschaft darauf erinnert verdächtig an die Insel Torcello, die mit Greifvögeln, Löwen und einem lamaähnlichen Tier bevölkert ist. Die russische Ikone neben dem Altar zeigt die Madonna di Kazan (Gottesmutter von Kasan) mit erstaunlich strahlenden, lebensechten Augen – ein Meisterwerk der Emailmalerei.

Torcello

Von Burano dauert die Fahrt zur Insel Torcello mit der Fährlinie T nur drei Minuten. Auf der ländlichen Insel übersteigt die Anzahl der Schafe bei weitem die Zahl der (rund 14) Einwohner. Kaum vorstellbar, das vor langer Zeit dieser idyllische, verschlafene Ort eine byzantinische Metropole mit 20 000 Einwohnern war! Die Rivalität mit Venedig und eine Reihe von Malariaepidemien dezimierten systematisch ihren Ruhm und die Zahl der Bevölkerung. Von den ursprünglichen neun Kirchen und zwei Abteien sind heute nur zwei Bauwerke übrig geblieben: die mit zahlreichen Mosaiken geschmückt178) und die **Chiesa di Santa Fosca** (⌚10–16.30 Uhr), ein schlichter, aber bemerkenswerter Backsteinbau aus dem 11. Jh. In der Kirche ruhen die Gebeine einer frühen römischen Märtyrerin, der namengebenden heiligen Fosca. Ein venezianischer Seemann namens Vitale hatte ihre sterblichen Überreste von Libyen nach Torcello gebracht.

Auf einem Spaziergang über die Insel stößt man auf einige historische Relikte, darunter ein lädierter steinerner Thron. Der Legende nach hat Attila, der Hunnenkönig, diesen Thron benutzt, als er im 5. Jh. mit seinem Heer durch Nordostitalien zog. Gut beobachten lässt sich hier die Vogelwelt der Lagune. Vor 80 Jahren ging es hier allerdings nicht so ruhig zu: Damals versetzte Ernest Hemingway mit seinen Jagdgesellschaften die Vögel in Angst und Schrecken. Doch das ist heute zum Glück Geschichte.

Von Burano fährt die *Vaporetto*-Linie T bis zum Abend halbstündlich nach Torcello. Vom Anleger führt der Weg am Kanal (Fondamenta Borgognoni) entlang in etwa 10 Minuten ins Zentrum der Insel.

MUSEO DI TORCELLO MUSEUM

Karte S. 343 (Piazza Torcello; Eintritt inkl. Kathedrale 8 €; ⏲April–Okt. Di–So 10.30–17 Uhr; ⛴Torcello) Gegenüber der Kathedrale an der anderen Seite des Platzes steht der **Palazzo del Consiglio.** Er stammt aus dem 13. Jh. und beherbergt das Museo di Torcello, das sich der glorreichen Vergangenheit der Insel widmet. Im Erdgeschoss befinden sich frühbyzantinische Mosaiken. Die sorgfältig zusammengesetzten Mosaiksteinchen sind jeweils nur einen halben Zentimeter groß. Die respekteinflößende Ausstellung im 1. Stock zeigt schwere eiserne Küchengeräte, mit denen die Nonnen die Hostien pressten.

Gegenüber vom Palazzo del Consiglio liegt der **Palazzo dell'Archivio** aus dem 11. oder 12. Jh. Die Ausstellungsräume im 1. Stock zeigen eine faszinierende Sammlung antiker Kuriositäten. Die Exponate aus der Römerzeit wurden alle in der heute nicht mehr existierenden Hafenstadt Altinum ausgegraben. Dazu zählen so hübsche, aber rätselhafte Bronzeminiaturen wie eine Mohnblüte, eine Hühnerklaue und ein Delfin. Weitere interessante Stücke sind geschmackvoll ziselierte ägyptische Bronzespiegel aus 3. bis 4. Jh. v. Chr. und gruselige Fibeln (Gewandnadeln), die wie Blutegel geformt sind (sog. Sanguisugafibeln), sie stammen aus dem 7. bis 8. Jh. v. Chr. Eine Reihe bronzener Hundefiguren aus dem 3. bis 5. Jh. bezeugen die Leidenschaft der Venezianer für kleine Hunde. Aus dem 1. Jh. stammt das eigentliche Highlight: eine griechische Marmorbüste eines geradezu lebendig wirkenden Babys. Seine Lippen sind geöffnet, also ob es gerade sein erstes Wort artikulie

Le Vignole & Sant'Erasmo

Willkommen auf dem venezianischen Land! Zusammengenommen sind die beiden Inseln **Vignole Vecchie** und **Vignole Nuove** fast so groß wie das städtische Venedig. Doch damit endet auch schon der Vergleich. Wie auf der nahe gelegenen Insel **Sant'Erasmo** prägen Felder, Haine und Weinberge die ländliche Lagunenlandschaft von **Le Vignole**. Baudenkmäler sucht man auf diesen äußerst dünn besiedelten Inseln vergeblich. Die *Vaporetto*-Linie 13 fährt vom Fondamente Nuove (Anleger Faro) über Murano nach Vignole und Sant'Erasmo.

Le Vignole

Lange Zeit produzierte die Insel den Großteil des Weins für die Dogen, und noch heute leben die rund 50 Einwohner überwiegend von der Landwirtschaft. Das südöstliche Ende ist immer noch militärisches Sperrgebiet, aber da es schon lange nicht mehr genutzt wird, haben es die Vögel für sich entdeckt.

Ein paar *osterie* auf der bewohnten Südwestspitze der Insel öffnen gelegentlich an sonnigen Wochenenden und im Sommer, wenn es ein paar Besucher hierher verschlägt. Eine Landzunge an der Südostspitze von Le Vignole führt auf die Isola di Sant'Andrea mit der am besten erhaltenen Festung der Lagune: dem **Forte Sant'Andrea** aus dem 16. Jh.

Die bescheidenen Kanonen der von Michele Sanmicheli erbauten und gewöhnlich nur Castello da Mar (Seeburg) genannten Festung sind aufs Meer gerichtet. Als sie 1797 das letzte Mal abgefeuert wurden, gelang es, eines von Napoleons Schiffen zur Umkehr zu bewegen. Außerdem versperrte einst eine Kette von der Festung hinüber zum (nicht mehr vorhandenen) Forte di San Nicolò auf dem Lido feindlichen Kriegsschiffen den Weg in die Lagune. Allerdings wurden die Kanonen und die Kette selten gebraucht, denn die Lagune war berüchtigt für ihr tückisches Fahrwasser und ohne einheimischen Lotsen kaum zu befahren.

Die Stadt ist dabei, das nicht mehr genutzte Militärgelände auf der Isola di Sant'Andrea in einen Park umzuwandeln. Schon jetzt gibt es einen gepflegten Weg und mehrsprachige Infotafeln zwischen den Resten der Kasernen. Besuche per Boot sind möglich (s. S. 26).

Sant'Erasmo

Sant'Erasmo wird auch *orto di Venezia* (Venedigs Garten) genannt. Wer Mitte Mai in der Gegend ist, sollte das Inselfest **Sagra di Violetti** (Fest der violetten Artischocken, Sant'Erasmo; www.carciofosanterasmo.it) besuchen. Die meisten der rund 750 Inselbewohner leben in der Nähe des Fähranlegers Chiesa. Wie der römische Chronist Martial berichtet, standen auf Sant'Ersamo einst die Landhäuser der wohlhabenden Bürger der (nicht mehr existierenden) antiken Festlandsmetropole Altinum (Altino). Bis ins 19. Jh. hinein war die Insel den Wellen der Adria schutzlos ausgeliefert. Nach dem Bau der Deiche an der Lagunenzufahrt am Porto del Lido häuften sich Sedimente an, aus denen die Punta Sabbioni entstand. Diese Landzunge schützt heute Sant'Erasmo vor den Gezeiten.

Zu Fuß dauert der Weg vom Anleger Chiesa bis zum weiter südlich gelegenen Anleger Capannone rund 15 Minuten. Von hier aus führen weitere 15 Gehminuten in östlicher Richtung zu einem Strand. Nicht weit davon liegt die teilweise zerstörte **Torre Massimiliana**, eine österreichische Festung aus dem 19. Jh., die manchmal für Kunstausstellungen genutzt wird. Im Sommer ist **Il Lato Azzurro** (S. 233) ein beliebter Rückzugsort von Künstlern. Neben preisgünstigen Unterkünften bietet die Anlage auch Kulturveranstaltungen. Von Venedig – und seiner Biennale – dauert die Fährfahrt dorthin nur 25 Minuten.

Isola La Certosa

Einst bewohnten Kartäusermönche die Insel, denen sie ihren Namen verdankt (certosa bedeutet Kartause bzw. Kartäuserkloster). Ab dem Einmarsch Napoleons in Venedig bis nach dem Zweiten Weltkrieg war La Certosa militärisches Sperrgebiet. Heute sorgt ein Yachthafen wieder für Leben auf der lange verlassenen Insel. Der Rest der Insel wird Zug um Zug zu einem Park umgestaltet, in dem die Öffentlichkeit kostenlosen Zugang zu Pappel- und Eschenhainen hat. Die *vaporetti* 41 und 42 verbinden Venedig mit Certosa. Unterwegs halten sie am Anleger der Insel San Pietro di Castello (mit der gleichnamigen Basilika) und deren Nachbarinsel Sant'Elena. Die Fahrpläne sind saisonabhängig (s. S. 298).

VENTO DI VENEZIA YACHTHAFEN

(041 520 85 88; www.ventodivenezia.it) Certosas Yachthafen war nur die Initialzündung, nachhaltigen Tourismus auf der Insel zu fördern. Beispiele dafür sind die Naturwanderwege, das Wiederbeleben von Weinbergen und ein Bildungszentrum in einer restaurierten Kartause aus dem 15. Jh. Gleich neben dem Zentrum befindet sich ein Hotel mit 18 geräumigen Zimmern und einer Restaurant-Bar. Der Yachthafen verchartert Boote und bietet Segelkurse an.

Isola Di San Michele

Die zwischen Murano und den Fondamente Nuove pendelnden *vaporetti* 41 und 42 halten am **Stadtfriedhof** von Venedig.

CIMITERO FRIEDHOF, HISTORISCHE STÄTTE

(Eintritt frei; tgl. Apr.–Sept. 7.30–18 Uhr, Okt.–März 7.30–16 Uhr; Cimitero) Erst unter Napoleons Herrschaft entstand der Stadtfriedhof (*cimitero*) auf der Isola di San Michele. Bis dahin begruben die Venezianer ihre Toten auf den über die ganze Stadt verteilten Friedhöfen der Kirchengemeinden. Napoleons Inspektoren konstatierten damals zu Recht, dass dies nicht gerade die gesündeste Lösung für die Bevölkerung war. Heute besuchen Goths (Leute aus der Gothicszene), unverbesserliche Romantiker und Musikliebhaber den Friedhof, um Ezra Pound, Joseph Brodsky, Sergei Diaghilew und Igor Strawinsky ihren Respekt zu bezeugen. Architekturliebhaber zieht es zur **Chiesa di San Michele in Isola**, einer Renaissancekirche, mit deren Bau Codussi 1469 begann. Mit der **Friedhofserweiterung** wurde das englische Architekturbüro David Chipperfield beauftragt. Laut Plan sollen die Arbeiten 2013 abgeschlossen sein. Bereits fertiggestellt ist der **Hof der vier Evangelisten** – ein ziemlich düsterer Bunker mit einer Kolonnade aus Beton. Auf seinen mit Basalt verkleideten Wänden sind Gospels eingraviert.

Isola di San Francesco del Deserto

Außer den Franziskanern, die diese Insel seit Jahrhunderten hüten, lebt heute keine Menschenseele mehr auf diesem unberührten Flecken Erde im Herzen der Lagune. Archäologische Spuren beweisen eine frühe römische Besiedlung. Wie die Legende erzählt, hat Franz von Assisi 1220 nach seiner Rückkehr von einer langen, beschwerlichen Palästinareise Zuflucht auf der Insel, die zwischen Burano und San't Erasmo gelegen ist, gesucht. Dort – so erzählt wiederum die Legende – steckte der sanfte Heilige seinen Wanderstab in den Boden, aus dem dann ein Baum wuchs. Für die Franziskaner war das ein Zeichen, hier auf der Insel ein Kloster zu errichten.

Malaria und harte Lebensbedingungen zwangen die Mönche jedoch, 1420 die Insel aufzugeben (daher auch der Name: *deserto* bedeutet verlassen). Hartnäckige Ordensbrüder kehrten jedoch später zurück, seit dem 19. Jh. leben Franziskanermönche ohne Unterbrechung auf der Insel.

Die Insel kann nach vorheriger Absprache mit dem **Kloster** (☎041 528 68 63; Eintritt frei, Spenden erwünscht; ⌚Di–So 9–11 & 15–17 Uhr) besucht werden. Führungen finden nur statt, wenn einer der Franziskanermönche Zeit dafür hat – ein Anruf vor dem Besuch schafft Gewissheit. In der Klosteranlage inmitten von Zypressen sind noch einige Elemente aus dem 13. Jh. zu sehen, darunter der erste Kreuzgang. Noch immer prägen Gebet und innere Einkehr diesen heiligen Ort, deshalb werden Besucher freundlich gebeten, sich leise zu verhalten, um die kontemlative Atmosphäre und die Zurückgezogenhait der Mönche nich zu stören..

Auf die Insel zu gelangen, ist allerdings nicht ganz einfach. Eine Möglichkeit ist die Teilnahme an einer eintägigen Bootstour durch die Lagune (S. 26), die Alternativen sind die Anmietung eines Bootes oder ein Wassertaxi ab Burano. Diese findet man am *Vaporetto*-Anleger von Burano. Die Hin- und Rückfahrt für bis zu vier Personen, inklusive 40- bis 60 Minuten Wartezeit bei der Insel, kostet zwischen 80 und 100 €. Wer sich für einen besinnlichen Klosteraufenthalt von bis zu einer Woche interessiert, muss sich direkt an die Franziskanermönche wenden.

ESSEN

Murano

BUSA ALLA TORRE FISCH & MEERESFRÜCHTE €€

Karte S. 342 (☎041 73 96 62; Campo Santo Stefano 3, Murano; Mahlzeiten 35–50 €; ⌚11.30–15.30 Uhr; ⛴Faro) Mit seiner sonnigen Lage und einem Tagesmenü für 13 € lockt Muranos klassisches Speiselokal die abgekämpften Glaskäufer. Wer rechtzeitig kommt, ergattert einen der Tische auf der Piazza mit verführerischem Blick auf die Showrooms der Glaskünstler. Hier lassen sich in aller Ruhe leckere Köstlichkeiten wie pikante *sarde in saor* (marinierte Sardinen), knusprige, frittierte *moeche* (winzige Weichschalenkrabben aus der Lagune), Pasta mit Garnelen und einen respektablen Hauswein genießen.

GELATERIA AL PONTE EISDIELE, SANDWICH-SHOP €

Karte S. 342 (☎041 73 62 78; Riva Longa 1c, Murano; Snacks 2–5 €; ⌚Mo–Sa 9–17 Uhr; ⛴Museo) Hier können sich Glaskäufer mit Schinken-Käse-*panini* und einem Eis stärken, ohne ihr Einkaufsbudget groß zu schmälern. Sandwiches kosten 3 bis 5 € und ein Eis 2 €. Die Bedienung an den Tischen vor der Tür und im Gastraum hat die Schnelligkeit nicht gerade erfunden – Eilige sollten daher besser am Tresen bestellen.

Burano & Mazzorbo

ALLA MADDALENA FISCH & MEERESFRÜCHTE €€

Karte S. 343 (☎041 730 151; Fondamenta di Santa Caterina 7c, Mazzorbo; Mahlzeiten 30 €; ⌚Fr–Mi 8–20 Uhr; ⛴Mazzorbo) Nur eine Brücke trennt Burano mit seinen hektischen, fotografierwütigen Ausflüglern von der Insel Mazzorbo und diesem ruhigen Fischrestaurant. An den Tischen am Kanal oder im Garten lassen sich die frischen Fischgerichte entspannt genießen. Während der Jagdsaison im Herbst zeichnet sich das Lokal auch durch seine Pasta mit Wildentenragout aus.

TRATTORIA AL RASPO DE UA VENEZIANISCH €€

Karte S. 343 (☎041 730 095; www.alraspodeua.it; Via Galuppi 560, Burano; Mahlzeiten 20–30 €; ⌚Mittagessen; ⛴Burano) An den Tischen auf der Piazza sitzen die Gäste weit

VENISSA

Anmutig ragt der rote Fuß einer gebratenen Muschel in eine schwarze Espresso soße – mit solch amüsanten Amuse-Bouche (Appetithäppchen) begrüßt die Küchenchefin Paola Budel ihre Gäste im Venissa, dem Restaurant des gleichnamigen Landguts. Erfahrung hat die Italienerin in verschiedenen internationalen Restaurants gesammelt. Nun ist sie heimgekehrt und zeigt, mit welch offensichtlicher, fantasievoller Freude sie einheimische Produkte verarbeitet. Ihrer kreativen Küche verdankt die Insel **Mazzorbo** ein Restaurant, das sich mit einem Michelin-Stern und weiteren gastronomischen Auszeichnungen schmücken darf. Auf der mit Burano durch eine Brücke verbundenen grünen Insel wächst so gut wie alles, vom Gemüse bis zum Wein. Die ganze Palette dieser Anbaufrüchte landet frisch verarbeitet auf irgendeine Art und Weise in Paola Budels Kreationen, z. B. in einer Schüssel mit Gnocchi, die in gerösteten Weißbrotkrumen geschwenkt wurden und nun in einer Brühe mit Wildfenchel, Spargel, Minze- und Basilikumblättchen schwimmen. Abgerundet wird das Menü mit 63 winzigen Kraken, die auf einem mit Knoblauch gewürzten Püree aus Dicken Bohnen dekorativ angerichtet sind. (Die Oktopuswinzlinge angeln die Fischer von Chioggia per Hand aus dem Wasser.) Eine Reservierung ist ratsam; pro Person sollte man mit mindestens 60 € rechnen. Wer auf der Sonnenterrasse mit Blick auf Venissas **Weinberg** (041 527 22 81; www.venissa.it; auch auf Deutsch) Fondamenta di Santa Caterina 3, Mazzorbo; Di–So 12–15 & 17–21.30 Uhr) speisen will, sollte ein Sonnenschutzmittel einpacken.

genug von den nach Spitzen suchenden Besucherhorden entfernt und können in aller Ruhe ihr Essen genießen, das aus regionaltypischen Gerichten besteht. Aus der (blitzsauberen) Küche kommt z. B. eine köstliche Pasta mit Garnelen. Als Nachtisch lockt ein *vin santo* mit *essi buranelli* – ein geistiges Getränk serviert mit Plätzchen in der buranotypischen S-Form, die aus Butterteig besteht und mit Vanille aromatisiert sind. Wer dem Loikörwein allzu sehr zuspricht, kann sich eines der Zimmer nehmen, das die Trattoria vermietet. Wer es eilig hat und obendrein preiswerter zu Mittag essen möchte, geht einfach ein paar Schritte die Via Galuppi zur neuen hauseigenen Pizzeria hinauf. An Bistrotischen aus Stahl kann man hier – im Vergleich zu anderen Pizzerien der Lagune – eine recht gute Pizza genießen.

CAFFÈ-BAR PALMISANO CAFÉ €

Karte S. 343 (Via San Martino 351, Burano; Snacks 2–5 €; 7–20 Uhr; Burano) Zur Stärkung bestellt man am besten einen Espresso und ein Sandwich. Und so mancher Besucher hat hier schon vor der Rückfahrt nach Venedig die Triumphe seiner Fotosafari mit einem *spritz* (venezianischer Aperitif) oder DOC-Wein begossen. Die Stammkundschaft, die diese klassische Bar gerne bevölkert, besteht vor allem aus Fischern und Studenten.

Torcello

LOCANDA CIPRIANI ITALIENISCH €€€

Karte S. 343 (041 73 01 50; www.locandacipriani.com; 30142 Torcello; Mahlzeiten 30–45 €; Reservierung, Di & Jan. geschl.; Torcello) Seit 1934 betreibt die Familie Cipriani (die Harry's Bar in Venedig gegründet hat) diese erholsame, ländliche Oase. Das Locanda ist damit gewissermaßen Harry's Bar auf dem Lande. Zu seinen Gästen zählten bereit einige Persönlichkeiten, etwa Ernest Hemingway, der auf Torcello einige Zeit verbrachte und hier an seinem Roman *Über den Fluss und in die Wälder* schrieb. Zu den kulinarischen Genüssen zählen saisonale Spezialitäten wie schwarze Gnocchi (mit Tintenfischtinte gefärbt) mit Calamari und Sant'Erasmo-Artischocken. Für einen Schlemmernachmittag bietet sich das üppige Torcello-Menü (45 €) an: Es umfasst *bigoli* (dicke Vollkornweizenspaghetti), Kaninchen- und Lammfleisch mit Wildkräutern sowie ein Dessert. Das Mittag- und Abendessen wird am Kamin oder im Garten unter einer Rosenpergola mit Blick auf die Rückseite der Cattedrale di Santa Maria Assunta serviert. Und die Bedienung flambiert die Crêpe Suzette mit Kognak direkt am Tisch. Der einst speziell für Harry's Bar erfundene Bellini kostet hier nur 7 € – serviert wird der Kultcocktail im Rosengarten.

RISTORANTE AL TRONO DI ATTILA VENEZIANISCH €€

Karte S. 343 (☎041 73 00 94; www.altronodiattila.it (auch auf Deutsch); Fondamenta Borgognoni 7a, Torcello; Mahlzeiten 20–30€; ⏲April–Okt. 12–15.30 Uhr, Nov.–März So & Mo geschl.; ⛴Torcello) Nettes Ambiente und günstige Preise machen dieses Lokal zum besten der drei Restaurants, die am Kanal auf dem Weg vom *Vaporetto*-Anleger zur Cattedrale di Santa Maria Assunta liegen. Unter einer Pergola genießen die Gäste *risotto di pesce* (Fischrisotto; 20 € für 2 Pers.) und den Hauswein – untermalt von Torcellos ländlich-idyllischem Sound: einem Gemisch aus Vogelstimmen und Schafgeblöke. Wie seine Nachbarn hat dieses Restaurant nur über Mittag geöffnet. Für Gruppen wird mit vorheriger Reservierung eine Ausnahme gemacht.

SHOPPEN

Einige von Venedigs vorgelagerten Inseln zeichnen sich durch eine spezielle Handwerkskunst aus: Murano beispielsweise ist weltberühmt für seine Glaskunst. Echtes Muranoglas trägt das Gütesiegel mit dem Schriftzug „Vero Artistico Murano" – nur die Glasbläser auf Murano dürfen ihre selbst hergestellten Produkte mit diesem Echtheitssiegel versehen. Burano wiederum ist seit dem 17. Jh. berühmt für seine handgeklöppelten Spitzen. Auf Murano verbergen sich hinter den glitzernden Showrooms an der **Fondamenta Vetrai** und dem **Ramo di Mula** die *fornaci* (Schmelzöfen) der Glasbläser. Neben vielem anderen entstehen hier auch die bemerkenswerten feuerroten Wohnaccessoires. Mit Erlaubnis des Personals dürfen die Kunden in den Showrooms die ausgestellte Ware anfassen. Doch wer etwas zerbricht, muss es bezahlen, deshalb Vorsicht – das gilt ganz besonders für alle, die Pakete oder große Taschen mit sich führen. Auf Buranos bunt gestrichenen Veranden sind an sonnigen Tagen manchmal einheimische Frauen zu sehen, die Spitzen klöppeln. In Buranos Hauptstraße, der **Via Galuppi**, reihen sich dicht an dicht die Läden, die Spitzen verkaufen. Kunden sollten beim Kauf auf das Gütesiegel *„fatto a Burano"* (Made in Burano) achten, denn ein Großteil der Waren (insbesondere preisgünstige Stücke) ist importiert und lediglich billige Fabrikware.

Murano

LP TIPP **ELLEELLE** GLAS

Karte S. 342 (☎041 527 48 66; www.elleellemurano.com; Fondamenta Manin 52, Murano; ⏲Mo–Sa 10–18 Uhr; ⛴Colonna) Von Burlesque-Tänzerinnen inspirierte Glasformen, feuerrote Weingläser, Champagnerflöten aus Kristall, fantasievoll geformte zweifarbige Blumenvasen, deren Grün und Blau wie Wirbel des Lagunenwassers wirken – all das entsteht in der Glasmanufaktur Nason Moretti. Seit den 1950er-Jahren ergänzt eine bezaubernde moderne Kollektion ihr Sortiment. Bereits in der dritten Generation präsentieren die Glasdesigner ihre außergewöhnlichen Kreationen im eigenen Showroom. Die Preise beginnen bei 30 € für handsignierte mundgeblasene Trinkgläser.

CAMPAGNOL & SALVADORE GLAS

Karte S. 342 (☎041 73 67 72; Fondamenta San Giovanni dei Battuti 8; ⏲Mo–Sa 10.30–18 Uhr; ⛴Colonna) Fingerspitzengefühl erfordern die grazilen mundgeblasenen Kunstwerke aus Muranoglas. Genau das beweist auch das japanisch-muranesische Paar Campagnol & Salvadore mit seinen fröhlichen Kreationen. Wie Stränge aus winzigen Wasserbällen wirken die Halsketten aus wasserblauen und sonnengelben Perlen. Die Ohrgehänge mit orangefarbenen und burgunderroten Perlen schwingen so hypnotisch, als hätte ein Magier sie aus seinem Hut gezaubert. Psychedelische Farben schaffen märchenhafte, dennoch alltagstaugliche Perlen. Sie inspirieren ambitionierte Hobbydesigner, eigene Kreationen aus individuellen, mundgeblasenen Perlen (3–15 € pro Perle) zu schaffen.

BARBARA PROVERBIO GLAS

Karte S. 342 (☎041 527 47 17; www.barbaraproverbio.com; Calle delle Agostiniane 4, Murano; ⏲Mo–Sa nach Vereinbarung; ⛴Venier) Eine telefonische Anmeldung ist nötig, um mitzuerleben, wie eine Meisterin der Glaskunst ihre Kreationen aus geschmolzenem Glas gestaltet. In ihrer Werkstatt entstehen schwarze, mit spitzen Zacken versehene Hals- und Armbänder mit einer einzelnen Perle als Glückbringer. Die Perle wirkt so blank und faszinierend wie ein Molchauge, während ihre Gegenstücke eine Wabenstruktur besitzen, die im kalten Zustand eingraviert wurde. Ihre ausdrucksstarken

ABSTECHER

JESOLO & DIE ADRIAKÜSTE

An dem nordöstlich von Venedig gelegenen Abschnitt der Adriaküste folgt ein Badeort auf den nächsten. Am Wochenende und an sonnigen Tagen sind die Strände mit Menschen, Liegestühlen und Sonnenschirmen überfüllt – nicht gerade jedermanns Traum vom mediterranen Strandleben. Abends kommt in den Strandclubs Ibiza-Feeling auf, und die DJs ackern, bis auch der letzte seinen hart erkämpften Liegestuhl verlässt und barfuß im Sand tanzt. Die meisten Resorts und Clubs drängen sich rund um Jesolo (23 620 Ew.), einem Küstenort am nördlichen Ende der Adriahalbinsel.

Informationen über die Adriaküste erhält man im **Palazzo del Turismo** (☎041 37 06 01; www.turismojesoloeraclea.it) an der Piazza Brescia in Jesolo oder im **APT-Büro** (☎042 18 10 85) in Caorle. Die Fahrt von Venedig nach Jesolo dauert mit dem Auto eine Stunde, mit der ATVO-Buslinie 10a rund 70 Minuten (einfach 3,80 €, hin & zurück 6,70 €). Der Bus fährt von dem Piazzale Roma ab. Schwierig kann die Rückfahrt sein. In Jesolo startet im Sommer der letzte Bus um 23.30 Uhr, ein Taxi kostet mindestens 80 €. Von der Möglichkeit, an die Spitze der Halbinsel zu gelangen, hängt es ab, ob man dort an der Punta Sabbioni das Nacht-*vaporetto* der LN-Linie nach Venedig erwischt.

Caorle

30 km östlich von Jesolo geht es an den Stränden von Caorle geruhsamer zu. Das verschlafene Fischerstädtchen (11 800 Ew.) war im 1. Jh. v. Chr. ein bedeutender römischer Hafen. Dem auf seine Unabhängigkeit bedachten Caorle gelang es, bis ins 15. Jh. der Übernahme durch Venedig zu entgehen. Noch heute zeigt die Stadt mittelalterlichen Charakter, z. B. in dem zylindrischen Glockenturm seiner Kathedrale (11. Jh.). Wie das benachbarte Burano (S. 180) sympathisiert allerdings auch Caorle mit den Farben der modernen Kunst. Seine Hausfassaden in kräftigen Kontrastfarben sind den pastellverliebten Venezianer ein Graus. Auch Caorles Strände sind im Sommer voll, doch insgesamt herrscht eine heitere, gelassene Seebadstimmung. Das Stadtzentrum mit wenigen Hotel und vielen Fischrestaurants lädt zum Flanieren ein.

Lido di Jesolo

Mit seinem feinen Sand, dem Meer und den hippen Nachtclubs ist der nur wenige Kilometer von Jesolo entfernte Lido der beliebteste Strand der Venezianer. Wer im Juli und August seine Bräune am Lido perfektioniert, sollte nebenbei nach Gutscheinflyern für den freien Eintritt in einen der diversen Clubs (kostet normalerweise 5–20 €) Ausschau halten. Es gibt auch kostenlose Strandkonzerte mit internationalen Bands.

Anlassgemäße Klamotten empfehlen sich, um die Türsteher der Clubs zu überzeugen, aber auch für ein Abendessen in dem förmlichen Bistro **Cucina da Omar** (☎042 19 36 85; www.ristorantedaomar.it; Via Dante Alighieri 21, Lido di Jesolo; ⏲Do–Di 12–14 & 19.30–22 Uhr). Hier kulminieren Fisch und Meeresfrüchte der Lagune und französische Finesse in einer venezianischen Bouillabaisse, die Restaurants an der französischen Riviera vor Neid erblassen lässt.

Ein Szeneclub wie aus einem Glamourmagazin ist das **Terrazzamare** (☎042 13700 12; www.terrazzamare.com; Vicolo Faro 1, Lido di Jesolo; Eintritt 15 €; ⏲April–Juni Di–Sa 18–4 Uhr, Juli–Sept. tgl. 18–4 Uhr). Mit den Strandhütten auf einer Plattform, Tanzszenen im Sand und DJ-Duellen verdient das Terazzamare seinen Ruf als „Theater-Bar".

Im **Il Muretto** (☎393 410 11 20; www.ilmuretto.net; Via Roma Destra 120d, Lido di Jesolo; Eintritt ab 20 €; ⏲April–Sept. Mi & Fr–So 23–4 Uhr), einem der hippestens Tanzlocations, legt ein Heer von DJs meistens House Music auf – bis über dem geöffneten Schiebedach für alle sichtbar der Morgen graut. Der ein Stück landeinwärts gelegene Club ist es nur mit eigenem Auto oder einem Taxi erreichbar. Vom Strand aus die Straße hinunter geht es zum **Marina Club** (☎042 13706 45; www.marinaclubjesolo.com; Via Roma Destra 120b, Lido di Jesolo; Eintritt frei; ⏲April–Sept. 20–4 Uhr). Luftige Pavillons, Kerzenlicht und Wochenend-DJs schaffen hier den Rahmen für flotte Sommerpartys.

Schmuckstücke kreiert die Künstlerin in einem minimalistischen Stil, bei dem Naturmaterialien zum Einsatz kommen. So kombiniert sie etwa strukturiertes Glas mit Wolle, Leder oder Federn.

RAGAZZI & CO. GLAS

Karte S. 342 (☎041 73 68 18; www.ragazzimurano.it; Ramo da Mula 16, Murano; ⊙Mo–Sa 9.30–17.30 Uhr; Museo) Aus einem faszinierenden Matt- oder Farbglas bestehen die Dessertteller, die eleganten Halsketten und die erstaunlich haltbaren, mit Stahl überzogenen Schlüsselanhänger. Auf allen häufen sich eine Art Bullaugen zu Hunderten – das typische Ragazzi-Design. Es ist eine Abstraktion des traditionellen *millefiori*-Musters (Tausend-Blumen-Muster) von Murano. Zwar wird es vielfach imitiert, doch die Ragazzi-Originale besitzen einen unverwechselbaren Pop-Art-Charakter. Die Preise beginnen bei 28 €.

TOFFOLO STUDIO GLAS

Karte S. 342 (☎041 73 64 60; www.toffolo.com; Fondamenta Vetrai 37, Murano; ⊙Mo–Sa 10–18 Uhr; Colonna) Klassische, mit Blattgold verzierte Flügelgläser (Kelchgläser mit flügel- oder kammartigen Fortsätzen am Schaft)sowie verblüffende Miniaturen sind die Markenzeichen dieses Muranoglasbläsers. Hinzu kommen spektakuläre Arbeiten wie ziselierte kobaltblaue Vasen, dekorative Kerzenständer, die an Dubais Minarette erinnern, und geradezu hypnotisierende Schmuckanhänger.

OROVETRO MURANO GLAS

Karte S. 342 (☎041 73 66 78; www.orovetro.it; Fondamenta Vetrai 45, Murano; ⊙Mo–Sa 10–18.30 Uhr; Colonna) Nicht jeder Kronleuchter aus Muranoglas erfordert einen barocken Ballsaal. So ein Prachtexemplar in modernem Design aus schwarzem, rotem und hellgrünem Glas verleiht Appartements den Charakter einer Boutiquehotel-Suite oder verwandelt Kaschemmen in mondäne Lounge-Bars. Die Preise für Lüster in limitierter Stückzahl beginnen bei 1000 €. Im fünfstelligen Bereich bewegen sich die Preise für Designermodelle, die mehr geschwungene Arme als die Hindu-Göttin Kali aufweisen.

Tagesausflüge

Riviera del Brenta S. 189
In den Sommermonaten verspielte die venezianische Elite hier einst ihre Villen, die im Palladio-Stil erichtet waren.

Padua S. 191
Die pulsierende Universitätsstadt gilt als intellektuelles Zentrum Venetiens, ist aufgrund ihrer mittelalterlichen Freskenzyklen jedoch auch ein künstlerisches Kleinod.

Vicenza S. 199
Palladios Wahlheimat definiert sich durch die zurückhaltend klassizistische Formensprache des Architekten; in der Umgebung finden sich einige seiner eleganten Villen.

Verona S. 206
Romeo und Julia existieren nur als fiktionale Gestalten in der Literatur – was jedoch nicht für die reiche Geschichte Veronas gilt, wie die römische Arena, die Kirchen und die Renaissancegärten bezeugen.

Weinregion Venetien S. 215
Aus Valpolicella stammt einer der besten Rotweine Italiens. Soave gilt als Synonym für frische Weißweine, und aus Conegliano kommt der köstlichste Sekt des Landes.

Die Dolomiten S. 212
In nur zwei Stunden lässt sich der geheimnisvolle Nebel Venedigs gegen die frische, klare Luft in den Alpen eintauschen. Das Gebirge wurde zum Unesco-Weltnaturerbe ernannt und ist ein fantastisches Wander- und Skigebiet.

Riviera del Brenta

Die Riviera del Brenta erkunden

Jahrhundertelang wurde der Sommer am 13. Juni eingeläutet: An diesem Tag machte sich eine Flotille mit feschen Venezianern an Bord auf den Weg zu ihren Villen entlang der Brenta. Viele dieser Landsitze sind heute in Privatbesitz und mit dichten Hecken vor neugierigen Blicken geschützt, wodurch vieles der eigenen Fantasie überlassen bleibt. Vier historische Villen stehen jedoch als Museen zur Besichtigung offen, darunter Palladios Nobeldomizil La Malcontenta und die imposante Villa Pisani. Beide lassen sich an einem Tag besichtigen, und zwar am besten im Rahmen eines organisierten Ausflugs. Wer auf eigene Faust unterwegs ist, sollte bedenken, dass die beiden Villen weit auseinander liegen und deshalb ein Auto praktischer ist als der Zug. In dieser absolut flachen Landschaft macht aber auch eine Radtour Spaß. Wer etwas länger verweilen möchte, kann sogar in einer Villa logieren, die in ein B&B umgestaltet wurde. Aber natürlich kann man auch ein Stück weiter landeinwärts bis nach Padua fahren und dann dort übernachten.

Die besten ...

- **Attraktionen** Villa Foscari (S. 189)
- **Restaurants** Da Conte (S. 191)
- **Bars & Kneipen** Da Conte (S. 191)

Top-Tipp

Die Riviera del Brenta lässt sich am schönsten vom Deck eines Flussschiffs aus genießen (S. 191) – so haben es schon die Venezianer vorgemacht, zumindest bis die Truppen von Napoleon der jahrhundertelangen Party 1797 ein jähes Ende setzten.

An- & Weiterreise

Schiff Organisierte Bootsausflüge beginnen in Venedig oder Padua (S. 191).

Zug Regionalzüge, die auf der Strecke Venedig – Padua verkehren, halten in Dolo (2,40 €, 30 Min., 1-mal stündl.).

Bus Der Überlandbus von ACTV Nr. 53 fährt in Venedig an dem Piazzale Roma (S. 296) etwa im 30-Minuten-Takt ab und hält auf der Fahrt nach Padua in allen größeren Brenta-Dörfern.

Auto Von Mestre-Venezia die SS11 in Richtung Padova (Padua) nehmen, dann geht es auf der Autostrada A4 nach Dolo/Padova weiter.

Gut zu wissen

- **Vorwahl** ☎041
- **Lage** 15 bis 30 km westlich von Venedig
- **Touristeninformation** (☎041 560 06 90; Villa Widmann Foscari, Via Nazionale 420, Mira Porte; ⏰Sa 10.30–13 Uhr, sonst 13.30–16.30 Uhr).

SEHENSWERTES

VILLA FOSCARI HISTORISCHES GEBÄUDE

(☎041 520 39 66; www.lamalcontenta.com; Via dei Turisti 9, Malcontenta; Erw./Stud. 10/8 €; ⏰Di & Sa 9–12 Uhr, Nov.–April geschl.) Die romantischste Brenta-Villa, die von Palladio 1555 bis 1560 entworfene Villa Foscari, erhielt ihren Spitznamen La Malcontenta von einer feinen Dame aus der Dynastie Foscari, die hierher verbannt wurde, weil sie ihren Mann betrogen hatte. Aber so eine schreckliche Strafe können die lichtdurchfluteten, einladenden Salons eigentlich nicht gewesen sein. Die Villa stand jahrelang ungenutzt da. Unlängst wurden nun die Fresken von Giovanni Zelotti restauriert und erstrahlen wieder in alter Pracht – von der allegorischen Darstellung des Ruhmes im Studierzimmer bis hin zu Bacchus und Cupido im Schlafzimmer samt Trompe-l'oeil-Weinreben über dem Bett. Die herrliche Fassade öffnet sich zum Fluss hin und beeindruckt mit hohen ionischen Säulen, die ein klassisches Giebelfeld tragen, wodurch sich Auge und Geist des Betrachters ganz unwillkürlich nach oben richten.

VILLA WIDMANN REZZONICO FOSCARI HISTORISCHES GEBÄUDE

(☎041 560 06 90; www.riviera-brenta.it; Via Nazionale 420, Mira; Erw./Stud. 5,50/4,50 €; ⏰März–Okt. Di–So 10–17 Uhr, Nov.–März Sa & So 10–17 Uhr) Wer Gartenbau und Gesellschaftswissenschaften à la Veneziana studieren möchte, sollte ein Stück westlich von Oriago in der Villa Widmann Rezzonico Foscari vorbeischauen. Das Anwesen aus dem

18. Jh. war in Besitz von persisch-venezianischen Adeligen und spiegelt die letzten Tage der Rokokodekadenz, die sich an den Ufern des Bretakanals entwickelt hatte, gut wieder. Dazu zählten Lüster mit Meeresungeheuern aus Muranoglas und ein großer Ballsaal mit Fresken samt Galerie (um auf das bunte Treiben herunterschauen zu können). Über besagte Galerie gelangte man auch zum Spielsalon der Damen, in dem – so geht jedenfalls das Gerücht – früher sogar die edlen Villen verspielt wurden. Die wenig stilgerecht modernisierten Toiletten und Ausstellungen mit modernem Kunsthandwerk in den Schlafzimmern kann man getrost auslassen und stattdessen in den Garten hinausgehen, in dem ein Albino-Pfau inmitten von mit Moos überwucherten Nymphen und Putten lautstark die vergangene Pracht beklagt. Das Kassengebäude dient auch gleich noch als **APTV-Auskunft** (☎041 560 06 90); hier sind Broschüren über die Riviera del Brenta erhältlich.

VILLA BARCHESSA VALMARANA — HISTORISCHES GEBÄUDE

(☎041 426 63 87; www.villavalmarana.net; Eintritt 6 €; ⏲März–Okt. Di–So 10–18 Uhr, restl. Jahr nur nach Vereinbarung) Auf der anderen Flussseite, gegenüber der Villa Widmann Foscari, versteckt sich hinter dichten Hecken die Villa Barchessa Valmarana. Sie wurde hundert Jahre später errichtet und dient heute überwiegend als Konferenzzentrum – wobei es sicherlich schwerfällt, sich in einem Speisesaal mit doppelter Raumhöhe und fantasievollen Fresken aufs Geschäftliche zu konzentrieren.

VILLA PISANI NAZIONALE — HISTORISCHES GEBÄUDE

(☎049 50 22 70; www.villapisani.beniculturali.it; Via Doge Pisani 7, Strà; Erw./erm. 10/7,50 €, nur Garten 7,50/5 €; ⏲April.–Sept. Di–So 9–17 Uhr) Um den ewig feiernden venezianischen Adel an die Kandare zu nehmen und in monumentaler Größe zu dokumentieren, wer das Sagen hatte, ließ Doge Alvise Pisani 1774 diese an Versailles orientierte Villa errichten. Sie ist – als Zeichen der Bedeutung des Dogen – von einem großen Garten, einem Buchsbaumhecken-Labyrinth und Teichen umgeben. Wenn die Wände der 114 Zimmer sprechen könnten, würden sie schamlos die Namen bedeutender Persönlichkeiten ausplaudern. Dazu zählen auch die Wände der Spielsalons, in denen die einflussreichen Pisani ihre Schulden anhäuften, die sie schließlich dazu zwangen, ihr herrschaftliches Anwesen an Napoleon zu verkaufen. Zu nennen ist auch das großzügige Bad mit einem kleinen hölzernen Thron, auf dem Napoleon 1807 während seiner Regentschaft als König von Italien saß. Sodann ein Schlafzimmer mit einem durchgelegenen Bett, in dem Viktor Emanuel II. sich als König des unabhängig gewordenen Italien offenbar herumwälzte. Und Ironie der Geschichte: Es war die große Empfangshalle, in der sich Benito Mussolini und Adolf Hitler 1934 zum ersten Mal trafen, und zwar unter Tiepolos meisterhafter Deckenmalerei *Genien des Friedens*. Unbedingt ansehen sollte man sich die hervorragenden Wechselausstellungen in den oberen Salons und im Park. Gezeigt werden ganz unterschiedliche Kunststile – von den alten Meistern bis zu Künstlern der Gegenwart.

VILLA FOSCARINI ROSSI — HISTORISCHES GEBÄUDE

(☎049 980 03 35; www.villafoscarini.it; Via Doge Pisani 1/2, Strà; Eintritt 7 €; ⏲April–Okt. Mo–Fr 9–13 & 14.30–18, Sa & So 14.30–18 Uhr, Nov.–März Mo–Fr 9–13 Uhr) Betuchte Venezianer hätten vermutlich nicht einmal im Traum daran gedacht, in die ländliche Region an den Brenta-Ufern zu fahren, ohne ihren Lieblingsschuster mitzunehmen – woraus sich eine Tradition hochwertiger Schuhherstellung in diesem Gebiet entwickelte. Heute produzieren 950 Firmen in der Region Brenta jährlich 20 Mio.

ÜBERNACHTEN AN DER RIVIERA DEL BRENTA

➡ **Villa Tron Mioni** (☎041 41 01 77; www.villatron.it; Via Ca' Tron 23, Dolo; DZ ab 92–130 €;) Die Villa aus dem 19. Jh. inmitten von Gärten bietet aristokratische Freuden zu Mittelklassepreisen. Die Zimmer in der Hauptvilla sind geschmackvoll gestaltet, aber nicht überkandidelt; ein paar neue Apartments wurden hübsch rustikal hergerichtet. Die eigentliche Attraktion ist jedoch der weitläufige romantische Garten. Die Villa eignet sich vor allem für Leute mit fahrbarem Untersatz.

Paar Schuhe. Den Beitrag, den die Schuster einst leisteten, würdigt das **Schuhmachermuseum** in der Villa Foscarini Rossi aus dem 18. Jh., eine Art „Schuhschrank der Träume" mit mehreren Räumen. Zu sehen sind Halbschuhe aus dem 18. Jh., Pumps, die für die Trendsetterinnen Marlene Dietrich und Katharine Hepburn gefertigt wurden, und Stöckelschuhe, die in der Brenta-Region für Yves Saint Laurent, Pucci und Konsorten in Handarbeit entstanden. Das Gebäude selbst kann eine beeindruckende Ahnenreihe vorweisen: Zu den vielen Architekten zählte Vincenzo Scamozzi, einer der führenden venezianischen Baumeister des 16. Jhs., der sich gern an den Entwürfen von Palladio orientierte. Das Gebäude, wie es sich heute präsentiert, ist das Ergebnis einer späteren neoklassizistischen Umgestaltung.

BOOTSAUSFLÜGE AUF DEM FLUSS

BOOTSAUSFLÜGE

Auf der Bootstour an die Riviera begegnet man einem Wunderwerk der Technik, dem im 15. Jh. entwickelten hydraulisch betriebenen Schleusensystem. Mit ihm wird der Fluss Brenta umgeleitet, sodass er in das offene Meer mündet. Auf geniale Weise wurde und wird so verhindert, dass die Flusssedimente sich in der Lagune absetzen und Venedig allmählich in ein Wattenmeer verwandeln. Die meisten Boote fahren nur Schritttempo, bei niedrigem Wasserstand ist die Aussicht auf das Ufergelände nicht ganz so einladend. Immerhin sind die Fronten der meisten Villen auf den Fluss ausgerichtet, und so ziehen sie geruhsam an den Ausflüglern vorüber – ganz im Sinne Palladios und seiner Zeitgenossen.

Der **Burchiello** (☎049 820 69 10; www.ilburchiello.it; Halbtagsausflug per Boot Erw./erm. 51/40 €, Ganztagesausflug ab 71/56 €) ist ein moderner Luxuskahn. Ganztagesausflüge legen einen Stopp bei den Villen Malcontenta, Widmann und Pisani ein; bei einer Halbtagestour stehen nur zwei Villen auf dem Programm. Die Ganztagesausflüge beginnen in Venedig an der Stazione Marittima (Di, Do & Sa) oder in Padua (Mi, Fr & So); der Bustransfer zum Bahnhof ist im Preis inbegriffen.

I Batelli del Brenta (☎049 876 02 33; www.battellidelbrenta.it; Halbtagsausflüge Erw./erm. ab 47/39 €, Ganztagsausflug ab 85/40 €; ⌚März–Nov. Di–So bei Reservierung) bietet eine Fülle von Ganz- und Halbtagsausflügen ab Venedig und Padua an.

RENTAL BIKE VENICE

FAHRRADVERLEIH

(☎346 847 114; www.rentalbikevenice.blogspot.com; Via Gramsci 85, Mira; Fahrrad Tag City- & Mountainbike/Klapprad ab 10/14 €; ⌚8–20 Uhr) Die malerische Riviera del Brenta ist bretteben und eignet sich daher perfekt für einen einfachen, vergnüglichen Fahrradausflug, der so gut wie Kondition voraussetzt. Das Radwegenetz an den Brentaufern ist 150 km lang, sobald es schön ist, zischen die Radler auf den Uferwegen an den Ausflugsbooten vorbei. Rental Bike Venice ist ein nettes Unternehmen, das sich von Venedig, Mestre oder Padua aus mit dem Bus erreichen lässt (Wegbeschreibung s. Website). Die Kunden können Citybikes mit Fahrradkorb, Mountainbikes und praktische Klappräder, die man auch im Bus problemlos mitnehmen kann, ausleihen. Außerdem gibt es geführte Touren, kostenlose Parkplätze und eine Pannenhilfe. Ratschläge zu Routen, die durch die beschauliche Landschaft führen, Restaurants in der Region, in die man während der Tour einkehren kann und Geschäften, die interessante Produkte oder Souvenirs anbieten, erhalten die Kunden sogar auf Englisch.

ESSEN

DA CONTE

MODERN VENEZIANISCH €€

(☎049 50 23 70; Via Caltana 133, Mira; Mahlzeiten 35–45 €; ⌚Di–Sa Mittag- & Abendessen) Dieser unerwartete Ausbund an Raffinesse befindet sich bei näherem Hinsehen unter einer Überführung. Das Restaurant Da Conte bietet seinen Gästen eine der besten Weinkarten der Region, die klassische Lagunenküche wird hier mit einer kreativen Note verfeinert – z. B. der Wachtelbraten oder die Langusten in Ingwer.

Padua (Padova)

Padua erkunden

Padua (Padova; 212 500 Ew.) liegt nicht einmal eine Stunde von Venedig entfernt und

Padua

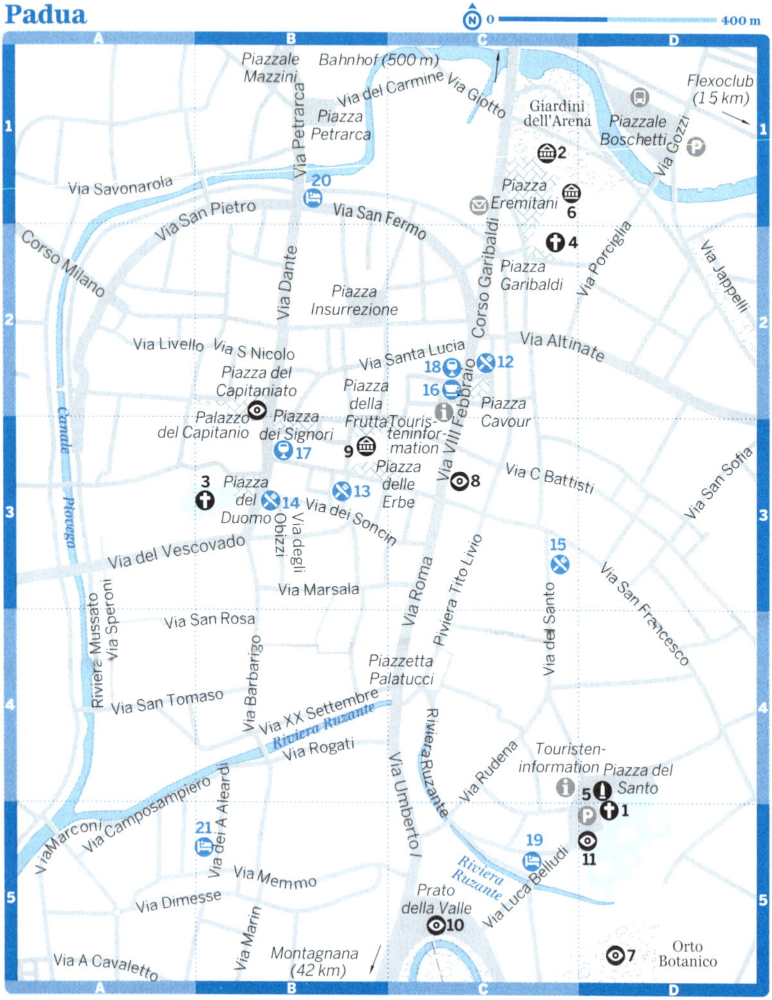

wirkt dennoch wie eine andere Welt. Die Stadt erinnert mit ihren Laubengängen, seltsam geformten mittelalterlichen Plätzen, den vielen Studenten sowie den Fassaden, die noch aus der Zeit des Faschismus stammen, in vielem an Mailand.

Als mittelalterlicher Stadtstaat und als Sitz der zweitältesten Universität Italiens gefährdete Padua einst die regionale Vormachtstellung Venedigs und Veronas. Mehrere anschauliche mittelalterliche Freskenzyklen lassen dieses Goldene Zeitalter auferstehen – so auch Giottos bemerkenswerte Capella degli Scrovegni. Aufgrund der vergleichsweise preiswerten, praktischen Zugverbindungen und der guten Erreichbarkeit des historischen Zentrums – man kommt vom Bahnhof locker zu Fuß dorthin – können alle wichtigen Sehenswürdigkeiten an einem Tag besichtigt werden. Seit am Bahnhof sogar noch eine nagelneue Tram fährt, ist alles noch einfacher geworden.

Es lohnt sich, den Besuch bis in den Abend auszudehnen. Dann kann man miterleben, wie sich die Plätze mit geselligen Paduanern füllen, die sich hier auf einen *aperitivo* treffen.

Padua

Sehenswertes

1 Basilica di Sant'Antonio D5
2 Cappella degli Scrovegni C1
3 Dom & Bapterium B3
4 Chiesa degli Eremitani C2
5 Gattamelata-Statue D4
6 Musei Civici agli Eremitani C1
Museo del Risorgimento e dell'Età Contemporanea .... (siehe 16)
Oratorio di San Giorgio .... (siehe 11)
7 Orto Botanico D5
8 Palazzo del Bò C3
9 Palazzo della Ragione B3
10 Prato della Valle C5
11 Scoletta del Santo D5

Essen

12 Caffè Cavour C2
13 Godenda B3
14 Osteria Dal Capo B3
15 Piadineria Italiana C3

Ausgehen & Nachtleben

16 Caffè Pedrocchi C2
17 Caffetteria Manin B3
18 Enoteca Santa Lucia C2

Schlafen

19 Belludi37 .... C5
20 Hotel Sant'Antonio B1
21 Ostello Città di Padova B5

Die besten ...

➡ **Attraktionen** Capella degli Scrovegni (S. 193)

➡ **Restaurants** Godenda (S. 197)

➡ **Bars & Kneipen** Enoteca Santa Lucia (S. 198)

Top-Tipp

Wer Giottos herrliche Capella degli Scrovegni besichtigen möchte, muss reservieren – an Sommerwochenenden und während der Ferien bis zu mehreren Wochen im Voraus.

An- & Weiterreise

Auto Die A4 (Turin–Mailand–Venedig – Triest) führt im Norden an der Stadt vorbei, die A13 nach Bologna beginnt südlich von Padua.

Bus SITA–Busse (☎049 820 68 34; www.sitabus.it, auf Italienisch) starten am Piazzale Roma (3,70 €, 45–60 Min., stündl.) in Venedig und fahren bis zum Piazzale Boschetti in Padua, der Platz liegt 500 m südlich vom Bahnhof. Die Fahrpläne der Busse, die in die Ortschaften in den Colli Euganei (Euganeische Hügel; s. S. 195) südwestlich von Padua fahren, lassen sich online abrufen.

Zug Die einfachste Möglichkeit, von Venedig nach Padua zu kommen, ist die Bahn (3–15 €, 25–50 Min., 3- bis 4-mal stündl.).

Gut zu wissen

➡ **Vorwahl** ☎049

➡ **Lage** 37 km westlich von Venedig

➡ **Touristeninformation** (www.turismopadova.it) Bahnhof (☎049 875 20 77; ⏲Mo–Sa 9–19, So 9–12.30 Uhr); Galleria Pedrocchi (☎049 876 79 27; ⏲Mo–Sa 9–13.30 & 15–19 Uhr).

SEHENSWERTES

CAPPELLA DEGLI SCROVEGNI KIRCHE

(☎049 201 00 20; www.cappelladegliscrovegni.it; Giardini dell'Arena; Eintritt mit PadovaCard frei, Erw./erm.13/8 €; ⏲9–19 Uhr nur nach Reservierung, Callcenter Mo–Fr 9–19, Sa 9–18 Uhr) Fast 200 Jahre vor Michelangelos Sixtinischer Kapelle und vor da Vincis *Letztem Abendmahl* erlebte Padua einen Durchbruch in Sachen Renaissance: Die Rede ist von Giottos bewegenden, modern anmutenden Fresken (1303–1305) in der Capella degli Scrovegni. Kirchgänger im Mittelalter waren daran gewöhnt, dass ausdruckslose, flächig gemalte Heilige – hoch über ihnen auf goldenen gotischen Thronen sitzend – auf sie herabschauten. Giotto hingegen malte zum ersten Mal biblische Figuren als Charaktere in ihrem spezifischen Umfeld und in besonderen Situationen: Zuschauer tratschen darüber, wie Anna, eine Frau mittleren Alters, Joachim zärtlich küsst und in ihren späten Lebensjahren dem Wunderkind Maria das Leben schenkt. Der gerade Vater gewordene Josef schläft erschöpft in der Krippe sitzend, während Schafe und Engel die Nachtwache beim Jesuskind übernehmen. Oder eine andere Szene: Jesus zwingt Judas seinen Blick zu senken, als der Verräter sich anschickt, Jesus den Kuss zu geben, der sein Schicksal besiegelt.

VIEL LEISTUNG FÜR WENIG GELD

Die **PadovaCard** (für 48/72 Std. 16/21 €) gewährt einem Erwachsenen plus einem Kind unter 14 Jahren die Nutzung aller öffentlichen Verkehrsmittel der Stadt sowie den Eintritt zu fast allen bedeutenden Sehenswürdigkeiten, darunter die Cappella degli Scrovegni (plus 1 € Buchungsgebühr; Reservierung erforderlich). PadovaCards sind in den Touristeninformationen von Padua sowie in den vom Pass abgedeckten Sehenswürdigkeiten erhältlich.

Dante, da Vinci, Boccacio und Vasari – sie alle schreiben Giotto das Verdienst zu, mit seinen strahlend-leuchtenden Farben das Spätmittelalter beendet und das Renaissance-Zeitalter des Aufbruchs eingeläutet zu haben. Sein erstaunlich humanistischer Ansatz veränderte nicht nur die Sichtweise der Menschen auf Heilige, sondern auch die Art und Weise, wie sie sich selbst sahen: nicht länger als demütige Vasallen, sondern als Abbild des Göttlichen, mit wie vielen Fehlern auch immer behaftet. Diese menschenbezogene Darstellung war besonders gut für die Kapelle geeignet, die Enrico Scrovegni als Erinnerung an seinen Vater in Auftrag gab, dem als Geldverleiher ein christliches Begräbnis verwehrt worden war. In der neuen Multimedia-Galeria bereitet ein zehn Minuten dauerndes, informatives Video die Besucher auf das vor, was sie in der Kirche erwartet.

Die Kapelle liegt fünf Minuten zu Fuß vom Bahnhof entfernt, kann jedoch ausschließlich nach telefonischer oder Online-Voranmeldung besichtigt werden. Die Eintrittskarten liegen am Kartenschalter im Musei Civici agli Eremitani gleich nebenan zur Abholung bereit. Die Besichtigung sollte lange im Voraus gebucht werden, und zwar vor allem an Wochenenden sowie von April bis Oktober. Die Besichtigung dauert 15 Minuten, weitere 15 Minuten wird ein Video mit Erläuterungen gezeigt. Mit einem „doppelten Abendticket" (Erw./erm./Kind unter 7 Jahren 12/6/1 €; 19–21.20 Uhr geöffnet) besteht die Möglichkeit, die Besuchsdauer zu verdoppeln und zumindest eine halbe Stunde in der Kirche zu verweilen.

MUSEI CIVICI AGLI EREMITANI MUSEUM

(☎049 820 45 51; Piazza Eremitani 8; Museum Erw./erm.10/8 €, mit PadovaCard oder Cappella-degli-Scrovegni-Ticket frei; ⏲Di–So 9–19 Uhr) Im Erdgeschoss dieses ehemaligen Klosters befinden sich Artefakte, die aus Paduas römischer und vorrömischer Zeit stammen. Im Obergeschoss präsentiert eine weitläufige, interessante Sammlung ein paar bemerkenswerte Werke aus dem 14. bis 18. Jh. von Bellini, Giorgione, Tintoretto und Veronese. Der – grausige – Knüller ist dann ein Kruzifix von Giotto. Es zeigt die völlig verzweifelte Maria, die die Hände ringt, während das Blut Jesu durch die steinige Erde direkt in die leeren Augenhöhlen eines menschlichen Schädels tropft.

CHIESA DEGLI EREMITANI KIRCHE

☎049 875 64 10; Piazza Eremitani; ⏲Mo–Fr 7.30–12.30 & 15.30–19, Sa & So 9–12.30 & 16–20 Uhr) Als 1944 die herrlichen Fresken (1448–1457) von Andrea Mantegna in der Capella Overtari der Chiesa degli Eremitani durch einen Bombenangriff zerstört wurden, bedeutete dies einen unvorstellbaren Verlust für die Kunstgeschichte. 50 Jahre nahmen die akribischen Restaurierungsarbeiten in Anspruch, um die zerschmetterten, durch Feuchtigkeit beschädigten Geschichten des hl. Jakobus und des hl. Christopherus wieder zusammenzusetzen; zutage kamen Kompositionen voller Lebendigkeit in so ungewöhnlichen und extremen Perspektiven, dass Mantegnas Heilige wie die reinsten Superhelden anmuten

PALAZZO DEL BÒ HISTORISCHES GEBÄUDE

(☎049 827 30 47; Via VIII Febbraio; Erw./erm.5/3,50 €; ⏲Führungen Di, Do & Sa 9.15, 10.15 & 11.15, Mo, Mi & Fr 15.15, 16.15 & 17.15 Uhr) Der Renaissancepalast ist der Sitz der **Universität** von Padua, die einst Geschichte schrieb. Sie wurde von abtrünnigen Gelehrten aus Bologna gegründet, die sich mehr geistige Freiheit wünschten. Seitdem waren an der Universität in Padua einige der größten und strittigsten Denker Italiens tätig, darunter Kopernikus, Galileo, Casanova und auch die erste Frau mit einem Doktor in Philosophie: Eleonora Lucrezia Cornaro Piscopia (eine Statue von ihr steht an der Treppe). Im Rahmen einer Führung können die Besucher den Hörsaal von Galileo sowie den ersten Anatomiesaal der Welt besichtigen – eine Halle mit sechs Rängen, die 1594 errichtet wurde, um wissenschaftliche Autopsien vorzuneh-

ABSTECHER

COLLI EUGANEI (EUGANEISCHE HÜGEL)

Südwestlich von Padua vermitteln die Colli Euganei (Euganeische Hügel) das Gefühl, meilenweit von der urbanen Raffinesse Venedigs samt der Ebene in der Umgebung entfernt zu sein. Wer gern die von einer Stadtmauer eingefassten Ortschaften oben auf den Hügeln, die Weingärten und blubbernden Thermalquellen erkunden möchte, kann sich – auch online – in der Touristeninformation (www.turismotermeeuganee.it) von Padua informieren. Sie hat Kartenmaterial vorrätig und informiert über Wanderrouten, Unterkünfte und die öffentlichen Verkehrsmittel. Mit dem Zug lassen sich alle Ortschaften bis auf Arquà Petrarca erreichen.

Gleich südlich von Padua liegen die beiden Kurorte **Abano Terme** und **Montegrotto Terme** mit ihren renommierten heißen Thermalquellen. Die beiden Städtchen sind nicht sonderlich spannend, doch das Heilwasser schafft Linderung bei allerlei Krankheiten und Wehwehchen.

Im mittelalterlichen Dorf **Arquà Petrarca** lohnt ein Blick auf ein elegantes kleines **Haus** (☎0429 71 82 94; Via Valleselle 4; Erw./erm.4/2 €; ⌚Okt.–März Di–So 9–12.30 & 15–19 Uhr, Nov.–Feb. Di–So 9–12.30 & 14.30–17.30 Uhr), in dem der große italienische Dichter Petrarca in den 1370er-Jahren seine letzten Lebensjahre verbrachte.

In den südlichen Ausläufern der Euganeischen Hügel liegen mehrere mittelalterliche Städtchen mit Stadtmauer: **Monselice** mit einer tollen **mittelalterlichen Burg** (www.castellodimonselice.it; ⌚einstündige Führungen April–Nov. Di–So 9, 10, 11, 15, 16 Uhr), **Este**, in dessen **Archäologischem Museum** (Via Guido Negri 9c; Erw./erm.3/1,50 €; ⌚8.30–19.30 Uhr) eine bedeutende Sammlung von Artefakten der prärömischen Veneter-Stämme zu bestaunen ist, sowie **Montagnana** mit einem fantastischen 2 km langen Wehrwall. Gleich vor den Toren der Ortschaft beeindruckt Palladios kleine, aber bedeutende Villa Pisani, bis heute ein Privatdomizil.

men. Damals wusste man noch nichts von den damit verbundenen Gefahren. Nach erfolgter Untersuchung wurden die Leichenteile einfach in einen unterirdischen Bach gekippt.

Hinweis: Von November bis März werden im Allgemeinen nur zwei Führungen pro Tag angeboten.

PALAZZO DELLA RAGIONE HISTORISCHES GEBÄUDE

(☎049 820 50 06; Piazza delle Erbe; Erw./erm.4/2 €; ⌚Di–So 9–19 Uhr, Nov.–Jan. bis 18 Uhr) Das alte Padua präsentiert sich in Form von zwei eleganten Plätzen, dazwischen steht der dreigeschossige gotische Palazzo della Ragione, der Gerichtshof der Stadt aus dem Jahr 1218. Innen stellen Fresken von Giusto de' Menabuoi und Nicolò Mireto, zwei Künstlern aus dem Umfeld von Giotto, die astrologischen Theorien des Paduaner Professors Pietro d'Abano dar, die Bilder zeigen Monate, Jahreszeiten, Heilige, Tiere und Paduaner von Rang und Namen (nicht unbedingt in dieser Reihenfolge). Die Arbeit von D'Abano, die auf arabische Quellen zurückgeht, brachte ihn in Konflikt mit der Kirche; er wurde dann posthum als Ketzer verurteilt. Die Fresken mussten nach einem Brand 1420 sowie nach Sturmschäden 1756 restauriert werden. Wenngleich ein Großteil des Originals verloren ging, so sind die Reproduktionen dennoch qualitativ sehr hochwertig und sehenswert.

DUOMO KIRCHE

(☎049 66 28 14; Piazza del Duomo; ⌚Mo–Sa 7.30–12 & 16–19.30, So & Feiertage 8–13 & 16–20.45 Uhr) Südlich vom *palazzo* ragt der Dom auf, dessen derzeitiges Erscheinungsbild auf einem zig Mal veränderten Entwurf von Michelangelo beruht. Das symmetrische, weiß getünchte Gebäude erinnert etwas an den Konkurrenzbau am Markusplatz in Venedig. Gleich nebenan steht das **Baptisterium** (Erw./erm.2,80/1,80 €, mit PadovaCard frei; ⌚10–18 Uhr) aus dem 13. Jh., ein Schmuckstück der Romanik. Giusto de' Menabuoi, ein von Giotto beeinflusster Künstler, schmückte es von oben bis unten mit herrlichen Fresken aus, die Szenen aus der Bibel zeigen. In der Kuppel sind Hunderte Heilige zu sehen – als würden all diese ehrwürdigen Frauen und Männer für das Abschlussfoto in der Schule posieren. Sie werfen einander Blicke zu und schauen verstohlen auf die Mutter Gottes. Im Innern des Doms ist Christus Pantoc-

UNTERKÜNFTE IN PADUA

Die **Touristeninformation** (www.turismopadova.it) veröffentlicht Broschüren mit Übernachtungsmöglichkeiten, außerdem sind Dutzende B&Bs und Hotels online gelistet. Die **Koko Nor Association** (www.bbkokonor.it; DZ 60–80 €) bietet tibetisch angehauchte Apartments, Zimmer mit Terrasse und Künstlerateliers, die allesamt netten italienischen Familien gehören. Außerdem kann man sich hier auch gleich noch nach lockeren italienischen Konversationsstunden erkundigen. Weitere B&Bs außerhalb von Padua sind auf der folgenden Website zusammengestellt: www.bedandbreakfastpadova.it (auf Italienisch).

➡ **Belludi37** (☎049 66 56 33; www.belludi37.it; Via Luca Belludi 37; EZ 80 €, DZ 120–150 €; ❄@📶) Das schicke Boutiquehotel bietet seinen Gästen breite Betten, moderne, fröhliche Zimmer, hilfsbereites Personal (das jede Menge geldbeutelfreundliche Einkaufstipps auf Lager hat), kostenlose Getränke, Tourenvorschläge für Radfahrer und Wanderungen mit Verkostung von Spezialitäten.

➡ **Hotel Sant'Antonio** (☎049 875 13 93; www.hotelsantantonio.it; Via San Fermo 118; EZ 63–69 €, DZ 82–94 €; ❄) Das ruhige Hotel am Kanal unweit des historischen Stadttors bietet luftige, ganz normale Zimmer; die meisten haben ein neues Bad, einige Aussicht auf den Kanal. Ein paar billigere Einzelzimmer mit Gemeinschaftsbad (39–42 €) sind ebenfalls vorhanden.

➡ **Ostello Città di Padova** (☎049 875 22 19; www.ostellopadova.it; Via dei A Aleardi 30; B 19 €; ⏲7–9.30 & 15.30–23.30 Uhr) Das zentral gelegene Hostel in einer ruhigen Seitenstraße bietet anständige Mehrbettzimmer mit vier bis sechs Betten. Bettwäsche und WLAN sind gratis, Kochgelegenheit ist allerdings keine vorhanden. Und Achtung: Um 23.30 Uhr gehen die Lichter aus, wenn nicht gerade eine besondere Veranstaltung stattfindet. Auschecken müssen die Gäste bis spätestens 9.30 Uhr. Vom Bahnhof fahren die Busse 3, 8 und 12 sowie die neue Tram dorthin.

rator (der Weltenherrscher) zu sehen, der ein geöffnetes Buch mit der Zeile *Ego sum alpha et omega* (Ich bin Anfang und Ende) in der Hand hält. Auf der rückwärtigen gemalten Apsiswand ist die Bedeutung des Herrn in biblischen Geschichten von Schöpfung, Erlösung und Apokalypse dargestellt.

BASILICA DI SANT'ANTONIO KIRCHE

(☎049 822 56 52; www.basilicadelsanto.org; Piazza del Santo; ⏲6.30–19.45 Uhr, Nov.–März bis 18.45 Uhr) Herz der Stadt ist die Basilika, eine wichtige Pilgerstätte und die Grabstätte des Schutzheiligen der Stadt, Antonius von Padua (1193–1231). Die Errichtung der Basilika, von den Einwohnern der Stadt kurz „Il Santo" genannt, begann 1232; im Lauf der Jahrhunderte verwandelte sie sich in ein Bauwerk, das verschiedene Stilelemente aufweist: Auf dem Grundriss in Form des christlichen Kreuzes erhebt sich ein Ziegelbau im Stil der italienischen Gotik. Dieser wird von mehreren Kuppeln und Türmen gekrönt, die offenbar byzantinischen Einfluss verraten.

Im rechten Querschiff des Kirchenraums drängen sich die Gläubigen um das Grabmal des Heiligen, das über und über bedeckt ist mit Fürbitten und Danksagungen für erfolgte Heilungen und Hilfe beim Wiederfinden von Verlorenem. Seine letzte Ruhe fand der Heilige in einem bemerkenswerten lichtdurchfluteten Renaissancekunstwerk, das den in Padua geborenen Lombardo-Brüdern zugeschrieben wird und vermutlich um 1510 vollendet wurde.

Hinter dem Hochaltar im rückwärtigen Teil der Kirche befinden sich strahlenförmig gruppiert neun Kapellen, die zumeist im 20. Jh. ausgeschmückt wurden. Deren Mittelpunkt bildet die barocke Cappella del Tesoro (Schatzkapelle), in die 1745 die Reliquien des Heiligen überführt wurden. Nach jahrhundertealter Tradition sind den Gläubigen zur Erbauung einige seiner Körperteile ausgestellt: Sein Kinn und seine grau-grüne Zunge können in zwei exquisit gearbeiteten Goldmonstranzen betrachtet werden. Möglicherweise erfuhr die Zunge des Heiligen besondere Verehrung, weil dieser zu Lebzeiten ein überzeugender Redner und Schlichter von Streitigkeiten unter der Bevölkerung war.

Unter dem gotischen Deckengewölbe mit Fresken haben weitere bedeutende Werke ihren Platz: so das lebensgroße Kruzifix des veronesischen Meisters Altichiero da Zevio in der ebenfalls mit Fresken geschmückten Kapelle des hl. Jakobus. Weiterhin zu nennen ist das wundervolle, 1528 geschaffene Sakristei-Fresko des hl. Antonius, der zu einem verzauberten Fisch predigt, das ein Schüler von Girolamo Tessari malte; schließlich die Hochaltar-Reliefs des florentinischen Renaissance-Bildhauers Donatello (für die Besichtigung den Wärter um Einlass bitten). Durch das östliche Portal geht es in das unmittelbar an die Basilika angebaute Kloster mit fünf Kreuzgängen. Der älteste, aus dem 13. Jh. stammende Bogengang um den Innenhof ist der **Chiostro della Magnolia**, so genannt nach der wundervollen in der Mitte stehenden Magnolie. Das **Museo Antoniano** (☎049 822 56 56; Piazza del Santo; Eintritt frei; ⌚Di–So 9–13 & 14–18 Uhr) beherbergt eine Kunstsammlung und der Jahrhunderte hier hinterlassen haben.

Auf der **Piazza del Santo** erinnert Donatellos Reiterstandbild (1453) an den venezianischen Söldnerführer aus dem 15. Jh., der unter dem Namen **Gattamelata** (honigäugiger Kater) in die Geschichte einging. Das Standbild gilt als die erste bedeutende Renaissancebronze Italiens.

ORATORIO DI SAN GIORGIO — KIRCHE

(☎049 875 52 35; Eintritt inkl. Scoletta del Santo 4 €; ⌚9–12.30 & 14.30–17 Uhr, April–Okt. bis 19 Uhr) Am gleichen Platz befinden sich gegenüber der Basilika die beiden am häufigsten übersehenen Schmuckstücke der Stadt. Die Wände des Oratorio di San Giorgio sind über und über mit Fresken (1378) bedeckt, die aus dem Leben des hl. Georg, der hl. Lucia und der hl. Katharina von Alexandria erzählen – und zwar in den herrlich strahlenden Farben von Altichiero da Zevio und Jacopo Avanzi. Die Kirche wurde kurzzeitig von Napoleon als Gefängnis genutzt; offensichtlich hatte er die Botschaft nicht mitbekommen, dass Racheengel den hl. Georg von seiner Folter im Richtrad befreiten. Mit demselben Ticket kann man nun auch gleich noch nebenan die **Scoletta del Santo** besichtigen. Dort hängen einige dramatische Gemälde von Tizian, darunter ein Bild aus dem Jahr 1511, das den hl. Antonius zeigt, der unter den Augen der perplexen Zuschauer einem Mann seinen abgetrennten Fuß wieder ans Bein anfügt. Pädagogisch wertvoll ist auch ein Gleichnis, das Tizians Bruder Francesco Vecellio malte: In just jenem Augenblick, als ein Arzt entdeckt, dass einem Geizkragen das Herz fehlt, zieht ein Nachbar das blutige Herz aus einer Schatztruhe heraus.

ORTO BOTANICO — GARTEN

(☎049 827 21 19; www.ortobotanico.unipd.it; Via dell'Orto Botanico; Erw./erm.4/1 €; ⌚April–Okt. 9–13 & 15–19 Uhr, Nov.–März Mo–Sa 9–13 Uhr) Südlich der Piazza del Santo blüht eine Stätte, die zum Weltkulturerbe der Unesco gehört, im wahrsten Sinn des Wortes immer weiter auf. Paduas Orto Botanico wurde 1545 von der medizinischen Fakultät der Universität Padua angelegt, um die Heilwirkung seltener Pflanzen studieren zu können. Außerdem diente der Garten im Zweiten Weltkrieg der Zentrale der Widerstandsbewegung als heimlicher Treffpunkt. Der älteste Baum mit dem Spitznamen „Goethes Palme" wurde 1585 gepflanzt und wird sogar in seinem Buch *Italienische Reise erwähnt.*

PRATO DELLA VALLE — PARK

In diesem ovalen Garten am Südrand des historischen Zentrums wurden lange Zeit öffentliche Märkte abgehalten. Heute ist der Prato bei den Einheimischen sehr beliebt, um im Sommer die Sonne zu genießen. Um den Park läuft ein schmaler Kanal, den 78 Statuen säumen – alle historischen Persönlichkeiten von Padua geben sich hier ein Stelldichein. Zehn Podeste sind allerdings leer: Dort standen früher die zehn venezianischen Dogen, die Napoleon jedoch nach der Einnahme Venedigs 1797 entfernen ließ.

ESSEN

LP TIPP GODENDA — MODERN ITALIENISCH €€

(☎049 877 41 92; www.godenda.it; Via Squarcione 4/6; Mahlzeiten 30–50 €; ⌚Mo–Sa 10–15, 19–1 Uhr, im Aug. geschl.) Das Godena liegt zwar etwas versteckt unter einem alten Portikus, das Restaurant selbst gibt sich jedoch luftig und modern. Die saisonale Speisekarte überzeugt mit ihrer kreativen Umsetzung alter venezianischer Traditionsgerichte wie Seeteufel mit Favabohnen und selbst gemachter Pasta mit Pferdefleischragout. Zum Glück sind die wahren Hits – Thunfisch- und Rindfleischtartar und das bekannte Tiramisú – das ganze Jahr über erhältlich.

ENOTECA ANGELO RASI MODERN ITALIENISCH **€€**
(☎049 871 97 97; Riviera Paleocapa 7; Mahlzeit 30 €; ⏲Di–So Abendessen) Schon manch einer, der an einem schönen sonnigen Tag nur auf ein Glas Wein und für ein paar *cicheti* (Snacks) hier einkehren wollte, ist anschließend am Kanal hocken geblieben und hat sich ein Abendessen unter Linden bestellt. Die rustikalen Gerichte werden hier mit einem extravaganten Touch zubereitet: Der Kabeljau in Rahm wird mit herzhaften Pfannkuchen aus Tintenfisch-Polenta serviert, die Ricotta-Gnocchi mit einer etwas gewöhnungsbedürftigen Soße aus Zucchini-Mousse abgerundet, und die Käseplatte hat das Aussehen einer Uhr.

OSTERIA DAL CAPO OSTERIA **€€**
(☎049 66 31 05; Via degli Obizzi 2; Mahlzeiten 25–35 €; ⏲Di–Sa Mittag- & Abendessen) Hier sitzt man zum Abendessen Seite an Seite mit Einheimischen an winzigen Tischen, auf denen die traditionellen venezianischen Fisch- und Meeresfrüchtegerichte äußerst beengt aufgebaut werden müssen. Dazu werden einige ausgefallene Kreationen wie *caviale di melanzane con bufala* (Auberginen-Kaviar mit Büffelmozzarella auf knuspriger Waffel) serviert. Unbedingt reservieren und gute Laune mitbringen

CAFFÈ CAVOUR GEBÄCK & KUCHEN **€**
(☎049 875 12 24; www.caffecavour.com; Piazza Cavour 10; Gebäck 1,50–4 €; ⏲Mi–Mo 7.30–20 Uhr, Mai–Sept. bis Mitternacht) Pistazien-Makronen, Waldbeerkuchen und andere schnelllebige Sünden hellen die Mienen der Verkehrspolizisten auf, die hier an der geschwungenen Granit-Kaffeebar ihren Espresso hinunterstürzen.

PIADINERIA ITALIANA SNACKS **€**
(☎340 294 64 80; Via del Santo 7; Mahlzeiten 5–10 €; ⏲Mo–Sa 10–17 Uhr) Studenten der Uni gleich in der Nähe treffen sich hier, um schnell eine köstliche – und preiswerte – Variante der traditionellen Pizza zu bestellen, die *piadina*. Der Snack stammt eigentlich aus der Gegend von Ravenna.

AUSGEHEN & NACHTLEBEN

Der Abend ist offiziell erst eingeläutet, nachdem man auf der Piazza delle Erbe oder der Piazza dei Signori seinen *spritz* getrunken hat. Übrigens: Padua gilt inoffiziell als Hochburg der Schwulen und Lesben in dieser Region.

LP TIPP **ENOTECA SANTA LUCIA** WEINBAR
(☎049 875 94 83; Piazza Cavour 15; ⏲Mo–Sa 19–24 Uhr) Das Santa Lucia hat sich von Mailand inspirieren lassen und offeriert seinen Gästen nun glasweise edle Tropfen (5– 10 €) samt einem allabendlichen kostenlosen Büffet von 19 bis 22 Uhr. Es ist mit Spezialitäten der Region und verschiedenen Käsesorten bestens bestückt. Blitzüberfälle aufs Büfett – zusammen mit Paduas preisbewusstem Modevolk – klappen am besten, wenn man an der verglasten Bar in Stellung geht. Es ist aber auch nett, sich in der alten Taverne mit den rustikalen Steinwänden zu den Stammgästen zu setzen.

CAFFÈ PEDROCCHI CAFÉ
(☎049 878 12 31; www.caffepedrocchi.it, auf Italienisch; Via VIII Febbraio 15; ⏲So–Mi 9–22, Do–Sa 9–1 Uhr) Seit 1831 ist dieses neoklassizistische Café schon der Hit bei Stendhal und anderen Pfeilern der Paduaner Kaffeehauskultur. Und das hat das Pedrocchi vor allem seinem pulsbeschleunigendem Powerkaffee und dem *caffè correto* (Espresso mit hochprozentigem Alkohol) zu verdanken. Die herrschaftliche erste Etage ist in post-napoleonischen Stilrichtungen gestaltet – vom alten Ägypten bis zur Kaiserzeit ist so ziemlich alles vertreten. Tagsüber besteht die Möglichkeit, auch gleich noch dem **Museo del Risorgimento e dell'Età Contemporanea** (☎049 878 12 31; Galleria Pedrocchi 11; Erw./Kind 4/2,50 €; ⏲Di–So 9.30–12.30 & 15.30–18 Uhr) oben einen Besuch abzustatten. Es widmet sich der Regional- und Landesgeschichte vom Fall Venedigs 1797 bis zur republikanischen Verfassung 1848 anhand von Originaldokumenten, Bildern und Erinnerungsstücken.

CAFFETTERIA MANIN CAFÉ
(☎049 876 16 09; Via Manin 56; ⏲Mo–Fr 7–19, Sa 7–12.30 Uhr) Der erstklassige Kaffee wird bis heute vor Ort in diesem altmodischen Café geröstet. Den ganzen Tag über schauen Einheimische vorbei, um sich schnell an der Bar im Stehen einen Koffeinkick zu verpassen – Tische gibt es keine. Wer einen Euro mehr bezahlt, kann sich seinen Espresso sogar aus Kaffeebohnen, die von den Blauen Bergen in Jamaika stammen, zubereiten lassen.

FLEXOCLUB NACHTCLUB
(☎049 807 47 07; www.flexoclub.it, auf Italienisch; Via Turazza 19; ⏲Mi–So ab 22 Uhr) Die schwule Szenenkneipe befindet sich 2 km östlich vom Bahnhof. Die Kneipe ist ein Mix aus Kneipe und Bar mit Disko, in der auch Livemusik gespielt wird und Dragshows stattfinden. Daneben befindet sich eine Sauna.

Vicenza

Vicenza erkunden

Als Palladio seine Heimatstadt Padua in den 1520er-Jahren verließ, weil er von seinem restriktiven Arbeitgeber die Nase voll hatte, da hätte kaum jemand geahnt, dass der Steinmetz nicht nur Vicenza (113 500 Ew.), sondern die gesamte europäische Architekturgeschichte auf den Kopf stellen würde. Heute strotzt das historische Zentrum von Vicenza nur so vor Werken Palladios; und sein bekanntes Bauwerk La Rotonda wie auch die Villa Valmarana „ai Nani" liegen nur 20 Gehminuten weiter südlich. Aufgrund der häufigen Zugverbindungen und der kompakten Innenstadt lässt sich Vicenza im Rahmen eines Tagesausflugs erkunden. Den herausragenden Architekturschätzen zum Trotz wirkt die reizende Stadt recht beschaulich. Als Besucher kann man sich hier unter die Einheimischen mischen, die sich in aller Gemütlichkeit ein deftiges Mittagessen mit hiesigen *salumi* (Pökelfleisch), Wild und hausgemachter Pasta schmecken lassen. Vicenza eignet sich aufgrund der preiswerten Übernachtungsmöglichkeiten auch als Standort für die Erkundung Venetiens.

Die besten ...

- **Attraktionen** La Rotonda (S. 199)
- **Restaurants** Antico Ristorante agli Schioppi (S. 205)
- **Bars & Kneipen** Antica Casa della Malvasia (S. 206)

Top-Tipp

Palladios Teatro Olimpico (S. 200) wurde für Theateraufführungen errichtet. Der Besuch einer Vorstellung ist noch immer die schönste Möglichkeit, die komplexen Harmonien dieses außergewöhnlichen Ortes auf sich wirken zu lassen.

An- & Weiterreise

Zug Vicenza lässt sich von Venedig (4,40–14 €, 45–90 Min., 3- bis 4-mal stündl.) aus am einfachsten mit der Bahn erreichen.

Auto Vicenza liegt an der A4, die von Mailand nach Venedig führt; die SR11 verbindet Vicenza mit Verona und Padua. Unweit der Piazza Castello und dem Bahnhof befinden sich diverse große Parkplätze.

GUT ZU WISSEN

- **Vorwahl** ☎0444
- **Lage** 62 km westlich von Venedig
- **Touristeninformation** (☎0444 32 08 54; www.vicenzae.org; Piazza Matteotti 12; ⏲9–13 & 14–18 Uhr) Besonders fachkundig und hilfreich.

SEHENSWERTES

LA ROTONDA HISTORISCHES GEBÄUDE
(☎049 879 13 80; www.villalarotonda.it; Via della Rotonda 45; Eintritt Villa/Gärten 10/5 €; ⏲Gärten Di–So 10–12 & 15–18 Uhr, Villa nur Mi & Sa, Mitte Nov.–Mitte März geschl.) Ganz egal, aus welcher Perspektive man die Villa betrachtet, sie begeistert: Die Rotunde oder Kuppel, der die Villa ihren Namen verdankt, spannt sich über einem rechteckigen Grundriss mit identischen Kolonnaden an allen vier Seiten. Das Gebäude zählt zu den meistbewunderten Werken Palladios überhaupt und inspirierte zu vielen Variationen in Europa und den USA, darunter zu Thomas Jeffersons Monticello (der letzte Besitzer von La Rotonda, Mario di Valmarana, war ein emeritierter Architekturprofessor der Universität von Virginia; er verstarb 2010.). Innen weist das runde Atrium Trompe-l'oeil-Fresken auf, die von den Wänden bis in die hohe Kuppel hinaufreichen. Wie man hinkommt? Vor dem Bahnhof von Vicenza fahren die Busse 8 und 13 (1,20 €) zur Villa ab; zu Fuß läuft man 25 Minuten dorthin.

VILLA VALMARANA „AI NANI" HISTORISCHES GEBÄUDE
(☎0444 32 18 03; www.villavalmarana.com; Stradella dei Nani 8; Eintritt 8 €; ⏲April–Okt.

Vicenza

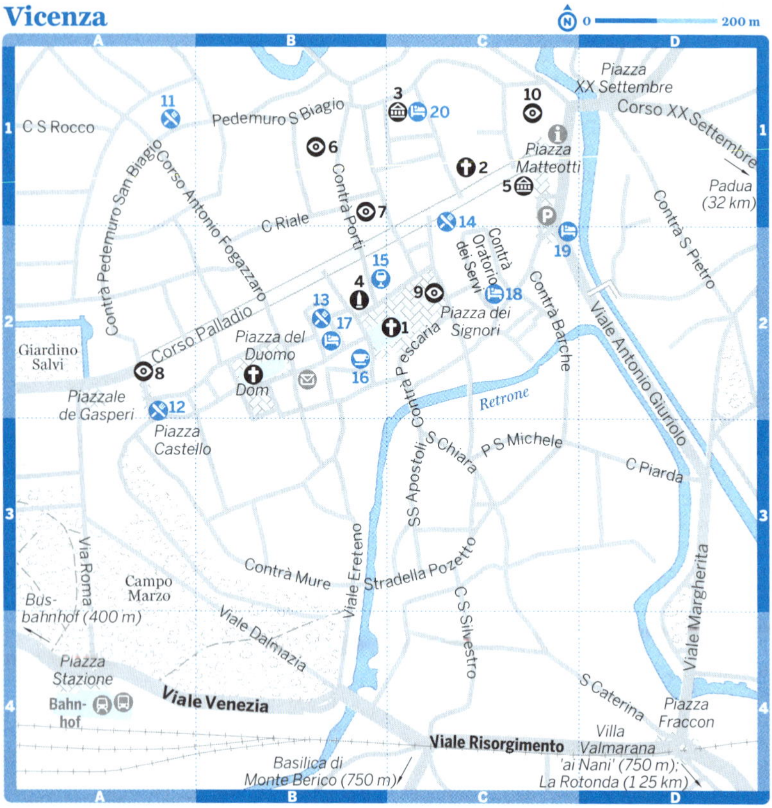

Di–So 10–12 & 15–18 Uhr, Nov.–März Sa & So 10–12 & 14.30–17 Uhr) Von La Rotonda führt ein rund 500 m langer Fußweg zur eleganten neoklassizistischen Villa Valmarana „ai Nani“ mit 175 Fresken (1757) von Giambattista Tiepolo und seinem Sohn Giandomenico. Giambattista bemalte den Palazzina-Flügel mit für ihn charakteristischen mythologischen Szenen, während sein Sohn die Foresteria mit ländlichen, chinesischen und Karnevalsszenen ausgestaltete. Die Villa hat wegen der 17 Gartenzwerge, die an der Gartenmauer stehen, den Spitznamen „ai Nani" (bei den Zwergen). Die gepflegten Anlagen geben auch das perfekte Ambiente für gelegentliche Sommerkonzerte ab; die Termine finden sich auf der Website.

TEATRO OLIMPICO THEATER

(☎0444 22 28 00; www.olimpico.vicenza.it; Palazzo Matteotti 11; Kombiticket mit Museo Civico Erw./erm.8/6 €; ⏲Di–So 9–17 Uhr) In einem von einer Mauer umgebenen Garten liegt ein Schmuckstück der Renaissance: das Teatro Olimpico, das Palladio 1580, von römischen Amphitheatern inspiriert, erbaute. Vincenzo Scamozzi vollendete das ovale Theater dann nach Palladios Tod und ergänzte eine Bühne, die der antiken griechischen Stadt Theben nachempfunden war: Die Straßen wurden in so steil ansteigender Perspektive konzipiert, dass sie den Eindruck einer sich bis zum Horizont erstreckenden Stadt erweckten. Das Theater ging 1585 mit einer Vorstellung von *Oedipus Rex* in Betrieb, wurde aber schon bald nicht mehr bespielt. Erst 1934 wurde es restauriert. Heute reißen sich italienische Schauspieler darum, auf dieser Bühne auftreten zu dürfen. Die Website verrät die Termine der Opernaufführungen, Konzerte mit klassischer Musik und Jazz-Veranstaltungen.

MUSEO CIVICO MUSEUM

(☎0444 22 28 11; www.museicivicivicenza.it; Palazzo Chiericati, Piazza Matteotti 37/39; Kom-

Vicenza

Sehenswertes
1 Basilica Palladiana C2
2 Chiesa di Santa Corona C1
3 Gallerie di Palazzo Leoni Montanari C1
4 Loggia del Capitaniato B2
5 Museo Civico C1
6 Palazzo Isoppo da Porto B1
7 Palazzo Thiene B1
8 Piazza Castello A2
9 Piazza dei Signori C2
10 Teatro Olimpico C1

Essen
11 Antico Guelfo A1
12 Antico Ristorante agli Schioppi A2
13 Dai Nodari B2
14 Gastronomia Il Ceppo C1

Ausgehen & Nachtleben
15 Antica Casa della Malvasia B2
16 Soraru B2

Schlafen
17 Albergo Due Mori B2
18 Hotel Palladio C2
19 Ostello Olimpico C2
20 Relais Santa Corona C1

biticket mit Teatro Olimpico Erw./erm. 8/6 €; ⌚Di–So 9–17 Uhr) Das kleine Museum befindet sich in einem der edelsten Gebäude Palladios. Es wurde 1550 entworfen und weist im Erdgeschoss Kolonnaden auf, dazu eine Loggia in doppelter Höhe mit großzügigen Sonnenveranden. Zum reich mit Fresken versehenen Erdgeschoss gehört auch ein wahnwitziger barocker Festsaal, die Sala dal Firmamento (Salon des Firmaments) mit einem Deckenfresko von Domenico Brusasorci. Es zeigt die Mondgöttin Diana in ihrer Kutsche, wie sie über den Himmel galoppiert, um den Sonnengott Helios zu treffen. Die Galerien in den oberen Etagen präsentieren Werke von Meistern aus Vicenza im Kontext einiger bedeutender Werke venezianischer Meister wie Veronese, Tiepolo und Tintoretto. Einen Blick lohnen auch eine Kreuzdarstellung des deutschen Malers Hans Memling, die lebhaften Werke von Jacopo Bassano, die Stillleben von Elisabetta Marchioni sowie Giambattista Piazzettas hochdramatisches Meisterwerk *Ekstase des hl. Franziskus* (1729).

GALLERIE DI PALAZZO LEONI MONTANARI — MUSEUM

(☎800 57 88 75; www.palazzomontanari.com; Contrà di Santa Corona 25; Erw./erm. 5/4 €; ⌚Di–So 10–18 Uhr) Von außen sieht das Gebäude wie eine Bank aus, doch innen wartet ein wahres Schmuckkästchen, das die Vorstellungskraft jeglicher Buchhalter bei Weitem übertrifft: die Gallerie di Palazzo Leoni Montanari. An Nymphen vorbei geht es die extravagant mit Stuck verzierten Treppen hinauf zu den noblen Salons, in denen Canalettos nebelige Lagunenlandschaften und Pietro Longhis ironische Gemälde aus dem 18. Jh. wie *Tutoren bei der Familie Venier* hängen: Das Bild zeigt ein aufmüpfiges Kind, die Hand auf die Hüfte gestützt, das seine Hauslehrer den letzten Nerv kostet – sie hängen fix und fertig in ihren Sesseln.

Im Obergeschoss befindet sich die exquisite Sammlung der Banca Intesa mit rund 400 russischen Ikonen, die in abgedunkelten Galerien raffiniert angestrahlt ausgestellt sind, untermalt von leisen gregorianischen Gesängen. Jeder Saal ist überwältigend: Heilige mit glänzenden Augen und silbernem Heiligenschein blicken von den Türen aus dem 16. Jh. herab; in Kalendern mit den heiligen Tagen aus dem 19. Jh. sind 99 Heilige im Miniaturformat zu bewundern, deren kunstvoll gestaltete Köpfe nicht einmal so groß wie ein Radiergummi sind. Wer die Phalanx von wunderbaren Madonnen sieht, die vor Edelsteinen nur so strotzen, versteht dann auch, weshalb Taschen unten im Foyer in den abschließbaren Schränken bleiben müssen. So eine Sammlung ist wirklich etwas ganz Besonderes, vor allem außerhalb Russlands.

PIAZZA DEI SIGNORI & UMGEBUNG — HISTORISCHES GEBÄUDE

Vicenzas historisches Herz schlägt an der Piazza dei Signori, wo Palladio die Regierungsgebäude durch das für ihn so charakteristische Spiel mit Licht und Schatten auflockert. Blendend weiße Steinarkaden flankieren die schattigen Doppelbögen der **Basilica Palladiana**. Im Obergeschoss werden Wechselausstellungen gezeigt; während der Recherchen zu diesem Reiseführer war der Komplex wegen Renovierungsarbeiten geschlossen. Auf der anderen Seite der Piazza schmücken weißer Stein und Stuck die roten Ziegelkolonnaden der 1571 entworfenen **Loggia del Capitaniato**.

PALLADIO

Kunst am Kaffeetisch – in dieser Hinsicht ist Andrea Palladio wirklich unschlagbar. Wer einen Bildband mit Fotos von seinen Villen durchblättert, wird feststellen, dass sich das eigene problembehaftete Wohnzimmer plötzlich in Luft auflöst und man durch harmonische Landschaft streift. In der Natur dominieren angenehme Symmetrien, römische Rigorosität wird durch rustikalen Charme abgeschwächt. Palladio gelang es, den Klassizismus einzubinden, ohne ihn sklavisch zu kopieren, wodurch Gebäude entstanden, die einladend, nützlich und von unvergleichlicher Eleganz waren. Von Schottland bis St. Petersburg prägte sein Konzept Europas Architekturauffassung – seine Ideen veröffentlichte er höchstpersönlich in seinem Werk Die vier *Bücher zur Architektur*, einem Handbuch für Architekten.

1538, als Palladio seinen 30. Geburtstag feierte, war er jedoch kaum mehr als ein bekannter Steinmetz im provinziellen Vicenza. Seinen großen Durchbruch verdankte er einem einheimischen Adeligen, der sein Potenzial erkannte. Graf Giangiorgio Trissino gelangte zu dem Schluss, dass es zwar zu spät sei, aus Palladio noch einen wirklich gebildeten Mann zu machen, ein nützlicher und angenehmer Zeitgenosse sollte er dennoch werden – ein Bursche, der imstande war, eine wuchernde Gartenhecke zu stutzen und sie vielleicht auch gleich noch mit ein paar antiken Säulen aufzupeppen.

Zu diesem Zweck schickte Trissino Palladio nach Rom, wo er sowohl die verfallenen antiken römischen Altertümer als auch neue Werke wie Michelangelos Kuppel der Peterskirche zu Studienzwecken skizzieren sollte. Auf diesen Bildungsreisen muss etwas Geheimnisvolles passiert sein, denn als der Steinmetz nach Vicenza zurückkehrte, entwarf er nicht nur neue Gebäude, sondern initiierte ein völlig neues Denken in der Architektur – eines, das seine bescheidenen Anfänge mit dem spannenden, neu erworbenen Wissen verband. Wie bei Pallas Athene, von der er sich zu seinem Namen inspirieren ließ, so schienen auch bei Palladio die Ideen voll ausgereift seinem Kopf zu entspringen.

Für Palladio bedeutete das Streben nach Perfektion nie die Aufgabe kompromissloser Praktikabilität – so sind die großen Architekten nun eben. In seinen Villen liegen die Stallungen direkt neben dem topeleganten Salon. Da es ihm an finanziellen Mitteln fehlte, San Giorgio Maggiore mit Marmor auszukleiden, ließ er sich einfach eine bessere Lösung einfallen: bescheidene, einfarbige Stuckwände, die das Licht streuten und der Kirche im sanften Schein nun etwas schier Überirdisches verliehen. Aus einer Notlösung wurde Perfektion.

Eine Villa Palladios dominiert ihre Landschaft nie wie beispielsweise Versailles, erweckt jedoch auch nicht den Eindruck, natürlich aus dem Erdreich zu wachsen. Palladio setzt Akzente, jedoch dezent – als würde er die natürlichen Kräfte des Erdreichs bündeln und sie zu einer idealen – und typisch menschlichen – Reaktion transformieren. Seine Rotonda, zum Beispiel, krönt eine Erhebung in der Landschaft und blickt von ihren vier praktisch identischen Fassaden über sie hinweg. Nie zuvor hatte jemand ein Gebäude so gebaut. Doch wer dann real davorsteht, empfindet das Bauwerk als rational – einschließlich der Gesamtanlage des Anwesens.

PALAZZO THIENE HISTORISCHES GEBÄUDE
(Contrà San Gaetano Thiene; ⌚8.20–13.20 & 14.35–16.05 Uhr) Bei dem Bankgebäude in der Seitenstraße Contrà Porti (Haus Nr. 12) handelt es sich um Palladios berühmten Palazzo Thiene, ein überaus eindrucksvoller Stadtpalast, den der Architekt für Marcantonio Thiene errichtete; die Bauarbeiten begannen unter der Aufsicht Palladios etwa um 1556. Interessant sind die rustikalen Steinbögen und Fenster mit Giebelfeldern sowie die eleganten korinthischen Säulen, die den Blick in Richtung Himmel lenken. Wenn die Bank geöffnet ist, besteht die Möglichkeit, in den Hof hineinzuschauen, ansonsten ist das Gebäude jedoch nicht öffentlich zugänglich.

Ein Stück weiter ist Palladios blendend weißer, unvollendeter **Palazzo Iseppo da Porto**, (1549–1553; Haus Nr. 21) nicht zu übersehen, der ebenfalls ganz deutlich Palladios Handschrift trägt: Acht ionische Säulen sind im 1. Stock in die Fassade integriert, gekrönt von einer Skulptur sowie Pfeilern, die sich am Dachgeschoss entlangziehen. Auch dieses Gebäude stand während der Recherchen zu diesem Reiseführer nicht zur Besichtigung offen.

CHIESA DI SANTA CORONA KIRCHE

(☎0444 22 28 11; Contrá Santa Corona am Corso Palladio) Zwei Straßen östlich der Contrà Porti befindet sich die nach der Chiesa di Santa Corona benannte Contrà di Santa Corona. Das Gottehaus wurde 1261 von den Dominikanern als Reliquienschrein für ein Stück der Dornenkrone Christi erbaut. Die romanische Kirche aus Ziegelstein birgt drei Meisterwerke: Palladios Valmarana-Kapelle von 1576 in der Krypta – eines der seltenen Beispiele sakraler Architektur des berühmten Baumeisters-, Paolo Veroneses Anbetung der Könige, die Goethe so gelobt hat, und Giovanni Bellinis leuchtende Taufe Christi. Sie wird von drei venezianischen Schönheiten und einem seltsamen roten Vogel beobachtet. Während der Recherchen für diese Auflage war die Kirche gerade wegen Renovierungsarbeiten geschlossen, ein Datum für die Wiedereröffnung stand noch nicht fest.

BASILICA DI MONTE BERICO KIRCHE

(☎0444 55 94 11; Viale X Giugno 87; ⊙Mo–Sa 6–12.30 Uhr, 14.30–19, So & Feiertag 6–19 Uhr) Ebenfalls südlich der Stadt bietet die auf

ÜBERNACHTEN IN VICENZA

Auf der Website der Touristeninformation (www.vicenzae.org) sind Dutzende Hotels in Vicenza und Umgebung zusammengestellt; unzählige B&Bs finden sich auf der Seite www.vitourism.it (auf Italienisch).

➡ **Relais Ca' Muse** (☎0444 37 64 43; www.camuse.it; Via Valle 62, Sovizzo; DZ ab 140 €; P ❄ @ ≋ ≈) Das Hotel lässt sich irgendwie nur schwer einer Kategorie zuordnen. Die Mischung aus Galerie, Hotel und geselligem Treff, untergebracht in einem alten Steinbauernhaus, ist die Viertelstunde Autofahrt von Vicenza auf jeden Fall wert. Die Zimmer sind nett, die Sammlung zeitgenössischer Kunst ist sehenswert, die Gärten sind schön gepflegt, und das Frühstück besteht aus superfrischen Zutaten aus der Region.

➡ **Relais Santa Corona** (☎0444 32 46 78; www.relaissantacorona.it; Contrà Santa Corona 19; EZ/DZ 100/150 €; P ❄ @ ≋) Das Boutiquehotel in einem Palast aus dem 18. Jh. in einer Straße, die vor Sehenswürdigkeiten nur so strotzt, bürgt für einen stilvollen Aufenthalt zum Schnäppchenpreis. Die Zimmer in minimalistischem Schick sind schallisoliert, die Matratzen hervorragend – und kostenloses WLAN gibt es auch noch.

➡ **Hotel Palladio** (☎0444 32 53 47; www.hotel-palladio.it; Contrà Oratorio dei Servi 25; EZ/DZ 110/170 €; P ❄ @ ≋) Das 4-Sterne-Hotel gilt als die beste Adresse im Herzen von Vicenza. Zur Auswahl stehen gut ausgestattete Zimmer in weißem Minimalismus, wobei die charakteristischen Details des Renaissancepalastes, in dem sich das Hotel befindet, erhalten geblieben sind.

➡ **Albergo Due Mori** (☎0444 32 18 86; www.hotelduemori.com; Contrà do Rode 26; DZ/3BZ 85/100 €, EZ/DZ mit Gemeinschaftsbad 40/60 €; @ ≋) Das historische Hotel (1854) in einer Straße mit Kopfsteinpflaster und vielen Boutiquen gleich bei der Piazza dei Signori verströmt den Charme der alten Zeit – was auch für die Preise gilt! Und das heißt: antike Kleiderschränke und Betten im Liberty-Stil. Einen Fernseher gibt es keinen, und eine Klimaanlage auch nicht, dafür aber einen Ventilator. Ganz so altmodisch geht es dann allerdings doch nicht zu: WLAN ist vorhanden, außerdem ist das Hotel für Rollstuhlfahrer zugänglich. Das Frühstück ist nicht im Preis inbegriffen.

➡ **Ostello Olimpico** (☎0444 54 02 22; www.ostellovicenza.com; Via Antonio Giuriolo 9; B 20 €, EZ/DZ 28/48 €; ⊙Rezeption 7.30–9.30 & 15.30–23.30 Uhr; ≋) Die praktische HI-Jugendherberge befindet sich in einem hübschen Gebäude unweit vom Teatro Olimpico. Sperrstunde gibt es keine; WLAN ist kostenlos.

ABSTECHER

IN PALLADIOS FUSSSTAPFEN SÜDLICH VON VICENZA

Die berühmtesten Werke Palladios liegen verstreut in der Landschaft Venetiens. Da sich viele der Villen in Privatbesitz befinden, sind die Öffnungszeiten in der Regel kurz, von der Jahreszeit abhängig und eher sporadisch – und oft ist eine Besichtigung sogar nur nach Voranmeldung machbar. Aus diesem Grund ist es fast unmöglich, alle bedeutenden Werke dieses grßartigen Baumeisters in ein oder zwei Tagen zu besichtigen. Mit dem Auto – oder Fahrrad plus strammen Waden und ein wenig Kondition – kann man sich jedoch einige dieser innovativen Bauten ansehen, dazu wunderschöne Villen von Baumeistern, die in Palladios Fußstapfen traten. Eine 110 km lange Autofahrt südlich von Vicenza macht's möglich.

Gleich westlich von Vicenza lohnt in **Montecchio Maggiore** der Besuch der noblen **Villa Cordellina Lombardi** (☎0444 69 60 85; Via Lovara 36; Erw./erm.2,10/1 €; ⏲April–Okt. Di & Fr 9–13, Mi–Do, Sa & So 9–13 & 15–18 Uhr, Nov.–März nur nach Vereinbarung), die in den 1740er-Jahren von Giorgio Massari erbaut wurde. Aller palladianischer Anmut zum Trotz wurde in dieser Villa hart gearbeitet: Sie wurde im Ersten und Zweiten Weltkrieg für Militärzwecke genutzt und diente dann als Zuchtfarm von Seidenraupen. Heute erstrahlt hier nach sorgsamer Restaurierung der Räumlichkeiten Tiepolos Fresko *Triumph der Intelligenz über die Ignoranz* wieder in neuem Glanz. Die Intelligenz fegt unter den Posaunen des Ruhms in den Raum, während die Ignoranz, vom Pfeil eines Putto niedergestreckt, von der Decke stürzt.

Von Montecchio Maggiore geht es weiter gen Süden zum Dorf Sarego, wo man einen Blick auf die unvollständige und etwas verfallene **Villa Trissino** (nicht zugänglich) werfen sollte. Ein paar Kilometer weiter südlich liegt **Lonigo** inmitten von Weingärten samt Pferden, Vieh und Scamozzis 1576 errichteter **Rocca Pisana** (☎0444 83 16 25; Eintritt 5 €; ⏲März–Nov. 15–17.30 Uhr nach Voranmeldung); das Gebäude ist eine Hommage an Palladios La Rotonda. Noch einmal 4 km weiter gen Süden steht im Dorf **Bagnolo** Palladios stolze **Villa Pisani Ferri Bonetti** (☎0444 83 11 04; Eintritt 7 €; ⏲April–Nov. 10–12 & 14–18 Uhr, Besichtigung nur nach Vereinbarung), deren Fassade aus dem 16. Jh. hoch über der hügeligen Landschaft und einem Bach aufragt.

Von Bagnolo führen ein paar kurvenreiche Landstraßen gen Südosten zur **Pojana Maggiore** und einem weiteren Entwurf Palladios ein Stück südlich der Ortschaft an der Straße nach Legnago: Die Fresken der **Villa Pojana** (☎0444 89 85 54; Eintritt 4 €; ⏲Nov.–März Sa & So 10–12.30 & 14–16 Uhr, April–Okt. tgl. 10–12.30 & 14–16 Uhr) aus dem Jahr 1550 zeigen sich von römischen Bädern inspiriert. An die 3 km weiter östlich steht in **Noventa Vicentina** die **Villa Barbarigo** (☎0444 78 85 11; www.comune.noventa-vicentina.vi.it; Eintritt frei; ⏲Di, Mi & Fr 10–13, Mo & Do 10–13 & 15–17 Uhr) aus dem 17. Jh. Sie wird heute als imposantes Rathaus des Dorfs genutzt. Hinter der tiefen Veranda und zwei massiven Säulenreihen wurden die Fresken an den Wänden des Großen Salons liebevoll restauriert. Einen Tick östlich liegen **Finale** und Palladios herrlich restaurierte **Villa Saraceno** (☎0444 89 13 71, www.landmarktrust.org.uk; Via Finale 8, Finale di Agugliaro; ⏲April–Okt. Mi 14–16 Uhr öffentl. zugängl. P ≋), die sogar zeitweise vermietet wird.

Auf dem Rückweg nach Vicenza lohnt ein Halt im hübschen Dorf **Costozza** mit den **Ville da Schio** (Gärten Eintritt 5 €; ⏲Di–So 9.30–19.30 Uhr). Die mit Fresken geschmückten Anwesen liegen an einem Hügel in herrlichen Barockgärten mit zahlreichen Skulpturen. Die Eintrittskarten für den Garten sind in der Weinbar Botte del Covolo nebenan erhältlich. Ein Bummel durch das im Schatten der **Colli Berici** liegende Dorf lohnt sich, einschließlich einer Pause in einer der *enoteche* (Weinbar). Zuletzt geht es noch nach **Vancimuglio**, wo sich die **Villa Chiericati da Porto Rigo** befindet. Das Privathaus ist nicht zugänglich, doch die von der Unbill des Wetters etwas mitgenommene, aber dennoch schöne Fassade lässt sich auch gut von der Straße aus betrachten.

Von hier führt der Weg nun direkt nach Vicenza zurück. Wer noch nicht dort war, sollte den Ausflug mit der Besichtigung der großartigen La Rotonda (S. 199) beschließen, dem einflussreichsten Gebäude Palladios überhaupt.

einem Hügel gelegene Wallfahrtskirche Basilica di Monte Berico einen weiten Panoramablick über die Stadt. Die Basilika wurde im 18. Jh. an der Stelle eines gotischen Bauwerks errichtet. Die Jungfrau Maria soll 1426 hier zweimal erschienen sein. Zur Kirche hinauf führt ein eindrucksvoller Säulengang aus dem 18. Jh., er verläuft parallel zur Viale X Giugno.

PIAZZA CASTELLO PIAZZA

Auf dem Corso Palladio kommt man zunächst zur Piazza Castello mit mehreren prachtvollen Gebäuden, darunter dem seltsam gestutzt wirkenden, unvollendeten **Palazzo Breganze** am südlichen Ende. Er wurde von Palladio entworfen und von Vincenzo Scamozzi errichtet. Seine überdimensional großen Säulen wirken so isoliert stehend etwas seltsam, lassen jedoch Rückschlüsse auf das imposante klassizistische Gebäude zu.

ESSEN

LP TIPP ANTICO RISTORANTE AGLI SCHIOPPI OSTERIA €€

(☎0444 54 37 01; www.ristoranteaglischioppi.com; Contrà Piazza del Castello 26; Mahlzeiten 30–40 €; ⌚Mo Abendessen, Di–Sa Mittag- & Abendessen) In einer Arkade, gleich bei der Piazza del Castello versteckt, liegt eines der einfachsten, jedoch besten Restaurants der Stadt. Die Eigentümer haben sich den Produkten aus der Region verschrieben – sie verarbeiten wilde Waldkräuter genauso wie frisch aus dem Bach gefangene Forellen. Die Karte wechselt mit den Jahrszeiten. Im Frühling locken beispielsweise Wachteln mit Löwenzahn, im Herbst Pasta mit Wild und aromatischen Waldpilzen.

DAI NODARI TRATTORIA €€

(☎0444 54 40 85; Contrà do Rode 20; Mahlzeiten 20–30 €; ⌚12–15.30 & 19–23 Uhr) Hausmannskost liegt in diesem Lokal im historischen Herzen Vicenzas voll im Trend und ist gleichermaßen bei Alt und Jung beliebt. Zu den herzhaften Gerichten zu akzeptablen Preisen zählen beispielsweise Ente in Biersoße und eine dicke Suppe mit *orzo* (Gerste), Bohnen und Radicchio. Abgerundet wird die Völlerei mit einer Sachertorte oder einem Stück Bastardo del Grappa – in Grappa eingelegtem Käse.

GASTRONOMIA IL CEPPO TRADITIONELL ITALIENISCH €

(☎0444 54 44 14; www.gastronomiailceppo.com, auf Italienisch; Corso Palladio 196; fertige Gerichte je 100 g 3–5 €; ⌚Mo & Di & Do–Sa 8–13 & 15.30–19.45, Mi 8–13 Uhr) San-Daniele-Schinken baumeln über der Glasvitrine, die mit Spezialitäten wie fertig zubereiteten Meeresfrüchtesalaten, Pastas und allerlei edlen Sorten Käse bestückt ist. Hinsetzen kann man sich in diesem kulinarischem Eldorado der hiesigen Gastronomie nicht, aber das Personal an der Theke packt gern alles ein, und dann geht es mit einem Wein aus den Regalen ab zum Picknick gegenüber ins Teatro Olimpico.

ANTICO GUELFO MODERN ITALIENISCH €€

(☎0444 54 78 97; www.anticoguelfo.it; Contrà Pedemuro San Biagio 90; Mahlzeiten 30–40 €; ⌚Mo–Sa Abendessen) Fans von Slow Food werden von dem etwas versteckt liegenden Restaurant mit seiner einfallsreichen Speisekarte, die sich durch das Tagesangebot auf dem Markt definiert, voll begeistert sein. Die hiesigen Spezialitäten wie Amarone-Risotto oder Buchweizen-Crêpes mit Bastardo del Grappa sind ein Gedicht. Der Küchenchef hat sich auf glutenfreie Küche spezialisiert und gibt sich die größte Mühe, jedes Gericht den individuellen Wünschen seiner Gäste anzupassen, um nur ja eventuelle Lebensmittelunverträglichkeiten auszuschließen.

RISTORANTE IL CASTELLO TRADITIONELL ITALIENISCH €€

(☎0444 37 90 32; www.ristoranteilcastello sovizzo.it, auf Italienisch; Via Castello 2, Montemezzo di Sovizzo; Mahlzeiten 35–45 €; ⌚Di–Fr Abendessen, Sa & So Mittag- & Abendessen) Die zwanzigminütige Autofahrt zu diesem außergewöhnlichen Restaurant oben auf einem Berg wird bestimmt keiner bereuen. Il Castello befindet sich in einer Villa aus dem 15. Jh. mit massiven Steinmauern und edlen, wohlproportionierten Räumlichkeiten. Die Speisekarte gibt sich entsprechend nobel und rustikal. Die perfekt gegrillten Fleischspeisen, die hausgemachten Pastas mit Gemüse der Saison sowie verschiedene Sorten Käse aus der Umgebung schmecken alle hervorragend.

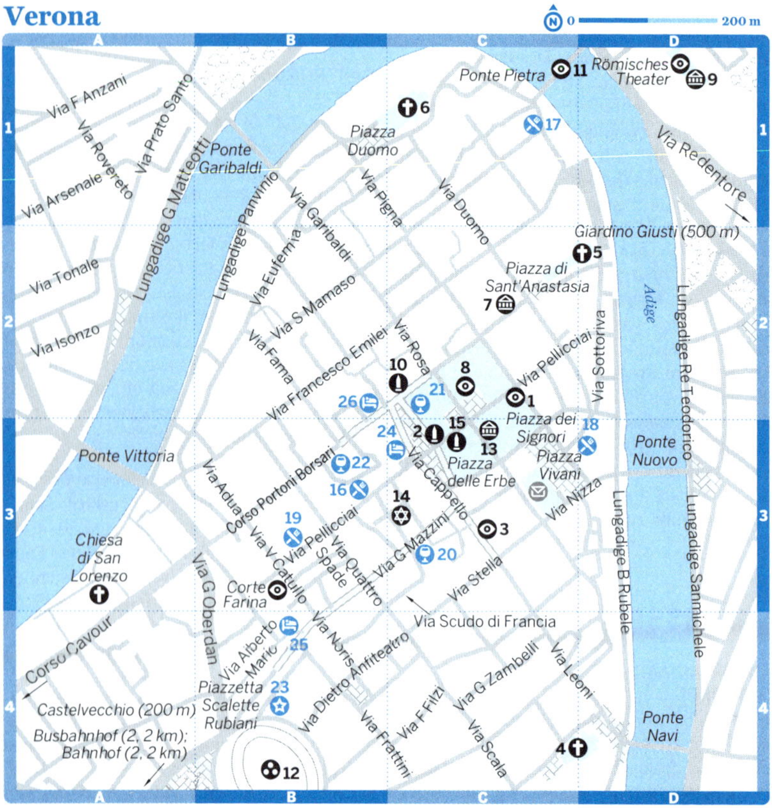

AUSGEHEN

ANTICA CASA DELLA MALVASIA WEINBAR

(☎0444 54 37 04; Contrà delle Morette 5; ⏲Mo–Do & Sa 11–12.30, Fr 17.30–2 Uhr) Diese Weinhandlung hat eine jahrhundertelange Tradition und ist schon seit 1200 im Geschäft, als venezianische Kaufleute Malvasia aus Griechenland importierten. Auf der Karte stehen 80 Weine, darunter erstklassiger italienischer Malvasia, plus 100 Sorten Grappa, der sich aus dem Ort Bassano del Grappa ein Stück weiter die Straße hinauf befindet. Die **Weinbar** (⏲Mo–Do & Sa 11–12.30, Fr 17.30–2 Uhr) nebenan bietet einen Imbiss und gute Weine aus der Region, die per Glas ausgeschenkt werden.

SORARÙ CAFÉ

(☎0444 32 09 15; Piazzetta Palladio; ⏲Do–Di 7.30–12.30 & 15.30–19.30 Uhr) In diesem mit Marmor verkleideten Café kann man die Geschichte schier trinken. Hier bekommt man aufmunternden Espresso und eine Auswahl an Gebäck, das vor Ort hergestellt wird. Außerdem locken Gläser mit allerlei Süßigkeiten, die in kunstvoll vergoldeten Regalen stehen. Von den wenigen Tischen im Freien, die vor dem Café aufgebaut sind, bietet sich ein toller Blick auf eine der schönsten Plätze des Landes.

Verona

VERONA ERKUNDEN

Verona (264 500 Ew.) ist schon seit Römerzeiten ein wichtiger Knotenpunkt. Größte Attraktion der Stadt ist das römische Amphitheater aus dem 1. Jh., in dem einige der größten Opernveranstaltungen der Welt stattfinden. Eintrittskarten und Unterkunft müssen im Sommer lange im Voraus gebucht werden. Das historische Zentrum

Verona

Sehenswertes

1 Arche Scaligere C2
2 Arco della Costa C3
3 Casa di Giulietta C3
4 Chiesa di San Fermo C4
5 Chiesa di Sant'Anastasia D2
6 Dom C1
7 Galleria D'Arte Moderna C2
Jüdisches Viertel (siehe 14)
8 Loggia del Consiglio C2
9 Museo Archeologico D1
10 Palazzo Maffei C2
11 Ponte Pietro C1
12 Römische Arena B4
13 Scavi Scaligeri C3
14 Synagoge C3
15 Torre dei Lamberti C3

Essen

16 Café Noir B3
17 Gelateria Ponte Pietra C1
18 Pintxos Bistrot D3
19 Pizzeria Du de Cope B3

Ausgehen & Nachtleben

20 Antica Bottega del Vino C3
21 Caffè Filippini C2
22 Osteria del Bugiardo B3

Unterhaltung

Ente Lirico Arena di Verona (siehe 23)
23 Ticketverkauf Römische Arena B4

Schlafen

24 Albergo Aurora C3
25 Anfiteatro B&B B4
26 Hotel Gabbia d'Oro B2

von Verona strotzt nur so vor meisterhaften romanischen Kirchen und mit Vehemenz verteidigten mittelalterlichen Relikten der rachsüchtigen Patrizierfamilie Scaligeri. Heute beginnt Veronas dritter Akt als kleines, aber wohlhabendes Industriezentrum – und Hochburg der politisch Ultrarechten Italiens. Verona ist größer als Padua und Vicenza und liegt auch deutlich weiter von Venedig entfernt. Die bedeutendsten Sehenswürdigkeiten lassen sich bei sorgfältiger Planung aber dennoch in einem Tag besichtigen – dann heißt es morgens allerdings früh aus den Federn. Wer die Stadt genauer kennenlernen oder auch die wunderbaren Weingärten (S. 215) in der Umgebung besuchen möchte, sollte jedoch besser eine Übernachtung einplanen.

Die besten …

- **Attraktionen** Römische Arena (S. 208)
- **Restaurants** Pintxos Bistrot (S. 212)
- **Bars & Kneipen** Antica Bottega del Vino (S. 212)

Top-Tipp

Die **VeronaCard** (2/5 Tage 15/20 €), erhältlich bei allen Sehenswürdigkeiten der Stadt und in den meisten Tabacchi-Kiosken, bietet ziemlich viel fürs Geld: Alle bedeutenden Kirchen und Denkmäler können damit besichtigt und sämtliche Stadtbusse benutzt werden.

An- & Weiterreise

Zug Täglich fahren mindestens drei Züge nach Venedig (6,35–20 €, 1¼–2½ Std.). Der Bahnhof von Verona liegt etwa 20 Minuten zu Fuß vom historischen Zentrum entfernt. Direkt davor fahren häufig Busse in die Innenstadt ab.

Auto Verona liegt an der Kreuzung der beiden Autobahnen A4 (Turin–Triest) und A22.

Gut zu wissen

- **Vorwahl** ☎045
- **Lage** 120 km westlich von Venedig
- **Touristeninformation** (☎045 806 86 80; www.tourism.verona.it; Via degli Alpini 9; ⌚Mo–Di 10–13 & 14–18, Mi–Sa 9–18, So 10–16 Uhr, Jan. & Feb. weniger lang).

SEHENSWERTES

RÖMISCHE ARENA ARCHÄOLOGISCHE STÄTTE

(☎045 800 03 60; www.arena.it; Piazza Brà, Theaterkasse Ente Lirico Arena di Verona, Via Dietro Anfiteatro 6b; Opernkarten 20–150 €, Führungen Erw./Stud./Kind 6/4,50/1 €; ⌚Di–So 8.30–19.30, Mo 13.30–19.30, letzter Eintritt 18.30 Uhr) Die Arena aus der Römerzeit wurde im 1. Jh. aus leicht rotstichigem Marmor errichtet, überdauerte im 12. Jh. ein schweres Erdbeben und avancierte zu Veronas legendärem Freilichttheater mit 30 000 Sitzplätzen. Die Arena kann das ganze Jahr über besichtigt werden, am schönsten ist der Besuch allerdings während der alljährlichen Opernfestspiele von

ABSTECHER

BASSANO DEL GRAPPA, ASOLO & PALLADIOS VILLA DI MASER

Ein Autoausflug führt in den Norden von Vicenza in eine der herrlichsten Landschaften Italiens und zu der prächtigsten Villa Venetiens, deren Bedeutung weit über Italien hinausreicht. Wer früh losfährt, kann alle wichtigen Sehenswürdigkeiten an einem Tag besichtigen und hat trotzdem noch ausreichend Zeit für ein gemütliches Mittagessen.

Die Spritztour führt als erstes nach **Bassano del Grappa.** Der Ort liegt hübsch an den Ufern der Brenta, die sich hier durch die Ausläufer der Alpen schlängelt. Die Kleinstadt 35 km nordöstlich von Vicenza ist vor allem für ihren Grappa berühmt – ein feuriger Tresterbrand. Verwendet werden alle Rückstände beim Weinkeltern: Haut, Fruchtfleisch, Kerne und Stängel. Im **Poli Museo della Grappa** (☎0424 52 44 26; www.poligrappa.com; Via Gamba 6; Eintritt frei; ⏲9–19.30 Uhr) besteht die Möglichkeit, vier Jahrhunderte Alkoholgeschichte in sich aufzunehmen – und zwar auch ganz real in Form einer Gratisverkostung.

Rund 17 km östlich von Bassano befindet sich **Asolo,** das als „Dorf der hundert Aussichten" bekannt ist, denn es liegt malerisch am Berg. Der englische Schriftsteller Robert Browning lebte eine Weile hier, die eigentliche Berühmtheit ist jedoch Caterina Corner, die Königin von Zypern aus dem 15. Jh.: Sie erhielt den Ort, seine **Burg** (heute ein Theater und nur während der Vorstellungen zugänglich) und das Umland als Gegenleistung für ihre Abdankung – und avancierte dann prompt zur Königin der hiesigen Literaturszene. Durch die von ihr veranstalteten Salons wurde der Schriftsteller Pietro Bembo bekannt. Es heißt, dass auf Bembo das Wort *asolare* zurückgeht, das frei übersetzt „mit Genuss die Zeit vertrödeln" bedeutet. Im **Museo Civico** (☎0423 95 23 13; Via Regina Cornaro 74; Erw./erm.4/3 €; ⏲Sa & So 10–12 & 15–19 Uhr) von Asolo können die Besucher die prähistorischen und römischen Wurzeln der Stadt erkunden und durch eine kleine Sammlung mit Gemälden aus der Region spazieren, die aus der Zeit der Renaissance bis zum Impressionismus stammen. Außerdem hängen hier ein paar Porträts von Tintoretto. Ein Saal des Museums widmet sich Eleonora Duse (1858–1924), einer bedeutenden Schauspielerin, die politisch und emotional dem Dichter Gabriele d'Annunzio sehr verbunden war, sowie der britischen Reiseschriftstellerin Freya Stark (1893–1993), die sich zwischen ihren Abstechern in den Nahen Osten nach Asolo zurückzog.

Weitere 5 km östlich liegt die **Villa di Maser** (☎423 92 30 04; www.villadimaser.it; Erw./erm.6/5 €; ⏲April–Juni & Sept.–Okt. Di–Sa 10–18, So 11–18 Uhr, März, Juli & Aug. Di, Do, Sa 10.30–18, So 11–18 Uhr, Nov. & Dez. Sa & So 11–17 Uhr, Jan. & Feb. Sa & So 11–17 Uhr). Palladio und Paolo Veronese taten sich damals zusammen, um das herrlichste Denkmal der *bella vita* zu schaffen. Palladio stellte die mit Säulen bestückte gelbe Villa samt einer fantasievollen Grotte mitten in die grünen Hügel. Innen übertraf Paolo Veronese dann seinen Kompagnon fast noch mit seiner einfallsreichen Trompe-l'oeil-Architektur: An den Wänden der Stanza di Bacco wuchert der Wein; ein Hund hat ein wachsames Auge auf die bemalte Tür der Stanza di Canuccio (Hündchenzimmer), und in der Ecke des mit Fresken geschmückten Großen Salons hat der Maler offensichtlich seine Schuhe und seinen Pinsel vergessen. Im Saal, in dem Wein verkostet wird (nicht weit vom Parkplatz der Villa) können die Besucher dann mit einem edlen Prosecco aus den Weingärten der Villa einen Trinkspruch auf Palladio und Veronese ausbringen. Nur wenige Schritte östlich der Pforten zur Villa steht Palladios **Tempietto**. Die Kirche, ein überkuppelter Zentralbau, ist die reizende Miniaturversion des Pantheon in Rom. (Hinweis: Die Kirche ist leider nur selten geöffnet.)

Juni bis August mit rund 50 hochkarätigen Vorstellungen und Top-Namen – der berühmte Tenor Placido Domingo gab hier einst sein Debüt. In den Wintermonaten finden in der **Ente Lirico Arena** aus dem 18. Jh. gleich nebenan Konzerte statt.

BASILICA DI SAN ZENO MAGGIORE KIRCHE
(www.chieseverona.it; Piazza San Zeno; mit VeronaCard frei, Kombiticket Veronas Kirchen/einfacher Kircheneintritt 6/2,50 €; ⏲März–Okt. Di–Sa 8.30–18, So 12.30–18 Uhr, Nov.–Feb. Di–Sa 10–13 & 13.30–17, So 12.30–17 Uhr) Das Meister-

werk der romanischen Architektur aus gestreiftem Ziegel und Stein wurde vom 12. bis zum 14. Jh. zu Ehren des Schutzheiligen der Stadt, dem hl. Zeno, errichtet. Durch den anmutigen Kreuzgang mit vielen Blumen betritt man das Kirchenschiff – ein weitläufiger Raum mit Fresken aus dem 12. bis 15. Jh. Zu sehen sind Maria Magdalena, sittsam von ihrem Goldhaar bedeckt, und der hl. Georg, der hoch zu Ross lässig einen Drachen tötet. Unter einem Rosettenfenster – es symbolisiert ein Glücksrad – beeindrucken die herrlich detailreichen Bronzetüren aus dem 12. Jh. Eine Szene zeigt eine Teufelsaustreibung: Der Dämon wird einer Frau schier aus dem Mund gezerrt. Akribische Restaurierungsmaßnahmen haben mittlerweile Mantegnas mehrteiliges Altargemälde *Erhabenheit der Jungfrau Maria* (1457–1459) neues Leben eingehaucht. Die überraschende Perspektive und überzeugende Textur bewirken, dass der Betrachter hinter dem Thron der Muttergottes wirklich Girlanden aus frischen Früchten herunterhängen zu sehen glaubt. Hinter dem Hauptaltar befindet sich eine spannende, gruselige Krypta mit Gesichtern, die von den mittelalterlichen Kapitellen herunterblicken, sowie dem Leichnam des hl. Zeno, der angestrahlt in einem durchsichtigen Sarkophag liegt.

CASTELVECCHIO MUSEUM

(☎045 806 26 11; Corso Castelvecchio 2; mit VeronaCard frei, Erw./erm.6/4,50 €; ⌚Di–So 8.30–19.30, Mo 13.30–19.30 Uhr) Am Ufer der Etsch beeindruckt das mit Wehranlagen reich bestückte Castelvecchio. Die Burg wurde in den 1350er-Jahren vom tyrannischen Cangrande II errichtet. Die Truppen Napoleons fügten dem Fort schwere Schäden zu, im Zweiten Weltkrieg zerstörten es zudem noch Bomben. Lange befürchtete man, dass das Gebäude irreparabel geschädigt sei. Doch anstatt die wechselvolle Vergangenheit des Castelvecchio durch Restaurierungsmaßnahmen auszulöschen, ließ Carlo Scarpa das Gebäude im Stil der 1960er-Jahre neu erstehen. Er baute Brücken über die offenen Fundamente, füllte klaffende Löcher mit Glaspaneelen und stellte die Statue von Cangrande I auf einen Betonpfeiler, sodass sie nun über dem Innenhof thront. Scarpas neu belebtes Castelvecchio ist jetzt der passende Rahmen für das größte Museum Veronas mit einer abwechslungsreichen Sammlung. Sehenswert sind Fresken, Schmuck, mittelalterliche Artefakte sowie Gemälde von Pisanello, Giovanni Bellini, Tiepolo, Carpaccio und Veronese. Im Museum werden auch interessante Wechselausstellungen gezeigt – von Retrospektiven alter Meister bis hin zu modernem Kunsthandwerk.

DUOMO KIRCHE

(Piazza del Duomo; www.chieseverona.it; Eintritt mit VeronaCard frei, Kombi-Kirchenticket/Einzelticket 6/2,50 €; ⌚März–Okt. Mo–Sa 10–17.30, So 13.30–17.30 Uhr, Nov.–Feb. Di–Sa 10–13, 13.30–15, So 13.30–17 Uhr) Veronas gestreifter romanischer Dom aus dem 12. Jh. sticht durch mehrfarbige Reliefs an der Westseite hervor. Die glupschäugigen Statuen zeigen Roland und Oliver, Paladine Karls des Großen – ein Werk aus der Hand des mittelalterlichen Meisters Nicolò. Die nüchterne Fassade verbirgt eine reiche Innenausstattung, die im 16. und 17. Jh. mit Fresken von Engeln im Trompe-l'œil-Stil ausgeschmückt wurde. Links des Kirchenschiffs befindet sich die vom Renaissancekünstler Jacopo Sansovino entworfene Kapelle Cartolari-Nichesola mit einer *Himmelfahrt* von Tizian, in der eine erstaunte Menge die in den Himmel auffahrende Muttergottes anstarrt.

CHIESA DI SANT'ANASTASIA KIRCHE

(Piazza di Sant'Anastasia; www.chieseverona.it; Kombiticket Kirchen/einfacher Eintritt 6/2,50 €; ⌚Di–Sa 10–13 & 13.30–17, So 13–17 Uhr) Die gotische Chiesa di Sant'Anastasia aus dem 13. bis 15. Jh., ein dreischiffiges Gotteshaus mit Kreuzgewölben, ist die größte Kirche Veronas und ein Paradebeispiel in Sachen Veroneser Kunst. Die Fülle von Fresken ist für den Betrachter schier überwältigend, einen eingehenden Blick lohnt unbedingt Pisanellos *Der hl. Georg bricht auf, um die Prinzessin vom Drachen zu befreien* – das reinste Bilderbuch. *Das* Fresko *befindet sich in der* Pisanelli-Kapelle (während der Recherchen zu diesem Reiseführer wegen Restaurierung geschl.). Interessant ist auch das Weihwasserbecken (1495): Es zeigt einen Buckeligen, den Paolo Veroneses Vater Gabriele Caliari schuf.

PIAZZA DELLE ERBE & PIAZZA DEI SIGNORI HISTORISCHE STÄTTE

Die Piazza delle Erbe, das ehemalige römische Forum, säumen gut besuchte Cafés und einige der grandiosesten Gebäude Veronas, darunter der barocke **Palazzo Maffei** (heute ein Firmensitz) am nördlichen Ende.

ÜBERNACHTEN IN VERONA

Über die **Cooperativa Albergatori Veronesi** (☎045 800 98 44; www.veronapass.com) können 2-Sterne-Hotels kostenlos gebucht werden. Außerhalb des Stadtzentrums gibt es Privatunterkünfte bei **Verona Bed & Breakfast** (www.bedandbreakfastverona.com). Wer während der Opernfestspiele ein Quartier braucht, sollte lange im Voraus reservieren.

➡ **Anfiteatro B&B** (☎347 248 84 62; www.anfiteatro-bedandbreakfast.com; Via Alberto Mario 5; EZ 60–90 €, DZ 80–130 €, 3BZ 100–150 €) Operndiven und Modefreaks mieten sich gern ein paar Schritte vom Geschehen in diesem Stadthaus aus dem 19. Jh. ein. Es liegt nur einen Block von der Römischen Arena entfernt in der von Boutiquen gesäumten Via Mazzini. Die geräumigen Zimmer haben hohe Decken mit Holzbalken, antike Wandschränke und Diwans, auf denen man nach der Vorstellung alle Viere von sich strecken kann.

➡ **Hotel Gabbia d'Oro** (☎045 59 02 93; www.hotelgabbiadoro.it; Corso Porta Borsari 4a; DZ ab 220 €; P ❄ @ 📶) Dieses Hotel ist eine der Topadressen der Stadt und zugleich eine der romantischsten. Die Luxuszimmer in einem *palazzo* aus dem 18. Jh. sind elegant und gemütlich. Die Dachterrasse und die zentrale Lage sind dann das Tüpfelchen auf dem i.

➡ **Villa Francescati** (☎045 59 03 60; www.ostelloverona.it; Salita Fontana del Ferro 15; B 18–20 €; ⏲7–24 Uhr) Die HI-Jugendherberge in einer alten Villa aus dem 16. Jh. in einem Gartengrundstück befindet sich 20 Gehminuten vom Zentrum entfernt. Das Abendessen wird für 9 € (nur nach Reservierung) serviert; Kochmöglichkeiten sind nicht vorhanden. Die Zimmer sind von 9 bis 17 Uhr nicht zugänglich, die Gäste können jedoch die Gemeinschaftsräume nutzen. Vom Bahnhof fahren der Bus 73 (wochentags) und der Bus 90 (So und Feiertage) dorthin.

➡ **Albergo Aurora** (☎045 59 47 17; www.hotelaurora.biz; Piazza XIV Novembre 2; EZ 90–135 €, DZ 100–160 €; ❄) Gleich bei der lebhaften Piazza Erbe befindet sich dieses gemütliche und herrlich ruhige Hotel mit geräumigen, wenn auch schlichten Doppelzimmern. Von einigen Zimmern hat man einen hübschen Blick auf die Stadt. Von den Einzelzimmern haben die billigeren ein Gemeinschaftsbad (58–80 €). Die sonnige Terrasse mit Blick auf die Piazza lädt zu einem Drink ein.

Der **Arco della Costa** trennt die Piazza delle Erbe von der nordöstlich anschließenden Piazza dei Signori. Von dem Tor hängt eine Walrippe herunter, die – einer Legende zufolge – auf die erste rechtschaffene Person herunterfallen wird, die unter dem Bogen hindurchgeht. Bislang ist sie noch an Ort und Stelle, sämtlichen Besuchen von Päpsten und Königen zum Trotz. An der Nordseite der Piazza dei Signori steht Veronas **Loggia del Consiglio** aus der Frührenaissance (nicht zugänglich); hier trat im 15. Jh. der Stadtrat zusammen. Durch den Torbogen am anderen Ende der Piazza gelangt man zu den **Arche Scaligere** – den gotischen Grabmonumenten der Familie Scaligeri. Die Mörder liegen hier neben ihren gemeuchelten Familienmitgliedern begraben. Die **Torre dei Lamberti** (☎045 927 30 27; Erw./erm. 6/4,50 €; ⏲8.30–19.30 Uhr, Juni–Sept. 8.30–20.30 Uhr) zwischen den beiden Plätzen ragt 85 m hoch auf. Die Bauarbeiten begannen im 12. Jh., vollendet wurde der Turm 1463 – zu spät allerdings, um noch vor den anrückenden Venezianern warnen zu können. Von oben bietet sich von diesem Wachturm ein herrlicher Blick über die ganze Stadt und die nahen Berge. Ein Lift führt etwa zwei Drittel auf den Turm hinauf; von dort geht es über eine Treppe zu Fuß weiter, bis man die Spitze erreicht hat.

GIARDINO GIUSTI — GARTEN

(☎045 803 40 29; Via Giardino Giusti 2; Eintritt 6 €; ⏲April–Sept. 9–20 Uhr, Okt.–März 9 Uhr bis Sonnenuntergang) Vom historischen Zentrum aus gesehen auf der anderen Seite des Flusses liegen diese Gärten mit Skulpturen – ein Meisterwerk der Gartenarchitektur der Renaissance. Die Anlage ist nach einer Adelsfamilie benannt, die sich, seit die Gärten 1591 öffentlich zugänglich gemacht wurden, um die Instandhaltung kümmert.

Im Lauf der Jahrhunderte haben die Gärten nichts von ihrem Charme verloren. Die Vegetation präsentiert sich als eine Mischung aus beschnittenen und natürlich wachsenden Pflanzen; besonders schön ist eine hoch in den Himmel ragende Zypresse, die Goethe in seiner *Italienischen Reise* verewigte. Einer Veroneser Legende zufolge sollen Liebespaare, die sich in dem kleinen Labyrinth rechts im Garten finden, ihr ganzes Leben zusammenbleiben. Hinten im Garten geht es ein Stück bergauf – von oben bietet sich ein herrlicher Ausblick über die Stadt.

MUSEO ARCHEOLOGICO — ARCHÄOLOGISCHE STÄTTE

(045 800 03 60; Regaste Redentore 2; Erw./Stud./Kind 4,50/3/1 €; Di–So 8.30–19.30, Mo 13.45–19.30 Uhr) Nördlich vom historischen Zentrum befindet sich ein **römisches Theater**. Es wurde im 1. Jh. v. Chr. erbaut und liegt strategisch günstig am Berg mit Blick auf eine Flussschleife. Hinter dem Theater führt ein Lift zu einem ehemaligen Kloster hinauf, in dem heute eine interessante Sammlung griechischer und römischer Artefakte untergebracht ist.

PONTE PIETRA — ARCHÄOLOGISCHE STÄTTE

Am nördlichen Ende des Stadtzentrums bezeugt diese Brücke, dass die Italiener ihr künstlerisches Erbe zu schätzen wissen. Zwei der Brückenbögen stammen aus der Zeit der Römischen Republik im 1. Jh. v. Chr., die anderen drei wurden im 13. Jh. ersetzt. Die alte Brücke blieb bis 1945 weitgehend intakt, dann sprengten deutsche Truppen sie in die Luft. Doch die Einheimischen fischten die Überreste aus dem Fluss und bauten ihre Brücke in den 1950er-Jahren Stein für Stein akribisch wieder auf.

GALLERIA D'ARTE MODERNA — MUSEUM

(045 800 19 03; www.palazzoforti.it; Palazzo Forti, beim Corso Sant'Anastasia in der Nähe der Via Duomo; Erw./Stud. 6/5 €; Di–So 10.30–19 Uhr) Die Sammlung mit Werken italienischer Impressionisten ab dem späten 19. Jh. bis zur Avantgarde befindet sich in einem weitläufigen Renaissance- und Barockpalast. Gelegentlich werden auch internationale Ausstellungen präsentiert.

SCAVI SCALIGERI — MUSEUM

(045 800 74 90; Cortile del Tribunale; mit Verona Card frei, Erw./erm.6/4,50 €; unterschiedl.) Das Museum zeigt interessante zeitgenössische Fotografien, die zwischen Ruinen aus der Römerzeit präsentiert werden. Archäologen entdeckten die Relikte direkt unter dem aus dem Mittelalter und der Renaissance datierenden Stadtzentrum in den 1980er-Jahren.

CASA DI GIULIETTA — HISTORISCHES GEBÄUDE

(Julias Haus; 045 803 43 03; Via Cappello 23; mit VeronaCard frei, Erw./erm.6/4,50 €; Di–So 8.30–19, Mo 13.30–19.30 Uhr) Dass Romeo und Julia literarische Figuren sind, die mit dem Veroneser Adel nichts zu tun haben, ist eigentlich gar nicht so wichtig. Und dass auf dem Balkon kaum zwei Personen Platz haben, stört auch keinen. Touristen mit Hang zur Romantik strömen trotz all dieser Einwände in Scharen zu diesem Haus aus dem 14. Jh., wo sie im Durchgang zum Innenhof zuerst einmal ihre ewigen Liebesschwüre an die Wand kritzeln, um dann auch noch über die rechte Brust der Statue Julias zu streicheln – das soll Glück bringen.

JÜDISCHES GHETTO — SYNAGOGE

Von der Piazza delle Erbe erstreckt sich das historische jüdische Ghetto Veronas in Richtung Südwesten. Die schmale Seitenstraße, die **Via Rita Rosani**, säumen hohe Gebäude. Die Straße ist nach einer Renaissanceheldin benannt, die 1944 einen Trupp Partisanen befehligte. Rita Rosani wurde festgenommen und schließlich im Alter von nur 24 Jahren hingerichtet. An der Südostseite der Via Rosani beeindruckt Veronas frisch restaurierte **Synagoge**; sie öffnet jüdischen Besuchern und Leuten, die ihr aufrichtiges Interesse bekunden, ihre Pforten.

CHIESA DI SAN FERMO — KIRCHE

(Stradone San Fermo; www.chieseverona.it; Kombiticket/Einzelticket 6/2,50 €; Di–Sa 10–13 & 13.30–17, So 13–17 Uhr) Am Ende der Via Leoni steht die Chiesa di San Fermo, die eigentlich eine Doppelkirche ist: Im 13. Jh. errichteten die Franziskaner eine gotische Kirche direkt über einer romanischen aus dem 11. Jh. Im Innern der gotischen Hauptkirche blickt man auf eine großartige *carena di nave*, eine an einen Schiffsrumpf erinnernde Holzdecke. Das rechte Seitenschiff beherbergt Fresken aus dem 14. Jh., die zum Teil Episoden aus dem Leben des hl. Franziskus darstellen. Im Kreuzgang führen Stufen zur kleinen, aber stimmungsvollen romanischen Kirche hinunter.

ESSEN

PINTXOS BISTROT MODERN ITALIENISCH €€€

(☎045 59 42 87; www.ristorantealcristo.it, auf Italienisch; Piazzetta Pescheria 6; Mahlzeiten 40–60 €; ⌚Di–So Mittag- & Abendessen) Das Bistro hat sich von katalanischen Tapas-Bars inspirieren lassen und bietet nun eine erlesene Speisekarte, auf der Käse und Schinken aus Katalonien, italienische Pastagerichte, exotische Gerichte mit Zitronengras und Tamarinde und Sushi und Sashimi stehen – vieles wird auf Tellerchen im Stil von Tapas serviert. Das bei Einheimischen beliebte Restaurant platzt während der Opernfestspiele im Sommer aus allen Nähten. Das Restaurant ist nicht eigens ausgeschildert: einfach nach dem Ristorante al Cristo Ausschau halten, denn die beiden Lokale haben einen gemeinsamen Eingang.

GELATERIA PONTE PIETRA GELATERIA €

(☎340 471 72 94; Via Ponte Pietra 23; ⌚14.30–19.30 Uhr, Juni–Aug. 14.30–22 Uhr, Nov.–Feb. geschl.) Das Eis wird vor Ort hergestellt und lockt mit Sorten wie *bacio bianco* („weißer Kuss", d. h. weiße Schokolade und Haselnuss), kandierten Orangen mit Zimt und *mille fiori* (mit Honig und Blütenstaub von den Bergen in der Nähe verfeinert).

PIZZERIA DU DE COPE PIZZERIA €

(☎045 59 55 62; www.pizzeriadudecope.it; Galleria Pellicciai 10; Pizza 6–12 €; ⌚12–14 & 19–23 Uhr) Die Pizzeria mit einer luftigen Gaststube in fröhlich bunten Farben ist leger und schick zugleich. Die Gäste können zuschauen, wie ihre Pizza im Holzofen brutzelt, oder sich einen der hochwertigen Salate bestellen, wenn einem nach etwas Frischem ist.

CAFÉ NOIR CAFÉ €

(☎045 803 05 00; Via Pellicciai 12; Mahlzeiten 10–15 €; ⌚Mo–Sa 7.30–19.30 Uhr) Neben hervorragendem Kaffee, Tee und verführerischer heißer Schokolade gibt es in diesem schmucken kleinen Café auch recht preiswerte Mittagmenüs mit zwei Gängen für nicht einmal 12 €. Kein Abendessen.

AUSGEHEN

ANTICA BOTTEGA DEL VINO TRADITIONELL ITALIENISCH €€€

(☎045 800 45 35; www.bottegavini.it; Via Scudo di Francia 3; Mahlzeiten 50–60 €; ⌚Mi–Mo Mittag- & Abendessen) In dieser historischen *enoteca* mit wunderschöner Holzvertäfelung und indirekt beleuchteten Valpolicella-Flaschen steht Wein natürlich an erster Stelle. Der Sommelier empfiehlt gern den passenden edlen Tropfen zum Hummersalat, dem Amarone-Risotto oder dem Spanferkel. Einige der besten Weine werden eigens für diese Bottega abgefüllt. Da im November und Februar manchmal geschlossen ist, sollte man vorher kurz durchklingeln.

OSTERIA DEL BUGIARDO WEINBAR

(☎045 59 18 69; Corso Portoni Borsari 17a; ⌚11–23 Uhr, Fr & Sa 11–24 Uhr) Unterwegs auf dem geschäftigen Corso Portoni Borsari, strömen die Gäste in Scharen zum Bugiardo und bestellen dort edlen Valpolicella, der glasweise angeboten wird und eigens für die *osteria* abgefüllt wurde. Polenta und *sopressa* sind würdige Barsnacks für den gehaltvollen Amarone.

CAFFÈ FILIPPINI BAR

(☎045 800 45 49; Piazza delle Erbe 26; ⌚Do–Di 16–2 Uhr, Juni–Aug. tgl. 16–2 Uhr) Die absolut hippe Bar am lebhaftesten Platz der Stadt existiert schon seit 1901. Spezialität des Hauses ist der Filippini, ein Cocktail mit Wermut, Gin, Zitrone und Eis.

Die Dolomiten

DIE DOLOMITEN ERKUNDEN

Die Gipfel und Täler der Dolomiten weisen ein so einzigartiges Ökosystem auf, dass sie von der Unesco zum Weltnaturerbe ernannt wurden. Die Dolomiten liegen zwar weit weg, sind an einem klaren Tag jedoch sogar in Venedig zu sehen. Das alte Städtchen Belluno (35 600 Ew.) an einem Steilhang über dem Fluss Piave bietet sich als malerischer Standort an, um die Region zu erkunden. Schöne Wanderungen lassen sich im nahen Parco Nazionale delle Dolomiti Bellunesi unternehmen. Im Winter ist Cortina d'Ampezzo die angesagte Location – mit Skihäschen, die sich auf den erstklassigen Pisten tummeln. Mit einem fahrbaren Untersatz besteht die Möglichkeit, von Venedig aus einen Tag lang in die schöne Bergwelt hineinzuschnuppern. Wer die Dolomiten abseits ausgetretener Pfade genauer erkunden möchte, sollte allerdings ein oder zwei Übernachtungen einplanen – was auch für Reisende gilt, die mit Regionalzügen oder Bussen unterwegs sind.

Die besten ...

- **Attraktionen** Parco Nazionale delle Dolomiti Bellunesi (S. 213)
- **Restaurants** Al Borgo (S. 215)
- **Bars & Kneipen** Al Borgo (S. 215)

Top-Tipp

Unbedingt die hervorragenden Käse aus Belluno probieren, etwa den Schiz (halbweich, aus Kuhmilch und meist in Butter gebraten) und den Malga Bellunense.

An- & Weiterreise

Bus Cortina Express (☎0437 86 73 50; www.cortinaexpress.it) bietet täglich Direktverbindungen nach Cortina d'Ampezzo vom Bahnhof Mestre (2¼ Std.) und vom Flughafen Venedig (2 Std.).

Auto Die A27 führt von Venedig (Mestre) nach Belluno; so lassen sich die Verkehrsstaus um Treviso umgehen. Östlich von Belluno führt die SS51 nach Cortina.

Dolomiti Bus (☎0437 21 71 11; www.dolomitibus.it) bietet regelmäßig Verbindungen zwischen den Orten Belluno, Cortina d'Ampezzo und kleineren Bergdörfern.

Zug Von Venedig (6 €, 2–2½ Std., 5- bis 10-mal tgl.) fahren Züge über Treviso und/oder Conegliano nach Belluno. Durch das Umsteigen verlängert sich die Fahrzeit oft um eine Stunde. Nach Cortina d'Ampezzo verkehren keine Züge.

Gut zu wissen

- **Vorwahl** Belluno ☎0437; Cortina d'Ampezzo ☎0436
- **Lage** Belluno liegt 106 km, Cortina d'Ampezzo 161 km nördlich von Venedig
- **Touristeninformation** Belluno (☎0437 94 00 83; www.infodolomiti.it; Piazza Duomo 2; ⏲Mo–Sa 9–12.30 & 15.30–18.30, So 9–12.30 Uhr); Cortina d'Ampezzo (☎0436 32 31; www.infodolimiti.it; Piazetta San Francesco 8; ⏲Mo–Sa 9–12.30 & 15.30–18.30 Uhr).

SEHENSWERTES & AKTIVITÄTEN

Belluno

PARCO NAZIONALE DELLE DOLOMITI BELLUNESI NATURSCHUTZGEBIET

(www.dolomitipark.it) Nordwestlich von Belluno präsentiert sich der Parco Nazionale delle Dolomiti Bellunesi als herrlicher Nationalpark mit Wanderwegen für alle Altersstufen, einer farbenfrohen Wildblumenblüte im Frühling und Sommer sowie einer frischen

DIE DOLOMITEN – REVOLUTION DER WISSENSCHAFTEN

Bei der Erklärung, weshalb die Dolomiten auf die Liste des Weltnaturerbes aufgenommen wurden, beruft sich die Unesco auf deren unglaubliche Schönheit, die „auf einer spektakulären vertikalen Formenvielfalt wie Berggipfeln, Zinnen und Felstürmen beruht, die mit den horizontalen Erdoberflächen wie Felsvorsprüngen, Felsmassiven und Plateaus kontrastieren". Die Unesco betont auch die „enorme Vielfalt an Farben..., die durch den Kontrast zwischen dem bloßen blassen Gestein und den Bergwäldern und Almen unterhalb entsteht".

Doch die Dolomiten sind nicht nur ein schöner Anblick, sie haben auch große Denker inspiriert. Vom 18. Jh. an spielten sie eine Schlüsselrolle in der Entwicklung der modernen Geologie. Das Gebirge ist nach Déodat de Dolomieu benannt, einem Geologen aus dem 18. Jh., der das Gestein der Dolomiten als Erster identifizierte: dabei handelt es sich um ein Mineralkarbonat, das größtenteils für die charakteristischen Farben und die Formenvielfalt verantwortlich zeichnet. Von noch größerer Bedeutung war jedoch die Erkenntnis, dass Teile des Gebirges aus fossilen Atollen bestehen. Bei dem Versuch, eine Erklärung zu finden, wie tropische Schwämme und Korallen nun ausgerechnet in die italienischen Alpen kamen, gelangten die Geologen zu revolutionären neuen Erkenntnissen hinsichtlich der Entstehung der Erde.

Brise Bergluft. Von Ende Juni bis Anfang September kommen Wanderer auf den **Alte Vie delle Dolomiti** (Höhenwanderwege) auf ihrem Weg nach Norden durch Belluno. Der Weg 1 beginnt in Belluno und führt 150 km durch herrliche Berglandschaften zum Lago di Braies (Pragser Wildsee) im Val Pusteria (Pustertal) am Nordrand der Dolomiten, man braucht für die bis auf einen Klettersteig sonst schwierige Gesamtstrecke rund 13 Tage. Weitere Informationen und Karten zu den Wanderwegen, darunter auch Themenwanderungen, findet man auf der Website www.parks.it/parco.nazionale.dol.bellunesi/Eiti.php.

PIAZZA DEI MARTIRI PIAZZA

Der autofreie Hauptplatz von Belluno heißt Piazza dei Martiri (Märtyrerplatz) und ist nach vier Partisanen benannt, die im Zweiten Weltkrieg hier gehenkt wurden. Der langgestreckte begrünte Platz, das schmuckstück der Stadt, wird von Laubengängen mit zahlreichen Cafés flankiert. An sonnigen Tagen und in warmen Nächten platzen die Cafés schier aus allen Nähten, denn Alt und Jung gefällt es hier gleichermaßen gut.

PIAZZA DEL DUOMO PIAZZA

Im Herzen der Altstadt liegt die Piazza del Duomo, die von der **Cattedrale di San Martino** aus dem frühen 16. Jh. mit Gemälden

ÜBERNACHTEN IN DEN DOLOMITEN

Infos zu Hotels, B&Bs, Camping und *Agriturismo*-Unterkünften (Unterkunft auf einem Bauernhof, meist mit Halbpension) in den Dolomiten finden sich auf den Websites www.infodolomiti.it und www.dolomitipark.it.

➡ **Azienda Agrituristica Sant'Anna** (☎0437 274 91; www.aziendasantanna.it; Via Pedecastello 27, Belluno; DZ Nacht 50–80 €, Woche 330–460 €) Das idyllische Bauernhaus aus Stein, 4 km außerhalb von Belluno in der Region Castion, kann mit vielen modernen Annehmlichkeiten aufwarten, was dem rustikalen Charme aber keinen Abbruch tut: schmiedeeiserne Betten, Holzböden, Balkendecken sowie eigener oder Gemeinschaftsküche in allen Zimmern. Die Wirtsleute sprechen Englisch und geben ihren Gästen mit Begeisterung Tipps – für Wanderungen oder Lokale. Außerdem können die Gäste auf dem Bauernhof nebenan bei der landwirtschaftlichen Arbeit mithelfen. Kein Frühstück.

➡ **Baita Fraina** (☎0436 36 34; www.baitafraina.it; Via Fraina 1, Cortina d'Ampezzo; DZ Jan.–Nov. 60–100 €, Dez. 100–140 €; ⏲Mai & Nov. geschl.; P) In der Hochsaison geht in diesem netten Gasthof mit Schweizer Touch und einfachen, aber picobello sauberen Zimmern aus knorrigem Kiefernholz ohne frühzeitige Reservierung gar nichts. Das gute Restaurant kocht vornehmlich mit Zutaten aus der Region, zum Beispiel mit Bergkräutern und Wild.

➡ **Ostello Imperina** (☎0437 624 51; www.parks.it/ost/imperina; Località Le Miniere; B 20 €, Halb-/Vollpension 37/50 €; ⏲April–Okt. 7.20–22 Uhr) Die einzige Jugendherberge in dieser Region befindet sich im Parco Nazionale delle Dolomiti Bellunesi, 35 km nordwestlich von Belluno in Rivamonte Agordino. Im Sommer muss man lange im Voraus buchen. Von Belluno fährt der Agordo-Bus (50 Min.) dorthin.

➡ **Hotel Montana** (☎0436 86 21 26; www.cortina-hotel.com; Corso Italia 94; Cortina d'Ampezzo; EZ 52–65 €, DZ 88–97 €; @📶) Mitten im Herzen von Cortina bietet das nette nostalgische Alpenhotel im Stil der 1920er-Jahre einfache, aber gepflegte Zimmer. Im Winter liegt die Mindestaufenthaltsdauer bei sieben Nächten (310–580 € pro Pers.); ein Anruf lohnt immer, denn oft werden im letzten Moment noch Buchungen storniert. Die Rezeption fungiert gleichzeitig als Galerie, in der Künstler aus der Region ihre Bilder ausstellen.

➡ **Albergo Cappello e Cadore** (☎0437 94 02 46; www.albergocappello.com; Via Ricci 8, Belluno; EZ 45–75 €, DZ 90–103 €; P❄) In diesem rosa Gasthof aus dem 19. Jh. bei der Piazza dei Martiri sind die Zimmer klein und mit einfachen Betten aus Kiefernholz so karg wie eine Klosterzelle möbliert. Von einigen Zimmern im Obergeschoss bietet sich eine schöne Aussicht. Weit im Voraus reservieren, denn dieser Albergo ist die einzig erschwingliche Unterkunft in der ganzen Stadt.

der venezianischen Schule, dem **Palazzo Rosso** aus dem 16. Jh. sowie dem **Palazzo dei Vescovi** mit einem markanten Turm aus dem 12. Jh. gesäumt wird.

Cortina d'Ampezzo

CORTINA D'AMPEZZO SKI COOPERATIVE SKIFAHREN

Zwei Seilbahnen befördern Skifahrer und Wanderer von der Innenstadt Cortinas zu einem Sammelpunkt hinauf, wo dann weitere Sessellifte, Seilbahnen und Wanderwege abgehen. Die Lifte fahren von Mitte Dezember bis mindestens 1. April täglich von 9 bis 17 Uhr. Falls es an ausreichend Naturschnee mangelt, schafft Kunstschnee Abhilfe. Für Abfahrten gibt es leichte Hänge für Anfänger, aber auch Pisten für leistungsstarke Skifahrer, etwa die Canale Staunies: Auf 3000 m Höhe beginnend, geht es 1000 m den Steilhang hinunter – nichts für Leute mit schwachen Nerven oder weichen Knien. Skipässe sind im **Skipass-Büro** (☎0436 86 21 71; Via G Marconi 15; 1-/2-/3-Tage-/Wochenpass 46/91/132/247 €; ⏲unterschiedl.) erhältlich.

OLYMPISCHES EISSTADION EISLAUFEN

(☎0436 88 18 11; Via dello Stadio 1; Erw./Kind inkl. Schlittschuhverleih 10/9 €; ⏲unterschiedl.) Wer eine Pause vom Skifahren einlegen möchte, kann sich im alten Eisstadion amüsieren, das für die Olympischen Winterspiele 1956 gebaut wurde.

GUIDE ALPINE CORTINA D'AMPEZZO WANDERN, KLETTERN

(☎0436 86 85 05; www.guidecortina.com; Corso Italia 69a) Bei mildem Wetter veranstalten Bergführer des Unternehmens Kletterkurse (3-Tageskurs inkl. Ausrüstung 260 €), Klettertouren und geführte Naturwanderungen (unterschiedl. Preise). Im Winter werden auch Kurse für Tiefschneefahrer und Schneeschuhwanderer angeboten.

ESSEN

LP TIPP AL BORGO TRADITIONELL ITALIENISCH €€

(☎0437 92 67 55; www.alborgo.to; Via Anconetta 8, Belluno; Mahlzeiten rund 30–40 €; ⏲Mi Mittagessen, Mi–So Mittag- & Abendessen) Wer einen fahrbaren Untersatz oder stramme Waden hat, sollte diesem Restaurant in einer Villa aus dem 18. Jh. in den Bergen, rund 3 km südlich von Belluno, einen Besuch abstatten. Das Al Borgo gilt als die beste Adresse in Belluno; aus der Küche kommen selbst gemachte Salamis und Lammbraten, aber auch hauseigene Eiscreationen. Auch die Weine werden sorgfältig ausgewählt.

LA TAVERNA TRADITIONELL ITALIENISCH €€

(☎0437 251 92; Via Cipro 7, Belluno; Mahlzeiten 25–30 €; ⏲Mo–Sa Mittag- & Abendessen) Das Restaurant Taverna bei der Piazza dei Martiri ist für seine saisonale Bruschetta plus einem Prosecco an der Bar bekannt. Im Restaurant nebenan bestellt man frische *porcini tagliolini* (Pilze mit dickeren Spaghetti) oder die Spezialität des Hauses: im Winter Aal mit Schnecken, im Frühling Kaninchen mit Zucchiniblüten.

IL MELONCINO TRADITIONELL ITALIENISCH €€

(☎0436 44 32; www.ilmeloncino.it; Locale Rumerlo 1, Cortina d'Ampezzo; Mahlzeiten 45 €; ⏲Mi–Mo Mittag- & Abendessen) Das Il Meloncino mit seinem rustikal-eleganten Speiseraum und einer tollen Terrasse zählt zu den wenigen Restaurants, die fast ganzjährig geöffnet haben – nur im Mai und Juni ist mal eine Weile geschlossen. Der Wildschweinbraten und die Ravioli mit Kalbfleischfüllung in Haselnusssoße sind ebenso sagenhaft wie der Blick auf die Alpen.

Weinregion Venetien

Die Weinregion erkunden

Venetiens Weingärten stillen jeden Durst. Nordwestlich von Verona ist Valpolicella für seinen Amarone berühmt – ein voller Rotwein, der aus teilweise getrockneten Trauben gekeltert wird. Zwischen Vicenza und Verona kommt aus Soave, einem Bilderbuchort hinter mittelalterlichen Mauern, der gleichnamige frische Weißwein. In den Ausläufern der Dolomiten wird in Conegliano ein trockener, frischer Prosecco in drei Varianten hergestellt: *spumante* (Sekt), *frizzante* (Perlwein) sowie eine stille Version. Hochprozentigeres kommt aus

ABSTECHER

FELTRE

Von der Stadtmauer des Bergstädtchens sind in Richtung Süden die grünen Wiesen in den Ausläufern der Alpen zu sehen, gen Norden die dramatischen zerklüfteten, schneebedeckten Alpen. Feltre (rund 21 000 Ew.) existiert mindestens schon seit Römerzeiten und wurde 1509 größtenteils dem Erdboden gleichgemacht, als Maximilian II. einen Feldzug gegen Venedig führte. Der Ort wurde dann relativ rasch und architektonisch erstaunlich geschlossen wieder aufgebaut – in einer Art rustikalem Renaissanceklassizismus. Die Piazza Maggiore, der Hauptplatz von Feltre, wirkt mit seinen harmonisch angeordneten öffentlichen und privaten Gebäuden besonders schmuck und ist unbedingt einen Besuch wert.

Am nördlichen Eingang zur Altstadt befindet sich die **Touristeninformation** (Piazza Trento e Trieste; ⌚Mo–Sa 9–12.30 & 15.30–18.30 Uhr). Ein Stück die Straße hinauf findet sich in der **Hostaria Novecento** (☎0439 830 43; Via Messaterra 24; Mahlzeiten 25–35 €; ⌚Do–Di Mittag- & Abendessen) eine gemütliche Gaststube und eine reizenden Terrasse zur angrenzenden Piazza hin. Auf der Speisekarte stehen frische Pasta mit Gemüse der Saison und *pastins* (flache Fleischklößchen), eine Spezialität dieser Region. Das Restaurant ist von 12 bis 22 Uhr durchgehend geöffnet – gerade richtig für eine kleine *Panini*- und Weinpause.

Bassano del Grappa (S. 208). Wer die oft entlegenen Weingüter besuchen möchte, benötigt ein Auto; zu den Städtchen Soave und Conegliano ist es vom nächstgelegenen Bahnhof allerdings nicht weit.

Die besten ...

➡ **Attraktionen** Castello di Soave (S. 217)

➡ **Restaurants** Locanda Lo Scudo (S. 217)

➡ **Bars & Kneipen** Enoteca Valpolicella (S. 217)

Top-Tipp

Vor einem Ausflug ins Weinland sollte man seinen Gaumen in den *enoteche* (Weinbars) schulen, so in der Antica Bottega del Vino (S. 210) in Verona, in der Antica Casa della Malvasia (S. 206) in Vicenza oder in der Enoteca Mascareta (S. 160) in Venedig.

An- & Weiterreise

Zug Wer von Venedig nach Soave fahren möchte, steigt in den Zug nach San Bonifacio (90 Min., 5,40 €, stündl.) und nimmt den ATV-Bus 30 (1,50 €, 10 Min., etwa alle 2 Std.). Nach Conegliano (1 Std., 4 €) verkehren zwei bis drei Züge stündlich vom Bahnhof Mestre in Venedig. Valpolicella ist mit der Bahn nicht erreichbar.

Auto Die Weingüter lassen sich am besten mit dem eigenen Wagen erkunden. Valpolicella liegt ein Stück hinter den nordwestlichen Vororten von Verona an der E45, Soave an der A4, die Verona mit Mestre verbindet. Die A27 führt nördlich von Mestre nach Conegliano.

Gut zu wissen

➡ **Vorwahl** ☎041

➡ **Lage** Valpolicella liegt 140 km westlich von Venedig, Soave 85 km westlich von Venedig, Conegliano und 62 km nördlich von Venedig

➡ **Touristeninformation**
Touristeninformation Valpolicella (☎045 770 19 20; www.valpolicellaweb.it; Via Ingelheim 7; ⌚Mo–Fr 9–13, Sa 9–12 Uhr); Touristeninformation Conegliano (☎0438 212 30; Via XX Settembre 61; ⌚Di & Mi 9–12.30, Do–Sa 9–12.30 & 15–18 Uhr).

SEHENSWERTES & AKTIVITÄTEN

Conegliano

LA STRADA DI PROSECCO WEINROUTE

(www.coneglianovaldobbiadene.it) Die Panoramastraße führt durch eine hügelige Landschaft mit herrlichen Weingärten. Auf der Strecke von Conegliano nach Valdobbiadene liegen einige der besten Weingüter. Die

Website macht einen Routenvorschlag und gibt Hintergrundinformationen zum Thema Prosecco und den Zwischenstopps.

Soave

CASTELLO DI SOAVE HISTORISCHES GEBÄUDE
(045 768 00 36; www.castellodisoave.it; Eintritt 6 €; April–Mitte Okt. Di–So 9–12 & 15–18 Uhr, Mitte Okt.–März bis 17 Uhr) Die Burganlage wurde von Veronas mörderischer Familie Scaligeri auf einem mittelalterlichen Fundament errichtet. Zum Komplex gehören eine Villa aus der Frührenaissance, Höfe, Relikte einer romanischen Kirche und der Mastio, ein Wehrturm. Unbedingt die oberen Burgmauern erklimmen, denn von dort ist der Blick besonders schön.

AZIENDA AGRICOLA COFFELE WEINGUT
(045 768 00 07; www.coffele.it; Via Roma 5; Mo–Sa 9–12.30 & 14–19 Uhr & nach Vereinbarung) Gegenüber der Kirche in der Altstadt veranstaltet dieses Weingut, Verkostungen von DOC Soave Classico und nussigem, DOCG Recioto di Soave. Die Familie vermietet einige Kilometer von der Stadt entfernt ein paar Zimmer in den Weingärten.

SUAVIA WEINGUT
(045 767 50 89; www.suavia.it; Via Centro 14, Fitta; Mo–Fr 9–13 & 14.30–18, Sa 9–13 Uhr & nach Vereinbarung) Der Soave ist nicht gerade als komplexer Weißwein bekannt, doch dieses Weingut, 8 km außerhalb von Soave an der SP39, könnte das ändern. Unbedingt den DOC Monte Carbonare Soave Classico mit seinem ozeanfrischen Bouquet probieren.

Valpolicella

WEINGUT MONTECARIANO WEINGUT
(045 683 83 35; www.montecariano.it; Via Valena 3, San Pietro in Cariano; Mo–Sa nach Vereinbarung) In diesem Weingut an der Piazza San Giuseppe in der Ortschaft San Pietro in Cariano schreit der preisgekrönte Amarone nur so danach, probiert zu werden.

AZIENDA AGRICOLA CORTE ALEARDI WEINGUT
(045 770 13 79; www.cortealeardi.com; Via Giare 15, Sant'Ambrogio di Valpolicella; nach Vereinbarung) Das Weingut ein paar Kilometer westlich von San Pietro di San Cariano ist für seinen Amarone berühmt.

PIEVE DI SAN GIORGIO KIRCHE
(San Giorgio; 7–18 Uhr) Im Bergdorf San Giorgio, ein paar Kilometer nordwestlich von San Pietro in Cariano, beeindruckt diese mit Fresken geschmückte romanische Kirche samt einem Kreuzgang aus dem 8. Jh. Im kleinen Garten links können auch noch Fragmente eines römischen Tempels besichtigt werden.

ESSEN

LP TIPP **ENOTECA VALPOLICELLA** ITALIENISCH €€€
(045 683 91 46; Via Osan 47, Fumane; Mahlzeiten 25–35 €; Di–Sa Mittag- & Abendessen, So Mittagessen) Gourmets strömen ins Städtchen Fumane, das nur ein paar Kilometer nördlich von San Pietro in Cariano liegt, wo die Gerichte mit den 700 italienischen Weinen, die hier auf der Karte stehen, die kaum mithalten können.

OLOCANDA LO SCUDO MODERN ITALIENISCH €€
(045 768 07 66; www.loscudo.vr.it; Via Covergnino 9, Soave; Mahlzeiten 35–45 €; Di–Sa Mittag- & Abendessen) Das Lo Scudo ist halb Landgasthof, halb Turbogastronomie. Es empfiehlt sich, früh zu kommen – sonst sind die täglichen Fischspezialitäten und der Risotto mit würzigem Monte-Veronese-Käse auch schon aus. Über dem Restaurant vermieten die Eigentümer vier hübsche, helle Zimmer (EZ/DZ 75/110 €).

LA TARTARE DELL'HOTEL CRISTALLO ITALIENISCH €€€
(0438 354 45; www.hotelcristallo.tv.it; Corso Mazzini 45, Conegliano; Mahlzeiten rund 50 €; Di–So Mittag- & Abendessen) Das Restaurant ist ein Klassiker in Conegliano mit Fusionküche, die Zutaten aus den Ebenen Venetiens mit denen von den zerklüfteten Hängen der nahen Alpen vereint.

CAFFÈ CREMERIA MATTIELLI GELATERIA €
(331 299 53 72; www.cremeriamattielli.com; Via Roma 16, Soave; Do–Di 7.30–12.30 & 14.30–19.30 Uhr, Juni–Aug. bis 23 Uhr) In diesem Café locken erstklassige Sorten Eis, zudem Tagesspezialitäten wie Sellerie mit Ziegenkäse.

Schlafen

Wer wacht in Venedig nicht gerne in einem palazzo *auf und lauscht dem leisen Schwappen der Wellen an die* fondamente *(Kanalufer)? Ohne Frage, das ist ein unvergessliches Erlebnis – und kostet weitaus weniger, als mancher vielleicht annimmt. Im Gegensatz zu anderen Zeiten bieten heutzutage nicht nur Spitzenklassehotels dieses Vergnügen: Zahlreiche Venezianer haben mittlerweile ihre historischen Wohnhäuser als Unterkunft für Besucher geöffnet – als* locande *(Gästehaus), B&Bs,* affittacamere *(Zimmervermietung) oder auch als Ferienwohnungen.*

Mehr günstige Unterkünfte denn je

Venedig bietet noch immer eine Fülle an Luxushotels am Canal Grande und an der Riva degli Schiavone. Auch die Anzahl der Boutiquehotels nimmt zu. Die erfreuliche Nachricht ist die gemeinschaftliche Bemühung um preisgünstige Unterkünfte. In den letzten 10 Jahren hat sich die Zahl der privaten Unterkünfte unterschiedlichster Art fast verfünffacht. Zeitgleich erleichterte das Internet den Einheimischen, Räume in ihren Häusern oder Privatwohnungen zu vermieten.

Für Budgetreisende hält Venedig eine Hostels *(foresterie* genannt) bereit. Einige der Mehrbettzimmer des Hostels auf Giudecca haben einen schönen Ausblick auf den Kanal. Mit Privatzimmern zu unschlagbaren Preisen warten der prunkvolle Palazzo Zenobio und die freskengeschmückte Foresteria Valdese auf. Im Sommer werden auch Studentenunterkünfte an Venedigbesucher vermietet.

Location, Location, Location

Natürlich ist es wünschenswert, wenn die Unterkunft so nah wie möglich bei Venedigs Attraktionen liegt. Doch durch das *Vaporetto*-System ist es unproblematisch, etwas weiter weg zu nächtigen. Unterkünfte in Randbezirken wie den Laguneninseln Giudecca oder Lido sind preiswerter und ruhiger.

Saisonpreise

Im Vergleich zur Hauptsaison können Venedigbesucher in der Nebensaison – November, Anfang Dezember und Januar bis März – mit einem Preisnachlass von bis zu 40 % rechnen. Davon ausgenommen sind die Tage um Neujahr, die Karnevalstage und Ostern. Gute Schnäppchen lassen sich auch im Juli und August machen; dann fällt die Vergünstigung meistens nicht ganz so hoch aus. Aber selbst in der Hauptsaison kosten manche Unterkünfte unter der Woche weniger als am Wochenende. Deftige Preisaufschläge werden im Karneval, an Neujahr und Ostern verlangt. Die im Folgenden genannten Unterkunftspreise sind allesamt nur Richtwerte. Die Betreiber von Hotels und anderen Unterkünften richten ihre Preisgestaltung in der Regel nach der Saison, den Wochentagen und den in Italien bedeutenden Feiertagen.

Ausstattung

Die Zimmer in Venedigs Unterkünften sind im Allgemeinen eher klein. Vor allem in den alten *palazzi* muss man damit rechnen, dass sie mitunter auch dunkel und schlecht geschnitten sind. Wenn nicht anders in den nachfolgenden Beschreibungen angegeben, verfügen die Zimmer über ein eigenes Bad, allerdings häufig nur mit einer Dusche und selten mit Badewanne. Nur wenige große Hotels haben einen Pool, die meisten davon liegen am Lido. WLAN steht in zunehmendem Maße zur Verfügung, in Räumen mit dicken Mauern funktioniert der Empfang allerdings nicht immer. Dann bleibt nichts anderes übrig, als es anderswo, z. B. in einem Internetcafé, zu versuchen

Top-Tipps

Novecento (S. 221) Kosmopolitische Atmosphäre vom Feinsten mit ungewöhnlichen, komfortablen Zimmern.

Palazzo Soderini (S. 229) Ein ruhiger, ganz in Weiß gehaltener Rückzugsort mit Garten und Seerosenteich.

Oltre Il Giardino (S. 226) Eine Gartenidylle und aparte Designerzimmer, in denen sich traditioneller und moderner Stil mischen.

Ca' dei Dogi (S. 229) Freundliche Zimmer zu recht günstigen Preisen, nahe an der Piazza San Marco gelegen.

Hotel Danieli (S. 230) So klassisch, exzentrisch und kostspielig wie Venedig selbst.

Locanda Cipriani (S. 233) Einst Ernest Hemingways Rückzugsort an der Lagune, im Original erhaltenes Hemingway-Zimmer, Ausblick auf den Rosengarten und gegrillter Entenbraten (serviert am offenen Kamin).

Gut & günstig

€

Foresteria Valdese (S. 230)

Locanda Sant'Anna (S. 230)

Ostello Venezia (S. 232)

Hotel Galleria (S. 223)

Giò & Giò (S. 221)

€€

Pensione Accademia Villa Maravege (S. 223)

Oltre Il Giardino (S. 226)

Palazzo Soderini (S. 229)

Ca' Dei Dogi (S. 229)

Ca' Angeli (S. 226)

La Calcina (S. 223)

€€€

Hotel Danieli (S. 230)

Bauer Palladio Hotel & Spa (S. 232)

Palazzo Abadessa (S. 228)

Hotel Palazzo Barbarigo (S. 197)

Charming House DD.724 (S. 226)

Ca' Pisani (S. 224)

Schöne Design- & Boutiquehotels

Palazzo Soderini (S. 229)

Domus Orsoni (S. 228)

Hotel Palazzo Barbarigo (S. 221)

Residenza Cannaregio (S. 228)

AD Place Venice (S. 221)

Ca' Pozzo (S. 228)

Romantische Unterkünfte

Bauer Palladio Hotel & Spa (S. 232)

Palazzo Abadessa (S. 228)

Hotel Flora (S. 221)

Hotel Al Duca (S. 227)

Bloom/7 Cielo (S. 222)

Locanda San Barnaba (S. 224)

Unterkünfte mit langer Tradition

Hotel Danieli (S. 230)

Antica Locanda Montin (S. 224)

Pensione Guerrato (S. 226)

Hotel Abbazia (S. 229)

Palazzo Zenobio (S. 226)

Zimmer mit schöner Aussicht

Hotel Danieli (S. 230)

Ostello Venezia (S. 232)

Hotel Galleria (S. 223)

Locanda Leon Bianco (S. 228)

La Calcina (S. 223)

GUT ZU WISSEN

Preise

Preise für ein Standard-Doppelzimmer mit Bad.

€ unter 120 €

€€ 120–220 €

€€€ über 220 €

Reservierung

➡ Venedigbesuche am Wochenende oder in der Hauptsaison rechtzeitig buchen.

➡ Manche Hotels stellen zeit- oder anlassgebundene Arrangements auf ihre Website.

➡ Am besten ist es, sich 72 Stunden vor dem Eintreffen in Venedig die Ankunft noch einmal ausdrücklich bestätigen zu lassen.

Tipps für die Ankunft

➡ Am besten mit möglichst leichtem Gepäck reisen.

➡ Ratsam ist die Ankunft bei Tageslicht.

➡ Die Wegbeschreibung des Hotels griffbereit halten und einen Stadtplan von Venedig mitnehmen.

➡ Die Wassertaxis sind zwar teuer, aber ihr Geld wert, vor allem bei der Ankunft in den Abendstunden oder wenn man mit schwerem Gepäck anreist.

Frühstück

Außer in den Unterkünften der oberen Preisklassen wird relativ selten ein Frühstück gereicht. *Affittacamere* (private Vermieter) bieten grundsätzlich kein Frühstück an. Zum Glück findet sich quasi an jeder Straßenecke ein Café.

Nicht alles, was glänzt ...

Nicht alle Hotels geben Grund zum Jubeln. In manchen sind die Zimmer eng und abgenutzt, häufig verbunden mit einem lahmen Service. Besonders trostlos sind viele der günstigen Unterkünfte in der Bahnhofsgegend – mitunter trotz der guten Kommentare im Internet. Mit gesundem Misstrauen zu betrachten sind auch die vielen Hotels, die „Zimmer im venezianischen Stil“ anpreisen. In manchen Fällen schmücken Antiquitäten und Lüster aus Muranoglas die Zimmer. Häufig bedeutet „venezianisch“: kitschige Barockmöbel in Zimmern, die nicht mal einen Hauch ihres früheren Charmes ausstrahlen.

Tipps fürs Übernachten

Stadtteile	pro	Kontra
San Marco	Historische und Designhotels in zentraler Lage, ideal fürs Sightseeing und Shoppen.	Zimmer häufig klein mit wenig Tageslicht, laut am Morgen, wenige preiswerte gute Restaurants.
Dorsoduro	Kunst- und Studentenszene, mit Designhotels unweit der Museen und Refugien an der Zattere, der Uferpromenade.	Der Lärm der Studentenszene am Campo Santa Margherita ist bis 2 Uhr weithin hörbar.
San Polo & Santa Croce	Preisgünstige B&Bs, gute venezianische Restaurants, Rialto-Märkte, ideal fürs Ausgehen und Einkaufen, bequem erreichbar.	Im Labyrinth der Gassen können Besucher sich leicht verlaufen; der Fußweg zum nächsten Vaporetto-Anleger kann weit sein.
Cannaregio	Ruhig, aber mit „Happy-Hour-Szene“ am Kanal und Restaurants mit vorwiegend einheimischen Gästen.	Langer Fußweg oder Vaporetto-Fahrt bis zu San Marcos Attraktionen, Bahnhof und Rialto nur zu Fuß erreichbar.
Castello	Mit zunehmender Entfernung von San Marco wird es weniger touristisch; günstige Unterkünfte.	Außenbezirk, ziemlich weit weg von Venedigs Attraktionen.
Giudecca, Lido & die südlichen Inseln	Besseres Preis-Leistungs-Verhältnis, ruhiger und weniger Touristen.	Abseits des Geschehens, man ist auf vaporetti angewiesen.
Murano, Burano & die nördlichen Inseln		Ziemlich weit weg von Venedig, nach 17.30 Uhr nur sporadischer Vaporetti-Verkehr.

Sestiere di San Marco

LP TIPP NOVECENTO
BOUTIQUEHOTEL €€

Karte S. 326 (041 241 37 65; www.novecento.biz; Calle del Dose 2683/84; DZ inkl. Frühstück 130–260 €;) In den neun Zimmern mit Bohème-Chic, türkischen Kelim-Kissen, Fortuny-Vorhängen und Bettgestellen aus dem 19. Jh., deren Kopfende geschnitzte Muschelschalen zieren, fühlen sich Weltreisende wie zu Hause. Ihr Frühstück nehmen die Gäste im Garten unter einem indischen Sonnenschirm ein. In der Hotelbar (Getränkeentnahme auf Vertrauensbasis) kommen die Gäste schnell miteinander ins Gespräch. Das Hotel organisiert eigene Ausstellungen, bei der Vernissage ist der jeweilige Künstler persönlich anwesend. Wer sich bei einer Massage entspannen möchte, geht in das Schwesterhotel vom Novecento, das Hotel Flora.

GRITTI PALACE
HOTEL €€€

Karte S. 326 (041 794 611; www.hotelgrittipalacevenice.com; Campo di Santa Maria del Giglio 2467; Santa Maria del Giglio) Das Hotel am Canal Grande in einem grandiosen Dogenpalast von 1525 ist leider bis Februar 2013 wegen umfassender Restaurierung geschlossen. Auf der Hotelwebsite wird in einem Tagebuch (auf Englisch) über den Fortgang der aufwendigen Sanierungsarbeiten und die beteiligten Kunsthandwerker berichtet. Hier findet man auch faszinierende Details und Bilder vom kostbaren historischen Inventar. Doch allein der Blick von außen auf dieses legendäre Bauwerk lohnt schon den Besuch.

HOTEL FLORA
HOTEL €€

Karte S. 326 (041 520 58 44; www.hotelflora.it; Calle Bergamaschi 2283a; DZ 150–290 €; Santa Maria del Giglio) Das über und über mit Efeu überwucherte Hotel liegt in einer Seitengasse der glamourösen Calle Larga XXII Marzo. Mit Gartenidylle, eleganten Zimmern und einer hübschen Teestube stellt das Flora die Nobelhotels in seiner Nachbarschaft klammheimlich in den Schatten. Auch der Fitnessbereich inklusive Shiatsu-Massage trägt dazu bei. In den Gästezimmern stehen antike holzgeschnitzte Betten mit weichen Matratzen und flauschigen Bettdecken. Wegen der üppigen Vergoldungen und des Ausblicks auf den Garten sind die Zimmer Nr. 3 und Nr. 32 besonders schön.

HOTEL NOEMI
B&B €€

Karte S. 326 (041 523 81 44; www.hotelnoemi.com; Calle dei Fabbri 909; DZ inkl. Frühstück 80–230 €; San Marco) Vergoldete Barockbetten, Damasttapeten und hohe Decken verleihen diesem Hotel einen unbestreitbar venezianischen Charme. Doch das ist bei weitem nicht alles. Neben seiner ausgezeichneten Lage in nur 50 m Entfernung von der Piazza San Marco bietet das Noemi insgesamt außergewöhnlichen Komfort, z. B. Garagenplätze nahe dem Canal Grande. Ebenfalls dazu zählt die rund um die Uhr besetzte Rezeption, die auch eine Spätankunft oder die frühmorgendliche Abreise problemlos managt.

GIÒ & GIÒ
B&B €

Karte S. 326 (347 366 50 16; www.giogiovenice.com; Calle delle Ostreghe 2439; DZ 90–150 €; Santa Maria del Giglio;) Dezenter Barock klingt wie ein Widerspruch in sich, es gibt ihn aber tatsächlich und bedeutet in diesem Hotel: polierte Holzfußböden, in zartem Hellgrau gestrichene Wände, bronzefarbene Seidenvorhänge, Kommoden aus Wurzelholz und eine raffinierte Beleuchtung. Das B&B liegt ideal nahe der Piazza San Marco an einem Seitenkanal. Gäste in den Zimmern mit Ausblick zum Gondel-Anleger werden morgens vom lauthals gesungenen *Volare, oh-oh-oooooh* der Gondoliere geweckt.

AD PLACE VENICE
DESIGN-HOTEL €€

Karte S. 326 (041 241 23 24; www.adplacevenice.com, auch auf Deutsch; Fondamenta della Fenice 2557a; DZ inkl. Frühstück 125–290 €; Santa Maria del Giglio) Bei diesem Hotel hat das Teatro La Fenice, das am gegenüberliegenden Kanalufer steht, wohl abgefärbt. Ein theatralisch inszeniertes romantisches Ambiente prägt das gesamte AD Place, es reicht von Patchworkvorhängen und Windlichtlaternen in der Lobby bis hin zu Gästezimmern mit Lacklederbetten und Spiegeln in vergoldeten Rahmen. Das versierte Personal organisiert Gondelfahrten und individuelle Kunstführungen. Nicht verpassen sollte man das opulente Frühstücksbüfett auf der mit Sitzkissen übersäten Terrasse.

PALAZZO SELVADEGO
HOTEL €€

Karte S. 326 (041 520 02 11; www.hotelmonaco.it; Calle Selvadego 1238; DZ inkl. Frühstück 170–280 €; @ Vallaresso) Im Schwesterhotel vom Hotel Monaco verfügen die eleganten Zimmer über Holzbalkendecken, die

Bäder sind mit dem Naturstein Travertin gefliest. Das Gebäude liegt in einer ruhigen Gegend hinter der Piazza San Marco und ist um einiges preisgünstiger als diese. Zu empfehlen sind die Zimmer in den oberen Stockwerken, weil hier mehr Tageslicht eindringt und der Ausblick die *calle* hinunter bis zum Kanal reicht. Die Gäste vom Palazzo Selvadego müssen im Hotel Monaco ein- und auschecken – und frühstücken. So bietet sich auch eine gute Ausrede, mal in Venedigs beliebtesten Ridotto (Spielcasino) von 1648 reinzuschauen. Wenn das Selvadego ausgebucht ist, werden Gäste mitunter auch ohne Aufpreis im Hotel Monaco untergebracht.

LOCANDA ART DECO B&B €€

Karte S. 326 (☎041 277 05 58; www.locandaartdeco.com, auch auf Deutsch; Calle delle Botteghe 2966; DZ inkl. Frühstück 80–170 €; ❄ ⛴Accademia) In dem hübschen Hotel mit lässiger Atmosphäre sind die Zimmer in Cremefarben gehalten und mit Parkettfußboden sowie bequemen maßgeschneiderten schmiedeeisernen Betten ausgestattet. Wer Treppen und niedrige Holzbalkendecken nicht scheut, kann im Loft im Dachgeschoss preisgünstig übernachten. Das hilfsbereite Personal organisiert Massagen auf dem Zimmer und Gondelfahrten mit Venedigs erster Gondoliera, Alexandra Hai.

BLOOM/7 CIELO B&B €€

Karte S. 326 (☎340 149 8872; www.bloomve nice.com, www.settimocielo-venice.com; Campiello Santo Stefano 3470; DZ inkl. Frühstück 170–250 €; ❄ ⛴Accademia) Die B&Bs nehmen zwei obere Etagen eines historischen Gebäudes mit Blick auf Santo Stefano auf der anderen Seite der Straße ein. Das Bloom bietet eine sensationelle barocke Einrichtung mit karminrotem, kobaltblauem und zitronengelbem Seidendamast, vergoldeten Betten und Blick auf die Kathedrale. 7 Cielo (alias Siebenter Himmel) ist künstlerischer und romantischer und bietet elegante Badewannen in Badezimmern mit schimmernden Muranoglas-Fliesen und Designerbetten, die für Flitterwochenstimmung sorgen. Es gibt eine Frühstücksterrasse.

LOCANDA CASA PETRARCA B&B €

Karte S. 326 (☎041 520 04 30; www.casapetrarca.com; Calle delle Schiavine 4386; DZ inkl. Frühstück 105–155 €, mit Gemeinschaftsbad 80–125 €; ❄ ⛴Rialto) Das familiengeführte B&B bietet sechs schnörkellose, blitzsaubere Zimmer in einem historischen Wohnhaus. Es ist eine Budgetunterkunft mit Herz und Charakter mitten im Zentrum von San Marco. Die Serenaden vorbeirudernder *gondolieri* untermalen das Frühstück. Vom *Vaporetto*-Anleger dauert der Fußweg zur Casa Petrarca nur zehn Minuten: Vom Campo San Luca folgt man der Calle dei Fuseri bis zur zweiten Querstraße, in diese links einbiegen und dann rechts in die Calle delle Schiavine einbiegen.

LOCANDA ORSEOLO B&B €€

Karte S. 326 (☎041 520 48 27; www.locandaorseolo.com, auch auf Deutsch; Corte Zorzi 1083; DZ inkl. Frühstück 150–240 €; ❄ @ ⛴Vallaresso) Gar nicht einfach zu finden ist dieses überaus freundliche B&B mit seinen durchwegs komfortablen Zimmern. Es versteckt sich hinter der Piazza San Marco am Zusammenfluss zweier Kanäle. Doch die *gondolieri,* die sich vor dem Haus auf dem Wasser tummeln, kennen ihren Weg. Holzverkleidungen und teilweise auch Gemälde mit Karnevalsmotiven verleihen den Zimmern eine angenehme Atmosphäre. Das Orseolo ist ein idealer Ausgangspunkt für Streifzüge durch die Attraktionen von San Marco und Abstecher zu den Restaurants und Boutiquen im nahen Rialto.

HOTEL AI DO MORI HOTEL €

Karte S. 326 (☎041 520 48 17; www.hotelaidomori.com; Calle Larga San Marco 658; DZ 50–110 €; ❄ 📶 ⛴San Marco) Gemütliche Künstlermansarden bietet dieses Hotel in unmittelbarer Nähe der Piazza San Marco. Wer im Obergeschoss ein Zimmer mit Holzbalkendecke, Parkettfußboden und Ausblick auf die Basilika haben möchte, muss frühzeitig reservieren. Das Zimmer Nr. 11 verfügt über eine eigene Terrasse. Da im Haus kein Lift vorhanden ist, empfiehlt sich die Mitnahme von leichtes Gepäck.

LOCANDA BARBARIGO B&B €€

Karte S. 326 (☎041 241 36 39; www.locandabarbarigo.com; Fondamenta Barbarigo 2503a; DZ inkl. Frühstück 125–170 €; ❄ 📶 ⛴Santa Maria del Giglio) Dieser *palazzo* liegt hinter den Arkaden des historischen Palazzo Barbarigo direkt am Canal Grande. Die gemütlichen Zimmer schwelgen in barockem Design: Spiegel in vergoldeten Rahmen, Waschtische mit geschwungenen Beinen, fantasievolle Lüster und Damasttapeten. Aber auch ein kleiner Fernseher und eine brummende Klimaanlage sind vorhanden. Besonders behaglich wirkt das in Zitronengelb gehaltene Eckzimmer mit Ausblick auf einen Seitenkanal. Die Farbe Gelb prägt auch das nette kleine Dachzimmer mit schmiedeeisernem Bett und frei liegenden Holzbalken. Ab ungefähr 14 Uhr ist die Rezeption nicht mehr besetzt, daher klärt man mögliche Fragen am besten beim Frühstück.

LOCANDA ANTICO FIORE B&B €

Karte S. 326 (041 522 79 41; www.anticofiore.com, auch auf Deutsch; Corte Lucatello 3486; DZ 100–160 €; Sant'Angelo) Im Lokalkolorit liegt der Reiz dieses gemütlichen B&Bs in einem ruhigen Innenhof. Dazu tragen die Besitzer, ein künstlerisch veranlagtes Mutter-Tochter-Gespann, einiges bei. Den Clou bilden jedoch die acht im venezianischen Stil eingerichteten Zimmer in den beiden oberen Stockwerken. Empfehlenswert sind das grüne Zimmer mit Kanalblick im Obergeschoss bzw. das hübsche gelbe Zimmer unter dem Dachvorsprung. Die größeren Zimmer in der darunterliegenden Etage sind lauter, da sich dort auch der Frühstücksraum befindet.

Sestiere di Dorsoduro

LP TIPP **PENSIONE ACCADEMIA VILLA MARAVEGE** PENSION €€

Karte S. 330 (041 521 01 88; www.pensioneaccademia.it, auch auf Deutsch; Fondamenta Bollani 1058; DZ 135–320 €; Accademia) Ganz in der Nähe des Canal Grande liegt diese Gartenvilla aus dem 17. Jh. Wer ihre Türschwelle überschreitet, vergisst, dass er sich nur einen Block von der Accademia entfernt befindet. Im Sommer steht der Tisch mit dem Frühstücksbüfett auf dem Rasen, zum Sonnenuntergang passt ein Drink an der Bar. Gartenliegen versprechen Romantik zu zweit unterm Sternenhimmel. Alle Zimmer sind gemütlich und mit Parkettfußboden, hellem Wandanstrich sowie einem modernen Bad ausgestattet. Einige haben darüber hinaus noch etwas mehr zu bieten: hohe Holzbalkendecken, Himmelbetten und sogar Ausblick auf den Kanal. Zum Superior-Doppelzimmer „Thelma" gehört eine eigene Rasenfläche. Auch barrierefreie und rollstuhlgerechte Zimmer werden vermietet.

CHARMING HOUSE DD.724 B&B €€€

Karte S. 330 (041 277 02 62; www.thecharminghouse.com; Ramo de Mula 724; DZ inkl. Frühstück 200–400 €; Accademia) Kunst prägt das gesamte Ambiente dieses modernistisch-schicken venezianischen B&Bs – ein Schlupfwinkel für alle mit Lust aufs Verkriechen in einer eigenen Kunstgalerie. Das üppige Frühstücksbüffet wird in der Bibliothek aufgebaut, in einem Multimedia-Zimmer können sich die Gäste Filme anschauen. Die Inneneinrichter haben die Gästezimmer schick, aber dennoch gemütlich gestylt. Einen tiefen Griff in die Tasche verlangt das teure Superior-Doppelzimmer mit Badewanne, Balkon und Ausblick auf Peggy Guggenheims Garten. Auf Anfrage werden Babysitting, Massagen und geführte Touren organisiert.

LA CALCINA INN €€

Karte S. 330 (041 520 64 66; www.lacalcina.com, auch auf Deutsch; Fondamenta Zattere ai Gesuati 780; DZ inkl. Frühstück 110–310 €; Zattere) Das inspirierende Refugium an der Seeseite bietet 20 luftige Zimmer mit Parkettboden sowie ein elegantes Restaurant direkt am Kanalufer gelegen. Das Frühstück kann auf der hauseigenen Dachterrasse eingenommen werden. Einige der Zimmer haben einen schönen Ausblick auf den Giudecca-Kanal und die von Palladio entworfene Kirche Il Redentore. Frühzeitiges Reservieren empfiehlt sich für die Zimmer mit Bad und/oder mit schönem Ausblick. Das gilt insbesondere auch für das Zimmer Nr. 2: Hier arbeitete der Schriftsteller John Ruskin 1876 an seinem klassischen Werk *The Stones of Venice (Steine von Venedig)*, in dem er aus unerklärlichen Gründen Palladio beschimpft.

HOTEL GALLERIA PENSION €

Karte S. 330 (041 523 24 89; www.hotelgalleria.it; Campo della Carità 878a; DZ inkl. Frühstück 100–200 €; Accademia) Das klassische Hotel in einer umgebauten Villa aus dem 17. Jh. liegt an der Ponte dell'Accademia und grenzt direkt an den Canal Grande. Die Zimmer Nr. 7 und Nr. 9 sind kleine Doppelzimmer mit Blick auf den Canal Grande. Ebenfalls Ausblick auf den Kanal bietet das im italienischen Jugendstil eingerichtete Zimmer Nr. 8. Mit einem Original-Deckenfresko und zwei Fenstern an der Kanalseite wartet das Zimmer Nr. 10 auf, es bietet Schlafgelegenheiten für fünf Personen. Für die meisten Zimmer stehen nur modernisierte Gemeinschaftsbäder zur Verfügung; lediglich zwei Zimmer eignen sich für größere Familien.

CA' PISANI

BOUTIQUEHOTEL €€€

Karte S. 330 (☎041 240 14 11; www.capisanihotel.it, teilweise auf Deutsch; Rio Terà Antonio Foscarini 979/a; DZ 162–333 €; Accademia) Auch wer sich nicht als Promi vor Paparazzi verstecken muss, wird in diesem Hotel gleich hinter der Accademia wie ein Star behandelt. Seine maßgeschneiderte Ausstattung in einem glamourösen Retro-Stil umfasst z. B. Whirlpools und sogenannte Schlittenbetten aus Walnussholz im Art-déco-Stil, die mit Intarsien verziert sind. Die technischen Installationen sind auf dem neuestem Stand und geschickt hinter geschreinerten Einbauten versteckt, um die Atmosphäre nicht zu verderben. Frei liegende Dachbalken schmücken die Dachzimmer (Nr. 31 ist eines der besten). Von hier aus sind es nur ein paar Schritte zum Dampfbad und zur Terrasse mit Außendusche und dem ziemlich „frechen" Ausblick auf die Chiesa della Salute. Das Frühstück können die Gäste in einem luftigen Innenhof genießen. Ein Genuss sind auch die informativen Weinproben in der hoteleigenen Weinbar.

LOCANDA SAN BARNABA

B&B €€

Karte S. 330 (☎041 241 12 33; www.locanda-sanbarnaba.com; Calle del Traghetto 2785-6; DZ inkl. Frühstück 120–180 €; Ca' Rezzonico) Dieser *palazzo* aus dem 16. Jh. bietet die perfekte Kulisse für romantische Intrigen. Der Salon in der ersten Etage stellt außergewöhnliche einfarbige Fresken aus dem 19. Jh. zur Schau, Eckschränke verbergen geschickt eine Geheimtreppe. Hier sollte man um das romantische Dachzimmer „Poeta Fanatico" oder das „Campiello" bitten, das durch ein Dachfenster Sicht auf einen benachbarten Glockenturm *(campiello)* bietet. Die besten Zimmer sind mit Deckenfresken aus dem 18. Jh. geschmückt, eines hat sogar zwei Balkone über dem Kanal. Im Sommer bevölkern Sonnenschirme und Sitzflächen den Garten, außerdem gibt es eine Bar.

CASA REZZONICO

B&B €€

Karte S. 330 (☎041 277 06 53; www.casarezzonico.it, auch auf Deutsch; Fondamenta Gherardini 2813; DZ 160 €; Ca' Rezzonico) Mit seinen Antikbetten, Fortuny-Lampen und Parkettfußböden in weiß gestrichenen Zimmern macht dieses hübsche, ruhige B&B Venedigs Beinamen „La Serenissima" alle Ehre. Empfehlenswert sind die Zimmer mit Blick auf den ruhigen Kanal. Frühstück oder Drinks lassen sich in dem idyllischen Innenhofgarten hervorragend genießen. Wer die lebendigste Happy-Hours-Szene der Stadt erleben möchte, braucht nur ein Stück am Kanalufer entlang zum Campo Santa Margherita zu bummeln.

LA CHICCA

B&B €

Karte S. 330 (☎041 552 55 35; www.lachicca-venezia.com, teilweise auf Deutsch; Calle Franchi 644; DZ inkl. Frühstück 50–200 €;) Dieses neue, familiengeführte B&B liegt eingekeilt zwischen Dorsoduros Museumsdreigespann: Accademia, Peggy-Guggenheim-Museum und Punta della Dogana. Dennoch ist in den Zimmern nachts nicht mehr zu hören als das Geplätscher des Kanals am Ende der *calle*. Venezianische Damasttapeten schmücken die Wände der geräumigen Zimmer, in denen man sich nach einem Museumsexzess richtig gut entspannen kann. Um eines der Zimmer mit einer Badewanne im Bad zu ergattern, ist eine frühzeitige Reservierung nötig.

ANTICA LOCANDA MONTIN

B&B €

Karte S. 330 (☎041 522 71 51; www.locandamontin.com; Fondamenta di Borgo 1147; DZ 100–160 €, mit Gemeinschaftsbad EZ 75–120 €; Ca'Rezzonico) In der Locanda Montin können die Gäste in den ruhigen Zimmern, die zum Garten hinausgehen, ruhig und entspannt schlafen. Nach dem Schlemmen im Restaurant im Erdgeschoss (in dem auch schon Brad Pitt, David Bowie und Yoko Ono gespeist haben) steigt man über die Hintertreppe nach oben und gelangt über einen Salon voller Kunst zu den abwechslungsreich eingerichteten Gästezimmern, in denen schon Ezra Pound, Amedeo Modigliani und Gabriele D'Annunzio, bekannt als neuromantischer Huldiger des Faschismus, übernachtet haben. Arbeiten von D'Annunzio zieren die Wände von Zimmer Nr. 12 und nicht einmal Modigliani, der im Ruf eines miesepetrigen Gesellen stand konnte in den Zimmern Nr. 5 und 8, in denen Balkons mit schönem Blick über den Kanal für Inspiration sorgen, ein berüchtigt langes Gesicht machen.

LOCANDA CA' DEL BROCCHI

B&B €

Karte S. 330 (☎041 522 69 89; www.cadelbrocchi.it , auch auf Deutsch; Rio Tera San Vio 470; DZ inkl. Frühstück 72–105 €; P Accademia) Das familienfreundliche B&B mit seinem farbenprächtigen Ambiente liegt mitten im Zentrum des Museumsviertels von Dor-

MIETWOHNUNGEN

Für einen längeren Aufenthalt in Venedig und für Gruppen ab drei Personen lohnt es sich preislich, ein Apartment zu mieten. Darüber hinaus lässt sich noch einiges Geld sparen, da man ja in diesen voll eingerichteten Wohnungen die Mahlzeiten selber zubereiten kann. In der Regel werden möblierte Wohnungen jedoch nur wochen- oder monatsweise vermietet.

ApartmentsApart (www.apartmentsapart.com, auch auf Deutsch) Vermietet Wohnungen tageweise, die Preise beginnen bei 70 € pro Tag.

Guest in Italy (www.guestinitaly.com, teilweise auf Deutsch) Bietet Apartments und B&Bs (100–350 € pro Nacht). Bei vielen Unterkünften muss man sich auf der Website zum Buchungsformular durchklicken, um Einblick in die Preise zu bekommen.

Interhome (http://www.interhome.de/deutsch) Bietet eine Auswahl an überwiegend kleinen Wohnungen (ungefähr 50 m^2) für 3 bis 4 Personen (ist etwas beengt) zum Preis von 900 bis 1500 € pro Woche.

Venetian Apartments (www.venice-rentals.com) Organisiert die Unterkunft in teilweise sehr luxuriösen Wohnungen. Die Preise der Apartments für zwei bis vier Personen beginnen bei 895 € pro Woche.

Eine ganze Reihe weiterer Anbieter haben auf ihren Websites bieten möblierte Mietwohnungen in Venedig im Angebot, z. B.:

BB Planet (www.bbplanet.de)

Bianco Holidays (www.apartmentinitaly.com)

RentalinItaly (www.rentholidayflats.it/de)

Venice Apartment Rental (www.veniceapartment.com/de/index.htm)

Wer einen Monat oder länger bleiben möchte, sollte auch andere Alternativen in Betracht ziehen, z. B. die **Craigslist Venice** (http://venice.it.craigslist.it) oder auch Mundpropaganda. Wem eine WG mit Studenten nichts ausmacht, kann vor Ort am **Schwarzen Brett** der **Università Ca' Foscari** (Karte S. 330; Calle Larga Foscari, San Polo) fündig werden. Ein WG-Zimmer kostet 300 bis 600 € pro Monat, wobei die preisgünstigeren meistens auf dem Festland in Mestre liegen. Ein eigenes Einzimmerapartment kostet zwischen 800 und 1200 € pro Monat.

soduro. Seine kleinen Zimmer schwelgen in Barockelementen. Neben den etwas zu zahlreichen barocken Möbelstücken gibt's Quasten und Vergoldungen im Übermaß. Und das Barockmuster der Tapeten findet sich häufig auf den Polstermöbeln, Tagesdecken und Vorhängen wieder. Einige Bäder sind mit einem Whirlpool ausgestattet. Babysitting wird auf Anfrage organisiert.

CA' DELLA CORTE — B&B €€

Karte S. 330 (041 715 877; www.cadellacorte.com, auch auf Deutsch; Corte Surian 3560; DZ inkl. Frühstück 100–180 €; Piazzale Roma) Leben wie ein Venezianer können die Gäste in diesem Wohnhaus aus dem 16. Jh., das nur zehn Minuten von der Piazzale Roma und dem Campo Santa Margherita entfernt liegt. Die Gästezimmer befinden sich auf der Innenhofseite des Hauses. Wer will, bekommt sein Frühstück aufs Zimmer gebracht. Geradezu vornehm wirkt der mit Fresken geschmückte Musiksalon. Von der Dachterrasse reicht der Blick über Terrakottadächer bis zu den benachbarten gotischen Palästen.

HOTEL TIVOLI — PENSION €

Karte S. 330 (041 524 24 60; www.hoteltivoli.it; Crosera San Pantalon 3838; DZ inkl. Frühstück 55–150 €, mit Gemeinschaftsbad 40–100 €; San Tomá) Die im Stil der 1930er-Jahre eingerichteten Zimmer sind schlicht, aber echte Schnäppchen. Letzteres erspart einem unter Umständen das Los der Tagesausflügler. Statt wie diese durch San Marco und dann zu den Zügen zu hetzen, steht hier Entspannung auf dem Programm. Auf dem nahen Campo Santa Margherita lässt sich genüsslich ein Drink schlürfen oder man bummelt durch die Boutiquen in den Seitengassen. Das Hotel liegt ideal, in seiner Nähe befinden sich Restaurants, Museen, *Vaporetto*-Anleger, Bahnhof und Busstation – und kaum Touristen.

PALAZZO ZENOBIO HOSTEL €

Karte S. 330 (☎041 522 87 70; www.collegioarmeno.com, auch auf Deutsch; Fondamenta del Soccorso; EZ 30–65 €, DZ 56–100 €; Ca' Rezzonico) Mit Vergoldungen wurde in diesem Palast von 1690 wahrhaftig nicht gespart. Einst beherbergte er eine Schule von Venedigs armenischer Gemeinde. Heute sind seine Tore für Hostelgäste geöffnet. Die Zimmer in seinem Gästehaus sind spartanisch und kalt. In der unteren Preisklasse stehen nur Gemeinschaftsbäder zur Verfügung. Und ab 1.30 Uhr ist strikte Sperrstunde. Das Anwesen ist herrlich, der üppige, parkartige Garten gehört zu den größten und schönsten von Venedig. Im Palast finden Konzerte und Kunstausstellungen statt, zu denen auch die Gäste des Hauses eingeladen werden.

Sestieri di San Polo & Santa Croce

LP TIPP **OLTRE IL GIARDINO** B&B €€

Karte S. 332 (☎041 275 00 15; www.oltreilgiardino-venezia.com; Fondamenta Contarini 2542, San Polo; d 150–350 €; San Tomá) Die Gästezimmer dieses B&Bs sind vollgepackt mit historischem Charme, modernem Komfort und Designerträumen. Dazu zählen Schreibtische mit Intarsien, Flachbildschirme, Kerzenleuchter, Toilettenartikel von Bulgari und Pokerstühle aus dem 19. Jh. Tageslicht durchflutet jedes der sechs Schlafzimmer mit hohen Decken. Besonders geräumig ist das sogenannte türkise Zimmer, das grüne nimmt eine eigene Ecke im ummauerten Garten ein. Im grauen Zimmer steht ein sexy schmiedeeisernes Bett unter einer kathedralenartigen Decke. Auf Anfrage wird Babysitting organisiert.

LP TIPP **HOTEL PALAZZO BARBARIGO** BOUTIQUEHOTEL €€€

Karte S. 332 (☎041 740 172; www.palazzobarbarigo.com; Grand Canal, San Polo 2765; DZ inkl. Frühstück 240–380 €; San Tomá) Mit Canal-Grande-Romantik nach Großmütterchens Art hat der Palazzo Barbarigo herzlich wenig zu tun: Er ist Venedigs derzeit sensationellstes Designhotel. Die traditionelle Eingangshalle am hauseigenen Bootsanleger wurde in eine Lounge-Bar umgewandelt. Während bei der Einrichtung der Art-déco-Stil Modell stand, inspirierte Diskoflair die akzentuierte Beleuchtung. Genau das richtige Maß an modernem Luxus prägt die 18 Gästezimmer. Prachtvoller Samt, zeitgemäßes Mobiliar mit geschwungenen Linien und sparsam eingesetzte Quasten oder Fransen aus Seide bilden ein harmonisches Design. Ausblick auf den Canal Grande bieten die Junior-Suiten, darunter das Zimmer Nr. 10 mit drei Fenstern. Die Standardzimmer haben Blick auf den Rio San Polo. Unabhängig davon sind alle Bäder todschick und das Frühstück geradezu fürstlich.

CA' ANGELI B&B €€

Karte S. 332 (☎041 523 24 80; www.caangeli.it, auch auf Deutsch; Calle del Traghetto de la Madonnetta 1434, San Polo; DZ 80–250 €; @ San Silvestro) Die Brüder Giorgio und Matteo haben diese Villa am Canal Grande geerbt und in ein B&B mit vielen Antiquitäten verwandelt. Echte alte Muranoglaslüster, Engelfiguren aus dem 16. Jh., die bei der Namensgebung Pate standen, und ein restauriertes Louis-XIV-Sofa schmücken beispielsweise das Lesezimmer an der Kanalseite. Mit Blick auf den Kanal wartet auch das Esszimmer auf. Hier wird das aus Bioprodukten zubereitete Frühstück auf antiken Tellern serviert.

PENSIONE GUERRATO PENSION €

Karte S. 332 (☎041 528 59 27; www.pensioneguerrato.it; Ruga due Mori 240a, San Polo; DZ inkl. Frühstück 95–140 €; Rialto) Das markante Gebäude von 1227 diente einst als Herberge für Ritter auf dem Weg zum Dritten Kreuzzug. In den modernisierten Gästezimmern ist heute noch der Sinn fürs Historische sichtbar. Besonders attraktiv sind die Zimmer mit Fresken und/oder Blick auf den Kanal. Das kürzlich renovierte Apartment ist mit einer Küche ausgestattet. Feinschmeckern bietet die Pensione Guerrato einige Vorteile, denn der Rialto-Markt liegt ganz in der Nähe und das Personal gibt solide Insidertipps für gute Restaurants.

AL PONTE MOCENIGO HOTEL €€

Karte S. 332 (☎041 524 4797; www.alpontemocenigo.com; Fondamenta Rimpetto Mocenigo 2063, Santa Croce; DZ 85–170 €; San Stae) Das Haus liegt gleich beim Canal Grande, nur wenige Schritte von der *Vaporetto*-Haltestelle San Stae entfernt. Von hier läuft man zehn

Minuten zu Fuß durch gewundene Gassen zum Rialto. Die Boudoir-Gästezimmer mit Kronleuchtern, die von hohen Holzbalkendecken hängen, sind sogar trotz Himmelbetten, Schränken mit Goldrand und Salon-Sitzecken meist groß genug für Gymnastikübungen. Hier sollte man um die Zimmer mit Blick auf den Rio San Stae oder den Innenhof bitten.

HOTEL AL DUCA HOTEL €€

Karte S. 332 (☎041 812 3069; www.alduca divenezia.com; Fontego dei Turchi 1739, Santa Croce; DZ 120–220 €; San Stae) Zimmer komplett in Rot – nur die Muranoglaslüster sind schwarz – erinnern an den plüschigen Chic historischer venezianischer Bordelle. Vielleicht ist das ja eine Reminiszenz an die Kurtisanen, die hier einst die Seitenstraßen beherrschten. Wer bei so viel Rot keinen Schlaf findet, fragt besser nach den Zimmern mit bronzefarbenem oder perlgrauem Ambiente. Die Rezeption ist rund um die Uhr besetzt. Auf Wunsch wird Babysitting organisiert.

DOMINA HOME CA' ZUSTO BOUTIQUEHOTEL €€

Karte S. 332 (☎051 639 18 01; www.domina vacanze.it; Campo Rielo 1358, Santa Croce; DZ inkl. Frühstück 118–225 €; Riva di Biasio) Ähnlich wie ein Venezianer in Kostüm und Maske verbirgt dieses Hotel sein wahres Gesicht hinter der ehrwürdigen Fassade eines gotischen Palastes. Denn in den Innenräumen erleben die Gäste ein sprühendes Feuerwerk an farbenprächtigem Design. Mit einer Anspielung auf den benachbarten Fondaco dei Turchi, dem historischen türkischen Handelshaus, sind die Gästezimmer nach türkischen Frauen benannt. Der Haremslook zeigt sich in Streifenmustern, Seidenbrokat und Plüschbetten à la Modell Pascha. Zu den Annehmlichkeiten zählen bequeme Hausschuhe und Whirlpools.

STUDENTENUNTERKÜNFTE

Von Juli bis Mitte September öffnet die **ESU** (☎041 524 67 42; www.esuvenezia.it), die Studentenverwaltung der Stadt, ihre Wohnheime für Studenten und Akademiker, die in der Zeit die Stadt besuchen. Zur Verfügung stehen Einzel-, Doppel- und Dreibettzimmer. Die Preise liegen zwischen 30 und 40 € pro Person und Nacht.

LOCANDA ARCO ANTICO BOUTIQUEHOTEL €€

Karte S. 292 (☎041 241 12 27; www.arcoanticovenice. com; Corte Petriana 1451, San Polo; DZ 60–190 €; San Silvestro) Dieser Palazzo aus dem 16. Jh., den man unter einem gotischen Torbogen hindurch und über den Hof gehend erreicht, bietet zu einem Bruchteil der Hotelpreise von San Marco eine schöne Unterkunft, die nur wenige Schritte vom Canal Grande entfernt liegt. Die Gästezimmer sind mit dunklen Holz, cremefarbenem und gelbem Brokat, Fenstern mit Bleiverglasung und Intarsienkommoden unter sichtbar gelassenen Deckenbalken ausgestattet – das beste von allen ist das sonnige Zimmer im Obergeschoss mit Blick auf den Hof.

AL CAMPANIEL B&B €

Karte S. 332 (☎041 275 07 49; www.alcampaniel.com; Calle del Campaniel 2889, San Polo; DZ inkl. Frühstück 55–105 €; San Tomá) Ein guter Fang ist dieses B&B abseits des ruhigen Campo San Tomá mit Ausblick auf ein Schokoladengeschäft. Nur ein paar Schritte sind es bis zum *Vaporetto*-Anleger und zur Frari. Auch der lebhafte Campo Santa Margherita lässt sich bequem erreichen. Die Zimmer sind überraschend geräumig und wirken mit ihrer Ausstattung in geschmackvollen Creme- und dunklen Rottönen sehr einladend. Die Standarddoppelzimmer haben zwar eine eigene Toilette, aber nur Gemeinschaftsduschen.

CA' SAN POLO B&B €

Karte S. 332 (☎041 244 03 31; www.casanpolo.it; Calle dei Saoneri 2696, San Polo; DZ inkl. Frühstück 60–115 €; San Tomá) Das B&B liegt versteckt in einer ruhigen *calle*. Obwohl sich die vielbesuchte Basilica dei Frari quasi in Rufweite befindet, geht es hier nachbarschaftlich zu. Die Leute grüßen freundlich und man schließt Bekanntschaft mit dem hiesigen Gondoliere. Eine steile Treppe führt zu den Gästezimmern mit gemütlichen Holzdecken. Die Bettüberwürfe und Vorhänge bestehen aus dem gleichen hübschen rot-gold gestreiften Brokatstoff. Jedes Zimmer verfügt über ein kleines, aber sehr sauberes Bad.

HOSTEL DOMUS CIVICA HOSTEL €

Karte S. 335 (☎041 522 71 39; www.domuscivica.com; Campiello Ciovare Frari 3082, San Polo; EZ/DZ 30/60 €; nur Juni–Sept., 0.30 Sperrstunde; Piazzale Roma) Nur während der Semesterferien im Sommer dient dieses Studentinnenwohnheim als Hostel. Zu den Gemeinschaftseinrichtungen zählt ein Aufenthaltsraum mit Fernseher und freiem Internetzugang. Die einfachen, sauberen Schlafräume liegen in einem hübschen Gebäude von 1918. Eingerichtet sind sie mit einzeln stehenden Betten, Schreibtischen und Waschbecken. Pro Etage gibt es fünf Gemeinschaftsbäder. Gäste mit leichtem Schlaf sollten sich jedoch Ohropax mitbringen. Durch den starken Widerhall in den Fluren dringt jeder Ton ans Ohr, ganz abgesehen vom Geläute der gegenüberliegenden Kirche.

Sestiere di Cannaregio

LP TIPP PALAZZO ABADESSA — BOUTIQUEHOTEL €€€

Karte S. 336 (☎041 241 37 84; www.abadessa.com; Calle Priuli 4011; DZ 125–345 €; Rialto) Am Abend wirkt dieses Hotel in einem prächtigen venezianischen *palazzo* von 1540 wie verzaubert. Das Personal schüttelt die Kissen auf, bietet den Gästen fast übereifrig *prosecco* an, besorgt Wassertaxis für die Fahrt zur Oper und erfüllt noch viele weitere Wünsche. Für Hochzeitsreisende bietet das Hotel sogar einen besonders romantischen Service. Zu der opulenten Ausstattung der Gästezimmer zählen Plüschbetten, Wandbespannungen aus Seidendamast und Antiquitäten wie Waschtische aus dem 18. Jh. Für Barockliebhaber gibt's größere Zimmer mit Deckenfresken, Lüstern aus Muranoglas und Blick auf den Kanal oder den Garten.

LP TIPP DOMUS ORSONI — B&B €€

Karte S. 336 (☎041 275 95 38; www.domusorsoni.it, auch auf Deutsch; Corte Vedei 1045; EZ/DZ inkl. Frühstück 80–150/100–250 €; San Marcuola) Überraschung: In einer ruhigen Seitengasse nahe dem historischen Ghetto bietet dieses B&B fünf der elegantesten Gästezimmer ganz Venedigs. Im Sommer gibt's das Frühstück im Garten neben der Mosaikmanufaktur Orsoni, die sich seit 1885 hier befindet. Das erklärt auch die fantasievollen Mosaikkreationen an den Wänden der Gästezimmer, am Kopfende der Betten und in den Bädern.

CA' POZZO — PENSION €€

Karte S. 336 (☎041 524 05 04; www.capozzovenice.com; Sotoportego Ca' Pozzo 1279; DZ 80–170 €; Guglie) Kennzeichen dieses Hotels nahe dem historischen Ghetto ist sein minimalistischer Chic. Reisende, die sich für die Biennale begeistern, erleben hier eine Einrichtung, die alles, was sie aus Designzeitschriften kennen, überflügelt. Einige der Zimmer besitzen einen Balkon, zwei sind behindertengerecht eingerichtet und das Zimmer Nr. 208 ist so groß, das Damien Hirst mit seinem gesamten Tross darin Platz fände.

ALLA VITE DORATA — B&B €€

Karte S. 336 (☎041 241 30 18; www.allavitedorata.com; Rio Terà Barba Frutariol 4690b; DZ inkl. Frühstück 90–150 €; Ca' d'Oro) *Venexianárse* (Venezianer werden) – dazu verlockt dieses B&B in einem Wohnhaus, denn es liegt in einem schönen, von Touristen kaum berührten Stadtviertel. In den teureren Zimmern können Romantiker ein Himmelbett mit Brokatvorhängen und den Blick auf den Kanal genießen. Alle Zimmer sind luftig; hohe Holzdecken, schmiedeeisernes Mobiliar und farbenfrohe Vorhänge verleihen allen einen eigenen Charme.

LOCANDA LEON BIANCO — B&B €€

Karte S. 336 (☎041 523 35 72; www.leonbianco.it; Corte Leon Bianco 5629; DZ inkl. Frühstück 80–250 €; Ca' d'Oro) In diesem Hotel am Kanal malte einst William Turner (s. S. 273); seit seinen Besuchen hat sich im Haus nicht viel verändert. Einiges, was Turner damals sah, sehen auch noch die heutigen Hotelgäste, z. B. schiefe Böden aus *terrazzo alla veneziana* (aus Marmorgestein bestehender Terrazzo), schwere Holztüren und wuchtige antike Möbel. Drei etwas größere „Luxuszimmer" bieten Ausblick auf den Canal Grande, darunter das Eckzimmer Nr. 4, das ein Panorama wie auf einer Ansichtskarte bietet. Wer ein Zimmer mit Kanalblick nimmt, sollte sich Ohropax mitbringen, denn der Rialto-Markt liegt direkt gegenüber. Um 4 Uhr früh beginnt der lautstarke Betrieb.

RESIDENZA CANNAREGIO — B&B €€

Karte S. 336 (☎041 524 43 32; www.hotelresidenzacannaregio.com, auch auf Deutsch; Dei Reformati 3210a; DZ inkl. Frühstück 79–345 €; St. Alvise) In einer entlegenen Ecke der Lagune entstand aus einem ehemaligen Kloster ein modernes B&B mit bestechendem Ausblick. Der Umbau der Innenräume erfolgte auf eine so geschickte und coole Weise, dass man sich hier fast wie in Tadao Andos Punta della Dogana fühlt. Mit

Fingerspitzengefühl wurden das originale Mauerwerk und die frei liegenden Deckenbalken erhalten. Ergänzungen wie Stahlgeländer im Industriedesign und niedrige Ledersessel fügen sich harmonisch ein. Die Zimmer sind geräumig und komfortabel, ein Beispiel sind die indirekt beleuchteten Kopfteile der Betten. Einige Zimmer verfügen sogar über ein Schlafloft. In der unmittelbaren Umgebung dieser abgelegenen Unterkunft befinden sich das historische Ghetto, die Pfarrkirche Madonna dell'Orto, romantische Restaurants sowie Kneipen, in denen die Einheimischen gerne die Happy Hour genießen.

HOTEL ABBAZIA B&B €€

Karte S. 336 (☎041 717 333; www.abbaziahotel.com/de; Calle Priuli dei Cavaletti 68; DZ inkl. Frühstück 80–210 €; Ferrovia) In dem Hotel, das sich in den Räumen eines umgebauten Karmeliterklosters befindet, ist nichts mehr, wie es einmal war: So wurde der einstige Speisesaal zu einer wunderschönen Lounge-Bar umgebaut. Und im lauschigen Garten mit Zweiersofas vergisst jeder, das der Bahnhof gleich um die Ecke liegt (ideal für Spätankommende). Die Zimmer in venezianischem Look, inklusive gestreiftem Brokat, sind komfortabel und ruhig.

RESIDENZA CA' RICCIO B&B €

Karte S. 336 (☎041 528 23 34; www.cariccio.com; Campo dei Miracoli 5394/a; DZ inkl. Frühstück 85–150 €; @ Fondamente Nuove) Wer von Casanovas Haus die Straße hinunterläuft, gelangt zum B&B in dem Wohnhaus der Familie Riccio. Es liegt zwar günstig, aber etwas versteckt nahe dem Rialto. Das Gebäude mit seinen liebevoll restaurierten Räumen stammt aus dem 14. Jh. In den beiden oberen Etagen befinden sich die sieben Gästezimmer mit Ausblick auf einen Hof. Ihre wesentlichen Merkmale sind einfache schmiedeeiserne Betten, Holzdecken, Terrakottaböden und weiß gestrichene Wände.

HOTEL VILLA ROSA HOTEL €

Karte S. 336 (☎041 716 569; www.villarosahotel.com; Calle delle Misericordia 389; DZ inkl. Frühstück 70-140 €; Ferrovia) Blumenkästen an den Fenstern und sehr freundliches Personal verleihen diesem Hotel in Bahnhofsnähe eine gemütliche Atmosphäre. Die ziemlich kleinen Zimmer verfügen über hohe Decken, Damasttapeten, in venezianischem Stil gemusterte Tagesdecken und moderne Bäder. Die Zimmer in der höheren Preisklasse haben einen Balkon mit Blick in einen kleinen Garten. Preisgünstiger, aber dunkel sind die Gartenzimmer.

Sestiere Di Castello

Mit Luxus wie dem Ausblick auf die Lagune ködern die Nobelhotels entlang der Riva degli Schiavoni schon seit zwei Jahrhunderten ihre Gäste. Doch auch Schnäppchenjäger haben im Stadtteil Castello gute Chancen: Einige Unterkünfte liegen näher an der Piazza San Marco als manche von denen mit einer Adresse in San Marco. Und obendrein kosten sie häufig wesentlich weniger. Nur 15 Gehminuten von der Piazza entfernt – Richtung Arsenale – finden sich mitunter noch bessere Schnäppchen. In der Gegend fallen die Preise für Unterkünfte zeitweise rapide, sie können bis zu 50 % unter den Innenstadtpreisen liegen.

LP TIPP **PALAZZO SODERINI** B&B €€

Karte S. 338 (☎041 296 08 23; www.palazzosoderini.it; Campo di Bandiera e Mori 3611; DZ inkl. Frühstück 150–200 €; Arsenale) Egal, ob man sich gerade topaktuelle Kunst auf der Biennale oder barocke Meisterwerke im Palazzo Ducale angesehen hat: Dieser ruhige und ganz in Weiß gehaltene Rückzugsort mit Seerosenteich im Garten ist eine willkommene Atempause von der visuellen Attacke Venedigs. Die minimalistische Ausstattung unterstreicht mit klaren Linien und scharfen Kanten, mit Möbeln mit Metalleinfassung und kahlen Wänden die einfachen Formen und klaren Linien; ein unerwartet blaues Sofa in der Lobby ist sozusagen das Überraschungselement. Die drei Zimmer verfügen über allen modernen Komfort: TV, WLAN, Minibar, Klimaanlage und Heizung. Rechtzeitig reservieren!

CA' DEI DOGI BOUTIQUEHOTEL €€

Karte S. 338 (☎041 241 37 51; www.cadeidogi.it; Corte Santa Scolastica 4242; DZ inkl. Frühstück ab 100–140 €; @ San Zaccaria) Selbst die nahe gelegene Seufzerbrücke dämpft nicht die gute Stimmung im sonnengelben Hotel Ca' Dei Dogi. Seine sanierten Zimmer mit Blick auf den Kreuzgang des benachbarten Klosters sind modern ausgestattet. Mit ihren schrägen Holzbalkendecken und Kommoden, die wie Überseekoffer aussehen, erinnern sie an Schiffskajüten. Die Bäder sind von oben bis unten mit Mosaiksteinen gefliest. Ein Zimmer hat eine Terrasse und einen Whirlpool (je nach Saison 140–300 €). Das freundliche Personal kümmert sich um Konzertkarten und arrangiert kostenlose Ausflüge nach Murano oder Gondelfahrten bei Sonnenuntergang. Eine frühzeitige Reservierung ist erforderlich.

HOTEL DANIELI LUXUSHOTEL €€€

Karte S. 338 (041 522 64 80; www.starwood-hotels.com/luxury; Riva degli Schiavoni 4196; DZ ab 850 €; San Zaccaria) So exzentrisch, luxuriös und enthusiastisch wie Venedig selbst ist auch dieses Hotel. Seit mehr als einem Jahrhundert zieht das Danieli künstlerisch angehauchte Bohemiens, Adlige mit glanzvollen Namen (aber ohne Einfluss) und ihre millionenschweren Geliebten in seinen Bann. Der Hotelkomplex umfasst drei markante Gebäude, die sich entlang der Lagune neben dem Palazzo Ducale erstrecken: Die *casa vecchia* (altes Haus) mit Zimmern voller Fresken und Antiquitäten stammt aus dem 14. Jh. und wurde damals für die Dogenfamilie Dandolo gebaut (ihr berühmtestes Mitglied ist Enrico Dandolo). Gemütlichere Zimmer im venezianischen Stil und Gold vom Boden bis zur Decke bietet die *casa nuova* (neues Haus) aus dem 18. Jh. Das dritte Bauwerk in dem Dreigespann ist das Danielino, ein nüchternes Gebäude aus der Zeit des italienischen Faschismus. Für mehrere Millionen Euro verpasste der französische Innenarchitekt Jacques Garcia dem Bau 2008 eine moderne, luxuriöse Inneneinrichtung. Die Badewannen und Lüster blieben im Original erhalten. Zu den Neuerungen zählen der von Hand aufgetragene venezianische Wandputz, karminrote Seidenvorhänge und kuschelige Betten, deren pompösen Kopfteile mit Damast bespannt sind. Im Sommer können die Gäste auf der Dachterrasse frühstücken und einen außergewöhnlichen Ausblick auf San Marco und die Lagune genießen.

FORESTERIA VALDESE HOSTEL €

Karte S. 338 (041 528 67 97; www.foresteria venezia.it; Palazzo Cavagnis 5170; B pro Pers. 25–30 €, DZ ab 82 €; Ospedale) Ein Hostel in christlicher Hand: Das weitläufige palastartige Refugium gehört der Waldenserkirche. Im Erdgeschoss befinden sich Gästezimmer mit Fresken von Bevilacqua aus dem 18. Jh. Die Zimmer im Stockwerk darüber haben Ausblick auf den Kanal. Die Mehrbettzimmer stehen nur Familien oder Gruppen zur Verfügung. Eine sehr frühzeitige Reservierung ist erforderlich; das Frühstück ist im Preis inbegriffen.

LOCANDA SANT'ANNA PENSION €

Karte S. 338 (041 528 64 66; www.locanda sant-anna.com, auch auf Deutsch; Corte del Bianco 269; DZ inkl. Frühstück 100–120 €, mit Gemeinschaftsbad 70–85 €; @ Giardini) Wer den wahnsinnig machenden Massen entkommen möchte, findet in der Locanda Sant'Ana seine Ruhe. Die Pension liegt an einem stillen *campiello* (kleiner Platz) in einem verschlafenen Teil von Castello. Hierher kommen kaum Touristen, nur Boote schippern vorbei und Möwen kreisen den ganzen Tag ziellos umher. Antike Waschtische, Holzbetten mit Intarsien und Parkettböden verleihen den geräumigen, weiß getünchten

HAUSBOOTE

Es scheint zu schön, um wahr zu sein. Doch Venedigbesucher können tatsächlich ein Hausboot für eine oder eine halbe Woche mieten und so quasi im eigenen Hotel durch die ganze Lagune schippern. Und dazu ist noch nicht einmal irgendein Seemannspatent nötig. Möglich macht das **Rendez-Vous Fantasia** (041 551 04 00; www.charterboat.it, auch auf Deutsch); Via Roma 1445, Chioggia; Mo–Di & Do–Sa 9–12.30 & 15–18, Mi & So 9–12.30 Uhr). Die Preise hängen von der Saison und der Bootsgröße ab. In der Nebensaison (Oktober bis April) kosten die Boote für zwei bis drei Personen ab 819 € pro Woche. Für ein Boot für sechs bis acht Personen in der Hauptsaison (Juli und August) muss man bis zu 3000 € pro Woche zahlen.

Niemand muss die ganze Zeit durch die Lagune kreuzen. Der Hausbootverleiher bietet Liegeplätze an der Brenta Riviera, am Ufer des Flusses Po und sogar in so weiter Entfernung wie an der Küste von Triest an. Abholen muss man das Hausboot allerdings immer in Chioggia im Yachthafen des Verleihers. Umfassend informiert die Website von Rendez-Vous Fantasia, auch wie Chioggia erreichbar ist, wird genau beschrieben.

Zimmern einen eigenen Charakter. Einige der Zimmer haben Ausblick auf Kanäle und die Isola San Pietro. Eine kleine Terrasse lädt an sonnigen Tagen zum Ausruhen ein, das Lesezimmer ist eine willkommene Zuflucht, wenn Nebelschwaden die Lagune einhüllen. In der Nebensaison sinken die Preise um bis zu 50 %.

LOCANDA LA CORTE B&B €€

Karte S. 338 (☎041 241 13 00; www.locandalacorte.it, auch auf Deutsch; Calle Bressana 6317; DZ inkl. Frühstück 90–180 €; ❄@📶🚤Ospedale) Die eigentliche Attraktion dieses B&Bs in einem Palast aus dem 16. Jh. sind seine Gemeinschaftsbereiche, z. B. die vornehme Rezeption. Mit dazu zählt auch der stimmungsvolle Innenhof, in dem bei warmem Wetter das Frühstück serviert wird. Die Zimmer variieren in der Größe, sind aber alle komfortabel mit guten Betten und einem Bad ausgestattet. Die saisonabhängigen aktuellen Arrangements mit Preisnachlässen finden sich auf der Website.

LA RESIDENZA PENSION €€

Karte S. 338 (☎041 528 53 15; www.veniceresidenza.com, auch auf Deutsch; Campo di Bandiera e Mori 3608; EZ 50–100 €, DZ 80–200 €; ❄🚤Arsenale) Schlafen wie Murmeltiere können die Pensionsgäste im Komfort dieser großen Villa an einem *campo*, der einst ein Schauplatz öffentlicher Hinrichtungen war. Das Gebäude stammt aus dem 15. Jh. und beherrscht das Bild des Platzes. Was die Helligkeit betrifft, bestehen zwischen den großzügig geschnittenen Zimmern graduelle Unterschiede. Eingerichtet sind sie alle im Retrolook des klassischen venezianischen Stils. Cremefarbener Lack überzieht die Schränke, auf den Betten liegen verwegen gestreifte Tagesdecken. Wahrhaft luxuriös ist der venezianische *salone* (großer Salon) mit Stuckgirlanden aus dem 18. Jh., in dem das Frühstück serviert wird und kuschelige Sessel Regentage gemütlicher machen.

HOTEL RIVA PENSION €

Karte S. 338 (☎041 522 70 34; www.hotelriva.it; Ponte dell'Angelo 5310; EZ 80–90 €, DZ 90–120 €, mit Gemeinschaftsbad EZ 60–70 €, DZ 80–100 €; ❄🚤San Zaccaria) Das Haus liegt an der Kreuzung zweier Kanäle, im barocken gepolsterten Bett unter hohen Holzbalkendecken liegend hört man beim Einschlafen unter sich das Pfeifen der vorbeifahrenden Gondolieri und beim Aufwachen das Glockengeläut des nahe gelegenen Markusdoms. Getreu der venezianischen Tradition sind alle Zimmer mit schönen Muranoglas-Leuchtern ausgestattet, nur einige verfügen über eine Klimaanlage. Das lässt sich aber angesichts der sehr guten Preise verschmerzen – schließlich liegt Venedig nicht in den Tropen.

ALLOGGI BARBARIA PENSION €

Karte S. 338 (☎041 522 27 50; www.alloggibarbaria.it, auch auf Deutsch; Calle delle Cappuccine 6573; EZ 40–120 €, DZ 60–150 €; ❄🚤Ospedale) Gar nicht einfach zu finden ist diese *pensione* in dem authentischen venezianischen Stadtviertel nahe der Fondamente Nuove. Doch das gehört gewissermaßen zu ihrem Charme – genau wie die Gäste, die sich beim Frühstücken auf dem Gemeinschaftsbalkon begegnen. Alle sechs Zimmer sind einfach, aber sauber, hell und luftig und haben Fliesenböden. Nur selten erreichen die Zimmerpreise den hier angegebenen Höchststand. Das Frühstück ist im Preis inbegriffen.

HOTEL AL PIAVE HOTEL €€

Karte S. 338 (☎041 528 51 74; www.hotelalpiave.com, auch auf Deutsch; Ruga Giuffa 4838; DZ 140–165 €; 🚤San Zaccaria) Das Mittelklassehotel liegt nur ein paar Schritte vom Campo Santa Maria Formosa entfernt. Es wirkt wie aus dem Ei gepellt und bietet komfortabel ausgestattete Zimmer mit schönen polierten *Terrazzo*-Böden. Eingerichtet sind sie im traditionellen venezianischen Stil, doch alles sieht brandneu aus. Ziemlich kleine Zimmer ohne schöne Ausblicke stehen hier günstigen Preisen, Komfort und gute Lage gegenüber – die Prioritäten muss jeder selber setzen. Das Frühstück ist im Preis inbegriffen.

ALBERGO DONI PENSION €

Karte S. 338 (☎041 522 42 67; www.albergodoni.it; Calle del Vin 4656; DZ 60–125 €, mit Gemeinschaftsbad 50–100 €; ❄🚤San Zaccaria) In einem winzigen *palazzo* aus dem 15. Jh. bietet diese urige, freundliche, familiengeführte Pension eine 4-Sterne-Unterkunft zu günstigen Preisen. Von außen sieht das Gebäude malerischer aus als von innen. Doch auch wenn die Modernisierung der Zimmer schon ziemlich weit zurückliegt, wirken sie immer noch sauber und gepflegt. Und nicht zuletzt: Bis zur Piazza San Marco sind es nur ein paar Schritte. Alles in allem ist das

Doni ein guter Fang. Das Frühstück ist im Preis inbegriffen.

Giudecca, Lido & die südlichen Inseln

Eine Verschnaufpause von der Erhabenheit venezianischer Paläste bieten die an der Meerseite liegenden Villen im *Liberty*-Stil am Lido oder die preisgünstigen Unterkünfte auf Giudecca. Wer im September während Venedigs Internationalen Filmfestspielen am Lido eine Unterkunft sucht, muss Monate im Voraus reservieren und Höchstpreise zahlen.

OSTELLO VENEZIA
HOSTEL €

Karte S. 341 (☎041 523 82 11; www.ostellovenezia.it, auch auf Deutsch; Fondamenta delle Zitelli 86, Giudecca; B inkl. Frühstück 22–27 €; Zitelle) Beruhigende Ausblicke auf den Kanal vermitteln den Eindruck, als läge dieses Hostel mit seinen Stockbetten meilenweit von San Marcos Massenansturm und den überhöhten Preisen entfernt – dabei liegt alles nur einen Steinwurf weit weg. Bettlaken, Decken und Kissen sind im Preis inbegriffen. Wer allerdings das tolle Etagenbett direkt am Fenster ergattern möchte, muss pünktlich um 15.30 Uhr da sein, wenn aufgeschlossen wird. Die beiden Privatzimmer ohne Kanalblick müssen im Voraus gebucht werden. Check-in-Zeit ist von 15.30 bis 22 Uhr, auschecken muss man um 9.30 Uhr. Es gibt keine Sperrstunde. Zum Zeitpunkt der Recherche zu diesem Buch befand sich ein neues Bar-Restaurant im Bau.

BAUER PALLADIO HOTEL & SPA
LUXUSHOTEL €€€

Karte S. 341 (☎041 520 70 22; www.palladiohotelspa.com; Fondamenta della Croce 33, Giudecca; DZ ab 780 €; Mitte Nov–Mitte März geschl.; Zitelle) Wer die finanziellen Möglichkeiten hat, sollte sich eine Übernachtung in einem von Palladio entworfenen ruhigen ehemaligen Kloster mit Blick auf San Marco spendieren. Das Hotel hat eine eigene, mit Solarantrieb fahrende Bootsflotte und ein herrliches Spa. Hier lebten früher Nonnen und Waisenkinder, heute schlafen die Gäste in himmlischem Komfort in 37 rosenfarbenen, heiter-sittsamen Gästezimmern, von denen viele eine Gartenterrasse oder Blick auf den Giudecca-Kanal bieten. Auf dem Frühstücksbüffet findet man einheimische Bioprodukte. Das Spa bietet umweltfreundliche Behandlungen wie etwa ein Milch-Honig-Rosen-Bad (90 €), außerdem kostenlosen Zugang zu Sauna, Whirlpool und dem Dampfbad aus Marmor.

HOTEL VILLA CIPRO
HOTEL €€

Karte S. 325 (☎041 73 15 38; www.hotelvillacipro.com; Via Zara 2, Lido; EZ 50–140 €, DZ 80–170 €; P Lido) Die von Pinien beschattete Villa liegt weit entfernt von den engen Straßen Venedigs, aber nur ein paar Blocks von der *Vaporetto*-Haltestelle entfernt. Das Haus bietet geräumige Zimmer mit hohen Decken, die mit Muranoglas-Kronleuchtern und Wände, die mitgroßen Fenstern verziert sind; manche haben auch Balkone mit Blick über den Garten. Das Frühstück wird bei gutem Wetter im Hof serviert, Cocktails gibt es in der klassischen Bar oder im Garten. Der Strand erstreckt sich nur zwei Häusergruppen weiter.

HOTEL PANORAMA
HOTEL €€

Karte S. 325 (☎041 276 04 86; www.hpanorama.com; Piazzale Santa Marie Elisabetta 1/B, Lido; DZ 60–140 €, mit Lagunenblick 80–160 €; P @ Lido) Ein paar Schritte vom *Vaporetto*-Anleger Lido entfernt bietet dieses hübsche zitronengelbe Hotel luftige Zimmer mit großen Fenstern – viele mit Ausblick auf die Lagune. Den Lärm des geschäftigen Treibens am Ufer halten die doppelverglasten Fenster fern. Lampen aus Muranoglas, frisch renovierte Zimmer und eine Terrasse runden das angenehme Gesamtbild ab. In der Nebensaison sinken die Zimmerpreise erheblich.

HOTEL VILLA STELLA
HOTEL €€

Karte S. 325 (☎041 526 07 45; www.villastella.com ; Via Sandro Gallo 111, Lido; DZ 60–160 €; P Lido) Drei Frauen aus drei Generationen kümmern sich um das Wohlbefinden der Gäste in dieser Villa aus dem 19. Jh. Die Zimmer wirken zwar altmodisch, verfügen aber über jeden nur denkbaren modernen Komfort. Extras sind ein Garten mit Rasen, Büschen und Bäumen, das großzügige Frühstück mit hausgemachten Kuchen und Konfitüren sowie der Nachmittagstee.

CASA GENOVEFFA
B&B €€

Karte S. 341 (☎347 250 78 09; www.casagenoveffa.com, auch auf Deutsch; Calle del Forno 472, Giudecca; DZ um 120 €; Palanca) Tief in einer engen Gasse versteckt sich dieses einfache, aber einladende B&B. Die behaglichen, kürzlich renovierten Zimmer mit Fliesenboden verfügen über eine Teeküche. Holzbalkendecken und Himmelbetten tragen zur gemütlichen Atmosphäre bei.

Murano, Burano & die nördlichen Inseln

LP TIPP LOCANDA CIPRIANI B&B €€

Karte S. 343 (041 73 01 50; www.locandacipriani.com; Piazza Santa Fosca 29, Torcello; pro Pers. 100–180 €, Halbpension 150–230 €; Di & Jan. geschl.; Torcello) Seit dieser rustikale Weinladen 1934 von Giuseppe Cipriani, dem Gründer der Harry's Bar, in einen Landgasthof umgewandelt wurde, hat sich hier nicht viel verändert. Man wird Ernest Hemingway zwar nicht beim Schleppen seiner Jagdtrophäen oder beim Arbeiten an seinen Manuskripten sehen, kann aber noch immer herzhafte Pasta und *anatra* (Wildente) am Kamin (*fogher*) oder unter der Rosenpergola im Garten genießen. Die sechs geräumigen Zimmer erinnern eher an Suiten und eignen sich für einen literarischen Rückzug: Um die gut sortierte Bibliothek so richtig genießen zu können, ersetzen hier Sessel die Fernseher. Sehr inspirierend ist Hemingways Lieblingszimmer Santa Fosca, von dessen Balkon aus man den Garten überblickt.

LP TIPP MURANO PALACE B&B €

Karte S. 342 (041 73 96 55; www.muranopalace.com, auch auf Deutsch; Fondamenta Ventrai 77, Murano; DZ inkl. Frühstück 90–130 €; Colonna) Fabelhaftes Design zum Schnäppchenpreis bekommen die Gäste in diesem B&B, in dem Edelsteinfarben dominieren. Lüster aus kristallklarem Muranoglas beleuchten hohe Räume mit Parkettböden. In der Minibar gibt's kostenlose Getränke und Snacks. So einmalig wie die Ausblicke auf den Kanal ist das Shoppen in den vielen Läden und Ateliers der Glaskünstler. Doch nach Geschäftsschluss um 18 Uhr herrscht eine geradezu gespenstische Ruhe. An der Rezeption informiert das Personal über Angeltouren und Kurse im Rudern nach venezianischer Art.

IL LATO AZZURRO FERIEN- UND KULTURZENTRUM €

(041 523 06 42; www.latoazzurro.it; Via Forti 13, Sant'Erasmo; B 25–30 €, EZ 50–55 €, DZ 70–80 €; Sant'Erasmo Capannone) Artischockenfelder umgeben diese mit roten Ziegeln gedeckte Landvilla auf der Garteninsel Sant'Erasmo. Von Venedigs Zentrum ist die Insel in 25 Bootsminuten erreichbar. Die geräumigen Gästezimmer mit Parkettböden und schmiedeeisernen Betten grenzen an eine rundum verlaufende Veranda. Die Mahlzeiten werden mit Zutaten aus biologischer Landwirtschaft bzw. fairem Handel zubereitet. Gäste können sich Fahrräder ausleihen und gleich am Ende der Gasse erstreckt sich das Lagunenufer. Wer Insekten magisch anzieht, bringt besser ein Mückenschutzmittel mit. Il Lato Azzurro unterstützt gemeinnützige kulturelle Organisationen. Gäste des Hauses haben die Möglichkeit, an Naturexkursionen und Ausflügen zu archäologischen Ausgrabungen teilzunehmen sowie an Theateraufführungen und Kulturaustauschprogrammen selbst mitzuwirken.

VENISSA HOTEL €€

(041 527 22 81; www.venissa.it, auch auf Deutsch; Fondamenta Santa Caterina 3, Mazzorbo; DZ 130–220 €; Mazzorbo) Ein wahres Schlemmerparadies inmitten von Weinbergen finden Gourmets auf dem Landgut Venissa. In seinem Restaurant wird ein Essen serviert, das zu den köstlichsten im Bereich der Lagune gehört. Auch bei der Frische der Zutaten nimmt das Venissa einen Spitzenplatz ein. Außerdem befinden sich unter dem Dach des Herrenhauses sechs große, bestechend moderne Zimmer. Wen die lukullischen Genüsse und eine Übernachtung im Venissa nicht sonderlich reizen, mag die Entfernung zwischen Venedig und der Zwillingsinsel Mazzorbo-Burano zu viel sein. Doch die Fahrt mit einem privaten Boot vom Festland nahe dem Flughafen zur Insel dauert nur ungefähr 15 Minuten. In der Nähe des Anlegers besteht die Möglichkeit, auf einem privaten Parkplatz kostenlos zu parken. Das Frühstück – zum Festpreis oder à la carte – kostet extra.

Venedig & Venetien verstehen

VENEDIG AKTUELL **236**

Mag sein, dass Venedigs Einwohnerzahl weiter schrumpft, doch Geist und Kunstfertigkeit werden die Lagunenstadt wohl kaum verlassen.

GESCHICHTE **238**

500 Jahre lang beherrschte Venedig als Seemacht das Mittelmeer, inzwischen hat die Stadt die Welt durch ihren Charme erobert.

ARCHITEKTUR **257**

Hier ein byzantinisches Mosaik, dort ein Stadtpalais im Stil der Postmoderne: Hinter jeder Biegung des Kanals wartet eine neue Überraschung auf die Besucher.

KUNST & KULTUR **268**

Die kleine Stadt am Meer brachte es zu internationalem Ruhm – nicht zuletzt dank Kunst, Kultur und Skandalen.

SO LEBT MAN IN VENEDIG **284**

Ein Tag im Leben eines Venezianers – vom Wecken am Morgen bis zum Feierabend.

BEDROHTE NATUR: DIE LAGUNE **289**

Dank seltener Tiere und reicher Fischbestände genießt die Lagune von Venedig ein hohes internationales Renommee; allerdings bemühen sich die Venezianer auch sehr um den Schutz ihres Gewässers.

Venedig aktuell

Heutige Venedig-Besucher lockt vielleicht noch der einstige Ruhm einer Stadt der Dekadenz, die Mehrzahl der Bewohner zählt aber gewiss nicht mehr zur Schicht der wohlhabenden Müßiggänger. Die meisten Venezianer arbeiten im Dienstleistungssektor, in der Tourismusbranche oder als Künstler im weitesten Sinne. Und sie leben in normalen Wohnungen – die tausend Paläste der Stadt beherbergen heute eher Hotels und Pensionen. Statt sich auf verwelkten Lorbeeren auszuruhen und vergangener Größe nachzutrauern, sorgen die Menschen lieber dafür, dass ihre Stadt auch weiterhin eine Zukunft hat.

Die schönsten Filme

Pane e Tulipani (Brot & Tulpen) (2000) Eine Hausfrau verlässt ihre Familie und beginnt in Venedig ein neues Leben.

Casanova (1976) Fellinis berühmter Film mit Donald Sutherland.

Wenn die Gondeln Trauer tragen (1973) Thriller von Nicolas Roeg mit Julie Christie und Donald Sutherland.

Casino Royale (2006) James Bond sucht die Stadt heim.

Die besten Bücher

Ufer der Verlorenen (1992) Der Nobelpreisträger Joseph Brodsky war der Lagunenstadt mit Haut und Haar verfallen.

Die unsichtbaren Städte (1972) Italo Calvino lässt Marco Polo von seinen Reisen berichten – aber irgendwie ähnelt jede Stadt, die er schildert, eigentlich Venedig.

Verlangen (1987) In Jeanette Wintersons Roman begegnet Napoleons Koch einer jungen Venezianerin.

Shakespeare in Venice (2007) Der venezianische Historiker Alberto Toso Fei über Erzählungen und Legenden seiner Stadt, die mit Shakespeares Dramen verknüpft sind.

Der Tod in Venedig (1911) Thomas Manns berühmte Novelle handelt von den Gefühlsverwirrungen des alternden Schriftstellers Gustav von Aschenbach. 1971 wurde die Novelle von Luchino Visconti verfilmt.

Demografischer Wandel

60 000 Menschen sind in Venedig als Einwohner gemeldet, doch an vielen Tagen liegt die Zahl der Besucher deutlich darüber, sodass die Venezianer zur Minderheit werden. Seit 1848 hat sich die Einwohnerzahl überdies halbiert, und ein Viertel der Bevölkerung ist bereits im Rentenalter. Doch auf den *campi* tummeln sich noch 2000 Kinder, und die Universitäten zählen 23 000 Studenten, die der Stadt ein jugendliches Flair verleihen. Wenn man den Einheimischen trotzdem nicht überall begegnet, liegt das daran, dass sie die 3000 Seitengassen bevorzugen. Wer sich dort hinbegibt, blickt hinter die Kulissen, wo emsig daran gearbeitet wird, das prächtige Schauspiel auf der großen Bühne dieser Stadt Tag für Tag neu in Szene zu setzen.

Ein Leben für die Kunst

Seit dem Niedergang der Seemacht lebt Venedig vor allem von der Kultur. Die Liebe der Venezianer zur Oper, zu den Waisenorchestern und satirischem Theater machte Künstler wie Monteverdi, Vivaldi und Goldoni zu Stars und begründete den Ruf der Stadt als europäische Kulturmetropole. Selbst in den finsteren Tagen der Pest brachten venezianische Künstler wie Tizian und Tintoretto Licht und Farbe. Für einen ständigen Austausch neuer Ideen sorgen heute die Biennale und das Internationale Filmfestival. Nach dem Ende des Zweiten Weltkriegs brachte vor allem die Peggy Guggenheim Collection neuen Glanz.

Die Pflege der Traditionen besorgen heute Institutionen wie La Fenice, das Goldoni-Theater, die Biennale und ein Dutzend Museen. Für die Künstler jedoch, die diese Kulturszene lebendig halten, ist das Leben in Venedig alles andere als einfach. Die Wohnungsmieten liegen auf europäischem Spitzenniveau, und viele Musiker reisen deshalb Tag für Tag mit ihren Instrumenten vom Festland her an. Und da die Finanzkrise auch Italien nicht verschont, stehen mittlerweile weniger Mittel für die Kultur bereit. Das Sperrwerk namens Mose soll die Stadt eines Tages vor Hochwasser schützen (s. S. 289), doch da für dieses Projekt bis 2014 mehrere Milliarden Euro bereitgestellt werden mussten, fehlen die Mittel nun für andere Projekte – und natürlich auch für die Künste.

Und hier kommen die Besucher ins Spiel. Denn die Freunde Venedigs haben sich mehr als einmal als Nothelfer dieser Stadt erwiesen: Sie haben nicht nur den Wiederaufbau nach dem verheerenden Hochwasser von 1966 ermöglicht, sie füllen auch die Konzertsäle, kaufen venezianische Bücher, besuchen dort Feste und Vernissagen.

Gute & schlechte Werbung

Venedigs spektakuläres Erbe ist beides, Segen und Fluch. Jahrzehntelang konnte Venedig dank eines Sondergesetzes einen Teil seiner Steuereinnahmen behalten und für konservatorische Maßnahmen nutzen. Dieser Anteil wurde jedoch immer weiter zurückgeschraubt, da Italien Staatsschulden tilgen muss, die mittlerweile 120 % des Bruttoinlandsprodukts ausmachen. Internationale Organisationen haben zwar mit großzügigen Spenden ausgeholfen, doch diese Mittel sind in der Regel für die Erhaltung der Substanz vorgesehen und können nicht für Investitionen in Zukunftsprojekte eingesetzt werden.

Um 20 Mio. € für dringend erforderliche Erhaltungsmaßnahmen aufbringen zu können, hat die Stadtverwaltung sich etwas einfallen lassen. 2011 wurde eine Hotelsteuer eingeführt (Gäste von Luxushotels zahlen seither bescheidene 4,50 € zusätzlich), und im öffentlichen Nahverkehr war eine Preiserhöhung unvermeidlich.

Umstritten waren Satzungsänderungen zur Aufhebung des alten Werbeverbots an öffentlichen Plätzen. Bald tauchten Werbebanner an der Seufzerbrücke und an der Piazza San Marco auf. Renzo Rosso vom italienischen Jeanshersteller Diesel stellte 2011 Mittel zur Restaurierung des Ponte di Rialto bereit, die nötig wurde, weil sich Steine aus der Brücke gelöst hatten. Die Öffentlichkeit reagierte erleichtert, aber auch besorgt: Welche Verunstaltung durch Werbung würde da wohl auf die Stadt zukommen?

Die öffentliche Empörung mag eine weitere Verschandelung der Stadt verhindern. Ansonsten kann man Werbung sicher am besten verhindern, wenn man selbst mithilft, die Aufmerksamkeit in die richtige Richtung zu lenken. Wenn also ein Restaurant, ein Kunsthandwerker, ein Konzert oder ein Museum ein besonderes Lob verdienen, sollten Besucher solche Tipps im Internet posten: Die Einnahmen aus guten Besucherzahlen tragen zum Erhalt dieser einzigartigen Stadt bei. Und dass Plastikbanner auch wieder verschwinden können, führt Malefatte (S. 140) vor, eine Kooperative der Gefängnisinsassen: Sie verarbeitet Werbebanner zu Kuriertaschen.

Wenn in Venedig 100 Menschen lebten,

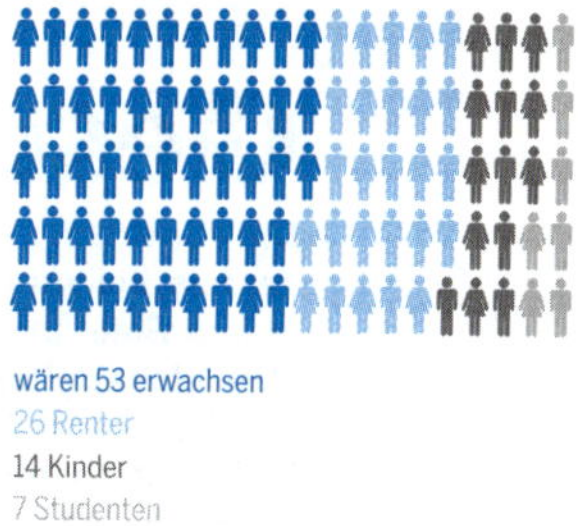

Volkszugehörigkeit

(% der Bevölkerung)

Bevölkerung pro km²

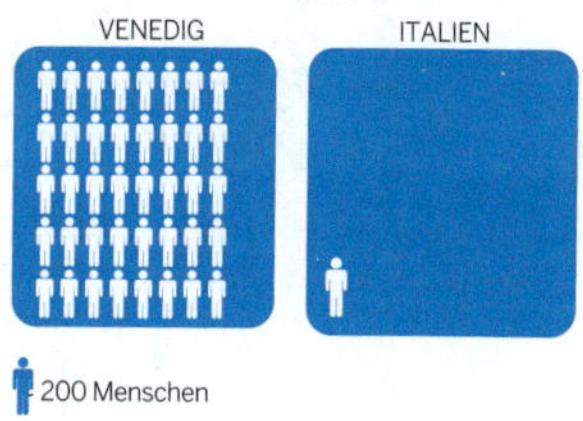

Geschichte

Die Venezianer gaben sich nicht damit zufrieden, mit ihrer Flotte die damals bekannte Welt beherrschen zu wollen. Entdecker, wie z. B. Marco Polo, begaben sich in völlig unbekannte Gegenden, um neue Handelsbeziehungen zu erschließen. Als die Seemacht Venedig ihren Zenit überschritten hatte, gab die Stadt sich deswegen aber auf der Weltbühne noch lange nicht geschlagen. Stattdessen wurde sie selbst zur Bühne, zu der Menschen aus der ganzen Welt strömen, um wunderbare Gemälde, barocke Musik oder moderne Opern zu genießen, um frei denkende Menschen und unvergleichliche Feste kennenzulernen. Während seiner tausendjährigen ereignisreichen Geschichte hat sich die Stadt nicht nur über Wasser gehalten, sondern sich immer wieder auf die neue Lage eingestellt.

Top Five: Byzantinische Pracht

Gallerie dell'Accademia (Dorsoduro)

Basilica di San Marco (San Marco)

Torcello (Torcello)

Chiesa di San Zaccaria (Castello)

Chiesa di San Giacomo dell'Orio (Santa Croce)

VOM SUMPF ZUR SEEMACHT

Ein Malariasumpf scheint ein merkwürdiger Ort zur Gründung eines Reichs zu sein, es sei denn die Umstände sprechen dafür: Vom 5. bis 8. Jh. n. Chr. plünderten Hunnen, Goten und verschiedene andere Völker wiederholt römische Städte an der venetischen Adriaküste. Das ließ die schlammigen Sümpfe vor der Küste vergleichweise wohnlich erscheinen. Keltische Veneter lebten seit 1500 v. Chr. relativ friedlich in der Region und waren seit 49 v. Chr. römische Bürger. Zudem gaben sie sich nicht besonders kriegerisch. Als Alarich mit seinen Westgoten 402 n. Chr. in die Provinz Venetia einfiel, flohen viele Veneter auf die sumpfigen Inseln der Lagune, die sich entlang der venetischen Adriaküste erstreckt. Nach dem Rückzug der Westgoten kehrten viele Veneter von dort zögerlich auf das Festland zurück. Nach dem Überfall des Hunnenkönigs Attila 452 in Norditalien und der Zerstörung Aquilejas blieben zahlreiche Flüchtlinge jedoch für immer auf den Inseln.

Die jungen Inselgemeinden wählten Tribune und bildeten schließlich 466 auf Grado südlich von Aquileia einen losen Bund. Nachdem Kaiser Justinian 540 die Nordostküste Italiens dem Oströmischen Reich einverleibt hatte, wählten Venetia (ungefähr das heutige Venetien) und die Inseln Repräsentanten für die byzantinische Regierung in Ravenna, die der

ZEITACHSE

ca. 1500 v. Chr.

Keltische Stämme der Veneter treffen vermutlich aus Anatolien (in der heutigen Türkei) in Norditalien ein und besiedeln das heutige Venetien.

726 n. Chr.

Orso Ipato ist der erste gewählte Doge Venedigs. Die Byzantiner halten seine Wahl für eine Rebellion und sind, auch wenn sie selbst ihre Finger nicht mit im Spiel hatten, über seine Ermordung 737 nicht unglücklich.

810

Der Hauptsitz des venezianischen Reiches wurde vom winzigen Ort Malamocco auf dem Lido in das belebte Zentrum Rivo Alto, heute Rialto, verlegt.

zentralen Herrschaft in Konstantinopel (dem heutigen Istanbul) unterstand. Als jedoch kriegerische Langobarden 568 über die Poebene nach Osten vordrangen, flüchteten die Veneter in nie gekannten Massen auf die Inseln. Aus dem Sumpf wurde bald schon eine Stadt. Tausende ließen sich im Handelszentrum Torcello (S. 180) nieder, andere strömten auf die mittlerweile überschwemmte Insel Malamocco, in das ländliche Chioggia und zum Fischer- und Handelszentrum Rivoalto (umgangssprachlich Rialto genannt).

Geschickte venezianische Siedler besiegten bald das sumpfige Land und hoben es über die Flutlinie, indem sie Holzpfeiler 30 m tief in den weichen Schlick trieben. Als sich die byzantinische Herrschaft schwächte, ergriff Venedig die Gelegenheit: 726 wählten die Einwohner Venedigs Orso Ipato zu ihrem ersten *dux* (lat.: Führer) bzw. Dogen im venezianischen Dialekt. Er war der erste von 118 gewählten Dogen, die Venedig über mehr als 1000 Jahre regieren sollten. Wie einige seiner Nachfolger versuchte auch Orso seine Machtstellung in eine Erbmonarchie umzuwandeln. Er wurde wegen Übertretung seiner Befugnisse ermordet; andere Dogen, die in späterer Zeit ebenfalls eine Neigung zur absoluten Macht erkennen ließen, wurden dagegen lediglich geblendet. Zunächst war niemand in der Lage, das brisante Amt des Dogen lange auszuüben: Orsos Nachfolger Teodato verlegte 742 den Dogensitz nach Malamocco, wurde aber kurz darauf abgesetzt. Nach und nach verwandelte sich das Amt des Dogen in ein Wahlamt, das von zwei Ratsmitgliedern und dem Arengo (einer Volksversammlung) kontrolliert wurde.

Geschickte venezianische Siedler besiegten bald das sumpfige Land und hoben es über die Flutlinie.

Die Langobarden konnten die Lagune nicht erobern, die Franken hingegen glaubten an einen militärischen Erfolg. Als sie jedoch in die Lagune einfielen, wurden sie vom gut organisierten Widerstand unter Agnello Partecipazio überrascht. Er hatte sich in dem flachen und seichten Gewässer um Rivoalto verschanzt, das für große Kriegsschiffe praktisch unpassierbar war, wenn sie das Gewirr an Fahrrinnen in der Lagune nicht kannten.

Partecipazio wurde im Jahr 809 zum Dogen gewählt, die Inselgruppe um Rivoalto zum Brennpunkt der Bautätigkeit. Man legte Sumpfgebiete trocken und hob Kanäle aus, und schließlich baute Partecipazio eine Festung, an deren Stelle später der Palazzo Ducale (S. 64) entstehen sollte. Unter der Herrschaft der Dogen ließ Venedig Handels- und Kriegsflotten vom Stapel laufen, die im Adriaraum viele Neider fanden. Venezianische Handelschiffe fuhren dabei nicht nur bis zur Dalmatinischen Küste, sondern und bis nach Ägypten.

828

Der Legende nach wird der Leichnam des Evangelisten Markus aus Alexandria (Ägypten) in einem Fass mit Schweinefleisch nach Venedig geschmuggelt. Markus wird Schutzheiliger Venedigs.

957

Der deutsch-römische Kaiser Otto der Große erkennt die wichtigsten Handelsrechte Venedigs an, schließt aber das christliche Byzanz im Osten von den zunehmend lukrativen Handelsbeziehungen aus.

1094

Die Basilica di San Marco wird geweiht. Die spektakuläre „Chiesa d'Oro" (Goldene Kirche) des Dogen steht als Symbol für die Pracht Venedigs, den hl. Markus und die Geschicklichkeit mediterraner Künstler.

Portal der Basilica di San Marco (S. 60)

PIRATEN & BRÄUTE

Die einzigen Freibeuter, die man heute in Venedig zu sehen bekommt, verkaufen Imitate von Prada-Handtaschen an der Ponte dell'Accademia. Doch jahrhundertelang durchstreiften Piratenschiffe die Gewässer rund um den Lido. 944 v. Chr. machte sich eine Schar reicher venezianischer Bräute auf den Weg zu ihrer Hochzeitsfeier am Lido. Als sie mit ihrer goldenen Mitgift in den Sonnenuntergang hinein segelten, wurde ihr Schiff von Piraten abgefangen, die Mädchen im nahe gelegenen Hafen von Caorle versteckt. Aber die Venezianer nahmen die Jagd auf und entdeckten den Schlupfwinkel. Sie töteten die Piraten und sorgten dafür, dass die zu Tode erschrockenen Bräute zu ihrer Hochzeit kamen. Lange Zeit erinnerte die Festa delle Marie alljährlich an dieses Ereignis und lange war es Brauch, dass zwölf arme, aber schöne junge Mädchen von den zwölf reichsten Familien der Stadt eine Mitgift erhielten. Heute ist dieses Fest ein historischer Umzug in der Karnevalszeit (S. 20), bei dem eine von zwölf jungen Frauen zur Schönheitskönigin gewählt wird.

DER GESTOHLENE HEILIGE

Venedig besaß alle Eigenschaften einer unabhängigen Handelsmacht: viele Häfen, eine verteidigungsfähige Lage gegen Zugriffe Karls des Großen und der Hunnen, eine Führung zur Beilegung unvermeidlicher Handelskonflikte – aber keinen glorreichen Schrein, der Venedigs Platz in der Welt markierte. Also tat Venedig, was jede ehrgeizige, gottesfürchtige Mittelalterstadt tun würde: Es besorgte sich einen Schutzheiligen. Unter der byzantinischen Herrschaft war dies zunächst hl. Theodor (San Teodoro), später dann hl. Markus.

Der Legende nach soll der Apostel Markus (San Marco) die Laguneninseln einmal besucht haben, wobei ihm ein Engel prophezeite, dass sein Leichnam einst hier ruhen werde. Also beschlossen einige venezianische Kaufleute, die Prophezeiung zu erfüllen. 828 stahlen venezianische Schmuggler die Gebeine des hl. Markus aus seinem Grab im ägyptischen Alexandria und verbargen den hochverehrten Leichnam, so heißt es, in einem Fass mit Schweinefleisch, um die muslimischen Zollbeamten abzuschrecken. Venedig holte die besten Handwerker aus Byzanz und anderen Regionen in die Stadt, um für diese Reliquie eine Ruhestätte in der Kirche des Dogen als Schrein zu bauen, der die Besucher mit der Macht und dem Glanz Venedigs beeindrucken sollte. Die üblichen mittelalterlichen Bauverzögerungen in Form von Aufständen und Feuer zerstörten dreimal die äußeren Mosaiken und schwächten das Fundament. Die Gebeine des hl. Markus wurden während dieser Zeit zweimal verlegt. Doch schon während der Bauzeit der Basilica di

1167	1171	1172	1204
Rund 200 000 Venezianer wohnen in einem eigenen Viertel in Konstantinopel, wo ihre Gesetze gelten. Sie werden zur Belastung, da Beschwerden gegen sie nicht durchgesetzt werden können.	Nach einem Überfall auf die Genueser in Konstantinopel, der Venedig untergeschoben wird, befiehlt Byzanz die Verhaftung aller Venezianer. Die Atmosphäre zwischen den Mächten kühlt sich merklich ab.	Venedig richtet einen Maggior Consiglio (Großen Rat) ein. Obwohl 80 % der Einwohner dem Bürgertum angehören, dürfen nur Adlige Ratsmitglieder sein.	Der Doge Dandolo führt eine venezianische Flotte mit fränkischen Kreuzrittern auf einen Abstecher nach Konstantinopel. Dort metzeln venezianische Truppen die Bevölkerung nieder und plündern die Stadt.

San Marco (S. 60) wurde der geflügelte Löwe des Evangelisten Markus als Wappentier der Republik Venedig eingeführt. Er war ein Symbol für die Loslösung Venedigs von Konstantinopel und für die Rolle des hl. Markus als Schutzheiliger eines unabhängigen Reiches.

STRATEGISCHES GESCHICK

Nachdem erst einmal für festen Boden unter den Füßen gesorgt war, kümmerten sich die Venezianer auch um die Festigung ihrer Geschäftsinteressen. Als der geschickte Diplomat Pietro Orseolo 991 zum Dogen gewählt wurde, erklärte er die Neutralität Venedigs zwischen dem westlichen Heiligen Römischen Reich und dem oströmischen Konstantinopel. Auf diese Weise konnte sich Venedig eine bedeutende Stellung zwischen diesen beiden rivalisierenden Reichen sichern.

Selbst zu Beginn der Kreuzzüge behielt Venedig die strategische Neutralität bei und handelte auch weiterhin mit muslimischen Herrschern von Syrien bis Spanien – während vom venezianischen Hafen die Kreuzfahrer ausliefen, um das Heilige Land der muslimischen Kontrolle zu entreißen. Die Kreuzfahrer brauchten Schiffe, und Venedig stach die Rivalen Genua und Pisa aus, indem es das Arsenal (Schiffswerft; S. 145) in Castello errichtete, gewissermaßen die erste Fließbandproduktionsanlage der Welt, die ein Schiff pro Tag fertigen konnte. Ansonsten zog es La Serenissima allerdings vor, sich aus dem Getümmel herauszuhalten, und nahm nur gelegentlich an Flotteneinsätzen der Kreuzfahrer teil – und das fast immer nur gegen verbesserte Handelsbefugnisse, denn das Geschäftliche ging immer vor.

Nachdem erst einmal für festen Boden unter den Füßen gesorgt war, kümmerten sich die Venezianer auch um die Festigung ihrer Geschäftsinteressen.

Konstantinopel wusste sehr wohl, wer die Kreuzfahrerschiffe lieferte. Venedigs Beziehungen mit Byzanz waren daher nach dem ersten Kreuzzug von 1095 angespannt. Der byzantinische Kaiser Manuele Comnenus nutzte die Rivalität zwischen Venedig und Genua und inszenierte 1171 einen Überfall auf Konstantinopels Genueser Kolonie, den er den Venezianern in die Schuhe schob. Diese wurden prompt in Ketten gelegt. Venedig entsandte eine Flotte zur Hilfe, doch die Mannschaft infizierte sich über Schiffsratten mit der Pest, und die Schiffe dümpelten heimwärts, ohne auch nur einen Schuss abgegeben zu haben.

Auch von Land aus wurde Venedig nun bedroht. Friedrich Barbarossa, Kaiser des Heiligen Römischen Reiches, wollte Italien und den Papst zur Anerkennung seiner Oberhoheit zwingen. 1154 schien Barbarossas Strategie zunächst aufzugehen: „Teile und herrsche" über

1271

Die Kaufmänner Nicolò und Matteo Polo machen sich mit Nicolòs 20-jährigem Sohn Marco auf nach Xanadu, der Residenz von Kublai Khan. Die Polos machen in Asien mit Schmuckhandel ein Vermögen.

1297

Venedig beendet die konstitutionelle Monarchie. An der neuen Ratsversammlung darf nun nur noch der Adel teilnehmen – bis Venedig unter Geldmangel leidet und Kaufleuten erlaubt, Adelstitel zu kaufen.

1309

Die Republik Venedig widersetzt sich zum ersten Mal offen den Befehlen der Kirche und wird exkommuniziert. Reichtum und Verhandlungsgeschick der Venezianer veranlassen Rom, nachzugeben.

1310

Nach einer fehlgeschlagenen Verschwörung wird ein Sicherheitsdienst, der Consiglio dei Dieci (Zehnerrat) gegründet. Er bleibt fast fünf Jahrhunderte im Amt und regiert Venedig 200 Jahre lang.

Italiens Stadtstaaten, die untereinander zerstritten waren und häufig in Opposition zum Papst standen. Doch nach mehreren Kriegszügen erkannte Barbarossa, dass Oberitalien nicht so einfach zu beherrschen war. Als seine Armee 1167 von der Pest heimgesucht wurde, musste sich Barbarossa nach Pavia zurückziehen. Dort erfuhr er schließlich, dass 15 italienische Stadtstaaten, einschließlich Venedig, den Lombardenbund gegen ihn geschlossen hatten. Barbarossa erlitt eine schwere Niederlage und, wurde, um noch eins draufzusetzen, zudem gebaut. Die Venezianer begriffen, dass sie nur mit einem Heiligen Krieg und nicht mit mehreren gleichzeitig fertigwerden konnten und überzeugten mittels geschickter Diplomatie Papst Alexander III. und Kaiser Barbarossa, 1177 in Venedig Frieden zu schließen. Nach dem Frieden von Venedig hatten alle Zeit, sich in neue Konflikte zu stürzen.

EIN LISTIGER DOGE

In Sachen Gewieftheit konnte selbst der gerissenste venezianische Kaufman nicht mit dem Dogen Enrico Dandolo (1107–1205) konkurrieren. Der tattrige 90-jährige Doge, der schon Jahre zuvor sein Augenlicht verloren hatte, mag den Kreuzfahrern, die sich um Venedigs Unterstützung im Vierten Kreuzzug bemühten, anfangs als leichtes Überzeugungsopfer erschienen sein. Doch Doge Dandolo war ein harter Verhandlungspartner: Venedig bot an, eine Flotte für 20 000 Kreuzfahrer zu bauen, aber nur gegen 84 000 Silbermark – das entsprach etwa dem Doppelten, was dem damaligen englischen König als Geldmittel zur Verfügung stand.

Während die Pest auf dem italienischen Festland vor 1500 noch weitere 50-mal ausbrach, schienVenedig auf wundersame Weise verschont zu bleiben.

Im folgenden Jahr hatten die Kreuzfahrer weit weniger Truppen anwerben können als zuvor und sahen sich zudem nicht in der Lage die gemieteten Schiffe zu bezahlen. Venedig hatte die Schiffe jedoch bereitgestellt und somit seine Seite des Geschäfts eingehalten. Um die Restschuld abzudecken, schlug Doge Dandolo vor, dass die Kreuzfahrer auf dem Weg nach Palästina den Venezianern bei ein paar Kleinigkeiten in eigener Sache unter die Arme griffen. Dazu gehörte die Landung in Dalmatien und 1203 ein Abstecher nach Konstantinopel, der ein Jahr dauern sollte. Während dieser Zeit wurde die Stadt von den Venezianern und Kreuzfahrern gründlich geplündert.

Der Doge Dandolo verkündete schließlich, dass Konstantinopel nun ausreichend für die Christenheit eingenommen sei und erklärte sich im Alter von 96 Jahren zum „Herrn über ein Viertel und ein halbes Viertel

1348–1349

Bei einem Pestausbruch sterben etwa 60 % der Bevölkerung. Ärzte stellen fest, dass am schlimmsten die Hafengegend von Dorsoduro betroffen ist, wo mit den Schiffen die Ratten ankommen.

1386

Venedig überlässt den Juden Land zur Einrichtung eines jüdischen Friedhofs auf dem Lido. Der Friedhof wird erst 1938 wegen der Rassegesetze Mussolinis aufgegeben.

1403

Erstmals auf der Welt wird eine Quarantänestation eingerichtet. Ankommende Schiffe, Waren und Seeleute müssen eine *quarantena* (40 Tage) auf der Isola di Lazzaretto Nuovo verbringen.

Rialtobrücke (S. 113)

des Römischen Reichs“ von Byzanz – ein Titel, der Venedig komfortable drei Achtel der Beute einbrachte, darunter auch die monumentalen vergoldeten Bronzepferde in der Basilica di San Marco (S. 60). Die Venezianer unter Dandolo zogen es vor mit ihren von Beute beladenen Schiffen wieder heimwärts zu segeln anstatt ihre christliche Pflicht zu erfüllen. Die Kreuzfahrer brachen allein auf zum Kreuzug auf. Nachdem sie ihre Vorherrschaft über die Adria gesichert hatten, schickten die Venezianer Schiffe direkt ins Heilige Land – diesmal jedoch quasi als Tourismusgeschäft: Sie transportierten von nun an Pilger zu und von den heiligen Stätten.

VENEDIG GEGEN GENUA

Der Marionettenkaiser, den der Doge Dandolo auf den Thron von Konstantinopel gesetzt hatte, hielt sich nicht lange: Schon bald verschworen sich die Genueser mit den Byzantinern zum Sturz des venedigfreundlichen Regimes. Als Konstantinopel, oder die davon übrig gebliebenen Teile, Venedig entrissen war, peilten die Venezianer entferntere Gefilde an. Nach der Reise des Venezianers Marco Polo 1271–91 ins Reich der Mitte erstreckten sich Venedigs Handelswege bis hin nach China. Der Startschuss für den Rivalen Genua zum Handel mit der Neuen Welt sollte noch auf sich warten lassen, und so warf Genua ein neidisches Auge auf Venedigs Gewürz- und Seidenstraßen.

1372 kam es schließlich zwischen Genua und Venedig zum Streit über einen Vorfall auf Zypern. Es folgte ein achtjähriger Seekrieg, der Venedig schwer belastete. Zu allem Übel brach in den 1370er-Jahren die Pest in Venedig aus. Genuas Verbündete Padua und Ungarn ergriffen die Gelegenheit und nahmen die venezianischen Hoheitsgebiete auf dem Festland ein. Im Jahr 1379 tauchte eine genueseische Flotte vor dem Lido auf. Unglücklicherweise befanden sich die venezianischen Kriegsschiffe des Kommandanten Carlo Zeno zur selben Zeit gerade auf Patrouillenfahrt im Mittelmeer, sodass die Lagunenstadt ungeschützt einer feindlichen Übermacht gegenüberstand.

Die Genueser jedoch machten einen strategischen Fehler: Statt die Stadt zu erobern, versuchten sie die Bevölkerung auszuhungern. Die Venezianer hatten für just diesen Fall genug Getreide gespeichert und bauten Tag und Nacht neue Schiffe und Verteidigungsanlagen rund um die Inseln. Der venezianische Kommandant Vittore Pisani trat mit allen zur Verfügung stehenden Kräften zu einem Gegenangriff auf die genuesische Flotte an – aber seine Truppenstärke reichte nicht aus. Es schien keine Hoffnung mehr für Venedig zu geben, bis am Horizont Schiffe mit der Flagge des Markuslöwen auftauchten: Carlo Zeno war zurückge-

Das Buch *History of Venice* (2003) von J. J. Norwichist ist eine umfangreiche, fesselnde Darstellung über Venedig als See- und Handelsmacht, allerdings etwas zu ausführlich zum Thema „Seeschlachten“ und zu knapp zur jüngsten Geschichte.

Empfehlenswert in deutscher Sprache:

Kompakter, lebendig geschriebener Überblick von Arne Karsten: Kleine Geschichte Venedigs (2008).

Faktenreich und sehr interessant ist die Darstellung von Reinhard Lebe, Als Markus nach Venedig kam (2006).

1444

Die zweite Rialtobrücke bricht unter den Zuschauern zusammen, die eine Hochzeitsflotille beobachten. 148 Jahre später baut Antonio da Ponte eine neue Steinbrücke, die die Kosten gewaltig überschreitet.

1470

Zypern ist die letzte Eroberung Venedigs, das sich nun auf dem Festland bis Bergamo, die Ägäis entlang bis Kreta und zum Vorderen Orient erstreckt, mit Außenposten in Jaffa, Beirut und Alexandria.

1492

Die Entdeckung Amerikas ist der Aufbruch in ein neues Zeitalter – und für Venedigs langen Marsch in die Bedeutungslosigkeit, da Portugiesen und Spanier die venezianischen Zollkontrollen umgehen.

1494

Aldo Manuzio gründet eine Buchdruckerei, die preiswerte Bücher produziert. Venedigs literarischer Ruf erlebt einen Aufschwung. 1500 wird nahezu jedes sechste Buch in Europa in Venedig gedruckt.

kehrt. Venedig vertrieb die Genueser, errang wieder die Kontrolle über die Adria und herrschte schließlich über ein Gebiet, das von Dalmatien bis nach Bergamo reichte.

RATTEN & ERRETTUNG

Venedig war nun eine große See- und Handelsmacht, und so herrschte in den Häfen täglich reger Schiffsverkehr. Die Schiffe waren beladen mit Seide, Gewürzen und einem unfreiwilligen Importgut: Ratten voller Flöhe, die, was damals noch niemand wusste, die Beulenpest übertrugen. Im Jahr 1348 brach die Pest aus, als sich die Stadt gerade von einem schweren Erdbeben erholte, das zahlreiche Häuser zerstört und den Canal Grande entwässert hatte. Bald darauf starben täglich bis zu 600 Menschen, und auf den Kanälen ertönte von den Barkassen der Leichenbestatter der jammervolle Ruf: „*Corpi morti! Corpi morti!*" (Gebt eure Toten heraus!). Innerhalb eines Jahres war über ein Drittel der Bevölkerung Venedigs verstorben.

In jener Zeit war nicht bekannt, wie sich die Krankheit verbreitete. Venedig jedoch ergriff eine beispiellose Maßnahme und ernannte drei Gesundheitsbeamte, um die Krise in den Griff zu bekommen. Es stellte sich heraus, dass Ausbrüche stets mit der Ankunft von Schiffsladungen zusammenfielen. Also beschloss Venedig 1403 Vorsichtsmaßnahmen und leitete alle Schiffe aus infizierten Gegenden zu einer Insel namens Lazaretto Nuovo am Rand der Lagune um. Bevor irgendein Schiff die Stadt anlaufen durfte, musste es sich einer Inspektion unterziehen. Die Passagiere wurden dazu angehalten, eine *quarantena* abzuwarten, einen 40-tägigen Zeitraum, um sicherzugehen, dass keine Symptome der Pest auftraten. Damals entstand also die erste Quarantänestation der Welt, und Venedig konnte die Ausbrüche der Pest und anderer Infektionskrankheiten durch diese frühen Vorsorgemaßnahmen auf ein Minimum reduzieren.

Während die Pest auf dem italienischen Festland vor 1500 noch weitere 50-mal ausbrach, schien Venedig auf wundersame Weise verschont zu bleiben. Die Einwohner der Stadt schrieben ihre Errettung göttlicher Vorsehung zu und bauten zum Dank zwei prachtvolle Kirchen: die Chiesa del SS Redentore (S. 168) und die Chiesa di Santa Maria della Salute (S. 95). Die Bruderschaft des San Rocco, des Schutzheiligen der Pestkranken, gewann an Popularität und gab eines der großartigsten Meisterwerke der Stadt in Auftrag: die Wandgemälde Tintorettos für die Scuola Grande di San Rocco (S. 110).

KÖNIG HEINRICH III.

Bei der Planung der Festlichkeiten zum Empfang von König Heinrich III. von Frankreich 1574 übertrafen die Venezianer sich selbst. Glasbläser führten ihre Kunstfertigkeit auf Flößen vor, als der König in die Lagune einfuhr; es gab jede Menge venezianischer weiß gekleideter Schönheiten, ein Essen mit 1200 Gängen und Dekorationen, die von einer Starbesetzung – Palladio, Veronese und Tintoretto – geschaffen worden waren.

1498

Der portugiesische Seefahrer Vasco da Gama segelt um das Kap der Guten Hoffnung. Von diesem transozeanischen Handel sind viele venezianische Kaufleute ausgeschlossen.

1508

Das Heilige Römische Reich, der Kirchenstaat, Spanien und Frankreich verbünden sich in der Liga von Cambrai gegen Venedig – aber das bleibt für Venedig ohne große Veränderungen.

1516

Ein Erlass legt fest, dass jüdische Einwohner in einer festgelegten Zone leben müssen. Sie heißt Ghetto und wird nach Mitternacht von Wachen geschlossen.

1564

Die venezianische Adlige Bianca Cappello brennt mit einem Florentiner durch und wird wegen Verrats zum Tode verurteilt. Als sie jedoch Großherzogin der Toskana wird, ist alles vergessen.

HÄNDLER & SCHNÜFFLER

Wie ihr Wahrzeichen, die Basilica di San Marco, war die Republik Venedig außerordentlich kosmopolitisch. Venedig hatte ein Händchen dafür, Neuankömmlinge jeglicher Nation und jeglichen Glaubens zu Handelspartnern mit gemeinsamem Credo zu machen: Solange jeder zu Geld kommt, spielen kulturelle Grenzen keine Rolle. Armenier, Türken, Griechen und Deutsche lebten am Canal Grande Tür an Tür, und jüdische Flüchtlinge und andere in Europa verfolgte Gruppen ließen sich in bereits bestehenden Gemeinden in Venedig nieder.

Der Handel sorgte für eine gemeinsame Grundlage. In der Blütezeit der Stadt bauten 30 000 Arbeiter in 300 Werften im Arsenale pro Tag eine Galeere. Mitte des 15. Jhs. umgab man sich in Venedig dank seines Handels mit goldenen Mosaiken, raschelnder Seide und Weihrauch, der die Gerüche, die eine Lagunenstadt mit sich bringt, überdeckte. Bei Handelsstreitigkeiten oder Fehden zwischen Nachbarn bewahrte La Serenissma dank eines ausgefeilten politischen Systems aus Kontrollen, Machtausgleich und komplizierten Verfahren zur Dogenwahl den Frieden. Der Doge führte den Vorsitz über Ratsangelegenheiten.

Unter dem roten Samtmäntelchen der herrschenden Elite verbarg Venedig jedoch eine eiserne Hand. Venedigs undurchsichtiger Geheimdienst, der Consiglio dei Dieci (Zehnerrat), durchkreuzte Verschwörungen mittels einer Heerschar von Spionen in ganz Venedig und auch in wichtigen europäischen Städten. Die Herrschenden hatten auch keine Skrupel, die eigenen Bürger zu bespitzeln, um die Machtverhältnisse im Gleichgewicht zu halten. Prozesse, Folter und Hinrichtung fanden meist im Geheimen statt. Im Vergleich mit den Nachbarn blieb Venedig jedoch eine Oase der Toleranz.

Manchmal statuierte der Zehnerrat ein Exempel an Gesetzesbrechern. Denuziationen von Übeltätern wurden an das Tor des Palazzo Ducale (S. 64) genagelt und in der venezianischen Presse veröffentlicht – und wenn durch diese Aktionen die Botschaft nicht deutlich genug wurde, befahl der Zehnerrat die Züchtigung oder Enthauptung jener Personen, die eines Verbrechens gegen den Dogen schuldig waren. Abgeschlagene Köpfe wurden auf Säulen vor dem Palazzo Ducale und diverse Körperteile in den *sestieri* (Stadtvierteln) für exakt drei Tage und vier Nächte ausgestellt – bis sie zu stinken begannen.

Top Five: Venezianische Dekadenz

- *Carnevale*
- *Ca' Rezzonico (Dorsoduro)*
- *Ponte delle Tette (San Polo)*
- *Palazzo Mocenigo (Santa Croce)*
- *Palazzo Fortuny (San Marco)*

FREUNDLICHE FEINDE

Wie sich herausstellen sollte, gehörten verfaulende Köpfe zu den geringsten Problemen Venedigs. Auch wenn Konstantinopel von den Venezianer geplündert worden war oder sich mit Genua gegen Vene-

1571

Venedig und die Heilige Liga der katholischen Staaten besiegen das osmanische Reich in der Seeschlacht von Lepanto, zum Teil auch wegen der besseren Ausrüstung.

1575

Viele Menschen fallen der Pest zum Opfer. Die Quarantäne trägt zur schnellen Eindämmung der Epidemie bei. Ein Gemäldezyklus von Tintoretto wird San Rocco gewidmet, dem Schutzheiligen der Pestkranken.

1609

Venedig erlässt ein neues Gesetz zur Bestrafung von betrügerischen Casino angestellten. Ihnen werden Ohren und Nase abgeschnitten und sie werden für 10 bis 20 Jahre eingekerkert.

1630

Die Pest tötet in 16 Monaten ein Drittel der Bevölkerung. Da nur noch wenige Adlige überlebt haben, erlaubt die Versammlung reichen Venezianern, sich in das Goldene Buch des Adels einzukaufen.

VENEDIGS „EHRBARE KURTISANEN“

Venedigs *cortigiane oneste* wurden hoch gelobt, sehr gut bezahlt und regelrecht verehrt, d. h. sie waren keineswegs gewöhnliche Huren. Eine „ehrbare Kurtisane“ wurde nicht so genannt, weil sie ihre Dienste zu einem fairen Preis anbot, sondern weil sie über gute Umgangsformen, Bildung und Humor verfügte, Eigenschaften, die auch dem Ansehen ihres Gönners zugutekamen. *Cortigiane oneste* waren durchaus nicht immer schön oder jung, aber sie waren sehr gebildet und beeindruckten ihre Bewunderer durch Gedichte, Musik, philosophische Einsichten und treffende Bemerkungen zu gesellschaftlichen Themen. Manche Familien, die in bescheidenen Verhältnissen lebten, sparten im 16. Jh. nicht an der Bildung ihrer Töchter. So war eine vorteilhafte Heirat möglich oder eine Laufbahn, in der eine kluge Frau als *cortigiana onesta* eine Bezahlung verlangen konnte, die 60-mal höher war als die einer Straßendirne (*cortigiana di lume*).

Die Damen verleugneten ihr Metier nicht, 1565 wurde sogar eine Liste der 210 besonders angesehenen Kurtisanen (*piu honorate cortigiane*) veröffentlicht. Darin wurden Kontaktdaten genannt, aktuelle Tarife und ob direkt an den Diener der Kurtisane, ihre Mutter oder sogar ihren Ehemann zu zahlen war. Eine cortigiana onesta konnte in der venezianischen Gesellschaft durchaus die offizielle Geliebte von mehreren Bewunderern sein, die sie für ihre Gesellschaft und nicht für einzelne Dienstleistungen oder stundenweise bezahlten. Die Kurtisane erhielt eine Pauschalesumme, in seltenen Fällen verschenkte eine Kurtisane ihre Gunst auch als Gegenleistung für ein außergewöhnlich gutes Sonett. Syphilis war ein Berufsrisiko und es gab spezielle Krankenhäuser für die betroffenen Frauen.

Eine dieser gut bezahlten Kurtisanen war Veronica Franco (1546–1591), selbst Tochter einer *cortigiana onesta*. Sie heiratete einen wohlhabenden Arzt, bekam bereits als Teenager ein Kind und beendete mit 20 ihre stürmische Ehe, um Kurtisane zu werden. Im Alter von 30 zählte sogar der französische König Heinrich III. zu ihren Gönnern, und sie hatte bereits eine vielbewunderte Gedichtsammlung veröffentlicht. Als die Pest 1575 ausbrach, floh Veronica Franco aus der Stadt und ihr Haus wurde geplündert. Sie kehrte zwei Jahre später zurück, um für ihre sechs Kinder und verwaiste Verwandte zu sorgen, wurde jedoch von der Inquisition wegen Hexerei angeklagt. Es gelang ihr, diese Anklage zu widerlegen. 1580 veröffentlichte sie 50 ihrer Briefe (darunter auch zwei Sonette an Heinrich III.). Mit den Einnahmen finanzierte sie eine wohltätige Einrichtung für Prostituierte und deren Kinder.

dig verbündet hatte: Krieg hinderte die beiden Seemächte über Jahrhunderte hinweg nicht daran, miteinander einen blühenden Handel zu treiben. Als Konstantinopel 1453 an die Osmanen fiel, setzte sich der Handel mit Venedig reibungslos fort. Die rivalisierenden Mächte schienen sich recht gut zu verstehen; der venezianische Dialekt war im

1669

Die venezianische Kolonie Kreta fällt an die osmanischen Türken, dennoch treiben beide Mächte weiter Handel miteinander, trotz wiederholter päpstlicher Ermahnungen.

1678

Die venezianische Gelehrte Eleonora Lucrezia Cornaro Piscopia ist die erste europäische Frau mit einem Universitätsabschluss. Sie erhält den Titel Doktor der Philosophie an der Universität Padua.

1703–1740

Antonio Vivaldi dient als Kapellmeister in der Pietà, wo er Hunderte Konzerte für die Orchester von Waisenmädchen komponiert. 1709 wird er entlassen, aber zu Venedigs großer Ehre schnell wieder eingestellt.

1718

Venedig und Österreich schließen mit dem Osmanischen Reich Frieden und teilen unter sich die Küstengebiete auf. Venedig erhält nur die Kontrolle über die dalmatinische Küste und ionische Inseln.

östlichen Mittelmeerraum weit verbreitet und wurde in Dalmatien bis ins 19. Jh. gesprochen.

Die diplomatischen Beziehungen mussten jedoch auch ein paar heikle Momente verkraften: Beide Seiten nahmen regelmäßig Kriegsgefangene, die sie selten freiließen. Die Gefangenen wurden üblicherweise zur Knechtschaft und/oder Konvertierung gezwungen. 1428 begründete Venedig ein spezielles Gefängnis in Dorsoduro zur Konvertierung gefangener muslimischer Türkinnen zum Christentum. Die Osmanen hielten Venezianer eher als Geiseln für Lösegeld, was sich aber nicht immer als profitabel erwies. Venedig stellte zwar 1586 offiziell Sammelkisten in Kirchen für das Gefangenenlösegeld auf, aber die meisten davon blieben leer.

Gefangene & Prinzessinnen

Als 1571 Süleyman der Prächtige Zypern einnahm, sah Venedig sah sein Einflussgebiet bedroht und verbündete sich mit dem Kirchenstaat, mit Spanien und sogar mit dem Erzrivalen Genua, um den osmanischen Sultan in Schach zu halten. Im gleichen Jahr schlug eine gewaltige Flotte der Heiligen Liga (die meisten Schiffe stammten aus Venedig) die Türken bei der Seeschlacht von Lepanto. Sebastiano Venier und seine venezianische Flotte kehrten mit 100 türkischen Frauen als Kriegstrophäen zurück.

Der Legende nach sollen die Türken nach Einnahme der Insel Paros auch Cecilia Venier-Baffo gefangen genommen haben. Sie war anscheinend eine illegitime Tochter aus dem venezianischen Adelshaus Venier, eine Nichte des Dogen und vermutlich eine Cousine Sebastianos (der bei Lepanto kämpfte). Cecilia wurde die Lieblingsfrau des Sultans Salim II. in Konstantinopel. Als er 1574 starb, übernahm sie die Herrschaft als Sultana Nurbani (Prinzessin des Lichts); sie war eine ergebene Brieffreundin der englischen Königin Elisabeth I. und von Katharina von Medici in Frankreich. Dem Historiker Alberto Toso Fei zufolge begünstigte die Sultana die venezianischen Interessen derart, dass der venezianische Senat besondere Mittel bereitstellte, um ihre Wünsche nach venezianischen Spezialitäten zu erfüllen, ob nun Schoßhunde oder goldene Kissen. Genua war über diese Günstlingswirtschaft keineswegs erfreut. Im Jahr 1582 wurde sie vergiftet, mutmaßlich von Genueser Attentätern.

Einer der beliebtesten Comic-Klassiker, Corto Maltese (erstmals 1967 erschienen) von Hugo Pratt, erzählt von den Abenteuern eines weitgereisten Kapitäns, der versucht, Geheimnisse in den *calli* Venedigs aufzuklären.

DAS ZEITALTER DER DEKADENZ

Während Italiens Stadtstaaten sich noch gegeneinander bekämpften, begannen politisch-strategische Heiraten die Bündnisse zwischen

1797

Die Trennung der venezianischen Juden wird aufgehoben und die Tore des Ghettos geöffnet, genau zu dem Zeitpunkt, als Napoleon die Stadt erreicht.

1807

Napoleon vertreibt Ordensgemeinschaften in Venedig, um Widerspruch zu ersticken. Der Widerstand setzt sich jedoch bis zur Unabhängigkeit fort, nach der einige Kirchen wieder neu geweiht werden.

1814

Österreich erobert Venedig und stellt mit Tausenden von Soldaten Ordnung her. Die Häuser erhalten Nummern und es werden hohe Steuern eingeführt. Dies führt zu einer großen Not in der Stadt.

1836

Ein Feuer zerstört das berühmte Opernhaus Venedigs, aber aus der Asche erhebt sich schon bald ein neuer Bau. Als 1996 La Fenice (Phönix) erneut niederbrennt, wird die Oper originalgetreu nachgebaut.

Frankreich, England und dem Habsburger Reich zu festigen. Da sich Venedigs Einfluss gegenüber den europäischen Königshäusern allmählich verloren ging und die Stadt das Meer an Piraten und Osmanen verloren hatte, schlugen die Venezianer einen anderen Kurs ein und eroberten Europa mit Charme.

Künstlerische Sensationen & Skandale

Venedigs Hauptattraktionen waren Feste, Musik, Kunst und Frauen. Nonnenklöster in Venedig hielten Soirees, die jenen in den *ridotti* (Salons) gleichkamen, und der Karneval wurde bis zu drei Monate lang gefeiert. Claudio Monteverdi bekam 1613 das Amt des Chorleiters von San Marco und führte mehrstimmige Harmonien und historische Opern mit populären tragikomischen Szenen ein. Durch Monteverdis modernen Stil setzte sich die Oper durch: Ende des 17. Jhs. präsentierte die Stadt 30 verschiedene Opern in einer Saison, darunter zehn brandneu komponierte.

Der Regisseur Luchino Visconti verfilmte 1971 die Novelle *Tod in Venedig* des Nobelpreisträgers Thomas Mann. Ein Komponist, der an Mahler erinnert, ist hingerissen von einem jungen Mann und weicht einer tödlichen Gefahr nicht aus.

Die neuen Orchester brauchten Musiker, ein Problem, für das Venedig eine schlaue Lösung hatte: Waisenmädchen. Die Umstände sorgten für eine beispiellose Zahl von venezianischen Waisen: Da gab es zum einen Pest und Quacksalbermedizin, zum anderen skandalöse Maskenbälle und eine blühende Prostitution. Die *ospedaletti,* die Waisenhäuser, wurden üppigst von anonymen Spendern finanziert, und die großen Barockmusiker Antonio Vivaldi und Domenico Cimarosa traten als Konzertmeister der Waisenorchester hervor. Der venezianische Staat übernahm die Versorgung und die musikalische Ausbildung der Waisenmädchen, die wiederum ihren Unterhalt durch öffentliche Konzerte und Wohltätigkeitsgalas der *ospedaletti* verdienten. Fremde Würdenträger, denen ein Waisenkonzert gegeben wurde, erhielten den guten Rat, den Waisen Trinkgelder zu geben: Man wisse nie, wessen uneheliche Tochter sonst beleidigt würde.

Die feine Gesellschaft verschenkte als modernes Zeichen ihrer Wertschätzung Schnupftabakdosen und von venezianischen Künstlern gemalte Porträts. Salonlöwen in ganz Europa gewöhnten sich an den Anblick mythologischer und biblischer Themen, die im sinnlichen venezianischen Stil und mit der unverkennbaren Stadt am Wasser als Hintergrund gemalt wurden. Auf den Fresken an den barocken Kirchendecken Venedigs spielen Engel auf Lauten und Trompeten himmlische Musik – Instrumente, die von Rom offiziell in den Kirchen verboten waren. Mit Tizian und Veronese wurde venezianische Kunst ungeheuer wagemutig: Die Maler gaben den vertrauten religiösen Themen eine erotische Färbung und listige Gesellschaftskritik.

1840

Auf dem Höhepunkt von La Serenissimas Macht enthielt das berühmte Goldene Buch die Namen von mehr als 1200 Adelsfamilien. 1840 waren alle bis auf 200 verarmt und auf Unterstützung angewiesen.

1846

Der erste Zug überquert die neue Eisenbahnbrücke zwischen Venedig und dem Festland. Die Großtat präsentiert sich jedoch als zwiespältig, u.a. Kirchen werden für den Bahnhof abgerissen.

1848

Daniele Manin führt einen Aufstand gegen die Österreicher an und erklärt Venedig wieder zur Republik. Die Österreicher nehmen die Stadt 1849 erneut ein, und Venedig bleibt 17 Jahre unter österreichischen Herrschaft.

1866

Venedig und Venetien treten dem neuen Königreich Italien bei. Die Einigung Italiens ist damit aber erst vollbracht, als Rom mit dem Kirchenstaat erst 1870 zur Hauptstadt Italiens erklärt wird.

LEBEN NACH DEM LUSTPRINZIP

Zeit und Ort für die Geburt eines Hedonisten waren äußerst günstig. Im 18. Jh. hatte sich Venedig von den anstrengenden Pflichten einer Seemacht zurückgezogen. Die Entwicklung lief schon eine ganz Weile in eine andere Richtung: Als Giacomo Casanova (1725–1798) geboren wurde, war Venedig zur europäischen Hauptstadt des Vergnügens aufgestiegen. Casanova wurde früh zur Erziehung in fremde Hände gegeben, während seines Jurastudiums in Padua wurde er zum Spieler und Lebemann auf der Suche nach Liebesabenteuern. Mit 17 machte er seinen Universitätsabschluss und schlug eine Laufbahn als Priester in Venedig ein. Aber die Jagd nach Abenteuern wurde schon bald zum Hauptberuf, wobei es ein paar Nebenjobs gab: Er entwarf Liebesbriefe für Kardinäle, machte in Uniform eine gute Figur und war ein mäßiger Geiger in einem Orchester von Trinkern. Wegen seines Charmes war er bei reichen Gönnern herzlich willkommen, aber auch in den Betten der Ehefrauen, Geliebten und Töchter.

Venedig war ein Ort der Ausschweifungen, doch ein paar politische Einschränkungen gab es dennoch. Zwar gefährdeten Casanovas Affären die eine oder andere Ehe, als staatsfeindlich jedoch wurde jedoch sein Geplänkel mit der Freimaurerei und die Lektüre verbotener Bücher betrachtet. Nach einem Abend mit dem französischen Botschafter und zwei Nonnen wurde Casanova mit der verschwommenen Begründung der „Schmähungen gegen die Religion" verhaftet und in die Bleikammern geworfen, dem gefürchteten Gefängnis im Dogenpalast. Er wurde zu fünf Jahren Haft in einer extrem stickigen, von Flöhen verseuchten Zelle verurteilt und beschwerte sich deshalb bitterlich. Gerade als es ihm gelungen war, im Holzboden eine Luke für seine Flucht zu schaffen, steckte ein mitfühlender Wärter ihn in eine weniger schlimme Zelle. Casanova griff nun zu Plan B: Er floh über das Dach der neuen Zelle, gelangte so in den Palast und schlenderte an den Wachen vorbei in den Morgen hinein.

Casanova floh nach Paris, um dort sein Glück zu machen, und wurde für kurze Zeit französischer Spion. Aber seine Neigung zu Eskapaden brachte ihn in Schwierigkeiten. In Deutschland ging ihm das Geld aus, in Polen überlebte er ein Duell, er wurde Vater mehrerer Kinder, die er im Stich ließ (darunter vielleicht auch ein Kind mit seiner Tochter) und zog sich in England eine Geschlechtskrankheit zu (obwohl er gelegentlich ein Kondom, einen Prototyp aus Leinen, benutzte). Spät in seinem Leben kehrte er als Berühmtheit nach Venedig zurück und war dort als Spion tätig, wurde aber wegen einer satirischen Schrift über den Adel ins Exil geschickt. Er landete als Bibliothekar in einer abgelegenen Burg in Böhmen, wo er anfing, aus reiner Langeweile seine Memoiren zu schreiben. Diese enden mit den Worten: „Ich kann sagen, ich habe gelebt."

Papst & Doge: ein Machtkampf

Rom hat Venedig wiederholt heftig kritisiert, weil christliche Themen aus irdischer, sprich venezianischer Sicht dargestellt und in Kirchen

1895

Venedig veranstaltet die erste Biennale, um seine Rolle als international stilprägende Stadt wieder geltend zu machen. Andere Nationen werden schließlich zur Beteiligung eingeladen,

JOHN SONES / LONELY PLANET IMAGES ©

Der Glockenturm von San Marco (S. 71)

1902

Der Campanile (Glockenturm) von San Marco stürzt plötzlich in sich zusammen. Wunderbarerweise ist das einzige Opfer die Katze des Hausmeisters. 1912 wird der Turm wiederaufgebaut.

1918

Österreichisch-ungarische Flugzeuge werfen fast 300 Bomben auf Venedig ab, aber sie treffen daneben, weswegen gottlob kaum Schaden oder Opfer zu beklagen sind.

flotte Melodien gespielt wurden. Solche Tadel beeindruckten Venedig eher wenig. Im späten 16. Jh. gab es das Gerücht, dass Kardinal Camillo Borghese auf den venezianischen Gesandten in Rom, Leonardo Donà, nicht gut zu sprechen war. Die beiden sollen sogar in den geheiligten römischen Hallen heftig aneinander geraten sein. Der Kardinal zischte, dass er, wenn er Papst wäre, ganz Venedig exkommunizieren würde. Darüber erwiderte Donà verärgert, dass er die Exkommunikation ignorieren würde.

Das Schicksal wollte es, dass beide zu hohen Ehren aufstiegen: Der Kardinal wurde 1606 Papst Paul V. und der Gesandte wurde Doge. Rom hatte nie akzeptiert, dass Venedig darauf bestand, bis zu einem gewissen Umfang die Kontrolle über kirchliche Angelegenheiten selbst zu behalten. Als Rom Ausbaupläne in venezianischen Kirchen umsetzen wollte, stellte die Stadt Venedig fest, dass aufgrund der Baugesetze dazu ihre Zustimmung notwendig sei. Papst Paul V. schickte umgehend eine päpstliche Bulle und exkommunizierte Venedig. Der Doge Donà tat das, was er angekündigt hatte: Er ignorierte die Bulle und befahl allen Kirchen auf venezianischem Boden, die Tore offen zu halten. Eigentlich hätte jede Kirche dauerhaft schließen müssen, ihr Eigentum wäre eingezogen und die Geistlichen ins Exil geschickt worden.

Der venezianische Mönch und Philosoph Paolo Sarpi (s. Kasten S. 251) schaffte es schließlich, die Argumentation Venedigs überzeugend zu begründen. Deren Recht zur Selbstbestimmung käme direkt von Gott und nicht von Rom. Aus Angst, durch die Exkommunikation noch mehr Kirchenbesitz in Venedig zu verlieren und um die Gefahr zu verringern, dass sich andere katholische Gebiete der Meinung Sarpis anschließen könnten, hob Papst Paul V. seine Bulle schließlich auf.

Die Kirchenobrigkeit war über die venezianischen Eskapaden keineswegs erfreut. Rom tadelte Venedig wiederholt für die Darstellung heiliger Motive in weltlichem venezianischen Licht und für fröhliches Musizieren in den Kirchen. Derartige Mahnungen wurden in Venedig jedoch weitgehend ignoriert. Als Rom schließlich wieder einmal eine offizielle Rüge erteilte, beschloss der venezianische Staat zu reagieren: Venedig veranlasste 1767 eine offizielle Wirtschaftsprüfung über 11 Mio. Golddukaten, die in der vorigen Dekade als Steuergelder an Rom gegangen waren, und beschloss den Schaden zu begrenzen: 127 Klöster und Abteien wurden in Venetien geschlossen. Dadurch halbierte sich die Anzahl der Geistlichen, und Millionen Dukaten konnten in die Staatskasse Venedigs umverteilt werden.

Top Five: Multikulturelle Höhepunkte

- *Ghetto (Cannaregio)*
- *Museo delle Icone (Castello)*
- *Scuola di San Giorgio degli Schiavoni (Castello)*
- *Fondaco dei Turchi (Santa Croce)*
- *Palazzo Zenobio (Dorsoduro)*

1932

Viele halten das erste Filmfestival der Welt für eine wenig aussichtsreiche Veranstaltung, aber Greta Garbo, Clark Gable, die Weltpresse und 25 000 Kinobesucher legen den Grundstein für eine Erfolgsgeschichte.

1933

Mussolini eröffnet die Ponte della Libertà (Freiheitsbrücke) zwischen Mestre und Venedig. Der 3,85 km lange, zweispurige Damm ist der einzige Zugang nach Venedig mit Auto oder Bus.

1943

256 venezianische Juden werden aus dem Ghetto in Konzentrationslager transportiert. Ein Denkmal auf dem Campo del Ghetto erinnert an die Opfer in den Lagern.

1948

Die amerikanische Erbin Peggy Guggenheim trifft in Venedig ein begleitet von bedeutenden Künstlern der Moderne. Sie erneuert das Interesse an der italienischen Nachkriegskunst.

VENEZIANER, DIE GESCHICHTE SCHRIEBEN

Doge Marin Falier (1285–1355)

Vorfall Der hitzköpfige Doge war acht Monate an der Macht. Offenbar als Reaktion auf einen venezianischen Höfling, der anscheinend einen Witz auf Kosten Marin Faliers gemacht hatte, plante der Doge, in einem Staatsstreich den Großen Rat zu stürzen. Informationen sickerten durch, er wurde verhaftet und noch in der gleichen Stunde enthauptet.

Folgen In der Sala del Maggior Consiglio des Palazzo Ducale ist das Porträt des Dogen Falier geschwärzt. Sein Sarg wurde geleert und als Waschtrog in Venedigs Krankenhaus benutzt. Der vereitelte Umsturz diente dem venezianischen Geheimdienst als Rechtfertigung für den Consiglio dei Dieci (Zehnerrat), der die Venezianer zum Ausspionieren ihrer Nachbarn anhielt.

Paolo Sarpi (1552–1623)

Vorfall Als der Papst 1606 die Republik Venedig wegen Missachtung römischer Anweisungen exkommunizierte, verteidigte der Servitenmönch Paolo Sarpi Venedigs „gottgegebenes" Recht auf eine eigenständige Regierung. Unter Sarpis Führung befahl Venedig den Kirchen, die Exkommunizierung zu ignorieren. Venezianische Ordensgemeinschaften, die keine Messe mehr lasen, wurden geschlossen und ihr Besitz beschlagnahmt. Die Exkommunizierung wurde ein Jahr später aufgehoben.

Folgen Sechs Monate nach Roms Widerruf griffen auf dem Campo Santa Fosca fünf Meuchelmörder Sarpi mit Messern an und flohen danach in päpstliches Hoheitsgebiet. Sarpi überlebte und schrieb weitere 13 Jahre lang juristische und wissenschaftliche Traktate. Venedig stellte zu Ehren Scarpis am Schauplatz des versuchten Mordanschlags ein Denkmal auf.

Daniele Manin (1804–1857)

Vorfall Als der junge venezianische Rechtsanwalt den österreichischen Herrschern Reformen vorschlug, wurde er wegen Hochverrats verhaftet. Am 22. März 1848 von seinen Landsleuten befreit, führte er deren Aufstand an. Manin wurde zum Präsidenten von Venedig erklärt. Unter seiner Regierung überstand die Republik 17 Monate lang österreichischen Beschuss, Hunger und Cholera. Manin handelte günstige Kapitulationsbedingungen aus, darunter Straferlass für alle Venezianer außer für ihn selbst.

Folgen Manin ging nach Frankreich ins Exil, wo er für ein unabhängiges Italien eintrat. Er selbst erlebte die Erfüllung seines Traums nicht mehr, aber sein Leichnam wurde 1868 nach Venedig für ein Staatsbegräbnis zurückgebracht. Die Via Lunga XXII Marzo (Straße des 22. März) erinnert heute an den Aufstand von Venedig.

1955

Venedig eröffnet das erste Museum Italiens zur jüdischen Geschichte, das Museo Ebraico im Ghetto. Das Museum ermöglicht den Zutritt zu den alten Synagogen im Ghetto und zum Friedhof auf dem Lido.

1966

Fluten in Rekordhöhe entfesseln Diskussionen über Maßnahmen zum Schutz der Lagunenstadt und seiner Schätze.

1996

La Fenice brennt zum zweiten Mal bis auf die Grundmauern nieder; zwei Elektriker werden schließlich der Brandstiftung für schuldig befunden. Die Stadt baut für 90 Mio. € das Opernhaus originalgetreu auf.

2003

Nach jahrzehntelangen Auseinandersetzungen setzt Silvio Berlusconi offiziell den Bau des Modulo Sperimentale Elettromeccanico (Mose) in Gang, das katastrophale Fluten verhindern soll.

ROTE LICHTER, WEISSE WITWEN & GRAUZONEN

Die römische Geistlichkeit kritzelte noch immer blindwütig ihre Missbilligungen, als venezianische Trends klammheimlich die Salons in Europa eroberten und die *palazzi* (Paläste) am Canal Grande und die venetischen Villen an der Brenta (S. 189) zu Tummelplätzen der europäischen Hautevolee wurden.

Die verschwenderische Kleidung, die wahnwitzigen Plateauschuhe von bis zu 50 cm Höhe und die maskulinen Haartollenfrisuren der venezianischen Frauen schockierten den europäischen Adel, der die Stadt besuchte. Venedig schließlich fühlte sich genötigt, ein Luxusgesetz einzuführen, das Frauen verbat, männliche Frisuren und protzige Juwelen auf tiefen Dekolletés zu tragen. Venezianische Damen beschwerten sich beim Dogen und beim Papst mit dem Ergebnis, dass die Einschränkungen zurückgenommen wurden.

Gegenüber den rückläufigen Einnahmen aus dem Seehandel und des Wertverlusts des venezianischen Dukaten im 16. Jh. brachten die Freudenhäuser Venedigs viel zu viel wertvolles ausländisches Geld ein, um sie zu verbieten. Stattdessen entschied sich Venedig für Regulierung und Besteuerung. Anstatt in den finsteren Straßen im Rialto alle Hüllen fallen zu lassen, durften die Prostituierten ihre „Handelsgüter" nur in Fenstern von der Taille aufwärts präsentieren oder auf dem Fensterbrett sitzend ihre nackten Beine zeigen. Venedig schrieb vor, dass die Damen der Nacht in Gondeln mit roten Lichtern zu fahren hätten, um sich von den Edelfrauen zu unterscheiden, die sich zunehmend wie Prostituierte kleideten. Ende des 16. Jhs. gab es in der Stadt 12 000 registrierte Prostituierte, die buchstäblich ein Rotlichtviertel bildeten. Heute kündigen rote Lichter meist nur eine Baustelle an, aber einen Hauch jener Zeit vermittelt ein dekadentes Abendessen im Antiche Carampane (Alte Straßenmädchen; S. 119) nahe der Ponte delle Tette (Tittenbrücke; s. Kasten S. 115).

In den Flügeln der Taube (1902) von Henry James treffen ein eleganter Schwindler und eine kränkliche Erbin aufeinander – mit vorhersehbaren Folgen. Aber das fantastische Erzähltalent des berühmten Schriftstellers macht aus der Story eine fesselnde Lektüre.

Jenseits der roten Lichter rund um die Rialtobrücke trafen Besucher des 16. bis 18. Jhs. auf ausgedehnte Grauzonen der venezianischen Sitten. Venedigs „ehrbare" Kurtisanen, alles andere als von der feinen Gesellschaft verfemt, wurden weithin als Dichterinnen, Musikerinnen und als Stilikonen bewundert (s. Kasten S. 246). Da sich im 16. bis 18. Jh. freigeistige, finanziell unabhängige venezianische Frauen Liebhaber erlaubten und üppige Geschenke von Verehrern annahmen, war der Begriff *cortigiana* (Kurtisane) in gewisser Weise verwässert. Venedigs „weiße Witwen", deren Ehemänner monate- oder jahrelang auf See waren, nahmen sich gut aussehende *cicisbei* (Diener), um ihre Bedürfnisse zu befriedigen. Nicht ganz zufällig verfielen venezianische

2006

François Pinault verlegt mit städtischer Unterstützung seine hochkarätige Sammlung zeitgenössischer Kunst in den Palazzo Grassi von Giorgio Masari (1749), der von Tadao Ando umgestaltet wurde.

KRZYSZTOF DYDYNSKI / LONELY PLANET IMAGES ©

Palazzo Grassi (S. 71)

2008

Die erste neue Brücke über den Canal Grande seit 1945, die Ponte di Calatrava, wird für Fußgänger eröffnet. Es gibt Kritik wegen des modernen Baustils, der Kosten und des fehlenden Rollstuhlzugangs.

2009

Tadao Ando gestaltet im Auftrag des französischen Milliardärs Pinault das ehemalige Zollamt an der Punta della Dogana völlig um. Hier ist nun Pinaults Sammlung der Gegenwartskunst untergebracht.

Damen gelegentlich einem plötzlichen religiösen Eifer mit anschließender dreimonatiger Abgeschiedenheit.

Auf den winterlichen Maskenbällen und im Karneval brach der venezianische Adel unter Masken und Umhängen aus der Langeweile der Salons und der Amtspflichten aus und sorgte für genug Klatsch, bis die Sommersaison in den Villen von Riviera Brenta neue Skandale lieferte. Einige Venezianer ließen die Maske der Schicklichkeit gleich ganz fallen, lebten mit ihren Geliebten das ganze Jahr über offen zusammen und erkannten illegitime Erben in ihren Testamenten an. Im 18. Jh. kümmerten sich knapp 40 % der venezianischen Edelleute gar nicht mehr um eine förmliche Eheschließung, und die häufigen Eheannullierungen in Venedig schockierten sogar die sonst gar nicht zimperlichen französische Höflinge.

VON DER KOLONISIERUNG ZUR REVOLUTION

Als im Jahr 1797 Napoleon eintraf, war Venedigs Bevölkerung durch Pest und andere Ursachen von 175 000 auf knapp 100 000 Menschen gesunken. Ihr Ruf als feierfreudiges Völkchen hielt die Franzosen und Österreicher keineswegs davon ab, die Stadt und ihre Bewohner als Kriegstrophäe gegnseitig hin- und herzuschieben. Venedig erklärte sich im Krieg zwischen Frankreich und Österreich als neutral, was aber auf Napoleon keine Wirkung hatte. Venezianische Kriegsschiffe konnten zwar ein französisches Schiff am Lido abwehren, doch als Napoleon klarmachte, dass er die Stadt bei Widerstand zerstören würde, verfügte der Maggior Consiglio (Große Rat) das Ende der Republik. Der Doge legte seine Amtsmütze ab und erklärte: „Ich werde sie nicht mehr benötigen". So viel Feigheit erboste die aufständischen Bürger, aber französische Truppen erstickten den Aufruhr und plünderten anschließend im großen Stil systematisch die Stadt.

Napoleon beherrschte Venedig zwar im Verlauf von etwa elf Jahren nur zeitweilig, aber die Auswirkungen seiner Herrschaft sind noch immer ersichtlich. Er schnappte sich jedes venezianische Meisterwerk, das nicht niet- und nagelfest war, und vertrieb Ordensgemeinschaften, um Platz für Museen und Trophäengalerien, wie in den Gallerie dell'Accademia und im Museo Correr, zu schaffen. Napoleons Stadtplaner hoben die Beschränkungen für das jüdische Ghetto auf, legten Kanäle trocken und erweiterten die Straßen, um Truppenbewegungen und Beutetransport zu erleichtern. Seine Innenausstatter führten die Mode protziger Goldgesimse und neckischer Grotesken ein. Napoleons Herrschaft über Venedig ging 1814 zu Ende. Zwei Jahre später war ein Viertel der venezianischen Bevölkerung mittellos .Österreich hatte jedoch große Pläne für Venedig und erwartete von den verarmten Venezianern, dass sie die Rechnung dafür übernahmen. Sie mussten österreichischen Soldaten Unterkunft gewähren, die sich in ihrer Freizeit auf den *campi* (Plätze) mit Stierkämpfen, Biergärten und ihrer neuen Erfindung, dem *spritz* (ein Cocktail aus Prosecco und Bitterlikör), amüsierten. Danach wieder den Weg nach Hause zu finden war in den venezianischen *calli* (Gassen) gar nicht so einfach, also führten die Österreicher Straßennummern ein. Um den Schiffszugang für Truppenverstärkung und Nachschub zu erleichtern, baggerten sie die Einfahrten zur Lagune aus und bauten 1841 eine Eisenbahnbrücke – alles mit venezianischen Arbeitskräften und venezianischen Sondersteuern. Für den Bau des neuen Bahnhofs im Jahr 1846 wurden *scuole,* Klöster und ein Palast abgerissen.

Ohne Mitspracherecht in der österreichischen Marionettenregierung, stimmten viele Venezianer mit den Füßen ab: Unter der österreichischen Herrschaft fiel die Bevölkerungszahl von 138 000 auf 99 000 Einwohner. Als 1848 ein junger Rechtsanwalt namens Daniele Manin den Österreichern Reformen vorschlug, wurde er ins Gefängnis geworfen – was zu einem Volksaufstand gegen die Besatzer führte, der 17 Monate dauern sollte (s. Kasten S. 251). Österreich reagierte mit Beschuss und Blockade der Stadt. Im Juli eröffnete Österreich ein 24 Tage andauerndes, schweres Geschützfeuer, das ca. 23 000 Granaten auf die Stadt und auf die hungernde und von Cholera geschwächte Bevölkerung niederregnen ließ. Manin konnte schließlich eine Kapitulation mit der Garantie aushandeln, dass die Österreicher keine Vergeltungsmaßnahmen gegenüber der Bevölkerung ergriffen. Die Demütigung durch die österreichische Unterdrückung schwärte jedoch weiterhin. Als sich dann 1866 schließlich die Gelegenheit bot, stimmten die Menschen Venedigs und Venetiens für den Beitritt zum neuen unabhängigen Königreich Italien unter König Vittorio Emanuele II.

DAS LEBEN WÄHREND DER KRIEGE

Das prächtige Venedig erhielt im 19. Jh. allmählich ein Alltagsgesicht. Auf Giudecca, bei Mestre und Padua siedelten sich immer mehr Industrie- und bei Vicenza und Treviso Textilbetriebe an. Aufgrund der wachsenden Industrialisierung wurde Venedig als Hafen für feindliche Staaten immer interessanter. Als die österreichisch-ungarischen Streitkräfte auf Venedig zumarschierten, sahen sich mit der Gegenwehr der italienischen Marine konfrontiert. Zwei Tage, nachdem Italien 1915 Österreich den Krieg erklärt hatte, begannen Luftangriffe auf die Stadt, die mit Unterbrechungen bis Kriegsende 1918 fortgesetzt wurden. Venedig hatte Glück, diese Angriffe verursachten nur geringe Schäden und forderten nur wenige Opfer.

Als Mussolini nach dem Ersten Weltkrieg an die Macht kam, war er entschlossen, Venetien in eine moderne Hochburg der Industrie und in eine vorbildliche faschistische Gesellschaft zu verwandeln (obwohl Venedig für seine lässige Einstellung bekannt war). Mussolini ließ eine Verbindungsstraße vom Festland nach Venedig bauen und brachte die sorglose Stadt somit auf Kurs mit dem restlichen Italien. Während die größten faschistischen Kundgebungen Italiens mit bis zu 300 000 Teilnehmern in Padua (S. 191) stattfanden, trafen sich Widerstandsführer in den Parks der Stadt, um Aufstände in ganz Norditalien zu planen. Als Mussolinis Macht in der Region zu schwinden begann, schlossen sich die Partisanen den Alliierten an, um Venetien von der faschistischen Herrschaft zu befreien.

Venedig überstand die alliierten Bombenangriffe, deren Ziel vor allem die Industriebetriebe auf dem Festland waren, relativ unbeschadet und wurde 1945 von neuseeländischen Truppen befreit. Aber die Massendeportation der seit Jahrhunderten ansässigen Juden traf die Stadt bis ins Mark. Als Venetien begann, sich nach dem Krieg wieder wirtschaftlich zu erholen, zogen viele Venezianer auf das Festland, nach Mailand oder in die Wirtschaftszentren der Nachkriegszeit. Die legendäre Lagunenstadt schien im Sumpf zu versinken, unfähig, eine Kontinuität zwischen der grandiosen Vergangenheit und der wechselvollen jüngeren Geschichte herzustellen, und unsicher darüber, wie es in Zukunft weitergehen sollte.

ACQUA ALTA

Am 4. November 1966 kam es zur Katastrophe. Eine Rekordflut mit beängstigend hohen Wellen überschwemmte und 16 000 venezianische Häuser. Die Einwohner saßen auf den Trümmern ihrer 1400 Jahre Kulturgeschichte. Da aber Menschen aus der ganzen Welt die Stadt liebten und bewunderten, kam sehr schnell viel Hilfe. Venedigfans von Mexiko bis Australien, Millionäre, aber auch Rentner leisteten einen finanziellen Beitrag zum Wiederaufbau. Die Unesco koordinierte die Hilfsangebote von etwa 27 Organisationen zur Beseitigung der Verwüstungen. Fotos aus der Zeit (zu sehen unter www.albumdivenezia.it) zeigen Venezianer, wie sie in mühevoller Arbeit kostbare Bücher Seite für Seite trocknen. Gondeln halten vor den Bars für einen Spritz, der von eifrigen Kellnern in hüfthohen Stiefeln herbeigebracht wird.

Die Tatsache, dass die Venezianer sich bei *acqua alta* nicht unterkriegen lassen, könnte eine rettende Eigenschaft sein. Heute leben offiziell gut 60 000 Menschen im historischen Zentrum, und ebenso viele Besucher kommen täglich in die Stadt. Die Bewohner könnten also leicht in ihrer eigenen Stadt an den Rand gedrängt werden. Doch trotz düsterer Voraussagen ist Venedig bisher weder zu einer bühnenhaften Parodie seiner selbst noch zu einem weiteren Atlantis geworden. Die Stadt bleibt in der Gegenwart verhaftet und realistisch. Hier wird weiterhin neue Musik, Kunst und Kunsthandwerkliches geschaffen, obwohl gleichzeitig dauerhafte Lösungen für die steigenden Wasserstände gesucht werden. Es sind nicht nur alte Pfeiler, die Venedig immer noch Halt geben, sondern auch die Menschen, die sie errichtet haben, die Venezianer.

Architektur

Eine schleppende Unterhaltung während der Happy Hour kommt in Venedig schnell in Gang, wenn man die simple Frage stellt: Was ist eigentlich venezianische Architektur? Jeder hat eine Lieblingszeit in der abwechslungsreichen Architekturgeschichte der Stadt und eine andere Meinung dazu, welche zur Definition geeignet ist. Der Künstler und Philosoph John Ruskin war begeistert von der venezianischen Gotik und verabscheute Palladio. Die Anhänger Palladios hielten nichts vom Barock. Andere bevorzugten höfischen Rokoko und waren entsetzt über den anstößigen Jugendstil am Lido. So ziemlich jeder ist dagegen, dass die Industrie weiter vordringt und das Stadtbild nüchterner wird. Der neueste Trend ist die fantasievolle Umfunktionierung – alles erfährt ein Comeback.

Die kurze Fahrt den Canal Grande entlang führt an mehr als 1000 Jahren Architekturgeschichte vorbei. Die Bandbreite der 200 Palazzi an den Ufern reicht von der venezianischen Gotik mit maurischen Elementen (Ca' d'Oro) bis zum klassizistischen, konsequent für moderne Zwecke umgestalteten Palazzo Grassi.

CANAL GRANDE

WUNDER DER BAUKONSTRUKTION

Im Laufe der Jahrhunderte haben so unglaublich viele Materialien, Stilrichtungen und Einflüsse die Architektur Venedigs geprägt, dass man das einzige Definitionsmerkmal übersieht: alles steht auf Holzpfählen. Tausende von ihnen wurden als Untergrund für steinerne Fundamente in den sumpfigen Boden gerammt. Darauf wurden elegante Ziegelbauten mit grob gezimmerten Holzbalken, niedrigen *sotoportegi* (Durchgängen), hochragenden Loggias, großen Wassertoren und versteckten *cortile* (Innenhöfe) errichtet. Statt diese charakteristischen Elemente zu überdecken, versuchen moderne Architekten sie wieder hervorzuheben. Nach diesem Prinzip baute die Fondazione Giorgio Cini (S. 169) eine Marineakademie zu einer Galerie um. Tadao Ando machte aus dem Zollamt an der Punta della Dogana (S. 96) einen Schauraum für Gegenwartskunst, und nach Renzo Pianos Plänen wurde aus alten Salzspeichern ein Raum für Wechselausstellungen der Fondazione Emilio Vedova (S. 96). Diese neue alte Architektur wirkt zeitgemäßer und lebendiger als je zuvor.

VENETO-BYZANTINISCHE KUNST

Die auf Venedig verteilte Fülle an Schönheit mag ungerecht erscheinen, aber die Stadt hat auch eine lange Geschichte: Das kosmopolitische Flair sorgte ab dem 7. Jh. dafür, dass der venezianischen Architektur ein Spitzenrang zukam. Venedig selbst war damals ein bunt zusammengewürfelter, schlammiger Vorposten von Flüchtlingsbehausungen, aber die nicht weit entfernte Insel Torcello boomte als Handelsstadt mit 20 000 Einwohnern um die Cattedrale di Santa Maria Assunta (S. 187) als spirituellem Zentrum. Von weitem sieht sie aus wie eine in Ravenna entliehene, byzantinische Basilika. Aus der Nähe betrachtet entdeckt man die romanischen Bögen in den Apsiden aus dem 7. bis 9. Jh., und die Ikonostase, die das Hautschiff vom Presbyterium trennt, stammt direkt aus der orthodoxen Kirche. Zu Torcellos Blütezeit gingen Kaufleute aus Frankreich, Griechenland oder der Türkei hier von ihren Schiffen, betraten die Kirche und fühlten sich wie zu Hause.

Als Hinweis an die Besucher, dass sie sich hier in einem mächtigen Handelszentrum befanden, glänzt Santa Maria Assunta mit goldenen Mosaiken aus dem 12./13. Jh. Jüngste Ausgrabungen haben ergeben, dass es in Torcello bereits im 7. Jh. Glashütten gab. In deren Tag und Nacht brennenden Schmelzöfen wurden die Tausende winziger Glas-*tesserae* (Plättchen) produziert, die für die eindrucksvolle Madonna mit Kind benötigt

TOP FIVE: UMSTRITTENE BRÜCKEN

➡ **Ponte di Calatrava** (S. 135) Der offizielle Name der modernen Brücke zwischen der Piazzale Roma und dem Bahnhof lautet Ponte della Costituzione (Brücke der Verfassung). Sie wurde vom spanischen Architekten Santiago Calatrava geplant und sollte 1999 ursprünglich 4 Mio. € kosten. Ein Jahrzehnt lang riss die Kritik nicht ab: sie sei unnötig, unpassend und nicht behindertengerecht. Am Ende waren die Kosten dreimal so hoch wie geplant und Firmen mit Filialen am Fuß der Brücke mussten das Projekt finanziell unterstützen. Manche Venezianer sprechen deshalb von der „Benetton-Brücke". Der Gang über den minimalistischen Bogen aus Stahl, Glas und Stein ist auf jeden Fall interessant, für Rollstuhlfahrer wird derzeit ein Zugang geschaffen (die Überquerung im Rollstuhl soll aber jeweils 15 Min. dauern). Verglichen damit ist man mit dem *vaporetto* (Wassertaxi) deutlich schneller unterwegs.

➡ **Ponte di Rialto** (S. 113) Die Hauptbrücke über den Canal Grande war im Laufe der Jahrhunderte immer mal wieder von einer Katastrophe betroffen. Die ursprüngliche Holzkonstruktion von 1255 brannte bereits 1310 während einer Revolte nieder. Die Ersatzbrücke brach 1444 unter einer Menschenmenge zusammen, die bei einer Hochzeit zuschaute. 1551 brachte die Stadt das Geld für den Bau einer von Palladio, Sansovino oder Michelangelo geplanten Steinbrücke nicht zusammen. Deshalb erhielt Antonio da Ponte 1588 den Auftrag. Die Kostenüberschreitung war schon damals enorm. Als das Mauerwerk sich setzte, entstanden Risse, und es heißt, dass Ponte nur durch einen Pakt mit dem Teufel die Brücke 1592 fertigstellen konnte. Der Architekt Vincenzo Scamozzi rümpfte die Nase und sagte, da Pontes Brücke werde nicht halten, aber sie ist eine teuflisch gut durchdachte Baukonstruktion geblieben, zumindest bis 2011 Teile der hölzernen Pfeiler in den Kanal fielen. Renzo Rosso vom italienischen Jeans-Hersteller Diesel hat Spenden zugesagt. Manche fürchten aber, dass er in Zukunft dort Werbung machen will und sagen deshalb, dies sei ein neuer Pakt mit dem Teufel.

➡ **Ponte dei Pugni (Brücke der Fäuste)** Auf der umkämpften Brücke in Dorsoduro wurden oft Schaukämpfe zwischen den Nicolotti aus den nördlichen und den Castellani aus den südlichen Vierteln ausgetragen. Diese üblen Schlägereien entwickelten sich später zu harten Boxkämpfen, mit markierten Startpositionen auf dem Scheitel der Brücke (2005 restauriert). Man sah dies als spielerischen Wettkampf, auch wenn jemandem dabei ein Auge ausgestochen wurde. Die Kämpfe endeten damit, dass die Teilnehmer bluteten, hinkten oder ins Wasser fielen. Selbst König Heinrich III. gefiel das Spektakel offenbar, aber da es immer wieder Verletzte und Tote gab, wurde der Brauch 1705 beendet. Heute veranstaltet man lieber eine Regatta, wenn verschiedene Stadtviertel ihre Überlegenheit beweisen wollen.

➡ **Ponte delle Tette** (S. 115) Der Name „Tittenbrücke" stammt aus dem 15. Jh. Man legte damals fest, dass Prostituierte nur in den Fenstern der Häuser an der Brücke „oben ohne" sitzen und nicht auf den Straßen Kunden anwerben durften. Es wird erzählt (eine ziemlich verdrehte Logik), dass so eine dramatische Steigerung der Homosexualität verhindert werden sollte. Die Brücke führt zum Rio Terà delle Carampane, der nach dem Haus einer Adelsfamilie (Ca' Rampani) benannt wurde, wo sich die Straßendirnen (*carampane* genannt) gern trafen.

➡ **Ponte dei Sospiri** (S. 68) Sie wurde 1600 von Antonio Contino erbaut und erhielt ihren weltweit bekannten Beinamen „Seufzerbrücke" vom englischen Dichter Lord Byron. Sie verbindet die oberen Stockwerke des Dogenpalasts und der *prigioni nuove* (Neue Gefängnisse). Byron stellte sich vor, dass verurteilte Gefangene beim letzten Blick durch die Fenster der Brücke auf das wunderschöne Venedig seufzen würden. Allerdings ist die Lagune durch die mit steinernen Ornamenten verzierten Fenster kaum zu sehen. Es heißt, dass Paare, die sich unter der Brücke küssen, für immer lieben werden. Die Gefangenen haben das Ganze sicher deutlich weniger romantisch gesehen.

wurden, der die Apostel über dem Altar Gesellschaft leisten. Ganz zu schweigen von dem aufregend detailgetreuen Mosaik des *Jüngsten Gerichts,* auf dem das züngelnde Höllenfeuer die Füße der Verdammten zum unfreiwilligen Tanzen bringt.

Glanzpunkt des byzantinischen Stils

Als Venedig im 9. Jh. endgültig mit Byzanz brach, benötigte es ein Wahrzeichen, mit dem sich die Stadt abheben konnte, und eine Bühne, auf der sich das Goldene Zeitalter des Seehandels entrollen sollte. Die Basilica di San Marco (S. 60) fängt Venedigs große Ambitionen in fünf riesigen, mit Goldmosaiken ausgelegten Kuppeln ein, die verirrte Sonnenstrahlen zu einem Feuerwerk im Inneren bündeln. Bis heute entlockt dieser Anblick den Massen von Bewunderern aus aller Welt ein hörbares Keuchen. Die Basilika wurde im 9. Jh. dreischiffig gebaut; nach einem Feuer kamen zwei Schiffe hinzu, sodass sie den Grundriss eines griechischen Kreuzes erhielt. Vorbild war die Apostelkirche in Konstantinopel. Der Ost-trifft-West-Stil symbolisierte Venedigs Stellung als neue Macht an der Adria aufs Schönste. Die besten Kunsthandwerker des gesamten Mittelmeerraums wurden damals engagiert, um die Blendkraft der Basilika ins Unvorstellbare zu steigern, angefangen mit meisterliche Marmorreliefs aus dem 12./13. Jh. über die romanischen Torbögen bis hin zu den Steinböden mit Einlegearbeiten aus Halbedelsteinen in komplexer islamischer Geometrie, die figürliche Darstellungen ablehnt.

Die Basilika diente als offizielle Kirche des Dogen. Jedesmal, wenn Venedig durch Handel oder Krieg neue Territorien errungen hatte, wurde des Dogen Anteil an der Beute in der Basilika ausgestellt. So erklären sich die Wände aus vielfarbigem, in Ägypten gestohlenem Marmor und die römischen Bronzepferde des 2. Jhs., die Venedig der Plünderung des Hippodroms von Konstantinopel 1204 verdankt.

Die Ausgestaltung der Basilika veränderte sich mit dem Geschmack der Jahrhunderte zu Gotik und Renaissance. Ihre Botschaft an die Würdenträger, die sie besuchten, blieb jedoch immer die gleiche: Gottes Ruhm mag über allem stehen, aber die irdische Macht liegt in den Händen des Dogen.

ROMANISCHE ARCHITEKTUR

Im 9. Jh. war die Romanik überall in Westeuropa, von der Lombardei bis zur Toskana, im südlichen Frankreich und nordöstlichen Spanien, später auch in Deutschland und England, der letzte Schrei. Ganz gleich ob aus einfachen Ziegeln oder feinstem Marmor gebaut: Runde Bögen, tonnengewölbte Decken, dreischiffiger Grundriss und stille Kreuzgänge definierten die mittelalterliche Kirchenarchitektur. Der nüchterne, klassische Stil war eine bewusste Bezugnahme auf das Römische Reich und die frühchristlichen Märtyrer, die alles für die Kirche geopfert hatten. Und er erinnerte die Gläubigen an ihre Pflicht, die Kreuzzüge zu unterstützen. Um sicherzustellen, dass die Nachricht wirklich verstanden wurde, feierten plastische Reliefs an den Eingangstoren das Heldentum, während in die Steinkapitelle düsterer Gruften eingemeißelte Engel und Dämonen in den Gläubigen die Angst vor dem Teufel weckten.

Als Venedig im 13. Jh. zur Seemacht aufstieg, wurden viele kleinere byzantinische und romanische Bauten abgerissen, um Platz zu schaffen für die Grandezza der Hochgotik. Die schönsten Beispiele der Romanik im Veneto und vielleicht in ganz Norditalien sind Veronas riesige, im 12. bis 14. Jh. erbaute Basilica di San Zeno Maggiore (S. 208) und

POGGI

Allgegenwärtig im Stadtbild sind außer den Brücken auch die Brunnenkränze (*poggi*). Bevor in Venedig eine Wasserleitung gebaut wurde, gab es bereits mehr als 6000 öffentliche Brunnen, in denen Regenwasser gefiltert und gesammelt wurde. Selbst heute noch, wenn die *bacari* (Bars) am frühen Abend zu voll werden, treffen sich die Menschen gern zum Plaudern an diesen Brunnen.

TOP FIVE: GÖTTLICHE ARCHITEKTURERLEBNISSE

- **Basilica di San Marco** (S. 60) Golden schimmern die Mosaiken in den Kuppeln des Doms.
- **Chiesa di San Giorgio Maggiore** (S. 167) Großzügiger, von Palladio gestalteter Innenraum mit harmonischer, beeindruckender Atmosphäre.
- **Scuola Grande dei Carmini** (S. 95) Longhenas „Treppe zum Himmel".
- **Chiesa di Santa Maria dei Miracoli** (S. 134) Ein kleines Wunder der Renaissance in mehrfarbigem Marmor.
- **Schola Spagnola** (Spanische Synagoge; S. 133) Die hohe, ovale Frauengalerie wirkt wie in einer Oper.

Paduas Freskenjuwel, das romanische Baptisterium (S. 195). In Venedig selbst ist romanische Schlichtheit in der Chiesa di San Giacomo dell'Orio (S. 113) erhalten.

VENEZIANISCHE GOTIK

Im 12. Jh. erhoben sich himmelhohe Turmspitzen und Strebwerke über Paris, und das übrige Europa sah im Vergleich dazu plötzlich klein und gedrungen aus. Es dauerte nicht lange und jede europäische Hauptstadt versuchte, Paris mit eigenen gotischen Wunderwerken zu übertreffen. Charakteristisch waren die scheinbar filigranen Kreuzrippengewölbe, die das Gewicht der Steinwände verteilten und so Öffnungen für große farbige Glasfenster möglich machten. Außerdem wird der Druck auf das äußere Strebewerk geleitet.

Europas mittelalterliche Großmächte nutzten diesen prachtvollen internationalen Architekturstil, um ihren Glanz und ihre Stellung zu demonstrieren. Venedig allerdings überbot seine Nachbarn nicht an Höhe, sondern indem es eine eigene Abwandlung der Gotik erfand. Die Stadt unterhielt seit Jahrhunderten Handelsbeziehungen rund ums Mittelmeer vom Libanon bis Nordafrika. Der beständige Austausch von Baumaterialien, technischen Neuerungen und ästhetischen Idealen mündete in einer kreativen Durchdringung westlicher und nahöstlicher Architektur. Anstatt die Fenster mit einem einfachen Spitzbogen einzurahmen, wie es in Frankreich und Deutschland üblich war, erweiterte Venedig seine Bögen um den Dreipass, eine elegant geformte, maurische Verzierung in Kleeblattform. Sie wurde das Kennzeichen venezianischer Gotik.

Gotische Backsteinbauten

Wie in Frankreich und in Teilen Deutschlands wurden die Kathedralen auch in der Toskana aus Marmor erbaut; Venedig hingegen bevorzugte einen strengeren, feierlichen Stil, so bei I Frari (S. 112), die in Form eines lateinischen Kreuzes aus Ziegeln errichtet und nach hundertjähriger Bauzeit 1443 fertiggestellt wurde, und dem 1430 geweihten Zanipolo (S. 147). Die reicher geschmückte Madonna dell'Orto (S. 136) wurde ebenfalls aus Ziegeln auf einem Fundament aus dem 10. Jh. erbaut; 1460–1464 erhielt ihre Fassade die hellen, feinspitzigen Ornamente aus Porphyr. Der Kontrast von weißem Stein auf rotem Ziegel beruht möglicherweise auf Einflüssen aus dem arabischen Raum. Ein ähnlicher Stil ist im Jemen beliebt, wohin Marco Polo im 13. Jh. Handelsbeziehungen aufgebaut hatte.

Gotische Profanbauten

Gotische Architektur war so kompliziert und teuer, dass sie normalerweise nur bei Kathedralen reicher Gemeinden Verwendung fand. In Venedig allerdings galt: War Gotik gut genug für Gott, so war sie auch gut genug für den Dogen. Der extravagante Palazzo Ducale (S. 64) ist eine der wenigen säkularen gotischen Bauten. Er wurde ab 1340 in grandioser venezianischer Gotik errichtet und erhielt bis Ende des 15. Jhs. Verschönerungen und Erweiterungen. Kaum beendet, zerstörte ein Feuer 1577 den Palast.

Venedig hatte die Qual der Wahl: Sollte es den extravaganten Prachtbau im originalen *gotico fiorito* (Flamboyantstil) wieder aufbauen oder auf die gerade in Mode gekommene Renaissance setzen, die Palladio und seine Anhänger propagierten. Man entschied sich für die Gotik und wählte für die Fassade anstelle von Ziegel ein elegantes Puzzle aus weißem, istrischen Stein und rosafarbenem Marmor aus Verona. Eine luftige, weißspitzige Loggia blickt auf den Canal Grande. 1853 bezeichnete der kritische und unerschrockene Kämpfer für die gotische Architektur, John Ruskin, den eleganten Palazzo Ducale sogar übertrieben als das „wichtigste Gebäude der Welt".

Der Dogenpalast ist natürlich ein architektonischer Knüller, aber auch viele andere venezianische Adelige lebten im 14. Jh. nicht gerade in schäbigen Anwesen. Sogar ohne ihre ursprüngliche Vergoldung ist die Ca' d'Oro (S. 134) unbestritten ein Höhepunkt am Canal Grande. Der typische venezianische *palazzo* (Palast) einer Adelsfamilie besaß ein Tor, das Booten Zugang zum Innenhof oder dem Erdgeschossbereich bot. Die großzügige Empfangshalle befand sich im *piano nobile*, meist in der ersten Etage. Das *piano nobile* sollte auf Besucher Eindruck machen: Das Licht strömte durch die überhohen Fenster der Loggia und der Balkone herein. Eine elegante Arkade, die von schönen Marmorbögen in venezianischer Gotik und Dreipassfenstern gekrönt war, schmückte oft die zweite Etage. Dekorative Zinnen bildeten den Abschluss des Gebäudes am Dach.

Beliebt, wenn auch makaber sind Wetten darauf, welcher Glockenturm *(campanile)* als nächster den Bewegungen des sumpfigen Untergrundes zum Opfer fallen könnte. Auf den schiefen Turm der Kirche San Giorgio dei Greci braucht man nicht mehr zu wetten: Er neigt sich schon seit 1592. Der *campanile* von San Marco stand bis zu seinem Einsturz 1902 kerzengerade.

CAMPANILE

RENAISSANCE

Jahrhundertelang strebten gotische Kathedralen in die Höhe und zogen Augen und Hoffnungen der Gläubigen himmelwärts. Erst als die Renaissance eine Ära der Vernunft und des Humanismus einläutete, wurde die Architektur wieder zugänglicher und in ihrem Aufbau rationaler. Venedig sprang nicht gleich auf diese radikal neue, toskanische Weltsicht an. Doch die Wiederbelebung klassischer Ideale fasste dank der Universität in Padua (S. 194) und venezianischer Verlagshäuser allmählich Fuß.

Mit dem Studium der klassischen Philosophie ging eine neue Wertschätzung der strengen klassischen Ordnung, der harmonischen Geometrie und menschlicher Proportionen einher. Ein hervorragendes frühes Beispiel hierfür ist die 1489 erbaute Chiesa di Santa Maria dei Miracoli (S. 134). Die kleine Kirche ist eine Meisterleistung des Bildhauers und Architekten Pietro Lombardo (1435–1515) und seiner Söhne Tullio und Antonio. Von Außen präsentiert sie sich mit wild geädertem, vielfarbigem Marmor sehr unruhig, doch der gleichförmige Rhythmus korinthischer Pilaster schafft Ordnung. Das komplett aus Marmor gestaltete Innere bildet den Rahmen für eine Reihe fein gearbeiteter Skulpturen; die Kassettendecke bevölkern Heilige in venezianischer Kleidung der Zeit. Mit diesem intimen, gefälligen Gotteshaus kehrt die Sakralarchitektur auf die Erde zurück.

Sansovinos humanistische Architektur

Der in Florenz geborene und in Rom in klassischer Architektur ausgebildete Jacopo Sansovino (1486–1570) war als Venedigs *proto* (offizieller Stadtbaumeister) ein Meister der Renaissance. Seine besten Arbeiten verdeutlichen nicht nur den Wandel im ästhetischen Bereich, sondern auch den grundlegenden Umbruch im Denken. Das gotische Ideal war eine unglaublich hohe Turmspitze, die ein Kreuz krönte. Sansovinos Libreria Nazionale Marciana (S. 70) hingegen ist die perfekte Verkörperung der Renaissance, ein niedriges, von einem Flachdach abgeschlossenes Monument, das Statuen berühmter Männer schmücken. Die Großen der Geschichte sind auch Thema der Scala dei Giganti im Palazzo Ducale (S. 64): Die Treppe war venezianischen Würdenträgern vorbehalten und sollte sie als unmissverständliches Symbol daran erinnern, dass jeder, der die Höhen der Macht erklimmen will, auf den Schultern von Giganten stehen muss.

Die Renaissancearchitektur streckte sich nicht nach dem Himmel, sondern suchte den Horizont. Mit seiner Arbeit an insgesamt 15 Bauten veränderte Sansovino das Stadtbild Venedigs, so auch mit der ebenso klaren wie prächtigen Chiesa di San Francesco della Vigna (S. 151). Palladio vollendete sie mit einer Säulenfassade; Pietro und Tullio Lombardo sorgten für den Skulpturenschmuck. Nur eines der ambitioniertesten Projekte Sansovinos wurde glücklicherweise nie realisiert: Er wollte die Piazza San Marco in ein römisches Forum verwandeln.

Top Five: Palladios Meisterwerke

- *Chiesa di San Giorgio Maggiore (Isola di San Giorgio Maggiore)*
- *La Malcontenta (Riviera Brenta)*
- *La Rotunda (Vicenza)*
- *Villa di Maser (nördlich von Vicenza)*
- *Teatro Olimpico (Vicenza)*

Renaissance-Paläste

Der Einfluss der Renaissance wurde in Venedig vor allem entlang des Canal Grande sichtbar: Gotische Spitzbögen entspannten sich zu Arkadenbögen, wiederkehrende geometrische Formen und klassische Ordnung ersetzten den Dreipass, Paläste erhielten Fundamente aus Buckelquadern roh behauenen Marmors. Einer der stilbildenden Bauherrn am Canal Grande war der in Bergamo geborene Mauro Codussi (etwa 1440–1504), dessen erste Arbeit in Venedig die zierliche Chiesa di San Michele (S. 182) war. Er hatte keine Mühe, seinen klassischen Formenkanon auch an säkularen Bauten und Palästen umzusetzen. Codussi baute im 15. Jh. den Torre dell'Orologio (S. 70) sowie mehrere außergewöhnliche *palazzi*, darunter Palazzo Vendramin-Calergi, heute besser bekannt als Casinó di Venezia (S. 139). Michele Sanmicheli (1484–1559) stammte aus Verona und hatte wie Sansovino in Rom gearbeitet, bis ihn die Stadt 1527 entließ und er gezwungen war, nach Venedig zu fliehen. Die Republik Venedig beschäftigte ihn mit dem Ausbau von Verteidigungsanlagen wie dem Forte Sant'Andrea (S. 181), das auch unter dem Namen Castello da Mar (Meeresfestung) bekannt ist. Sogar Sanmichelis Arbeiten für private Auftraggeber sind geprägt von einer eindrucksvollen, kaiserlich-römischen Grandezza; das Palazzo Grimani (1557–1759) am Canal Grande ist mit einem Triumphbogen im Erdgeschoss geschmückt und passt ideal zu seiner heutigen Funktion als städtisches Berufungsgericht.

Palladio

Obwohl der Barock bereits die klaren Linien der Renaissance mit Schmuck und Geschnörkel zu verwässern begann, verweigerte sich der in Padua geborene Andrea Palladio (1508–1580) diesem neuen Einfluss und legte damit die Grundlage für die moderne Architektur. Seine Fassaden sind ein offenes Buch der klassischen Architektur, zusammengesetzt aus den Grundformen der Geometrie: Ein dreieckiger Ziergiebel ruht auf runden Säulen über dem Rechteck einer Treppe. Dadurch wirken die eleganten Fassaden von San Giorgio Maggiore (S. 167) und die Redentore (S. 168) unwiderstehlich konsequent.

Der Kunsthistoriker John Ruskin verachtete die Renaissancearchitektur generell und Palladio im Besonderen. Über San Giorgio Maggiore notierte er in seinem Buch *The Stones of Venice* (1851–1853): „Es ist wohl kaum möglich, einen Entwurf zu ersinnen, der grobschlächtiger, barbarischer und kindischer in der Konzeption, kriecherischer in der Nachahmung, abgeschmackter im Ergebnis und verachtenswerter unter jedem rationalen Gesichtspunkt sein könnte (…). Das Innere der Kirche gleicht einem großen Konferenzraum und verdiente nicht einen einzigen Augenblick Aufmerksamkeit, enthielt es nicht wertvollste Gemälde." Man sollte diese Wertung nicht ernst nehmen. Vielleicht sehen Palladios blendend weiße Fassaden aus istrischem Stein aus der Ferne kühl aus; aus der Nähe gewinnen sie deutlich jedoch an Charakter: Gewölbte Decken und zarte Anmut nehmen den Barock und den Modernisme vorweg.

BAROCK & KLASSIZISMUS

In anderen Teilen Europas erschien Barockarchitektur mit ihrer Kombination von Verspieltheit und Schauer als oberflächlich: Keinerlei Vernunft oder Würde, wie die Renaissance sie vertreten hatte, lagen ihr zugrunde. Am Canal Grande hingegen machte die Beschwingtheit des Barocks Sinn. Die weißen, mit Ornamenten überreich geschmückten Adelspaläste sahen aus wie schwimmende Hochzeitstorten. Baldassare Longhena (1598–1682) übernahm die Funktion des Stadtbaumeisters zu einem Zeitpunkt, als die Stadt nach überstandenen Pestepidemien aufatmete. Mit der strahlenden, weißen Kuppel der Chiesa di Santa Maria della Salute (S. 95) setzte Longhena einen architektonischen Kontrapunkt gegen die dunkle Epoche.

Architekturhistoriker schreiben den ungewöhnlichen Kuppelbau auf achteckigem Grundriss dem Einfluss römischer Heiligtümer, Kabbalasymbolen und Palladios in die Höhe strebenden, klassischen Linien zu. Longhena entfesselte bei der Außendekoration von Santa Maria della Salute all seine Fantasie: Er bevölkerte die Fassade mit jubilierenden Statuen und ließ sie sich sogar über den Haupteingang beugen. Die Kirche avancierte zum Lieblingsmotiv für Landschaftsmaler von Turner bis Monet. Der Anti-Barock-Kämpfer Ruskin musste eingestehen, dass „ein in den schlechtesten Schulen ausgebildeter Architekt, dessen Werk gänzlich frei war von Inhalt oder Bedeutung, dennoch so viel natürliches Talent besaß, Figuren zu gruppieren oder anzuordnen, dass seine Strukturen aus der Ferne betrachtet durchaus Wirkung hatten". Longhenas überreich mit Riesenstatuen besetzte Fassade des Ospedaletto (S. 154) erschien Ruskin „monströs" – Bewunderer des Barock denken anders darüber. Longhenas Meisterwerk wurde die Ca' Rezzonico (S. 94), dank sonnendurchströmter Salons und spektakulärer Deckenfresken von Tiepolo gänzlich dem Genuss geweiht.

Klassizismus

Trotz all dieser Ornamente verlor Venedig den harmonischen Geist der Renaissance nie ganz. Im 18. Jh. wurde der monumentale Klassizismus Mode. Der von Palladio beeinflusste Giorgio Massari (etwa 1686–1766) konzipierte die **Chiesa dei Gesuati** (S. 96) als ein großes Schauspiel und Bühne für Tiepolos Trompe-l'œil-Decken. Er ordnete die Salons des zierlichen Palazzo Grassi (S. 71) um einen zentralen, von Arkaden umgebenen Lichthof an. Schließlich beendete er die von Longhena begonnene Ca' Rezzonico am Canal Grande.

Napoleon brach 1797 wie ein Tyrann über Venedig herein. Er war entschlossen, das Gesicht der Stadt zu erneuern. Als Erstes ordnete er an, Sansovinos Chiesa di Geminiano abzureißen, um Platz zu schaffen für ein Bauwerk, das ihn selbst ehren sollte. Giovanni Antonio Selva (1753–1819) bekam den Auftrag für die Ala Napoleonica (s. Museo Correr, S. 70). Der Kaiser ließ ein ganzes Stadtviertel mit vier Kirchen schleifen, um die Giardini Pubblici (auch bekannt als Biennale) und die Via Garibaldi in Castello anzulegen.

Obwohl Napoleon Venedig nur elf Jahre beherrschte, tauchten nun überall in der Stadt französische Boulevards auf, wo früher Kirchen gestanden hatten: Sant'Angelo, San Basilio, Santa Croce, Santa Maria Nova, Santa Marina, San Mattio, San Paterniano, San Severo, San Stin, Santa Ternita, San Vito und viele weitere Gotteshäuser verschwanden in dieser Zeit.

Die Österreicher bauten auf Kosten der einheimischen Steuerzahler 1841–46 die erste Brücke von Venedig aufs Festland, um Soldaten und Vorräte mit der Bahn in die Stadt transportieren zu können. Die Brücke über die Lagune ist 2,7 km lang und steht auf 222 Bögen. Ursprünglich war unter den Pfeilern Sprengstoff angebracht, der im Notfall detonieren sollte. Bei Restaurierungsarbeiten soll er später stillschweigend entfernt worden sein.

DAS 20. JAHRHUNDERT

Nachdem die Barockbauten auf Giudecca abgerissen wurden, um neue Fabriken und einen Bahnhof zu bauen, brauchte die Stadt Jahrzehnte, um sich von diesem Schock zu erholen. Venedig kehrte zur *venezianitá* des 19. Jhs. zurück, der Neigung, zu sehr auf venezianische Elemente aus unterschiedlichen Epochen zurückzugreifen – zum Beispiel ein gotischer Dreipassbogen hier, eine barocke Kuppel dort. Statt diese unvereinbaren Elemente miteinander abzustimmen, drapierte man die Innenräume üppig mit Damast und verschnörkelten Kronleuchtern aus Murano. Dieser Mischmasch schien das Ende der großartigen Architektur Venedigs zu sein.

Jugendstil am Lido

Nach nahezu einem Jahrhundert französischer und österreichischer Dominanz entfesselte Venedig am Lido mit dem *stile liberty* ein Feuerwerk beschwingter Eleganz. Schmiedeeiserne Pflanzen umwucherten die Balkone der Strandvillen, und die wildesten Fantasien brachen sich an den Fassaden von Grandhotels wie Giovanni Sardis 1898–1908 errichtetem Excelsior im byzantinisch-maurischen Stil und Guido Sullams Hungaria Palace Hotel Bahn. Eklektische Rückgriffe auf japanische Kunst sowie der Natur und vergangenen venezianischen Stilepochen entliehene Ornamente auf Fliesen, farbigem Glas, Schmiedeeisen und Fresken im *stile liberty* verliehen den Bauten am Lido ein kosmopolitisches Flair und einen Hauch bohèmehafter Dekadenz.

Faschistische Bauten

In den 1930er-Jahren bestimmten die Faschisten auf dem Lido. Strenger, funktionaler Neoklassizismus prägte nun selbst Vergnügungsorte wie den 1937/38 errichteten Palazzo Della Mostra Del Cinema (S. 171), das ehemalige Casinò, der heute als Kongresszentrum dient. Die Architektur der faschistischen Ära taucht hier und da wie ein Schock auch im Herzen Venedigs auf, und nimmt kantige Kaufhausfassaden im Stadtkern vorweg. Man denke nur an das Hotel Bauer und den Erweiterungsbau des Hotel Danieli (S. 230). Letzteres repräsentiert etwas, was eigentlich einen architektonischen Widerspruch darstellt: faschistische Eleganz.

Scarpas klassische Moderne

Mit der Biennale kam auch neue internationale Architektur nach Venedig, aber die klassische Moderne blieb eine importierte Stilrichtung, bis sie der venezianische Architekt Carlo Scarpa (1906-1978) für sich entdeckte. Statt einfach glatte, moderne Linien zu schaffen, legte er Konstruktionselemente frei und fügte oft überraschende ästhetische Details hinzu. Im Negozio Olivetti (S. 73) gibt es Mosaiken und Wasserrinnen auf dem Boden, die an *acqua alta* erinnern. Rauer Beton wird so sorgfältig auf den Wänden verarbeitet wie Marmor und Balkone ragen wie Sprungbretter ins Leere.

Der Venezuela-Pavillon (S. 149) aus Betonplatten war seiner Zeit um ein halbes Jahrhundert voraus und ist immer noch eine Hauptattraktion für Biennale-Besucher. Liebhaber der klassischen Moderne pilgern zum Brion-Friedhof bei Asolo, wo sich auch Scarpas Grab befindet, sowie nach Verona, um das von ihm restaurierte Castelvecchio (S. 209) zu bewundern. Auf kleinere Projekte Scarpas stößt man im ganzen Stadtgebiet Venedigs: den ehemaligen Kartenschalter der Biennale, dessen Dach an eine Grille erinnert, den Eingang und die Gärten des Palazzo Querini Stampalia (S. 152) und die behutsamen Umbauten im Foyer der Accademia (S. 91).

VENEDIG HEUTE: AKTUELLE PROJEKTE

Es hat immer wieder Kritik an der Architektur der Moderne gegeben, v. a. von Befürwortern der Denkmalpflege. Zu den Projekten, die nie über das Reißbrett hinauskamen, gehören Frank Lloyd Wrights Entwurf für ein Studentenwohnheim am Canal Grande (1953), Pläne von Le Corbusier für ein Krankenhaus in Cannaregio (1964) und Luis Kahns Konzept für einen Palazzo dei Congressi in den Giardini Pubblici. Dennoch gibt es in Venedig mehr moderne Architektur, als man denken könnte. Ein Drittel aller Gebäude sind nach 1919 errichtet worden.

Nach der Hochwasserkatastrophe von 1966 schien das gesamte architektonische Erbe Venedigs verloren zu sein. Architekturbegeisterte aus aller Welt überwanden ihre Differenzen und halfen den Venezianern, indem sie ganze *palazzi* retteten und Hilfsfonds überall in der Stadt unterstützten.

Heute ist die Stadt offen für eine breite Palette an Stilrichtungen, aber es gibt weiter kontroverse Diskussionen. Der jahrzehntelange Wirbel um die Ponte di Calatrava (s. Kasten S. 258) überschnitt sich mit hitzigen Diskussionen über den Wiederaufbau des Teatro Fenice nach einem Brandanschlag 1996. Architekturkritiker wollten eine avantgardistische Neukonstruktion von Gae Aulenti, aber die Stadt entschied sich für einen Nachbau des Opernhauses aus dem 19. Jh., der 90 Mio. € kostete und 2003 abgeschlossen wurde.

Der Tadao-Ando-Effekt

Die Zahl der realisierten avantgardistischen Projekte ist verblüffend, trotz der strengen Bauvorschriften und der besonderen Schwierigkeiten, dies sich durch den aufwendigen Transport an Materialien ergibt, die mit Booten, Kränen und per Handkarre herbeigeschafft werden müssen. Der französische Milliardär Francois Pinault beauftragte den japanischen, minimalistisch arbeitenden Architekten Tadao Ando, zwei historische Gebäude zu Galerien für seine moderne Kunstsammlung umzubauen. Finanziert wurden die Projekte mit Hilfe der Stadt und aus Pinaults eigenen (wohlgefüllten) Taschen. Der Charakter der Gebäude blieb erhalten, heute betont die behutsame Umgestaltung die Stärken der Gebäude, dem von Giorgio Massari 1749 errichteten Palazzo Grassi (S. 71) und dem alten Zollamt an der Punta della Dogana (S. 96). Letzteres wurde etwa 1675 erbaut, 2002 aufgegeben und 2009 als Kunstmuseum wiedereröffnet.

Venezianer vermeiden es, zwischen den Pfeilern am Kai von San Marco zu spazieren, wo einst Verbrecher hingerichtet wurden. Es heißt, dass jeder, der zwischen den Pfeilern läuft, ein vorzeitiges Ende findet. Marin Falier wurde acht Monate, nachdem er das Amt des Dogen annahm, geköpft – er war dabei wohl zwischen die Pfeiler geraten.

PFEILER AM KAI VON SAN MARCO

Kreative Projekte auf Giudecca

Unterdessen stieß der am MIT ausgebildete italienische Architekt Cino Zucci 1995 mit dem Umbau der im 19. Jh. errichteten Ziegelfabriken und am Wasser liegenden Lagerhäuser zu Kunststätten und Lofts eine Wiederbelebung der Giudecca an. Aus einem dreieckigen Bunker, in dem während des Zweiten Weltkriegs Bomben lagerten, wurde das Teatro Junghans, das 2005 als Venedigs Hotspot für experimentelles Theater eröffnete. Ernest Wullekopfs Getreidemühle Molino Stucky von 1896 wurde als mega-komfortables Hilton-Hotel mit einem Rundum-Spa und einer Bar auf dem Dach wiederbelebt (S. 174).

Beachtenswerte Projekte

Auch an überraschenden Orten in der Lagune werden neue Projekte umgesetzt: Auf der Friedhofsinsel San Michele arbeitet das Büro von David Chipperfield an einer Erweiterung des düsteren, minimalistisch gestalteten Hofes der vier Evangelisten (s. Cimitero, S. 170). Tronchetto ist eigentlich eine Insel voller Parkplätze, die nagelneue Standseilbahn „People Mover" (S. 298) ist nun ein moderner Hingucker. In den historischen Werftgebäuden des Arsenale findet heute die Architektur-Biennale statt. Es wurde ein schickes neues Café im Innenhof geschaffen, aus den mittelalterlichen Werftschuppen wurden untereinander verbundene Galerien. In der Innenstadt hat das Glamrock-Ambiente im exklusiven Ca' Pisani einen Trend hin zu Designer-Hotels ausgelöst. So hat z. B. Alvin Grassi den Palazzo Barbarigo am Canal Grande in ein feines, modernes Hotel verwandelt (S. 222).

Venedig wird als Ort moderner Architektur immer interessanter. Es gibt interessante Pläne für das Internationale Filmfestival in Venedig einen ganz neuen Konferenz- und Kinokomplex zu errichten. Das jetzige Kino ist zu klein, und sieht, ehrlich gesagt, aus wie ein Flughafen aus der Zeit des Faschismus. Der Marco-Polo-Flughafen wiederum ist ein ziemlich trostloser Ort und soll komplett modernisiert werden. Er soll nach Plänen von Stararchitekt Frank Gehry zusammen mit der dringend benötigten neuen Marina Teil des geplanten Komplexes Venice-Gateway werden.

TOP FIVE: MODERNE ARCHITEKTUR

- **Biennale-Pavillons** (S. 149) Hochmoderne Pavillonbauten, die der Biennale oft die Schau stehlen.
- **Punta della Dogana** (S. 96) Das alte Zollamt wurde von Tadao Ando fantasievoll zu einer Galerie der Gegenwartskunst umgestaltet.
- **Negozio Olivetti** (S. 73) Der progressive Carlo Scarpa machte 1958 aus einem staubigen Souvenirgeschäft ein Schaufenster der Moderne.
- **Fondazione Giorgio Cini** (S. 169) Die Umgestaltung der ehemaligen Marineakademie zu einer avantgardistischen Kunstgalerie hat viel Staub aufgewirbelt.
- **Palazzo Grassi** (S. 71) Der minimalistische Entwurf von Tadao Ando befreite Massaris Palazzo von überflüssigem klassizistischem Dekor.

Kunst & Kultur

Bereits im 13. Jh. hatte Venedig etwas schier Unmögliches vollbracht: den Aufbau eines maritimen Imperiums. Alle Macht lag in den Händen dieser Stadt an einer flachen Lagune, an deren schlammigem Ufer Paläste majestätisch aufragten. Doch Venedigs Vorherrschaft währte nicht lange. 1348 und 1349 dezimierten Pestepidemien mehrmals die Bevölkerung der Stadt. Neue Handelsrouten in die Neue Welt ließen ab 1492 Venedig und seine Steuereintreiber links liegen. Und um die Mitte des 15. Jhs. beherrschte nicht mehr Venedig, sondern das Osmanische Reich den adriatischen Raum. Nachdem Venedig nicht mehr länger mit Reichtum und Macht auftrumpfen konnte, feierte es seine Siege mit neuen Stilrichtungen in Kunst, Musik, Theater und Dichtung.

BILDENDE KUNST

Allein schon die riesige Anzahl der Meisterwerke, mit denen Venedig vollgestopft ist, verwundert. Liegt die Ursache für diese Kunstflut womöglich in der Zusammensetzung des Wassers? Sicher nicht, die Gründe sind einfacher: Von jeher bemühte sich Venedig, seine Künstler und Architekten nicht am Hungertuch nagen zu lassen. Wohlhabende Bürger, die Stadt und die Kirche sorgten mit langfristigen Aufträgen für ein Gefühl von Sicherheit. Künstler erhielten auch die außergewöhnliche Möglichkeit, neuartige Kunstwerke ohne Beeinflussung zu schaffen. Einen wichtigen Beitrag leistete dabei die Stadt, indem sie sich beharrlich weigerte, die Zensurerlasse der Inquisition umzusetzen. Anstatt jung, bettelarm und in Ungnade gefallen zu sterben, lebten beispielsweise Tizian und Giovanni Bellini über 80 Jahre – beide schufen großartige Spätwerke. Das parallel verlaufende innovative Schaffen von jungen und alten Künstlern führte zur Gründung von individuellen Schulen der Malerei in Venedig, wie sie weder im restlichen Italien noch im übrigen Europa zu finden sind.

HL MARKUS

Die in venezianische Fassaden eingemeißelten geflügelten Löwen sind das Symbol des hl. Markus (San Marco), Venedigs Schutzpatron. Einige besaßen jedoch einst eine ungute Funktion. Im 16. Jh. installierte der *Consiglio dei Dieci* (Rat der Zehn) *bocca dei leoni* – Löwenmäuler. Sie dienten als eine Art Briefkästen, um in anonymen Schreiben Verbrechen von Nachbarn (alles vom Fluchen bis zur Verschwörung) zu denunzieren.

Frühe venezianische Malerei

Schon auf den ersten Blick sind an den Mosaiken der Basilika San Marco oder Santa Maria Assunta in Torcello die grundlegenden Elemente der frühen venezianischen Malerei zu erkennen: Große Augen und ein ernster Gesichtsausdruck zeichnen die überlebensgroßen Heiligenfiguren aus, die vor goldenem Hintergrund oder über gotischen Thronen zu schweben scheinen. Byzantinische Einflüsse manifestieren sich in Paolo Venezianos (etwa 1300–62) 1325 geschaffenem Gemälde *Die ergebene Jungfrau auf dem Thron* in der Gallerie dell'Accademia (S. 91): Wie Bühnenarbeiter, die einen Theatervorhang teilen, ziehen zwei Engel die Enden eines mit Sternen übersäten, roten Umhangs auseinander und enthüllen eine übergroße Madonna mit einem goldenen Jesuskind. Vor ihrem Thron knien zwei winzige Stifter.

Zu Beginn des 15. Jhs. brachen venezianische Maler mit der byzantinischen Tradition. Das Gemälde *Maria mit dem Kinde* (1455) von Jacopo Bellini (1396–1470) in der Accademia spricht gewiss alle Eltern an: Mit strahlenden Augen setzt das Jesuskind seinen mit einer Sandale bekleideten Fuß auf eine steinerne Balkonbrüstung, während die offensichtlich übermüdete Maria das Kind geduldig vom Sims zurückzieht. Andrea Mantegna (1431–1506) aus Padua trieb den Blickwinkel der Renaissance ins Extreme. In seinen biblischen Szenen reagieren die Umstehenden angesichts eines Wunders oder Märtyrertods mit Schock, Angst, Scheu, Zorn und sogar mit unangemessenem Lachen.

Als der toskanische Maler Gentile da Fabriano in seinen Werken den Übergang von der Spätgotik zum Realismus der Renaissance vollzog, lebte er gerade in Venedig. Offensichtlich beeinflusste er den jungen, auf Murano geborenen Maler Antonio Vivarini (1415–1480). Dessen Polyptychon *Passion* in der Ca' d'Oro (S. 134) strahlt einen imposanten Pathos aus. Antonios Bruder Bartolomeo Vivarini (1432–1499) schuf ein reizvolles Altarbild für I Frari (S. 112). Es zeigt, wie ein Jesuskind sich aus den Armen der Madonna windet, die fest auf ihrem marmornen Renaissancethron sitzt.

Venedigs rot glühende Renaissance

Jacopo Bellinis Sohn Gentile verwendete ein neues Malmittel, das die venezianische Malerei revolutionieren sollte: Ölfarben. *Das Kreuzeswunder auf der Brücke von San Lorenzo* (1500) von Gentile Bellini (1429–1507) in der Accademia zeigt einen Heiligen, der weder hoch auf einem Thron sitzt noch in den Lüften schwebt, sondern im Canal Grande treibt. Eine Menge an Zuschauern beobachtet das Geschehen mit Erstaunen. Einen völlig anderen Weg ging Giovanni Bellini (1430–1516) bei seinem Gemälde *Mariä Verkündigung*, das ebenfalls in der Accademia hängt. Mit leuchtendem Rot und Orange lenkt er die gesamte Aufmerksamkeit auf die einsame Madonna, die in einem marmorgetäfelten Zimmer kniet. Der in Eile eintreffende Engel trägt ein zerknittertes Gewand.

Venedigs große Gilde der Hofmaler brachte einige der größten Namen der Kunstgeschichte hervor. Es begann mit Giovanni Bellinis beiden Schülern Giorgione (1477–1510) und Tizian (1488–1576). Die beiden schufen gemeinsam die wundervollen Fresken, die einst die Fassade der Fondaco dei Tedeschi bedeckten. Nur noch wenige Bruchstücke dieser Wandmalereien sind in der Ca' d'Oro erhalten geblieben. Der blutjunge Tizian arbeitete damals unter Giorgiones Anleitung. Als typischer Renaissancemensch schrieb Giorgione auch Gedichte und komponierte, außerdem wird ihm die Erfindung der Staffelei zugeschrieben. Giorgione bevorzugt es, aus der Inspiration heraus zu malen, ohne im Vorfeld irgendwelche Skizzen anzufertigen. Auf diese Weise entstand 1508 sein geheimnisvolles, von Leonardo da Vinci beeinflusstes Gemälde *La Tempesta* (Der Gewittersturm), das in der Gallerie dell'Accademia (S. 91) zu sehen ist.

Als Giorgione mit 33 Jahren verstarb (vermutlich an der Pest), vollendete Tizian einige seiner Werke. Doch schon bald ging der junge Tizian völlig eigene Wege mit Pinselstrichen, die seinen Figuren Lebendigkeit und Eigenleben einhauchten. Sein Werk *Hl. Markus auf dem Thron* in der Chiesa di Santa Maria della Salute (S. 95) zeigt Tizian um 1510 als maßvollen, methodischen Maler. Doch nachdem er Michelangelos expressives *Jüngstes Gericht* gesehen hatte, legte Tizian richtig los. In seinem letzten Werk, der *Pietà* von 1576, schmierte er sogar mit bloßen Händen die Farbe auf die Leinwand.

VENEZIANISCHE GEMÄLDE, DIE EINFLUSS AUF DIE MALEREI HATTEN

- *Gastmahl im Hause des Levi* (Veronese, Gallerie dell'Accademia, S. 91)
- *Assunta* (Tizian, I Frari, S. 112)
- *Die Kreuzigung* (Tintoretto, Scuola Grande di San Rocco, S. 110)
- *La Tempesta* (Giorgione, Gallerie dell'Accademia, S. 91)
- *Madonna mit Kind zwischen der hl. Katharina und der hl. Magdalena* (Giovanni Bellini, Gallerie dell'Accademia, S. 91)

Auch wenn Tizian viele Meisterwerke geschaffen hat, ist seine 1518 vollendete *Assunta* (Mariä Himmelfahrt) in I Frari (S. 112) von faszinierender Vollkommenheit, die auf eine geheimnisvolle Weise den Raum erhellt. Vittore Carpaccio (1460–1526) mit seinen blutroten Tönen stand in Konkurrenz zu Tizians Rot. Im Gedächtnis verankert ist er letztlich nur als Namensgeber für ein blutiges Rindfleischgericht, das Harry's Bar (S. 84) dreist nach ihm benannte. Tizians *Assunta* mit ihrem feurigen Rot dagegen begründete für alle Zeiten Venedigs Ruf, Wiege herrlich leuchtender Farben zu sein.

Außer Rand und Band: Venedigs Manieristen

Einige Experten der Kunstgeschichte sehen nach wie vor eine Art Arbeitsteilung zwischen Venedig und Florenz – Venedig sorgte für die Farbe und Florenz für die Ideen. Doch auch die venezianische Schule entwickelte eine Menge Ideen, die sie allerdings immer wieder in Schwierigkeiten brachte. Tizians Wirken ließ sich kaum übertreffen, aber keinesfalls zu leugnen sind die markanten Einflüsse des Venezianers Jacopo Robusti (alias Tintoretto; 1518–94) und des aus Verona stammenden Paolo Caliari (genannt Veronese; 1528–88).

Kunstinteressierte sollten ihre Begegnung mit Tintoretto in der Pfarrkirche Chiesa della Madonna dell'Orto beginnen, die den ruhigen Hintergrund für das aktionsreiche, 1546 gemalte *Jüngste Gericht* bildet. Als echter Venezianer stellt Tintoretto das Jüngste Gericht als große, türkisblaue Flutwelle dar, gegen die sich die verlorenen Seelen vergebens stemmen wie eine menschliche Variante des Sperrwerks Mose. Ein Engel stürzt sich ins Wasser, um einen letzten Menschen zu retten. Dieses fesselnde Motiv nahm Tintoretto im Obergeschoss der Scuola Grande di San Rocco (S. 110) wieder auf. Rund 15 Jahre lang malte er für San Rocco; seine biblischen Szenen lesen sich wie ein moderner Bilderroman. Tintoretto bediente sich besonderer Effekte, um sein Anliegen verständlich zu machen. Er intensivierte seine Farben mit einem vor Ort in großen Mengen verfügbaren Material, nämlich fein gemahlenem Glas.

Veroneses Farben besitzen eine ganz eigene Brillanz. Dieser Tatsache verdankte er nicht nur Aufträge aus dem Palazzo Ducale (S. 66), er durfte sich auch in der Chiesa di San Sebastiano (S. 94) austoben. Allerdings brachten ihn seine Darstellungen mitunter in Schwierigkeiten, z. B. bei dem Auftragswerk *Das letzte Abendmahl*. Als er dieses Meisterwerk beendet hatte, sah die Szenerie verdächtig nach einer venezianischen Abendgesellschaft aus. Die wie Venezianer gekleideten Apostel mischten sich ungeniert unter türkische Händler, jüdische Gäste, Serviermädchen, bettelnde Schoßhündchen und – der größte Schock – unter deutsche Protestanten. Prompt verlangte die Inquisition, das Bild zu ändern. Veronese weigerte sich dabei jedoch, die beleidigenden Deutschen zu entfernen, und revidierte kaum einen Pinselstrich – nur einen anderen Namen gab er seinem Werk: *Gastmahl im Hause des Levi*. Venedig stand zu dieser Entscheidung und verhalf so der künstlerische Freiheit zu einem frühen Sieg.

Zur nächsten Generation der Manieristen gehörte Palma il Giovane (1544–1628), der Tizians letztes Werk, die *Pietá*, posthum vollendete. In seine eigenen Werke verband er Tizians frühen Naturalismus mit Tintorettos Dramatik. Ein weiterer Tizian-Anhänger, der Tintorettos theatralische Lichteffekte übernahm, war Jacopo da Ponte (1517–1592). Er nannte sich Bassano, weil seine Familie, die zahlreiche Maler hervorbrachte, aus Bassano del Grappa stammte. Werke von Jacopo sind in der Gallerie dell'Accademia (S. 91), der Chiesa di San Giorgio Maggiore (S. 167) und im Museo Civico (S. 200) in Bassano del Grappa zu sehen.

MORI

Turbantragende Figuren tauchen überall in Venedig auf, als verwitterte Skulpturen an den Ecken des Campo dei Moori, als bronzene Türklopfer oder als Stützelemente an Grabmälern in I Frari. Fälscherweise werden sie als „Mori" (Mohren) bezeichnet. Sie stellen jedoch ganz unterschiedliche Figuren dar: Venezianer aus Morea, türkische Piraten und versklavte Westafrikaner, die Handelsschiffe übers Mittelmeer ruderten.

Und jetzt ins Barock

Bis zum 18. Jh. musste Venedig mehrere Pestepidemien durchstehen und sich von seinen Weltmachtambitionen endgültig verabschieden. Doch die Stadt schulterte ihre schlimme Lage mehr als einmal mit einigem Galgenhumor. Im 18. Jh. zeigt sich dies in den tragischkomischen Elementen der Kunst. Pietro Longhi (1701–1785) bediente mit seinen Bildern nicht mehr die bloße Eitelkeit des Adels, sondern malte boshaft-geistreiche Satiren des venezianischen Alltags. Giambattista Tiepolo (1696–1770) bannte religiöse Themen auf schwindelerregende Deckenfresken, in denen die überbordende Strahlkraft des Rokoko aufscheint. In der Ca' Rezzonico (S. 94) lassen sich die Talente beider Künstler bewundern, z. B. in dem Saal, der sich ausschließlich den Salon-Szenen von Pietro Longhi widmet, und in Giambattista Tiepolo's meisterhaften Trompe-l'œil-Szenen an einigen Decken.

Anstatt Päpste auf dem Thron zu malen, verewigte die Porträtistin Rosalba Carriera (1675–1757) ihre Modelle aus der feinen Gesellschaft auf Tabakdosen. Sie malte auch mit Pastellfarben und gilt als Vorreiterin der Pastellmalerei. Ihre Porträts in der Ca' Rezzonico bewegen sich auf einem schmalen Grat zwischen Tiepolos Schmeichelei und Longhis Satire. Bei ihren Modellen enthüllt sie jede Eigenheit, seien es angenehme Züge oder Falten.

Gegen Ende des 18. Jhs. versöhnte Tiepolos Sohn Giandomenico Tiepolo (1727–1804) die brütende Thetralik der Manieristen mit seines Vaters Pastellschönheiten. Sein früher, 1747–1749 gemalter *Kreuzweg* in der Chiesa di San Polo (S. 156) zeichnet in hellen Farben, die den Hohn in den Gesichtern von Jesu Folterknechten hervorheben, ein vernichtendes Bild von der Menschheit. Etwas lockerer präsentiert sich Giandomenico bei der Arbeit an den Fresken der Villa Valmarana 'ai Nani' (S. 190) außerhalb von Vicenza, die er mit seinem Vater ausführte. Die Wände sind überzogen mit chinesischen Motiven, ländlichen Szenen und Karnevalsfiguren.

Die Vedutisten

Viele venezianische Künstler richteten im 18. Jh. ihren Blick weg vom Himmel auf die heimische Landschaft. Antonio Canal, genannt Canaletto (1697–1768), avancierte zum führenden Künstler der *vedutisti* (Landschaftsmaler). Jeder, der seine detailgenauen *vedute* (Ansichten) von Venedig bewundert, mag sich vorstellen, dass der Maler nach der Arbeit von Krämpfen in den Händen geplagt war. Die Ähnlichkeit zwischen seinem Werk und Fotos ist beeindruckend. Tatsächlich arbeitete Canaletto mit einem Vorläufer der Fotokamera, der *camera oscura* (Camera obscura). In diesem Instrument reflektierte das eindringende Licht das Bild auf einer Glasscheibe, die Canaletto abmalte. Sobald er

VENEDIG IN ALTEN ANSICHTEN

- *Prozession auf der Piazza San Marco* (1496, Gentile Bellini; Gallerie dell' Accademia, S. 91)
- *Rio dei Mendicanti* (1723–1724, Canaletto; Ca' Rezzonico, S. 94)
- *Piazza San Marco, Messe nach dem Sieg* (1918, Emma Ciardi; Museo Correr, S. 70)
- *Bacino di San Marco mit Blick auf San Giorgio und Giudecca* (1770–1774, Francesco Guardi; Gallerie dell'Accademia, S. 91)
- *Rio dei Mendicanti und die Scuola di San Marco* (1738–1740, Bernardo Bellotto; Gallerie dell'Accademia, S. 91)

die Umrisse festgehalten hatte, konzentrierte er sich darauf, sie mit exakt gemalten Details zu füllen: von den Algen der Lagune bis zu den Hüten der Passanten.

Als eine Art Postkarte des reichen Mann ließen sich die *Vedute* ausgezeichnet an die damaligen Venedigbesucher verkaufen. Der englische Sammler John Smith nahm Canalleto in England unter seine Fittiche und machte ihn mit unzähligen potenziellen Auftraggebern bekannt – mit durchschlagendem Erfolg für den Künstler. Dies brachte jedoch mit sich, dass heute nur wenige Werke Canalletos in Venedig zu sehen sind, einige befinden in der Gallerie dell'Accademia (S. 91) und der Ca' Rezzonico (S. 94).

Canalettos Neffe Bernardo Bellotto (1721–1780) bezog eine *camera obscura* in seinen Malprozess mit ein (indem er Skizzen mit Hilfe dieser Lochkamera anfertigte). Dies hatte jedoch keinen Einfluss auf die ausgeprägte *Chiaroscuro* (Malerei mit starken Hell-Dunkel-Kontrasten) seiner expressionistisch wirkenden Landschaften. Seine Gemälde hängen in der Gallerie dell'Accademia neben dem Bild *Bacino di San Marco mit Blick auf San Giorgio und Giudecca* von Francesco Guardi (1712–1793). Auf eine impressionistische Weise zeigt Guardi Venedigs Schönheit, die sich in der Lagune widerspiegelt. Zu den letzten großen *vedutisti* zählte die venezianische Impressionistin Emma Ciardi (1879–1933). Sie verewigte Venedigs Mysterien in schimmerndem Dunst. Ihre Werke sind in der Ca' Rezzonico (S. 94) und Ca' Pesaro (S. 113) ausgestellt.

Top Five: Kunstsammlungen der Moderne

- *Peggy Guggenheim Collection (Dorsoduro)*
- *Ca' Pesaro (Santa Croce)*
- *Fondazione Giorgio Cini (Isola di San Giorgio Maggiore)*
- *Museo Fortuny (San Marco)*
- *Fondazione Querini Stampalia (Castello)*

Ein gutes Geschäft: Venedigs Grabskulpturen

Venedigs Schlagkraft in der Malerei wird nur von den Meisterwerken seiner Bildhauer übertroffen. An Beschäftigung für Bildhauer mangelt es in dieser Stadt wahrlich nicht. Dazu zählt nicht nur die Gestaltung der Altäre in rund 200 Kirchen, auch der feuergefährdete Palazzo Ducale musste innerhalb von 300 Jahren mehrmals neu aufgebaut werden. Und nicht zu vergessen die unzähligen Grabmäler für all die vornehmen Herrschaften mit politischer Karriere. Alter, Pest oder Intrigen setzten ihrem Leben mitunter ein ziemlich abruptes Ende. Die letzte Ruhestätte des Dogen Marco Corner ist ein Wandgrabmal in der Zanipolo (S. 147). Das ausladende Monument mit dem wie schlafend wirkenden Dogen in gewaltiger Größe hat der Bildhauer Nino Pisano (1300–1368) aus Pisa gestaltet. Für einen Dogen, der weniger als drei Jahre im Amt war, erscheint das aufwendige Werk allerdings reichlich übertrieben.

Doch auch der Venezianer Pietro Lombardo (1435–1515) und seine Söhne Tullio (1460–1532) und Antonio (1458–1516) schufen heroische, klassische Monumente für Dogen mit kurzer Amtszeit, z. B. für diese drei: Nicolo Marcello amtierte nur von 1473 bis 1474, Pietro Mocenigo von 1474 bis 1476 und Andrea Vendramin von 1476 bis 1478. Vendramins Grabmal, ein vergoldetes Monument aus Marmor, stellte wahrscheinlich Tullio Lombardo (1455–1532) fertig. Dabei sparte dieser förmlich an jeder Ecke: Figuren arbeitete er nur noch als Halbreliefs aus und von Marco Corners Grabmal schlug er kurzerhand ein paar Teile weg, um Platz für Vendramin zu schaffen. Tullios Stärke bestand in der Gestaltung von Gesichtern in idealtypischer Schönheit. Ein Beispiel dafür ist die von ihm geschaffene Büste eines jungen Heiligen in der Chiesa di Santo Stefano (S. 72).

Der wohl berühmteste Bildhauer aus Venetien ist Antonio Canova (1757–1822). In seinem pyramidenförmigen Grabmal in der Frari-Kirche (S. 112) sollte eigentlich Tizian ruhen. Doch am Ende wurde das Meisterwerk Canovas eigenes Grab. Beeindruckend sind die Darstellungen: Trauernde mit tief gebeugtem Kopf klammern sich in ihrem Schmerz aneinander und bemerken nicht, dass ihre Gewänder (die fast transparent wirken) herunterrutschen. Sogar der geflügelte Löwe des hl. Markus (San Marco) krümmt sich vor Gram. Canovas Perfektion im Umgang mit Marmor zeigt sich nicht nur in diesem Werk, sondern auch in den schimmernden Statuen von Orpheus und Eurydike im Museo Correr (S. 70). Alles wirkt wie aus einem Guss. Doch das sollte nicht über Canovas aufwendige Vorarbeit mit in Gips geformten Modellen hinwegtäuschen. Einen Einblick in seine Arbeitsweise gibt sein Atelier, die Gipsoteca Canoviana, in seiner Heimatstadt Possagno.

Nicht strikt akademisch: die venezianische Moderne

Napoleons siegreicher Italienfeldzug von 1797 brachte für Venedig und seine Kunstschätze katastrophale Folgen mit sich. Während der Zeit des Königreichs Italien (1806–1814) leisteten Napoleon und seine Truppen ganze Arbeit. Kirchen wurden abgerissen und Venedigs Kunstschätze samt denen der Region systematisch geplündert. Einige Werke erhielt Venedig später wieder zurück, darunter die Bronzepferde der Basilica di San Marco (S. 60). Genau genommen gehören diese Pferde eigentlich nach Istanbul: Venedig hatte sie einst in Konstantinopel geraubt. Selbst unter der Besatzung im 19. Jh. blieb Venedig ein Höhepunkt der Grand Tour (klassische Bildungsreise). Maler, die in Scharen nach Venedig kamen, schufen unvergessliche Stadtansichten (s. unten). Nach Venedigs Beitritt zum neu vereinten Italien leistete ein berühmter Sohn der Stadt, Francesco Hayez (1791–1882), einen prägnanten Beitrag zur

Top Five: Zeitgenössische Kunst

Biennale von Venedig

Punta della Dogana (Dorsoduro)

Palazzo Grassi (San Marco)

Caterina Tognon Arte Contemporanea (San Marco)

La Galleria van der Koelen (San Marco)

TOP FIVE: KÜNSTLER, DIE ZEITWEISE IN VENEDIG LEBTEN

➡ **Albrecht Dürer** (1471–1528) verließ 1494 seine Heimatstadt Nürnberg, um nach Venedig zu reisen. Hier hoffte er, jene Experimente mit Perspektive und Farbe kennenzulernen, über die ganz Europa sprach. Giovanni Bellini nahm ihn unter seine Fittiche. Nach seiner Heimkehr 1495 begann Dürer, sich vom Maler der Gotik zum Künstler der Renaissance zu entwickeln. Als er sich 1505 erneut in Venedig aufhielt, wurde er als Visionär gefeiert.

➡ **William Turner** (1775–1851) zog es drei Mal nach Venedig: 1819, 1833 und 1840. Ihn faszinierte die ehemalige Handelsmacht, die wie sein Heimatland England, auch als große Seemacht seine Herrschaft sicherte. Turners verschwommene Porträts der Stadt sind Studien zu den unterschiedlichen Lichtverhältnissen im Verlauf des Tages. „Mein Stil ist Atmosphäre", erklärte er dem Kunstkritiker John Ruskin. Während Ruskin dem künstlerischen Ansatz Beifall spendete, ernteten Turners Werke in London viel herbe Kritik.

➡ **James Whistler** (1834–1903) kam 1879 nach Venedig – pleite und erschöpft nach einer gescheiterten Verleumdungsklage gegen den Kunstkritiker John Ruskin. Im Verlauf seiner überaus produktiven Arbeit an Bildern mit Ansichten der Lagunenstadt erlangte er seine Energie und seinen Pinselschwung wieder. 1880 kehrte er nach London mit einer beeindruckenden Mappe zurück, die seinem Ansehen Auftrieb verliehen.

➡ **John Singer Sargent** (1856–1925) war ein amerikanischer Maler, der sein Leben lang Venedig bewunderte. Bereits in jungen Jahren besuchte er die Stadt, in der dann zwischen 1880 und 1913 zeitweise lebte. Sargents intime Kenntnisse der Stadt spiegeln sich in seinen Gemälden wider. Sie zeigen nicht nur vertraute Panoramen aus ungewöhnlichen Perspektiven, sondern rücken wenig beachtete Monumente in den Vordergrund.

➡ **Claude Monet** (1840–1926) tauchte in 1908 in Venedig auf und fand sofort impressionistische Anregungen in der Architektur, die sich im Dunst und flirrenden Wasser der Lagune aufzulösen schien.

Kunstszene der jungen Nation. Der venezianische Maler erfüllte seine Aufgabe mit Gesellschaftsporträts unterschiedlichster Art. Am besten in Erinnerung geblieben sind jedoch seine romantischen, von unverblümter Sexualität geprägten Werke wie *Rinaldo und Armida* (1814) in der Gallerie dell'Accademia (S. 91).

Venedig scheute sich nie, sich selbst zu vermarkten. Und so veranstaltete die Stadt 1895 ihre erste Biennale (s. S. 21), um Venedigs stilprägender Rolle in der globalen Kunstszene wieder Geltung zu verschaffen. Zugleich ging es darum, der Brutalität der industriellen Revolution ein maßgebliches, hoffnungsfreudiges Zeichen entgegenzusetzen. Ein Gartenpavillon warb fleißig auf eine harmlose Weise für die italienische Kunst. Man sah hauptsächlich hübsche Damen und schöne Blumen und hübsche Damen, die schöne Blumen trugen. 1907 traten dann auch andere Länder mit eigenen Pavillons auf. Doch die Biennale behielt die Kontrolle in der Hand. 1910 musste ein Werk von Picasso aus dem spanischen Pavillon entfernt werden – aus Sorge, seine Modernität könne beim Publikum Anstoß erregen.

Die Antwort auf diesen Konservativismus kam aus den Reihen der venezianischen Maler, die mit modernen Stilelementen experimentierten. Die Fürstin Felicita Bevilaqua La Masa unterstützte Ausstellungen junger Künstler und gab ihren Werken ein Zuhause. Sie stiftete der Stadt 1902 mit der Ca' Pesaro (S. 113) ein Museum für moderne Kunst. Einer der in der Ca' Pesaro vertretenen Künstler war Gino Rossi (1884–1947), dessen brillante Blautöne und kraftvoller Symbolismus Gauguin, Matisse und die Fauvisten in Erinnerung rufen. Später wandte er sich dem Kubismus zu. Rossi, der „venezianische van Gogh", verbrachte viele Jahre in psychiatrischen Kliniken. Ein anderer bedeutender Vertreter der Ca' Pesaro-Gruppe war der Bildhauer Arturo Martini (1889–1947), dessen Arbeiten in der Ca' Pesaro von der grobkantigen Terrakotta-Skulptur *Prostituta*, die um 1913 entstand, bis zur radikal stromlinienförmigen Gesso-Büste von 1919 reichen.

Perfekte Zukunft: Vom Futurismus zur Fluidität

Filippo Tommaso Marinetti (1876–1944) warf 1910 ganze Bündel seines Manifests vom Torre dell'Orologio, um eine neue Vision der Kunstformen zu propagieren: den Futurismus. Seine Forderung, Venedig (eine „prachtvolle Wunde der Vergangenheit") zu vernichten und durch eine neue Industriestadt zu ersetzen, hätte ihm in der Ära der Dogen eine Anklage wegen Ketzerei eingebracht. Die Futuristen setzten auf Industrie und Technik mit ihrem von Maschinen und konsequenter Funktionalität inspirierten Erscheinungsbild. Mussolini vereinnahmte diesen Stil in den 1930er-Jahren für seine Vision von einem monolithischen, modernen Italien. Der Futurismus blieb mit den von Mussolini brutal aufgezwungenen Dogmen verbunden, bis sich in Venedig eine Heldin der Avantgarde seiner annahm: die Kunstsammlerin Peggy Guggenheim, eine Amerikanerin, die vor den Nazis fliehen musste. Sie erkannte im Futurismus die Fluidität und den Fluss des modernen Lebens.

Zahlreiche regimekritische Künstler opponierten gegen Mussolinis kantige, rigorose Ästhetik. Emilio Vedova (1919–2006) schloss sich der Künstlergruppe *Corrente* an, die in einer Zeitschrift offen gegen faschistische Tendenzen aufbegehrte. 1940 verboten die Faschisten das Magazin. Nach dem Zweiten Weltkrieg wandte sich Vedova der abstrakten Malerei zu. Seine größeren Werke befinden sich in den Magazzini del Sale (S. 96) und werden dort in Wechselausstellungen gezeigt bzw. für internationale Ausstellungen ausgeliehen. Giovanni Pontini (1915–1970), ursprünglich ein Arbeiter, betrieb das Malen als Hobby, bis er 1947 Werke von Kokoschka, van Gogh und Roualt kennenlernte. Sie inspirierten ihn zu seinen eigenen Gemälden mit ausdrucksstarken Fischerszenen, die sich im Peggy-Guggenheim-Museum (S. 93) befinden.

Der Venezianer Giuseppe Santomaso (1907–1990) entzog sich der Starrheit des Faschismus, indem er lyrische, grenzenlos abstrakte Landschaften in kräftigen blaugrünen und leuchtenden Blautönen malte. Die Faszination von Starrem und Fließendem als gegensätzlichem Paar prägte auch die Arbeiten des italienischen Avantgardekünstlers Fabrizio Plessi (geb. 1940). Der von der Unesco ausgezeichnete Videokünstler wurde in Bologna geboren, studierte einst in Venedig und lebt dort auch heute noch zeitweise. Bekannt wurde Plessi in den 1970er-Jahren mit seinen Experimenten in der *Arte Povera* (Arme Kunst). Aus den einfachsten Materialien entwickelte er Multimedia-Installationen, die Venedigs Lebenselixier einbanden: das Wasser. Die für Venedig und seine Kunst charakteristische Fluidität findet ihre Fortsetzung im 21. Jh. in den Galerien der modernen Kunst im Stadtviertel San Marco und auf Giudecca. Die Ausstellungen reichen von Landschaftsbildern über abstrakte Kunst bis hin zu Video- und Installationskunst.

MUSIK

In der Vergangenheit erwarben sich die venezianischen Musiker den Ruf, sie machten Musik, als hinge ihr Leben davon ab – eine Einschätzung, die gar nicht so falsch war. Zur Blütezeit seines Handelsimperiums besaß die Serenissima angestellte Musiker, darunter den flämischen Kapellmeister Adrian Willaert (1490–1562), der 25 Jahre lang die Capella Ducale leitete. Als dann im 17. und 18. Jh. harte Zeiten anbrachen, entdeckte Venedig seine musikalische Berufung. Bei schrumpfenden Einnahmen aus dem Handel fasste die Stadt den närrischen Beschluss, in die musikalische Erziehung von Waisenmädchen zu intensivieren. Diese Investition brachte unvorstellbaren Gewinn.

Einer der Maestri, die angestellt wurden, dieses Orchester zu führen, war Antonio Vivaldi (1678–1741). In den 30 Jahren seines Engagements komponierte er Hunderte von Konzerten und machte die venezianische Barockmusik in ganz Europa bekannt. Besucher verbreiteten die Nachricht von den außergewöhnlichen Darbietungen der Waisenchöre. Venedigs guter Ruf als Stadt der musikalischen Unterhaltung zog wohlhabende Damen und Herren der Gesellschaft an. Heutige Venedig-Besucher können Musik und Oper in nahezu den gleichen Veranstaltungsorten erleben wie zu Vivaldis Zeit. In *palazzi* (Palästen), Kirchen und *ospedaletti* (Waisenhäusern) wird teils noch auf Originalinstrumenten aus dem 18. Jh. musiziert.

Oper

Heute sind Operninszenierungen in La Fenice (S. 69) und überall in der Stadt in Kirchen und Konzertsälen sowie auf den *palazzi* zu hören. Bis 1637 jedoch benötigte man eine Einladung, um einer Oper beizuwohnen. Opern und so gut wie jedes Kammerkonzert waren dem Adel vorbehalten und wurden in privaten Salons aufgeführt. Das änderte sich, als Venedig die Portale des ersten öffentlichen Opernhauses öffnete. Zwischen 1637 und 1700 wurden 358 Opern in 16 Theatern aufgeführt, ein Angebot, das die musikalischen Bedürfnisse der 140 000 Einwohner voll und ganz erfüllte. Monteverdi komponierte die beiden herausragenden Opern dieser Ära, *Il Ritorno di Ulisse al suo Paese* (Die Heimkehr des Odysseus) und *L'Incoronazione di Poppea* (Die Krönung der Poppea). Beiden gemeinsam sind eine erstaunlich komplexe Handlung mit Haupt- und Nebensträngen, ausgeprägte Charaktere und kraftvolle Musik. Die Reaktion seiner Kritiker hätte nicht positiver ausfallen können: Er wurde mit allen Ehren in I Frari (S. 112) beigesetzt.

Pier Francesco Cavalli (1602–1676) war Sänger an der Basilica di San Marco und entwickelte sich mit 42 Opernkompositionen zum herausragenden Vertreter der italienischen Oper. Baldassare Galuppi (1706–1784) verlieh in enger Zusammenarbeit mit Carlo Goldoni (S. 282) der *opera buffa* (Komische Oper) mit wahren Publikumsrennern wie *Il Filosofo di Campagna* (Der Philosoph von Campagna) einen Hauch von Leichtigkeit.

Klassische Musik

Bereit zum Barock-n-Roll? Klassische venezianische Musiker haben eine Wiederbelebung der „Alten Musik" vom Mittelalter über die Renaissance und den Barock eingeleitet. Sie wird in historisch genauen Arrangements und *con brio* (mit Feuer) auf Originalinstrumenten gespielt. Barockmusik war die Rebellenmusik jener Zeit. Sie wandte sich offen gegen die Edikte aus Rom, die bestimmten, welche Instrumente eine Predigt begleiten durften und welche Melodien und Rhythmen dazu geeignet waren, die Moral zu heben. Die Venezianer blieben stur und spielten in ihren Kirchen weiterhin auf Saiteninstrumenten. Sie sangen die derben Lieder der *opera buffa* mit und schätzten anrührend-sinnliche Kompositionen.

GESTATTEN, GIANANTONIO DE VINCENZO, MUSIKER

Musik überall

Um ein Konzert zu genießen, muss man erst einmal eines finden. Im Gegensatz dazu steht die Idee von Venezia Suona (S. 21), wundervolle Konzerte zu den Menschen zu bringen, wo immer sie sind. Wir haben internationale Musiker eingeladen, auf Booten und in Kasernen auf einsamen Inseln zu spielen. Sogar auf dem oberstes Deck des Parkhauses auf Tronchetto wurde schon ein Konzert gegeben. Das ist zwar der hässlichste Ort in Venedig, doch für einen Nachmittag war er schön.

Mehr als Barockmusik

Vivaldis Musik hat mit den venezianischen Masken etwas gemeinsam: Beide sind in Venedig allgegenwärtig und niemand kann ihnen entgehen. Wer jedoch eine andersartige Musik hört, sollte inne halten und zuhören. Denn unerwarteten Sinneseindrücken Aufmerksamkeit zu schenken, treibt von jeher die Entwicklung der Kultur voran. Anderenfalls bleiben wir auf dem sitzen, was das Fernsehen uns vorsetzt.

Leckerbissen der anderen Art

Die Speiserestaurants schließen früh, doch *cicheti* gibt's in vielen anderen Lokalen, sei es vor oder nach einem Konzert. Vor einer Veranstaltung locken mich die *panini* und der *Bio-Prosecco* bei Al Mercà (S. 122), nach dem Auftritt genieße ich die *cicheti* bei Al Pesador (S. 118).

Venezianischer Jazz

Das Knarren der Ruder in den Riemendollen der Gondeln verbunden mit dem Plätschern des Wassers sind die ruhigen rhythmischen Klänge, die in Venedig tatsächlich zu hören sind. Ohrenbetäubender Verkehrslärm, der sie übertönen könnte, gibt es zum Glück in Venedig nicht. Vor allem an den turbulenten Samstagen klingen die Gespräche zwischen den Verkäufern und Käufern auf dem Rialto-Markt (S. 114) wie ein improvisiertes „Call and Response" (eine Art Wechselgesang und Merkmal der traditionellen afrikanischen Musik, das auch den Jazz beeinflusst hat). Und das ist Venedigs ureigener Jazz.

Gianantonio de Vincenzo, Musiker, Komponist & Direktor der Venezia Suona

HISTORISCHE VERANSTALTUNGSORTE

- **Teatro La Fenice** (S. 69) Oper mit Glanz und Gloria.
- **Interpreti Veneziani** (S. 85) Barockmusik in der Chiesa di San Vidal – einer Kirche voller Kunstwerke.
- **Musica a Palazzo** (S. 85) Arien in einem Rokokoschlafzimmer im Palazzo Barbarigo-Minotto.
- **Pietà** (S. 153) Die Werke des venezianischen Barockkomponisten Vivaldi erklingen in dem Waisenhaus, in dem er als Musikdirektor tätig war.
- **Scuola di San Giovanni Evangelista** (S. 115) Arien in Venedigs freskengeschmückten ehemaligen Hallen der Macht.

Die heutige Fehleinschätzung, Barockmusik sei eine nette Begleitmusik für Hochzeitszeremonien, wird von Ensembles der alten Musik förmlich niedergeschmettert. Vivaldis Werk umfasst rund 500 Konzerte, darunter die allseits beliebten *Vier Jahreszeiten*. Fast jeder erkennt sie auf der Stelle, wenn sie z. B. als Hintergrundmusik in Hotellobbys oder als Klingeltöne ans Ohr dringen. Doch wer hat schon jemals akustisch so richtig wahrgenommen, wie die Blitze des Sommergewitters einschlagen und die Quellen drohen anzuschwellen, als wollten sie den Raum überfluten? Dazu muss man wohl erst einmal den Interpreti Veneziani (S. 85) zuhören, wenn sie das Werk *con brio* (mit Schwung bzw. mit Feuer) spielen.

Auch ein Konzert des venezianischen Barockkomponisten Tomaso Albinoni (1671–1750) ist absolut hörenswert, besonders seine exquisiten *Sinfonie e Concerti a 5*. Einen avantgardistischeren Blick auf klassische Musik eröffnen die Werke von Bruno Maderna (1920–1973) und Luigi Nono (1924–1990). Auch der Veranstaltungsort ist wichtig: Eine klassische Vorstellung in der intimen Casa di Goldoni (S. 116) oder der von Tiepolo ausgeschmückten Ca' Rezzonico (S. 93) versetzt den Zuhörer auf einen Schlag ins 18. Jh. und katapultiert ihn mit dem nächsten ins 21. Jh. zurück.

Leggera & Jazz

So gut wie jede Musik, die aus den Wassertaxis oder den überaus lebendigen *bacari* (Bars) schallt, ist *musica leggera* (wörtlich „leichte Musik" eoder Popmusik). Der Begriff deckt sowohl italienische Rock-, Jazz-, Folk- und Hip-Hop-Talente ab wie auch Interpreten von durchaus packenden Tanzhits und Popballaden. Beim bekannten San Remo Musikfestival, das RAI 1 im Fernsehen live überträgt, werden jedes Jahr Italiens beste Lieder prämiert und die schlechtesten werden barmherzig bereits frühzeitig aussortiert.

Neben Vertretern der bekannten italienischen und internationalen Radiokost und den skurrilen Gewinnern von Talentshows gibt es in Venedig eine lebendige unabhängige Jazz-, Reggae- und Ska-Szene. Im Venice Jazz Club (S. 99) finden häufig spontane Sessions oder Themenabende statt. Hörenswert sind Auftritte des venezianischen Jazz-Saxophonisten Pietro Tonolo oder des ebenfalls aus Venedig stammenden Trompeters und Musikwissenschaftlers Massimo Donà. Dank der natürlichen Affinität zu der von Inseln stammenden Musik liebt Venedig Reggae und seine lokale „Reggae-n-Roll"-Band Ciuke e I Aquarasa. Auch bei Auftritten der Ska-Formation SkaJ wird ordentlich „geskankt". Die Hauptbühne für diese und andere Bands sowie Reggae-DJs ist Torino@Notte (S. 85).

LITERATUR

Im 15. Jh. nahm die Geschichte eine überraschende Wende, die der Seemacht Venedig dazu verhalf, sich nun auch zu einer Verlagsstadt zu entwickeln. Johannes Gutenberg druckte 1455 mit Hilfe beweglicher Lettern seine erste Bibel. Venedig zählte zu den Ersten, die diese bahnbrechende Technik übernahm. Venezianische Druckereien nahmen in den 1470er-Jahren ihre Arbeit auf und es dauerte nicht lange, bis Anwälte Klagen wegen Urheberrechtsverletzungen einreichten. Venedigs Verleger ließen nicht nur religiöse Texte drucken, sondern auch Geschichtsbücher, Gedichte, Lehrbücher, Theaterstücke, Partituren und Manifeste.

Pietro Bembo (1470–1547), ein Schriftsteller der Frührenaissance, war zugleich Bibliothekar, Geschichtsschreiber, Diplomat, Lyriker und Kardinal. In seinen *Rime* (Versen) definierte er das Konzept der platonischen Liebe, außerdem verlieh er der italienischen Grammatik eine feste Struktur. Bembo arbeitete gemeinsam mit dem Verleger und Buchdrucker Aldo Manuzio an einer Innovation, die das Lesen revolutionierte und das Lernen demokratisierte: die Aldinen. So nannte man die neuartigen, kleinformatigen, erstmals in Kursivschrift gesetzten Bücher – sie sind gewissermaßen die Vorläufer der Taschenbücher. Zu den vielen Ausgaben der Aldinen zählte auch Dantes *La Divina Commedia* (Die Göttliche Komödie). Um 1500 wurde eines von sechs in Europa veröffentlichten Büchern in Venedig gedruckt.

DAS INFERNO

Um seinen Lesern etwa 1307 das Inferno zu verdeutlichen, beschrieb Dante Venedigs Arsenal mit seinen stinkenden Teerbottichen, den funkenschlagenden Hämmern und dem höllischen Geschrei von 16 000 Arbeitern, die rund um die Uhr auf der legendären Schiffswerft schufteten.

Dichtung

Duelle zwischen Politik und Romanze waren in Venedig anscheinend ohne Dichtung nicht möglich. Als technisch perfekter Meister der Dichtkunst erwarb sich der aus Venetien stammende Francesco Petrarca (1304–1374), auch Petrach genannt, einen unvergänglichen Ruf. Der Stil seiner Sonette beeinflusste später Shakespeare und ging als Petrarkismus in die Literaturgeschichte ein. Zu seiner Zeit verhalf Petrarca mit seinen Sonetten dem italienischen Umwerben einer Geliebten zu einem Riesenerfolg. Der auf Italienisch und Latein schreibende Dichter verlieh sowohl dem Rhythmus als auch dem Reim seiner Sonette eine strenge Struktur. Innerhalb von 14 Zeilen beschreiben zwei Vierzeiler die Sehnsucht und ein Sechszeiler die Art ihrer Erfüllung. Und jedes Sonett enthält nicht mehr als fünf Reime, um die idealisierte Laura zu umwerben. Einfacher wäre es gewesen, dieser Laura Schokolade zu schenken, denn sie erwiderte seine Gefühle nicht.

Posthum avancierte Petrarca zum Idol von Rilke, Byron, Mozart und von Venedigs *cortigiane oneste* (gebildete „ehrenwerte Kurtisanen"). Tullia d'Aragona (1510–1556) schrieb scharfsinnige petrarkische Sonette, die Männern den Verstand raubten. Adlige verrieten Staatsgeheimnisse, Könige riskierten ihren Thron, nur um sie heiraten zu können, und viel Tinte floss für Loblieder auf ihre Hakennase.

Mit Witz verfasste und mit Leidenschaft vorgetragene Gedichte konnte einem Herrn ein kostenloses Rendezvous mit einer von Venedigs Kurtisanen der Luxusklasse einbringen. Die Chancen standen zwischen „abgeschossen oder auserwählt". Leonardo Giustinian (1388–1446), Mitglied der Consiglio dei Dieci (Rat der Zehn) schrieb, sofern er nicht gerade Nachbarn ausspionierte, Gedichte, *Canzonette* (Lieder) und *Strambotti* (Stanze, Gedichtform aus acht elfsilbigen Verszeilen). Seine Werke verfasste er in einem eleganten, vom Italienischen beeinflussten Venezianisch. Giorgio Baffo (1694–1768), ein Freund von Casanova, schrieb schlüpfrige Oden, die anderswo seine politische Karriere beeinträchtigt hätte – doch in Venedig brachte er es bis zum Senator. Wer seine obszöne Poesie kennenlernen möchte, geht in die Taverna da

VENEDIGS BESTSELLER-AUTORINNEN

Während Werke von Frauen im übrigen Europa kaum Verleger fanden, avancierten Venezianerinnen zu prominenten und erfolgreichen Autorinnen in allen möglichen Fachgebieten von Mathematik bis Politik. Noch heute sind Werke von über hundert venezianischen Autorinnen des 15. bis 18. Jhs. lieferbar. Dazu zählen:

➡ **Die Schriftstellerin Sara Copia Sullam** (1592–1641) war eine jüdische Intellektuelle, die im literarischen Salon von Venedigs Accademia degli Incogniti eine führende Rolle spielte. Man bewunderte sie wegen ihrer Gedichte und der temperamentvollen Korrespondenz mit einem Mönch aus Modena. Ein Kritiker beschuldigte sie, die Unsterblichkeit der Seele zu leugnen. In den Augen der Inquisition war das Ketzerei, die mit dem Tode bestraft wurde. Innerhalb von zwei Tagen antwortete Sullam mit einem Traktat über die Unsterblichkeit, das schließlich zum Bestseller avancierte. Sullams veröffentlichte Schriften gelten als Schlüsselwerke der frühen modernen Literatur Italiens.

➡ **Die Philosophin Isotta Nogarola** (1418–1466) wurde in Verona geboren. Sie galt als Wunderkind, weil sie bereits in ihrer Jugend mit Philosophen der Renaissance korrespondierte. Ihre Schriften wurden größtenteils in Rom und Venedig gedruckt. 1439 veröffentlichte ein Kritiker Angriffe gegen sie und erklärte „eine wortgewandte Frau ist niemals keusch". Schließlich beschuldigte er sie des Inzests. Nogarola setzte jedoch ihre Korrespondenz mit führenden Humanisten und dem venezianischen Diplomaten Ludovico Foscarini fort. 1453 veröffentlichte sie ein einflussreiches Traktat, das man als frühe feministische Abhandlung bezeichnen kann: In einem Dialog zwischen Adam und Eva behauptete sie, beide seien für die Austreibung aus dem Paradies verantwortlich, denn Frauen und Männer wären Gleichgestellte.

➡ **Die Musikerin und Dichterin Gaspara Stampa** (1523–1554) war eine typische Intellektuelle der Renaissance und berühmt als Lautenspielerin und Organisatorin literarischer Salons. Als Dichterin veröffentlichte sie petrarkische Sonette, die sie stets unverblümt einem ihrer zahlreichen Liebhabern widmete. Historiker führen Debatten, womit Stampa ihren Lebensunterhalt verdient hat, bevor sie eine erfolgreiche Autorin wurde. Einige behaupten, sie sei eine Kurtisane gewesen.

Dr. Eleonora Lucrezia Cornaro Piscopia (1646–1684), ebenfalls ein Wunderkind, war die erste Frau in Europa, die einen Doktortitel erwarb. Sie erhielt ihn 1678 von der Universität Padua. Dort erinnert heute eine Statue an die frühe Studentin. Eine Gedenktafel in Venedigs Rathaus (S. 74) würdigt ihren produktiven Beitrag zum intellektuellen Leben der Stadt.

Baffo (S. 123). Hier sind die Wände mit seinen Versen zugepflastert und werden oft auch am späteren Abend lauthals gesungen.

Ugo Foscolo (1778–1827), einer der größten Dichter Italiens, studierte in Padua und kam als junger Mann zu einer Zeit politischer Umbrüche nach Venedig. Mit einer 1797 gedichteten Ode an Napoleon warf der junge Foscolo all sein literarisches Gewicht in die Waagschale, weil er hoffte, damit die Republik Venedig wiederzubeleben. Später trat er sogar in die französische Armee ein. Napoleon aber hielt Foscolo für gefährlich, und der Dichter beschloss seine Tage im Exil in London.

Memoiren

In der Realität verlief das Leben an der Lagune schon immer exotischer als in der Dichtung. Daher erreichten die Memoirenschreiber geradezu Bestsellererfolge. Der Venezianer Marco Polo (1254–1324) erzählte 1299 Rustichello da Pisa seine Abenteuer, die er auf seinen Reisen durch Zentralasien und China erlebte. Die von Pisa aufgezeichneten Berichte erschienen als Buch unter dem Titel *Il Milione* (Der Milione). In einer

Isabella Teotochi Albrizzi, Venedigs Grande Dame des 18. Jhs., war quasi mit ihrem literarischen Salon verheiratet. Als ihr Ehemann einen Posten im Ausland antreten musste, ließ sie sich scheiden, weil sie in Venedig bleiben wollte. Unter dem Patronat eines neuen Ehemanns, ihr hingebungsvoller *cicisbeo* (Galan), führte sie ihre Diskurse über Poesie fort.

Zeit, in der es noch keine Druckerpresse gab und jedes Buch von Hand kopiert werden musste, erlangte *Il Milione* Bestsellerstatus. Im Laufe der Zeit wurden manche Details offensichtlich ausgeschmückt, dennoch sind beispielsweise Marco Polos Erzählungen über den Hof von Kublai Khan höchst spannend. Ein Reisender heutiger Zeit, Paolo Barbaro (1922), schildert in seinem Buch *Venezia, la Città Ritrovata* (Venice Rediscovered; 1998) einen umgekehrten Kulturschock, den er erlebte, als er nach längerer Abwesenheit in die Lagunenstadt zurückkehrte.

Besonders gut verkauften sich Memoiren, in denen Sex und ein Hauch von Skandal eine Rolle spielen: Die „ehrenwerte Kurtisane" Veronica Franco (1546–1591; s. S. 246) poussierte in ihren Bestseller-Memoiren, was das Zeug hielt. Doch in punkto Prahlerei kann es niemand mit den Erinnerungen von Casanova (1725–1798; s. S. 249) aufnehmen. Francesco Gritti (1740–1811) parodierte die dekadente venezianische Aristokratie mit herrlich bösartigem Dialekt in seinen *Poesie in Dialetto Veneziano* (Poesie auf Venezianisch). Der venezianischen Memoiren-Mode setzte er mit seinem überspitzten *La mia storia ovvero Memorie del Signor Tommasino. Scritte da lui medesimo. Opera narcotica del Dottor Pifpuf* (Meine Geschichte, das heißt die Memoiren des Signor Tommasino. Von ihm selbst geschrieben. Ein einschläferndes Werk von Doktor Pifpuf) ein satirisches Denkmal.

Moderne Literatur

Einige venezianische Autoren stehen immer noch ganz oben auf der Liste zeitgenössischer italienischer Literatur. Die zeitlose Wahrheit von Camillo Boitos 1883 erschienener Novelle *Senso* (Gefühl), die eine komplizierte Geschichte von Liebe und Betrug im österreichisch besetzten Venedig erzählt, war ein ideales Sujet für die filmische Umsetzung durch den Regisseur Luchino Visconti 1954. Die in Venedig lebende amerikanische Krimi-Schriftstellerin Donna Leon fand in der geheimnisvollen Stadt eine perfekte Kulisse für ihren Commissario Guido Brunetti. Er ermittelt in der Halbwelt der venezianischen Subkultur, angefangen bei Inselfischern (*Das Gesetz der Lagune*) bis hin zu Umweltaktivisten (*Wie durch ein dunkles Glas*). Die Krone der venezianischen Literaturszene gebührt Tiziano Scarpa (geb. 1963), der 2009 den Premio Strega gewann. Italiens höchste literarische Auszeichnung wurde Scarpa für *Stabat Mater* verliehen. Die Geschichte erzählt von einem venezianischen Mädchen, das bei Antonio Vivaldi das Geigenspiel erlernt.

FILM

In den 1980er-Jahren errechnete das venezianische Filmarchiv, dass die Stadt in der einen oder anderen Form in 380 000 Filmen vorgekommen sei – u. a. in Spielfilmen, Kurzfilmen und Dokumentationen. Venedigs fotogene Schauseite ist zugleich Segen und Fluch. Die Stadt ist so einzigartig, dass sie sich nicht als unauffälliger Hintergrund eignet – sie spielt sich in den Vordergrund. In vielen belanglosen Filmen hat Venedig die eindringlichste Rolle, und auch in den wenigen sehenswerten Streifen kann es sich gut behaupten.

Da Casanovas Eskapade und einige Shakespeare-Dramen in Venedig spielen, lag es nahe, die Filmversionen dieser klassischen venezianischen Geschichten in der Lagunenstadt zu realisieren. Was Casanova angeht, sind zwei hervorragende Filme über den Schürzenjäger zu erwähnen: Alexandre Volkoffs 1927 gedrehter *Casanova* und Federico Fellinis 1977 mit Donald Sutherland in Szene gesetzter *Casanova*. 1995 verfilmte Oliver Parker seine Version von *Othello,* aber diese reicht nicht an das 1952 entstandene Meisterwerk von Orson Welles heran, dessen *Othello* nur zum Teil in Venedig und größtenteils in Marokko realisiert wurde. Auch spätere Adaptionen dieses Kinoklassikers konnten sich mit dem Original nicht messen. Michael Radfords 1994 gedrehter *Der Kaufmann von Venedig* bot sogar Al Pacino in der Rolle des jüdischen Geldverleihers Shylock auf. Der schwedische Regisseur Lasse Hallström setzte *Casanova* 2005 mit einem nicht schlüssigen Plot und einem charmant verwuschelt-verwegenen Heath Ledger in der Titelrolle in Szene.

Nach dem Zweiten Weltkrieg entdeckte Hollywood Venedigs romantisches Flair: Die Stadt war 1955 Hintergrund für Katherine Hepburns späte italienische Liebe in David Leans 1955 gedrehtem *Traum meines Lebens*. Lean behauptete, dass dieser Film ihm der liebste sei, sogar lieber als *Lawrence von Arabien* und *Doktor Schiwago*. Venedigs Kulisse entschädigte für einige seltsame Gesangseinlagen in Woody Allens romantischem Musical *Everyone Says I Love You* (1996). Doch der erste Preis der venezianischen Liebesfilme gebührt Silvio Soldinis *Pane e Tulipani* (Brot und Tulpen; 1999). Der Film erzählt von einer italienischen Hausfrau, die in Venedig ein neues Leben beginnt und ihren Verfolger, einen Krimi-lesenden Klempner, geschickt immer wieder austrickst.

Häufiger als gut scheinen in Venedig gedrehte Liebesgeschichten furchtbar schlecht auszugehen. In *Morte a Venezia* (Tod in Venedig), den Luchino Visconti 1971 nach einer Novelle von Thomas Mann drehte, wird Liebe zu Besessenheit und das Gleiche passiert in *Der Trost von Fremden* (1990). Das Liebespaar Natasha Richardson und Rupert Everett folgt darin aus unerklärlichen Gründen dem durch und durch unheimlichen Christopher Walken durch die düsteren Gässchen Venedigs. Eine bessere Umsetzung eines weniger bedeutenden Romans lieferte *Die Flügel der Taube* (1997) nach Henry James' Erzählung. Der Film des Regisseurs Iain Softley wurde weitgehend in den USA gedreht, wenngleich der Hintergrund hinter Helena Bonham-Carters Haarpracht kaum zu erkennen ist.

Venedig tat sein bestes, Kinogänger immer wieder ordentlich zu schockieren. Unübertroffen ist diese Wirkung in Nicolas Roegs fesselndem *Wenn die Gondeln Trauer tragen* (1973) mit Donald Sutherland, Julie Christie und einem unheimlichen, verderbten Venedig. *Die Kurtisane von Venedig* (1998) ist schlüpfriger aber auch dümmer; die Gelegenheit, das Venedig des 16. Jhs. durch die Augen einer Kurtisane zu zeigen, wurde verpasst. Der in Venedig geborene Tinto Brass hat vor venezianischem Hintergrund einige Softpornos inszeniert, bei denen man sich nur wünscht, die Schauspieler würden aufhören, den Blick auf die schöne Kulisse zu verstellen. Bekanntester ist *Monamour!* (2005).

Venedig als Schauplatz für Action spielt in *Indiana Jones and the Last Crusade* (1989) und dem James Bond/Daniel Craig-Abenteuer *Casino Royale* (2006) eine Rolle. Beim Finale am Canal Grande kam, der Computeranimation sei Dank, kein einziger gotischer Palast zu Schaden. Welcher aktuelle große Film in Venedig für Furore sorgt, zeigt zuverlässig jedes Jahr das Filmfestival von Venedig (S. 21).

FILMKLASSIKER

Seine erste Filmrolle spielte Venedig 1897 in den frühesten Tagen des Kinos in dem Kurzfilm *A Panoramic View of Venice* (Ein Panoramablick auf Venedig). Für Dreharbeiten erwies sich Venedig jedoch als schwierig und zu teuer. Und so wurden die Venedigszenen in Filmklassikern wie *Ich tanz mich in dein Herz hinein* mit dem Gespann Fred Astaire und Ginger Rogers auf Hollywoods Studiogelände gedreht.

THEATER & DARSTELLENDE KUNST

Ganz Venedig ist ein Theater. Ganz gleich, wann man die Stadt besucht, es läuft immer irgendeine Show. Wer sich an einem beliebigen *campo* (Platz) niederlässt, erlebt die Facetten und Charaktere der Commedia dell'arte und der *opera buffa* im ganz gewöhnlichen Alltag. Studenten, die ihren Abschluss feiern, stoßen torkelnd Runde um Runde auf ihren Erfolg an. Kinder heulen, weil ihnen ihr Eis in den Kanal gefallen ist.

Nachbarn tauschen beim Wäscheaufhängen ungeniert quer über *calle* den neuesten Klatsch und Tratsch aus. Wer Venedig einmal so gesehen hat, wird seine Innovationskraft in Sachen Theater mit ganz anderen Augen sehen.

BIENNALE

Hauptanziehungspunkte für Prominente aus aller Welt sind heute Venedigs Biennale und die Internationalen Filmfestspiele. Die von der Biennale geförderten experimentellen Frühjahrs- und Herbstprogramme der Theater, Workshops und Performances bewahren die über 400 Jahre alte venezianische Tradition, in Sachen Theater immer wieder Risiken einzugehen.

Commedia dell'Arte

In der Karnevalszeit, mit ihrem Höhepunkt im Februar, nehmen die Regeln der Commedia dell'Arte Besitz von der Stadt. Ganz Venedig ist maskiert, extravagant kostümiert und exzentrisch agierend auf der Straße unterwegs. Auch wenn es heute wunderlich erscheint, war die Commedia dell'Arte jahrhundertelang Italiens alles beherrschende Theaterform. Wissenschaftler sehen ihren Einfluss in einigen von Molières komödiantischen Szenen und Shakespeares romantischen Handlungen. Shakespeare wäre allerdings schockiert gewesen, wenn er gewusst hätte, das Frauenrollen in Italien normalerweise von Frauen gespielt wurden. Doch nach zwei Jahrhunderten wirkte selbst die Commedia dell'Arte ermüdend, und so ist es kaum verwunderlich, dass Venedig irgendwann genug hatte von witzigen Einlagen und zunehmend derben Szenen. Farce und Karikatur ersetzten anspruchsvolle Improvisationen; das Theater hatte seinen subversiven Schwung verloren.

Komödie & Opera Buffa

Carlo Goldoni (1707–1793), kurzeitig Handlanger eines Arztes, promovierter Anwalt und Librettist, strebte an, sich mit Libretti ernster Opern einen Namen zu machen. Doch von seinen 160 Schauspielen und etwa 80 Libretti sind vor allem seine Texte für die *opera buffa* in Erinnerung geblieben. Wie in einigen seiner Schauspiele sind es teilweise schonungslose Sozialsatiren, die offenbar bis heute nichts an Aktualität eingebüßt haben: Kampf der Geschlechter, eine selbstgefällige Schickeria, die auch ihr Fett abbekommt, und die Unmöglichkeit, den Chef zufriedenzustellen.

Goldoni war ein unbeschwerter Mensch, aber er war kein Leichtgewicht: Sein komödiantisches Genie und seine Wortspiele veränderte ndas italienische Theater grundlegend. Seine *Pamela* (1750) war das erste Theaterstück, das komplett auf Masken verzichtete; seine Charaktere ließen sich nicht klar Gut und Böse zuordnen, jeder war unvollkommen, und das oft auf sehr komische Weise. Die meisten einnehmenden Rollen waren für Frauen und *castrati,* männliche Countertenöre mit Sopranstimme, reserviert, angefangen mit seinem 1735 geschriebenen Frühwerk, der Adaptation von *Griselda* von Apostolo Zeno, das auf Bocaccios *Dekameron* basierte und von Vivaldi umkomponiert wurde, bis zum gefeierten *Le Donne Vendicate* (Die Rache der Frauen) von 1763. Dessen Auftraggeberin war die Prinzessin Cecilia Mahony Giustiniani von Bassano Romano. Es geht um zwei Frauen, die einem angeberischen Chauvinisten mit unendlich witzigen Dialogen und eher harmlosem Schwertgeplänkel auf den rechten Weg bringen.

Ein venezianischer Dramatiker fand das allerdings überhaupt nicht lustig: Carlo Gozzi (1720–1806) fand Goldonis Komödien über das Verhalten der Mittelschicht platt und nüchtern. Daher brachte er 1761 eine bissige Parodie über Goldoni auf die Bühne. Davon angewidert floh Goldoni nach Frankreich und kehrte nie wieder nach Venedig zurück. Gozzi verzeichnete mit seinen szenischen Märchen nur bescheidene Erfolge. Eines dieser Stücke inspirierte Puccini zu seiner *Turandot.* Doch Gozzis fantastische Szenarien hatten wenig Bestand und so wandte er sich letztlich doch der Komödie zu.

Goldoni indessen durchlebte in Frankreich schwere Zeiten. Seine von Ludwig XVI. ausgesetzte Pension entfiel mit dem Beginn der Revolution. Goldoni starb verarmt, aber nicht gänzlich vergessen. Aufgrund der Fürsprache seiner französischen Kollegen erhielt wenigstens seine Witwe eine Rente vom französischen Staat. Während Gozzis Stücke nur selten aufgeführt werden, stehen Goldonis Werke im Repertoire des wichtigsten Theaters der Stadt, dem Teatro Goldoni (S. 86), an erster Stelle, gefolgt von Shakespeare.

Zeitgenössische darstellende Kunst

Venedigs heutige Theaterszene bietet mehr als die immer wieder aufgeführten Stücke von Goldoni oder Shakespeare. Avantgarde-Ensembles und experimentelle Theater wie das Teatro Junghans (S. 175) bringen neue Stücke sowie andere Formen der Darbietung und Inszenierung auf die Bühnen der Stadt. Tanzelemente der Commedia dell'arte feiern regelmäßig ein Comeback und der moderne Tanz steht mit dem International Festival of Contemporary Dance im Mittelpunkt der Biennale im Juni. Auch die Fondazione Giorgio Cini (S. 169) fördert die Tanzszene mit regelmäßigen Aufführungen und Workshops.

So lebt man in Venedig

Mit der weltweit höchsten Anzahl künstlerischer Meisterwerke pro Quadratkilometer könnte Venedig sich eigentlich auf seinen Lorbeeren ausruhen. Davon kann aber gar keine Rede sein. Wer die schmalen Seitengassen *(calli)* betritt, sieht dort zum Beispiel Handwerker, die Schuhe in die Form von Vögeln bringen; Köche bereiten auf einer einzigen schlichten Kochplatte ein 4-Sterne-Gericht zu, und Musiker schleppen ihre 200 Jahren alten Celli zum Konzertsaal, wo sie sich mit Bravour in ein Barockkonzert stürzen. Kunst und Kultur sind hier nach wie vor quicklebendig, der Zeitpunkt für eine Reise ist also immer ideal.

Ganz offensichtlich haben sich die Romantiker des 19. Jhs. geirrt: Venedig war keineswegs dem allmählichen Verfall geweiht. Milliardenschwere Wohltäter und hochmoderne Ausstellungen im Rahmen der Biennale haben die alten *palazzi* mit restaurierten Kunstwerken alter Meister und mit Werken zeitgenössischer Kunst und Architektur gefüllt, und im Schatten der großen Museen haben sich in den Seitenstraßen Kunsthandwerker mit ihren Werkstätten und Galeristen angesiedelt.

DIE MITREISENDEN

Natürlich darf man nicht mit dem Wunsch anreisen, Venedig einmal ganz für sich allein zu haben. Selbst in der größten Januarkälte zieht es die Freunde und Bewunderer dieser Stadt an die Lagune. Was wiederum den Vorteil hat, dass man sich in durchaus angenehmer Gesellschaft befindet. Denn Venedig ist zwar besser erreichbar als jemals zuvor und der Aufenthalt ist auch nicht überteuert, wenn man die Einzigartigkeit des Ortes in Rechnung stellt – doch die Stadt ist immer noch wählerisch, sie sucht sich ihre Besucher gewissermaßen selbst aus. Enge, gewundene Gässchen anstelle bequemer, breiter Asphaltstraßen und gemächliche Boote statt Autos sind eben nicht unbedingt jedermanns Sache. Vermutlich kommen also auch die anderen Besucher aus den gleichen Gründen her wie man selbst: Sie lieben die Kunst und Musik und begeistern sich für Geschichte, Architektur und gutes Essen (denn Geschäftsreisende, Nachtclubgäste oder Extremsportler zieht es eigentlich eher selten hierher). Sieht man einmal ab von verliebten Paaren, ist Venedig eine sehr gesellige Stadt: Wer mit Fremden an einem Tisch Platz nimmt, sollte also ruhig versuchen, mit ihnen ins Gespräch zu kommen.

Selbst in der Hochsaison stößt Venedig nie an die Grenzen seiner Kapazität. Die Bevölkerungsdichte erreichte schon 1563 ihren Höhepunkt; damals lebten 170 000 Menschen in der Stadt. Heute halten sich selbst an besucherreichen Sommertagen nicht mehr als 120 000 Menschen – Einwohner und Gäste – in Venedig auf; im Vergleich zum 16. Jh. geht es dann also immer noch recht entspannt zu.

NACH FEIERABEND

Die Venezianer selbst haben während der Arbeitszeit nicht immer Zeit für einen Plausch, aber wer einmal etwas länger am Ort bleibt, erlebt gegen Abend eine wie ausgewechselte Stadt. Das große venezianische Schauspiel ist nämlich zwischen zwei Akten am schönsten, genauer: nachdem die Tagesausflügler am Nachmittag wieder verschwunden sind und bevor die Kreuzfahrtschiffe ihre wie betäubten Neuankömmlinge zur Piazza San Marco verfrachten, wo sie vor dem Mittagessen drei Stunden Zeit haben, ganz Venedig zu erkunden ... Diese Besucher bekommen das andere, entspannte Venedig natürlich nie zu Gesicht – die Zeiten, wenn die Mosaikkünstler an den Theken stehen und plaudern oder ganz entspannt ihren *spritz* genießen.

Das mit Abstand heikelste Thema für eine Debatte nach Feierabend ist immer noch Mose (Modulo Sperimentale Elettromeccanico), das umstrit-

NOALTRÌ V VOALTRÌ (WIR GEGEN EUCH)

Die übliche Gegenüberstellung – hier die Einheimischen, dort die Fremden – hat in einer kosmopolitischen Stadt wie Venedig noch nie so recht funktioniert. Denn das Fremde war hier immer hochwillkommen, egal, ob es byzantinische Mosaiken waren oder ein Filmfestival. Wer eine weltberühmte Kunstsammlung mitbringt, gilt ganz schnell als Einheimischer; so jedenfalls erging es Peggy Guggenheim und François Pinault, dem Begründer des Museums Punta della Dogana. Man muss aber auch kein Milliardenvermögen besitzen, um hier willkommen zu sein. Alljährlich strömen 20 Mio. Besucher in die Lagunenstadt, aber nur rund 3 Mio. übernachten auch wirklich dort. Nur wer länger bleibt, am besten in einer echt venezianischen Pension (S. 219), hat die Möglichkeit, einen Blick ins wirkliche Alltagsleben der Stadt zu werfen. Dann kann man speisen wie die Einheimischen (S. 29), vielleicht noch ein paar Brocken Venetisch (S. 306) lernen oder den Handwerkern etwas abschauen (S. 287). Am schnellsten gewinnt man die Sympathien der Venezianer, wenn man ihnen und ihrer Stadt echte Neugierde entgegenbringt: Die üblichen Tagestouristen haben es immer so eilig, dass man auf einen höflichen Konversationsversuch mit freudiger Überraschung reagiert. Wer sich Mühe gibt, merkt schnell, wie viel 17 Mio. Tagesgästen eigentlich in dieser wundervollen Stadt entgeht.

tene Sperrwerk zum Schutz vor Hochwasser, das sich gegenwärtig in Bau befindet. Auch die Auswirkungen der industriellen Verschmutzung und die Folgen der globalen Erwärmung werden angesichts des empfindlichen Ökosystems in der Lagune sehr genau registriert. Besonders willkommen sind deshalb auch Gäste, die sich bemühen, die Auswirkungen ihrer eigenen Anwesenheit so gering wie möglich zu halten: durch einen längeren Aufenthalt, die Auswahl venezianischer Spezialitäten im Restaurant, den Kauf beim heimischen Kunsthandwerker und die korrekte Entsorgung des eigenen Mülls. Und natürlich schätzen es die Venezianer sehr, wenn man sie spüren lässt, wie sehr man für ihre Stadt schwärmt. „Es gibt nur ein Venedig", erklärt uns ein Gastwirt und schenkt deutlich mehr als ein halbes Glas vom venezianischen Prosecco ein. „Wir sollten es also genießen."

EIN TAG IN VENEDIG

Wenn man durch die Gassen bummelt, entdeckt man früher oder später an irgendeiner Tür ein Schild, das eine Wohnung zur Miete anbietet. Da kann man schon einmal ins Träumen geraten: Wenn man am nächsten Tag als Venezianer aufwachte, wie sähe der Tag dann wohl aus? Die Frage lässt sich beantworten - sogar recht präzise, auf der Grundlage von etlichen Gesprächen und unter Zuhilfenahme von Bevölkerungsstatistiken. Will man es ganz genau wissen, bleibt freilich nur ein Weg: auf Wohnungssuche gehen (S. 225) und den Rückflug stornieren!

Am Morgen

Erwacht man also unversehens als Venezianer, fühlt man sich bestimmt weiser - oder wenigstens älter: Das Durchschnittsalter liegt in Venedig vier Jahre über dem Durchschnitt der meisten anderen italienischen Städte, nämlich bei 46 Jahren. Geweckt wird man vermutlich nicht vom typisch italienischen Straßenlärm, denn hier gibt es ja praktisch keine großen Straßen. Statt der Hupen und quietschenden Bremsen hört man allenfalls den Gondoliere beim Aufwärmen der Stimmbänder oder die Trippelschritte kleiner Hunde, die eine Marmorbrücke überqueren. Hat man es eilig auf dem Weg zur Arbeit, nimmt man am besten einen großen Umweg in Kauf: Auf dem üblichen Weg muss man einfach so oft anhalten und Nachbarn oder Kollegen begrüßen, dass man noch viel später ans Ziel käme.

Egal, welchen Weg man wählt, irgendwo wird man vermutlich von einem Touristen angehalten, der sich verlaufen hat. Man antwortet ihm höflich, denkt aber insgeheim, Besucher sollten doch erst einmal in die Karte schauen oder sich an den gelben Wegweisern orientieren, die überall in der Stadt nach San Marco, zur Accademia und zum Bahnhof deuten. Würde nämlich jeder Tagesbesucher einen Einheimischen nach dem Weg zum Markusdom fragen, dann bekäme jeder Venezianer diese Frage 350-mal im Jahr zu hören. Im Übrigen wäre es einem lieber, die Leute hätten ein echtes Interesse: Wäre doch schön, wenn sie einen nach dem eigenen Lieblingswein aus Venetien fragten oder danach, wer wohl in diesem Jahr den Goldenen Löwen beim Filmfestival gewinnt.

Da man ja nun ein Venezianer ist, arbeitet man vermutlich im Dienstleistungssektor oder man gehört zu den 2000 zertifizierten Kunsthandwerkern. Da Venedig aber ein ziemlich teures Pflaster ist, hat man wahrscheinlich noch ein paar Nebenjobs, um sich die Wohnung leisten zu können. Während einer Kaffeepause diskutiert man wieder einmal über die Vorteile, die ein Umzug aufs Festland nach Mestre mit sich brächte: niedrigere Lebenshaltungskosten und ein größeres Angebot, z.B. an Schulen und Krankenhäusern. Andererseits möchte man halt ungern pendeln, und irgendwie ist da noch dieses Gefühl, dass man wegen des bequemen Autofahrens und der Einkaufszentren nicht das Leben in einer so wunderschönen Stadt wie Venedig aufgeben sollte. Lieber macht man es da wie die meisten anderen: Vor oder nach Feiertagen fährt man hinüber aufs Festland in die großen Läden, und dann geht es per Zug und *vaporetto* wieder heimwärts; man schleppt schwere Einkaufstaschen über Brücken und an Kanälen entlang, um möglichst rasch wieder heinzukommen in die kleine Wohnung in der prächtigen Lagunenstadt.

Nachmittags

Selbst wenn auf der Arbeit viel zu tun ist, reicht die Zeit stets für einen kleinen Mittagsimbiss in einer Bar in einer der Nebenstraßen; andernfalls säße man dort später am Tag eingezwängt zwischen Bildhauern,

VENEZIANISCHE VERKEHRSREGELN

Es gibt zwar keine Autos in der Stadt, aber auch für Fußgänger gelten durchaus ein paar Regeln:

➡ **Rechts und hintereinander gehen** In den schmalen Gassen geht man nicht nebeneinander her, denn sonst käme man nur in eine Richtung voran. Ruft jemand *permesso* (Entschuldigung!), macht man Platz – vermutlich hat es da jemand auf dem Weg zur Arbeit oder zur Schule besonders eilig.

➡ **Einen Schritt zurücktreten** Natürlich darf man einen Schritt zurücktreten, wenn man ein Schaufenster betrachten oder ein Foto schießen will – aber man sollte sich beeilen: Wer längere Zeit dort verharrt, verhält sich wie ein Autofahrer, der in zweiter Reihe parkt.

➡ **Kleine Brücken zügig überqueren** Auf kleinen, schmalen Brücken sollte man nicht stehenbleiben, denn wer an solchen Orten fotografiert, verursacht gleich einen Stau. Besser, man holt die Kamera auf der Rialto- oder der Accademia-Brücke heraus – die Blicke von dort aus auf den Canal Grande hält schließlich jeder einmal fest.

➡ **Behilflich sein** Wenn jemand sich mit einem Kinderwagen oder schwerem Gepäck auf einer Brücke abmüht, darf man durchaus seine Hilfe anbieten.

VENEXIANÁRSE (VENEZIANER WERDEN)

Wer den venezianischen Idiom erlernen oder venezianische Gerichte nachkochen möchte, wer rudern will wie die *gondolieri* oder sein Gesicht am liebsten hinter einer selbst gemachten Maske versteckt, sollte an einem der folgenden Kurse teilnehmen:

➡ **Venedig gründlich kennenlernen** In englischsprachigen Kursen taucht man tief ein in die Kultur der Stadt – von der Küche bis zur Glasbläserkunst. Organisiert werden diese Erkundungen von **Venetian Club** (www.thevenetianclub.co.uk), einer Gruppe gebürtiger Venezianer, die sich gemeinsam für die Bewahrung des kulturellen Erbes einsetzen.

➡ **Bereit sein für den Maskenball** Bei Ca' Macana (S. 106) kann jeder sich seine ganz persönliche Maske entwerfen (für den Karneval oder fürs Büro, damit der Chef einen nicht findet ...). Dazu passen Kostüme der Commedia dell'arte; die zu schneidern lernt man im Teatro Junghans (S. 175).

➡ **Weine verkosten wie ein Venezianer** Das richtige Weintrinken will gelernt sein; das nötige Wissen vermittelt die Bar Ca' Pisani, weitere Verkostungen gibt es bei I Rusteghi oder Vinitaly (S. 36).

➡ **Die Liebe zum Wasser entdecken** Rudern und dabei wie ein *gondoliere* im Boot stehen (S. 26); oder man nimmt an Segelkursen auf der Isola di Certosa (S. 182) teil und gleitet hinaus auf die blaue Lagune.

Harfenspielern, Köchen und allerlei anderen Venezianern und hätte kaum genügend Platz. Angesichts des Gedränges mag mancher Neuankömmling glauben, es sei gerade die Zeit der Biennale – aber nein, es handelt sich um einen ganz gewöhnlichen Mittwoch in Venedig. Betritt man allerdings die *bacaro* (Bar) im eigenen Viertel, wird der Kellner, den man noch aus der Schulzeit kennt, einen womöglich gleich sehen und sofort eine extra große Portion *risotto di seppie* (Risotto mit Tintenfisch) auftischen, während die *forestieri,* die Leute vom Festland, sich noch etwas gedulden müssen. Manchmal ist das Leben in Venedig ja anstrengend, aber es hat eben auch seine Vorteile.

Geht der Arbeitstag allmählich zu Ende, verabredet man sich mit Freunden in irgendeinem Lokal; mit dem Nachhausegehen hat man es nicht besonders eilig. Wie die meisten Italiener wohnt man vielleicht immer noch bei den Eltern; im Unterschied zum Rest Italiens lebt mehr als die Hälfte der Venezianer allerdings allein. Statistisch gesehen gibt es in Venedig mehr Frauen als Männer, was aus Sicht der Frauen von Nachteil sein mag. Andererseits kommen Tag für Tag unzählige Besucher, und das eröffnet ungeahnte Möglichkeiten ... Natürlich meidet man die großen, überlaufenen Plätze und Straßen, aber auch in den kleinen Gassen trifft man Leute, mit denen man zur Happy Hour reden und flirten kann – bis sie um 18 Uhr wieder aufbrechen müssen.

Am Abend

Was passiert, wenn die Sirene Hochwasser ankündigt? Weder Regen noch Flut können die Stimmung bei einer echten Happy Hour trüben. Selbst die eitelsten und modebewusstesten Venezianer ziehen sich dann einfach Gummistiefel über ihre handgemachten Designerschuhe und waten zur nächsten Bar, um dort ihre *cicheti* zu verzehren. Zur Happy Hour gibt es dort das Übliche: Prosecco, *crostini* (Sandwiches) und reichlich Diskussionen. Stimmt das mit dem Rollstuhlzugang zum Ponte di Calatrava? Sollen wirklich Werbebanner an der Rialtobrücke aufgehängt werden, und sind die Mittel für den Bau eines neuen Palazzo del Cinema tatsächlich verschwunden? Wie war das noch mal mit dem Aufruhr über irgendwelche Kunstinstallationen auf der letzten Biennale oder in der Punta della Dogana? Schnell heraus mit der eigenen Meinung, denn diplomatisches „Sowohl – als auch" will hier niemand hören, und um eine gute Pointe ist man hier, in der Heimat Goldonis und der *opera di buffa,* nie verlegen.

Apropos Oper: Man müsste noch schnell entscheiden, ob man die Einladung eines Freundes zu einem Konzert oder einer Premiere annimmt. Wenn man allerdings zu jeder Theateraufführung oder Lesung, zu jedem Jazzkonzert und zu jeder Vernissage ginge, an der ein Verwandter, Nachbar oder Freund eines Freundes mitwirkt, wäre der Terminkalender das ganze Jahr über so voll wie zur Karnevalszeit. Manche Einladungen kann man aber einfach nicht absagen – es ist nur leider richtig schwer, im Voraus zu wissen, über welches Ereignis die Stadt noch jahrzehnte- oder gar jahrhundertelang sprechen wird. Außerdem müsste man dann morgen früh nicht den Umweg zur Arbeit nehmen, um Entschuldigungen für die Absage oder verspäteten Glückwünschen auszuweichen. Morgen also spielt man seine Rolle im großen venezianischen Schauspiel; aber heute ist noch Zeit für einen letzten Absacker. Prost, auf das schöne Leben – *la bea vita.*

Bedrohte Natur: die Lagune

Ibisse hocken auf Felsvorsprüngen, frische Krabben aus der Lagune finden in der *Pescaria* (S. 114) ihre Käufer, und die Farbe des Wassers changiert zwischen dunklem Türkis und oxidiertem Silber: Ein Tag an der Lagune ist etwas Außergewöhnliches, doch dieses Paradies ist auch außergewöhnlich empfindlich. Blickt man über die Wasserfläche hinweg zum fernen Horizont der Adria, erscheint das Gewässer wie ein Teil des Mittelmeers. Mit ihrer genau ausbalancierten Mischung aus Salz- und Süßwasser, mit den Sandbänken und Marschen ist die Lagune aber kein Meer, sondern ein einzigartiges Ökosystem ganz eigener Art.

FLÜSSE & GEZEITEN

Die Lagune ist wie eine große flache Schüssel, in der die Gezeiten des Mittelmeers auf das Süßwasser von Flüssen aus der Poebene treffen. Vom Meer abgeschirmt wird sie durch eine schmale, bogenförmige Landzunge, die aus mehreren Inseln besteht und den Einfluss der Adria dämpft. Zwischen Punta Sabbioni und Chioggia gibt es drei *bocche di porto* (Hafenzugänge), durch die das Mittelmeerwasser in die Lagune eintritt. Wenn die Winde des Scirocco hohe Wellen in den Golf von Venedig treiben oder wenn stehende Wellen sich an der Adriaküste brechen, ist Hochwasser, *acqua alta,* fast unausweichlich (s. Kasten S. 290). Diese gelegentlichen Hochwasserereignisse reinigen die Lagune von überschüssigem Schlick und sorgen für ein ausgeglichenes Verhältnis zwischen Süßwasser und Meerwasser.

ANSTIEG DES MEERESSPIEGELS

Der ein oder andere hat sicher schon davon gehört, dass Venedig allmählich versinkt; das stimmt tatsächlich, ist aber nur ein Teil der komplexen Vorgänge. Die Stadt wurde teilweise auf hölzernen Fundamenten errichtet, die tief in den Schlamm der Lagune eingesenkt sind und sich jahrhundertelang erstaunlich gut gehalten haben. Als Industriebetriebe an der Küste vermehrt Brunnen anlegten, begann der Grundwasserspiegel allerdings zu sinken, doch diese Bohrungen wurden schon in den 1960er-Jahren wieder eingestellt.

Gleichzeitig wurden allerdings Kanäle ausgebaggert, um Supertankern und Kreuzfahrtschiffen einen bequemeren Zugang zu verschaffen; diese Maßnahmen führten aber dazu, dass bei Hochwasser deutlich mehr Wasser aus dem Mittelmeer in die Stadt gelangt und die Bauwerke bedroht. Noch um 1900 stand die Piazza San Marco rund 10-mal pro Jahr unter Wasser; heute passiert das etwa 60-mal. Ingenieure gehen mittlerweile davon aus, dass Venedig – vorausgesetzt, modernste Technik kommt zum Einsatz – im Laufe des 21. Jhs. einen Anstieg des Meeresspiegels um 26 bis 60 cm verkraften könnte. Das klingt großartig; allerdings hat eine andere Expertenkommission kürzlich prophezeit, der Anstieg könne durchaus bis zu 88 cm betragen. 2011 hat auch die Unesco ihre Sorge über die Folgen des Klimawandels für Venedig zum Ausdruck gebracht, denn die Stadt mit ihrer Lagune steht auf der Liste des Weltkulturerbes.

Vermutlich müssen die meisten Besucher noch nicht durch tiefes Wasser waten, denn wirklich extremes Hochwasser tritt nur alle drei bis fünf Jahre auf. Dennoch wirkt sich der stärkere Eintrag von Meerwasser bereits nachteilig aus: Der Salzgehalt der Lagune steigt an und bedroht die Tier- und Pflanzenwelt, aber auch die Steinfundamente der Häuser. Seit

An *vaporetto*-Haltestellen weisen Schilder auf zahlreiche städtische Verordnungen hin, beispielsweise auf die Weisung, niemals „oben ohne" durch die Stadt zu flanieren. Am strengsten halten sich die Venezianer aber an das Graffiti-Verbot. Denn die Lösungsmittel, mit denen die Graffiti entfernt werden, schädigen die Fundamente ihrer Häuser; Venezianer sind ihren Besuchern daher dankbar, wenn sie Bilder in der Kamera oder auf Zeichenpapier festhalten und ihrer Kreativität nicht an den Fassaden freien Lauf lassen.

HOCHWASSERALARM

Ertönt an einem Winternachmittag die Sirene, geraten Venezianer nicht gleich in Panik; immerhin wissen sie nun, dass sie ihre Lieblings-Bar zur Happy Hour möglicherweise in Gummistiefeln aufsuchen müssen. Der Alarmton erklingt von 16 Sirenen im gesamten Stadtgebiet; er besagt, dass innerhalb von drei bis vier Stunden *acqua alta* (Hochwasser) die Straßen und Plätze der Stadt erreichen dürfte. Allzu oft heulen die Sirenen allerdings nicht: Nur vier- bis fünfmal pro Jahr steigt der Wasserspiegel auf mehr als 110 cm über dem normalen Wasserstand der Lagune, üblicherweise im Zeitraum zwischen November und April. Ein Alarm bedeutet nicht gleich einen Notstand; das Hochwasser kann rasch wieder verschwinden und betrifft manchmal nur tiefer gelegene Teile der Stadt.

➡ **Ein Dauerton** (bis 110 cm über Normalnull): Kaum der Rede wert; dafür unterbricht niemand seinen Feierabend in der Bar.

➡ **Zwei anschwellende Töne** (bis 120 cm): Mag sein, dass man für den Heimweg *stivali di gomma* (Gummistiefel) benötigt.

➡ **Drei anschwellende Töne** (ca. 130 cm): Auf der städtischen Website (www.comune.venezia.it) nachschauen und prüfen, wo *passarelle* (höher gelegte Holzstege) eingesetzt werden.

➡ **Vier anschwellende Töne** (140 cm und mehr) Jetzt schließen die Läden vorzeitig, und die Inhaber schützen ihre Türen vor eindringendem Wasser.

2003 erhöht die Stadtverwaltung die Uferbefestigungen an den tiefsten Stellen, und zwar auf 120 cm über dem Pegel der normalen Flut; der Anfang wurde bei San Marco gemacht.

MOSE

Das brisanteste Thema der letzten drei Jahrzehnte ist das mobile Flutschutzwehr namens Mose (Modulo Sperimentale Elettromeccanico – Experimentelles Elektromechanisches Modul). Die Tore des mit Pressluft betriebenen Sperrwerks, dessen Fertigstellung derzeit für 2014 geplant ist, sollen an den drei Zufahrten in die Lagune auf einer Breite von 20 m jeweils 30 m hochgeklappt werden und die Lagune verschließen, wann immer der Meeresspiegel bedrohlich ansteigt. Schon seit der Flutkatastrophe von 1966 hat die Unesco immer wieder Schutzmaßnahmen angemahnt, da die Stadt einen so großen Teil des kulturellen Erbes der Welt birgt; die Befürworter von Mose fordern denn auch einen Schutz Venedigs um jeden Preis.

Wie hoch aber liegen die Kosten eigentlich? Momentan belaufen sich die Kalkulationen auf bis zu 5 Mrd. € für eine Maßnahme, die letztlich natürlich nur eine Teillösung darstellt, denn auch sintflutartige Regenfälle und große Wassermassen in den Flüssen können zu einem Hochwasser in der Lagune führen. Viele Venezianer weisen kritisch darauf hin, dass die Stadt natürlich auch bewohnt ist und nicht nur ein Museum darstellt. Jede vorläufige Maßnahme müsse also auf ihre Auswirkungen auf die Menschen hin untersucht werden. Besteht zum Beispiel die Gefahr, dass sich in der Lagune abgestandenes Wasser sammelt und das Risiko von Krankheiten steigt, was die Touristen vertreiben würde? Verändert Mose womöglich die Zusammensetzung des Wassers, sodass der Fischfang in der Lagune zum Erliegen käme? Hindert das Herumdoktern an Symptomen vielleicht an einem Kampf gegen die wahren Ursachen der Probleme? Um Mose wird jedenfalls eifrig weiter gestritten, auch wenn das Datum der Fertigstellung näherrückt; neun Einsprüche vor Gericht haben den Bau bisher nicht behindern können.

SCHUTZ DER LAGUNE

Hochwasser stellt keineswegs die einzige Bedrohung dar. Die Fundamente von Venedig sind Angriffen ausgesetzt, die es nie zuvor gegeben hat, darunter die Wellen schneller Motorboote und eine Wasserverschmutzung durch Einleitungen der Industrie. Mischen sich Schmutz und Schlick in flachen Gewässern, beginnt das Algenwachstum; Algen bedrohen die Fundamente der Bauten und verdrängen andere Meereslebewesen. Seit 1930 sind schätzungsweise 20 % der Vögel und 80 % der Wasserpflanzen verschwunden, und die Klarheit des Lagunenwassers hat sich um 60 % verschlechtert. Die Vögel auf den Felsen, die reiche Krabbenernte, das türkisfarbene Wasser: All die typischen Kennzeichen dieser bemerkenswerten Stadt stehen auf dem Spiel.

Immerhin sind den Venezianern beachtliche Fortschritte beim Kampf um ihre Lagune gelungen. Die Industrieabfälle von Porto Marghera wurden im Laufe der Jahre reduziert, das Wasser ist deshalb heute wieder klarer als in den 1980er-Jahren. Die Stadtverwaltung hat darüber hinaus durchgesetzt, dass die meisten Kreuzfahrtschiffe bei der Einfahrt in den Hafen von Venedig einen Treibstoff verwenden, der weniger Schwefel abgibt und die Steinfundamente weniger schädigt. Planungen zufolge sollen Industrieanlagen auf Dauer einem Hightech-Park weichen, und die Fischerei sowie die Bewirtschaftung der Feuchtgebiete sollen ressourcenschonender betrieben werden.

Im Übrigen leisten schon kleine Gesten einen wichtigen Beitrag. Wer sich auch daheim umweltbewusst verhält – und zum Beispiel Produkte aus nachhaltigem und/oder regionalem Anbau bevorzugt, sparsam mit Wasser umgeht und darauf achtet, dass die Lebensmittel frei von unnötigen Chemikalien sind –, muss sich im Urlaub eigentlich nur genauso verhalten wie zu Hause, um der Lagune etwas Gutes zu tun. Lonely Planet will den Besuchern helfen, ökologisch korrekt vorzugehen: Anbieter, die in diesem Sinne handeln, sind mit einem 🌿 gekennzeichnet. Das Symbol LP TIPP steht für besonders empfehlenswerte Einrichtungen, die ebenfalls auf den Schutz der natürlichen Umwelt Wert legen.

Praktische Informationen

VERKEHRSMITTEL & -WEGE....................294

ANREISE 294

Auto & Motorrad 294
Bus 295
Flugzeug 295
Schiffe & Fähren................. 296
Zug 296

UNTERWEGS VOR ORT 297

Autoverleih 297
Bootsverleih 297
Fahrrad........................ 297
Gondel 298
Monorail....................... 298
Vaporetto...................... 298
Wassertaxi..................... 299

ALLGEMEINE INFORMATIONEN...........300

Botschaften & Konsulate 300
Ermäßigungen & Dauerkarten...... 300
Feiertage 301
Frauen unterwegs 301
Geld 301
Internetzugang...................301
Medizinische Versorgung 302
Notfall......................... 302
Öffnungszeiten.................. 303
Post........................... 303
Reisen mit Behinderung........... 303
Schwule & Lesben 303
Steuern 303
Strom.......................... 304
Telefon 304
Toiletten....................... 305
Touristeninformation............. 305
Zeit 305
Zoll 305

SPRACHE.................306

Verkehrsmittel & -wege

ANREISE

Die meisten europäischen Besucher reisen mit dem Zug nach Venedig, allerdings werden mittlerweile verstärkt auch Flugzeug und Kreuzfahrtschiffe genutzt. Man kann auch mit Fernreisebussen oder mit dem Auto nach Venedig fahren. Im letzteren Fall parkt man das Fahrzeug allerdings am Stadtrand und muss zu Fuß oder per *vaporetto* (kleine Personenfähre) in die City weiterreisen.

Flüge von Düsseldorf oder Frankfurt dauern ca. 1½ Stunden, von den meisten anderen Orten in Europa zwischen ein und zwei Stunden.

Züge brauchen von Düsseldorf aus um die 15 Stunden, von Frankfurt elf, von München sieben, von Berlin 16 Stunden, von Wien aus 10½ Stunden, von Zürich 7½ und von Rom aus vier Stunden.

Flüge, Busreisen und Bahnfahrten kann man online unter lonelyplanet.com/bookings buchen.

Auto & Motorrad

Wer mit dem Auto oder Motorrad nach Venedig fahren möchte, nimmt am besten die oft verstopfte A4 (Trieste–Turin), die durch Mestre führt. Von Mestre aus nimmt man die Ausfahrt „Venezia". Jenseits des Ponte della Libertà müssen die Autos auf dem Parkplatz an der Piazzale Roma oder auf der Insel Tronchetto zurückbleiben. Die Parkgebühr kann für 24 Stunden 24 € oder mehr betragen. In Mestre ist das Parken billiger. Die Autofähre Nr. 17 transportiert Fahrzeuge von Tronchetto zum Lido.

Hier eine Warnung an alle, die unbedingt mit dem Auto anreisen wollen: Besucher, die über die Brücke nach Venedig hineinfahren, müssen mit deftigen Parkgebühren rechnen. Zudem sind die Staus an Wochenenden und Feiertagen katastrophal. Züge sind wirklich eine gute Alternative.

Von der Insel Tronchetto zur Piazzale Roma

Von Tronchetto werden die Besucher mit der neuen Monorail, bekannt als People Mover (S. 298), zur Piazzale Roma gebracht.

Von der/zur Piazzale Roma

Vaporetti (S. 298) verbinden die Piazzale Roma mit allen Teilen der Stadt. Wer viel Gepäck hat, kann auch ein Wassertaxi nehmen. Hier einige nützliche Linien der *vaporetti* ab Piazzale Roma:

Linie 1 Fährt alle 10 Minuten über den Canal Grande nach San Marco und zum Lido.

Linie 2 Fährt die gleiche Strecke wie Linie 1, hält aber nicht so oft und kehrt über Giudecca zurück.

Linien 41, 42 Umkreisen Venedig in beide Richtungen.

Linien 51, 52 Fahren die gleiche Strecke wie 41 und 42, halten jedoch seltener und steuern zusätzlich noch den Lido an.

Linie N Fährt nur nachts, und zwar zur Giudecca, zum Canal Grande, nach San Marco und zum Lido (23.30 Uhr bis 4 Uhr morgens, alle 40 Min.).

Entfernungen nach Venedig

Berlin 1135 km

Budapest 564 km

Florenz 260 km

Frankfurt 940 km

Genf 579 km

London 1515 km

Madrid 1820 km

Mailand 279 km

Paris 1112 km

Prag 798 km

Rom 529 km

Wien 610 km

Parken

Wer wild entschlossen ist, den Ponte della Libertà vom Festland aus zu überqueren, findet Parkplätze an der Piazzale Roma oder auf der Isola del Tronchetto. Die Gebühren beginnen bei über 24 € pro Tag. Zu Stoßzeiten sind die Plätze komplett belegt. Man kann jedoch unter www.veniceconnected.com.einen Parkplatz vorbuchen.

Um all diese Scherereien zu umgehen und zudem noch preiswerter davonzukommen, sollte man in Mestre parken und dann per Bus oder Zug in

KLIMAWANDEL & REISEN

Der Klimawandel stellt eine ernste Bedrohung für unsere Ökosysteme dar. Zu diesem Problem tragen Flugreisen immer stärker bei. Lonely Planet sieht im Reisen grundsätzlich einen Gewinn, ist sich aber der Tatsache bewusst, dass jeder seinen Teil dazu beitragen muss, um die globale Erwärmung zu verringern.

Fliegen & Klimawandel

Fast jede Art der motorisierten Fortbewegung erzeugt CO_2 (die Hauptursache für die globale Erwärmung), doch Flugzeuge sind mit Abstand die schlimmsten Klimakiller – nicht nur wegen der großen Entfernungen und der entsprechend großen CO2-Mengen, sondern auch weil sie diese Treibhausgase direkt in hohen Schichten der Atmosphäre freisetzen. Die Zahlen sind erschreckend: Zwei Personen, die von Europa in die USA und wieder zurück fliegen, erhöhen den Treibhauseffekt in demselben Maße wie ein durchschnittlicher Haushalt in einem ganzen Jahr.

Emissionsausgleich

Die englische Website www.climatecare.org und die deutsche Internetseite www.atmosfair.de bieten sogenannte CO_2-Rechner. Damit kann jeder ermitteln, wie viel Treibhausgase seine Reise produziert. Das Programm errechnet den zum Ausgleich erforderlichen Betrag, mit dem der Reisende nachhaltige Projekte zur Reduzierung der globalen Erwärmung unterstützen kann, beispielsweise Projekte in Indien, Honduras, Kasachstan und Uganda.

Lonely Planet unterstützt gemeinsam mit Rough Guides und anderen Partnern aus der Reisebranche das CO_2-Ausgleichs-Programm von climatecare.org. Alle Reisen von Mitarbeitern und Autoren von Lonely Planet werden ausgeglichen.

Weitere Informationen gibt's auf www.lonelyplanet.com.

die Innenstadt fahren. Alles, was auch nur im Entferntesten wertvoll aussieht, sollte aus dem Auto entfernt werden, denn die Diebe lauern besonders auf Parkplätzen.

Parkmöglichkeiten, Preise und Anreisebeschreibung finden sich für Venedig und Mestre unter www.asmvenezia.it. Hier einige Parkplätze:

Garage Brega (☎041 92 64 78; Piazzale Favretti 1, Mestre; überdacht/im Freien 12/6 € pro Tag) Nur 350 m vom Bahnhof Mestre.

Garage Europa Mestre (☎041 95 92 02; www.garageeuropamestre.com; Corso del Popolo 55, Mestre; 1. Tag 14 €, jeder weitere Tag 12 €) Der ACTV-Bus 4 nach/von Venedig hält direkt vor dem Parkhaus, zum Bahnhof sind es 10 Gehminuten Mestre.

ASM Autoremissa Comunale (☎041 272 72 11; www.asmvenezia.it; Piazzale Roma; Kleinwagen in der Neben-/Hauptsaison 24/78 € pro Tag, Pkw über 1,85 m Länge 27/31 €; ⏲24 Std.). Bei Online-Reservierungen sind Ermäßigungen möglich; für Fahrer mit Behinderung sind sechs Stunden kostenlos.

Garage San Marco (☎041 523 22 13; www.garagesanmarco.it; Piazzale Roma 467F; 24/30 € für 12 Std./24 Std.; ⏲24 Std.) Gäste bestimmter Hotels bekommen Ermäßigungen; 900 Plätze.

Parking Sant'Andrea (☎041 272 73 04; Piazzale Roma; für volle oder angefangene 2 Std. 4,50 €; ⏲24 Std.) 100 Plätze; ideal für Kurzzeitparker.

Tronchetto (☎041 520 75 55; www.veniceparking.it; Isola del Tronchetto; 24 Std. 21 €; ⏲24 Std.)

Bus

Stadtbusse, Regional- und Fernreisebusse steuern alle die Piazzale Roma an. Zu den Busgesellschaften gehören:

Eurolines (☎041 538 21 18; www.eurolines.com) Betreibt viele internationale Linien, die an der Piazzale Roma starten.

ACTV (☎041 24 24; www.actv.it) Die Busse fahren vom Busbahnhof an der Piazzale Roma ab, und zwar nach Mestre und die nähere Umgebung.

ATVO (☎041 520 55 30) Betreibt Busse ins östliche Venetien, darunter auch zum Flughafen. Abfahrt an der Piazzale Roma.

Flugzeug

Die meisten Flüge nach Venedig landen auf dem **Flughafen Marco Polo** (VCE; ☎041 260 92 60; www.veniceairport.it), 12 km außerhalb der Stadt, östlich von Mestre. Ryanair und einige andere Billigfluglinien nutzen auch den **Flughafen Treviso** (TSF; ☎0422 31 51 11; www.trevisoair

port.it), etwa 5 km südwestlich von Treviso und 30 km von Venedig entfernt.

Billigflüge sind zwar schön für die Reisenden, aber eine Belastung für die Umwelt. Wer mit einem reinen Gewissen fliegen will, sollte sich an einem CO2-Ausgleichsprogramm beteiligen.

Zum/vom Flughafen

FLUGHAFEN VENEDIG

Es gibt viele Möglichkeiten, vom Flughafen ins Zentrum der Stadt zu gelangen: Busse, Wassertaxis und gute Fährverbindungen.

Azienda Trasporti Veneto Orientale (ATVO; ☎041 520 55 30; www.atvo.it) betreibt Busse von der Piazzale Roma zum Flughafen (5 €, 30 Min., alle 30 Min. von 8 Uhr bis Mitternacht).

Azienda del Consorzio Trasporti Veneziano (ACTV; ☎041 24 24; www.actv.it) betreibt den Bus Nr. 5 zwischen dem Flughafen Marco Polo und der Piazzale Roma (ca. 1 Std., 4-mal stündl., 1,50 €).

Ein Taxi zur Piazzale Roma kostet etwa zwischen 30 und 40 €, aber mit den Booten von Alilaguna kommt man viel näher und genauso schnell zum Ziel, und das zum halben Preis.

Alilaguna (☎041 240 17 01; www.alilaguna.com) betreibt vier Wassertaxi-Linien, die zwischen dem Flughafen und verschiedenen Teilen der Stadt verkehren. Die Fahrt kostet 13 €. Hier die Linien:

Linea Blu (Blaue Linie) Hält an der Piazzale Roma, in San Marco, an der Stazione Marittima und an verschiedenen Haltestellen unterwegs.

Linea Rossa (Rote Linie) Hält an der Inselgruppe Murano und am Lido.

Linea Arancia (Orangefarbene Linie) Hält an der Stazione Santa Lucia, Rialto und in San Marco; über den Canal Grande.

Linea Gialla (Gelbe Linie) Hält an der Inselgruppe Murano und am Fondamento Nuovo.

FLUGHAFEN TREVISO

Barzi Bus Service (☎0422 68 60 83; www.barziservice.com) hat nach der Renovierung des Flughafens Treviso den direkten Busservice zur Piazzale Roma in Venedig wiederaufgenommen (7 €, ca. 1 Std., 1- bis 2-mal stündl. von 8 bis 21 Uhr). Taxis kosten 70 € aufwärts.

Schiffe & Fähren

Von Griechenland, Kroatien und Slowenien aus gibt es regelmäßige Fährverbindungen nach Venedig. Die Fernstreckenfähren und Kreuzfahrtschiffe belasten jedoch das empfindliche Ökoklima der Lagune. Deshalb ist es sinnvoller, mit dem Zug anzureisen. Venedig wird es seinen Besuchern danken.

Minoan Lines (www.minoan.gr) und **Anek** (www.anekitalia.com) betreiben den regulären Fährdienst zwischen Venedig und Griechenland.

Venezia Lines (www.venezialines.com) Betreibt im Sommer Hochgeschwindigkeitsschiffe von und nach Kroatien und Slowenien.

Zur/von der Stazione Marittima

Kreuzfahrtschiffe sorgen meist für einen Gratis-Shuttle von der Stazione Maritima zur Piazzale Roma. *Vaporetti* (S. 298) verbinden die Piazzale Roma mit allen Teilen der Stadt. Wer viel Gepäck hat, kann auch ein Wassertaxi nehmen. Hier einige nützliche Linien der *vaporetti*:

Linie 1 Fährt alle 10 Minuten über den Canal Grande nach San Marco und zum Lido.

Linie 2 Fährt die gleiche Strecke wie Linie 1, hält aber nicht so oft und kehrt über Giudecca zurück.

Linien 41, 42 Umkreisen Venedig in beide Richtungen.

Linien 51, 52 Fahren die gleiche Strecke wie 41 und 42, halten jedoch seltener und steuern zusätzlich noch den Lido an.

Linie N Fährt nur nachts, und zwar zur Giudecca, zum Canal Grande, nach San Marco und zum Lido (23.30 Uhr bis 4 Uhr morgens, alle 40 Min.).

Zug

Züge sind pünktlich, erschwinglich und umweltschonend und daher die beste Art und Weise, nach Venedig zu reisen (www.trenitalia.it). Die Züge fahren regelmäßig zur Stazione Santa Lucia in Venedig (innerhalb der Stadt als „Ferrovia" ausgeschildert). Es gibt direkte Intercity-Verbindungen in die meisten größeren Städte Italiens, aber auch Deutschlands, Österreichs, der Schweiz, Sloweniens und Kroatiens.

Nahverkehrszüge, die Venedig mit der Region Venetien verbinden, fahren häufig, sind verlässlich und erstaunlich preiswert. Angefahren werden Ziele wie Padua (3 €, 30 bis 50 Min., 3- bis 4-mal stündl.), Verona (6,35 €, 1¾ Std., 3- bis 4-mal stündl.) und natürlich Zwischenstationen an diesen Strecken. Intercityzüge fahren die genannten Städte ebenfalls an, aber die eingesparte Zeit rechtfertigt nicht den Aufpreis von 200 %.

Bahnhöfe

VENEDIG

Beim Kauf der Fahrkarten sollte man unbedingt darauf achten, dass man den richtigen Zielbahnhof angibt: **Venezia Santa Lucia** (VSL; Karte S. 336), nicht Venezia Mestre, denn der ist nicht zentral genug. Im Bahnhof gibt es gegenüber dem APT-Büro ein Reisezentrum miteinem **Informationsschalter** (7–21 Uhr) und direkt gegenüber von Bahnsteig 1 ein **Deposito Bagagli** (Gepäckaufbewahrung; ☎041 78 55 31; 4 € pro Gepäckstück in den ersten 5 Std., für die nächs-

AN DEN LANDUNGSSTEGEN

An den Haltestellen der vaporetti kann die Orientierung manchmal etwas schwierig werden. Daher sollte man die Schilder an den Landungsstegen beachten, damit man auch ja in die richtige Linie einsteigt. An größeren Haltestellen wie Ferrovia, Piazzale Roma, San Marco und Zattere gibt es oftmals zwei verschiedene Docks für ein und dieselbe *vaporetto*-Linie, wobei die Schiffe dann aber in entgegengesetzte Richtungen ablegen. Daher die Schilder immer aufmerksam lesen, damit man am Ende nicht in die falsche Richtung fährt, obwohl man in der richtigen *Linie* sitzt.

Das Wirrwarr an Haltestellen an der Piazza San Marco ist besonders knifflig. Sollte das Boot nicht direkt an der Piazza San Marco halten, ist das kein Grund zur Panik: es wird dann höchstwahrscheinlich an der San Zaccaria direkt hinter dem Palazzo Ducale anhalten. Hier sollte man aber dann auch wirklich aussteigen, denn der nächste Halt ist dann erst das entfernte Arsenale.

ten 7 Std. 0,60 €, danach 0,20 € pro Std.; ⏲ 6–24 Uhr).

MESTRE
Auf dem Festland liegt (von Santa Lucia 10 Minuten mit dem Zug entfernt) der Bahnhof **Venezia Mestre** mit einem Informationsbüro, einem Hotelbuchungsservice und einem **Deposito Bagagli** (☎041 78 44 46; 4 € pro Gepäckstück für die ersten 5 Std., für die nächsten 7 Std. 0,60 €, danach 0,20 € pro Std.; ⏲ 7–23 Uhr). Die meisten Züge fahren direkt zum Santa Lucia; für einige Ziele muss man hier umsteigen.

Zum/vom Venezia Santa Lucia

Vaporetti (S. 298) verbinden den Bahnhof Santa Lucia mit allen Teilen der Stadt. Wer viel Gepäck dabei hat, kann auch bequem in ein Wassertaxi direkt vor dem Bahnhof steigen. Hier einige nützliche Fahrstecken:

Linie 1 Fährt alle 10 Minuten über den Canal Grande nach San Marco und zum Lido.

Linie 2 Fährt die gleiche Strecke wie Linie 1, hält aber nicht so oft und kehrt über Giudecca zurück.

Linien 41, 42 Umkreisen Venedig in beide Richtungen.

Linien 51, 52 Fahren die gleiche Strecke wie 41 und 42, halten jedoch seltener und steuern zusätzlich noch den Lido an.

Linie N Fährt nur nachts, und zwar zur Giudecca, zum Canal Grande, nach San Marco und zum Lido (23.30 Uhr bis 4 Uhr morgens, alle 40 Min.).

Fahrkarten

Zugtickets gibt es an Fahrkartenautomaten am Bahnhof, online unter www.trenitalia.it oder in Reisebüros.

Das Ticket sollte vor Einstieg in den Zug an den orangefarbenen Maschinen auf den Bahnsteigen entwertet werden. Ohne Entwertung wird unter Umständen ein saftiges Bußgeld fällig – und zwar gleich meist an Ort und Stelle.

UNTERWEGS VOR ORT

Autoverleih

Naturgemäß ist Venedig eher keine Autostadt, aber am Lido und auf Pellestrina sind Autos erlaubt, und zu den entlegeneren Orten von Venetien kommt man natürlich am besten im eigenen Fahrzeug. Die hier aufgeführten Mietwagenunternehmen haben ihre Büros sowohl an der Piazzale Roma als auch am Flughafen Marco Polo. Einige Firmen betreiben auch Niederlassungen im oder am Bahnhof von Mestre.

Avis (☎041 523 73 77)
Europcar (☎041 523 86 16)
Hertz (☎041 528 40 91)

Bootsverleih

Ehrgeizige Binnenschiffer mit guten Nerven können sich mit einem gemieteten Boot von **Brussa** (☎041 71 57 87; www.brussaisboat.it, auf Italienisch; Fondamenta Labia 331, Cannaregio; ⏲Mo–Fr 7.30–17.30, Sa 7.30–12.30 Uhr) in den venezianischen Wasserverkehr stürzen. Es gibt 7 m lange Boote (einschließlich Treibstoff) für bis zu 6 Personen für eine Stunde (22 €) oder einen ganzen Tag (140 €); man kann auch längere Zeiten vereinbaren. Ein Bootsführerschein ist nicht erforderlich, aber man muss eine Probefahrt unter Aufsicht machen, um zu beweisen, dass man das Fahrzeug auch tatsächlich manövrieren kann. Man sollte sich die vier Bootstankstellen auf der Karte zeigen lassen. Wer an Bord lieber Cocktails genießen und das Steuerrad einem Experten überlassen möchte, sollte sich nach Lagunen-Touren umsehen (s. S. 26).

Alternativ können auch Hausboote gemietet werden (s. S. 230).

Fahrrad

Natürlich wäre Radfahren in Venedig trotz der vielen Brücken theoretisch durchaus möglich, es ist aber in der Innenstadt strikt verboten. Auf den größeren Inseln Lido und Pellestrina ist das Radfahren jedoch eine gute Möglichkeit, alles zu erkunden und auch entfernter gelegene Stränden aufzusuchen. Fahrradverleihstationen sind besonders an der *vaporetto*-Haltestelle auf dem Lido zu finden (Karte S. 325); dazu zählt **Lido on Bike** (☎041 526 80 19; www.lidoonbike.it; Gran Viale 21b; Fahrräder pro 90 Min./Tag 5/9 €; ⏲April–Sept. 9–19 Uhr).

Gondel

Auf einer Gondelfahrt bietet sich ein ganz besonderes Bild der Stadt: Man blickt beispielsweise durch Wassertore in die Hinterhöfe von Palästen. Tagsüber kostet eine 40-minütige Fahrt von 7 bis 20 Uhr offiziell 80 € oder 100 €; Trinkgeld oder Gesang ist darin nicht enthalten, Letzterer muss gesondert vereinbart werden. Alle 20 Minuten, die die Fahrt länger dauert, kosten tagsüber 40 und nachts 50 € mehr. Bei bewölktem Wetter oder in der Mittagshitze kann man versuchen, Sonderpreise auszuhandeln. Um unerwartete Aufschläge zu vermeiden, sollte man sich über die zeitliche Begrenzung und mögliche Gesangseinlagen vor Antritt der Fahrt einigen.

Gondeln liegen an *stazi* (Haltestellen) am Canal Grande bereit, aber auch an der Haltestelle Ferrovia am **Bahnhof Venezia Santa Lucia** (☎041 71 85 43), in **Rialto** (☎041 522 49 04) und an den großen Sehenswürdigkeiten (wie I Frari, Ponte Sospiri und Accademia). Man kann aber auch einen **Abholservice** (☎041 528 50 75) in irgendeinen gewünschten Kanal bestellen.

Monorail

Venedigs **People Mover Monorail** (APM; www.apmvenezia.com; pro Fahrt 1 €; ⏲Mo–Sa 7–23, So 8–21 Uhr) wurde vom Architekten Francesco Cocco entworfen und pendelt heute zwischen den Parkplätzen auf Tronchetto, der Stazione Maritima und der Piazzale Roma.

Vaporetto

Das Hauptverkehrsmittel in der Stadt ist der *vaporetto*. **ACTV** (☎041 24 24; www.actv.it) betreibt den öffentlichen Verkehr in der Comune di Venezia und deckt mit seinem Angebot die Busse des Festlandes und den gesamten öffentlichen Schiffsverkehr in und rund um Venedig ab. Der Service der *vaporetti* hat sich in den letzten Jahren sehr verbessert, allerdings haben die Preise mächtig angezogen. Eine einfache Fahrt kostet 6,50 €, aber es gibt auch ermäßigte Karten (s. S. 298).

Einige Linien halten nicht immer überall, besonders von 8 bis 10 Uhr und zwischen 18 und 20 Uhr. Man sollte die Beschilderung beachten! An den größeren Haltestellen gibt es digitale Anzeigen, die auf einen eingeschränkten Dienst hinweisen. Im Zweifelsfall einfach einen Bediensteten fragen.

Die Fährdienste zwischen den Inseln, zur Inselgruppe Murano, nach Torcello und zu anderen Laguneninseln werden meist von größeren *motonave* (große *vaporetti*) übernommen, sodass hier selbst empfindliche Urlauber nicht so schnell seekrank werden.

Tickets

Tickets für die *vaporetti* bekommt man am Schalter **HelloVenezia** (☎041 24 24; www.hellovenezia.com) an den meisten Landungsstegen. Hier findet man außerdem Fahr- und Linienpläne.

Statt 6,50 € für eine einfache Fahrt zu bezahlen, sollte man eine VENICE Card in Betracht ziehen – eine Zeitkarte für eine unbegrenzte Anzahl von Fahrten während eines fest definierten Zeitraums, der mit der ersten Entwertung des Tickets beginnt. Entwertet werden die Karten an den gelben Maschinen in den Fährhäfen. Die Zeitkarten für 12/24/36/48/72 Stunden kosten 16/18/23/28/33 €. Eine Wochenkarte ist für 50 € zu haben. Bei jeder Fahrt muss die Karte eingelesen werden, auch wenn sie schon bei der ersten Fahrt entwer-tet wurde. Ohne gültige Fahrkarte zahlt man mindestens 60 € StraFahrgäste im Alter von 14 bis 29 Jahren können mit der Rolling VENICE Card ein Drei-

PREISWERTES ABENTEUER AUF DEM CANAL GRANDE: DIE TRAGHETTI

Ein *traghetto* ist der Gondel-Service, den die Einheimischen nutzen, um den Canal Grande zu überqueren (die Brücken liegen oft weit auseinander). Die Fahrten mit den *traghetti* kosten nur 0,50 €. Die *traghetti* fahren zwischen 9 und 18 Uhr, einige Linien allerdings nur bis mittags. Wichtige Verbindungen mit dem *traghetto* finden sich auf der Hauptkarte (S. 323), doch ist der Dienst manchmal eingeschränkt, sodass man auch immer noch einen Plan B parat haben sollte.

Tage-Ticket für 18 € (s. S. 298) erwerben.

Strecken

Mit dem *vaporetto* 1 geht es im Zickzackkurs von der Piazzale Roma oder vom Bahnhof den Canal Grande hinunter nach San Marco und weiter zum Lido. Ein idealer Einstieg für Venedigbesucher, die es nicht eilig haben! Der *vaporetto* 17 transportiert Fahrzeuge vom Tronchetto bei der Piazzale Roma zum Lido.

Wie oft die *vaporetti* fahren, hängt von der Linie und der Tageszeit ab. Der *Vaporetto* 1 fährt tagsüber normalerweise alle 10 Minuten; die Linien 41 und 42 verkehren alle 20 Minuten. *Vaporetti* nach Burano und Torcello starten sogar noch seltener. Nachts fahren die Boote teilweise nur im Stundentakt. Auf manchen Linien ist gegen 21 Uhr Feierabend – also ist es besser vor der Fahrt in den Fahrplan schauen.

Die Strecken der Linien und die Liniennummerierung können sich ändern, und die Linien verkehren auch nicht immer in beide Richtungen. Aufgelistet sind hier die wichtigsten Linien der *vaporetti* und die größten Haltestellen. Im Laufe des Jahres kann es hierbei zu Abweichungen kommen.

Nr. 1 Piazzale Roma–Ferrovia–Canal Grande (alle Haltestellen)–Lido und zurück (von 5 bis 23.30 Uhr, 7 bis 22 Uhr alle 10 Min.).

Nr. 2 Rundfahrt: San Zaccaria–Redentore–Zattere–Trochetto–Ferrovia–Rialto–Accademia–San Marco.

Nr. 5 San Zaccaria–Murano und zurück.

Nr. 8 Giudecca–Zattere–Redentore–Giardini–Lido.

Nr. 13 Fondamente Nuove–Murano–Vignole–Sant'Erasmo–Treporti und zurück.

Nr. 17 Autofähre: Tronchetto–Lido und zurück.

Nr. 18 Murano–Sant'Erasmo–Lido und zurück (im Sommer).

Nr. 20 San Zaccaria–San Servolo–San Lazzaro degli Armeni und zurück.

Nr. 41 Rundfahrt: Murano–Fondamente Nuove–Ferrovia–Piazzale Roma–Redentore–San Zaccaria–Fondamente Nuove–San Michele–Murano (6 bis 22 Uhr, alle 20 Min.).

Nr. 42 Rundfahrt wie Nr. 41, aber in umgekehrter Richtung (6.30 bis 20.30 Uhr, alle 20 Min.)

Nr. 51 Rundfahrt: Lido–Fondamente Nuove–Riva de Biasio–Ferrovia–Piazzale Roma–Zattere–San Zaccaria–Giardini–Lido.

Nr. 52 Rundfahrt wie Nr. 51, aber in umgekehrter Richtung.

Nr. 61 Rundfahrt; hält nicht überall, nur in der Woche: fährt Piazzale Roma–Santa Marta–San Basilio–Zattere-Giardini–Sant'Elena–Lido.

Nr. 62 Rundfahrt; hält nicht überall, nur an Wochentagen; gleiche Strecke wie Nr. 61, aber in umgekehrter Richtung.

N Nachtlinie; hält überall, etwa auf Giudecca, am Canal Grande, in San Marco, an der Piazzale Roma und am Bahnhof (11.30 bis 4 Uhr morgens, alle 40 Min.).

N (NMU) Eine weitere Nachtlinie vom Fondamente Nuove nach Murano (hält überall).

N (NLN) Eine dritte Nachtlinie, die hin und wieder zwischen dem Fondamente Nuove und Burano, Mazzorbo, Torcello und Treporti verkehrt.

DM (Diretto Murano) Tronchetto–Piazzale Roma–Ferrovia–Murano und zurück.

T Torcello–Burano and zurück (7 bis 20.30 Uhr, alle 30 Min.).

Etikette

Vaporetti sind oft überfüllt und alles drängelt sich an den Ausgängen. Wer am Ausstieg steht, sollte an den Haltestellen kurz das Boot verlassen, um die herausdrängenden Fahrgäste vorbeizulassen. Fahrgäste mit Behinderungen dürfen vor allen anderen ein- und aussteigen und sind froh, wenn man ihnen Hilfe anbietet. In kleineren Booten sollte das Gepäck an den dafür vorgesehenen Stellen verstaut werden.

Wassertaxi

Die **Wassertaxis** (☎041 522 23 03, 041 240 67 11) sind zwar ein eher kostspieliges Fortbewegungsmittel, erweisen sich aber als sehr vorteilhaft, wenn man Gefahr läuft, zu spät zur Oper zu kommen oder sehr viel Gepäck bzw. Einkaufstüten mit sich führt. Die Preise können im Voraus festgelegt oder verhandelt werden. Die offiziellen Tarife fangen bei 8,90 € Grundpreis plus 1,80 € pro Minute an. 6 € zusätzlich kostet ein Fahrtbeginn vom Hotel aus. Zusätzliche Kosten entstehen bei Nachtfahrten (22–7 Uhr), viel Gepäck oder bei mehr als vier Personen. Selbst eilige Passagiere sollten den Fahrer aber auf keinen Fall zu einem höheren Tempo drängen – die bei hoher Geschwindigkeit entstehenden *motoschiaffi (Motorbootwellen) richten an den alten Fundamenten der venezianischen Gebäude hohe Schäden an (S. 289).*

Die Wassertaxis sind deutlich mit einer Lizenznummer auf einem gelben Streifen gekennzeichnet. Illegale Wassertaxis sind dafür berüchtigt, ahnungslose Touristen an Orte zu bringen, die sie eigentlich gar nicht ansteuern wollten (z. B. zum Glasgeschäft eines Cousins in Murano). Die Fahrer verlangen dafür auch noch atemberaubende Gebühren. Auf der Insel Tronchetto stellten die illegalen Wassertaxis lange ein ganz besonderes Problem dar. Hier drängten sie sich an den Parkplätzen den gerade erst angekommenen Touristen auf und behaupteten, die einzige Bootsverbindung nach Venedig zu bieten.

Allgemeine Informationen

Botschaften & Konsulate

Die meisten Botschaften haben ihren Sitz in Rom, aber einige Konsulate befinden sich auch in Venedig:

Deutschland (☎041 5237 675; Palazzo Condulmer, Santa Croce 251, Venedig)

Frankreich (☎041 522 70 79; Ramo del Pestrin 6140, Castello)

Großbritannien (☎041 505 59 90; Piazzale Donatori di Sangue 2, Mestre)

Niederlande (☎041 528 34 16; Ramo Giustinian 2888, San Marco)

Österreich (☎041 524 05 56; Fondamenta Condulmer 251, Santa Croce)

Schweiz (☎041 522 59 96; Campo di Sant'Agnese 810, Dorsoduro)

Ermäßigungen & Dauerkarten

Wer die **International Student Identity Card** (ISIC; www.isic.org) besitzt, bekommt in einigen Fällen (wie etwa bei der Scuola Grande die San Rocco) den Eintritt ermäßigt. Manchmal sind damit auch günstigere Flugtickets zu haben. Ansonsten sind die ISIC-Vergünstigungen in Venedig nur in beschränktem Umfang erhältlich.

Chorus-Pass

Die Vereinigung der venezianischen Kirchen bietet Besuchern den ein Jahr lang gültigen **Chorus-Pass** (☎041 275 04 62; www.chorusvenezia.org; Erw./Stud. unter 30 Jahren/Familie 10/7/20 €; ⏲für Besuche Mo–Sa 10–17 Uhr) an. Er berechtigt zum einmaligen Eintritt in jeweils eine der angeschlossenen 16 historischen venezianischen Kirchen wie etwa die I Frari, die Chiesa di Santa Maria dei Miracoli, die Chiesa di San Sebastiano oder die Chiesa di Madonna dell'Orto. Ansonsten kostet der Eintritt in diese Kirchen 3 €. Die Ausweise gibt es an den Ticketschaltern der Kirchen; die Erlöse kommen den Restaurierungsarbeiten und dem Erhalt der Kirchen in der ganzen Stadt zugute.

Museums-Pass

Der **Museums-Pass** (www.museicivicivenezia ni.it; Erw./Kind 18/12 €) ist bei den Touristeninformationsbüros der APT erhältlich und ermöglicht über einen Zeitraum von sechs Monaten den Eintritt in elf städtische Museen, wie etwa in den Palazzo Ducale, in das Ca' Rezzonico, das Ca' Pesaro, in den Palazzo Mocenigo, das Museo Correr und in das Museo del Vetro (Glasmuseum) auf der Isola di Murano.

Für Kurzurlauber eignet sich vielleicht eher der **San Marco Museum Plus Pass** (Erw./Kind 14/8 €), der für vier Museen (Palazzo Ducale, Museo Correr, das angegliederte Archeologico Nazionale sowie die Biblioteca Nazionale Marciana) rund um die Piazza San Marco gilt sowie für ein weiteres Museum nach Wunsch. Die Karteninhaber bekommen Ermäßigungen für die Itinerari Segreti im Palazzo Ducale sowie im Museo Fortuny und im Torre d'Orlogio.

Andere kombinierte Museumskarten

Kunstbegeisterte, die die Gallerie dell'Accademia und die Kunstsammlung Franchetti in Ca' d'Oro besuchen wollen, sollten ein **kombiniertes Ticket** (Erw./Kind 12/6,50 €) nehmen. Dieses ist drei Monate gültig, gilt aber manchmal nicht für Sonderausstellungen.

Ein kombiniertes Ticket für den Palazzo Grassi und die Punta della Dogana kostet 20 €. Damit spart man auf ein Erwachsenenticket gleich 10 €.

Rolling VENICE Card

Besucher zwischen 14 und 29 Jahren sollten sich die Rolling VENICE Card für 4 € besorgen (in Touristenbüros und den meisten ACTV-Ticketverkaufsstellen des öffentlichen Nahverkehrs). Damit kann man sich dann eine Dauerkarte für den öffentlichen Nahverkehr besorgen (18 €) und hat Ermäßigungen in Museen, Sehenswürdigkeiten und kulturellen Veranstaltungen sowie Rabatte auf Essen, Unterkünfte und Unterhaltungsangebote.

Feiertage

Für die Menschen in Venedig gilt wie für alle Italiener, dass die Hauptferienzeit im Sommer liegt (Juli und besonders August), aber auch zwischen Weihnachten und Neujahr und über Ostern. Restaurants, Geschäfte und viele Anbieter von Freizeitaktivitäten schränken ihre Öffnungszeiten rund um Ferragosto (Mariä Himmelfahrt, 15. August) ein. Infos zu den vielen Festen und Events der Stadt siehe S. 20. Hier die staatlichen Feiertage Italiens:

Capodanno/Anno Nuovo (Neujahr) 1. Januar

Epifania/Befana (Dreikönige) 6. Januar

Lunedí dell'Angelo (Karfreitag) März/April

Pasquetta/Lunedì dell'Angelo (Ostermontag) März/April

Giorno della Liberazione (Befreiungstag) 25. April

Festa del Lavoro (Tag der Arbeit) 1. Mai

Festa della Repubblica (Tag der Republik) 2. Juni

Ferragosto (Mariä Himmelfahrt) 15. August

Ognissanti (Allerheiligen) 1. November

Immaculata Concezione (Fest der unbefleckten Empfängnis Mariens) 8. Dezember

Natale (1. Weihnachtstag) 25. Dezember

Festa di Santo Stefano (2. Weihnachtstag) 26. Dezember

Frauen unterwegs

Unter den Hauptreisezielen Italiens gehört Venedig ohne Frage zu den für Frauen sichersten, wenn man der offiziellen Kriminalitätsstatistik glauben kann. Zu den ortsüblichen Formen der Belästigung gehört allenfalls das Angesprochenwerden durch andere Reisende auf der Piazza San Marco oder an den beliebten Stränden des Lido. Darauf reagiert man am besten mit einem *Non mi interessa* (Ich bin nicht interessiert) oder dem alles abwehrenden, verärgerten Verdrehen der Augen.

Centro Anti-Violenza (Anti-Gewalt-Zentrum; ☎041 269 06 30; Villa Franchin, Viale G Garibaldi 155a, Mestre; ⌚Mo–Fr 9–18 Uhr) ist eine Organisation zur Gewaltprävention. Dazu gehört ein Frauenzentrum, das Rechtsberatung für Frauen anbietet, die Opfer eines Übergriffs geworden sind, ganz unabhängig von ihrer Nationalität. All diese Dienstleistungen sind kostenlos. Man nimmt den Bus Nr. 2 von der Piazzale Roma.

Geld

Italien hat als Währung den Euro. Besucher aus Deutschland oder Österreich müssen also kein Geld umtauschen.

Geldautomaten

Überall in der Stadt gibt es Geldautomaten, die auch internationale Bankkarten akzeptieren. Viele befinden sich nahe dem Markusdom, bei der Rialtobrücke und am Bahnhof.

Geldwechsel

Geld wechseln kann man in Banken, Postämtern oder in Wechselstuben. im Internet unter www.ex.com finden sich die aktuellen Wechselkurse. Postämter und Banken sind verlässliche Wechselstellen, aber dort werden meist auch Gebühren fällig. In Wechselstuben liegen die Gebühren oft recht hoch. Travelex hat drei Niederlassungen:

➡ **Flughafen Marco Polo** (☎041 269 81 07; ⌚6–20.30 Uhr)

➡ **Piazza San Marco** (☎041 528 73 58; Piazza San Marco 142; ⌚Mo–Sa 9–18, So 9.30–17 Uhr)

➡ **Rialto** (☎041 528 73 58; Riva del Ferro 5126; ⌚Mo–Sa 9–18, So 9.30–17 Uhr)

Kreditkarten

In ganz Italien werden die verbreiteten Karten wie Visa und MasterCard oder die Debitkarten von Maestro und Cirrus akzeptiert. In einigen Banken kann man mit MasterCard oder Visa auch Bargeld am Schalter abholen, aber das ist meist eine langwierige Angelegenheit. Man sollte immer vorher nach den Gebühren fragen, um unliebsame Überraschungen zu vermeiden. American Express und Diners Club werden auch genommen, sind aber nicht so weit verbreitet.

Die meisten Banken nehmen mittlerweile eine Gebühr von rund 2,75 % auf jede Transaktion mit dem Ausland. Auch an Geldautomaten werden Gebühren fällig, entweder eine Pauschalgebühr oder bis zu 1,5 % vom abgehobenen Betrag – oder auch beides.

Amex (☎800 87 43 33)

Diners Club (☎800 86 40 64)

MasterCard (☎800 87 08 66)

Visa (☎800 81 90 14)

Trinkgeld

Ein Trinkgeld von 10 % ist in Restaurants üblich, wenn kein Bedienungsgeld inbegriffen ist. In Cafés und Bars reicht ein wenig Kleingeld. Die Fahrer der Wassertaxis erwarten kein Trinkgeld; Gepäckträger in Hotels bekommen 1 € pro Gepäckstück.

Internetzugang

Wer seinen Laptop mitnehmen will, sollte einen geerdeten Mehrfachstecker

FLÄCHENDECKENDER WLAN-ZUGANG

Im Jahr 2009 startete die Stadt Venedig ein millionenschweres Programm zum **flächendeckenden WLAN-Zugang** (www.veniceconnected.com; pro Tag 8 €, 72 Std. 20 €, pro Woche 30 €) mit dem ehrgeizigen Ziel, 20 bis 100 Megabits pro Sekunde bereitzustellen – für Einheimische kostenlos, für Besucher für 8 € am Tag. In Wahrheit variiert die Qualität der Verbindungen allerdings je nach Tageszeit und Ort dramatisch: Die Signale werden von den dicken alten Steinmauern blockiert. Wer sich im Vorhinein anmeldet, bekommt rund 30 % Ermäßigung, aber man sollte vielleicht erst einmal prüfen, ob das WLAN überhaupt dort funktioniert, wo man sich aufzuhalten gedenkt.

Um in Venedig eine Verbindung zu bekommen, sollte man eines der verfügbaren WLAN-Netze auswählen und dann ein Browser-Fenster öffnen, das direkt zur Startseite des jeweiligen Anbieters führt, auf der man dann einen sofort einsatzbereiten Zugang erwirbt.

einpacken, an den man auch gleich mehrere Geräte anschließen kann. In den älteren Gebäuden der Stadt sind Stromschwankunen keine Seltenheit.

Internet-Cafés

In ganz Venedig gibt es Internet-Cafés, allerdings schwindet ihre Anzahl langsam aber sicher wegen der vielen WLAN- und portablen Internetmöglichkeiten. Die Verbindungen sind im Allgemeinen sehr schnell, aber auch sehr teuer: Da können schon mal 6 bis 9 € pro Stunde fällig werden. Bei Redaktionsschluss war es noch immer nötig, beim Erstbesuch in einem Internet-Café einen Ausweis vorzulegen, aber diese Regelung soll abgeschafft werden.

WLAN

WLAN-Verbindungen gibt es in fast allen Mittel- und Spitzenklasseunterkünften, ja sogar immer öfter auch in Billigunterkünften sowie in einigen Cafés und Restaurants, dort allerdings weniger häufig als in anderen Teilen Europas. Eine weitere Möglichkeit besteht darin, eine PCMCIA-Karte von einem der italienischen Mobiltelefon-Anbietern zu kaufen, mit der man dann drahtlosen Zugang zum Internet übers Handy-Netz bekommt. Hierbei handelt es sich meist um Prepaid-Karten. Zudem gibt es viele WLAN-Angebote in der Stadt selbst (s. Kasten oben).

Medizinische Versorgung

Alle ausländischen Besucher erhalten wie die Italiener selbst eine freie Notfallversorgung in einem Krankenhaus der Stadt. Andere medizinische Leistungen sind jedoch nicht notwendigerweise abgedeckt.

EU, Schweiz, Norwegen und Island Die Bürger dieser Länder dürfen sämtliche medizinischen Versorgungsleistungen eines Krankenhauses kostenlos in Anspruch nehmen, solange sie eine europäische Krankenversicherungskarte (EHIC) dabei haben.

Notfallkliniken

Die hier aufgeführten Medizinischen Dienste sind gute Anlaufstellen für Reisende mit gesundheitlichen Problemen. Die Öffnungszeiten sind allerdings unterschiedlich; meistens sind die Praxen aber montags bis freitags zwischen 8 und 12.30 Uhr geöffnet, manchmal auch einige Stunden am Nachmittag oder auch am Samstagvormittag.

Guardia Medica (☎041 529 40 60) Dieser Ärzte-Nachtdienst ist an Wochentagen zwischen 20 und 8 Uhr erreichbar und von 10 Uhr am Tag vor einem Feiertag (inkl. Sonntag) bis 8 Uhr am Tag danach.

Ospedale Civile (☎ 041 529 41 11; Campo SS Giovanni e Paolo 6777) Das größte Krankenhaus Venedigs; Notfälle und zahnärztliche Behandlungen sowie *pronto soccorso* (Notfallaufnahme).

Ospedale dell' Angelo (☎ 041 965 71 11; Via Paccagnella 11, Mestre) Riesiges, modernes Krankenhaus auf dem Festland.

Apotheken

Die meisten Apotheken in Venedig sind von 9 bis 12.30 bzw. von 15.30 bis 19.30 Uhr geöffnet und am Samstagnachmittag sowie am Sonntag geschlossen. Aktuelle Informationen über die Nachtdienste finden sich auf den Aushängen an den Apotheken oder selber in der kostenlos zu bekommenden Zeitschrift *Un Ospite di Venezia* bzw. auf der zuständigen Website (www.unospitedivenezia.it) unter der entsprechenden Rubrik für den Nachtdienst.

Notfall

Krankenwagen (☎118)

Polizei (☎112/113) Castello (Fondamenta di San Lorenzo 5053); Piazza San Marco (Piazza San Marco 67).

Öffnungszeiten

Die hier angegebenen Öffnungszeiten dienen zur allgemeinen Orientierung und können im Einzelfall deutlich davon abweichen. Dies trifft insbesondere auf Geschäfte, Bars und Restaurants zu.

Geschäfte Montag bis Samstag 10 bis 13 Uhr und 15.30 bis 19 Uhr (oder 16 bis 19.30 Uhr).

Supermärkte Montag bis Samstag 9 bis 19.30 Uhr.

Banken Montag bis Freitag 8.30 bis 13.30 Uhr und 15.30 bis 17.30 Uhr; die Öffnungszeiten variieren jedoch: Einige Banken haben auch am Samstagmorgen geöffnet.

Restaurants 12 bis 14.30 Uhr und 19 bis 22 Uhr.

Post

Es gibt zahlreiche Postämter in der Stadt. Adressen und Öffnungszeiten finden sich unter www.poste.it (auf Italienisch). Gut gelegene Postämter sind:

Rialto (Calle San Salvador 5106, San Marco; ⏲Mo–Fr 8.30–18.30 Uhr, Sa bis 13 Uhr)

Lista di Spagna (Lista di Spagna 233, Cannaregio; ⏲Mo–Fr 8.30–14 Uhr, Sa bis 13 Uhr).

Reisen mit Behinderung

Mit all ihren Fußgängerbrücken, Treppen und kaum gesicherten Geländern an den Kanälen ist Venedig sicherlich nicht der angenehmste Ort für Menschen mit Behinderungen. Aber die Stadt bemüht sich seit kurzem redlich, Behinderten wenigstens zu den Hauptsehenswürdigkeiten den Zugang zu erleichtern, besonders nach dem millionenschweren Bau der Calatrava-Brücke, bei dem peinlicherweise ein Zugang für Rollstuhlfahrer gar nicht vorgesehen war. Die Stadt Venedig hat auch ein Projekt für Sehbehinderte eingerichtet, wozu ertastbare Stadtübersichten zählen, die den betroffenen Menschen im wahrsten Sinne des Wortes ein Gefühl für die Stadt und ihren außergewöhnlichen Aufbau geben sollen. Informationen dazu unter www2.comune.venezia.it/letturagevolata/ (nur auf Italienisch).

Ein **Büro für Reisende mit Behinderungen** (⏲7–21 Uhr) befindet sich vor Bahnsteig 4 im Bahnhof Santa Lucia.

Stadtpläne

Ein nützliches Hilfsmittel für Reisende mit Behinderungen ist ein spezieller Stadtplan, auf dem die Gebiete der Stadt markiert sind, die gut zu erkunden sind, ohne dass man auf eine der vielen unüberwindbaren Brücken trifft (im Plan gelb hinterlegt). Diesen Plan gibt es in den APT-Büros.

Öffentlicher Nahverkehr

Vaporetti haben einen behindertengerechten Zugang, sodass man auf diese Weise schnell die Stadt bereisen kann. Rollstuhlfahrer fahren gratis, eine Begleitperson bezahlt nur 1,20 €.

Fast alle Regionalbusse von Venedig aufs Festland haben einen rollstuhlgerechten Einstieg.

Organisationen

Accessible Italy (✆378 94 11 11; www.accessibleitaly.com) hat sich auf Dienstleistungen für Behinderte spezialisiert und engagiert sich für ein barrierefreies Italien, das so dringend nötig ist.

Città per Tutti (✆041 274 81 44, 041 965 5440; www.comune.venezia.it/informahandicap, auf Italienisch; Ca' Farsetti 4136, San Marco) Dieses städtische Programm hat zum Ziel, die Barrierefreiheit der Stadt voranzutreiben. Zudem gibt es hier die neuesten Infos zu diesem Thema.

Das Internet bietet Websites, auf denen man Listen mit barrierefreien Hotels in Venedig findet, so beispielsweise auf www.orangesmile.com.

Schwule & Lesben

Homosexualität ist in Italien legalisiert und wird im Allgemeinen in Venedig und Venetien problemlos toleriert. In Venetien betreiben allerdings gewisse rechtsextreme Gruppen ihre Hetzkampagnen. Gleichzeitig haben sich auch Regierungsvertreter, darunter der ehemalige Premierminister Berlusconi, abfällig über Homosexualität geäußert. **ArciGay** (www.arcigay.it) ist die nationale Organisation für Schwule, Lesben, Bisexuelle und Transsexuelle und gibt Infos über die entsprechende Szene in Italien heraus. Die Website www.gay.it (auf Italienisch) ist sehr hilfreich und listet alle Veranstaltungen des Landes für Schwule und Lesben auf, allerdings ist die Auswahl in Venedig eher dürftig. Ein größeres Angebot für Schwule bietet Padua. Hier befindet sich auch die nächste GLBT-Organisation, **ArciGay Tralaltro** (✆049 876 24 58; www.tralaltro.it, auf Italienisch; Corso Garibaldi 41).

Steuern

Auf fast alles, was man in Italien kauft, wird eine Mehrwertsteuer, genannt Imposta di Valore Aggiunto (IVA), von rund 20 % aufgeschlagen. Als Bürger eines Staates, der nicht zur EU gehört, kann man bei einem Kauf von mehr als 155 € entweder direkt beim Kauf oder beim Verlassen des Landes diese Mehrwertsteuer zurückerstattet bekommen. Diese Erstattung gilt nur für Güter, die in angeschlossenen Einzelhandelsgeschäften erworben wurden und den Aufdruck *tax-free for tourists* (für Touristen steuerfrei) oder einen vergleichbaren Hinweis tragen.

Strom

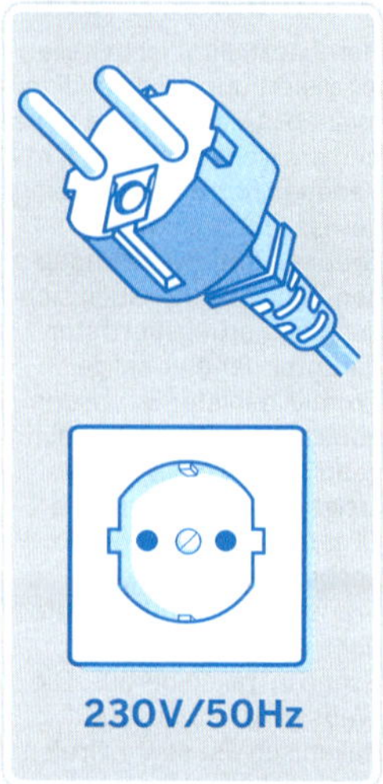

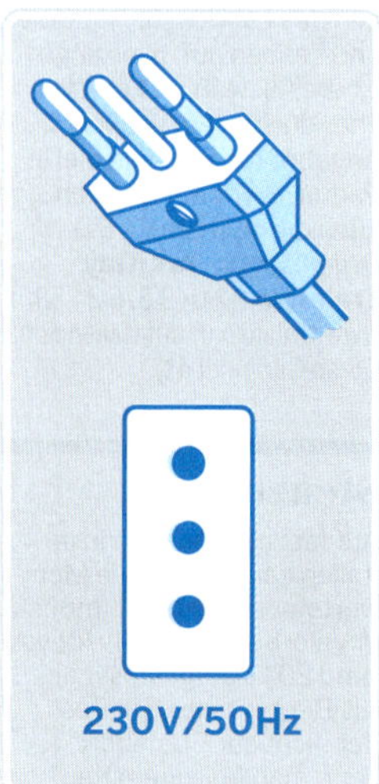

Telefon

Wer von einem italienischen Apparat ins Ausland telefonieren will, muss die entsprechende Auslandsvorwahl mit einer ☎00 vorn wählen, dann Städtevorwahl und Rufnummer.

Telefonauskunft (international) ☎476

Telefonauskunft (Inland) ☎12

Gebühren

Wer mit seinem eigenen Handy in Venedig telefoniert, muss mit horrenden Gebühren rechnen. Von einem privaten Telefon aus zu telefonieren, ist deutlich preiswerter als von einem öffentlichen Telefon, außer natürlich bei Hotels, die oft hohe Gebühren aufschlagen. Anrufe ins Ausland sind über Skype oder in den Call-Centern der Internet-Cafés sind (S. 301) preisgünstiger.

Ortsgespräche *Comunicazione urbana* von einem öffentlichen Telefon kosten rund 0,10 € pro Minute.

Ferngespräche in Italien Für ein *comunicazione interurbana* zahlt man 0,10 € bei Gesprächsbeginn und ab dann für jede weitere Minute ebenfalls rund 0,10 €.

Europa Ein dreiminütiges Gespräch von einem öffentlichen Telefon kostet etwa 2 €.

Mobiltelefone

GSM- und Dreibandhandys können in Italien mit einer örtlichen SIM-Karte genutzt werden. Die Karten sind überall in der Stadt bei Vodafone oder Telecom Italia erhältlich. Prepaid-Karten sind einigermaßen erschwinglich, und vielfach ist ein Internetzugang gegen einen Aufpreis möglich.

Nur bei einem dauerhaften Aufenthalt in Italien lohnt sich der Abschluss eines neuen Handyvertrags. Alle Vertragsabschlüsse erfordern die Vorlage eines Personalausweises.

Telefonnummern

Selbst wenn man innerhalb der Stadt anruft, muss man zunächst die Vorwahl der Stadt ☎041 wählen. Von außerhalb des Landes nach Venedig wählt man zunächst zusätzlich die Landesvorwahl ☎0039.

Einheimische Handynummern haben keine ☎0 am Anfang, sondern beginnen mit einer dreistelligen Vorwahl wie etwa ☎330, ☎335, ☎347 oder ☎368. Gebührenfreie Nummern sind als *numeri verdi* (grüne Nummern) bekannt und beginnen mit ☎800.

öffentliche Telefone

Viele orangefarbene öffentliche Telefone der Telecom akzeptieren nur *carte/schede telefoniche* (Telefonkarten), die man in Zeitungskiosken oder Tabakläden bekommt. Münztelefone gibt es noch am Bahnhof Santa Lucia, an der Piazzale Roma, der Camposanta Margherita und an der Piazza San Marco. Nahe dem Postamt an der Calle Galeazza ist eine ganze Reihe Telefone installiert.

Telefonkarten

Telefonkarten (im Wert von 2,50 € oder 5 €) sind in allen Postämtern, Tabakläden und zahlreichen Kiosken erhältlich sowie an den Automaten der Telecomfilialen. Vor dem Gebrauch muss zunächst die perforierte Ecke entfernt werden. Je nach Zeitpunkt des Kaufs läuft die Gültigkeit der Telefonkarten entweder am 31. Dezember oder am 30. Juni ab.

Die Telefonkarten der Telecom sind den „International Calling Cards" vorzuziehen, die an bestimmten Automaten im Flughafen Marco Polo erhältlich sind. Mit diesen Karten kosten Ortsgespräche 1 € pro Minute.

Toiletten

In den meisten Bars und Cafés gibt es für zahlende Gäste Toiletten – in einem Notfall empfiehlt es sich also, einen kleinen Drink zu nehmen. Selbst Damentoiletten haben in Venedig und in Italien aber manchmal keine WC-Brille. Manchmal fehlt die Toilette sogar komplett – es gibt dann nur ein Loch im Boden, über dem die Benutzer in die Hocke gehen ... Öffentliche Toiletten (1 €) gibt es überall in der Nähe der Sehenswürdigkeiten der Stadt (gekennzeichnet mit „WC Toilette"). Sie sind in der Regel von 7 bis 19 Uhr geöffnet (im Winter schließen sie manchmal eher).

Touristeninformation

Das Monatsmagazin *Un Ospite di Venezia* (Ein Gast in Venedig; www.unospitedivenezia.it) wird von einer Gruppe venezianischer Hoteliers herausgegeben und liegt in vielen Hotels aus bzw. ist online einsehbar.

Bei den Touristeninformationen ist La Rivista di Venezia erhältlich. Das alle zwei Monate erscheinende, kostenlose Magazin mit Berichten auf Italienisch und Englisch verfügt auch über eine Rubrik Shows & Events. Ebenfalls kostenlos und praktisch ist das *Venezia da Vivere*, das in gedruckter Version in Bars und Läden ausliegt, aber ebenfalls online abzurufen ist (www.veneziadavivere.com, auf Italienisch und Englisch).

Die venezianische Ausgabe der *Corriera della Sera* (www. corriere.it, auf Italienisch) bietet viele aktuelle Informationen zu gegenwärtigen und kommenden Events.

Touristenbüros

Azienda di Promozione Turistica (APT; ☎041 529 87 11; www.turismovenezia.it) hat zahlreiche Niederlassungen, die Infos über Sehenswürdigkeiten, Besichtigungstouren, Tagesausflüge außerhalb der Stadt, Verkehrsmittel, Veranstaltungen und Sonderausstellungen geben. Touristeninformationen befinden sich an den folgenden APT-Stationen – alle täglich geöffnet:

Flughafen Marco Polo (Ankunftshalle; ⌚9–20 Uhr).

Piazzale Roma (Karte S. 335; Santa Croce; ⌚9.30–15.30 Uhr).

Piazza San Marco (Karte S. 326; ☎041 529 87 11; Piazza San Marco 71f, San Marco; ⌚Mo–Sa 9–15.30 Uhr) Hauptstelle.

Stazione di Santa Lucia (Karte S. 336; Cannaregio; ⌚8–18.30 Uhr).

Zeit

Italien (also auch Venedig) liegt in derselben Zeitzone (MEZ) wie Deutschland, Österreich und die Schweiz. Am letzten Sonntag im März werden die Uhren um eine Stunde vorgestellt und am letzten Sonntag im Oktober wieder zurück.

Zoll

Einfuhrbeschränkungen

Duty-free-Verkauf wurde in der EU abgeschafft (aber Shoppen auf europäischen Flughäfen ist immer noch mehrwertsteuerfrei). Italienbesucher aus EU-Ländern dürfen Waren weitgehend zollfrei ausführen, es gelten nur bestimmte Höchstmengen (z. B. 800 Zigaretten, 10 l Spirituosen und 90 l Wein für Reisende über 17). Für Reisende aus Nicht-EU-Ländern wie der Schweiz gelten andere Obergrenzen: 1 l Spirituosen mit mehr als 22 % Alkohol, 2 l Wein, 60 ml Parfüm, 250 ml Eau de Toilette, 200 Zigaretten und andere Waren im Wert von insgesamt 175 €. Alles, was darüber liegt, muss später bei der Einreise angegeben und entsprechend verzollt werden. Wenn Nicht-EU-Bürger die EU verlassen, können sie die Mehrwertsteuer auf teure Einkäufe zurückverlangen.

Rückerstattung der Mehrwertsteuer

Reisende aus Ländern, die nicht zur EU gehören, können bei Einkäufen über 154,50 € die Mehrwertsteuer erstattet bekommen – meist direkt zum Zeitpunkt des Einkaufs (s. S. 303).

Sprache

In ganz Italien wird ein Standarditalienisch gesprochen, doch die Regionaldialekte sind in vielen Teilen des Landes wesentlicher Bestandteil der Identität, so auch in Venedig. Hier hört man viel Venezianisch oder aber Standarditalienisch mit einer für die Region typischen Sprachmelodie; das Venezianische gehört übrigens als lokale Ausprägung zur venetischen Sprache, einem norditalienischen Dialekt. Mit normalem Italienisch wird man jedoch überall gut verstanden. Diese Hochsprache wird auch im vorliegenden Kapitel zugrundegelegt.

Die Laute im gesprochenen Italienisch sind den deutschen Lauten recht ähnlich. Wer die farbigen Aussprachehilfen in diesem Buch deutsch ausspricht, wird verstanden. Die betonten Silben erscheinen in kursiver Schrift. Man sollte beachten, dass ein „g" mit nachfolgendem Vokal oft dsch (mit weichem „sch") ausgesprochen wird, wie z.B. in dem englischen Namen „John", und dass das r ein stark gerollter Laut ist. Die italienischen Konsonanten werden stark und betont ausgesprochen, Doppelkonsonanten noch stärker wie z.B. in *sonno* *son*·no (Schlaf) gegenüber *sono* *so*·no (Ich bin).

GRUNDLEGENDES

Im Italienischen gibt es wie im Deutschen zwei Wörter zur Anrede – die höfliche Form *Lei* läi wird zur Anrede von Fremden, höherstehenden Personen oder älteren Leuten benutzt. Gegenüber Bekannten oder jüngeren Leuten benutzt man die Anrede *tu* tu.

Im Italienischen sind ähnlich wie im Deutschen alle Nomen und Adjektive entweder Maskulinum oder Femininum. Das Gleiche gilt für den dazugehörigen Artikel *il/la* il/la (der/die) und *un/una* un/*u*·na (ein/eine).

In diesem Kapitel sind die höflichen/informellen und maskulinen/femininen Formen, wo nötig, mit angegeben und durch einen Schrägstrich abgetrennt. Die Abkürzungen lauten: „höf./inf." and „m/f".

NOCH MEHR ITALIENISCH

Noch mehr Italienisch und nützliche Wendungen finden sich im Lonely Planet *Sprachführer Italienisch*. Man kann sich das Buch im **shop.lonelyplanet.com** oder im regulären bzw. Versandbuchhandel kaufen, oder man besorgt sich Lonely Planets iPhone Phrasebooks im Apple App Store.

Hallo.	*Buongiorno.*	buon·dschor·no
Auf Wiedersehen.	*Arrivederci.*	ar·ri·ve·*der*·tschi
Ja./Nein.	*Sì./No.*	si/no
Entschuldigen Sie.	*Mi scusi.* (höf.)	mi *skuu*·si
Entschuldige.	*Scusami.* (inf.)	*sku*·sa·mi
Tut mir leid.	*Mi dispiace.*	mi dis·*pia*·tsche
Bitte. (In einer Bitte)	*Per favore.*	per fa·vo·re
Danke.	*Grazie.*	*gra*·tsje
Bitte. (Beim Geben)	*Prego.*	*pre*·go

Wie geht es Ihnen/Dir?
Come sta/stai? (höf./inf.) — *ko*·me sta/stai

Gut. Und Ihnen/Dir?
Bene. E Lei/tu? (höf./inf.) — *be*·ne e läi/tuu

Wie heißen Sie?
Come si chiama? (höf.) — *ko*·me si *kia*·ma

Ich heiße ...
Mi chiamo ... — mi *kia*·mo ...

Sprechen Sie/Sprichst Du Deutsch?
Parla/Parli tedesco? (höf./inf.) — *par*·la/*par*·li te *des* ko

Sprechen Sie/Sprichst Du English?
Parla/Parli inglese? (höf./inf.) — *par*·la/*par*·li in·*glä*·se

Ich verstehe nicht.
Non capisco. — non ka·*pi*·sko

Essen & Trinken

Ich möchte gerne *Vorrei* — vo·räi

einen Tisch reservieren für ...	*prenotare un tavolo*	pre·no·*ta*·re un *ta*·vo·lo

Was würden Sie empfehlen?
Cosa mi consiglia? ko·sa mi kon·*si*·lja

Welche Zutaten sind in diesem Gericht?
Quali ingredienti ci sono in questo piatto? kwa·li in·gre·*djen*·ti tschi *so*·no in *kwe*·sto *pia*·to

Was ist die Spezialität der Region?
Qual'è la specialità di questa regione? kwa·*le* la spe·tscha·li·*ta* di *kwe*·sta re·*dscho*·ne

Das war lecker!
Era squisito! e·ra skwi·*si*·to

Prosit!
Salute! sa·*lu*·te

Die Rechnung bitte.
Mi porta il conto, per favore? mi *por*·ta il *kon*·to per fa·*vo*·re

Ich esse kein/e/en...	*Non mangio ...*	non *man*·dscho...
Eier	*uova*	*uo*·va
Fisch	*pesce*	*pe*·sche
Nüsse	*noci*	*no*·tschi
(rotes) Fleisch	*carne (rossa)*	*kar*·ne (*ro*·sa)

Wichtige Wörter

Abendessen	*cena*	*tsche*·na
Bar	*locale*	lo·*ka*·le
Café	*bar*	bar
Flasche	*bottiglia*	bot·*ti*·lja
Frühstück	*prima colazione*	*pri*·ma ko·la·*tsio*·ne
Gabel	*forchetta*	for·*ket*·ta
Getränkekarte	*lista delle bevande*	*li*·sta *del*·le be·*van*·de
Glas	*bicchiere*	bi·*kje*·re
heiß	*caldo*	*kal*·do
kalt	*freddo*	*fred*·do
Lebensmittelladen	*alimentari*	a·li·men·*ta*·ri
Löffel	*cucchiaio*	ku·*kia*·jo
Markt	*mercato*	mer·*ka*·to
Messer	*coltello*	kol·*te*·lo
mit	*con*	kon
Mittagessen	*pranzo*	*pran*·dso
ohne	*senza*	*sen*·tsa
Restaurant	*ristorante*	ri·sto·*ran*·te
Speisekarte	*menù*	me·*nu*
Teller	*piatto*	*piat*·to
vegetarisches (Essen)	*vegetariano*	ve·dsche ta·*ria*·no
würzig	*piccante*	pik·*kan*·te

MINI-SPRACHFÜHRER

Um im Italienischen zurechtzukommen, sollte man diese einfachen Wendungen mit eigenen Worten kombinieren:

Wann geht (der nächste Flug)?
A che ora è (il prossimo volo)? a ke o·ra e (il *pros*·si mo *vo*·lo)

Wo ist (der Bahnhof)?
Dov'è (la stazione)? do·ve (la sta·*tsio*·ne)

Ich suche (ein Hotel).
Sto cercando (un albergo). sto tscher·*kan*·do (un al·*ber*·go)

Haben Sie (eine Karte)?
Ha (una pianta)? a (*u*·na *pian*·ta)

Gibt es hier (eine Toilette)?
C'è (un gabinetto)? tsche (un ga·bi·*net*·to)

Ich hätte gern (einen Kaffee).
Vorrei (un caffè). vo·*räi* (un ka·*fe*)

Ich möchte gerne (ein Auto mieten).
Vorrei (noleggiare una macchina). vo·*räi* (no·le·*dscha*·re *u* na *ma*·ki·na)

Darf ich (hereinkommen)?
Posso (entrare)? *po*·so (en·*tra*·re)

Könnten Sie mir bitte (helfen)?
Può (aiutarmi), per favore? puo (a·ju·*tar*·mi) per fa·*vo*·re

Muss ich (einen Sitzplatz reservieren)?
Devo (prenotare un posto)? *de*·vo (pre·no·*ta*·re

Fleisch & Fisch

Austern	*ostriche*	*o*·stri·ke
Calamares/Tintenfisch	*calamari*	ka·la·*ma*·ri
Ente	*anatra*	*a*·na·tra
Fisch	*pesce*	*pe*·sche
Fleisch	*carne*	*kar*·ne
Forelle	*trota*	*tro*·ta
Hering	*aringa*	a·*rin*·ga
Hühnchen	*pollo*	*pol*·lo
Hummer	*aragosta*	a·ra·*gos*·ta
Jakobsmuscheln	*capasante*	ka·pa·*san*·te
Kalb	*vitello*	vi·*tel*·lo
Krabbe/Garnele	*gambero*	*gam*·be·ro
Lachs	*salmone*	sal·*mo*·ne
Lamm	*agnello*	a·*njel*·lo
Meeresfrüchte	*frutti di mare*	*frut*·ti di *ma*·re
Miesmuscheln	*cozze*	*ko*·tse

Pute	*tacchino*	ta·ki·no
Rind	*manzo*	man·dso
Schwein	*maiale*	ma·ja·le
Shrimp	*gambero*	gam·be·ro
Thunfisch	*tonno*	to·no

Obst & Gemüse

Ananas	*ananas*	a·na·nas
Apfel	*mela*	me·la
Blumenkohl	*cavolfiore*	ka·vol·fio·re
Bohnen	*fagioli*	fa·dscho·li
Erbsen	*piselli*	pi·sel·li
Frühlingszwiebeln	*lenticchie*	len·ti·kje
Gemüse	*verdura*	ver·du·ra
Gurke	*cetriolo*	tsche·tri·o·lo
Karotte	*carota*	ka·ro·ta
Kartoffeln	*patate*	pa·ta·te
Kohl	*cavolo*	ka·vo·lo
Nüsse	*noci*	no·tschi
Obst	*frutta*	frut·ta
Orange	*arancia*	a·ran·tscha
Paprikaschote	*peperone*	pe·pe·ro·ne
Pfirsich	*pesca*	pe·ska
Pflaume	*prugna*	pru·nia
Pilze	*funghi*	fun·gi
Spinat	*spinaci*	spi·na·tschi
Tomaten	*pomodori*	po·mo·do·ri
Weintrauben	*uva*	u·va
Zitrone	*limone*	li·mo·ne
Zwiebeln	*cipolle*	tschi·pol·le

Andere Nahrungsmittel

Brot	*pane*	pa·ne
Butter	*burro*	bur·ro
Eier	*uova*	uo·va
Eis	*ghiaccio*	gia·tscho
Essig	*aceto*	a·tsche·to
Honig	*miele*	mje·le
Käse	*formaggio*	for·ma·dscho
Marmelade	*marmellata*	mar·mel·la·ta
Nudeln	*pasta*	pas·ta
Öl	*olio*	o·lio
Pfeffer	*pepe*	pe·pe
Reis	*riso*	ri·so
Salz	*sale*	sa·le
Sojasauce	*salsa di soia*	sal·sa di so·ja
Suppe	*minestra*	mi·nes·tra
Zucker	*zucchero*	tsu·ke·ro

Getränke

Bier	*birra*	bir·ra
(alkoholfreies) Getränk	*bibita*	bi·bi·ta
Kaffee	*caffè*	kaf·fe
Milch	*latte*	lat·te
Rotwein	*vino rosso*	vi·no ros·so
(Orangen) Saft	*succo (d'arancia)*	suk·ko (da·ran·tscha)
Tee	*tè*	te
(Mineral) Wasser	*acqua (minerale)*	a·kua (mi·ne·ra·le)
Weißwein	*vino bianco*	vi·no bian·ko

NOTFÄLLE

Hilfe! *Aiuto!* a·ju·to

Lassen Sie mich in Ruhe!
Lasciami in pace! la·scha·mi in pa·tsche

Ich habe mich verirrt.
Mi sono perso/a. (m/f) mi so·no per·so/a

Rufen Sie die Polizei!
Chiami la polizia! kia·mi la po·li·tsi·a

Rufen Sie einen Arzt!
Chiami un medico! kia·mi un me·di·ko

Wo sind die Toiletten?
Dove sono i gabinetti? do·ve so·no i ga·bi·net·ti

Ich fühl mich schlecht.
Mi sento male. mi sen·to ma·le

SHOPPEN & DIENSTLEISTUNGEN

Ich möchte gerne ... kaufen
Vorrei comprare ... vo·räi kom·pra·re ...

Ich schaue mich nur um.
Sto solo guardando. sto so·lo guar·dan·do

Kann ich das mal sehen?
Posso dare un'occhiata? pos·so da·re un o·kia·ta

Wie viel kostet dies?
Quanto costa questo? kwan·to kos·ta kwe·sto

Das ist zu teuer.
È troppo caro/a. (m/f) e trop·po ka·ro/a

Können Sie etwas vom Preis ablassen?
Può farmi lo sconto? puo far·mi lo skon·to

Da ist ein Fehler in der Rechnung.
C'è un errore nel conto. tsche un e·ro·re nel kon·to

Geldautomat	*Bancomat*	ban·ko·mat
Postamt	*ufficio postale*	uf·fi·tscho pos·ta·le

Touristen-information	*ufficio del turismo*	u·*fi*·tscho del tu·*ris*·mo

UHRZEIT & DATUM

Wie spät ist es?	*Che ora è?*	ke *o*·ra e
Es ist ein Uhr.	*È l'una.*	e *lu*·na
Es ist (zwei) Uhr.	*Sono le (due).*	*so*·no le (*du*·e)
Halb (zwei).	*(L'una) e mezza.*	(*lu*·na) e *me*·dsa
morgens	*di mattina*	di mat·*ti*·na
nachmittags	*di pomeriggio*	di po·me·*ri*·dscho
abends	*di sera*	di *se*·ra
gestern	*ieri*	*je*·ri
heute	*oggi*	*o*·dschi
morgen	*domani*	do·*ma*·ni
Montag	*lunedì*	lu·ne·*di*
Dienstag	*martedì*	mar·te·*di*
Mittwoch	*mercoledì*	mer·ko·le·*di*
Donnerstag	*giovedì*	dscho·we·*di*
Freitag	*venerdì*	we·ner·*di*
Samstag	*sabato*	*sa*·ba·to
Sonntag	*domenica*	do·*me*·ni·ka

ZAHLEN

1	*uno*	*u*·no
2	*due*	*du*·e
3	*tre*	tre
4	*quattro*	*kwa*·tro
5	*cinque*	*tschin*·kwe
6	*sei*	säi
7	*sette*	*set*·te
8	*otto*	*ot*·to
9	*nove*	*no*·we
10	*dieci*	*dje*·tschi
20	*venti*	*wen*·ti
30	*trenta*	*tren*·ta
40	*quaranta*	kwa·*ran*·ta
50	*cinquanta*	tschin·*kwan*·ta
60	*sessanta*	ses·*san*·ta
70	*settanta*	se·*tan*·ta
80	*ottanta*	ot·*tan*·ta
90	*novanta*	no·*wan*·ta
100	*cento*	*tschen*·to
1000	*mille*	*mi*·le

Schilder

Entrata/Ingresso	Eingang
Uscita	Ausgang
Aperto	offen
Chiuso	geschlossen
Informazioni	Information
Proibito/Vietato	verboten
Gabinetti/Servizi	Toiletten
Uomini	Herren
Donne	Damen

Januar	*gennaio*	dschen·*na*·jo
Februar	*febbraio*	feb·*bra*·jo
März	*marzo*	*mar*·tso
April	*aprile*	a·*pri*·le
Mai	*maggio*	*ma*·dscho
Juni	*giugno*	*dschu*·nio
Juli	*luglio*	*lu*·lio
August	*agosto*	a·*gos*·to
September	*settembre*	set·*tem*·bre
Oktober	*ottobre*	ot·*to*·bre
November	*novembre*	no·*vem*·bre
Dezember	*dicembre*	di·*tschem*·bre

UNTERKUNFT

Ich möchte gerne ein Zimmer buchen.
Vorrei prenotare una camera, per favore. — *vo·ray pre·no·ta·re u·na ka·me·ra per fa·vo·re*

Ist das Frühstück inbegriffen?
La colazione è compresa? — la ko·la·*tsio*·ne e kom·*pre*·sa

Wie viel kostet es pro ...?	*Quanto costa per ...?*	*kwan*·to *kos*·ta per ...
Nacht	*una notte*	*u*·na *not*·te
Person	*persona*	per·*so*·na
Bad	*bagno*	*ba*·njo
Campingplatz	*campeggio*	kam·*pe*·dscho
Doppelzimmer	*camera doppia*	*ka*·me·ra *do*·pia
Einzelzimmer	*camera singola*	*ka*·me·ra *sin*·go·la
Fenster	*finestra*	fi·*nes*·tra
Hotel	*albergo*	al·*ber*·go
Jugendherberge	*ostello della gioventù*	os·*tel*·lo de·la dscho·wen·*tu*
Klimaanlage	*aria condizionata*	*a*·ria kon·di·tsio·*na*·ta
Pension	*pensione*	pen·*sio*·ne

VERKEHR

Wann fährt ... ab/kommt ... an?	*A che ora parte/ arriva ...?*	a ke *o*·ra *par*·te/ a·*ri*·va ...
Bus	*l'autobus*	*lau*·to·bus
Fähre	*il traghetto*	il tra·*get*·to
Flugzeug	*l'aereo*	la·*e*·re·o
Schiff	*la nave*	la *na*·ve
Stadtfähre	il vaporetto	il va·po·*ret*·to
Zug	*il treno*	il *tre*·no

Bahnhof	*stazione ferroviaria*	sta·*tsio*·ne fe·ro·*viar*·ja
Bahnsteig	*binario*	bi·*na*·rio
Bushaltestelle	*fermata dell'autobus*	fer·*ma*·ta del *au*·to·bus
Fahrkartenschalter	*biglietteria*	bi·ljet·te·*ri*·a
Fahrplan	*orario*	o·*ra*·rio
... Ticket	*un biglietto ...*	un bi·*ljet*·to
einfaches	*di sola andata*	di *so*·la an·*da*·ta
Rückfahr-	*di andata e ritorno*	di an·*da*·ta e ri·*tor*·no

Hält er in ...?
Si ferma a ...? — si *fer*·ma a ...

Sagen Sie mir bitte, wenn wir nach ... kommen.
Mi dica per favore quando arriviamo a ... — mi *di*·ka per fa·*vo*·re *kwan*·do a·ri·*via*·mo a ...

Ich möchte hier aussteigen.
Voglio scendere qui. — *vo*·lio *schen*·de·re kwi

Ich möchte gerne mieten ein ...	*Vorrei noleggiare un/una ...* (m/f)	vo·*räi* no·le *dscha*·re un/*u*·na ...
Auto	*macchina* (f)	*mak*·ki·na
Fahrrad	*bicicletta* (f)	bi·tschi·*klet*·ta
Motorrad	*moto* (f)	*mo*·to
Luftpumpe *bicicletta*	*pompa della*	*pom*·pa *del*·la bi·tschi·*klet*·ta
Benzin	*benzina*	ben·*dsi*·na
Helm	*casco*	*kas*·ko
Mechaniker	*meccanico*	mek·*ka*·ni·ko
Tankstelle	*stazione di servizio*	sta·*tsio*·ne di ser·*vi*·tsio

Ist dies die Straße nach ...?
Questa strada porta a ...? — *kwe*·sta *stra*·da *por*·ta a ...

(Wie lange) Kann ich hier parken?
(Per quanto tempo) Posso parcheggiare qui? — (per *kwan*·to *tem*·po) *pos*·so par·ked scha·re kwi

Ich habe einen Platten.
Ho una gomma bucata. — o *u*·na *gom*·ma bu·*ka*·ta

Ich habe kein Benzin mehr.
Ho esaurito la benzina. — o e·sau·*ri*·to la ben·*dsi*·na

WEGWEISER

Wo ist...?
Dov'è ...? — do·ve ...

Wie lautet die Adresse?
Qual'è l'indirizzo? — kwa·*le* lin·di·*ri*·tso

Könnten Sie das bitte aufschreiben?
Può scriverlo, per favore? — puo *skri*·ver·lo per fa·*vo*·re

Könnten Sie mir das zeigen (auf der Karte)?
Può mostrarmi (sulla pianta)? — puo mos·*trar*·mi (sul·la *pian*·ta)

An der Ecke	*all'angolo*	al·*lan*·go·lo
gegenüber	*di fronte a*	di *fron*·te a
geradeaus	*sempre diritto*	*sem*·pre di·*ri*·to
hinter	*dietro*	*dje*·tro
links	*a sinistra*	a si·*ni*·stra
nahe	*vicino*	vi·*tschi*·no
neben	*accanto a*	ak·*kan*·to a
rechts	*a destra*	a *de*·stra
vor	*davanti a*	da·*van*·ti a
weit weg	*lontano*	lon·*ta*·no

VENEZIANISCH

Mit ein paar Brocken Venezianisch – der in Venedig geläufigen Ausprägung der venetischen Sprache – kann man sich bei seinen Zuhörern beliebt machen. Um bei lockeren Bar- und Restaurantgesprächen mithalten zu können, versucht man einfach, diese Wörter ins Italienische einzustreuen:

Ja, mein Herr!	*Siorsì!*
Oh nein!	*Simènteve!*
Und ob!	*Figuràrse!*
Welch ein Glück!	*Bénpo!*
Perfekt.	*In bròca.*
Willkommen!	*Benvegnù!*
Prosit!	*Sanacapàna!*
Vorsicht!	*Òcio!*
Billiger Wein	*brunbrùn*
Glas Wein	*ombra (wörtlich: Schatten)*
Kneipenbummel	*giro di ombra (wörtlich: Runde des Schattens)*
Venzianisch werden	*Venexianàrse*
Venzianisch	*venexiano/a (m/f)*
Ihr (umgangssprachl.)	*voàltri*

GLOSSAR

alla busara venezianische Garnelensauce

anatra Wildente aus der Lagune

baccala mantecato pürierter Kabeljau

bigoli venezianische Vollkornnudeln

branzino Seebarsch

bruscandoli Wildhopfenknospen

canoce mantis Garnele

capasanta/canastrelo große/kleine Jakobsmuscheln

carpaccio dünn geschnittene rohe Rindfleischscheiben

castraure Baby-Artischocken von der Insel St. Erasmo

cicchetti venezianische kleine Häppchen, ähnlich wie spanische Tapas

contorni Gemüsegerichte

crostini Brotchips

crudi venezianisches Sushi

curasan Croissant

dolci Süßspeisen

dolci tipici venexiani typisch venezianische Süßspeisen

fatto in casa hausgemacht

fegato alla veneziana in Streifen geschnittene Leber, leicht geröstet mit Zwiebeln und einem Spritzer Rotwein

filetto di San Pietro Fisch mit Artischocken- oder Radi chiotrevisano

fritole süß Frittiertes

fritto misto e pattatine leicht frittierte Meeresfrüchte und Kartoffeln

frittura frittierte Meeresfrüchte

gnochetti Mini-Gnocchi

granseola Seespinne

krapfen Krapfen, Berliner

latte di soia Sojamilch

lingue di suocere Keks; „Schwiegermutterzungen"

macchiatone Espresso mit viel Milch

margherite ripiene all'astice com sugo di pesce ravioli mit Hummerfleisch gefüllte Ravioli in Fischsauce

moeche Weichschalenkrabben

moscardini Baby-Oktopus

mozzarella di bufala frischer Büffelmilch-Mozarella

orechiette Nudeln, die wie „kleine Ohren" geformt sind

pan dei dogi „Dogenbrot"; mit Haselnüssen gespickte Kekse

panino belegtes Brot

pastine gefülltes Kleingebäck

peoci Muscheln

pizza margherita Pizza mit Tomaten, Mozarella und Basilikum

pizzette Mini-Pizzas

polpette Fleischbällchen, Frikadellen

radicchio trevisano zarter roter Radicchio

risotto di pesce Fischrisotto

saor Venedigs würzige Marinade

sarde Sardinen

sarde in saor in würziger Zwiebelmarinade gebratene Sardinen mit Pinienkernen und Sultaninen

senza limone ohne Zitrone

seppie Tintenfisch

seppie in nero Tintenfisch in eigener Tinte

sfogio Seezunge

sopressa venzianische milde Salami

sopressa crostini milde Salami auf Toast

sorbetto Sorbet

spaghetti alla búsera Spaghetti mit Shrimpsauce

surgelati gefroren

tramezzini weiche Brotscheiben mit mayonaisehaltigen Aufstrichen

verdure Gemüse

zaletti Maismehlkekse mit Sultaninen

zuppa di pesce gehaltvolle Meeresfrüchtesuppe

Hinter den Kulissen

WIR FREUEN UNS ÜBER EIN FEEDBACK

Post von Travellern zu bekommen ist für uns ungemein hilfreich – Kritik und Anregungen halten uns auf dem Laufenden und helfen, unsere Bücher zu verbessern. Unser reiseerfahrenes Team liest alle Zuschriften genau durch, um zu erfahren, was an unseren Reiseführern gut und was schlecht ist. Wir können solche Post zwar nicht individuell beantworten, aber jedes Feedback wird garantiert schnurstracks an die jeweiligen Autoren weitergeleitet, noch rechtzeitig vor der nächsten Nachauflage.

Wer uns schreiben will, erreicht uns über www.lonelyplanet.de/kontakt.

Hinweis: Da wir Beiträge möglicherweise in Lonely-Planet-Produkten (Reiseführer, Websites, digitale Medien) veröffentlichen, ggf. auch in gekürzter Form, bitten wir um Mitteilung, falls ein Kommentar nicht veröffentlicht oder ein Name nicht genannt werden soll.

Wer Näheres über unsere Strategie bei der Datenschutzpolitik wissen will, erfährt das unter www.lonelyplanet.com/privacy.

DANK VON LONELY PLANET

Vielen Dank an alle Traveller, die mit der letzten Ausgabe unterwegs waren und uns nützliche Hinweise, gute Ratschläge und interessante Begebenheiten übermittelt haben:

Bernadette Davis-McGreal, Fredo Donnelly, Damien Hatcher, Bruce Grice, Edith Hornick, Sarah Lowney, Fabian Schreiber und Georg Sengstschmid

DANK DER AUTOREN

Alison Bing

Mille grazie e tanti baci alla mia famiglia a Roma und in den Vereinigten Staaten, an die Bings, die Ferrys und die Marinuccis. Danke auch an den Super-Mitautor und Begleiter Robert Landon, an die großartigen Redakteure Joe Bindloss und Sasha Baskett; und *bravi* an die Vertreter der venezianischen Intelligenz, Cristina Bottero, Alberto Toso Fei, Francesca Forni, Rosanna Corrò, Giantantonio de Vincenzo, Giovanni d'Este, Francesco e Matteo Pinto, Jane und Luigi Caporal und Jamie Pearson. Ein Dankeschön geht natürlich auch an die Vorreiter der neuen Küche und die Weinexperten bei Cook Here & Now, Slow Food und Vinitaly. Ein besonderer Dank geht an die furchtlose Kartografin Amanda Sierp, die selbst abenteuerlich gewundene Kanäle mit Bravour meistert, sowie an Susie Ashworth, die als Redakteurin die unübersehbare Fülle an Berichtenswertem in vernünftige Bahnen gelenkt hat; *ma sopra tutto* an Marco Flavio Marinucci, der *la bea vita* erst möglich macht, nicht nur in Venedig.

Robert Landon

Grazie mille an: 1) Caterina Enni, Marco Mazzoni, Neri Torrigiani und Fernanda Drummond für die Begleitung; 2) Stefano Piovesan, Donata Grimani, Pamela Berry und Stefano und Filippo Barusco für ihre Gastfreundschaft und gute Hinweise; 3) Nancy Pietrafesa und Susan Filter für die Planung der Anreise; 4) Thiago Fico für seine Geduld. Ein besonderes Dankeschön geht an Alison Bing für mehr, als ich hier aufführen kann. Venedig war das letzte Ziel, das ich gemeinsam mit meiner Mutter besucht habe. Ich spüre ihre Gegenwart hier überall.

QUELLENNACHWEIS

Illustrationen auf S. 62, 67, 74/75 von Javier Martinez Zarracina.

Abbildung auf dem Umschlag: Auf dem Canal Grande, Venedig. HP Huber/4Corners

Viele der Bilder in diesem Reiseführer können bei Lonely Planet Images: www.lonelyplanetimages.com auch lizenziert werden.

ÜBER DIESES BUCH

Dies ist die 3. deutsche Auflage von *Venedig & Venetien*, basierend auf der mittlerweile 7. englischen Auflage von *Venice & the Veneto*. Vorbereitet und geschrieben wurde dieses Buch von Alison Bing und Robert Landon. Die unmittelbar vorhergehende Auflage stammte ausschließlich von Alison Bing, die Auflage davor hat Damien Simonis verfasst. Der Band wurde vom Lonely Planet Büro in London in Auftrag gegeben und betreut von:

Verantwortlicher Redakteur Joe Bindloss

Redaktionsleitung Susie Ashworth, Victoria Harrison

Leitung der Kartografie Csanad Csutoros

Layout-Leitung Jessica Rose

Redaktion Anna Metcalfe

Lektorat Angela Tinson

Kartografie Amanda Sierp

Layout Chris Girdler

Redaktionsassistenz Elizabeth Anglin, Jackey Coyle, Bruce Evans

Assistenz der Kartografie Xavier Di Toro, Joelene Kowalski

Umschlaggestaltung Naomi Parker

Bildredaktion Aude Vauconsant

Sprache Laura Crawford, Annelies Mertens

Besonderer Dank gilt Sasha Baskett, Helen Christinis, Brendan Dempsey, Janine Eberle, Ryan Evans, Jane Hart, Liz Heynes, Laura Jane, David Kemp, Alana Mahony, Wayne Murphy, Trent Paton, Piers Pickard, Lachlan Ross, Michael Ruff, Julie Sheridan, Kerrianne Southway, Sophie Splatt, Laura Stansfeld, John Taufa, Tasmin Waby McNaughtan, Gerard Walker, Clifton Wilkinson

Unsere Autoren

Alison Bing

Hauptautorin; Sestiere di San Marco, Sestiere di Dorsoduro, Sestiere di Cannaregio, Sestieri di San Polo & Santa Croce, Murano, Burano & die nördlichen Inseln Wenn sie nicht gerade in irgendeiner Kirchenbank kauert, um sich Notizen zu machen, oder ganz akribisch eines von Venedigs *sestieri* (Stadtvierteln) durchkämmt, dann schreibt Alison Bing vermutlich gerade an einem von vielen Lonely Planet Reiseführern, z. B. über die USA, Marokko, San Francisco, Marrakesch oder Kalifornien. Nebenher beliefert sie auch noch eine Reihe von Zeitschriften mit Artikeln über Küche, Kunst und Architektur. Alison hat einen Universitätsabschluss (Bachelor) in Kunstgeschichte und ein Diplom (Master) der Fletcher School of Law and Diplomacy, einer Gemeinschaftseinrichtung der Universitäten Tufts und Harvard für das Studium internationaler Beziehungen – höchst honorige Referenzen also, deren Wert sie mit ihren Kulturkommentaren in Zeitungen, Zeitschriften, Fernsehen und Radio regelmäßig unter Beweis stellt. Zurzeit lebt sie zusammen mit ihrem Partner Marco Flavio Marinucci teils in San Francisco und teils in einem Bergstädtchen in Mittelitalien. Auf Twitter folgt man ihr unter www.twitter.com/AlisonBing. Alison hat auch an den Kapiteln „Reiseplanung", „Schlafen", „Venedig & Venetien verstehen" und an den Bildteilen mitgearbeitet.

Weitere Informationen über Alison siehe:
lonelyplanet.com/members/alisonbing

Robert Landon

Sestiere di Castello, Giudecca, Lido & die südlichen Inseln Seit er zum ersten Mal von der Piazzale Roma aus die Kanäle dieser autofreien Stadt erkundet hat, ist Robert der Lagunenstadt verfallen. Er ist immer wieder hierher zurückgekehrt, zu jeder Jahreszeit – im winterlichen Februar ebenso wie im drückend heißen August –, aber der Zauber dieser Stadt war stets gegenwärtig. Auf seiner letzten Reise haben es ihm vor allem Spargel und Valpolicella-Rotweine in Venetien angetan. Bevor er für Lonely Planet tätig wurde, hat Robert Italienische Kunstgeschichte an der Stanford University studiert, und er hat je ein halbes Jahr in Rom und Florenz verbracht. Zurzeit lebt er in Rio de Janeiro. Über Reisen, Kunst und Kultur schreibt er regelmäßig, u.a. im Londoner *Daily Telegraph*, der *Los Angeles Times* und in der Zeitschrift *Dwell*. Für Lonely Planet hat er bereits an Büchern über Florenz, Brasilien, Kolumbien, Kalifornien, Portugal und Westafrika mitgearbeitet. In diesem Band war er außerdem an den Kapiteln „Schlafen", „Tagesausflüge", „Allgemeine Informationen" und „Verkehrsmittel & -wege" beteiligt.

Weitere Informationen über Robert siehe:
lonelyplanet.com/members/robertlandon

Siehe auch Teilregister für:
AUSGEHEN & NACHTLEBEN S. 320
ESSEN S. 320
SHOPPEN S. 321
UNTERHALTUNG S. 321
UNTERKUNFT S. 322

Register

A
Abbondi, Antonio *siehe* Scarpagnino
Accademia delle Belle Arti 98
Acqua Alta 255
Adriaküste 186
Aktivitäten 45
Albinoni, Tomaso 277
Albrizzi, Isabella Teotochi 280
Ando, Tadao 11, 71, 265
Anreise 294
Antico Cimitero Israelitico 170
Apotheken 302
Archäologische Stätten 211
Architekten
  Ando, Tadao 11, 13, 96
  Aulenti, Gae 69
  Benoni, Giuseppe 96
  Da Ponte, Antonio 168
  Longhena, Baldassare 154
  Massari, Giorgio 97, 153
  Palladio, Andrea 202
  Piano, Renzo 13, 14
  Sanmicheli, Michele 148
  Scarpa, Carlo 13, 96, 209
  Scarpagnino 118
Architektur 76, 68, 91, 112, 147, 257
  Aktuelle Projekte 265
  Barock 263
  Biennale-Pavilions 146
  Byzantinisch 98, 169, 178, 180, 238
  Faschistisch 264
  Florentinisch 148
  Gothik 134, 150, 155, 170, 180, 195
  Italienische Gotik 147, 196
  Klassizismus 263
  Moderne 264
  Renaissance 150, 155, 169, 193, 261
  Romanik 148, 156, 178, 209, 259
  Stile liberty 264
  Veneto-Byzantinisch 257
  Venezianisch 148
  Venezianische Gotik 260
Architektur-Biennale 146
Armenische Kultur 171
Arsenale 145–146, 152
Asolo 208
Attila der Hunnenkönig 181
Aulenti, Gae 69, 71
Ausgehen & Nachtleben 38, 38–40; *siehe auch* einzelne Stadtviertel & separates Teilregister
  Bacari 19
  Enoteche 13
  Öffnungszeiten 40
Auto fahren 297
Avanzi, Jacopo 197
Azienda Agricola Coffele (Soave) 217
Azienda Agricola Corte Aleardi (Valpolicella) 217

B
Bacari 19
Bagnolo 204
Barbari, Jacopo di 70
Barbaro, Admiral Antonio 73
Bartolomeo Colleoni, Statue 156
Basilica di Monte Berico (Vicenza) 203
Basilica di San Marco **7**, 7, 55, 240
  Grundriss **62**
Basilica di Sant'Antonio (Padua) 196
Basilica di San Zeno Maggiore (Verona) 208
Bassano del Grappa 208
Behinderung, Reisende mit 28, 303
Bella, Gabriele 153
Bellini, Gentile 92, 269
Bellini, Giovanni 92, 112, 147, 150, 151, 153, 269
Bellotto, Bernardo 272
Belluno 213
Bembo, Pietro 278
Benvenuti, Augusto 149
Bevölkerung 236
Biennale 45, 146, 236
Biennale-Pavillons 149
Bischof von Oderzo 155
Boito, Camillo 82
Bon, Bartolomeo 73, 81, 91, 110, 116, 136
Bootsfahrten 19, 26, 297
  Brenta-Riviera 191
Borghese, Camillo Kardinal 250
Boscola, Maria 70
Botta, Mario 152
Brenta-Riviera 168
  Bootsfahrt 191
  Rad fahren 191
  Unterkunft 190
Brodsky, Joseph 98
Brücken 258
  Ponte degli Incurabili 98
  Ponte dell'Accademia 73
  Ponte delle Tette 115
  Ponte di Calatrava 13, 14, 135, 265
  Ponte Pietra 211
Bücher 236, 247
  Geschichte 243
Bucintoro 146
Burano 57, 176
  Ausgehen & Nachtleben 177
  Essen 177, 183
  Highlights 176
  Sehenswertes 180
  Shoppen 185
  Unterkunft 233
  Verkehrsmittel & -wege 177

C
Ca' Dario 97
Cadussi, Mauro 150
Cafés 39
Caffè Florian 42
Calder, Alexander 93
Calli (Seitengassen) 78, 70, 70
Campo dei Mori 135
Campo del Ghetto Nuovo 132
Campo Santa Margherita 104
Canaletto 156, 271
Canal Grande 5
Canova, Antonio 70, 112, 272
Caorle 186
Capella degli Scrovegni (Padua) 193
Ca' Rezzonico 94
Carpaccio, Vittore 82, 92, 151
Carriera, Rosalba 92, 94, 271
Casa di Giulietta (Verona) 211
Casa di Goldoni 116
Casanova 194, 249
Casinos 46, 139
Castello di Soave (Soave) 217
Caterina Tognon Arte Contemporanea 72
Cattedrale (Padua) 195
Cattedrale di San Pietro di Castello 154
Cattedrale di Santa Maria Assunta 178
Chiesa degli Eremitani (Padua) 194
Chiesa dei Gesuati 96
Chiesa dei SS Maria e Donato 180

Sehenswertes S. 000
Karten **S. 000**
Fotos **S. 000**

Chiesa della Madonna dell'Orto 136
Chiesa dell'Arcangelo Raffaele 97
Chiesa del SS Redentore 168
Chiesa di San Fermo (Verona) 211
Chiesa di San Giacomo dell'Orio 113
Chiesa di San Giorgio dei Greci 153
Chiesa di San Giorgio Maggiore 167
Chiesa di San Giovanni Elemosinario 118
Chiesa di San Giovanni in Bragora 155
Chiesa di San Lio 156
Chiesa di San Martino 155, 180
Chiesa di San Moisè 81
Chiesa di San Nicolò dei Mendicoli 95
Chiesa di San Polo 115
Chiesa di San Rocco 116
Chiesa di San Sebastian 94
Chiesa di San Stae 118
Chiesa di Santa Corona (Vicenza) 203
Chiesa di Santa Fosca 180
Chiesa di Santa Maria degli Artigianelli 97
Chiesa di Santa Maria dei Miracoli 134
Chiesa di Santa Maria della Salute 95
Chiesa di Santa Maria della Visitazione *siehe* La Pietà
Chiesa di Santa Maria Formosa 155
Chiesa di Sant'Anastasia (Verona) 209
Chiesa di Sant'Eufemia 169
Chiesa di Santo Stefano 72
Chiesa di San Vidal 82
Chiesa di San Zaccaria 150
Chiesa di San Zulian 81
Chioggia 174
Chorus-Pass 300
Ciardi, Emma 94
Ciardi, Guglielmo 113
Cimarosa, Domenico 248
Cimitero (Isola di San Michele) 182

Sehenswertes S. 000
Karten **S. 000**
Fotos **S. 000**

Cini, Vittorio 169
Codussi, Mauro 71, 154, 155, 262
Colleoni, Bartolomeo 156
Colli Berici 204
Colli Euganei (Euganeische Hügel) 195
Commedia dell'arte 282
Conegliano 216
Corner, Caterina 208
Corona, Leonardo 95
Cortina d'Ampezzo 215
Cortina d'Ampezzo Ski Cooperative (Dolomiten) 215
Costozza 204

D

D'Abano, Pietro 195
Da Faenza, Francesco 150
Dalmatien 151
Dandolo, Doge Enrico 242
Da Negroponte, Antonio 151
Dante 278
Da Zevio, Altichiero 197
Dekadenz 247
Del Castagno, Andrea 150
De' Menabuoi, Giusto 195
Desserts 19
De Vincenzo, Gianantonio 276
Di Pietro, Nicolò 134
Dogengemächer 13
Dogengräber 147
Dolomiten 11, **12**, 212
  Highlights 11
  Unterkunft 214
Donà, Leonardo 250
Druckereien 278
Duomo (Verona) 209
Dürer, Albrecht 273
Duse, Eleonora 208

E

Eiscreme 18
Enoteche 13
Essen 31–36 *siehe auch* einzelne Viertel & separates Teilregister
  Sprache 263, 264, 267
  Desserts 19
Öffnungszeiten 32
Etikette 286
Euganeische Hügel (Colli Euganei) 195
Euphemia 169

F

Fahrrad 297; *siehe auch* Radfahren
Falier, Doge Marin 251
Faschismus 255
Favretto, Giacomo 113
Feiertage 301
Feltre 216
Ferien 301
Festa della Madonna della Salute 22
Festa della Sensa 21
Festa del Mosto 22
Festa di Francesco della Vigna 151
Feste & Events *siehe* Filmfestspiele, Kunst- & Musikfestivals, Regatten
Film 236, 248, 280, 281
Filmfestspiele 21
Finale 204
Flut 290
Fondaco dei Tedeschi 82
Fondaco dei Turchi 116
Fondamenta dei Vetrai 179
Fondazione Bucintoro 146
Fondazione Vedova 96
Forte Sant'Andrea 181
Fortuny Tessuti Artistici 71, 168
Fortuny y Madrazo, Mariano 71
Foscolo, Ugo 279
Franchetti, Baron 134
Franco, Veronica 246
Franz von Assisi 183
Frauen unterwegs 301
Friedhöfe 170, 182
Fußball 46

G

Galileo 194
Galleria Rossella Junck 72
Galleria Traghetto 72
Galleria van der Koelen 72
Gallerie dell'Accademia **8**, 11, 13, 91–92
Gambello, Antonio 150
Garibaldi, Giuseppe 149
Gaspari, Antonio 82
Gefängnisse 66
Geführte Touren 26
Geld 14, 32, 219, 300, 301
Geldautomaten 301
Gemächer des Dogen 65
Geologie 213
Geschichte
  Byzanz 238, 247
  Consiglio dei Dieci (Zehnerrat) 245
  Erster Weltkrieg 254
  Französische Besatzung 253
  Genua 241, 243
  Heiliges Römisches Reich 238, 241
  Industrialisierung 254
  Italienischer Widerstand 255
  Kreuzzüge 241
  La Senenissima 240
  Österreichische Herrschaft 253
  Pest 244
  Venezianisches Reich 245
  Zeitalter der Dekadenz 247
  Zweiter Weltkrieg 255
Getränke 34
Ghetto 24, 71, 132
Ghetto (Verona) 211
Giardini Pubblici 24, 149
Giardino Giusti (Verona) 210
Giorgione 82, 111
Giotto 100, 193, 194
Giudecca 13, 57
  Architektur 266
  Ausgehen & Nachtleben 174
  Essen 172
  Geschichte 168
  Highlights 165
  Sehenswertes 168
  Unterhaltung 174
  Unterkunft 232
  Unterwegs vor Ort 166
Giudecca-Kanal 98
Glas 101
Glasbläserei, 12
Goethe, Johann Wolfgang von 211
Goldoni, Carlo 86, 116
Gondeln 9, 11, 19, 298
Grand Hotel des Bains 170
Grimani, Giovanni 148
Guarana, Jacopo 154
Guggenheim, Peggy 93, 154
Guide Alpine Cortina d'Ampezzo (Dolomiten) 215
Gutenberg, Johannes 278

H

Handy 14, 304
Hayez, Francesco 274

Hemingway, Ernest 181
Hl. Rochus 111

I

I Frari 8, 112
I Gesuiti 135
Il Giovane, Palma 92, 95, 115, 151, 155, 270
Il Gobbo 114
Infos im Internet 14, 15
Internationale Filmfestspiele 21, 171, 236
Internetzugang 301
Isola di San Francesco del Deserto 183
Isola di San Giorgio Maggiore 167, 169
Isola di San Lazzaro degli Armeni 171
Isola di San Michele 177, 182
Isola di San Servolo 171
Isola di Sant'Andrea 182
Isola La Certosa 182
Istituto Ellenico 153

J

Jarach Gallery 72
Jazz 44, 105, 140, 277
Jazz Festival Venedig 21
Jesolo 186
Judentum 170
Jüdische Kultur 133, 168
Jüdisches Ghetto (Verona) 211

K

Kanäle 26
Kapoor, Anish 93
Katholische Kirche 249
Kinder, Reisen mit 23
  Sicherheit 28
Kinos 44, 140
Kirchen *siehe* einzelne Einträge unter Basilica, Cattedrale, Chiesa
Klassische Musik 13, 43, 116, 276
Klima 15
Komödie 282
Konstantin 161
Konsulate 300
Koons, Jeff 71
Kopernikus 194
Kosten 14, 219
Krankenwagen 302
Kreditkarten 301
Kruger, Barbara 71
Kultur 236, 284
  Dekadenz 252
Kunst 98, 236, 248, 268
  Barockmalerei 271
  Futurismus 274
  Landschaften 271
  Moderne 272, 273
  Veduten 272
Kunst-Biennale 146, 149, 163
Kunstgalerien 72
  Ausstellungsflächen der Biennale 146
  Galleria d'Arte Moderna (Verona) 211
  Galleria Santa Eufemia 169
  Gallerie dell'Accademia 13
  Giudecca 795 169
  Ikona Gallery 135
  Magazzini del Sale 96
  Museo Diocesano di Venezia 156
  Punta della Dogana **11**, 96
Kunsthandwerker 11
Kunst & Kultur 268
Kunst- & Musikfestivals
  Art Biennale 163
Kurtisanen 246, 253

L

Lagune 76, 68, 239, 289
La Malcontenta *siehe* Villa Widmann Rezzonico Foscari
Landschaftsmaler 271
Langobarden 239
La Pietà 153
La Rotonda (Vicenza) 199
La Strada di Prosecco (Conegliano) 216
La Tribuna 148
le5venice 72
Leggera (Popmusik) 277
Leitungswasser 35
Leon, Donna 280
Lesben 303
Le Vignole 181
Lido 57; *siehe auch* Lido di Venezia
  Unterkunft 232
Lido di Jesolo 186
  Ausgehen & Nachtleben 177, 186
Lido di Venezia 165
  Ausgehen & Nachtleben 173
  Essen 173
  Highlights 165
  Radfahren 170
  Sehenswertes 170
  Strände 170
  Unterwegs vor Ort 166
Literatur 278
Lombardo, Pietro 134, 147, 151, 154, 196, 261
Lombardo, Tullio 73, 134, 151, 196
Longhena, Baldassare 95, 112, 113, 263
Longhi, Pietro 115
Lorenzetti, Giambattista 147
Lotto, Lorenzo 92, 113

M

Malamocco 170
Manin, Daniele 251, 254
Mann, Thomas 170
Mansueti, Giovanni di Niccolo 180
Mantegna, Andrea 92, 134, 194, 209
Mantovano, Rivarolo 148
Marco Polo
  Memoiren 279
Marinetti, Filippo Tommaso 274
Marini, Marino 93
Märkte 50, 119, 173
Martini, Arturo 274
Masari, Giorgio 71
Mazzorbo 180
  Ausgehen & Nachtleben 177
  Essen 177, 183, 184
  Sehenswertes 180
  Unterkunft 233
Medizinische Versorgung 302
Menzocchi, Francesco 148
Meyring, Heinrich 81
Michelangelo 168, 195
Miozzi, Eugenio 73
Mobiltelefon 14, 304
Mocenigo, Pietro 147
Mocetto, Girolamo 147
Mode 18
Monastero di San Lazzaro degli Armeni 171
Monet, Claude 97, 273
Monorail 298
Monselice 195
Montecariano (Weingut; Valpolicella) 217
Morosini, Francesco 146
Mosaiken 98
Mose 76, 68, 284, 290
Murakami, Takashi 71
Murano 57, 176
  Essen 183
  Highlights 176
  Sehenswertes 179
  Shoppen 185
  Unterkunft 233
  Verkehrsmittel & -wege 177
Muranoglas **101**, 105, 164, 179
Murazzi, Pellestrina 174
Museen
  Casa di Goldoni 116
  Casinò di Venezia 139
  Castelvecchio (Verona) 209
  Ca' d'Oro 134
  Ca' Pesaro 113
  Gallerie di Palazzo Leoni Montanari (Vicenza) 201
  Musei Civici agli Eremitani (Padua) 194
  Museo Archeologico (Verona) 211
  Museo Civico (Vicenza) 200
  Museo Civico di Storia Naturale 116
  Museo Correr 70
  Museo dei Dipinti Sacri Bizantini *siehe* Museo delle Icone
  Museo del Merletto 180
  Museo del Vetro 179
  Museo della Follia 171
  Museo della Fondazione Querini Stampalia 152
  Museo della Fondazione Querini Stampalia 152
  Museo della Musica 81
  Museo delle Icone 153
  Museo di Torcello 181
  Museo Diocesano di Venezia 156
  Museo Fortuny 71
  Museo Storico Navale 146, 154
  Palazzo Grassi 71
  Palazzo Querini Stampalia 152
Scavi Scaligeri (Verona) 211
Museums-Pass 300
Musik 42, 275
Mussolini, Benito 190, 255

N

Nachtleben *siehe* Ausgehen & Nachtleben
Napoleon 134, 154, 161, 168, 169, 181, 190, 253
Negozio Olivetti 13, 73
Nogarola, Isotta 279
Nördliche Inseln 57, 176, **176**
  Highlights 176
  Verkehrsmittel & -wege 177
Notfall 302
Noventa Vicentina 204

O

Öffnungszeiten 32, 50, 303
Ökologisch korrektes Verhalten 76, 68
Olympisches Eisstadion (Cortina d'Ampezzo) 215
Oper 11, 69, 123, 275
Opera Buffa 282
Oratorio di San Giorgio (Padua) 197
Ospedale degli Incurabili 98
Ospedaletto 154

P

PadovaCard 194
Padua (Padova) 191, **192**
  Ausgehen & Nachtleben 198
  Essen 197
  Unterkunft 196
Paläste *siehe* einzelne Palazzi
Palazzo Barbaran da Porto 10
Palazzo Contarini del Bovolo 81
Palazzo del Bò (Padua) 194
Palazzo del Consiglio 181
Palazzo della Mostra del Cinema 171
Palazzo della Ragione (Padua) 195
Palazzo dell'Archivio 181
Palazzo Ducale (Dogenpalast) **6**, 7, 245
  Grundriss **67**
Palazzo Franchetti 81

Sehenswertes S. 000
Karten **S. 000**
Fotos **S. 000**

Palazzo Grimani 13
Palazzo Mocenigo 114
Palazzo Querini Stampalia 152
Palazzo Thiene (Vicenza) 202
Palazzo Venier dei Leoni 93
Palladio, Andrea 91, 100, 151, 155, 167, 168, 204, 208, 262
Papst Paul V. 250
Papst Pius X. 154
Parco Nazionale delle Dolomiti Bellunesi 213
Parks & Gärten
  Isola La Certosa 182
  Orto Botanico (Padua) 197
  Prato della Valle (Padua) 197
  Giardini Pubblici 149
Paul V., Papst 250
Peggy Guggenheim Collection 93, 236
Pellestrina 174
Penicillin 172
Pennacch, Pier Maria 134
Pescaria 119
Pest 95, 111, 168, 236, 244
Petrarca 153, 278
Pettibon, Raymond 71
Piazza Castello (Vicenza) 205
Piazza dei Martiri (Belluno) 214
Piazza dei Signori (Vicenza) 201
Piazza del Duomo (Belluno) 214
Piazza delle Erbe & Piazza dei Signori (Verona) 209
Piazza San Marco 42, 237
Piazzetta, Giambattista 92
Pieve di San Giorgio (Valpolicella) 217
Pinault, François 11, 69, 71
Piraten 240
Pisanello 209
Pisani, Doge Alvise 190
Piscopia, Eleonora Lucrezia Cornaro 194, 279
Pius X., Papst 154
Planung
  Geführte Touren 28
  Rabatte 227
  Reisebudget 32
  Reisekosten 43
  Unterkunft 219
Plateauschuhe 252
Polizei 302
Ponte di Calatrava 13, 14, **75**
Ponte di Rialto **75**, 113, 237
Ponte Pietra (Verona) 211
Porta Magna 146
Post 303
Prato della Valle (Padua) 197
Preise 300, 303
Prince, Richard 71
Prostituierte 98
Prostitution 115, 252
Proust, Marcel 168
Punta della Dogana **11**, 11, 96

Q

Quarantäne 136, 244

R

Radfahren 297
  Brenta-Riviera 191
Regatten 20, 21
Reisekosten 32
Reise nach Venedig 15
Reiseplanung 13, 71, 78, 70, 70
  Ermäßigungen 194
  Finanzen 300
  Infos im Internet 14, 15
  Nördliche Inseln 179
  Reisezeit 15
  Stadtspaziergänge 16
Reni, Guido 147
Rialtomarkt 114
Riva degli Schiavoni 153
Riviera Brenta 168
  Bootsfahrt 191
  Rad fahren 191
  Unterkunft 190
Rocca Pisana (Vicenza) 204
Rochus, hl. 111
Rockmusik 44
Rolling Venice Card 300
Römische Arena (Verona) 207
Rossi, Gino 274
Rossini 85
Rudern 26, 45
Ruskin, John 73, 81, 263

S

Salviati, Francesco 148
San Marco (hl. Markus) 240
Sanmicheli, Michele 262
San Pietro 155
Sansovino, Jacopo 148, 151, 209, 262
Sant'Elena 161
San Teodoro (hl. Theodor) 240
Sant' Erasmo 181, 182
  Unterkunft 233
Santomaso, Giuseppe 275
Sargent, John Singer 273
Sarpi, Paolo 250, 251
Scarpagnino 118
Scarpa, Carlo 73, 91, 149, 152
Scarpa, Tiziano 280
Schiffe & Fähren 296
  Wassertaxis 299
Schlafen *siehe* Unterkunft, einzelne Stadtviertel & separates Teilregister (Unterkunft)
Schriftstellerinnen 279
Schuhmachermuseum (Riviera Brenta) 191
Schwule 303
Scrovegni, Enrico 194
Scuola della Misericordia 163
Scuola Grande dei Carmini 95
Scuola Grande di San Giovanni Evangelista 115
Scuola Grande di San Marco 154
Scuola Grande di San Rocco 110–111
Seefahrtsgeschichte 145, 152, 241
  Amerigo Vespucci 153
  Museen 154
Seemacht 236
Segeln 26
Sehenswertes 94
Serra dei Giardini 149
Sestiere di Cannaregio 57, **130**
  Ausgehen & Nachtleben 131, 138
  Essen 136
  Highlights 134
  Sehenswertes 132, 134
  Shoppen 131, 140
  Unterhaltung 139
  Unterwegs vor Ort 131
Sestiere di Castello 57, **143, 159**
  Ausgehen & Nachtleben 144, 160
  Essen 144, 156, 157
  Highlights 143, 145, 151
  Sehenswertes 145
  Shoppen 144, 162

Unterhaltung 162
Unterkunft 229
Unterwegs vor Ort 144
Sestiere di Dorsoduro 56, **89**
Ausgehen & Nachtleben 99, 105
Essen 97
Highlights 11, 89, 91, 94, 96
Sehenswertes 91
Shoppen 106
Unterhaltung 106
Unterkunft 223
Verkehrsmittel & -wege 90
Sestiere di San Marco 58–84, **58, 80**
Anreise 59
Ausgehen & Nachtleben 59
Essen 59, 82, 83
Highlights 7, 8, 10, 11, 70
Sehenswertes 70
Shoppen 86
Unterkunft 85, 221
Sestiere di San Polo 57
Ausgehen & Nachtleben 109, 122
Essen 109, 118, 120, 121
Highlights 108, 110, 114
Sehenswertes 110, 114
Shoppen 109, 119, 124
Spaziergänge 117
Unterhaltung 123
Unterkunft 226
Verkehrsmittel & -wege 109
Sestiere di Santa Croce 57
Ausgehen & Nachtleben 109, 122
Essen 109, 118, 121
Highlights 108
Sehenswertes 113, 114, 116, 118
Shoppen 109, 124
Spaziergänge 117
Unterhaltung 123
Unterkunft 226
Verkehrsmittel & -wege 109
Sestieri di San Polo & Santa Croce **108, 117**
Highlights 8
Seufzerbrücke 237
Shoppen 49–52 *siehe auch* einzelne Stadtviertel & separates Teilregister
Bekleidung 49
Essen 119
Kunsthandwerk 11
Mode 18
Öffnungszeiten 50
Soave 217
Sotoportego dei Preti 156
Spezeria Antica Santa Fosca 135
Sport 45
Sprache 14
Squero di San Trovaso 97
Stadtspaziergänge 16, 29
San Marco **80**
Sestiere di Santa Croce **117**
Sestieri di San Polo **117**
Stampa, Gaspara 279
Steuern 303
Strände
Caorle 186
Jesolo 186
Suavia (Soave) 217
Südliche Inseln 57, 165, **165**
Highlights 165, 167
Sehenswertes 167
Unterwegs vor Ort 166
Su e Zo Per I Ponti 20
Sullam, Sara Copia 279
Synagogen 133
Syphilis 98

T

Tanz 44, 140
Teatro La Fenice 10, **11**
Teatro Malibran 69
Teatro Olimpico (Vicenza) 200
Telefon 14, 304
Theater 44, 69, 140, 169, 174, 281
Tiepolo, Giambattista *siehe* Tiepolo, Giovanni Battista
Tiepolo, Giandomenico 94, 115, 271
Tiepolo, Giovanni Battista 95, 97, 100, 111, 154, 156, 180, 200
Tintoretto 8, 65, 66, 70, 81, 92, 95, 97, 98, 110, 111, 115, 136, 150, 167, 169, 270
Tizian 8, 65, 70, 82, 92, 95, 111, 112, 118, 134, 147, 248, 269
Tod in Venedig 170, 248
Toiletten 305
Torcello 177
Ausgehen & Nachtleben 177
Essen 177, 184
Highlights 178
Sehenswertes 180
Torre dell'Orologio 70
Torres, Duilio 149
Touren 8
Touristeninformation 14, 305
Traghetto 298
Trinkgeld 301
Turner, William 273

U

Umweltprobleme 291
Unterhaltung 42–47; *siehe auch* einzelne Stadtviertel & separates Teilregister
Konzerte in La Pietà 162
Öffnungszeiten 43
Unterkunft 15; *siehe auch* einzelne Stadtviertel & separates Teilregister
Burano 233
ESU 227
Giudecca 232
Hausboote 230
Lido 232
Mazzorbo 233
Mietwohnungen 225
Murano 233
Santa Croce 226
Sant'Erasmo 233
Sestiere di Cannaregio 228
Sestiere di Castello 229
Sestiere di Dorsoduro 223
Sestiere di San Marco 221
Sestiere di San Polo 226
Sprachen 262–263
Stadtviertel 220
Unterwegs vor Ort 15, 297

V

Valpolicella 217
Vancimuglio 204
Vaporetto 298
Vedova, Emilio 96, 274
Venetien 215
Wein 215
Veneto *siehe* Venetien
Venexian 266
Veneziano, Paolo 70, 91, 268
Venier-Baffo, Cecilia 247
Venissa 184
Vento di Venezia 182
Venturi, Paolo 71
Verdi 85
Verkehrsmittel
Sprache 266–267
Verona 206, **206**
Unterkunft 210
Veronese, Paolo 66, 73, 81, 92, 94, 98, 147, 153, 169, 208, 248
Vicenza 10, **200**
Unterkunft 203
Vignole Nuove 181
Vignole Vecchie 181
Villa Barbarigo (Vicenza) 204
Villa Barbaro 100
Villa Barchessa Valmarana (Brenta-Riviera) 190
Villa Chiericati da Porto Rigo (Vicenza) 204
Villa Cordellina Lombardi (Vicenza) 204
Villa Foscarini Rossi (Brenta-Riviera) 190
Villa Foscari (Brenta-Riviera) 189
Villa Maser (Vicenza) 208
Villa Pisani Ferri Bonetti (Vicenza) 204
Villa Pisani Nazionale (Brenta-Riviera) 190
Villa Pojana (Verona) 204
Villa Saraceno (Verona) 204
Villa Valmarana 'ai Nani' (Vicenza) 199
Villa Widmann Rezzonico Foscari (Brenta-Riviera) 189
Ville da Schio (Vicenza) 204
Visa 14, 305
Visconti, Luchino 248
Vittorio Emanuele II. 190
Vivaldi, Antonio 81, 85, 153, 155, 248, 275, 277
Vivarini, Antonio 92, 150
Vivarini, Bartolomeo 147, 155
Vorwahlnummern 304

W

Wagner, Richard 139
Währung 14
Waisenhäuser 248
Wassertaxi 299
Websites 225
Weingut Montecariano (Valpolicella) 217

Weingüter 216, 217
Weinstraßen 216
Werbung 237
Werften 152
Wetter 15
Whistler, James 273
Willaert, Adrian 275
Wirtschaft 237

Z

Zeit 14, 305
Zelotti, Giovanni 100, 189
Zoll 305
Zompini, Gaetano 113
Zuccari, Federico 148
Zucci, Cino 266
Zweiter Weltkrieg 93, 236

AUSGEHEN & NACHTLEBEN

A

Agli Ormesini 139
Ai Do Draghi 104
Ai Postali 122
Ai Pugni 104
Algiubagiò 139
Al Mercà 122
Al Prosecco 122
Al Timon 138
Antica Bottega del Vino (Verona) 212
Antica Casa della Malvasia (Vicenza) 206
Antica Osteria Ruga Rialto 122

B

Bagolo 122
Bar Terazza Danieli 160
B-Bar 85
B.each 174

C

Caffè Costa Rica 139
Caffè dei Frari 122
Caffè del Doge 123
Caffè Filippini (Verona) 212
Caffè Florianè 84
Caffè Pedrocchi (Padua) 198
Caffè Quadri 84
Caffetteria Manin (Padua) 198
Cantina di Millevini 105
Cantina do Spade 122
Cantinone Già Schiavi 99
Centrale 85

E

Easybar 123
Enoteca Mascareta 160

F

Flexoclub (Padua) 199

H

Harry's Bar 84
Hosteria alla Poppa 122

I

Il Caffè Rosso 104
Il Muretto 186
Il Santo Bevitore 138
Imagina Café 104
Inishark 161
I Rusteghi 84

L

L'Olandese Volante 161

M

Marina Club 186
Muro Vino e Cucina 123

O

Osteria Ai Osti 139
Osteria alla Bifora 104
Osteria All'Alba 84
Osteria del Bugiardo (Verona) 212

P

Paradiso 161
Poli Museo della Grappa (Vicenza) 208

Q

Qcoffee Bar 160

S

Skyline Rooftop Bar 173
Sorarù (Vicenza) 206
Sprache 263, 264

T

Taverna da Baffo 123
Teamo 85
Tea Room Beatrice 104
Terrazzamare 186
Torino@Notte 85

U

Un Mondo Di Vino 139

V

Venezia Caffé 160

ESSEN

A

Ai Canottieri 137
Al Covo 157
Alla Maddalena 183
Al Nono Risorto 120
Al Pesador 13, 14, 118
Al Pontil Dea Giudecca 172
Al Profeta 99
Anice Stellato 136, 138, 140
Anonimo Veneziano 83
Antica Adelaide 137
Antica Birreria della Corte 120
Antiche Carampane 119
Antico Guelfo (Vicenza) 205
Antico Panificio 120
Antico Ristorante agli Schioppi (Vicenza) 205
Avogaria 98

B

Bacaro da Fiore 83
Bacaro Risorto 158
Bentigodi 137
Buddha 173
Busa alla Torre 183

C

Caffè Cavour (Padua) 198
Caffé Cremeria Mattielli (Soave) 217
Caffé Mandola 83
Café Noir (Verona) 212
Cavatappi 83
Cip Ciap 160
Conca d'Oro 160
Cucina da Omar 186

D

Da Conte (Brenta-Riviera) 191
Dai Nodari (Vicenza) 205
Dai Zemei 119
Dalla Marisa 137
Da Mario 83
Da Tiziano 173
Do Farai 99

E

Enoteca Ai Artisti 98
Enoteca al Volto 82
Enoteca Angelo Rasi (Padua) 198
ESU 173

G

Gastronomia Il Ceppo (Vicenza) 205
Gelateria al Ponte 183
Gelateria Ponte Pietra (Verona) 212
Gelateria Suso 83
Godenda (Padua) 197, 198, 205, 215, 217
Grom 98

H

Harry's Dolci 172
Hostaria Novecento (Feltre) 216

I

I Figli delle Stelle 172
Il Meloncino (Cortina d'Ampezzo) 215
Impronta Café 99

L

La Cantina 138
La Favorita 173
La Palanca 172
La Rivetta 121
La Tartare dell'Hotel Cristallo (Soave) 217
La Taverna (Belluno) 215
Le Spighe 157
Locanda Cipriani 184
Locanda Lo Scudo (Soave) 217

M

Magiche Voglie 173
Mauro El Forner de Canton 121
Met 157
Mistrà 172

O

Osteria al Garanghelo 157

Sehenswertes S. 000
Karten **S. 000**
Fotos **S. 000**

Osteria Boccadoro 136
Osteria da Alberto 138
Osteria da Carla 83
Osteria dal Capo (Padua) 198
Osteria di Santa Marina 158
Osteria La Zucca 120
Osteria L'Orto dei Mori 137
Osteria Mocenigo 121
Osteria San Marco 82

P

Pane Vino e San Daniele 99
Pasticceria da Bonifacio 158
Pasticceria dal Mas 137
Pasticceria Rizzardini 121
Pasticceria Tonolo 99
Pasticceria Trevisan 121
Piadineria Italiana (Padua) 198
Pintxos Bistrot (Verona) 212
Pizza Al Volo 99
Pizzeria alla Botte 173
Pizzeria Du de Cope (Verona) 212
Pronto Pesce Pronto 118

R

Ristorante al Trono di Attila 185
Ristorante da Celeste 174
Ristorante Il Castello (Vicenza) 205
Ristorante La Bitta 97
Ristorante San Trovaso 99
Ristoteca Oniga 99

S

Sacro e Profano 120
Snack Bar ai Nomboli 121

T

Taverna del Campiello Remer 138
Taverna San Lio 158
Tearoom Orientale 119
Trattoria al Raspo de Ua 183
Trattoria alla Rampa 158
Trattoria Corte Sconta 157

V

Vecio Fritolin 119
Venissa 13, 184
Vini da Arturo 83

Z

Zenzero 157

SHOPPEN

A

Antica Modisteria Giuliana Longo 86
Antichità al Ghetto 141
Antiquariato Claudia Canestrelli 105
Aqua Altra 106
Arcobaleno 87
Arnoldo & Battois 86
Arras 106
Arte Vetro Murano 163
ArtigianCarta di Massimo Doretto 86
Atelier Alessandro Merlin 162

B

Banco Lotto 10 162
Barbara Proverbio 185
Bevilacqua 87

C

Campagnol & Salvadore 185
Campiello Ca' Zen 127
Camuffo 88
Carpe Diem 88
Cartavenezia 124
Ca' Macana 106
Charta 87

D

Danghyra 106
Daniela Ghezzo 87
Dietro L'Angolo 126
Dolceamaro 141
Drogheria Mascari 124

E

Elitre 106
ElleElle 185
Emilio Ceccato 127
Esperienze 87

F

Fanny 128
Fiorella Gallery 86
Franco Furlanetto 125
Full Spot 88

G

Gianni Basso 140
Gilberto Penzo 124
Giovanna Zanella 162
Giunti Al Punto 141
Giuseppe Tinti 128
Gloria Astolfo 88
Gmeiner 126
Gualti 106

I

Il Baule Blu 126
Il Gufo Artigiano 127
Il Pavone di Paolo Pelosin 126
I Vetri a Lume di Amadi 124

K

Kalimala Cuoieria 162

L

Laberintho 125
La Bottega di Gio 127
La Margherita 127
La Pedrera 127
La Pietra Filosofale 88
Le Botteghe 88
Le Forcole di Saverio Pastor 106
Le Maschere di Ale 140
Libreria Studium 86

M

Madera 105
Malefatte 140
Marco Franzato Vetrate Artistiche 126
Mare di Carta 126
Marina e Susanna Sent 105
Materialmente 87
Mille e Una Nota 127

O

Old World Books 140
Orovetro Murano 187
Ottica Carraro 86
Ottica Vascellari 126

P

Paolo Brandolisio 164
Paolo Olbi 88
Papier Mâché Laboratorio 164
Pied à Terre Shoes 125
Profili 164

R

Ragazzi & Co 187

S

Sabbie e Nebbie 125
Serena Vianello 125
Sigfrido Cipolato 162
Signor Bloom 106
Spilli Lab & Shop 141

T

Toffolo Studio 187

V

Venetia Studium 87
Veneziastampa 125
VizioVirtù 124
Vladi Shoes 141

UNTERHALTUNG

C

Casa del Cinema 123
Casinò di Venezia 139
Cinema Giorgione Movie d'essai 140

I

Interpreti Veneziani 85

L

Laboratorio Occupato Morion 162

M

Musica a Palazzo 85

O

Opera at Scuola Grande di San Giovanni Evangelista 123

P

Paradiso Perduto 140

S

Summer Arena 123

T

Teatro Fondamenta Nuove 140
Teatro Junghans 174

V
Venice Jazz Club 105

UNTERKUNFT

A
AD Place Venice 221
Albergo Aurora (Verona) 210
Albergo Cappello e Cadore (Belluno) 214
Albergo Doni 231
Albergo Due Mori (Vicenza) 203
Al Campaniel 227
Alla Vite Dorata 228
Alloggi Barbaria 231
Al Ponte Mocenigo 226
Antica Locanda Montin 224
Azienda Agrituristica Sant'Anna (Belluno) 214

B
Baita Fraina (Cortina d'Ampezzo) 214
Bauer Palladio Hotel & Spa 232
Belludi37 (Padua) 196
Bloom/7 Cielo 222

C
Casa Genoveffa 232
Casa Rezzonico 224
Ca' Angeli 226
Ca' dei Dogi 229
Ca' della Corte 225
Ca' Pisani 224
Ca' Pozzo 228
Ca' San Polo 227

D
Domina Home Ca' Zusto 227
Domus Orsoni 228

F
Foresteria Valdese 230

G
Gió & Gió 221
Gritti Palace 221

H
Hostel Domus Civica 227
Hotel Abbazia 229
Hotel Ai Do Mori 222
Hotel al Duca 227
Hotel al Piave 231
Hotel Danieli 230
Hotel Flora 221
Hotel Gabbia d'Oro (Verona) 210
Hotel Galleria 223
Hotel Montana (Cortina d'Ampezza) 214
Hotel Noemi 221
Hotel Palladio (Vicenza) 203
Hotel Panorama 232
Hotel Riva 231
Hotel Sant'Antonio (Padua) 196
Hotel Tivoli 225
Hotel Villa Cipro 232
Hotel Villa Rosa 229
Hotel Villa Stella 232

I
Il Lato Azzurro 233

L
La Calcina 223
La Chicca 224
La Residenza 231
Locanda Antico Fiore 223
Locanda Arco Antico 227
Locanda Art Deco 222
Locanda Barbarigo 222
Locanda Casa Petrarca 222
Locanda Ca' del Brocchi 224
Locanda Cipriani 233
Locanda La Corte 231
Locanda Leon Bianco 228
Locanda Orseolo 222
Locanda San Barnaba 224
Locanda Sant'Anna 230

O
Oltre il Giardino 226
Ostello Città di Padova (Padua) 196
Ostello Imperina (Dolomiten) 214
Ostello Olimpico (Vicenza) 203
Ostello Venezia 232

P
Palazzo Selvadego 221
Palazzo Soderini 229
Palazzo Zenobio 226
Pensione Accademia Villa Maravege 221
Pensione Guerrato 226

R
Relais Santa Corona (Vicenza) 203
Residenza Cannaregio 228
Residenza Ca' Riccio 229

V
Venissa 233
Villa Francescati (Verona) 210
Villa Tron Mioni (Brenta-Riviera) 190

REGISTER UNTERKUNFT

Sehenswertes S. 000
Karten **S. 000**
Fotos **S. 000**

Venedig & Venetien Cityatlas

Kartenlegende

Sehenswertes
- Strand
- Buddhistisch
- Burg, Festung
- Christlich
- Hinduistisch
- Islamisch
- Jüdisch
- Denkmal
- Museum/Galerie
- Ruine
- Weingut
- Zoo
- andere Sehenswürd.

Essen
- Essen

Ausgehen & Nachtleben
- Ausgehen & Nachtleben
- Cafe

Unterhaltung
- Unterhaltung

Shoppen
- Shoppen

Schlafen
- Schlafen
- Camping

Sport & Aktivitäten
- Tauchen/Schnorcheln
- Kanu/Kajak
- Ski fahren
- Surfen
- Schwimmbad/Pool
- Spaziergang
- Windsurfen
- anderer Sport & Aktivitäten

Praktisches
- Post
- Touristeninformation

Transport
- Flughafen
- Grenzübergang
- Bus
- Seilbahn
- Fahrradweg
- Fähre
- Metro
- Monorail
- Parkplatz
- S-Bahn
- Taxi
- Zug
- Tram
- Tube Station
- U-Bahn
- anderer Transport

Verkehrswege
- Mautstraße
- Autobahn
- Hauptstraße
- Nebenstraße
- Verbindungsstraße
- sonstige Straße
- unbefestigte Straße
- Piazza/Fußgängerz.
- Treppe
- Tunnel
- Fußgängerüberweg
- Spaziergang
- Spaziergang mit Abstecher
- Pfad

Grenze
- International
- Staat/Provinz
- umstritten
- Regional-/Vorort
- Gewässergrenze
- Klippen
- Mauer

Landschaft
- Hütte
- Leuchtturm
- Aussichtspunkt
- Berg/Vulkan
- Oase
- Park
- Pass
- Picknikgebiet
- Wasserfall

Gewässer
- Fluss/Bach
- periodischer Fluss
- Sumpf/Mangrove
- Riff
- Kanal
- Wasser
- Trockenn-, Salz- und periodischer See
- Gletscher

Gebiete
- Strand/Wüste
- Friedhof (christlich)
- Friedhof (anderer)
- Park/Wald
- Sportplatz
- Sehensw. (Gebäude)
- Highlights (Gebäude)

KARTENREGISTER

1 Lido di Venezia (S. 325)

2 Sestiere di San Marco (S. 326)

3 Sestiere di Dorsoduro (S. 330)

4 Sestieri di San Polo & Santa Croce (S. 332)

5 Westlich von Santa Croce (Santa Crose) (S. 335)

6 Sestiere di Cannaregio (S. 336)

7 Sestiere di Castello (S. 338)

8 Giudecca (S. 341)

9 Murano (S. 343)

10 Burano & Torcello (S. 343)

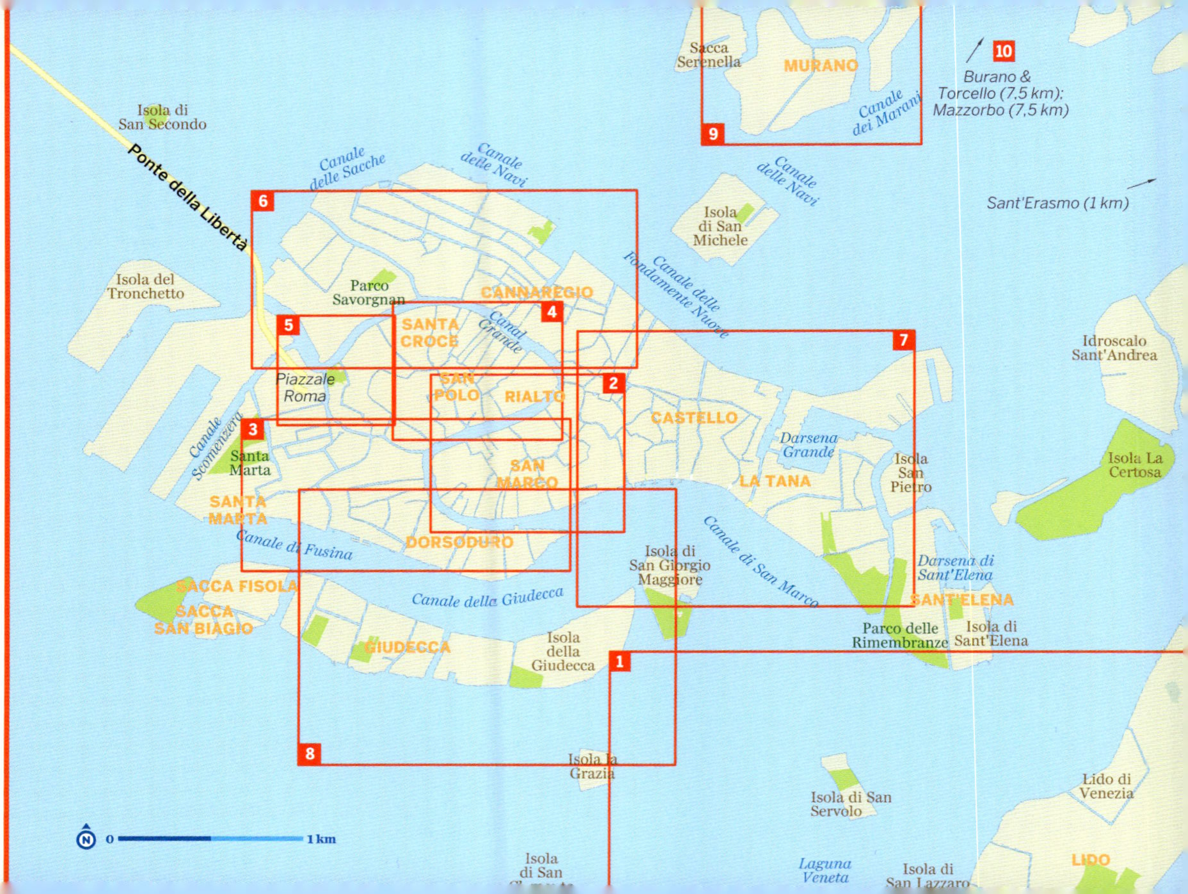

LIDO DI VENEZIA

Sehenswertes (S. 170)

1 Antico Cimitero Israelitico E1
2 Lido on Bike D2
3 Palazzo della Mostra del Cinema C4
4 Kloster San Lazzaro degli Armeni degli Armeni C3
5 Venice International University B2

Essen (S. 172)

6 Buddha D2
7 Da Tiziano C4
8 La Favorita E2
9 Magiche Voglie D2
10 Pizzeria alla Botte D2

Unterhaltung (S. 174)

11 B.each E2
PalaGalileo concert hall .... (siehe 3)

Schlafen (S. 232)

12 Hotel Panorama D2
13 Hotel Villa Cipro D2
14 Hotel Villa Stella C4

Legende auf S. 328

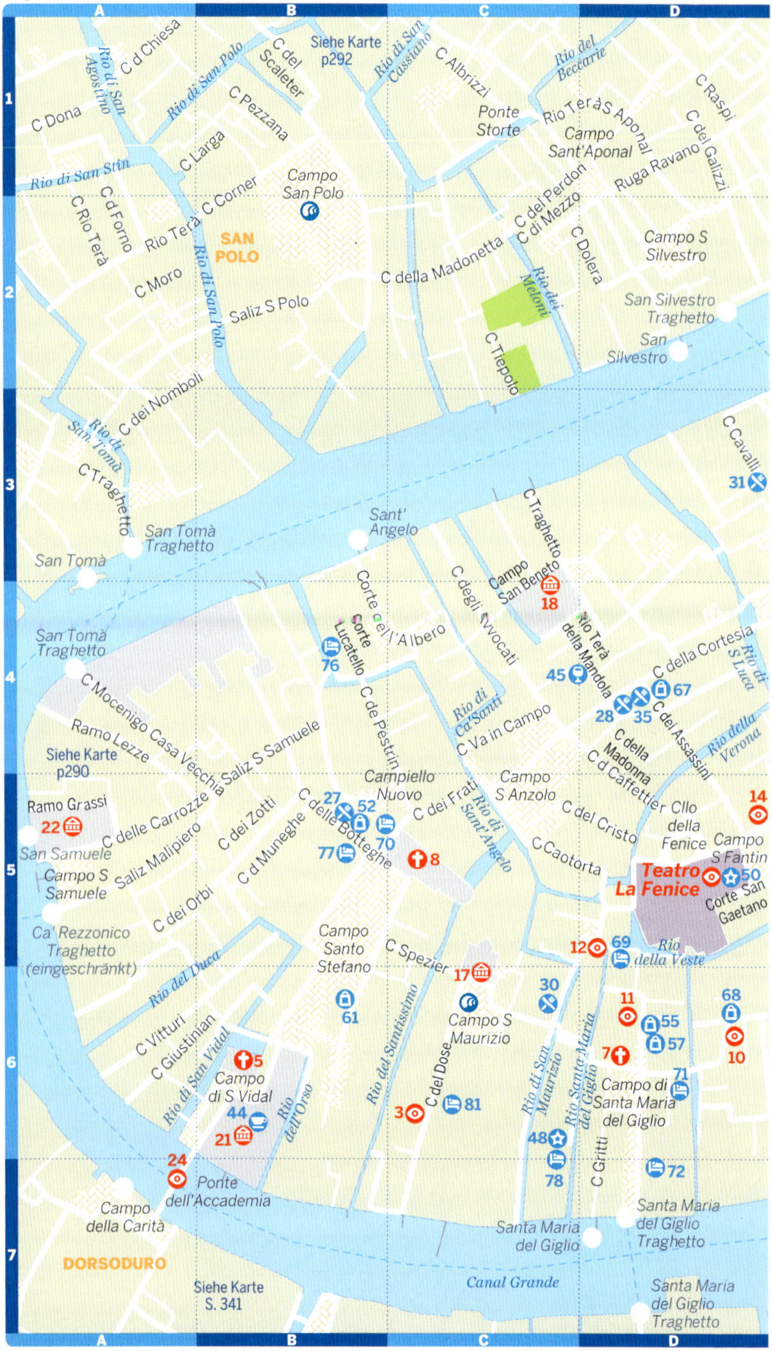

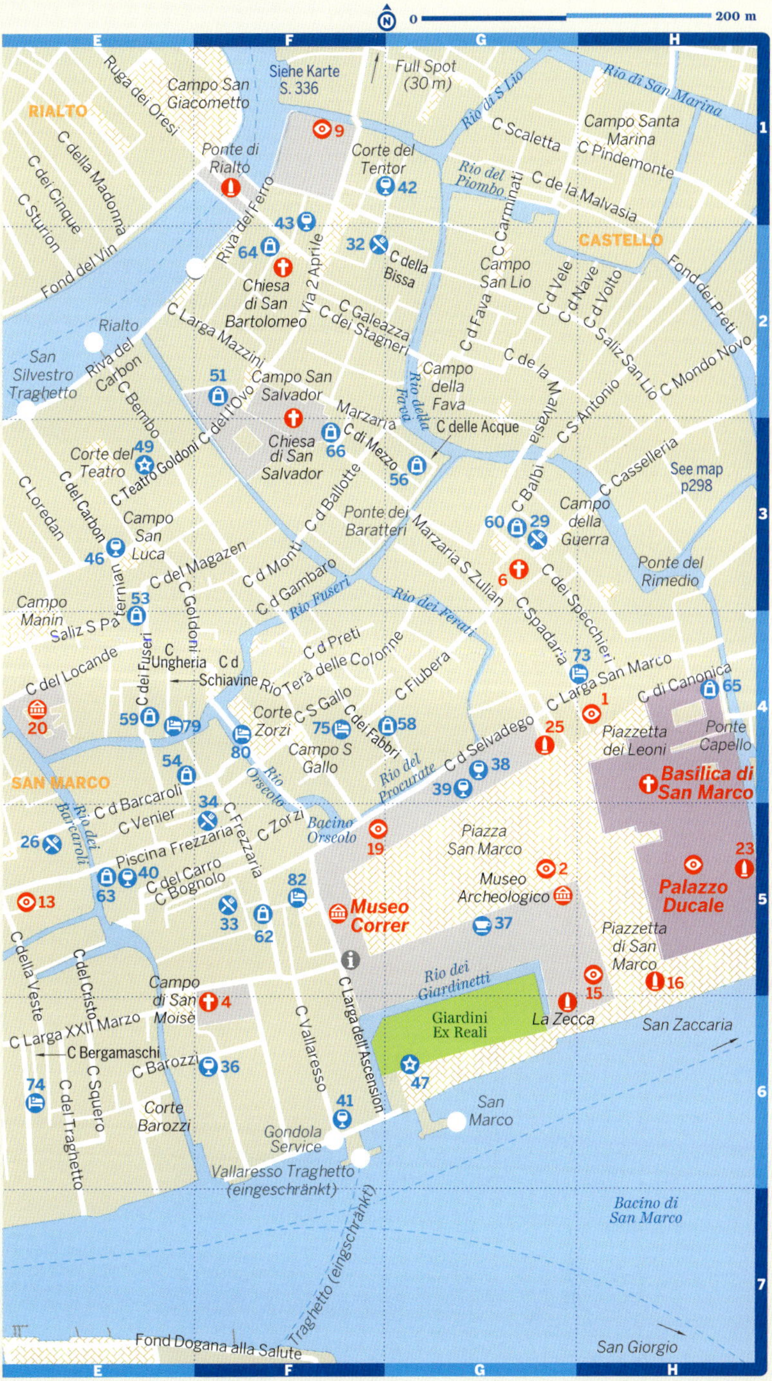

0
200 m
E
F
G
H
1
2
3
4
5
6
7
Siehe Karte S. 336
Full Spot (30 m)
RIALTO
Ruga dei Oresi
Campo San Giacometto
C della Madonna
C dei Cinque
C Sturion
Fond del Vin
Ponte di Rialto
Riva del Ferro
Rialto
San Silvestro Traghetto
Riva del Carbon
C Bembo
Corte del Teatro
C Teatro Goldoni
C Loredan
C del Carbon
Campo San Luca
Campo Manin
Saliz S Paternian
C del Magazen
C Goldoni
C dei Fuseri
C Ungheria
C d Schiavine
C del Locande
SAN MARCO
C d Barcaroli
C Venier
Rio dei Barcaroli
Piscina Frezzaria
C Frezzaria
C del Carro
C Bognolo
C della Veste
C del Cristo
Campo di San Moisè
C Larga XXII Marzo
C Bergamaschi
C Barozzi
C Squero
C del Traghetto
Corte Barozzi
C Vallaresso
C Larga dell'Ascensione
Gondola Service
Vallaresso Traghetto (eingeschränkt)
Traghetto (eingeschränkt)
Fond Dogana alla Salute
Chiesa di San Bartolomeo
Via 2 Aprile
C Larga Mazzini
C dell'Ovo
Campo San Salvador
Chiesa di San Salvador
C Galeazza
C dei Stagneri
Marzaria
C di Mezzo
C d Ballotte
C d Monti
C d Gambaro
Rio Fuseri
C d Preti
Rio Terà delle Colonne
Rio Orseolo
Corte Zorzi
C S Gallo
Campo S Gallo
C dei Fabbri
C Zorzi
Bacino Orseolo
Rio del Procurate
Corte del Tentor
C della Bissa
Rio di S Lio
C Scaletta
Rio del Piombo
C Carminati
Campo San Lio
C d Fava
Campo della Fava
Rio della Fava
C delle Acque
Ponte dei Baratteri
Marzaria S Zulian
Rio dei Ferali
C Fiubera
C d Selvadego
C Spadaria
C dei Specchieri
C Balbi
C de la Malvasia
C d Vele
C d Nave
C d Volto
Saliz San Lio
C S Antonio
C Casselleria
Campo della Guerra
Ponte del Rimedio
See map p298
Rio di San Marina
Campo Santa Marina
C Pindemonte
C de la Malvasia
CASTELLO
Fond dei Preti
C Mondo Novo
C Larga San Marco
C di Canonica
Piazzetta dei Leoni
Ponte Capello
Basilica di San Marco
Piazza San Marco
Museo Archeologico
Palazzo Ducale
Piazzetta di San Marco
Museo Correr
Rio dei Giardinetti
Giardini Ex Reali
La Zecca
San Zaccaria
San Marco
Bacino di San Marco
San Giorgio
1
2
4
6
9
13
15
16
19
20
23
25
26
29
32
33
34
36
37
38
39
40
41
42
43
46
47
49
51
53
54
56
58
59
60
62
63
64
65
66
73
74
75
79
80
82

SESTIERE DI SAN MARCO *Karte auf S. 326*

Highlights (S. 60)

Basilica di San Marco H4
Museo Correr F5
Palazzo Ducale H5
Teatro La Fenice D5

Sehenswertes (S. 70)

1 Basilica di San Marco Baggage Storage H4
2 Campanile G5
3 Caterina Tognon Arte Contemporanea C6
4 Chiesa di San Moisè F6
5 Chiesa di San Vidal B6
6 Chiesa di San Zulian G3
7 Chiesa di Santa Maria del Giglio D6
8 Chiesa di Santo Stefano C5
9 Fondaco dei Tedeschi F1
10 Galleria Rossella Junck D6
11 Galleria Traghetto D6
12 Galleria van der Koelen D5
13 Jarach Gallery E5
14 le5venice D5
15 Libreria Nazionale Marciana H5
16 Lion of St Mark Column H5
17 Museo della Musica C6
18 Museo Fortuny C4
19 Negozio Olivetti F5
20 Palazzo Contarini del Bovolo E4
21 Palazzo Franchetti B6
22 Palazzo Grassi A5
23 Ponte dei Sospiri (Seufzerbrücke) H5
24 Ponte dell'Accademia A7
25 Torre dell'Orologio G4

Essen (S. 82)

26 Anonimo Veneziano E5
27 Bacaro da Fiore B5
28 Caffé Mandola D4
29 Cavatappi G3
30 Da Mario C6
31 Enoteca al Volto D3
32 Gelateria Suso F2
33 Osteria da Carla F5
34 Osteria San Marco F5
35 Vini da Arturo D4

Ausgehen & Nachtleben (S. 84)

36 B-Bar F6
37 Caffè Florian G5
38 Caffè Lavena G4
39 Caffè Quadri G4
40 Centrale E5

41 Harry's Bar F6
42 I Rusteghi G1
43 Osteria all'Alba F1
44 Palazzo Franchetti Caffè B6
45 Teamo C4
46 Torino@Notte E3

Unterhaltung **(S. 85)**

47 HelloVenezia Ticketverkauf (ACTV) G6
Interpreti Veneziani .... (siehe 5)
48 Musica a Palazzo C6
49 Teatro Goldoni E3
50 Teatro La Fenice D5

Shoppen **(S. 86)**

51 Antica Modisteria Giuliana Longo F2
52 Arcobaleno B5
53 Arnoldo & Battois E4
54 ArtigianCarta di Massimo Doretto E4
55 Bevilacqua D6
56 Camuffo G3
57 Carpe Diem D6
58 Charta G4
59 Daniela Ghezzo E4
60 Esperienze G3
61 Fiorella Gallery B6
62 Gloria Astolfo F5
63 La Pietra Filosofale E5
64 Le Botteghe F2
65 Libreria Studium H4
66 Materialmente F3
67 Ottica Carraro D4
Paolo Olbi .... (siehe 28)
68 Venetia Studium D6

Schlafen **(S. 221)**

69 AD Place Venice D5
70 Bloom/7 Cielo B5
71 Giò & Giò D6
72 Gritti Palace D7
73 Hotel ai do Mori H4
74 Hotel Flora E6
75 Hotel Noemi F4
76 Locanda Antico Fiore B4
77 Locanda Art Deco B5
78 Locanda Barbarigo C7
79 Locanda Casa Petrarca E4
80 Locanda Orseolo F4
81 Novecento C6
82 Palazzo Selvadego F5

Highlights (S. 91)

Ca' Rezzonico ... E2
Gallerie dell'Accademia ... E3
Peggy Guggenheim Collection ... F3
Punta della Dogana ... H3

Sehenswertes (S. 94)

1 Ca' Dario ... G3
2 Chiesa dei Gesuati ... E4
3 Chiesa dell'Arcangelo Raffaele ... B2
4 Chiesa di San Nicolò dei Mendicoli ... A2
5 Chiesa di San Sebastian ... C3
6 Chiesa di Santa Maria della Salute ... H4
7 Scuola Grande dei Carmini ... C2
8 Squero di San Trovaso ... E4

Essen (S. 97)

9 Al Profeta ... C3
10 Avogaria ... C3
11 Do Farai ... D2
12 Enoteca Ai Artisti ... D3
13 Grom ... D2
14 Impronta Café ... D1
15 Pane Vino e San Daniele ... B3
16 Pasticceria Tonolo ... D1
17 Pizza al Volo ... D2
18 Ristorante La Bitta ... C3
19 Ristorante San Trovaso ... E4
20 Ristoteca Oniga ... D2

Ausgehen & Nachtleben (S. 105)

21 Ai Do Draghi ... D1
22 Ai Pugni ... D2
Cantina di Millevini ... (siehe 26)
23 Cantinone Già Schiavi ... E4
24 Il Caffè Rosso ... D1
25 Imagina Café ... D1
26 Osteria alla Bifora ... D2
27 Tea Room Beatrice ... D3

Unterhaltung **(S. 106)**
28 Venice Jazz Club D2

Shoppen **(S. 106)**
29 Antiquariato Claudia Canestrelli G4
30 Aqua Altra C2
31 Arras E2
32 Ca' Macana D2
33 Danghyra D2
34 Elitre E1
35 Gualti D2
36 Lauretta Vistosi D2
37 Le Forcole di Saverio Pastor G4
Madera .... (siehe 13)
38 Marina e Susanna Sent F4
Signor Bloom .... (siehe 20)

Schlafen **(S. 223)**
39 Antica Locanda Montin D3
40 Ca' Pisani E4
41 Casa Rezzonico C2
42 Charming House DD.724 .... F4
43 Hotel Galleria F3
44 Hotel Tivoli D1
45 La Calcina E4
46 La Chicca F4
47 Locanda Ca' del Brocchi F4
48 Locanda San Barnaba E2
49 Palazzo Zenobio C2
50 Pensione Accademia Villa Maravege E3
51 Università Ca' Foscari Notice Boards E1

Legende auf S. 334

SESTIERE DI SAN POLO & SANTA CROCE

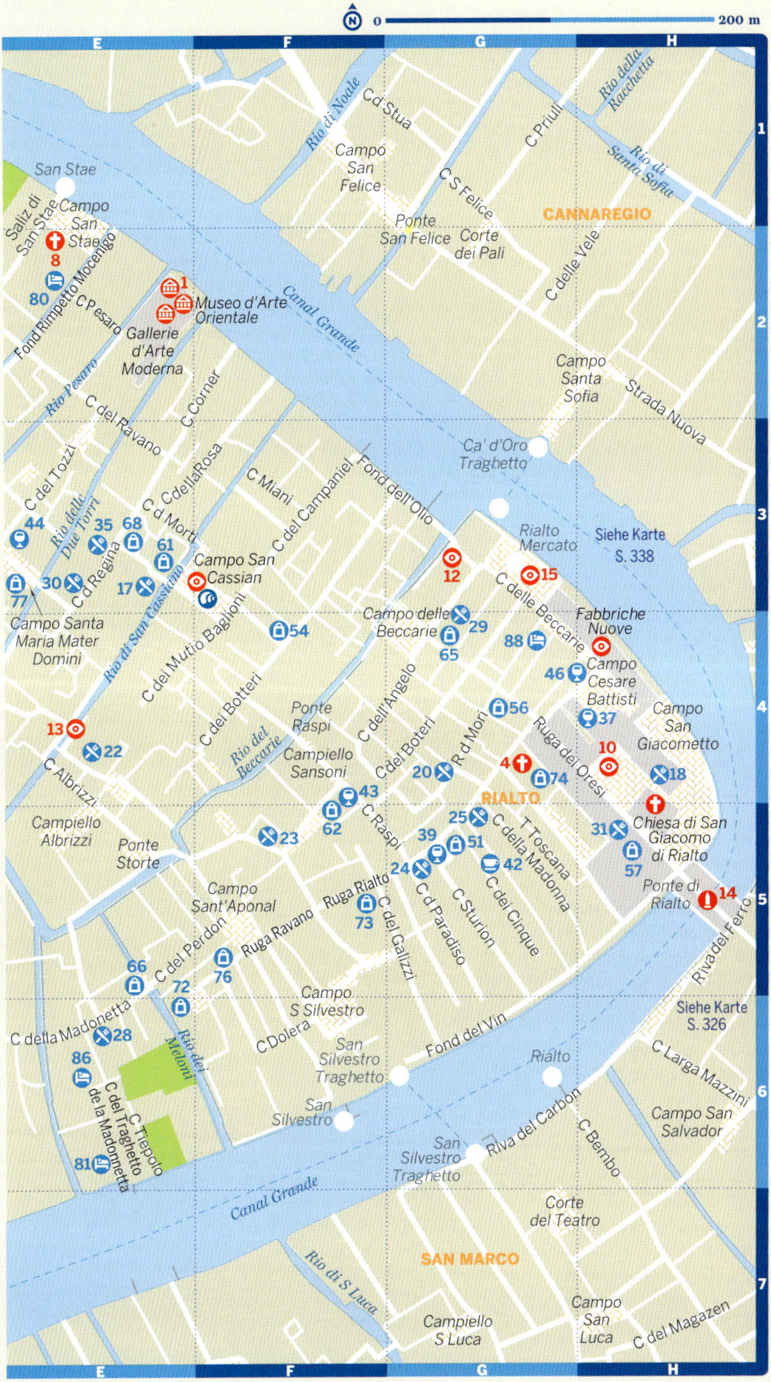
0 — 200 m
E
F
G
H
1
2
3
4
5
6
7
San Stae
Campo San Stae
Saliz di San Stae
Fond Rimpetto Mocenigo
C Pesaro
Museo d'Arte Orientale
Gallerie d'Arte Moderna
Rio Pesaro
C del Ravano
C Corner
C del Tozzi
Rio delle Due Torri
C d Regina
C della Rosa
C d Morti
Campo San Cassian
Rio di San Cassiano
Campo Santa Maria Mater Domini
C dei Mutio Baglioni
C dei Botteri
C Miani
C del Campaniel
Fond dell'Olio
Rio di Noale
C d Stua
Campo San Felice
Ponte San Felice
C S Felice
Corte dei Pali
C Priuli
Rio della Racchetta
Rio di Santa Sofia
CANNAREGIO
C delle Vele
Canal Grande
Campo Santa Sofia
Strada Nuova
Ca' d'Oro Traghetto
Rialto Mercato
Siehe Karte S. 338
C delle Beccarie
Fabbriche Nuove
Campo delle Beccarie
Campo Cesare Battisti
Campo San Giacometto
Ponte Raspi
Rio del Beccarie
Campiello Sansoni
C dell'Angelo
C del Boteri
R d Mori
Ruga dei Oresi
RIALTO
C Albrizzi
Campiello Albrizzi
Ponte Storte
C Raspi
C della Madonna
T Toscana
Chiesa di San Giacomo di Rialto
Ponte di Rialto
Riva del Ferro
Campo Sant'Aponal
Ruga Rialto
Ruga Ravano
C del Perdon
C del Galizzi
C d Paradiso
C Sturion
C dei Cinque
Campo S Silvestro
C Dolera
Fond del Vin
Siehe Karte S. 326
C Larga Mazzini
C della Madonetta
Rio dei Meloni
San Silvestro Traghetto
Rialto
San Silvestro
C del Traghetto de la Madonnetta
C Tiepolo
San Silvestro Traghetto
Riva del Carbon
C Bembo
Campo San Salvador
Corte del Teatro
SAN MARCO
Rio di S Luca
Campiello S Luca
Campo San Luca
C del Magazen
1
8
80
44
35
68
61
30
77
17
54
12
15
29
65
88
46
56
37
10
13
22
43
62
20
4
74
18
23
25
39
51
42
24
31
57
14
73
76
66
72
28
86
81
SESTIERE DI SAN POLO & SANTA CROCE

SESTIERI DI SAN POLO & SANTA CROCE *Karte auf S. 332*

Highlights (S. 110)
I Frari (Chiesa Santa Maria Gloriosa dei Frari) ... B6
Scuola Grande di San Rocco ... A6

Sehenswertes (S. 113)
1 Ca' Pesaro ... E2
2 Casa di Goldoni ... C7
3 Chiesa di San Giacomo dell'Orio ... C3
4 Chiesa di San Giovanni Elemosinario ... G4
5 Chiesa di San Giovanni Evangelista ... B5
6 Chiesa di San Polo ... D6
7 Chiesa di San Rocco ... A6
8 Chiesa di San Stae ... E2
9 Fondaco dei Turchi ... C1
10 Il Gobbo ... H4
11 Palazzo Mocenigo ... D2
12 Pescaria ... G3
13 Ponte delle Tette ... E4
14 Ponte di Rialto ... H5
15 Rialtomarkt ... G3
16 Scuola Grande di San Giovanni Evangelista ... B4

Essen (S. 118)
17 Al Nono Risorto ... E3
18 Al Pesador ... H4
19 Alaska Gelateria ... A2
20 All'Arco ... G4
21 Antica Birreria la Corte ... D5
22 Antiche Carampane ... E4
23 Antico Panificio ... F5
24 Dai Zemei ... G5
25 Mauro El Forner de Canton ... G5
26 Osteria La Zucca ... C2
27 Osteria Mocenigo ... D2
28 Pasticceria Rizzardini ... E6
29 Pronto Pesce Pronto ... G4
30 Rialto Biocenter ... E3
Rialtomarkt ... (siehe 15)
31 Sacro e Profano ... H5
32 Snack Bar ai Nomboli ... C6
33 Tearoom Orientale ... A3
34 Trattoria da Ignazio ... C6
35 Vecio Fritolin ... E3

Ausgehen & Nachtleben (S. 112)
36 Ai Postali ... A4
37 Al Mercà ... H4
38 Al Prosecco ... C2
39 Antica Osteria Ruga Rialto ... G5
40 Bagolo ... C3
41 Caffè dei Frari ... B5
42 Caffè del Doge ... G5
43 Cantina Do Spade ... F4
44 Easybar ... E3
45 Hosteria alla Poppa ... C3
46 Muro Vino e Cucina ... H4
47 Taverna da Baffo ... C5

Unterhaltung (S. 123)
48 Casa del Cinema ... D2
49 Opera at Scuola Grande di San Giovanni Evagelista ... B4
50 Summer Arena ... D5

Shoppen (S. 124)
51 Aliani ... G5
52 Campiello Ca' Zen ... C5
53 Cartavenezia ... D4
54 Cartè ... F4
55 Dietro L'Angolo ... C6
56 Drogheria Mascari ... G4
57 Emilio Ceccato ... H5
58 Fanny ... C6
59 Franco Furlanetto ... C6
60 Gilberto Penzo ... C6
61 Giuseppe Tinti ... E3
62 Gmeiner ... F5
63 I Vetri a Lume di Amadi ... C6
64 Il Baule Blu ... B7
65 Il Gufo Artigiano ... G4
66 Il Pavone di Paolo Pelosin ... E5
67 La Bottega di Giò ... B5
68 La Margherita ... E3
69 La Pedrera ... C4
70 Laberintho ... D4
71 Marco Franzato Vetrate Artistiche ... D4
72 Mille e Una Nota ... E6
73 Ottica Vascellari ... F5
74 Pied á Terre Shoes ... G4
75 Sabbie e Nebbie ... C7
76 Serena Vianello ... F5
77 Veneziastampa ... E3
78 VizioVirtù ... B7

Schlafen (S. 226)
79 Al Campaniel ... B7
80 Al Ponte Mocenigo ... E2
81 Ca' Angeli ... E6
82 Ca' San Polo ... C6
83 Domina Home Ca' Zusto ... B2
84 Hotel al Duca ... C1
85 Hotel Palazzo Barbarigo ... D7
86 Locanda Arco Antico ... E6
87 Oltre il Giardino ... C5
88 Pensione Guerrato ... G4

Essen (S. 118)

1 La Rivetta D2
2 Pasticceria Trevisan D2
3 Tearoom Caffè Orientale D1

Shoppen (S. 124)

4 Mare di Carta C3

Schlafen (S. 227)

5 Hostel Domus Civica D3

Highlights **(S. 130)**

Chiesa di Santa Maria dei Miracoli H4
Das Viertel D2

Sehenswertes **(S. 132)**

1 Campo dei Mori F2
2 Chiesa della Madonna dell'Orto F1
3 Chiesa di San Marcuola E3
4 Galleria Franchetti F4
5 I Gesuiti H3
6 Ikona Gallery D2
Museo Ebraico .... (siehe 13)
7 Palazzo Vendramin-Calergi E3
8 Ponte di Calatrava B4
9 Schola Canton D2
10 Schola Italiana D2
11 Schola Levantina D2
12 Schola Spagnola D2
13 Schola Tedesca D2
14 Spezeria Antica Santa Fosca E3

Essen **(S. 136)**

15 Ai Canottieri B1
16 Al Cicheti C3
17 Anice Stellato E1
18 Antica Adelaide F3
19 Bentigodi E2
20 Billa Supermarkt F3
21 Dalla Marisa B2
22 La Cantina F3
23 Osteria al Ponte H4
24 Osteria alla Vedova F3
25 Osteria Boccadoro H4
26 Osteria da Alberto H4
27 Osteria L'Orto dei Mori F2
28 Pasticceria dal Mas C3
29 Taverna del Campiello Remer G4

Ausgehen & Nachtleben **(S. 138)**

30 Agli Ormesini E2
31 Al Timon D1

32	Algiubagiò	H3
33	Caffè Costa Rica	D2
34	Il Santo Bevitore	F2
35	Osteria Ai Osti	F3
36	Un Mondo di Vino	H4

Unterhaltung (S. 138)

	Casinò di Venezia	(siehe 7)
37	Cinema Giorgione Movie d'Essai	G4
38	HelloVenezia Ticketverkauf	C4
39	HelloVenezia Ticketverkauf (ACTV)	B4
40	Paradiso Perduto	F2
41	Teatro Fondamenta Nuove	G2

Shoppen (S. 140)

42	Antichità al Ghetto	D2
43	Dolceamaro	H4
44	Gianni Basso	H4
45	Giunti al Punto	C3
46	Le Maschere di Ale	G4
47	Malefatte	F3
48	Old World Books	D2
49	Spilli Lab & Shop	H4
50	Vladi Shoes	E2

Schlafen (S. 228)

51	Alla Vite Dorata	G3
52	Ca' Pozzo	D2
53	Domus Orsoni	C2
54	Hotel Abbazia	C3
55	Hotel Villa Rosa	C3
56	Locanda Leon Bianco	G4
57	Palazzo Abadessa	G3
58	Residenza Ca' Riccio	H4
59	Residenza Cannaregio	D1

Legende auf S. 340

SESTIERE DI CASTELLO

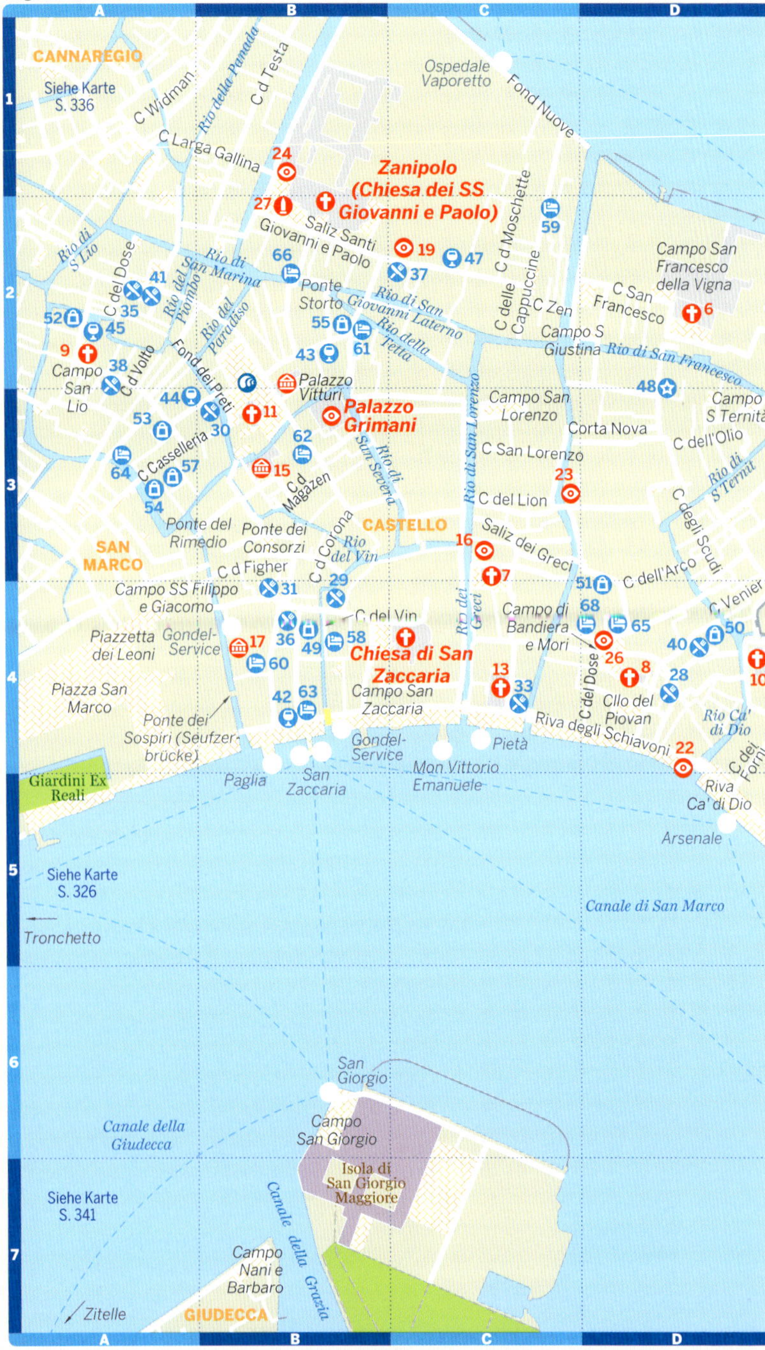

0
400 m
E
F
G
H
1
2
3
4
5
6
7
San Pietro
Canale delle Fondamente Nuove
Celestia
C Sagredo
Campo della Celestia
Bacini di Carenaggio
Arsenale Baugebiet
1
Canale delle Galeazze
Darsena Arsenale Vecchio
Darsena Grande
Bucintoro Storage
3
2
21
20
Campo Arsenale
Arsenale
14
LA TANA
Rio dell'Arsenale
4
Campo della Tana
18
Riva S Biagio
Rio delle Vergini
Rio di San Gerolamo
Campo San Pietro
5
Campanile
früheres Patriarchat
Saliz Stretta
Fond Riello
C Marafani
C Crosera
67
Canale di San Pietro
Fond Quintavalle
Isola San Pietro
Campiello d Pomeri
Rio di Quintavalle
Rio della Tana
Fond della Tana
C dei Preti
C Loredan
C Bassa
Fond di Sant'Anna
Via Giuseppe Garibaldi
32
12
39
56
34
C Pedrocchi
C Copo
C Colonne
C Schiavona
C San Domenico
Viale Garibaldi
Corte Saresin
C delle Ancore
C Correra
C Cattapan
Seco Marina
Fond San Giuseppe
Riva dei Sette Martiri
25
Giardini
Giardini Pubblici
Rio Terà San Giuseppe
Paludo di S Antonio
Biennale
Playground
46
Viale Trento
Parco delle Rimembranze
Riva dei Partigiani
Rio dei Giardini
Campo del Grappa
Biennale Internazionale d'Arte
SANT'ELENA
Lido

SESTIERE DI CASTELLO *Karte auf S. 338*

Highlights (S. 145)
Arsenale ... E4
Chiesa di San Zaccaria ... C4
Giardini Pubblici ... G6
Palazzo Grimani ... B3
Zanipolo (Chiesa dei SS Giovanni e Paolo) ... B2

Sehenswertes (S. 151)
1 Arsenale Nuovissimo ... F3
2 Arsenale Nuovo ... E4
3 Arsenale Vecchio ... E3
4 Biennale Exhibition Spaces ... E5
5 Cattedrale di San Pietro di Castello ... H4
6 Chiesa di San Francesco della Vigna ... D2
7 Chiesa di San Giorgio dei Greci ... C3
8 Chiesa di San Giovanni in Bragora ... D4
9 Chiesa di San Lio ... A2
10 Chiesa di San Martino ... D4
11 Chiesa di Santa Maria Formosa ... B3
12 Garibaldi Monument ... F5
13 La Pietà ... C4
14 La Tana ... F4
15 Museo della Fondazione Querini Stampalia ... B3
16 Museo delle Icone ... C3
17 Museo Diocesano di Venezia ... B4
18 Museo Storico Navale ... E5
19 Ospedaletto ... C2
20 Padiglione delle Navi ... E4
Palazzo Querini Stampalia ... (siehe 15)
21 Porta Magna ... E4
22 Riva degli Schiavoni ... D4
23 Scuola di San Giorgio degli Schiavoni ... C3
24 Scuola Grande di San Marco ... B1
25 Serra dei Giardini ... G6
26 Sotoportego dei Preti ... D4
27 Statue von Bartolomeo Colleoni ... B2

Essen (S. 156)
28 Al Covo ... D4
29 Bacaro Risorto ... B4
30 Cip Ciap ... B3
31 Conca d'Oro ... B4
32 Le Spighe ... F5
33 Met ... C4
34 Osteria al Garanghelo ... E5
35 Osteria di Santa Marina ... A2
36 Pasticceria da Bonifacio ... B4
37 Pizzeria alla Strega ... C2
38 Taverna San Lio ... A2
39 Trattoria alla Rampa ... G5
40 Trattoria Corte Sconta ... D4
41 Zenzero ... A2

Ausgehen & Nachtleben (S. 160)
42 Bar Terazza Danieli ... B4
43 Enoteca Mascareta ... B2
44 Inishark ... A3
45 L'Olandese Volante ... A2
46 Paradiso ... G7
Qcoffee Bar ... (siehe 15)
47 Venezia Caffé ... C2

Unterhaltung (S. 162)
Konzerte in La Pietà ... (siehe 13)
48 Laboratorio Occupato Morion ... D2

Shoppen (S. 162)
49 Arte Vetro Murano ... B4
50 Atelier Alessandro Merlin ... D4
51 Banco Lotto 10 ... D4
52 Giovanna Zanella ... A2
53 Kalimala Cuoieria ... A3
54 Paolo Brandolisio ... A3
55 Papier Mâché Laboratorio ... B2
56 Profili ... E5
57 Sigfrido Cipolato ... A3

Schlafen (S. 229)
58 Albergo Doni ... B4
59 Alloggi Barbaria ... C2
60 Ca' dei Dogi ... B4
61 Foresteria Valdese ... B2
62 Hotel al Piave ... B3
63 Hotel Danieli ... B4
64 Hotel Riva ... A3
65 La Residenza ... D4
66 Locanda La Corte ... B2
67 Locanda Sant'Anna ... G5
68 Palazzo Soderini ... D4

GIUDECCA

Highlights **(S. 167)**

Chiesa di San Giorgio Maggiore E2

Sehenswertes **(S. 168)**

1 Chiesa del SS Redentore C3
2 Chiesa delle Zitelle D2
3 Chiesa di Sant'Eufemia A2
4 Fondazione Giorgio Cini E2
5 Fortuny Tessuti Artistici A2
6 Galleria Santa Eufemia B2
7 Giudecca 795 .... A2

Essen **(S. 172)**

8 Al Pontil dea Giudecca C3
9 ESU B3
10 Harry's Dolci A2
11 I Figli delle Stelle D2
La Palanca .... (siehe 17)
12 Mistrà D3
13 Thursday Organic Market A2

Ausgehen & Nachtleben **(S. 172)**

14 Skyline Molino Stucky A2

Unterhaltung **(S. 173)**

15 Teatro Junghans B3

Schlafen **(S.232)**

16 Bauer Palladio Hotel & Spa D2
17 Casa Genoveffa B2
18 Ostello Venezia D3

MURANO

Sehenswertes		**(S. 179)**
1	Chiesa dei SS Maria e Donato	D2
2	Museo del Vetro (Glassmuseum)	D2

Essen		**(S. 183)**
3	Busa alla Torre	C3
4	Gelateria al Ponte	C2

Shoppen		**(183)**
5	Barbara Proverbio	A2
6	Campagnol & Salvadore	B3
7	ElleElle	B3
8	Orovetro Murano	B4
9	Ragazzi & Co	C2
	Toffolo Gallery	(siehe 10)

Schlafen		**(S. 232)**
10	Murano Palace	B3

BURANO & TORCELLO

Sehenswertes (p157)

1 Cattedrale Santa Maria Assunta C4
2 Chiesa di San Martino E3
3 Chiesa di Santa Fosca C4
4 Museo di Torcello C3
Palazzo del Consiglio .... (siehe 4)
5 Palazzo dell'Archivio C3
6 Trono d'Attila C4

Essen (p101)

7 Alla Maddalena B1
8 Caffè-Bar Palmisano D2
Locanda Cipriani .... (siehe 12)
9 Ristorante al Trono di Attila B4
10 Trattoria Al Raspo de Ua D2
11 Venissa B1

Schlafen (p202)

12 Locanda Cipriani B4

DIE LONELY PLANET STORY

Ein uraltes Auto, ein paar Dollar in den Hosentaschen und Abenteuerlust, mehr brauchten Tony und Maureen Wheeler nicht, als sie 1972 zu der Reise ihres Lebens aufbrachen. Diese führte sie quer durch Europa und Asien bis nach Australien. Nach mehreren Monaten kehrten sie zurück – pleite, aber glücklich –, setzten sich an ihren Küchentisch und verfassten ihren ersten Reiseführer *Across Asia on the Cheap*. Binnen einer Woche verkauften sie 1500 Bücher und Lonely Planet war geboren.

Seit 2011 ist BBC Worldwide der alleinige Inhaber von Lonely Planet. Der Verlag unterhält Büros in Melbourne (Australien), London und Oakland (USA) mit über 600 Mitarbeitern und Autoren. Sie alle teilen Tonys Überzeugung, dass ein guter Reiseführer drei Dinge tun sollte: informieren, bilden und unterhalten.

Lonely Planet Publications,
Locked Bag 1, Footscray,
Melbourne, Victoria 3011, Australia

Verlag der deutschen Ausgabe:
MAIRDUMONT, Marco-Polo-Str. 1, 73760 Ostfildern, www.mairdumont.com,
lonelyplanet@mairdumont.com

Chefredakteurin deutsche Ausgabe: Birgit Borowski
Übersetzung: Petra Dubilski, Marion Gieseke, Dr. Annegret Pago, Dr. Thomas Pago, Jutta Ressel M.A., Sigrid Weber-Krafft, Renate Weinberger
Redaktion: CLP Carlo Lauer & Partner, Aschheim
Technischer Support: CDN Media, München

Venedig & Venetien

3. deutsche Auflage August 2012, übersetzt von *Venice & the Veneto 7th edition*, Februar 2012 Lonely Planet Publications Pty

Printed in China

Titelfoto: Auf dem Canal Grande, Venedig. HP Huber/4Corners.

Die meisten Fotos in diesem Reiseführer können bei Lonely Planet Images, www.lonelyplanetimages.com, auch lizenziert werden.